文 / 白 / 对 / 照

资治通鑑

第十一册

〔宋〕司马光　　编撰

〔清〕康熙 乾隆　御批

〔清〕申涵煜　　点评

　　　萧祥剑　　主编

　　中华文化讲堂　译

团结出版社

目 录

资治通鉴卷第一百二十三　宋纪五

起柔兆困敦，尽重光大荒落，凡六年。

【译文】 起丙子（公元436年），止辛巳（公元441年），共六年。

【题解】 本卷记录了宋文帝元嘉十三年至元嘉十八年共六年间的刘宋与北魏等国的大事：刘宋权臣刘义康、刘湛，趁文帝生病之机杀名将，毁长城，令魏人窃喜；刘义康专权跋扈，不把皇帝放在眼里；文帝病中，刘湛等为"弟继兄位"做准备，君相之间怨隙丛生；刘湛等想彻底消灭殷景仁，没料到文帝突然起用殷景仁，并将刘湛及其党羽杀掉；刘义康因得到会稽长公主的护持，才暂获平安。宋文帝喜好学术，立四学，并派雷次宗等人分别主持。魏人伐燕，燕王冯弘投降高丽后被杀，北燕灭亡，魏国从此统治北方；西城十六国归附魏国，朝贡不绝；魏主拓跋焘讨伐北凉，牧犍出降；柔然突袭魏地，被击退；魏主任用原凉州饱学之士，魏之儒风由此兴起。

太祖文皇帝中之上

元嘉十三年(丙子，公元四三六年)春，正月，癸丑朔，上有疾，不朝会。

甲寅，魏主还宫。

二月，戊子，燕王遣使入贡于魏，请送侍子，魏主不许，将举兵讨之，壬辰，遣使才十馀辈诣东方高丽等诸国告谕之。

【译文】 元嘉十三年（丙子，公元436年）春季，正月，癸丑朔日（初一），刘宋文帝刘义隆因为患病，不再举行朝会。

甲寅（初二），北魏君主拓跋焘回宫。

二月，戊子（初六），北燕王冯弘派使者向北魏进贡，请求把太子冯王仁送去当人质。北魏君主拓跋焘没答应，并打算率军讨伐北燕。壬辰（初十），北魏君主拓跋焘派十多位使者，分别前往东方高句丽各国，告诉他们北魏所采取的军事行动。

司空、江州刺史、永修公檀道济，立功前朝，威名甚重，左右腹心并经百战，诸子又有才气，朝廷疑畏之。帝久疾不愈，刘湛说司徒义康，以为："宫车一日晏驾，道济不复可制。"会帝疾笃，义康言于帝，召道济入朝。其妻向氏谓道济曰："高世之勋，自古所忌。今无事相召，祸其至矣。"既至，留之累月。帝稍间，将遣还，已下渚，未发；会帝疾动，义康矫诏召道济入祖道，因执之。三月，己未，下诏称："道济潜散金货，招诱剽猾，因朕寝疾，规肆祸心。"收付廷尉，并其子给事黄门侍郎植等十一人诛之，唯宥其孙孺。又杀司空参军薛肜、高进之。二人皆道济腹心，有勇力，时人比之关、张。

【译文】 刘宋司空、江州刺史、永公檀道济，早在前任皇帝在位时就立下大功，有很大威名，他的左右心腹都身经百战，儿子们也都十分有才华。因此，刘宋文帝刘义隆对他又猜忌又畏惧。此时，刘宋文帝的病情一直不见好转，领军将军刘湛对司徒刘义康说："皇上一旦去世，檀道济恐怕就难以控制了。"正巧刘宋文帝的病情加重，刘义康劝说刘宋文帝，召檀道济入京回朝。檀道济的妻子向氏对檀道济说："自古以来，功高盖世的大臣，就容易被猜忌。现在没有战事却被召回朝廷，我想这是祸患来了。"檀道济到达建康，刘宋文帝留他在京一个多月。刘宋文帝刘义隆的病情好转一点，就准备派他回到任所，船已经到了码头，还没有出发，刘宋文帝的病情突然加重，刘义康便假传圣旨召回檀道济到祭祀路神的地方，说是为他设宴饯别，乘机将他逮捕。三月，己未（初八），刘宋文帝刘义隆下诏，说："檀道济私下里散发钱财，招募一些地痞无赖，在我病重时，乘机谋划叛变！"于是，把檀道济交给专管司法的廷尉处理，加上他的儿子、黄门侍郎檀植等一共十一人，全被诛杀，只宽恕了檀道济年幼的孙子。同时，又杀了司空参军薛彤、高进之二人，他们都是檀道济的左右心腹，骁勇善战，那时人们把他们比为关羽、张飞。

　　道济见收，愤怒，目光如炬，脱帻投地曰："乃坏汝万里长城！"魏人闻之，喜曰："道济死，吴子辈不足复惮。"

　　庚申，大赦；以中军将军南谯王义宣为江州刺史。

　　辛未，魏平东将军娥清、安西将军古弼将精骑一万伐燕，平州刺史拓跋婴帅辽西诸军会之。

　　【译文】檀道济被抓时，十分愤怒，目光如炬，他将头巾狠狠地丢在地上，说："你们这样做是在毁坏自己的万里长城啊！"北魏的人听到檀道济被杀的消息，十分高兴，说："檀道济一死，那么东吴的那些竖子，就不值得我们害怕了。"

　　庚申（初九），刘宋朝廷下令大赦天下。任命中军将军、南谯王刘义宣为江州刺史。

　　辛未（二十日），北魏平东将军娥清、安西将军古弼率一万精锐骑兵，讨伐北燕，平州刺史拓跋婴率辽西各路士兵在北燕与娥清等会合。

氐王杨难当自称大秦王，改元建义，立妻为王后，世子为太子，置百官皆如天子之制，然犹贡奉宋、魏不绝。

夏，四月，魏娥清、古弼攻燕白狼城，克之。

高丽遣其将葛卢孟光将众数万随阳伊至和龙迎燕王。高丽屯于临川。燕尚书令郭生因民之惮迁，开城门纳魏兵；魏人疑之，不入。生遂勒兵攻燕王，王引高丽兵入自东门，与生战于阙下，生中流矢死。葛卢孟光入城，命军士脱弊褐，取燕武库精仗以给之，大掠城中。

【译文】氐王杨难当自立为大秦王，改年号为建义。把自己的妻子封为王后，世子封为太子，仿照天子的制度设置文武百官。但仍然派使者向刘宋和北魏进贡，从不间断。

夏季，四月，北魏大将娥清、古弼率军包围北燕的白狼城，一举攻陷。

高丽派将领葛卢孟光率几万士兵，与北燕使者阳伊一起前往和龙迎接北燕王冯弘。之后，高丽军驻扎在临川。北燕尚书令郭生因为国内百姓不愿迁往他乡，便开启城门迎纳北魏士兵，北魏军队怀疑北燕故意引敌深入，不敢入城。于是，郭生率兵进攻北燕王冯弘，北燕王冯弘打开东门迎接高丽士兵进城，与郭生的叛军在城外展开大战，郭生身中流箭阵亡。葛卢孟光率军进入和龙城，他命令士兵将身上的破军衣脱掉，夺取了北燕的军械库和国库，重新武装自己的军队，在和龙城中大肆抢劫。

五月，乙卯，燕王帅龙城见户东徙，焚宫殿，火一旬不灭；令妇人被甲居中，阳伊等勒精兵居外，葛卢孟光帅骑殿后，方轨而

资治通鉴

进，前后八十馀里。古弼部将高苟子帅骑欲追之，弼醉，拔刀止之，故燕王得逃去。魏主闻之，怒，槛车徵弼及娥清至平城，皆黜为门卒。

戊午，魏主遣散骑常侍封拨使高丽，令送燕王。

丁卯，魏主如河西。

【译文】五月，乙卯（初五），北燕王冯弘率和龙城中所有百姓向东迁徙。临走前，北燕士兵纵火焚烧了宫殿，火势连续十天都没有熄灭。在北燕逃亡的队伍中，让妇女身穿铠甲走在队伍中间，阳伊等率精兵走在外面，高句丽的将领葛卢孟光率骑兵走在最后，两军组成方队前进，前后一直绵延八十多里。北魏安西将军古弼的部将高苟子准备率骑兵前去追击，但是古弼当时醉酒，拔刀阻止高苟子，所以，北燕王冯弘才得以逃脱。北魏君主拓跋焘知道这个消息后，十分生气，将古弼以及娥清装入槛车，押送回平城，二人都被罢免，贬为看门的士兵。

戊午（初八日），北魏君主拓跋焘派散骑常侍封拨出使高丽，命令他们把北燕王冯弘押送到北魏。

丁卯（十七日），北魏君主拓跋焘抵达河西。

六月，诏宁朔将军萧汪之将兵讨程道养。军至郫口，帛氐奴请降。道养兵败，还入郫山。

赫连定之西迁也，杨难当遂据上邽。秋，七月，魏主遣骠骑大将军乐平王丕、尚书令刘絜督河西、高平诸军以讨之，先遣平东将军崔颐赍诏书谕难当。

魏散骑侍郎游雅来聘。

己未，零陵王太妃褚氏卒，追谥曰晋恭思皇后，葬以晋礼。

八月，魏主畋于河西。

魏主遣广平公张黎发定州兵一万两千通莎泉道。

【译文】六月，刘宋文帝刘义隆下诏，派宁朔将军萧汪之率军攻打程道养。萧汪之的军队抵达郅口，帛氏奴投降。接着程道养大败，再次逃回郅山。

前夏国国君赫连定西迁时，杨难当占据上邽。秋季，七月，北魏君主拓跋焘派骠骑大将军乐平王拓跋丕、尚书令刘絜等率河西、高平各路军队讨伐杨难当。在军队到达以前，北魏君主拓跋焘先派平东将军崔赜前去，携带皇上的诏书，晓谕杨难当。

北魏散骑侍郎游雅到刘宋都城建康访问。

己未（初十），刘宋零陵王的母亲、太妃褚氏去世。刘宋朝廷对她追加谥号为晋恭思皇后，用东晋皇家的礼仪将她安葬。

八月，北魏君主拓跋焘前往河西狩猎。

北魏君主拓跋焘派广平公张黎率定州一万两千士兵，前去打通莎泉道。

九月，庚戌，魏乐平王丕等至略阳；杨难当惧，请奉诏，摄上邽守兵还仇池。诸将议，以为：“不诛其豪帅，军还之后，必相聚为乱。又，大众远出，不有所掠，无以充军实，赏将士。”丕将从之，中书侍郎高允参丕军事，谏曰：“如诸将之谋，是伤其向化之心；大军既还，为乱必速。”丕乃止，抚慰初附，秋毫不犯，秦、陇遂安。难当以其子顺为雍州刺史，守下辨。

高丽不送燕王于魏，遣使奉表，称“当与冯弘俱奉王化”。魏主以高丽违诏，议击之，将发陇右骑卒。刘絜曰：“秦、陇新民，且当优复，俟其饶实，然后用之。”乐平王丕曰：“和龙新定，宜广修农桑以丰军实，然后进取，则高丽一举可灭也。”魏主乃止。

【译文】 九月，庚戌（初二），北魏乐平王拓跋丕率大军到达洛阳。杨难当感到十分恐慌，请求接受北魏的诏书，把驻守在上邽的士兵撤回仇池。北魏各将领在一起讨论，全都认为："如果不杀掉这个凶悍的首领，等我们军队撤回后，肯定又会再次聚集起来作乱。而且，我军是离家远征，如果不进行些掠夺，就无法补充军饷，无法赏赐犒劳将士。"拓跋丕准备听取大家的建议，中书侍郎高允担任拓跋丕的军事参谋，他劝谏拓跋丕说："如果听取各将领的建议，就会伤害他们归化朝廷的心，等到我们大军撤回以后，作乱肯定会更快。"拓跋丕这才放弃了这个念头，对刚刚归附的氐人部落进行安抚，严明纪律，不曾侵犯秋毫，秦、陇各地区开始慢慢安定下来。杨难当任命他的儿子杨顺为雍州刺史，镇守下辨。

高丽不想把北燕王冯弘送给北魏，并且派使者携带奏章前来北魏，说："请求允许高丽和冯弘一起接受北魏的教化。"北魏君主拓跋焘根据高丽违抗朝廷命令的种种表现，与大臣们讨论对高丽发起战争，打算征调陇右的精锐骑兵。刘絜说："秦、陇二地的百姓刚刚归附，应该减免他们的赋役，等到他们富有充实后，再加以重用。"乐平王拓跋丕也说："和龙城也是刚刚平定，应该大力发展农桑，等满足军事需要后，再率兵进攻，那么高丽就肯定会被我们一举歼灭。"北魏君主拓跋焘这才放弃了进攻的计划。

癸丑，封皇子浚为始兴王，骏为武陵王。

冬，十一月，己酉，魏主如稒阳，驱野马于云中，置野马苑。闰月，壬子，还宫。

初，高祖克长安，得古铜浑仪，仪状虽举，不缀七曜。是岁，诏太史令钱乐之更铸浑仪，径六尺八分，以水转之，昏明中星与天相应。

柔然与魏绝和亲，犯魏边。

吐谷浑惠王慕璝卒，弟慕利延立。

【译文】癸丑(初五)，刘宋文帝刘义隆封皇子刘浚为始兴王，刘骏为武陵王。

冬季，十一月，己酉(初一)，北魏君主拓跋焘抵达稒阳，将野马驱赶到云中，并在那里设置野马苑。闰月，壬子(初五)，北魏君主拓跋焘回宫。

起初，刘宋高祖刘裕攻占长安时，得到一个古代铜制的浑天仪，浑天仪的构架尚且完整，但是七星已经无法连缀。这一年，刘宋文帝刘义隆下诏，命令太史令钱乐之重新铸造浑天仪，直径共有六尺八分，用水作为动力运转，可以观测日出、日落和日中时的星象，与天象相对应。

柔然汗国与北魏断绝了和亲的友好关系，开始在北魏边界侵扰。

吐谷浑可汗慕容慕璝去世，他的弟弟慕容慕利延继承汗位。

元嘉十四年(丁丑，公元四三七年)春，正月，戊子，魏北平宣王长孙嵩卒。

辛卯，大赦。

二月，乙卯，魏主如幽州。三月，丁丑，魏主以南平王浑为镇东大将军、仪同三司，镇和龙。己卯，还宫。

帝遣散骑常侍刘熙伯如魏议纳币，会帝女亡而止。

【译文】元嘉十四年（丁丑，公元437年）春季，正月，戊子

（十二日），北魏北平宣王长孙嵩去世。

辛卯（十五日），刘宋朝廷大赦天下。

二月，乙卯（初九），北魏君主拓跋焘前往幽州。三月，丁丑（初二），北魏君主拓跋焘任命南平王拓跋浑为镇东大将军、仪同三司，在和龙镇守。己卯（初四），北魏君主拓跋焘回宫。

刘宋文帝刘义隆派散骑常侍刘熙伯前往北魏，商议公主出嫁事宜，正巧公主去世，因而取消。

夏，四月，赵广、张寻、梁显等各帅众降。别将王道恩斩程道养，送首，馀党悉平。丁未，以辅国将军周籍之为益州刺史。

魏主以民官多贪，夏，五月，己丑，诏吏民得举告守令不如法者。于是，奸猾专求牧宰之失，迫胁在位，横于闾里；而长吏咸降心待之，贪纵如故。

丙申，魏主如云中。

【译文】夏季，四月，益州叛民赵广、张寻、梁显等分别率手下投降朝廷。别将王道恩斩杀了程道养，并把他的人头送回京师，他的余党全部被平定。丁未（初二），刘宋文帝刘义隆任命辅国将军周籍之为益州刺史。

北魏君主拓跋焘认为地方官吏大多都贪赃枉法，夏季，五月，己丑（十五日），北魏君主拓跋焘下诏，命令官吏和百姓可以对贪赃枉法的地方郡守进行检举。于是，一些地痞流氓借此机会专找地方官吏的错失，并拿此威胁在位的地方官吏，在乡里之间横行霸道。而地方官吏，都放低身份去对待他们，因此，地方官吏照样贪赃枉法。

丙申（二十二日），北魏君主拓跋焘抵达云中。

【康熙御批】国家设守令以牧百姓,其贪墨不法者固然可恨。若魏诏吏民告守令,则大非矣。小民得以犯上,则名分荡然,纲纪不振。其害有不可胜言者。惩贪自有国法,何其计之拙也!

【译文】国家设置郡守县令来管理百姓,其中贪污不法的人当然可以恨。但是像北魏这样下诏官吏百姓来上告守令,则大错特错。小民得以侵犯在上位的人,那么名分就荡然无存,国家就会纲纪不振。这样做有说不尽的危害。惩治贪污自有国家法律,为什么用这么笨拙的计谋呢?

秋,七月,戊子,魏永昌〔王〕健等讨山胡白龙馀党于西河,灭之。

八月,甲辰,魏主如河西。九月,甲申,还宫。

丁酉,魏主遣使者拜吐谷浑王慕利延为镇西大将军、仪同三司,改封西平王。

冬,十月,癸卯,魏主如云中。十一月,壬申,还宫。

魏主复遣散骑侍郎董琬、高明等多赍金帛,使西域,招抚九国。琬等至乌孙,其王甚喜,曰:"破洛那、者舌二国皆欲称臣致贡于魏,但无路自致耳,今使君宜过抚之。"乃遣导译送琬诣破落那,明诣者舌。旁国闻之,争遣使者随琬等入贡,凡十六国。自是每岁朝贡不绝。

【译文】秋季,七月,戊子(十五日),北魏永昌王拓跋健率兵进攻山胡部落酋长白龙的残余势力,将他们全部歼灭。

八月,甲辰(初一),北魏君主拓跋焘抵达河西。九月,甲申(十二日),北魏君主拓跋焘回宫。

丁酉(二十五日),北魏君主拓跋焘派使者任命吐谷浑王慕容慕利延为镇西大将军、仪同三司,改封为西平王。

冬季，十月，癸卯（初一），北魏君主拓跋焘前往云中。十一月，壬申（初一），回宫。

北魏君主拓跋焘又派散骑侍郎董琬、高明等携带大量金银布匹出使西域，招抚西域九国。董琬等人抵达乌孙之后，乌孙王十分高兴，说："破洛那、者舌二国，也都愿意向北魏称臣，却没有门路来表示自己的意愿，如今你们应该绕路前去招抚他们。"于是，派向导和翻译陪同董琬前往破洛那，高明前往者舌。其他邻国知道这个消息后，都争相派使者，跟随董琬等人到北魏进贡，总计多达十六国。从此后，每年西域各国都向北魏进贡，从不间断。

魏主以其妹武威公主妻河西王牧犍，河西王遣宋繇奉表诣平城谢，且问其母及公主所宜称。魏主使群臣议之，皆曰："母以子贵，妻从夫爵。牧犍母宜称河西国太后，公主于其国称王后，于京师则称公主。"魏主从之。

初，牧犍娶凉武昭王之女，及魏公主至，李氏与其母尹氏迁居酒泉。顷之，李氏卒，尹氏抚之，不哭，曰："汝国破家亡，今死晚矣。"牧犍之弟无讳镇酒泉，谓尹氏曰："后诸孙在伊吾，后欲就之乎？"尹氏未测其意，绐之曰："吾子孙漂荡，托身异域，馀生无几，当死此，不复为毡裘之鬼也。"未几，潜奔伊吾。无讳遣骑追及之，尹氏谓追骑曰："沮渠酒泉许吾归北，何为复追！汝取吾首以往，吾不复还矣。"追骑不敢逼，引还。尹氏卒于伊吾。

【译文】北魏君主拓跋焘把他的妹妹武威公主嫁给河西王沮渠牧犍。河西王沮渠牧犍派右相宋繇带上奏章前去平城拜谢，并请教将来如何称呼武威公主。北魏君主拓跋焘命令群臣商议，都说："母以子贵，妻则随夫爵。沮渠牧犍母亲的称号应该为河西国太后，而武威公主在河西国内应当称为王后，回到京师则仍然称为公主。"北魏君主拓跋焘同意了群臣的意见。

起初，沮渠牧犍娶西凉武昭王李暠的女儿为妻，如今北魏武威公主嫁过来，李氏和她母亲尹氏便前往酒泉居住。不久，李氏去世，她的母亲尹氏抚摸着她的尸体，却没有掉眼泪，说："你早已经是国破家亡，直到今天才死，已经太晚了。"沮渠牧犍的弟弟沮渠无讳镇守酒泉，他对尹氏说："您的几个孙子都在伊吾，您准备前去投奔他们吗？"尹氏无法揣测沮渠无讳的真实用意，于是就欺骗他说："我的子孙都在四处流荡逃亡，在他乡栖身。我没有多少日子了，不如就死在这儿，也不必去做游牧地区的野鬼了。"不久，尹氏就偷偷逃往伊吾。沮渠无讳率骑兵前去追赶，等到追上时，尹氏对追兵说："沮渠无讳已经允许我回到北方去，为什么又要将我追回。你们就把我的人头拿回去交差吧，我是不会回去了！"追兵不敢逼迫，只好退回。尹氏最后在伊吾去世。

牧犍遣将军沮渠旁周入贡于魏，魏主遣侍中古弼、尚书李顺赐其侍臣衣服，并徵世子封坛入侍。是岁，牧犍遣封坛如魏，亦遣使诣建康，献杂书及燉煌赵㪍所撰《甲寅元历》，并求杂书数十种，帝皆与之。

李顺自河西还，魏主问之曰："卿往年言取凉州之策，朕以东方有事，未遑也。今和龙已平，吾欲即以此年西征，可乎？"对曰："臣畴昔所言，以今观之，私谓不谬。然国家戎车屡动，士马疲劳，西征之义，请俟它年。"魏主乃止。

【译文】沮渠牧犍派将军沮渠旁周前往北魏进贡，北魏君主拓跋焘派侍中古弼、尚书李顺把侍臣们的衣服赏赐给他们，

资治通鉴

并征召沮渠牧犍的世子沮渠封坛到北魏当人质。这一年，沮渠牧犍派沮渠封坛去北魏，同时派使者前往刘宋都城建康，将各种书籍和敦煌人赵㪫著作的《甲寅元历》呈献给刘宋朝廷，同时索要数十种杂书，刘宋文帝刘义隆都给了他们。

北魏尚书李顺自北凉返回京师，北魏君主拓跋焘问他说："你当年提出进攻凉州的计谋，我当时以正在对东方北燕用兵为由，没有去实施，现如今北燕的和龙已经平定，我准备今年就西征，你看可以吗？"李顺说："我以前说的那番话，从现在的形势看来，我认为仍然没错。但是国家常年发动战争，出去征伐，士兵和马匹都十分疲劳，所以西征的事情，还是请等几年再说。"北魏君主拓跋焘同意了。

元嘉十五年（戊寅，公元四三八年）春，二月，丁未，以吐谷浑王慕利延为都督西秦、河、沙三州诸军事、镇西大将军、西秦、河二州刺史、陇西王。

三月，癸未，魏主诏罢沙门年五十已下者。

【译文】元嘉十五年（戊寅，公元438年）春季，二月，丁未（初七），刘宋文帝刘义隆任命吐谷浑可汗慕容慕利延为都督西秦、河、沙三州诸军事、镇西大将军、西秦、河二州刺史，加封为陇西王。

三月，癸未（十三日），北魏君主拓跋焘下诏，命令年龄在五十岁以下的和尚，全部还俗。

初，燕王弘至辽东，高丽王琏遣使劳之曰："龙城王冯君，爱适野次，士马劳乎？"弘惭怒，称制让之。高丽处之平郭，寻徙北丰。弘素侮高丽，政刑赏罚，犹如其国；高丽乃夺其侍人，取其太子王仁为质。弘怨高丽，遣使来上表求迎，上遣使者王白驹等迎之，并令高丽资遣。高丽王不欲使弘南来，遣将孙漱、高仇等杀弘于北丰，并其子孙十馀人，谥弘曰昭成皇帝。白驹等帅所领七千馀人掩讨漱、仇，杀仇，生擒漱。高丽王以白驹等专杀，遣使执送之。上以远国，不欲违其意，下白驹等狱；已而原之。

【译文】起初，北燕王冯弘来到辽东后，高丽王高琏派使者前去慰问冯弘说："龙城王冯君，来到敝国荒郊，兵马都十分疲劳吧？"冯弘感到十分惭愧和恼怒，并以王的身份责骂高琏。高丽把冯弘安置在平郭，过了没多久，又把他迁往北丰。冯弘素来十分轻视高丽，执行政务刑法，奖励惩罚，仍然和在北燕时一样。于是，高丽强行夺走冯弘的侍从，并逼迫北燕太子冯王仁当人质。冯弘对高丽产生怨恨，便命令使者携带奏章前往刘宋请求将他迎接到南方，所以，刘宋文帝刘义隆派使者王白驹等前去迎接冯弘，且下令让高丽出资遣回。高丽王不愿意让冯弘前往南方，便命令部下将领孙漱、高仇等前往北丰把冯弘以及他的子孙共十余人杀掉，并给冯弘追谥号为昭成皇帝。刘宋使臣王白驹等率七千多士兵对孙漱、高仇进行讨伐，斩杀了高仇，擒获了孙漱。高丽王认为王白驹在他的领地里擅自滥杀自己的大将，派人前去抓获王白驹，并遣送回国。刘宋文帝觉得高丽是远方的小国家，不便让高琏失望，于是便将王白驹押入狱中，过了不久就释放了他们。

夏，四月，纳故黄门侍郎殷淳女为太子劭妃。

五月，戊寅，魏大赦。

丙申，魏主如五原。秋，七月，自五原北伐柔然。命乐平王丕督十五将出东道，永昌王健督十五将出西道，魏主自出中道。

至浚稽山，复分中道为二：陈留王崇从大泽向涿邪山，魏主从浚稽北向天山，西登白阜，不见柔然而还。时漠北大旱，无水草，人马多死。

【译文】夏季，四月，刘宋文帝刘义隆将前黄门侍郎殷淳的女儿迎娶为太子刘劭的正妃。

五月，戊寅（初九），北魏下令大赦境内。

丙申（二十七日），北魏君主拓跋焘抵达五原。秋季，七月，拓跋焘从五原向北，进攻柔然汗国。拓跋焘派乐平王拓跋丕统领十五个将领，从东路发兵；派永昌王拓跋健统领十五个将领，从西路发兵；北魏君主拓跋焘亲自率大军从中路向柔然出发。大军抵达浚稽山，又把中路兵分为两支队伍：一支让陈留王拓跋崇率领，从大泽直往涿邪山，另一支由北魏君主拓跋焘亲自率领，从浚稽山一直向北前往天山。向西登上白阜山，都没有发现柔然汗国的部落，于是率大军撤回。当时大漠以北发生干旱，没有水草，北魏军队的人马死亡很多。

冬，十一月，丁卯朔，日有食之。

十二月，丁巳，魏主至平城。

豫章雷次宗好学，隐居庐山。尝徵为散骑侍郎，不就。是岁，以处士徵至建康，为开馆于鸡笼山，使聚徒教授。帝雅好艺文，使丹杨尹庐江何尚之立玄学，太子率更令何承天立史学，司徒参军谢元立文学，并次宗儒学为四学。元，灵运之从祖弟也。帝数幸次宗学馆，令次宗以巾褠侍讲，资给甚厚。又除给事中，不就。久之，还庐山。

◆臣光曰：《易》曰："君子多识前言往行以畜其德。"孔子曰："辞达而已矣。"然则史者儒之一端，文者儒之馀事；至于老、庄

虚无，固非所以为教也。夫学者所以求道；天下无二道，安有四学哉！◆

【译文】冬季，十一月，丁卯（初一），发生日食。

十二月，丁巳（二十二日），北魏君主拓跋焘返回平城。

刘宋豫章人雷次宗聪慧好学，隐居在庐山。刘宋文帝刘义隆曾经想征召他回京，担任散骑侍郎，他一直没有答应。这一年，雷次宗又以隐士的身份被征召到建康，朝廷在鸡笼山为他开设学馆，同意他招收学生教授学业。刘宋文帝一向十分喜爱文学，便派丹杨尹、庐江人何尚之专门设置玄学馆，命令太子带领更令何承天设置史学馆，命令司徒参军谢元设置文学馆，和雷次宗的儒学馆一起并称为"四学"。谢元是谢灵运同族弟弟，刘宋文帝刘义隆常常前往雷次宗的学馆，并命令雷次宗不用穿朝服侍讲儒学，赏赐十分优厚，刘宋文帝刘义隆任命雷次宗为给事中，雷次宗没有答应。过了一段时间，雷次宗又回到庐山。

◆臣司马光说：《周易》说："君子要了解前人的言行教诲，学习以往的经验，以培养自己的德行。"孔子说："文辞只要通达就可以了。"然而，史学是儒学的一部分，文学只能作为儒学的余事。至于老子、庄子二者的虚无学说，则根本无法用来讲授和传播。做学问的人，是在追求真理。可是天下就没有第二个真理，怎么可以有"四学"呢！◆

帝性仁厚恭俭，勤于为政，守法而不峻，容物而不弛。百官皆久于其职，守宰以六期为断，吏不苟免，民有所系。三十年间，四境之内，晏安无事，户口蕃息；出租供徭，止于岁赋，晨出暮归，自事而已。闾阎之内，讲诵相闻；士敦操尚，乡耻轻薄。江左风俗，于斯为美。后之言政治者，皆称元嘉焉。

【译文】 刘宋文帝刘义隆天性仁厚宽和，恭谨刻苦，从不会荒废政务。他遵循法规而不严峻，对人宽容而不放纵。文武百官都是长久地担任职务，郡守和县宰都以六年为一任期。不轻易罢免官吏，百姓才有所托付。在三十年间，刘宋境内，一直都是平安无事，人口繁盛，对于租赋徭役，只收取平常征赋，从来没有另外征收过。百姓早上外出耕作晚上回家休息，能够任意做事，都是安居乐业。而在乡里之间，学童的读书声此起彼伏，士人都十分重视操守，乡人也以轻薄无知为羞耻。在这个时代，江东的风俗，以这个时期为最好。后来评论前世政治的人，都称此为元嘉治世。

元嘉十六年（己卯，公元四三九年）春，正月，庚寅，司徒义康进位大将军、领司徒，南兖州刺史、江夏王义恭进位司空。

魏主如定州。

初，高祖遗诏，令诸子次第居荆州。临川王义庆在荆州八年，欲为之选代，其次应在南谯王义宣。帝以义宣人才凡鄙，置不用；二月，己亥，以衡阳王义季为都督荆、湘等八州诸军事、荆州刺史。义季尝春月出畋，有老父被苦而耕，左右斥之，老父曰："盘于游畋，古人所戒。今阳和布气，一日不耕，民失其时，奈何以从禽之乐而驱斥老农也！"义季止马曰："贤者也！"命赐之食，辞曰："大王不夺农时，则境内之民皆饱大王之食，老夫何敢独受大王之赐乎！"义季问其名，不告而退。

【译文】 元嘉十六年（己卯，公元439年）春季，正月，庚寅（二十五日），刘宋文帝刘义隆提升司徒刘义康为大将军，兼司徒，南兖州刺史、江夏王刘义恭为司空。

北魏君主拓跋焘前往定州。

起初，宋高祖刘裕有遗诏，命令他的儿子要按照长幼次序轮流前往荆州镇守。临川王刘义庆在荆州担任刺史已经八年，准备另外选择一人前去替代刘义庆，依照次序，应轮到南谯王刘义宣。刘宋文帝刘义隆认为刘义宣才能十分平庸，便没有任用他。二月，己亥（初五），刘宋文帝刘义隆任命衡阳王刘义季为都督荆、湘等八州诸军事，兼任荆州刺史。刘义季曾在春天外出打猎，有位老农夫身穿蓑衣在田间耕作，没有回避，刘义季左右侍从前去斥责他，老人说："在游猎取乐中沉迷，是古人十分戒忌的。如今天气温和气候湿润，如果一天不耕作，百姓就会失去农时，哪里能够放纵于猎取的快乐而将忙于耕作的农夫驱走呢？"刘义季听了之后，勒住马缰说："他实在是贤人啊！"于是，赏赐给老农食物，老农拒绝说："只要大王不使百姓错失农时，境内的百姓就都能饱食大王的饮食，老夫怎么可以独自享受大王的赏赐呢？"刘义季向他询问姓名，农夫没有回答就离开了。

三月，魏雍州刺史葛那寇上洛，上洛太守镡长生弃郡走。

辛未，魏主还宫。

杨保宗与兄保显自童亭奔魏。庚寅，魏主以保宗为都督陇西诸军事、征西大将军、开府仪同三司、秦州牧、武都王，镇上邽，妻以公主；保显为镇西将军、晋寿公。

河西王牧犍通于其嫂李氏，兄弟三人传嬖之。李氏与牧犍之姊共毒魏公主，魏主遣解毒医乘传救之，得愈。魏主徵李氏，牧犍不遣，厚资给，使居酒泉。

【译文】三月，北魏雍州刺史葛那率军进攻刘宋的上洛，上洛太守镡长生弃城而逃。

辛未（初七），北魏君主拓跋焘回宫。

杨难当的侄子杨保宗和他的哥哥杨保显一起从童亭投奔北魏。庚寅（二十六日），北魏君主拓跋焘任命杨保宗为都督陇西诸军事、征西大将军、开府仪同三司、秦州牧、武都王，镇守上邽，还将公主嫁给杨保宗。并将杨保显任命为镇西将军，封为晋寿公。

北凉河西王沮渠牧犍和他的嫂嫂李氏私通，他们兄弟三人轮流对她宠幸。于是，李氏和沮渠牧犍的姐姐一起谋划毒害北魏的武威公主。北魏君主拓跋焘派解毒的医师乘坐驿站马车急忙赶去救治，武威公主才得以救活。北魏君主拓跋焘向沮渠牧犍索要李氏，沮渠牧犍不肯交出，只是给了李氏很多钱财，让她迁往酒泉。

魏每遣使者诣西域，常诏牧犍发导护送出流沙。使者自西域还，至武威，牧犍左右有告魏使者曰："我君承蠕蠕可汗妄言云：'去岁魏天子自来伐我，士马疫死，大败而还；我擒其长弟乐平王丕。'我君大喜，宣言于国。又闻可汗遣使告西域诸国，称：'魏已削弱，今天下唯我为强，若更有魏使，勿复供奉。'西域诸国颇有贰心。"使还，具以状闻。魏主遣尚书贺多罗使凉州观虚实，多罗还，亦言牧犍虽外修臣礼，内实乖悖。

【译文】北魏派使者出使西域，经常让沮渠牧犍派向导护送北魏的使者走出流沙。使者自西域返回，抵达武威，沮渠牧犍左右侍从对北魏使者说："我们国君听说柔然汗国的可汗妄言说：'去年，北魏君主亲自前来讨伐我们，然而士兵和马匹染上瘟疫死的有很多，最后大败撤回。我还将他的长弟乐平王拓跋丕擒获。'我们君王听了之后十分高兴，在全国四处宣传。又听说柔然汗国可汗派使者前往西域各国，扬言称：'北魏如今已经遭到削弱，天下只有我们柔然汗国最强大，如果再有北魏的使者前来，你们可以不供奉他们。'所以，西域各国对北魏怀有二心。"北魏使者返回京师以后，把所知道的消息全部告诉北魏君主拓跋焘。北魏君主拓跋焘派尚书贺多罗出使凉州，探听虚实，等到贺多罗回国后，也向拓跋焘汇报说沮渠牧犍虽然表面对北魏行臣子之礼进贡，实际上内心却是乖异叛离。

资治通鉴

　　魏主欲讨之，以问崔浩。对曰："牧犍逆心已露，不可不诛。官军往年北伐，虽不克获，实无所损。战马三十万匹，计在道死伤不满八千，常岁羸死亦不减万匹。而远方乘虚，遽谓衰耗不能复振。今出其不意，大军猝至，彼必骇扰，不知所为，擒之必矣。"魏主曰："善！吾意亦以为然。"于是，大集公卿议于西堂。

　　【译文】北魏君主拓跋焘想要前去攻讨北凉，向崔浩询问意见。崔浩说："沮渠牧犍背叛的心思早已露出来了，所以不能不去征讨。我国军队前几年北伐，虽然没有取得太多的胜利，实际上也没遭受什么损失。战马共三十万匹，算起来在路途上死伤的不足八千，平时每年病死的也不少于一万匹。然而远方的柔然汗国对此并不了解，认为我们的军力损耗无法恢复，如今我们率士兵出其不意地到达他们面前，他们肯定会惊慌失措，我们就一定可以将他们擒获。"北魏君主拓跋焘说："好！我也是这样认为的。"于是，北魏君主拓跋焘就召文武百官在西堂商讨。

　　弘农王奚斤等三十馀人皆曰："牧犍，西垂下国，虽心不纯臣，然继父位以来，职贡不乏。朝廷待以藩臣，妻以公主；今其罪恶未彰，宜加恕宥。国家新征蠕蠕，士马疲弊，未可大举。且闻其土地卤瘠，难得水草，大军既至，彼必婴城固守。攻之不拔，野无所掠，此危道也。"

【译文】 弘农王奚斤等三十多人都对北魏君主拓跋焘说："沮渠牧犍，是西疆所附属的小国，虽然心中对我们并不是真正地臣服，但是自从他继位之后，每年的进贡从没有间断。朝廷把他当作藩臣般对待，把公主嫁给他作为妻子。而今他的罪状还不是十分明显，应该对其宽恕。我们国家刚刚攻打柔然汗国，兵马疲倦，无法再大举调兵征讨了。而且，听说西凉的土地多是盐碱地，十分贫瘠，生长的水草不多，我们大军前去，他们肯定会负城据守，如果我军一时攻克不下，荒郊野外又没有什么地方可以掠夺，这是危险的计划啊。"

初，崔浩恶尚书李顺，顺使凉州凡十二返，魏主以为能。凉武宣王数与顺游宴，对其群下时为骄慢之语；恐顺泄之，随以金宝纳于顺怀，顺亦为之隐。浩知之，密以白魏主，魏主未之信。及议伐凉州，顺与尚书古弼皆曰："自温圉水以西至姑臧，地皆枯石，绝无水草。彼人言，姑臧城南天梯山上，冬有积雪，深至丈馀，春夏消释，下流成川，居民引以溉灌。彼闻军至，决此渠口，水必乏绝。环城百里之内，地不生草，人马饥渴，难以久留。斤等之议是也。"魏主乃命浩与斤等相诘难。众无复它言，但云"彼无水草"。浩曰："《汉书·地理志》称'凉州之畜为天下饶'，若无水草，畜何以蕃？又，汉人终不于无水草之地筑城郭，建郡县也。且雪之消释，仅能敛尘，何得通渠溉灌乎！此言大为欺诬矣。"李顺曰："耳闻不如目见，吾尝目见，何可共辩"浩曰："汝受人金钱，欲为之游说，谓我目不见便可欺邪！"帝隐听，闻之，乃出见斥等，辞色严厉，群臣不敢复言，唯唯而已。

【译文】起初，崔浩十分厌恶尚书李顺。李顺往返出使凉州一共有十二次，北魏君主拓跋焘认为李顺十分有才能。当年，北凉武宣王沮渠蒙逊常与李顺一同游乐玩宴，沮渠蒙逊常对他的下属说些骄慢的话，担心李顺泄露给北魏朝廷，就把金银财宝塞在李顺的怀中，李顺也就替他隐瞒了所说的那些话。崔浩听说这件事后，暗地里向拓跋焘报告，拓跋焘不信。等到商讨攻打北凉时，李顺与尚书古弼都说："从温圉水向西，一直到姑臧，枯石遍地，没有一点水草。当地人都说：'在姑臧城南的天梯山上，冬天有积雪，深达几丈。春天和夏天到的时候，积雪逐渐融化，从山上向下形成河流，居民就从河流里引雪水来溉灌田地。'如果他们听说我们军队前往的消息，一定会挖开河口，把水放完，那时候我们就会面临无水的情况。环绕姑臧城方圆百里以内，土地连杂草都不生长，我们人马就会饥渴，无法久留。奚斤他们所说的建议没有错。"于是，北魏君主拓跋焘让崔浩和奚斤等人相互辩论。百官们不再有别的话可说，只是声称："那里没有水草。"崔浩说："《汉书·地理志》中说：'北凉的牲畜，是天下最富饶的。'如果那里水草全无，那么牲畜又是怎么繁殖的呢？还有，汉代肯定不会在没有水草的地方修建城池，设立郡县。况且山上的积雪融化以后，只能将地表浸湿，掩盖沙尘，又怎么会挖通渠道，集水灌溉田地呢？这话是骗人不可信的！"李顺说："耳听不如亲眼所见，我曾亲眼看到过，你怎么能跟我辩论呢？"崔浩说："你接受别人的金钱贿赂，为他们说话，你以为我没有亲眼所见就可以蒙骗我了吗！"北魏君主拓跋焘一直在屏风后面听他们的对话，听到这里，就走出来见奚斤等人，说话和神色都很严厉，百官们没有什么话敢说了，只是唯唯诺诺

资治通鉴

地听从命令。

群臣既出，振威将军代人伊馛言于帝曰："凉州若果无水草，彼何以为国? 众议皆不可用，宜从浩言。"帝善之。

夏，五月，丁丑，魏主治兵于西郊；六月，甲辰，发平城。使侍中宜都王穆寿辅太子晃监国，决留台事，内外听焉。又使大将军长乐王稽敬、辅国大将军建宁王崇将二万人屯漠南以备柔然。命公卿为书以让河西王牧犍，数其十二罪，且曰："若亲帅群臣委贽远迎，谒拜马首，上策也。六军既临，面缚舆榇，其次也。若守迷穷城，不时悛悟，身死族灭，为世大戮。宜思厥中，自求多福!"

己酉，改封陇西王吐谷浑慕利延为河南王。

【译文】文武百官走后，振威将军、代人伊馛对拓跋焘说："凉州如果真的连水草都没有，他们哪里能够建立国家? 众人的意见大多都不能采用，皇上您还是听取崔浩的意见吧。"北魏君主拓跋焘同意他的观点。

夏季，五月，丁丑(十四日)，北魏君主拓跋焘前去平城西郊整治军队。六月，甲辰(十一日)，从平城发兵。北魏君主拓跋焘派侍中、宜都王穆寿辅助太子拓跋晃主持朝政，处理日常的政事，朝廷内外都必须听从。北魏君主拓跋焘又派大将军、长乐王稽敬和辅国大将军建宁王拓跋崇率领两万士兵在大漠南边驻扎，御防柔然汗国乘虚袭击。又命令百官发布文书，将河西王沮渠牧犍的十二条罪状一一清算，并且警告沮渠牧犍说："你亲自率百官准备好礼物，远远地伏在地上前来迎接，并在我的马前跪拜请罪，这是上策。我率士兵抵达西凉，你反绑自己携带空棺出城迎接，这是中策。如果仍然坚持困守孤城，不知醒悟，不仅自己会被斩杀，家族也会被全部灭除，承受天下最严酷的惩罚。你应当思虑利弊，为自己着想！"

己酉（十六日），刘宋改封陇西王吐谷浑慕容慕利延为河南王。

魏主自云中济河，秋，七月，己巳，至上郡属国城。壬午，留辎重，部分诸军，使抚军大将军永昌王健、尚书令刘絜与常山王素为前锋，两道并进；票骑大将军乐平王丕、太宰阳平王杜超为后继；以平西将军源贺为乡导。

魏主问贺以取凉州方略，对曰："姑臧城旁有四部鲜卑，皆臣祖父旧民，臣愿处军前，宣国威信，示以祸福，必相帅归命。外援既服，然后取其孤城，如反掌耳。"魏主曰："善！"

【译文】北魏君主拓跋焘在云中渡过黄河。秋季，七月，己巳（初七），北魏君主拓跋焘抵达上郡属国城。壬午（二十日），命令大军留下辎重，安排各军出发次序，派抚军大将军、永昌王拓跋健和尚书令刘絜、常山王拓跋素作为前锋，分两路一同出发；又派骠骑大将军乐平王拓跋丕，太宰、阳平王杜超作为后备部队；又派平西将军源贺作为他们的向导。

北魏君主拓跋焘询问源贺夺取凉州的作战方案，源贺说："姑臧城的旁边有四个部落为鲜卑族，都是我祖父曾经的老部下，我愿意在大军到来之前向他们宣传我们国家的威信，并让他们了解利害关系，他们必定会相继归降。姑臧城外一旦归降，再对孤城发动进攻，就易如反掌了。"北魏君主拓跋焘听了之后说："太好了！"

八月，甲午，永昌王健获河西畜产二十馀万。

河西王牧犍闻有魏师，惊曰："何为乃尔！"用左丞姚定国计，不肯出迎，求救于柔然。遣其弟征南大将军董来将兵万馀人出战于城南，望风奔溃。刘絜用卜者言，以为日辰（不）不利，敛兵不追，董来遂得入城。魏主由是怒之。

丙申，魏主至姑臧，遣使谕牧犍令出降。牧犍闻柔然欲入魏边为寇，冀幸魏主东还，遂婴城固守；其兄子祖逾城出降，魏主具知其情，乃分军围之。源贺引兵招慰诸部下三万馀落，故魏主得专攻姑臧，无复外虑。

【译文】八月，甲午初二，北魏永昌王拓跋健缴获北凉河西的各种牲畜一共二十多万头。

河西王沮渠牧犍听到北魏大军前来的消息，惊恐地说："怎么会这样！"沮渠牧犍采用左丞姚定国的意见，不愿出城迎接投降，并派人前去柔然汗国求援。沮渠牧犍派他的弟弟征南大将沮渠董来率一万多士兵出城在南边迎战北魏大军，北凉的士兵一下子就崩溃四处逃散。北魏前锋刘絜听从了卜者的话，认为日辰不利，于是收兵而回没有乘胜追击，这才使得沮渠董来逃回城中。北魏君主拓跋焘因此对刘絜十分恼怒。

丙申（初四），北魏君主拓跋焘抵达姑臧城，派使者前去通知沮渠牧犍，让他快速出城投降。沮渠牧犍听说柔然汗国要进攻北魏边境，所以期待北魏君主拓跋焘能够率大军东回。于是，沮渠牧犍命令士兵绕城坚守。沮渠牧犍哥哥的儿子沮渠祖翻过城墙，向北魏投降，于是，北魏君主拓跋焘知道了城中的真实情况，分兵几路将姑臧城包围。源贺率士兵招抚了他祖父原来部下的三万多部众，拓跋焘得以集中兵力进攻姑臧城，不再有所顾虑。

魏主见姑臧城外水草丰饶，由是恨李顺，谓崔浩曰："卿之昔言，今果验矣。"对曰："臣之言不敢不实，类皆如此。"

魏主之将伐凉州也，太子晃亦以为疑。至是，魏主赐太子诏曰："姑臧城东、西门外，涌泉合于城北，其大如河。自馀沟渠流入漠中，其间乃无燥地。故有此敕，以释汝疑。"

庚子，立皇子铄为南平王。

【译文】北魏君主拓跋焘见到姑臧城外茂盛的水草后，对李顺十分痛恨，他对崔浩说："你以前所说的话，现在真的应验了。"崔浩说："我坚决不敢说不实在的话，一向如此。"

北魏君主拓跋焘决定向凉州讨伐时，太子拓跋晃有些疑虑。于是，拓跋焘赐给太子诏书告诉他说："姑臧城的西门外有不断流出的泉水，一直流到城门北与那里的泉水合流，水流大得就像一条河流。除了灌溉农田水之外，其余的水顺着沟渠流到沙漠里，所以，这一带没有一个地方是干燥的。我特意颁布敕令，以解除你的疑虑。"

庚子（初八），刘宋文帝刘义隆封皇子刘铄为南平王。

九月，丙戌，河西王牧犍兄子万年帅所领降魏。姑臧城溃，牧犍帅其文武五千人面缚请降，魏主释其缚而礼之。收其城内户口二十馀万，仓库珍宝不可胜计。使张掖王秃发保周、龙（骑）〔骧〕将军穆罴、安远将军源贺分徇诸郡，杂胡降者又数十万。

初，牧犍以其弟无讳为沙州刺史、都督建康以西诸军事、领酒泉太守，宜得为秦州刺史、都督丹岭以西诸军事、领张掖太守，安周为乐都太守，从弟唐兒为燉煌太守。及姑臧破，魏主遣镇南将军代人奚眷击张掖，镇北将军封沓击乐都。宜得烧仓库，西奔酒泉；安周南奔吐谷浑，封沓掠数千户而还。奚眷进攻酒泉，无讳、宜得收遗民奔晋昌，遂就唐兒于燉煌。魏主使弋阳公元絜守酒泉，及武威、张掖皆置将守之。

【译文】九月，丙戌（二十五日），河西王沮渠牧犍的侄子沮渠万年率他的部下向北魏投降。随后，姑臧城沦陷，沮渠牧犍率文武百官共五千人，双手反绑，请求归降。拓跋焘将他的绳索解开，以礼相待。并获得城内的二十多万百姓，仓库里的珍宝多得无法计算。北魏君主拓跋焘派张掖王秃发保周、龙骧将军穆罢、安远将军源贺，分别前往各郡宣布这个消息，各族胡人向北魏投降的有几十万人。

起初，沮渠牧犍任命他的弟弟沮渠无讳为沙州刺史，都督建康以西诸军事，并兼任酒泉太守；任命沮渠宜得为秦州刺史，都督丹岭以西诸军事，并兼任张掖太守；任命沮渠安周为乐都太守，还任命他的堂弟沮渠唐儿为敦煌太守。等到姑臧城沦陷后，北魏君主拓跋焘派镇南将军、代郡人奚眷进攻张掖，派镇北将军封沓进攻乐都。沮渠宜得放火烧毁仓库，一路向西逃往酒泉，沮渠安周则向南逃往吐谷浑。封沓擒获数千户百姓返回，奚眷则继续进攻酒泉，沮渠无讳和沮渠宜得一起，聚集北凉遗民一同逃往晋昌，又投奔沮渠唐儿镇守的敦煌。北魏君主拓跋焘派弋阳公元絜镇守酒泉，并分别派将领镇守武威、张掖二城。

【乾隆御批】李顺向有蒙逊不敬之对，兹又称受其贿为之隐，史家前后矛盾，若是奚足凭哉？至雪山消融成川，人资溉灌，则至今尚然，非尽欺诬也。

【译文】李顺一向有沮渠蒙逊对他不尊敬的传闻，这里又说李顺接受沮渠蒙逊的贿赂而为他隐瞒，写史书的人前后矛盾，哪一种说法是可以相信的呢？至于雪山消融水流成河，人们得以灌溉，则到今天还是这样做，不完全是欺骗人的话。

　　魏主置酒姑臧，谓群臣曰："崔公智略有馀，吾不复以为奇。伊馝弓马之士，而所见乃与崔公同，深可奇也！"馝善射，能曳牛却行，走及奔马，而性忠谨，故魏主特爱之。

　　魏主之西伐也，穆寿送至河上，魏主敕之曰："吴提与牧犍相结素深，闻朕讨牧犍，吴提必犯塞，朕故留壮兵肥马，使卿辅佐（天）〔太〕子。收田既毕，即发兵诣漠南，分伏要害以待虏至。引使深入，然后击之，无不克矣。凉州路远，朕不得救，卿勿违朕言！"寿顿首受命。寿雅信中书博士公孙质，以为谋主。寿、质皆信卜筮，以为柔然必不来，不为之备。质，轨之弟也。

　　【译文】北魏君主拓跋焘在姑臧设宴款待文武百官，他向百官说："崔公足智多谋，我已经不再感到稀奇了。但是伊馝是个射箭骑马的将士，有与崔公相同的见识，这真是让人惊奇。"伊馝擅长射箭，力气非常大，可以拉着牛倒着走，跑起来可以赶得上飞奔的骏马，而且他性情忠谨，所以北魏君主拓跋焘特别喜欢他。

　　北魏君主拓跋焘率大军西征时，宜都王穆寿一直将他送到黄河边，北魏君主告诫他说："柔然可汗郁久闾吴提和沮渠牧犍一向交情深厚，他听到我要讨伐沮渠牧犍的消息后，定会派兵侵犯我国边界。所以，我特意把精兵肥马留给你，让你辅佐在太子身边，等到庄稼收割后，我随即发兵讨伐漠南，我们分别埋伏在险要地点，等到柔然士兵到达的时候，将他们诱向深处，然后率士兵攻击他们，定可把他们全部攻克。凉州与我国距离太远，我无法挽救你的危难，你千万不要违背我所说的话！"穆寿叩头接受了命令。穆寿一向很信任中书博士公孙质，把他作为自己的主要谋士。而穆寿和公孙质二人对卜筮都十分相信，认为柔然士兵一定不会前来侵犯，所以没有做防备。公孙质是公孙轨的弟弟。

柔然敕连可汗闻魏主向姑臧，乘虚入寇，留其兄乞列归与嵇敬、建宁王崇相拒于北镇，自帅精骑深入，至善无七介山，平城大骇，民争走中城。穆寿不知所为，欲塞西郭门，请太子避保南山，窦太后不听而止。遣司空长孙道生、征北大将军张黎拒之于吐颓山。会嵇敬、建宁王崇击破乞列归于阴山之北，擒之，并其伯父他吾无鹿胡及将帅五百人，斩首万馀级。敕连闻之，遁去；追至漠南而还。

【译文】柔然汗国敕连可汗郁久闾吴提听到北魏君主拓跋焘西征姑臧的消息后，乘着北魏后方空虚而率兵大举进攻。当时，郁久闾吴提把他的哥哥郁久闾乞列归留下和北魏的长乐王嵇敬、建宁王拓跋崇在北镇相持。郁久闾吴提亲自率精锐骑兵深入北魏内地，到达善无的七介山，平城百姓大为恐慌，争相逃入城中。穆寿一时不知所措，准备关闭西外城门，让太子拓跋晃到南山躲避，窦太后不同意这样做，才停止。随后，派司空长孙道生、征北大将军张黎在吐颓山抵御柔然士兵。恰好长乐王嵇敬和建宁王拓跋崇在阴山北部把郁久闾乞列归的军队打败，擒获郁久闾乞列归和他的伯父郁久闾他吾无鹿胡以及五百将领，斩杀柔然士兵一万多人。郁久闾吴提听到这个消息，率兵逃走，北魏士兵一直追到漠南才返回。

冬，十月，辛酉，魏主东还，留乐平王丕及征西将军贺多罗镇凉州，徙沮渠牧犍宗族及吏民三万户于平城。

癸亥,秃发保周帅诸部鲜卑据张掖叛魏。

十二月,乙亥,太子劭加元服,大赦。劭美鬓眉,好读书,便弓马,喜延宾客;意之所欲,上必从之,东宫置兵与羽林等。

壬午,魏主至平城,以柔然入寇,无大失亡,故穆寿等得不诛。魏主犹以妹婿待沮渠牧犍,征西大将军、河西王如故。牧犍母卒,葬以太妃礼;为武宣王置守冢三十家。

【译文】冬季,十月,辛酉(初一),北魏君主拓跋焘东返,留下乐平王拓跋丕和征西将军贺多罗镇守凉州,强行把沮渠牧犍的宗族以及官吏百姓共三万户迁移到平城。

癸亥(初三),北魏秃发保周率各鲜卑部落叛变,占领张掖。

十二月,乙亥(十六日),刘宋太子刘劭举行冠礼,下令大赦天下。刘劭眉目清秀,十分喜欢读书,善于骑马射箭,喜爱宴请宾客。只要他要求什么,刘宋文帝刘义隆都会答应,于是,刘劭在东宫设立的军队和羽林军的数量一样多。

壬午(二十三日),北魏君主拓跋焘返回平城。因为柔然汗国的入侵并没有造成什么大损失,所以没有处决宜都王穆寿等人。拓跋焘仍把沮渠牧犍当作妹婿相待,将他任命为征西大将军、河西王。沮渠牧犍的母亲去世后,按照太妃的礼节埋葬。还为北凉武宣王沮渠蒙逊设置三十户守墓人。

凉州自张氏以来,号为多士。沮渠牧犍尤喜文学,以燉煌阚骃为姑臧太守,张湛为兵部尚书,刘昞、索敞、阴兴为国师助教,金城宋钦为世子洗马,赵柔为金部郎,广平程骏、骏从弟弘为世子侍讲。魏主克凉州,皆礼而用之,以阚骃、刘昞为乐平王丕从事中郎。安定胡叟,少有俊才,往从牧犍,牧犍不甚重之,叟谓

资治通鉴

程弘曰："贵主居僻陋之国而淫名僭礼，以小事大而心不纯壹，外慕仁义而实无道德，其亡可翘足待也。吾将择木，先集于魏；与子暂违，非久阔也。"遂适魏。岁馀而牧犍败。魏主以叟为先识，拜虎威将军，赐爵始复男。河内常爽，世寓凉州，不受礼命，魏主以为宣威将军。河西右相宋繇从魏主至平城而卒。

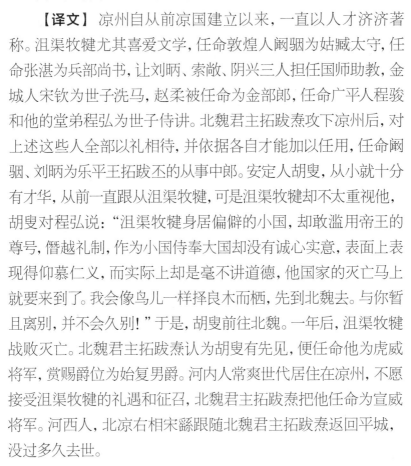

【译文】 凉州自从前凉国建立以来，一直以人才济济著称。沮渠牧犍尤其喜爱文学，任命敦煌人阚骃为姑臧太守，任命张湛为兵部尚书，让刘昞、索敞、阴兴三人担任国师助教，金城人宋钦为世子洗马，赵柔被任命为金部郎，任命广平人程骏和他的堂弟程弘为世子侍讲。北魏君主拓跋焘攻下凉州后，对上述这些人全部以礼相待，并依据各自才能加以任用，任命阚骃、刘昞为乐平王拓跋丕的从事中郎。安定人胡叟，从小就十分有才华，从前一直跟从沮渠牧犍，可是沮渠牧犍却不太重视他，胡叟对程弘说："沮渠牧犍身居偏僻的小国，却敢滥用帝王的尊号，僭越礼制，作为小国侍奉大国却没有诚心实意，表面上表现得仰慕仁义，而实际上却是毫不讲道德，他国家的灭亡马上就要来到了。我会像鸟儿一样择良木而栖，先到北魏去。与你暂且离别，并不会久别！"于是，胡叟前往北魏。一年后，沮渠牧犍战败灭亡。北魏君主拓跋焘认为胡叟有先见，便任命他为虎威将军，赏赐爵位为始复男爵。河内人常爽世代居住在凉州，不愿接受沮渠牧犍的礼遇和征召，北魏君主拓跋焘把他任命为宣威将军。河西人，北凉右相宋繇跟随北魏君主拓跋焘返回平城，没过多久去世。

魏主以索敞为中书博士。时魏朝方尚武功，贵游子弟不以讲学为意。敞为博士十馀年，勤于诱导，肃而有礼，贵游皆严惮之，多所成立，前后显达至尚书、牧守者数十人。常爽置馆于温水之右，教授七百馀人；爽立赏罚之科，弟子事之如严君。由是魏之儒风始振。高允每称爽训厉有方，曰："文翁柔胜，先生刚克，立教虽殊，成人一也。"

陈留江强，寓居凉州，献经、史、诸子千馀卷及书法，亦拜中书博士。魏主命崔浩监秘书事，综理史职；以中书侍郎高允、散骑侍郎张伟参典著作。浩启称："阴仲达、段承根，凉土美才，请同修国史。"皆除著作郎。仲达，武威人；承根，晖之子也。

【译文】北魏君主拓跋焘任命索敞为中书博士。当时，北魏朝廷十分崇尚武功，王公贵族的子弟都不把读书作为一件大事。索敞担任中书博士十多年，善于诱导，对待学生严肃有礼，贵族子弟对他都十分敬畏，大多数学生都刻苦学习，有所成就，学生中前后担任尚书、牧守的就有几十人。常爽在温水西边设置学馆，教授了七百多名学生，常爽设置赏罚条规，学生都服从他，就像事奉严肃的君主一样。从此，北魏的儒学风气开始兴盛。中书侍郎高允常常称赞常爽，认为他训导有方，并说："汉代的文翁是用柔和取胜，而先生您却用刚强取胜，虽然教育的方法有所不同，但是一样可以造就人才。"

陈留人江强，寄居在凉州，他将经、史、诸子百家的经典共一千多卷和书法呈献给北魏朝廷，北魏朝廷将他任命为中书博士。北魏君主拓跋焘命令崔浩担任秘书事，整理史书文献资料，又派中书侍郎高允、散骑侍郎张伟参与处理对这些史书的编著。崔浩上奏北魏君主拓跋焘说："阴仲达、段承根，都是凉州有才之人，请求征召他们共同参与修编国史。"于是，北魏君主拓跋焘将他们两人任命为著作郎。阴仲达是武威人，段承根是段晖的儿子。

浩集诸历家，考校汉元以来日月薄食、五星行度，并讥前史之失，别为《魏历》，以示高允。允曰："汉元年，十月，五星聚东井，此乃历术之浅事；今讥汉史而不觉此谬，恐后人之讥今犹今之讥古也。"浩曰："所谬云何？"允曰："案《星传》：'太白、辰星常附日而行。'十月日在尾、箕，昏没于申南，而东井方出于寅北，二星何得背日而行？是史官欲神其事，不复推之于理也。"浩曰："天文欲为变者，何所不可邪？"允曰："此不可以空言争，宜更审之。"坐者咸怪允之言，唯东宫少傅游雅曰："高君精于历数，当不虚也。"后岁馀，浩谓允曰："先所论者，本不经心；乃更考究，果如君言。五星乃以前三月聚东井，非十月也。"众乃叹服。允虽明历，初不推步及为人论说，唯游雅知之。雅数以灾异问允，允曰："阴阳灾异，知之甚难；既已知之，复恐漏泄，不如不知也。天下妙理至多，何遽问此！"雅乃止。魏主问允："为政何先？"时魏多封禁良田，允曰："臣少贱，唯知农事。若国家广田积谷，公私有备，则饥馑不足忧矣。"帝乃命悉除田禁以赋百姓。

【译文】崔浩整理收集各家历法，对汉代以来发生的日食、月食，以及金、木、水、火、土五星轨道运行的度数加以考订核对，对之前史官的错误加以纠正，另外编订了一本《魏历》，请高允过目。高允说："汉高祖元年，十月，五星在井宿会聚，这是历书上的一个错误。如今你批评汉代史官所修订的史书，却不知道自己所犯的错误，恐怕后人就会像我们今天批评古人一样来批评我们了。"崔浩问："你说的错误是什么？"高允说："按照《星传》上说的：'金星和水星，常常围绕太阳运行。'冬季，十月，早晨太阳在尾宿和箕宿之间，黄昏在申南方消失，这时，东井宿才会从寅的北方出现，金星和水星二星怎么会背着太阳运行呢？这是史官故意为了增加事件的神秘色彩，而没有加以合理推算的结果。"崔浩说："天文现象发生异常变化又有何不可呢？"高允说："这不是我们空言争论就可以解决的，应该对此做进一步的推算考察。"当时在座的人都认为高允所说的是怪论，只有东宫少傅游雅说："高允十分精通历法，应该不是空口虚言！"过了一年多，崔浩向高允说："我们以前所谈论的，我没有对此仔细研究，后来进一步考察推算，果然和你所说的一样。五星在前三月就在东井宿聚集，根本不是在十月。"大家这才对高允叹服。虽然高允对历法十分精通，但是却从不推算，也不和他人论说命运，只有游雅知道他的能力。游雅常常以灾异之事询问高允。高允说："阴阳灾异，是很难知道的，即使知道，也担心泄露天机，所以还是不明白的好。天下有很多奇妙可以探索的道理，不必要偏偏问这个。"游雅这才不再问下去。北魏君主拓跋焘曾经询问高允，说："处理政要，第一位是什么？"当时，北魏境内的很多田地都被朝廷划走，所以高允说："我从小贫贱，只是对农事有所了解，如果国家广辟田地，积累粮食，朝廷和百姓都有备粮，那么就不必担忧饥荒了。"于是，北魏君主拓跋焘下令把田禁解除，把农田交给百姓耕种，朝廷收取田赋。

吐谷浑王慕利延闻魏克凉州，大惧，帅众西遁，逾沙漠。魏主以其兄慕璝有擒赫连定之功，遣使抚谕之，慕利延乃还故地。

氐王杨难当将兵数万寇魏上邽，秦州人多应之。东平吕罗汉说镇将拓跋意头曰："难当众甚，今不出战，示之以弱，众情离沮，不可守也。"意头遣罗汉将精骑千馀出冲难当陈，所向披靡，杀其左右骑八人，难当大惊。会魏主以玺书责让难当，难当引还仇池。

南丰太妃司马氏卒，故营阳王之后也。

赵广、张寻等复谋反，伏诛。

【译文】吐谷浑王慕容慕利延，听到北魏对凉州进攻的消息，十分恐慌，率部众向西逃跑，越过沙漠。北魏君主拓跋焘认为慕容慕利延的哥哥慕容慕瑰抓获呈献赫连定有功，所以，派使者前去安抚逃走的慕容慕利延，慕容慕利延这才率领部下返回原住地。

氐王杨难当率几万士兵前去征伐北魏的上邦，秦州百姓有很多人响应他。东平人吕罗汉对北魏守将拓跋意头说："杨难当势力强盛，如果现在不出城迎战，是对敌人显示自己的懦弱，那么我军士气就会低落，城池就无法防守了。"于是，拓跋意头派吕罗汉率精锐一千多骑兵，出城迎战杨难当，拓跋意头的骑兵所向无敌，斩杀杨难当左右亲兵共八人，杨难当感到十分恐慌。恰好北魏君主拓跋焘发布诏书谴责杨难当，于是，杨难当就率兵撤回了仇池。

刘宋南丰太妃司马氏去世，她是已故营阳王刘义符的王后。

刘宋叛民首领赵广、张寻等人再次计划背叛朝廷，被斩杀。

元嘉十七年(庚辰，公元四四〇年) 春，正月，己酉，沮渠无讳寇魏酒泉，元絜轻之，出城与语；壬子，无讳执絜以围酒泉。

二月，魏假通直常侍邢颖来聘。

三月，沮渠无讳拔酒泉。

夏，四月，戊午朔，日有食之。

庚辰，沮渠无讳寇魏张掖，秃发保周屯删丹；丙戌，魏主遣抚军大将军永昌王健督诸将讨之。

【译文】元嘉十七年（庚辰，公元440年）春季，正月，己酉（二十日），前北凉沙州刺史沮渠无讳率兵进攻北魏酒泉。北魏戈阳公元絜轻敌，竟出城和沮渠无讳对话。壬子（二十三日），沮渠无讳将元絜抓获，包围酒泉。

二月，北魏的通直常侍邢颍，来刘宋访问。

三月，沮渠无讳的军队攻破酒泉。

夏季，四月，戊午（初一），发生日食。

庚辰（二十三日），沮渠无讳率兵进攻北魏占领的张掖，镇守张掖的将领秃发保周屯驻在删丹。丙戌（二十九日），北魏君主拓跋焘派抚军大将军、永昌王拓跋健率各路军队，讨伐沮渠无讳。

司徒义康专总朝权。上羸疾积年，心劳辄发，屡至危殆；义康尽心营奉，药食非口所亲尝不进，或连夕不寐，内外众事皆专决施行。性好吏职，纠剔文案，莫不精尽。上由是多委以事，凡所陈奏，入无不可；方伯以下，并令义康选用，生杀大事，或以录命断之。势倾远近，朝野辐凑，每旦府门常有车数百乘，义康倾身引接，未尝懈倦。复能强记，耳目所经，终身不忘；好于稠人广席，标题所忆以示聪明。士之干练者，多被意遇。尝谓刘湛曰："王敬弘、王球之属，竟何所堪！坐取富贵，复那可解！"然素无学术，不识大体，朝士有才用者皆引入己府，府僚无施及忤旨者乃斥为台官。自谓兄弟至亲，不复存君臣形迹，率心而行，曾无猜防。私置僮六千馀人，不以言台，四方献馈，皆以上品荐义康而以次者供御；上尝冬月啖甘，叹其形味并劣，义康曰："今年甘殊有佳者。"遣人还东府取甘，大供御者三寸。

【译文】刘宋司徒刘义康独自一人总揽朝政大权。刘宋文帝刘义隆患病多年，稍微操劳，病情就会复发，病情屡次危急。刘义康尽心侍奉刘宋文帝，药物如果自己没有亲自尝过，绝不让文帝服用，有时一连几晚都不睡觉。朝廷内外大小事务都由他一人处理决定。他喜好处理政务，所以审核公文、解决诉讼等都处理得妥善精密。因此，刘宋文帝把大多政事委托给他处理，刘义康的所有奏请，立马都会批准。州刺史以下官吏的任免，都由刘义康选拔，至于生杀大事，也由刘义康以录尚书的身份来裁决。所以，刘义康的势力远近倾动，朝野上下从四面八方前来逢迎，聚集在他周围。每天早上，刘义康的府门前就有数百辆车子，刘义康对宾客躬身接待，从不懈怠。而且刘义康的记忆力非常好，对于耳闻目睹的，终身不忘，他喜爱在人多的场合，提起自己记忆的事情，以此来表示自己的聪明。士人中许多有才能的人，都被刘义康任用。他曾经对刘湛说："王敬弘、王球这样的人，有什么才能！白白地享有富贵，让人费解。"但是，刘义康一向没有学问，不懂得识大体，朝中有才能的人士都被他延聘到自己府中，府僚人士中没有才能的，以及得罪他的人都被罢斥到朝廷任职。他自认为兄弟之间有至亲的情感，所以不必用君臣的礼节来约束自己，做事一向直率，从不忌讳他的行为。他在府中私设奴仆六千多人，并没有上报朝廷。四方进贡的物品，都是把上品献给刘义康，将次一等的呈献给刘宋文帝。有一次冬天刘宋文帝在吃柑，叹息柑的外表和味道都很不好。刘义康说："柑今年也有好的。"于是派人回府中取柑，取回的柑比刘宋文帝吃的要大上三寸。

领军刘湛与仆射殷景仁有隙，湛欲倚义康之重以倾之。义康权势已盛，湛愈推崇之，无复人臣之礼，上浸不能平。湛初入朝，上恩礼甚厚。湛善论治道，谙前代故事，叙致铨理，听者忘疲。每入云龙门，御者即解驾，左右及羽仪随意分散，不夕不出，以此为常。及晚节驱煽义康，上意虽内离而接遇不改，尝谓所亲曰："刘班初自西还宫，与语，常视日早晚，虑其将去；比入，吾亦视日早晚，苦其不去。"

【译文】领军将军刘湛与仆射殷景仁之间有很深的过节，刘湛想要依靠刘义康的势力压制殷景仁。刘义康的权势十分强大，刘湛更加推崇刘义康的势力，使刘义康对刘宋文帝没有了臣属的礼节，刘宋文帝对他很不放心。刘湛刚刚入朝为官时，刘宋文帝对他非常看重。刘湛十分擅长谈论政治道理，对前代的历史事件熟记于心，每次分析起来，都是条理清晰，使人忘记疲劳。每次进宫朝见，一到云龙门，车夫就解开车马，左右侍从和仪仗队伍都随意四处分散，不到晚上，都不出来，这样的事都习以为常了。后来，刘湛就煽动刘义康，唆使刘义康任意妄为。刘宋文帝对他心怀不满，但是表面上仍对他礼遇有加，刘宋文帝曾经对他的亲信说："以前刘班（刘湛）从西方回到宫中，我与他说话，经常留意时间早晚，只害怕他走；近来他再入宫，我也是常常看时间早晚，是担心他不走。"

殷景仁言于上曰："相王权重，非社稷计，宜少加裁抑！"上阴然之。

司徒左长史刘斌，湛之宗也；大将军从事中郎王履，谧之孙也；及主簿刘敬文，祭酒鲁郡孔胤秀，皆以倾诐有宠于义康；见上多疾，皆谓"宫车一日晏驾，宜立长君。"上尝疾笃，使义康具顾命诏，义康还省，流涕以告湛及景仁。湛曰："天下艰难，讵是幼主所御！"义康、景仁并不答。而胤秀等辄就尚书义曹索晋咸康末立康帝旧事，义康不知也；及上疾瘳，微闻之。而斌等密谋，欲使大业终归义康，遂邀结朋党，伺察禁省，有不与己同者，必百方构陷之，又采拾景仁短长，或虚造异同以告湛。自是主、相之势分矣。

【译文】殷景仁暗地里向刘宋文帝刘义隆报告说："相王刘义康权势过大，不是长久之计，我们应该稍微压制他。"刘宋文帝刘义隆心里暗自同意了他的建议。

司徒左长史刘斌是刘湛的同族宗亲，大将军从事中郎王履是王谧的孙子，他们两人和主簿刘敬文、祭酒、鲁郡人孔胤秀都是因为谄媚诋毁他人，而深得刘义康的信任。他们见到刘宋文帝刘义隆体弱多病，都说："皇上一旦去世，应该拥立年长的人为君主。"刘宋文帝一度病重，让刘义康拟写托孤遗命，等刘义康回到府中后，痛哭流涕地告诉刘湛和殷景仁。刘湛说："治理天下是多么艰难，怎么可以是年幼君主所能做好的！"刘义康、殷景仁都没有回答。然而孔胤秀等人则前往尚书议曹，擅自提取当年晋成帝去世，改立他弟弟为晋康帝的旧记录，但是刘义康并不知道这件事情。等到刘宋文帝病情转好，稍微听到些情况。然而刘斌等人却秘密谋划，想让刘义康继承帝位。于是，他们一起结成死党，监视朝廷，如果有和自己想法不一致的，就会千方百计设计罪名加以陷害。同时，他们又搜集殷景仁的事情，或者虚构事实告诉刘湛。从此以后，刘宋文帝刘义隆和刘义康两人的感情彻底破裂。

义康欲以刘斌为丹杨尹，言次，启上陈其家贫。言未卒，上曰："以为吴郡。"后会稽太守羊玄保求还，义康又欲以斌代之，启上曰："羊玄保欲还，不审以谁为会稽？"上时未有所拟，仓猝曰："我已用王鸿。"自去年秋，上不复往东府。

资治通鉴

【译文】刘义康想任命刘斌为丹杨尹，在谈话中，向刘宋文帝刘义隆说明刘斌的家境困难。但是话还没有说完，刘宋文帝就打断说："让他去担任吴郡太守。"后来，会稽太守羊玄保向刘宋文帝刘义隆请求调回京师，刘义康又想让刘斌前往接替会稽太守，便向刘宋文帝上书说："如今羊玄保请求调回京师，不知让谁前去接替呢？"当时刘宋文帝刘义隆还没有决定人选，仓促之间就回答说："我已经派了王鸿。"从前一年秋季开始，刘宋文帝就不再前往刘义康的东府。

五月，癸巳，刘湛遭母忧去职。湛自知罪衅已彰，无复全地，谓所亲曰："今年必败。常日正赖口舌争之，故得推迁耳；今既穷毒，无复此望，祸至其能久乎！"

乙巳，沮渠无讳复围张掖，不克，退保临松。魏主不复加讨，但以诏谕之。

【译文】五月，癸巳（初六），刘湛因为母亲去世，回家守丧，所以辞去职位。刘湛自知罪过已经暴露，已没有保全生命的机会，便对自己的亲信说："今年肯定会败落，往日只靠自己的口舌来争辩，因此能苟延存活下去。现在事情已成这样，马上就要遭受毒害，也没什么生的希望了，离祸患到来的时间不久了！"

乙巳（十八日），沮渠无讳再次包围张掖，无法攻下，于是撤回临松据守。北魏君主拓跋焘也没有再次派兵进攻，只是下诏安抚命他归顺投降。

六月，丁丑，魏皇孙浚生，大赦，改元太平真君，取寇谦之《神书》云"辅佐北方太平真君"故也。

太子劭诣京口拜京陵，司徒义康、竟陵王诞等并从，南兖州刺史、江夏王义恭自江都会之。

秋，七月，己丑，魏永昌王健击破秃发保周于番禾；保周走，遣安南将军尉眷追之。

丙申，魏太后窦氏殂。

壬子，皇后袁氏殂。

癸丑，秃发保周穷迫自杀。

八月，甲申，沮渠无讳使其中尉梁伟诣魏永昌王健请降，归酒泉郡及所虏将士元絜等。魏主使尉眷留镇凉州。

九月，壬子，葬元皇后。

【译文】六月，丁丑（二十一日），北魏君主拓跋焘的皇孙拓跋浚出生，下令大赦天下，改年号为太平真君，是因为寇谦之的《神书》上有记载说"辅佐北方太平真君"，所以改为这个年号。

刘宋太子刘劭抵达京口拜谒京陵，司徒刘义康、竟陵王刘诞等人都一同前往，南兖州刺史、江夏王刘义恭从江都前来与他们会合。

秋季，七月，己丑（初三），北魏永昌王拓跋健在番禾打败秃发保周的队伍，秃发保周逃跑，拓跋健派安南将军尉眷前去追击。

丙申（初十），北魏皇太后窦氏去世。

壬子（二十六日），刘宋皇后袁氏去世。

癸丑（二十七日），秃发保周因走投无路，自杀。

八月，甲申（二十九日），沮渠无讳派他的中尉梁伟前往北魏永昌王拓跋健的营地，请求归降，归还酒泉郡，并释放被俘的北魏将士元絜等人。北魏君主拓跋焘命令尉眷留下，镇守凉州。

九月，壬子（二十七日），刘宋安葬袁皇后。

【乾隆御批】改元已非正理，况傅会神书以真君自号乎？古今纪年之诞，无有甚于此者。

【译文】改变纪元已不是正理，何况傅会神书用真君来作自己的年号呢？古今纪年荒诞的情况，没有比这更严重的了。

上以司徒彭城王义康嫌隙已著，将成祸乱，冬，十月，戊申，收刘湛付廷尉，下诏暴其罪恶，就狱诛之，并诛其子黯、亮、俨及其党刘斌、刘敬文、孔胤秀等八人，徙尚书库部郎何默子等五人于广州，因大赦。是日，敕义康入宿，留止中书省。其夕，分收湛等；青州刺史杜骥勒兵殿内以备非常，遣人宣旨告义康以湛等罪状。义康上表逊位，诏以义康为江州刺史，侍中、大将军如故，出镇豫章。

【译文】刘宋文帝刘义隆认为司徒、彭城王刘义康的反叛行为已经十分明显，定会造成祸乱。冬季，十月，戊申日（有误），刘宋文帝刘义隆命令将刘湛逮捕，交给廷尉，并下诏公布刘湛的罪行，在狱中直接处决，同时斩杀了刘湛的儿子刘黯、刘亮、刘俨以及他的党羽刘斌、刘敬文、孔胤秀等八人，将尚书库部郎何默子等五人流放广州，下令大赦天下。这天，刘宋文帝刘义隆命令刘义康入宫值班，然后将他软禁在中书省。晚上，又逮捕了刘湛等人。青州刺史杜骥率兵在殿内警戒，以防意外发生。后来，刘宋文帝刘义隆派人把刘湛等人的罪过告诉给刘义康。于是，刘义康上书请求辞职，刘宋文帝刘义隆却下令任命刘义康为江州刺史，仍然保留侍中、大将军的官职，出京镇守豫章。

初，殷景仁卧疾五年，虽不见上，而密函去来，日以十数，朝政大小，必以咨之；影迹周密，莫有窥其际者。收湛之日，景仁使拂拭衣冠，左右皆不晓其意。其夜，上出华林园延贤堂，召景仁。景仁犹称脚疾，以小床舆就坐；诛讨处分，一皆委之。

初，檀道济荐吴兴沈庆之忠谨晓兵，上使领队防东掖门。刘湛为领军，尝谓之曰："卿在省岁久，比当相论。"庆之正色曰："下官在省十年，自应得转，不复以此仰累！"收湛之夕，上开门召庆之，庆之戎服缚袴而入，上曰："卿何意乃尔急装？"庆之曰："夜半唤队主，不容缓服。"上遣庆之收刘斌，杀之。

【译文】起初，殷景仁身患重病卧床五年，虽然没有与刘宋文帝见面，但是，一直有密函联系，每天有十几次，朝廷上的大小政务，刘宋文帝都征求他的意见，他们联系的行踪一直十分隐秘，不曾让人发现蛛丝马迹。刘宋文帝逮捕刘湛那天，殷景仁让家人整理他的衣冠，左右侍从都不明白他的用意。直到晚上，刘宋文帝前往华林园延贤堂，召见殷景仁。殷景仁仍说患有脚病，用小椅子抬着就座。刘宋文帝就把诛讨处分刘湛死党的全部事情，都委托给殷景仁处理。

起初，檀道济举荐吴兴人沈庆之给刘宋文帝刘义隆，说他谨慎忠心，通晓兵法，于是，刘宋文帝刘义隆派他领队在东掖门防卫。那时，刘湛担任领军将军，曾对沈庆之说："你担任这个官职已经多年，应该考虑一下自己升迁的问题了。"沈庆之严肃地回答："我在这里已经十年了，本就会调职，不敢再麻烦你！"

刘宋文帝刘义隆逮捕刘湛的那天晚上，开放宫门召见沈庆之，沈庆之穿军服束裤全副武装进宫觐见，刘宋文帝说："你为什么这般打扮？"沈庆之说："半夜召见队长，肯定是有重要的事情，不能穿非作战的宽服大袖。"刘宋文帝刘义隆派沈庆之逮捕刘斌，并将其斩杀。

骁骑将军徐湛之，逵之之子也，与义康尤亲厚，上深衔之。义康败，湛之被收，罪当死。其母会稽公主，于兄弟为长嫡，素为上所礼，家事大小，必咨而后行。高祖微时，尝自于新洲伐荻，有纳布衫袄，臧皇后手所作也；既贵，以付公主曰："后世有骄奢不节，可以此衣示之。"至是，公主入宫见上，号哭，不复施臣妾之礼，以锦囊盛纳衣掷地曰："汝家本贫贱，此是我母为汝父所作；今日得一饱餐，遽欲杀我儿邪！"上乃赦之。

【译文】骁骑将军徐湛之是徐逵之的儿子，和刘义康关系十分亲密，刘宋文帝刘义隆对他很恼恨。刘义康失败后，徐湛之也被抓捕，罪当处死。徐湛之的母亲是会稽公主，在所有兄弟姐妹中是嫡出的老大，一直被刘宋文帝刘义隆礼遇。皇室的大小事情，一定先询问她的意见才决定。武帝刘裕低微贫寒时，曾在新洲砍伐荻草，身穿补过的棉袄，都是敬皇后亲手缝制的。武帝刘裕显贵做了皇上以后，将旧衣服交给公主看，说："所有后世的子孙，如果有人骄傲奢侈，不懂得节俭，就拿这件衣服让他们看！"现在，因为徐湛之的事情，公主入宫面见皇上，失声痛哭，不再向皇上行臣妾礼节，而是将用绸缎包着的旧衣服扔在地上说："你家本来就是贫贱，这是我母亲为你父亲缝制的衣裳，你现在才吃饱饭，就想杀害我儿子！"于是，刘宋文帝刘义隆赦免了徐湛之。

吏部尚书王球，履之叔父也，以简淡有美名，为上所重。履性进利，深结义康及湛；球屡戒之，不从。诛湛之夕，履徒跣告球，球命左右为取履，先温酒与之，谓曰："常日语汝云何？"履怖惧不得答。球徐曰："阿父在，汝亦何忧！"上以球故，履得免死，废于家。

义康方用事，人争求亲昵，唯司徒主簿江湛早能自疏，求出为武陵内史。檀道济尝为其子求婚于湛，湛固辞，道济因义康以请之，湛拒之愈坚，故不染于二公之难。上闻而嘉之。湛，夷之子也。

【译文】吏部尚书王球是王履的叔父。一直淡泊名利，勤劳俭朴，名声很好，为刘宋文帝刘义隆所重用。王履却生性喜好名利，与刘义康和刘湛的交情很深，王球屡次劝诫他，他都不听。诛杀刘湛的那天晚上，王履光着脚把这个情况告诉王球，王球让左右侍从替他拿来鞋子，然后先温了酒给他压惊，并对他说："我平时是怎么跟你说话的呢？"王履害怕得不敢说话。王球慢慢地告诉他说："有叔父在，你还害怕什么？"刘宋文帝刘义隆因看重王球，就赦免了王履的死罪，罢免官职回家。

刘义康权势鼎盛时，人们都争相奉承他，独有司徒主簿江湛有远见，早早地就疏远他，请求担任武陵内史。檀道济曾经因他的儿子向江湛提出通婚，江湛再三拒绝。檀道济又让刘义康出面，江湛更是拒绝得坚决。因此，江湛没有牵涉檀道济、刘义康二人的事情。刘宋文帝刘义隆听说这件事后，对他给予嘉许。江湛，是江夷的儿子。

彭城王义康停省十馀日，见上奉辞，便下渚；上唯对之恸哭，馀无所言。上遣沙门慧琳视之，义康曰："弟子有还理不？"慧琳曰："恨公不读数百卷书！"

初，吴兴太守谢述，裕之弟也。累佐义康，数有规益，早卒。义康将南，叹曰："昔谢述唯劝吾退，刘班唯劝吾进；今班存而述死，其败也宜哉！"上亦曰："谢述若存，义康必不至此。"

以征虏司马萧斌为义康谘议参军，领豫章太守，事无大小，皆以委之。斌，摹之之子也。使龙骧将军萧承之将兵防守。义康左右爱念者，并听随从；资奉优厚，信赐相系，朝廷大事皆报示之。

【译文】彭城王刘义康被软禁在中书省十多天，后来参见刘宋文帝刘义隆并辞别，来到江边。刘宋文帝看着他悲伤痛哭，却没有一句话。刘宋文帝刘义隆派僧人慧琳看望他，刘义康说："您认为我还有回到京师的希望吗？"慧琳说："真遗憾你没有读过上百卷书！"

起初，担任吴兴太守的谢述，是谢裕的弟弟。一直辅佐在刘义康身边，多次规劝他，但却不幸早死。刘义康马上要南下前往豫章，叹息说："以前只有谢述规劝我退让，而刘湛却劝我要不断争取，最后刘湛活着，谢述却去世，所以我身败名裂也是理所应当的啊！"刘宋文帝也说："如果谢述还活着的话，刘义康肯定不会像现在这样！"

刘宋文帝刘义隆将征虏司马萧斌任命为刘义康的谘议参军，并兼任豫章太守，所有的大小事务，都让他处理。萧斌是萧摹之的儿子。又派龙骧将军萧承之，率兵前去防守。刘义康左右的亲信，愿意跟随的一同前往。刘宋文帝对刘义康的赏赐很优厚，而且书信往来，朝廷中的大事，都告诉刘义康。

久之，上就会稽公主宴集，甚欢；主起，再拜叩头，悲不自胜。上不晓其意，自起扶之。主曰："车子岁暮必不为陛下所容，今特请其命。"因恸哭。上亦流涕，指蒋山曰："必无此虑。若违今誓，便是负初宁陵。"即封所饮酒赐义康，并书曰："会稽姊饮宴忆弟，所馀酒今封送。"故终主之身，义康得无恙。

◆臣光曰：文帝之于义康，友爱之情，其始非不隆也。终于失兄弟之欢，亏君臣之义，迹其乱阶，正由刘湛权利之心无有厌已。《诗》云："贪人败类。"其是之谓乎！◆

【译文】很久之后，刘宋文帝刘义隆前往会稽公主的家宴，兄弟姐妹在一起十分欢乐。突然，公主站了起来，跪在地上对刘宋文帝刘义隆再拜叩头，表现得十分悲伤。刘宋文帝不知道她的想法，亲自将他的姐姐扶了起来，公主说："刘义康晚年的时候一定不为您所容，现在我特为他向您求情。"于是她就一直痛哭不止，刘宋文帝也痛哭流泪，他指着蒋山说："你不用再担忧了。以后我如果违背今日的誓言，就是对高帝的辜负。"于是，刘宋文帝将所喝的酒封起来，赐给了刘义康，并写了一封信："我和会稽姐姐一同饮宴，想起了你，所以将剩下的酒送给你。"因此，会稽公主在世时，刘义康都得以平安。

◆臣司马光说：刘宋文帝刘义隆对于刘义康的手足之情，刚开始时不是不厚重，但到了最后还是以失去兄弟之间的感情，丧失君臣之间的大义而告终。发生这种祸乱，正是因为刘湛这样的人贪图权力，欲望无边。《诗经》说："贪婪的人不仅害了自己，还会使家族亲党都遭到毁灭。"正是这个意思啊！◆

徵南兖州刺史江夏王义恭为司徒、录尚书事。戊寅，以临川王义庆为南兖州刺史，殷景仁为扬州刺史，仆射、吏部尚书如故。义恭惩彭城之败，虽为总录，奉行文书而已，上乃安之。上年给相府钱两千万，它物称此；而义恭性奢，用常不足，上又别给钱，年至千万。

资治通鉴

【译文】刘宋文帝刘义隆征召南兖州刺史、江夏王刘义恭为司徒、录尚书事。戊寅（二十三日），任命临川王刘义庆为南兖州刺史，任命殷景仁为扬州刺史，仍兼任原来的仆射、吏部尚书。刘义恭吸取刘义康的失败教训，虽然是总录，却只是奉行文书，不过问政事，刘宋文帝刘义隆这才放心刘义恭。刘宋文帝每年拨给相府的钱共有两千万，所赐的物品也值这么多。但是刘义恭奢侈浪费，费用支出常常不够，刘宋文帝刘义隆又另外给他钱，一年多达一千万。

十一月，丁亥，魏主如山北。

殷景仁既拜扬州，羸疾遂笃，上为之敕西州道上不得有车声。癸丑，卒。

十二月，癸亥，以光禄大夫王球为仆射。戊辰，以始兴王浚为扬州刺史。时浚尚幼，州事悉委后军长史范晔、主簿沈璞。晔，泰之子；璞，林子之子也。晔寻迁左卫将军，以吏部郎沈演之为右卫将军，对掌禁旅；又以庾炳之为吏部郎，俱参机密。演之，劲之曾孙也。

【译文】十一月，丁亥（初三），北魏君主拓跋焘前往山北。

扬州刺史殷景仁任职后，病情又加重，刘宋文帝刘义隆对他十分爱护，下令到西州的路上禁止车马经过，以免发出声音。癸丑（初九），殷景仁因病去世。

十二月，癸亥（初九），刘宋文帝刘义隆任命光禄大夫王球为仆射。戊辰（十四日），任命始兴王刘浚为扬州刺史。那时刘浚还十分年幼，州事全部委托给后军长史范晔和主簿沈璞。范晔是范泰的儿子；沈璞，是沈林子的儿子。没过多久，范晔升迁为左卫将军。同时，刘宋文帝刘义隆将吏部郎沈演之任命为右卫将军，让他们一起掌管禁军，又任命庾炳之为吏部郎，一同参与朝廷的机密大事。沈演之是沈劲之的曾孙。

晔有俊才，而薄情浅行，数犯名教，为士流所鄙。性躁竞，自谓才用不尽，常怏怏不得志。吏部尚书何尚之言于帝曰："范晔志趋异常，请出为广州刺史；若在内衅成，不得不加铁钺。铁钺亟行，非国家之美也。"帝曰："始诛刘湛，复迁范晔，人将谓卿等不能容才，朕信受谗言。但共知其如此，无能为害也。"

【译文】范晔十分有才能，行为却随便放荡，屡次违反当时的礼教规范，被士大夫所轻视。他的性情又十分急躁，热心名利，认为自己的才能没有完全发挥，经常抑郁不得志。吏部尚书何尚之对刘宋文帝说："范晔的野心太大，志向与其他人不一样，应该派他去担任广州刺史。如果留在朝廷犯下罪行，就不能不对他进行惩罚。刑罚太多，对国家来说不是好事。"刘宋文帝刘义隆说："刚刚处死刘湛，现在又要将范晔赶出京师，人们会议论你们无法包容人才，而我却相信谗言。只要所有的人都知道范晔的问题，他就无法祸害朝廷了。"

【乾隆御批】宋祖起自艰难，新洲衲衣留示子孙可也，转付主家亦何为者？而会稽主竟视如护符，为其子丐死命时尚悍横若此，其贻谋之不臧可知矣。我母汝父云云直是委巷妇妪嫂骂口吻，不可与光武如章陵事相提并论。怏怏不得志盖士习之常，然亦何至谋叛，而当时谢灵运、范晔比比皆是，可见偏安季世，政无纲纪矣。然文帝既知逆恶之萌，又恐以始才信谗为嫌，濡忍不断，卒至芽筑斧柯，悔之已晚。小不忍则乱大谋。所以为千古龟鉴。

【译文】宋高祖刘裕在艰难的条件下兴起，新洲的补丁衣服留给儿孙看可以，转交给公主家又算是干什么呢？而会稽公主却把补丁衣服看成护身符一般，为她儿子的死罪求命时还那么蛮横，他们父祖对子孙的训诲不善可想而知了。我母亲你父亲这样的话简直就是里巷老太婆骂街的口吻，完全不能和汉光武帝刘秀去章陵的事相提并论。怏怏不得志是士人们常有的一种习气，然而怎么也到不了谋叛的地步，可是当时谢灵运、范晔这样的人比比皆是，可见国家偏安一角，处在衰落的时代，朝政没有纲纪了。但是宋文帝刘义隆既然知道叛逆的萌芽，又害怕因为别人说自己忌妒才能相信谗言，柔顺忍让不能决断，终于导致幼芽长成被做成斧柄，后悔也已经太晚。小不忍乱大谋。这成为千古以来的借鉴。

是岁，魏宁南将军王慧龙卒，吕玄伯留守其墓，终身不去。

魏主欲以伊馛为尚书，封郡公，馛辞曰："尚书务殷，公爵至重，非臣年少愚近所宜膺受。"帝问其所欲，对曰："中、秘二省多诸文士，若恩矜不已，请参其次。"帝善之，以为中护国将军、秘书监。

大秦王杨难当复称武都王。

【译文】这一年，北魏宁南将军王慧龙去世，吕玄伯一直守在他的墓旁，终身不愿离去。

北魏君主拓跋焘想任命伊馛为尚书，加封郡公，伊馛辞让说："尚书这个职位工作繁多，公爵名位崇高，不是我这样年少愚昧的人可以胜任的。"拓跋焘问他想要什么职位，他回答说：

"中书省、秘书省这里面大多都是文士，如果可以承蒙恩宠，我想加入他们的行列。"北魏君主拓跋焘同意，任命他为中护军、秘书监。

大秦王杨难当又将旧号恢复，称为武都王。

元嘉十八年（辛巳，公元四四一年）春，正月，癸卯，魏以沮渠无讳为征西大将军、凉州牧、酒泉王。

【译文】元嘉十八年（辛巳，公元441年）春季，正月，癸卯（二十日），北魏君主拓跋焘任命沮渠无讳为征西大将军、凉州牧、酒泉王。

彭城王义康至豫章，辞刺史；甲辰，以义康都督江、交、广三州诸军事。前龙骧参军巴东扶令育诣阙上表，称："昔袁盎谏汉文帝曰：'淮南王若道路遇霜露死，陛下有杀弟之名。'文帝不用，追悔无及。彭城王义康，先朝之爱子，陛下之次弟，若有迷谬之愆，正可数之以善恶，导之以义方，奈何信疑似之嫌，一旦黜削，远送南垂！草莱黔首，皆为陛下痛之。庐陵往事，足为龟鉴。恐义康年穷命尽，奄忽于南，臣虽微贱，窃为陛下羞之。陛下徒知恶枝之宜伐，岂知伐枝之伤树！伏愿亟召义康返于京甸，兄弟协和，君臣辑睦，则四海之望塞，多言之路绝矣。何必司徒公、扬州牧然后可以置彭城王哉！若臣所言于国为非，请伏重诛以谢陛下。"表奏，即收付建康狱，赐死。

◆裴子野论曰：夫在上为善，若云行雨施，万物受其赐；及其恶也，若天裂地震，万物所惊骇，其谁弗知，其谁弗见！岂戮一人之身，钳一夫之口，所能禳逃，所能弭灭哉？是皆不胜其忿怒

51

而有增于疾疹也。以太祖之含弘，尚掩耳于彭城之戮，自斯以后，谁易由言！有宋累叶，罕闻直谅，岂骨鲠之气，俗愧前古？抑时王刑政使之然乎？张约陨于权臣，扶育毙于哲后，宋之鼎镬，吁，可畏哉！◆

【译文】刘宋的彭城王刘义康前往豫章，请求辞去刺史职务。甲辰（二十一日），刘宋文帝刘义隆任命刘义康为都督江州、交州、广州三州各军军事。前龙骧将军、巴东人扶令育到达京城，上书刘宋文帝说："以前袁盎规劝汉文帝说：'淮南王刘长如果在路上遭遇风霜冻死，那您就有了杀害弟弟的罪名。'汉文帝没有听他的话，后来后悔也来不及。彭城王刘义康，是先皇所喜爱的儿子，是陛下的二弟，如果曾有一时的糊涂过失，用好坏的标准对他责备，用仁义来对他引导，哪里能够相信可疑的罪名，一日就将他罢免官职，流放到南方边境呢！民间的百姓，都为陛下感到痛心。庐陵王刘义真被迁新安而遭杀害的事，足够拿来作为借鉴。我深怕刘义康不幸去世，死在南方，我的地位虽然低贱，但仍然私下里为陛下感到羞愧。陛下只知道坏掉的树枝需要砍去，怎么不知道树枝被砍去会伤及树木。希望陛下可以快速将刘义康召回京师，使手足之情友爱，君臣和睦相处，这样，天下的怨恨就会消失，诽谤的谣言也能停止。何必非要将彭城王置于司徒公、扬州牧的位置上呢？如果我所说的对国家来说有害，我愿意被处死，向陛下谢罪。"奏章上呈后，刘宋文帝刘义隆就将扶令育抓获，关在建康的监狱，并命他自杀。

◆裴子野论说：在高位的人实行善政，就像布施云雨，降下甘霖，让万物都得到他的恩泽。但是，高位者如果实行恶政，就好像天地震裂，万物都会受到惊恐。这种结果，谁能不知道？谁能看不到呢？怎么会是杀一个人的性命，钳一个人的口舌，就可以逃避掩盖，就能消失的呢？这都是不能压抑自己的愤怒，而使疾病加重的啊。以太祖刘义隆的度量，还对杀害彭城王的规劝掩耳不听。这样以后，有谁还敢说话！刘宋的好几代，正直进谏的人都很少，是因为朝廷上士人的正直骨气不如古人，还是因为当时君主的刑法太过于苛刻呢？张约之冤死在权臣的手中，而扶令育却是被君主杀害，刘宋对人的严酷刑法，唉！真的是可怕啊！◆

魏新兴王俊荒淫不法，三月，庚戌，降爵为公。俊母先得罪死，俊积怨望，有逆谋；事觉，赐死。

辛亥，魏赐郁久闾乞列归爵为朔方王，沮渠万年为张掖王。

【译文】北魏新兴王拓跋俊整日荒淫无度，三月，庚戌（二十八日），爵位被降为公爵。拓跋俊的母亲先前因获罪而被杀害，拓跋俊心里一直有着怨恨，计谋背叛朝廷。因事情泄露，被赐死。

辛亥（二十九日），北魏君主拓跋焘封柔然郁久闾乞列归为朔方王，封沮渠万年为张掖王。

夏，四月，沮渠唐儿叛沮渠无讳；无讳留从弟天周守酒泉，与弟宜得引兵击唐儿，唐儿败死。魏以无讳终为边患，庚辰，遣镇南将军奚眷击酒泉。

秋，八月，辛亥，魏遣散骑侍郎张伟来聘。

九月，戊戌，魏永昌王健卒。

冬，十一月，戊子，王球卒。己亥，以丹杨尹孟颛为尚书仆射。

【译文】夏季，四月，敦煌太守沮渠唐儿对沮渠无讳叛变，沮渠无讳将他的堂弟沮渠天周留在酒泉镇守,自己与弟弟沮渠宜得亲自率兵追击沮渠唐儿,沮渠唐儿战败而亡。北魏朝廷认为沮渠无讳早晚都是边境的隐患,庚辰(二十八日),北魏君主拓跋焘派镇南将军奚眷进攻酒泉。

秋季,八月,辛亥(初一),北魏君主拓跋焘派散骑侍郎张伟访问刘宋。

九月,戊戌(十九日),北魏永昌王拓跋健去世。

冬季,十一月,戊子(初十),刘宋仆射王球去世。己亥(二十一日),刘宋朝廷任命丹杨尹孟顗为尚书仆射。

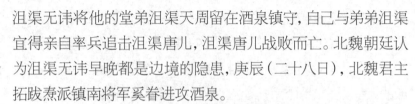

酒泉城中食尽,万馀口皆饿死,沮渠天周杀妻以食战士。庚子,魏奚眷拔酒泉,获天周,送平城,杀之。沮渠无讳乏食,且畏魏兵之盛,乃谋西度流沙,遣其弟安周西击鄯善。鄯善王欲降,会魏使者至,劝令拒守;安周不能克,退保东城。

氐王杨难当倾国入寇,谋据蜀土,遣其建忠将军苻冲出东洛以御梁州兵;梁、秦二州刺史刘真道击冲,斩之。真道,怀敬之子也。难当攻拔葭萌,获晋寿太守申坦,遂围涪城。巴西、梓潼二郡太守刘道锡婴城固守,难当攻之十馀日,不克,乃还。道锡,道产之弟也。十二月,癸亥,诏龙骧将军裴方明等帅甲士三千人,又发荆、雍二州兵以讨难当,皆受刘真道节度。

【译文】被北魏围困的酒泉城内粮食已经全部吃尽,有一万多人被饿死,酒泉守将沮渠天周杀死自己的妻子,分给战士充饥。庚子(二十二日),北魏将领奚眷率兵将酒泉攻克,抓获沮渠天周,押送平城处死。沮渠无讳的军队也缺乏粮食,又担心北魏的强大军队,于是打算向西度过沙漠,派他的弟弟沮渠安周向西进攻鄯善。鄯善王准备投降,正好北魏使者到达,规劝他要坚守，不能投降。因此，沮渠安周无法攻克，只好退保东城。

氐王杨难当倾尽全国的军力攻打刘宋，想要占据蜀土，他派手下建忠将军符冲从东洛发兵，来抵御刘宋梁州的守兵。刘宋梁州、秦州二州刺史刘真道前去迎战符冲，将其斩杀。刘真道是刘怀敬的儿子。杨难当攻克葭萌，擒获晋寿太守申坦，进而又将涪城包围。巴西、梓潼二郡太守刘道锡环绕城池坚守，杨难当一直攻打了十几天，无法攻下，于是退去。刘道锡是刘道产的弟弟。十二月，癸亥（十五日），刘宋文帝刘义隆下诏，派龙骧将军裴方明等率全副武装的三千士兵，又调遣荆州、雍州二州的士兵前去讨伐杨难当，全部由刘真道统一指挥。

晋宁太守爨松子反，宁州刺史徐循讨平之。

天门蛮田向求等反，破溇中；荆州刺史衡阳王义季遣行参军曹孙念讨破之。

魏寇谦之言于魏主曰："今陛下以真君御世，建静轮天宫之法，开古以来，未之有也。应登受符书，以彰圣德。"帝从之。

【译文】刘宋晋宁太守爨松子发动叛变，宁州刺史徐循对其镇压。

天门蛮田向求等人率兵叛变，攻陷溇中。刘宋荆州刺史、衡阳王刘义季命令行参军曹孙念彻底将他们打败。

北魏道士寇谦之对北魏君主拓跋焘说："如今君主是以真君来统治天下，对静轮天宫法术的建立，自开天辟地以来，从来没有过。应该登台接受符书，以表彰君主的圣德。"拓跋焘同意了。

资治通鉴卷第一百二十四　宋纪六

起玄黓敦牂，尽柔兆阉茂，凡五年。

【译文】起壬午（公元442年），止丙戌（公元446年），共五年。

【题解】本卷记录了宋文帝元嘉十九年至二十三年共五年间的刘宋与北魏等国的大事：魏主数道北伐柔然，不听太子劝告，使柔然逃跑；魏尚书令刘絜欲败魏军，改魏主令，使诸将未按期到达被杀，又派人袭扰魏军，加罪给崔浩；刘絜欲立新主，甚至想自谋称帝，终被夷灭三族；魏主拓跋焘迷信道教，排斥沙门，焚毁经像，太子在劝阻无效的情况下缓下诏书，使各地沙门及经像得以转移；魏国境内盖吴作乱，安定卢水胡刘超又反，均被陆俟乃平定。刘宋孔熙先鼓动近臣谋反，遭告密而被杀；魏主纵兵寇宋三州，大肆杀掠；何承天向宋文帝建议收缩边防，寓兵于民；刘宋征讨林邑王范阳迈，使其大败而走；武都、仇池与吐谷浑地区动乱纷争不断；李顺被崔浩进言所杀，宋将刘真道等在平定仇池时私贪财物被处死。

太祖文皇帝中之中

元嘉十九年（壬午，公元四四二年）春，正月，甲申，魏主备法驾，诣道坛受符箓，旗帜尽青。自是每帝即位皆受箓。谦之又奏作静轮宫，必令其高不闻鸡犬，欲以上接天神。崔浩劝帝为之，功费万计，经年不成。太子晃谏曰："天人道殊，卑高定分，不可相接，理在必然。今虚耗府库，疲弊百姓，为无益之事，将安用之! 必如谦之所言，请因东山万仞之高，为功差易。"帝不从。

【译文】元嘉十九年（壬午，公元442年）春季，正月，甲申（初七），北魏君主拓跋焘准备好车驾，前往道坛接受符箓，打着的旗帜全部都是青色。从此以后，北魏朝廷的每个皇帝继承皇位时都要接受符箓。道士寇谦之又奏请修建静轮宫，并且要高到人在上面不能听到下面鸡鸣狗叫的声音，说是为了到上面以与天神相接。崔浩也力劝北魏君主拓跋焘建造静轮宫，花费的财力物力数以万计，建了几年还没有完工。太子拓跋晃劝谏拓跋焘说："天与人的道不同，一高一低已经确定，二者无法相连，这是理所当然的，如今我们白白地消耗国库，使百姓疲困，这种没有利益的事情，做来哪里有用呢? 如果必须要如寇谦之所说的那样做，那么我请求将它建在万丈高的东山上，这样的话就比较容易。"北魏君主拓跋焘没有接受。

夏，四月，沮渠无讳将万馀家，弃燉煌西就沮渠安周。未至，鄯善王比龙畏之，将其众奔且末，其世子降于安周。无讳遂据鄯善，其士卒经流沙，渴死者太半。

李宝自伊吾帅众两千入据燉煌，缮修城府，安集故民。

沮渠牧犍之亡也，凉州人阚爽据高昌，自称太守。唐契为柔然所逼，拥众西趋高昌，欲夺其地。柔然遣其将阿若追击之，契败死。契弟和收馀众奔车师前部王伊洛。时沮渠安周屯横截城，和攻拔之，又拔高宁、白力二城，遣使请降于魏。

甲戌，上以疾愈，大赦。

【译文】夏季，四月，沮渠无讳率一万多家百姓，舍弃敦煌，向西与沮渠安周会合。还没有抵达，鄯善王比龙很是害怕，率他的部下前往且末，他的世子投降了沮渠安周。于是，沮渠无讳占领了鄯善。沮渠无讳的士兵在经过沙漠时渴死的人数超过了一半。

逃亡的李宝又从伊吾率两千士兵占领敦煌，并修筑敦煌的城墙府第，安抚聚集原有的百姓。

沮渠牧犍逃走以后，凉州人阚爽占领了高昌，并且自称太守。唐契因为无法忍受柔然汗国的逼迫，率部下前往高昌，想要攻占高昌。柔然汗国派将领阿若前去追击他，唐契战败被杀。唐契的弟弟唐和聚集残余士兵投奔车师前部王伊洛。当时沮渠安周正屯居在横截城，唐和攻取横截城，又先后攻克高宁、白力两城，并派使者前去北魏请求投降。

甲戌(二十八日)，刘宋文帝刘义隆病愈，下令大赦天下。

五月，裴方明等至汉中，与刘真道分兵攻武兴、下辩、白水，皆取之。杨难当遣建节将军符弘祖守兰皋，使其子抚军大将军和将重兵为后继。方明与弘祖战于浊水，大破之，斩弘祖；和退走，追至赤亭，又破之。难当奔上邽；获难当兄子建节将军保炽。难当以其子虎为益州刺史，守阴平，闻难当走，引兵还，至下辩；方明使其子肃之邀击之，擒虎，送建康，斩之；仇池平。以辅国司马胡崇之为北秦州刺史，镇其地；立杨保炽为杨玄后，使守仇池。魏人遣中山王辰迎杨难当诣平城。秋，七月，以刘真道为雍州刺史，裴方明为梁、南秦二州刺史；方明辞不拜。

【译文】五月，龙骧将军裴方明等抵达汉中，联合梁州刺史刘真道一起分别派兵攻打武兴、下辩、白水三个地方，全部攻下。杨难当派建节将军符弘祖镇守兰皋，派他儿子抚军大将军杨和率大军做后援。裴方明和符弘祖在浊水大战，符弘祖战败，被裴方明斩杀。杨和撤退逃走，裴方明一直追到赤亭，又击败杨和。杨难当逃亡到上邽，裴方明擒获杨难当的侄子建节将军杨保炽。杨难当任命儿子杨虎为益州刺史，镇守阴平，杨虎得知杨难当逃走，也率士兵退回到下辩，裴方明派他的儿子裴肃之前来迎击，擒获杨虎，送回建康斩首，平定了仇池。刘宋朝廷任命辅国司马胡崇之为北秦州刺史，镇守该地，并让杨保炽做杨玄的继承人，镇守仇池。北魏君主拓跋焘派中山王拓跋辰迎接杨难当到平城。秋季，七月，宋文帝刘义隆任命刘真道为雍州刺史，裴方明为梁、南秦二州刺史，裴方明推辞，不接受任命。

丙寅，魏主使安西将军古弼督陇右诸军及殿中虎贲与武都王杨保宗自祁山南入，征西将军渔阳皮豹子与琅邪王司马楚之督关中诸军自散关西入，俱会仇池。又使谯王司马文思督洛、豫诸军南趋襄阳，征南将军刁雍东趋广陵，移书徐州，称为杨难当报仇。

甲戌晦，日有食之。

【译文】丙寅（二十二日），北魏君主拓跋焘派安西将军古弼统领陇右的各个军队和朝廷卫士，与武都王杨保宗从祁山向南发兵，派征西将军渔阳人皮豹子与琅邪王司马楚之统领关中的各个军队从散关向西发兵，两军在仇池会合。又派谯王司马文思统领洛、豫各军向南急速袭击襄阳，征南将军刁雍向东急速前往广陵，并且派人送文书到徐州，声称要为杨难当报仇。

甲戌晦（三十日），发生日食。

唐契之攻阚爽也，爽遣使诈降于沮渠无讳，欲与之共击契。八月，无讳将其众趋高昌；比至，契已死，爽闭门拒之。九月，无讳将卫兴奴夜袭高昌，屠其城，爽奔柔然。无讳据高昌，遣其常侍氾俊奉表诣建康。诏以无讳为都督凉、河、沙三州诸军事、征西大将军、凉州刺史、河西王。

冬，十月，己卯，魏立皇子伏罗为晋王，翰为秦王，谭为燕王，建为楚王，余为吴王。

甲申，柔然遣使诣建康。

【译文】 唐契进攻阚爽，阚爽派使者向沮渠无讳诈降，说要与沮渠无讳一起进攻唐契。八月，沮渠无讳率部下前往高昌，将要到达时，唐契已经战败身亡，阚爽关闭城门拒绝让沮渠无讳进入。九月，沮渠无讳率卫兴奴夜袭高昌，屠杀全城，阚爽投奔柔然。沮渠无讳将高昌占领，派他的常侍氾俊携带奏章前往建康。刘宋文帝下诏任命沮渠无讳为都督凉、河、沙三州诸军事，征西大将军、凉州刺史，加封河西王。

冬季，十月，己卯(初六)，北魏君主拓跋焘封皇子拓跋伏罗为晋王，封拓跋翰为秦王，拓跋谭为燕王，拓跋建为楚王，拓跋余为吴王。

甲申(十一日)，柔然汗国派使者前往刘宋都城建康。

十二月，辛巳，魏襄城孝王卢鲁元卒。

丙申，诏鲁郡修孔子庙及学舍，蠲墓侧五户课役以供洒扫。

李宝遣其弟怀达、子承奉表诣平城；魏人以宝为都督西垂诸军事、镇西大将军、开府仪同三司、沙州牧、燉煌公，四品以下听承制假授。

雍州刺史晋安襄侯刘道产卒。道产善为政，民安其业，小大丰赡，由是民间有《襄阳乐歌》。山蛮前后不可制者皆出，缘沔为村落，户口殷盛。及卒，蛮追送至沔口。未几，群蛮大动，征西

60

司马朱修之讨之，不利；诏建威将军沈庆之代之，杀虏万馀人。

魏主使尚书李顺差次群臣，赐以爵位；顺受贿，品第不平。是岁，凉州人徐桀告之，魏主怒，且以顺保庇沮渠氏，面欺误国，赐顺死。

【译文】十二月，辛巳（初九），北魏襄城孝王卢鲁元去世。

丙申（二十四日），刘宋文帝刘义隆下诏命令鲁郡修整孔子庙以及学舍，免去孔子墓地旁边五户人家的赋税劳役，让他们专门清扫孔庙。

李宝派弟弟李怀达、儿子李承携带奏章前往平城。北魏君主拓跋焘任命李宝为都督西垂诸军事、镇西大将军、开府仪同三司、沙州牧及敦煌公，所有四品以下官员，全部由他秉承皇上的旨意任命。

刘宋雍州刺史晋安襄侯刘道产去世。刘道产善于处理政事，百姓安居乐业，丰衣足食。所以，民间有流传《襄阳乐歌》。在山中藏身的山蛮先后都没有人可以制伏，现在都走出深山，沿着沔水定居，而且人丁繁盛。等到刘道产去世，山蛮们护送他的灵柩一直到沔口。刘道产去世不久，各地的山蛮部落纷纷发生叛乱，征西司马朱修之率兵征讨，失败。宋文帝刘义隆下诏，派建威将军沈庆之代替朱修之前去讨伐山蛮，结果杀死的蛮人有一万多人。

北魏君主拓跋焘派尚书李顺依次评定文武百官的等级，并以此来赐给爵位。李顺接受贿赂，所以等级不公平。这一年，凉州人徐桀告发他，北魏君主拓跋焘十分生气，认为李顺是在欺君误国，因此下诏命李顺自杀。

元嘉二十年（癸未，公元四四三年）春，正月，魏皮豹子等进击乐乡，将军王奂之等败没。魏军进至下辩，将军强玄明等败死。二月，胡崇之与魏战于浊水，崇之为魏所擒，馀众走还汉中。将军姜道祖兵败，降魏，魏遂取仇池。杨保炽走。

丙午，魏主如恒山之阳；三月，庚申，还宫。

壬戌，乌洛侯国遣使如魏。初，魏之居北荒也，凿石为庙，在乌洛侯西北，以祀其先，高七十尺，深九十步。及乌洛侯使者至魏，言石庙具在，魏主遣中书侍郎李敞诣石庙致祭，刻祝文于壁而还，去平城四千馀里。

【译文】元嘉二十年（癸未，公元443年）春季，正月，北魏征西将军皮豹子进攻乐乡，刘宋将军王奂之等人战败，全部战亡。北魏军队进抵下辩，刘宋将军强玄明等人也全部战败而亡。二月，刘宋刺史胡崇之和北魏士兵在浊水交战，胡崇之被北魏军队擒获，余下的士兵逃回汉中。将军姜道祖也战败，投降北魏。于是，北魏占领仇池。杨保炽逃走。

丙午（疑误），北魏君主拓跋焘抵达恒山南坡。三月，庚申（二十日），拓跋焘回宫。

壬戌（二十二日），乌洛侯国派使者前往北魏。起初，北魏居住在荒凉的北方时，在乌洛侯国的西北祭祀先祖，凿打石头建筑寺庙，寺庙高七十尺，深九十步。等到乌洛侯国的使者抵达北魏时，说石庙现在仍然存在，北魏君主拓跋焘便派中书侍郎李敞前往石庙祭祀，李敞在洞庙的墙壁上刻下祝文后才返回，石庙与北魏都城平城相距四千多里。

魏河间公齐与武都王杨保宗对镇雒谷，保宗弟文德说保宗，令闭险自固以叛魏。或以告齐，夏，四月，齐诱执保宗，送平城，杀之。前镇东司苟达、征西从事中郎任胐等遂举兵立杨文德为主，据白崖，分兵取诸戌，进围仇池，自号征西将军、秦、河、梁三州牧、仇池公。

甲午，立皇子诞为广陵王。

丁酉，魏大赦。

己亥，魏主如阴山。

【译文】北魏国河间公拓跋齐和武都王杨保宗分别镇守在雒谷两边，杨保宗的弟弟杨文德规劝杨保宗，让他占据险要，叛变北魏。有人将这报告给拓跋齐，夏季，四月，河间公拓跋齐诱抓杨保宗，并押送回平城斩杀。于是，前镇东司马苻达、征西从事中郎任朏等人，起兵立杨文德为盟主，占据白崖，并分兵夺取各个据点，进而包围仇池，杨文德自号征西将军，兼秦、河、梁三州牧和仇池公。

甲午（二十四日），刘宋文帝刘义隆封皇子刘诞为广陵王。

丁酉（二十七日），北魏实行大赦。

己亥（二十九日），北魏君主拓跋焘前往阴山。

五月，魏古弼发上邽、高平、岍城诸军击杨文德，文德退走。皮豹子督关中诸军至下辩，闻仇池解围，欲还；弼遣人谓豹子曰：“宋人耻败，必将复来。军还之后，再举为难，不如练兵蓄力以待之。不出秋冬，宋师必至；以逸待劳，无不克矣。”豹子从之。魏以豹子为仇池镇将。

杨文德遣使来求援。秋，七月，癸丑，诏以文德为都督北秦、雍二州诸军事、征西大将军、北秦州刺史、武都王。文德屯葭芦城，以任朏为左司马；武都、阴平氏多归之。

甲子，前雍州刺史刘真道、梁、南秦二州刺史裴方明坐破仇池减匿金宝及善马，下狱死。

【译文】五月，北魏安西将军古弼发动上邽、高平、岍城各地士兵前去讨伐杨文德，杨文德撤退。征西将军皮豹子统领关中各军抵达下辩，听到仇池已经解除围困，准备回去。古弼派人对皮豹子说："刘宋对这次战败感到羞耻，肯定还会再回来，士兵退回以后，再来就会十分艰难，不如就在这里练兵蓄积力量以等待刘宋的军队。不出秋冬，刘宋的军队一定会再来的。我们的士兵以逸待劳，肯定可以打胜仗。"皮豹子同意了。于是，北魏任命皮豹子为仇池镇将。

杨文德派使者请求刘宋支援。秋季，七月，癸丑（十四日），刘宋文帝刘义隆下诏，任命杨文德为都督北秦、雍二州诸军事，兼任征西大将军、北秦州刺史、武都王。杨文德在葭芦城屯驻，任命任胐为左司马。很多武都、阴平一带的氐人都归附了他们。

甲子（二十五日），刘宋前雍州刺史刘真道，梁、南秦二州刺史裴方二人因涉嫌在攻陷仇池时私藏金宝和良马，被抓捕入狱，处以死罪。

九月，辛巳，魏主如漠南。甲辰，舍辎重，以轻骑袭柔然。分军为四道：乐安王范、建宁王崇各统十五将出东道，乐平王丕督十五将出西道，魏主出中道，中山王辰督十五将为后继。

魏主至鹿浑谷，遇敕连可汗。太子晃言于魏主曰："贼不意大军猝至，宜掩其不备，速进击之。"尚书令刘絜固谏，以为贼营中尘盛，其众必多，出至平地，恐为所围，不如须诸军大集，然后击之。晃曰："尘之盛者，由军士惊怖扰乱故也，何得营上而有此尘乎！"魏主疑之，不急击。柔然遁去。追至石水，不及而还。既而获柔然候骑曰："柔然不觉魏军至，上下惶骇，引众北走，经六七日，知无追者，始乃徐行。"魏主深恨之。自是军国大事，皆与太子谋之。

【译文】 九月，辛巳（疑误），北魏君主拓跋焘抵达沙漠南。甲辰（初六），北魏军队舍弃辎重，率轻骑兵袭击柔然，一共兵分四路：乐安王拓跋范、建宁王拓跋崇分别率十五位将领从东路发兵，乐平王拓跋丕率十五位将领从西路发兵，北魏君主拓跋焘从中路发兵，中山王拓跋辰率十五位将领作为后援。

北魏君主拓跋焘到达鹿浑谷，与柔然的敕连可汗恰好遇见。太子拓跋晃对拓跋焘说："柔然贼人肯定没有想到我们大军突然来到，所以我们应该乘他们不备，立刻进攻。"尚书令刘洁却坚决阻止，他认为："贼营中烟尘很大，他们的士兵必多，我们前往平地和他们应战，害怕会被柔然的军队包围，不如等到各路军队聚集的时候再进攻。"拓跋晃说："他们军营烟尘浓厚，是士兵惊慌失措乱跑造成的，否则，营中怎么会有这么多烟尘呢？"北魏君主拓跋焘对此产生怀疑，没有急于攻击。于是，柔然军队逃跑，北魏君主拓跋焘一直追到石水，没有追到而返回。不久，被抓获的柔然骑兵说："柔然军队并不知道北魏军队的到来，所以当知道这个消息时上下都十分害怕，慌作一团，可汗率兵向北逃走，逃了六七天，知道没有北魏士兵的追赶，才开始缓慢前行。"北魏君主拓跋焘知道后十分后悔。从此，军国大事，北魏君主都会与太子拓跋晃一起商讨。

司马楚之别将兵督军粮，镇北将军封沓亡降柔然，说柔然令击楚之以绝军食。俄而军中有告失驴耳者，诸将莫晓其故。楚之曰："此必贼遣奸人入营觇伺，割驴耳以为信耳。贼至不久，宜急为之备。"乃伐柳为城，以水灌之，令冻；城立而柔然至，冰坚滑，不可攻，乃散走。

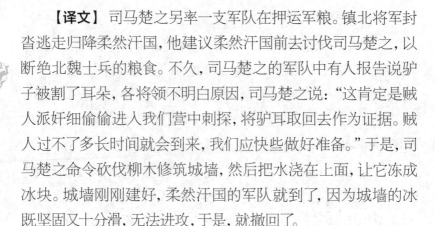

【译文】司马楚之另率一支军队在押运军粮。镇北将军封沓逃走归降柔然汗国，他建议柔然汗国前去讨伐司马楚之，以断绝北魏士兵的粮食。不久，司马楚之的军队中有人报告说驴子被割了耳朵，各将领不明白原因，司马楚之说："这肯定是贼人派奸细偷偷进入我们营中刺探，将驴耳取回去作为证据。贼人过不了多长时间就会到来，我们应快些做好准备。"于是，司马楚之命令砍伐柳木修筑城墙，然后把水浇在上面，让它冻成冰块。城墙刚刚建好，柔然汗国的军队就到了，因为城墙的冰既坚固又十分滑，无法进攻，于是，就撤回了。

十一月，将军姜道盛与杨文德合众二万攻魏浊水戍，魏皮豹子、河间公齐救之，道盛败死。

甲子，魏主还，至朔方，下诏令皇太子副理万机，总统百揆。且曰："诸功臣勤劳日久，皆当以爵归第，随时朝请，飨宴朕前，论道陈谟而已，不宜复烦以剧职；更举贤俊以备百官。"十二月，辛卯，魏主还平城。

【译文】十一月，刘宋将军姜道盛与杨文德一起集合二万士兵前去攻打北魏的浊水戍，北魏皮豹子以及河间公拓跋齐前来救援，姜道盛战败而亡。

甲子（二十七日），北魏君主拓跋焘返回京师，走到朔方时，下诏令太子拓跋晃总理全国的日常事务，统领百官。还说："各位功臣已经辛劳很长时间，应带着自己的爵号回家休养，按季节、节日进宫朝见皇帝，与我共同饮酒欢聚，谈论你们对治国的见解就可以了，不必再担任劳苦的职位来麻烦自身。除此我们要另外选择一批贤能的新人来完善百官的职位。"十二月，辛卯（初一），北魏君主拓跋焘回到平城。

元嘉二十一年(甲申, 公元四四四年)春, 正月, 己亥, 帝耕藉田, 大赦。

壬寅, 魏太子始总百揆, 命侍中、中书监穆寿、司徒崔浩、侍中张黎、古弼辅太子决庶政, 上书者皆称臣, 仪与表同。

古弼为人, 忠慎质直。尝以上谷苑囿太广, 乞减太半以赐贫民, 入见魏主, 欲奏其事。帝方与给事中刘树围棋, 志不在弼; 弼侍坐良久, 不获陈闻。忽起, 捽树头, 掣下床, 搏其耳, 殴其背, 曰: "朝廷不治, 实尔之罪!" 帝失容, 舍棋曰: "不听奏事, 朕之过也, 树何罪! 置之!" 弼具以状闻, 帝皆可其奏。弼曰: "为人臣无礼至此, 其罪大矣。" 出诣公车, 免冠徒跣请罪。帝召入, 谓曰: "吾闻筑社之役, 寋蹷而筑之, 端冕而事之, 神降之福。然则卿有何罪! 其冠履就职。苟有可以利社稷、便百姓者, 竭力为之, 勿顾虑也。"

【译文】元嘉二十一年(甲申, 公元444年)春季, 正月, 己亥(初三), 刘宋文帝刘义隆举行亲自耕种仪式, 实行大赦。

壬寅(初六), 北魏太子拓跋晃开始接管全国的事务, 北魏君主拓跋焘派侍中兼中书监穆寿、司徒崔浩、侍中张黎和古弼一起辅佐太子处理日常事务, 所有给太子上书的都需要称为臣, 礼仪和称呼的尊卑与给皇帝上表相同。

古弼性情忠厚善良, 为人正直, 曾因上谷的皇家林园面积太广, 而请求北魏君主拓跋焘减去一半面积, 赏赐给贫民。当时, 他入宫觐见北魏君主拓跋焘, 打算报告这件事时, 北魏君主正和给事中刘树坐在一起下围棋, 一直没有注意到古弼的到来。古弼坐在那里等了很久, 没有说话的机会, 他突然站起来, 抓住刘树的头发, 把他拉下床, 捏着他的耳朵打他的后背, 说:

"朝廷政务无法及时处理，这都是你的罪过！"北魏君主拓跋焘脸色大变，放下棋子说："没有听你的报告，是我的错误！刘树哪里有罪呢？放了他。"古弼便将事情全部告诉了北魏君主，北魏君主拓跋焘对古弼的建议全部批准。古弼说："我身为人臣，在陛下面前如此无礼，罪过实在是太大了。"于是，出来后来到官署，将鞋帽脱掉，光着脚请罪。北魏君主拓跋焘将他召了进去说："我听说建筑祭坛的工作，是要歪着脚辛苦干活，完工后穿着礼服前去祭祀，神明就会降福于他。那么你哪有罪过呢？你还是将鞋帽穿戴好完成你的职务吧。只要是对社稷有利，对百姓有利的事情，你就尽全力去完成，不要有什么顾虑！"

【乾隆御批】古弼在魏颇著直声，然何至于君前起捽侍臣。古之激蹙者伏青蒲、攀殿槛而极矣，何尝失礼若此乎？但围棋不听奏事，亦乖临下之体。元魏君臣盖两失之。

【译文】古弼在北魏很有耿直的名声，但也不至于在皇帝面前揪打侍臣。古代那些激烈憨厚而刚直的人做出伏青蒲、攀殿槛的事就已经算是到头了，哪有像这样失礼的呢？但魏主只顾下棋而不听大臣奏事，也有背于对待朝臣的原则。元魏的君主和大臣两方都有不足。

【申涵煜评】弼诚蹙直之臣，然因帝围棋，不得奏事，遂捽刘树之头，搏耳殴背。人臣于天子前，奈何作如此举动，犹是漠外气习取其诚可也？

【译文】古弼实在是一名忠厚刚直的臣子，然而因为魏太武帝拓跋焘在和刘树下围棋，不能及时上奏，于是就抓住刘树的头，扇打他的耳朵和后背。臣子在天子面前，为什么做出这样的动作？还是漠外的风气习俗让他如此诚实？

太子课民稼穑，使无牛者借人牛以耕种，而为之芸田以偿之，凡耕种二十二亩而芸七亩，大略以是为率。使民各标姓名于田首，以知其勤惰，禁饮酒游戏者。于是垦田大增。

戊申，魏主诏："王、公以下至庶人，有私养沙门、巫觋于家者，皆遣诣官曹；过二月十五日不出，沙门、巫觋死，主人门诛。"庚戌，又诏："王、公、卿、大夫之子皆诣太学，其百工、商贾之子，当各习父兄之业，毋得私立学校；违者，师死，主人门诛。"

【译文】太子拓跋晃监督百姓耕田，让家里没有牛的百姓去向有牛的百姓借牛来耕作，然后再为有牛的百姓除草来作为对人家的补偿。一般是每耕作二十二亩田就要帮别人除七亩的草，大概都按这个比率来做，百姓将自己的姓名标示在田前，这样就可以让人了解他的勤惰，与此同时，还禁止百姓饮酒以及游戏。所以，百姓的农产大大增加。

戊申（十二日），北魏君主拓跋焘下诏："王公以下一直到平民，如果有在家私自蓄养僧侣、巫师的人，全部都要送往官府。过了二月十五日没有交出的人，则僧侣以及巫人都要处死，私藏的人要灭族。"庚戌（十四日），拓跋焘又下诏，说："王、公、卿、大夫的儿子全部都要前往太学学习，而百工以及商人的儿子，全部都要学习并且继承父兄的职业，不可以私自设立学校。如果有敢违背的，就处死老师，当事人满门抄斩。"

二月，辛未，魏中山王辰、内都坐大官薛辩、尚书奚眷等八将坐击柔然后期，斩于都南。

初，魏尚书令刘絜，久典机要，恃宠自专，魏主心恶之。及将袭柔然，絜谏曰："蠕蠕迁徙无常，前者出师，劳而无功；不如广农积谷以待其来。"崔浩固劝魏主行，魏主从之。絜耻其言不用，欲败魏师；魏主与诸将期会鹿浑谷，絜矫诏易其期。帝至鹿浑谷，欲击柔然，絜谏止之，使待诸将。帝留鹿浑谷六日，诸将不至，柔然遂远遁，追之不及。军还，经漠中，粮尽，士卒多死。絜阴使人惊魏军，劝帝委军轻还，帝不从。絜以军出无功，请治崔浩之罪。帝曰："诸将失期，遇贼不击，浩何罪也！"浩以絜矫诏事白帝，帝至五原，收絜，囚之。帝之北行也，絜私谓所亲曰："若车驾不返，吾当立乐平王。"絜闻尚书右丞张嵩家有图谶，问曰："刘氏应王，继国家后，吾有姓名否？嵩曰："有姓无名。"帝闻之，命有司穷治，索嵩家，得谶书。事连南康公狄邻，絜、嵩、邻皆夷三族，死者百馀人。絜在势要，好作威福，诸将破敌，所得财物皆与絜分之。既死，籍其家，财巨万。帝每言之，则切齿。

【译文】二月，辛未（初六），北魏中山王拓跋辰、内都坐大官薛辨以及尚书奚眷等八位将领，因为在进攻柔然时后援没有及时到达，在都城南郊全部被斩杀。

起初，北魏尚书令刘絜，长期掌管朝廷的机要大事，他依仗所获得的恩宠而独断专行，北魏君主拓跋焘内心对他十分怨恶。北魏军队准备前去进攻柔然，刘絜劝谏说："柔然汗国常常是迁居无常，没有固定处所，上次我们出师，只是白白地耗费劳力无功，不如我们对农业耕种进行扩大，广屯谷子将他们引诱过来。"司徒崔浩则坚决劝北魏君主拓跋焘出征，北魏君主拓跋焘接受了他的建议。刘絜因为北魏君主没接受自己的建议而感到羞耻，便想办法让北魏军失败。北魏君主拓跋焘和各路军队的将领约期在鹿浑谷会合，而刘絜却假传圣旨，私自改变了日期。北魏君主到达鹿浑谷一共用了六天，其他将领还没有前来，因此柔然汗国可以远逃，北魏士兵想要追赶已经来不及。等到军队回师，经过沙漠地区时，粮食全部吃尽，死了很多将士，刘絜暗地里派人惊扰魏军的军心，他自己也力劝北魏君主拓跋焘抛下军队自己回来，北魏君主没有答应。刘絜又以这次军队出师无功要求追究崔浩的责任。北魏君主拓跋焘说："这是各路将领延误了日期，而我自己遇见贼人却没有攻击，崔浩哪里有罪呢？"于是，崔浩把刘絜假传圣旨的事报告给北魏君主拓跋焘，拓跋焘行军到五原时，将刘絜逮捕囚禁起来。北魏君主拓跋焘北征的时候，刘絜暗地里对自己的亲信说："如果皇上不能回来，我就拥立乐平王拓跋丕为王。"刘絜又听说尚书右丞张嵩的家中藏有图谶，就向张嵩询问说："听说图谶预言刘氏应该称王，继承国家大业，图谶中除了姓氏之外，有没有名字呢？"张嵩说："有姓却无名。"北魏君主拓跋焘听说这件事后，命令有关负责的官吏彻底调查，对张嵩家进行搜查，真的得到那本谶书。这个事件还牵扯到南康公狄邻。最终，刘絜、张嵩以及狄邻三人全都被灭族，一共处死一百多人。刘絜在当政掌权时，一直作威作福，将领们打败敌人后所得到的财物都要分刘絜一份。他被处死后，对他进行抄家，财富多达万万计，北魏君主拓跋焘每次提及他就恨得直咬牙。

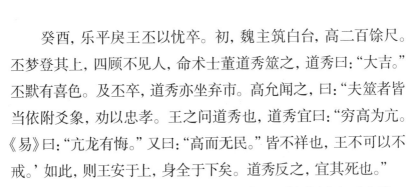

癸酉，乐平戾王丕以忧卒。初，魏主筑白台，高二百馀尺。丕梦登其上，四顾不见人，命术士董道秀筮之，道秀曰："大吉。"丕默有喜色。及丕卒，道秀亦坐弃市。高允闻之，曰："夫筮者皆当依附爻象，劝以忠孝。王之问道秀也，道秀宜曰："穷高为亢。《易》曰："亢龙有悔。"又曰："高而无民。"皆不祥也，王不可以不戒.' 如此，则王安于上，身全于下矣。道秀反之，宜其死也。"

【译文】 癸酉（初八），乐平王拓跋丕因忧伤过度而去世。

起初，北魏君主拓跋焘建筑的白台，高二百多尺。拓跋丕梦见他自己登上白台，四顾望去却不见人，他命术士董道秀前来为他卜筮，董道秀占卜说："这是大吉的征兆。"拓跋丕心中十分高兴。等拓跋丕去世时，董道秀也因受牵连而被斩杀。高允听说这件事以后，说："卜筮的人都应该依据爻象来规劝人们忠孝。乐平王拓跋丕问董道秀这件事的时候，董道秀就应说：'高达极点就叫亢。《周易》上记载："亢龙有悔。"又说："高则无民。"这都是不祥的征兆，乐平王拓跋丕不能不以此为戒。'这样，在上就能使乐平王平安，在下，董道秀自己就可以保全性命了。董道秀反而却说这是吉利的征兆，他肯定会被处死。"

庚辰，魏主幸庐。

己丑，江夏王义恭进位太尉，领司徒。

庚寅，以侍中、领右卫将军沈演之为中领军，左卫将军范晔为太子詹事。

辛卯，立皇子宏为建平王。

三月，甲辰，魏主还宫。

癸丑，魏主遣司空长孙道生镇统万。

【译文】庚辰（十五日），北魏君主拓跋焘前往庐地。

己丑（二十四日），刘宋江夏王刘义恭升迁为太尉，并兼任司徒。

庚寅（二十五日），刘宋朝廷任命侍中兼右卫将军沈演之为中领军，左卫将军范晔为太子詹事。

辛卯（二十六日），刘宋文帝刘义隆封皇子刘宏为建平王。

三月，甲辰（初九），北魏君主拓跋焘回宫。

癸丑（十八日），北魏君主拓跋焘派司空长孙道生镇守统万。

夏，四月，乙亥，魏侍中、太宰、阳平王杜超为帐下所杀。

六月，魏北部民杀立义将军衡阳公莫孤，帅五千馀落北走。遣兵追击之，至漠南，杀其渠帅，徙徙冀、相、定三州为营户。

吐谷浑王慕利延兄子纬世与魏使者谋降魏，慕利延杀之。是月，纬世弟叱力延等八人奔魏，魏以叱力延为归义王。

沮渠无讳卒，弟安周代立。

魏入中国以来，虽颇用古礼祀天地、宗庙、百神，而犹循其旧俗，所祀胡神甚众。崔浩请存合于祀典者五十七所，其馀复重及小神悉罢之。魏主从之。

【译文】夏季，四月，乙亥（十一日），北魏侍中、太宰兼阳平王杜超被自己部下杀害。

六月，北魏北方部落百姓杀了立义将军衡阳公莫孤，集合了有五千多部落兵民向北逃走，北魏朝廷派兵追击，一直追到大漠南，斩杀了他们的首领，把其余的百姓迁往冀、相、定三州成为营户。

吐谷浑王慕容慕利延的侄子慕容纬世与北魏使者密谋向北魏归降，后被慕容慕利延所杀害。当月，慕容纬世的弟弟慕容叱力延等八人投奔北魏，北魏朝廷任命慕容叱力延为归义王。

沮渠无讳去世，他的弟弟沮渠安周代立为王。

北魏进入中原以来，虽然也使用古礼来祭祀天地、宗庙以及各种神明，但仍然保留有鲜卑旧有的习俗，祭祀很多鲜卑神明。司徒崔浩请求只保留符合祀典的五十七所寺庙，其他重复的寺庙或小的神明应全部废除。北魏君主拓跋焘同意了他的建议。

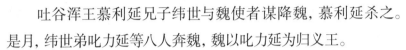

秋，七月，癸卯，魏东雍州刺史沮渠秉谋反，伏诛。

八月，乙丑，魏主畋于河西，尚书令古弼留守。诏以肥马给猎骑，弼悉以弱者给之。帝大怒曰："笔头奴敢裁量朕！朕还台，先斩此奴！"弼头锐，故帝常以笔目之。弼官属惶怖，恐并坐诛。弼曰："吾为人臣，不使人主盘于游畋，其罪小；不备不虞，乏军国之用，其罪大。今蠕蠕方强，南寇未灭，吾以肥马供军，弱马供猎，为国远虑，虽死何伤！且吾自为之，非诸君之忧也。"帝闻之，叹曰："有臣如此，国之宝也。"赐衣一袭，马二匹，鹿十头。

【译文】秋季，七月，癸卯（初十），北魏东雍州刺史沮渠秉密谋叛变，被斩杀。

八月，乙丑（初三），北魏君主拓跋焘去河西狩猎，尚书令古弼留守平城。北魏君主拓跋焘下诏让古弼把肥壮的马提供给狩猎的骑兵，然而古弼给的全都是瘦弱的马。北魏君主拓跋焘十分愤怒，说："笔头奴胆敢改变我的命令！等我回京，一定先杀了这个奴才！"古弼的头很尖，所以拓跋焘常常将他的脑袋比作笔头。古弼的属下都很恐惧，害怕自己牵连被杀，古弼说："我身为人臣，不可以让皇上沉迷在游猎中，这个罪状是小的。然而如果不为国家的不测之事做好预防，以至于使国家军事所用的物资匮乏，这个罪状才是大的。如今柔然正处于强盛之时，南方的贼人还没有消灭，所以我将肥马留给军事所需，瘦弱的马用于打猎，这是为我们国家的将来做打算。虽然会被处死，这又有何关系！而且这一切都是我自己一个人做的，各位不用害怕！"北魏君主拓跋焘听到以后，叹息着说："我有如此臣子，真的是我们国家之宝啊。"于是，赐给古弼一套衣服、两匹马以及十头鹿。

它日，魏主复畋于山北，获麋鹿数千头。诏尚书发牛车五百乘以运之。诏使已去，魏主谓左右曰："笔公必不与我，汝辈不如自以马运之。"遂还。行百馀里，得弼表曰："今秋谷悬黄，麻菽布野，猪鹿窃食，鸟雁侵费，风雨所耗，朝夕三倍。乞赐矜缓，使得收载。"帝曰："果如吾言，笔公可谓社稷之臣矣！"

魏主使员外散骑常侍高济来聘。

【译文】有一天，北魏君主拓跋焘再次前往北山打猎，抓了几千头麋鹿。北魏君主拓跋焘下诏，命令尚书派五百辆车前来运送麋鹿。送诏书的人已经走了，又对左右侍从说："笔头公肯定不愿意给我这么多车，你们还是用马来运吧！"交代完他就回宫了。北魏君主拓跋焘刚刚走了一百多里，就收到古弼的奏书说："今年秋天的稻谷已经成熟而且颜色变黄，桑麻和大豆在田野遍布，野猪和野鹿都来偷吃，鸟雁也来啄食，加上风雨的吹打，这样损耗早晚就会相差三倍，所以请求可以将运鹿的事情暂缓，先将收割完的谷子尽快运送完。"北魏君主拓跋焘说："果然像我说的那样，笔头公可真是我们国家的栋梁之臣啊！"

北魏君主拓跋焘派员外散骑常侍高济去刘宋访问。

●

戊辰，以荆州刺史衡阳王义季为征北大将军、开府仪同三司、南兖州刺史，以南谯王义宣为荆州刺史。初，帝以义宣不才，故不用；会稽公主屡以为言，帝不得已用之。先赐中诏敕之曰："师护以在西久，比表求还，今欲听许，以汝代之。师护虽无殊绩，洁己节用，通怀期物，不恣群下，声著西土，为士庶所安，论者乃未议迁之。今之回换，更为汝与师护年时一辈，欲各试其能。汝往，脱有一事减之者，既于西夏交有巨碍，迁代之讥，必归责于吾矣。此事亦易勉耳，无为使人复生评论也！"义宣至镇，勤自课厉，事亦修理。

【译文】 戊辰（初六），刘宋朝廷任命荆州刺史衡阳王刘义季为征北大将军、开府仪同三司以及南兖州刺史，南谯王刘义宣为荆州刺史。起初，刘宋文帝刘义隆认为刘义宣没有什么大的才能，所以不用他，他的姐姐会稽公主再三为刘义宣说话，刘宋文帝不得已才任用他。刘宋文帝刘义隆先给他赐了一个手诏，告诫他说："师护刘义康在西边的时间很长，这段时间常常上书请求回来，如今我准备答应他的请求，让你来接替他。刘义康虽然没有什么特殊的成绩，但是他洁身自爱，廉政节俭，胸怀广阔，待人诚恳，对部下不放恣，所以在西边的名声十分显赫，被士人和百姓所爱戴，监察的人都认为不应该调走他。如今既然已经更换成你，是因为你和他是同辈，想让你们两个人比比能力。你去西边上任，如果有一件事处理得比不过他，就会对荆楚一带产生很大的隔阂，而别人就会讥笑我用人不当，责任肯定归于我。对于这个职务，你努力治理也还是容易做到的，希望不要让别人产生议论，来指指点点。"刘义宣前往荆州以后，一直是勤勉认真，对自己严格要求，将各种政事处理得井井有条。

庚辰，会稽长公主卒。

吐谷浑叱力延等请师于魏以讨吐谷浑王慕利延，魏主使晋王伏罗督诸军击之。

九月，甲辰，以沮渠安周为都督凉、河、沙三州诸军事、凉州刺史、河西王。

丁未，魏主如漠南，将袭柔然，柔然敕连可汗远遁，乃止。敕连寻卒，子吐贺真立，号处罗可汗。

魏晋王伏罗至乐都，引兵从间道袭吐谷浑，至大母桥。吐谷浑王慕利延大惊，逃奔白兰，慕利延兄子拾寅奔河西；魏军斩首五千馀级，慕利延从弟伏念等帅万三千落降于魏。

【译文】庚辰（十八日），刘宋会稽长公主去世。

吐谷浑的慕容叱力延请求北魏出兵征讨吐谷浑王慕容慕利延，北魏君主拓跋焘派晋王拓跋伏罗指挥各路大军袭击慕容慕利延。

九月，甲辰（十二日），刘宋朝廷任命沮渠安周为都督凉、河、沙三州诸军事，凉州刺史及河西王。

丁未（十五日），北魏君主拓跋焘前往大漠南方，打算袭击柔然，柔然敕连可汗远远地逃走，北魏君主这才收兵。没过多久，敕连可汗去世，他的儿子吐贺真继承汗位，号称处罗可汗。

北魏晋王拓跋伏罗前往乐都，率兵从小路袭击吐谷浑，抵达大母桥。吐谷浑王慕容慕利延非常惊慌，逃到白兰，他的侄子慕容拾寅逃往河西。北魏士兵杀了吐谷浑五千多人。慕容慕利延的堂弟慕容伏念等带领一万三千多部众归降北魏。

冬，十月，己卯，以左军将军徐琼为兖州刺史，大将军参军申恬为（翼）〔冀〕州刺史。徙兖州镇须昌，冀州镇历下，恬，谟之弟也。

十二月，丙戌，魏主还平城。

是岁，沙州牧李宝入朝于魏，魏人留之，以为外都大官。

太子率更令何承天撰《元嘉新历》，表上之。以月食之冲知日所在。又以中星检之，知尧时冬至日在须女十度，今在斗十七度。又测景校二至，差三日有馀，知今之南至日应在斗十三四度。于是，更立新法，冬至徙上三日五时，日之所在，移旧四度。又月有迟疾，前历合朔，月食不在朔望；今皆以盈缩定其小馀，以正朔望之曰。诏付外详之。太史令钱乐之等奏：皆如承天所上，唯月有频三大，频二小，比旧法殊为乖异，谓宜仍旧。诏可。

【译文】冬季，十月，己卯（十七日），刘宋朝廷任命左军将军徐琼为兖州刺史，大将军参军申恬为冀州刺史。把兖州的州治迁移到须昌，冀州州治迁移到历下。申恬是申谟的弟弟。

十二月，丙戌（二十五日），北魏君主拓跋焘返回平城。

这一年，沙州牧李宝来北魏朝见北魏君主，北魏君主拓跋焘把他留在平城，任命他为外都大官。

担任刘宋太子率更令的何承天撰写《元嘉新历》，上报给刘宋文帝刘义隆。他依据月食时日月相对的关系来推测太阳的位置，又用中星来进行检查，知晓帝尧时期冬至这天太阳应该位于须女宿十度的位置，现在则在斗星十七度的位置。何承天还通过测日影来校正冬至和夏至的日期，最后发现有三天多的误差。他认为现在的冬至太阳应该在斗星十三四度的位置上。于是，他重新修订新的历法，把冬至向前移了三天五个时辰，太阳在它现在所在的位置向旧有的位置移动了四度。又因为月亮运转有快有慢，把原来历法中的初一十五拿来对照，发现月食并不在初一和十五这两个日子上。如今，他用每个月天数的多少，推算出闰月，校正了初一和十五的位置。刘宋文帝刘义隆下令让其他大臣再研究。太史令钱乐之等上书，认为何承天所讲的和他们都一样，但是何承天的历法连续三个月都是大月，连续两个月都是小月的现象和旧的历法比较起来相差较大，所以，认为还是应该采用旧历法。于是，刘宋文帝刘义隆下诏同意了新历法的颁布。

元嘉二十二年(乙酉，公元四四五年)春，正月，辛卯朔，始行新历。初，汉京房以十二律中吕上生黄钟，不满九寸，更演为六十律。钱乐之复演为三百六十律，日当一管。何承天立议，以为上下相生，三分损益其一，盖古人简易之法，犹如古历周天三百六十五度四分度之一也。而京房不悟，谬为六十。乃更设新率，林钟长六寸一厘，则从中吕还得黄钟，十二旋宫，声韵无失。

壬辰，以武陵王骏为雍州刺史。帝欲经略关、河，故以骏镇襄阳。

魏主使散骑常侍宋愔来聘。

【译文】元嘉二十二年(乙酉，公元445年)春季，正月，辛卯朔(初一)，刘宋开始颁布使用新历法。起初，西汉京房将十二律的中吕、上生、黄钟，所有没有超过九寸的，全部改为六十律。钱乐之又将它扩大为三百六十律，每天使用一种乐器。何承天提出意见，认为上下相生，在三分之中增减其一，是古人所使用的简便易行的方法。就好像古历中能见到的天空三百六十五度四分度中的一个单位。而京房却没有真正明白其中的含义，而把它误以为六十。于是，何承天重新规定新的音律，林钟长有六寸一厘，就从中吕回到黄钟的位置，每十二律又回到第一音级，声韵没有偏差。

壬辰(初二)，刘宋文帝刘义隆任命武陵王刘骏为雍州刺史。刘宋文帝想要收复关、河一带北方的土地，所以命令刘骏去镇守襄阳。

北魏君主拓跋焘派散骑常侍宋愔去刘宋访问。

二月，魏主如上党，西至吐京，讨徙叛胡，出配郡县。

甲戌，立皇子祎为东海王，昶为义阳王。

三月，庚申，魏主还宫。

魏诏："诸疑狱皆付中书，以经义量决。"

【译文】二月，北魏君主拓跋焘到达上党，又向西到吐京，讨伐并迁移叛变的胡人，将他们配属到各个郡县。

甲戌（十四日），刘宋文帝刘义隆封皇子刘祎为东海王，刘昶为义阳王。

三月，庚申（疑误），北魏君主拓跋焘回宫。

北魏君主拓跋焘下诏："所有有疑问的讼狱案件全部交给中书，由中书根据经义进行裁决。"

夏，四月，庚戌，魏主遣征西大将军高凉王那等击吐谷浑王慕利延于白兰，秦州刺史代人封敕文、安远将军乙乌头击慕利延兄子什归于枹罕。

河西之亡也，鄯善人以其地与魏邻，大惧，曰："通其使人，知我国虚实，取亡必速。"乃闭断道，使者往来，辄抄劫之。由是西域不通者数年。魏主使散骑常侍万度归发凉州以西兵击鄯善。

【译文】夏季，四月，庚戌（疑误），北魏君主派征西大将军高凉王拓跋那等在白兰袭击吐谷浑王慕容慕利延，秦州刺史代人封敕文、安远将军乙乌头在枹罕进攻慕容慕利延的侄子慕容什归。

北凉河西灭亡时，鄯善人认为自己的土地与北魏相邻，感到十分恐慌，说："如果让北魏的使者来到我们这里，知道了我国的虚实，我们很快就会灭亡了。"于是，将与北魏相通的道路全部截断，有北魏使者往来这里，他们就前去抢劫。因此，北魏与西域之间隔绝了好几年。北魏君主拓跋焘派散骑常侍万度归带领凉州以西的士兵前去进攻鄯善。

六月，壬辰，魏主北巡。

帝谋伐魏，罢南豫州入豫州。辛亥，以南豫州刺史南平王铄为豫州刺史。

秋，七月，己未，以尚书仆射孟𫖮为左仆射，中护军何尚之为右仆射。

武陵王骏将之镇，时缘沔诸蛮犹为寇，水陆梗碍；骏分军遣抚军中兵参军沈庆之掩击，大破之。骏至镇，蛮断驿道，欲攻随郡；随郡太守河东柳元景募得六七百人，邀击，大破之。遂平诸蛮，获七万馀口。涢山蛮最强，沈庆之讨平之，获三万馀口，徙万馀口于建康。

【译文】六月，壬辰（初五），北魏君主拓跋焘去北方巡视。

刘宋文帝刘义隆计划对北魏进行讨伐，先是撤销南豫州，将它与豫州合并。辛亥（二十四日），刘宋文帝任命南豫州刺史南平王刘铄为豫州刺史。

秋季，七月，己未（初二），刘宋文帝刘义隆任命尚书仆射孟𫖮为左仆射，中护军何尚之为右仆射。

刘宋武陵王刘骏要去镇守襄阳，当时，靠着沔水两岸的各蛮族还是以抢劫为生，水陆交通全部都被阻塞。刘骏分出一部分军队让抚军中兵参军沈庆之统领前去突袭那些强盗，把他们打败。刘骏抵达襄阳后，蛮族切断了他和外界相连的道路，准备进攻随郡。随郡太守河东人柳元景集合了六七百人前去迎击蛮族，将他们击败。于是，各蛮族因此而平定，共俘虏七万多人。涢山的蛮族势力最为强大，沈庆之率兵前去讨伐，平定了那里，俘获三万多人，将其中的一万多人迁移到建康。

吐谷浑什归闻魏军将至，弃城夜遁。八月，丁亥，封敕文入枹罕，分徙其民千家还上邽，留乙乌头守枹罕。

万度归至燉煌，留辎重，以轻骑五千度流沙，袭鄯善。壬辰，鄯善王真达面缚出降。度归留军屯守，与真达诣平城，西域复通。

魏主如阴山之北，发诸州兵三分之一，各于其州戒严，以须后命。徙诸种杂民五千馀家于北边，令就北畜牧，以饵柔然。

【译文】 吐谷浑的慕容什归听到北魏士兵将要到达枹罕的消息后，连夜放弃城池逃跑。八月，丁亥（初一），封敕文到达枹罕，把当地的一千多家居民迁移到上邽，留下乙乌头镇守枹罕。

北魏的万度归抵达敦煌，放下辎重，率五千轻骑兵向西度过沙漠，向鄯善部落发起进攻，壬辰（初六），鄯善国王真达将自己反绑出城投降。万度归将部分士兵留在鄯善镇守，他与真达一起返回平城。从此以后，北魏与西域的道路再次相通。

北魏君主拓跋焘抵达阴山北，发动每个州的三分之一士兵在各州戒严，等待接下来的命令。又将杂居的五千多家少数民族迁移到北方边境，让他们在北方放牧，以引诱柔然前来进攻。

壬寅，魏高凉王那军至宁头城，吐谷浑王慕利延拥其部落西度流沙。吐谷浑慕璝之子被囊逆战，那击破之；被囊遁走，中山公杜丰帅精骑追之，度三危，至雪山，生擒被囊及吐谷浑什归、乞伏炽磐之子成龙，皆送平城。慕利〔延〕遂西入于阗，杀其王，据其地，死者数万人。

【译文】 壬寅（十六日），北魏高凉王拓跋那率兵抵达宁头城。吐谷浑王慕容慕利延率他的部落越过沙漠向西逃跑。吐谷浑前可汗慕容慕璝的儿子慕容被囊率士兵前去迎战，被拓跋那击败。慕容被囊逃跑，中山公杜丰率精锐骑兵前去追赶，一直越过三危山，到达雪山，抓获慕容被囊和吐谷浑慕容什归及乞伏炽磐的儿子乞伏成龙，将他们全部送回平城。只有吐谷浑王慕容慕利延向西逃往于阗国，杀死于阗王，占据该国领地，杀了好几万人。

九月，癸酉，上饯衡阳王义季于武帐冈。上将行，敕诸子且勿食，至会所设馔；日旰，不至，有饥色。上乃谓曰："汝曹少长丰佚，不见百姓艰难。今使汝曹识有饥苦，知以节俭御物耳。"

◆裴子野论曰：善乎太祖之训也！夫侈兴于有馀，俭生于不足。欲其隐约，莫若贫贱。习其险限，利以任使；达其情伪，易以躬临。太祖若能率此训也，难其志操，卑其礼秩，教成德立，然后授以政事，则无怠无荒，可播之于九服矣。

高祖思固本枝，崇树襁褓；后世遵守，迭据方岳。及乎泰始之初，升明之季，绝咽于衾衽者动数十人。国之存亡，既不是系，早肆民上，非善诲也。◆

【译文】九月，癸酉（十七日），刘宋文帝刘义隆在武帐冈为衡阳王刘义季设宴践行。刘宋文帝要离开时，告诉他的儿子们暂时不要吃饭，等送别刘义季的宴会开始后再吃东西。但是儿子们一直等到太阳下山，刘义季还没有到，大家都饿得脸色十分难看。刘宋文帝刘义隆这才说："你们从小就在富裕的环境中长大，不了解百姓的生活艰苦，今天就是想让你们了解还有饥饿，以后才知道使用东西要节俭。"

◆裴子野评论说：刘宋文帝的这番训诫好极了！奢侈浪费产生于富有的环境，节俭产生在贫困的环境中。要让他们明白忧困然后成才的道理，不如让他们生活在贫贱的环境中。习惯了艰难困苦的生活，才能更好地担当重任；亲身了解了民情的虚实，就易于君临天下。太祖如果可以用这个教训作为表率，让儿子们的志向操行受到艰难环境的磨炼，降低他们的待遇等级，才能使他们教育有成，树立良好的道德风范，然后将政事交给他们处理，他们就不会懈怠，就能让四方百姓畏服。

高祖刘裕想要巩固自己家族的地位，对襁褓中的婴儿也进行封爵，后世也是遵守他的这一方法，让儿子们独镇一方。等到泰始初、升明末亡国的时候，在襁褓中被杀的幼小亲王宗室就有几十人。国家的存亡，如果不维系在幼小皇子的身上，那么过早地让他们身居高位，这确实不是正确的教诲。◆

资治通鉴

魏民间讹言"灭魏者吴"，卢水胡盖吴聚众反于杏城，诸种胡争应之，有众十馀万，遣其党赵绾来上表自归。冬，十月，戊子，长安镇副将拓跋纥帅众讨吴，纥败死。吴众愈盛，民皆渡渭，奔南山。魏主发高平敕勒骑赴长安，命将军叔孙拔领摄并、秦、雍三州兵屯渭北。

【译文】北魏的民间谣传"灭亡北魏的是吴"的话，卢水胡族盖吴在杏城聚集群众起兵叛变，其他各族胡人都争相前来响应，集合了十多万士兵。盖吴派他们的代表赵绾来到刘宋都城，上表请求归降刘宋。冬季，十月，戊子（初三），长安镇副将拓跋纥率兵前去讨伐盖吴，拓跋纥战败而死。盖吴的兵势越来越强大，百姓们都渡过渭水前往南山投奔他。北魏君主拓跋焘发动高平敕勒骑兵前往长安，命令将军叔孙拔统领并、秦、雍三州的士兵，屯驻在渭水北岸。

十一月，魏发冀州民造浮桥于碻磝津。

盖吴遣别部帅白广平西掠新平，安定诸胡皆聚众应之。又分兵东掠临晋(巴)〔已〕东，将军章直击破之，溺死于河者三万馀人。吴又遣兵西掠至长安，命将军叔孙拔与战于渭北，大破之，斩首三万馀级。

河东蜀薛永完聚众以应吴，袭击闻喜。闻喜县无兵仗，令忧惶无计；县人裴骏帅厉乡豪击之，永宗引去。

【译文】十一月，北魏发动冀州百姓在碻磝津建筑浮桥。

盖吴派另一支部队主帅白广平向西去新平夺取财物，安定的各族胡人纷纷起来响应。盖吴又分兵向东夺取临晋以东的地方，北魏将军章直将他们击败，光是被黄河淹死的就多达三万人。盖吴又派兵向西侵略，一直到长安，与北魏将军叔孙拔在渭水北交战，盖吴兵败，有三万多人被斩杀。

河东蜀人薛永宗聚众响应盖吴，袭击闻喜。因为闻喜县没有军队驻守，县令感到十分恐慌，没有办法。县人裴骏率乡间的豪族与他们进行对抗，薛永宗只好引兵撤退。

魏主命薛谨之子拔纠合宗、乡，壁于河际，以断二寇往来之路。庚午，魏主使殿中尚书拓跋处直等将二万骑讨薛永宗，殿中尚书乙拔将三万骑讨盖吴，西平公寇提将万骑讨白广平。吴自号天台王，署置百官。

辛未，魏主还宫。

魏选六州骁骑二万，使永昌王仁、高凉王那分将之，为二道，掠淮、泗以北，徙青、徐之民以实河北。

癸未，魏主西巡。

【译文】北魏君主拓跋焘命薛谨的儿子薛拔对宗族的乡人进行聚集，屯驻在黄河边上，以此截断了盖吴和薛永宗两军会师的通路。庚午（十五日），北魏君主拓跋焘派殿中尚书拓跋处直等率二万骑兵讨伐薛永宗，派殿中尚书乙拔率三万骑兵前去讨伐盖吴，派西平公寇提率一万骑兵前去进攻白广平。盖吴自称天台王，设置文武百官。

辛未（十六日），北魏君主拓跋焘回宫。

北魏从六州中挑选出精骑二万，派永昌王拓跋仁、高凉王拓跋那分别率两路士兵，掠取淮水、泗水以北的地方，迁走青、徐二州百姓，充实河北。

癸未（二十八日），北魏君主拓跋焘西巡。

初，鲁国孔熙先博学文史，兼通数术，有纵横才志；为员外散骑侍郎，不为时所知，愤愤不得志。父默之为广州刺史，以赃获罪，大将军彭城王义康为救解，得免。及义康迁豫章，熙先密怀报效。且以为天文、图谶，帝必以非道晏驾，由骨肉相残，江州应出天子。以范晔志意不满，欲引与同谋，而熙先素不为晔所重。太子中舍人谢综，晔之甥也，熙先倾身事之。综引熙先与晔相识。

【译文】起初，鲁国孔熙先通晓文史并精通数术，有纵横天下的才华。在担任员外散骑侍郎的时候，不被当时人所了解，心中愤愤而不得志。他的父亲孔默之担任广州刺史，因贪赃枉法而获罪，幸亏有大将军彭城王刘义康营救，才幸免于死刑。等到刘义康被贬到豫章的时候，孔熙先感激刘义康而决定效力报恩，他认为依据天文、图谶，都说明刘宋文帝刘义隆一定会死于非命，是由于骨肉互相残杀，江州应该会出现天子。同时孔

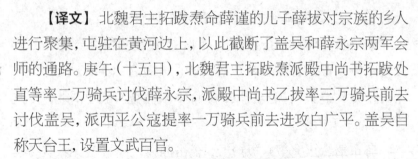

资治通鉴

熙先觉得范晔心意也是对朝廷不满，于是想把他拉进来一起谋划，但是孔熙先素来不被范晔所看重。太子中舍人谢综是范晔的外甥，孔熙先全力奉承谢综，谢综将孔熙先引见给范晔，让他们相识。

　　熙先家饶于财，数与晔博，故为拙行，以物输之。晔既利其财，又爱其文艺，由是情好款洽。熙先乃从容说晔曰："大将军英断聪敏，人神攸属，失职南垂，天下愤怨。小人受先君遗命，以死报大将军之德。顷人情骚动，天文舛错，此所谓时运之至，不可推移者也。若顺天人之心，结英豪之士，表里相应，发于肘腋，然后诛除异我，崇奉明圣，号令天下，谁敢不从！小人请以七尺之躯，三寸之舌，立功立事而归诸君子，丈人以为何如？"晔甚愕然。熙先曰："昔毛玠竭节于魏武，张温毕议于孙权，彼二人者，皆国之俊乂，岂言行玷缺，然后至于祸辱哉！皆以廉直劲正，不得久容。丈人之于本朝，不深于二主，人间雅誉，过于两臣，谗夫侧目，为日久矣，比肩竞逐，庸可遂乎！近者殷铁一言而刘班碎首，彼岂父兄之仇，百世之怨乎？所争不过荣名势利先后之间耳。及其末也，唯恐陷之不深，发之不早；戮及百口，犹曰未厌。是可为寒心悼惧，岂书籍远事也哉！今建大勋，奉贤哲，图难地易，以安易危，享厚利，收鸿名，一旦包举而有之，岂可弃置而不取哉！"晔犹疑未决。熙先曰："又有过于此者，愚则未敢道耳。"晔曰："何谓也？"熙先曰："丈人弈叶清通，而不得连姻帝室，人以犬豕相遇，而丈人曾不耻之，欲为之死，不亦惑乎！"晔门无内行，故熙先以此激之。晔默然不应，反意乃决。

　　【译文】孔熙先的家里十分富有，经常和范晔一起赌博，他常常故意以赌技不精将钱输给范晔。范晔既可以得到他的财物，又喜爱他的才华，于是，两人的感情逐渐融洽起来。孔熙先这才慢慢地向范晔游说："大将军刘义康为人英明果敢，被百姓和神明所瞩目，但是他却被调到南方，无法施展才华，天下的人都为他愤愤不平。而小人我接受先父遗命，要以死来报答大将军的恩德。如今，天下人心骚动，天象错乱，这就是所谓时运将要来到，是无法改变的事情。如果我们顺应上天以及百姓的归向，广交各路英雄豪杰，内外接应，从京师内部起兵，然后杀掉反对我们的人，拥立圣明的天子，来号令天下，有谁敢不服从！我愿意用我七尺身躯和三寸口舌，来建立功业成就大事，而后把功劳归于各位君子，先生以为怎样呢？"范晔听了感到十分惊讶。孔熙先又说："先前，毛玠对曹操是竭力侍奉，张温对孙权是全力议论，这二人都是国家的俊才，哪里是因为自己的言行不当而得到祸害侮辱的呢？全都是因为自己过于廉洁刚正，而长久地不被别人所容纳。先生您在本朝受信任的程度不比曹操对毛玠、孙权对张温的信任更深，但是，您在百姓中的美好声誉，却是远远超过那二人，想要对你有谗言的小人，肯定已经嫉妒很久了，而您与他们平等地竞争，哪里能够达到目的呢？最近，殷景仁只是说了一句谗言，刘班就被杀害，他的死哪里是因为父兄之间的大仇或者百世的宿怨呢？只不过是在争名利以及权势的先后罢了。争到最后，两方都唯恐自己陷害人还不够深，动手不够早，杀了上百人，还说自己没有满足。这真令人感到寒心恐惧，哪里是读书多了就不懂世事的原因呢！现在，是建立大功、崇奉贤明之人的时候，在容易的时候处理难办的事情，用安全来代替危险，还可以享受荣华富贵，收取美名，一个早上举兵就可以得到这些好事，怎么能够放弃不去争取呢？"范晔还

资治通鉴

是犹疑不决。孔熙先说："还有比这更重要的事情,我不敢说出来。"范晔说:"那是什么?"孔熙先说:"先生家世清白,身份显赫,而不可以和皇室通婚,这是人家把你当作猪狗来对待,而先生却不认为这是一种耻辱,却想为皇室献身,这不是很糊涂的事吗?"范晔的家门内人品不好,因此,孔熙先用这话想要激怒他。范晔虽然默不作声,但是,心中已经决定造反。

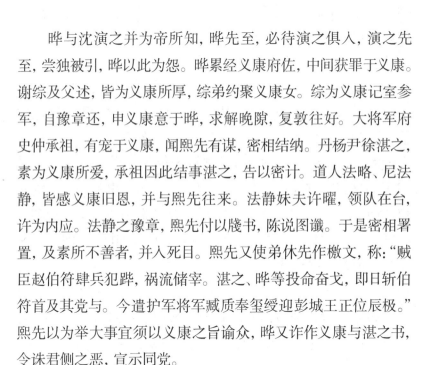

晔与沈演之并为帝所知,晔先至,必待演之俱入,演之先至,尝独被引,晔以此为怨。晔累经义康府佐,中间获罪于义康。谢综及父述,皆为义康所厚,综弟约聚义康女。综为义康记室参军,自豫章还,申义康意于晔,求解晚隙,复敦往好。大将军府史仲承祖,有宠于义康,闻熙先有谋,密相结纳。丹杨尹徐湛之,素为义康所爱,承祖因此结事湛之,告以密计。道人法略、尼法静,皆感义康旧恩,并与熙先往来。法静妹夫许曜,领队在台,许为内应。法静之豫章,熙先付以牋书,陈说图谶。于是密相署置,及素所不善者,并入死目。熙先又使弟休先作檄文,称:"贼臣赵伯符肆兵犯跸,祸流储宰。湛之、晔等投命奋戈,即日斩伯符首及其党与。今遣护军将军臧质奉玺绶迎彭城王正位辰极。"熙先以为举大事宜须以义康之旨谕众,晔又诈作义康与湛之书,令诛君侧之恶,宣示同党。

【译文】范晔和沈演之二人都被刘宋文帝刘义隆所信任,常常一同被召,每次范晔先到朝廷的时候,一定要等沈演之到了,才一同进宫,但是沈演之先到的时候,却曾被刘宋文帝单独引见,范晔因此心有怨恨。范晔曾经一直担任刘义康府佐,其间得罪过刘义康。但是谢综和他的父亲谢述却都受到了刘义康的重视,谢综的弟弟谢约,又娶了刘义康的女儿。谢综如今是刘义康的记室参军，从豫章返回建康，向范晔表明刘义康的歉意，请求范晔原谅曾经的嫌隙，于是，二人复归旧好。大将军府史仲承祖深受刘义康的宠信，听到孔熙先图谋叛变，便和他相密交结。丹杨尹徐湛之，素来也深受刘义康的喜爱，所以，仲承祖就竭力奉事徐湛之，并将密计告诉徐湛之。道人法略、尼姑法静也都感激刘义康的旧恩，都跟孔熙先来往。法静的妹夫许曜在朝廷上负责统领禁卫，答应作为孔熙先他们的内应。法静抵达豫章，孔熙先给了她一封书信，向刘义康说明图谶的含义。于是，他们私下里秘密布置，并将平时与他们对立的人，全部列入死亡名单。孔熙先派他的弟弟孔休先作一篇檄文，声称："贼臣赵伯符嚣张跋扈，使用兵器冒犯皇上，并对皇太子刘劭造成很大威胁，因此，徐湛之、范晔等奋命起兵，即日内诛杀赵伯符和他的党徒。现在，派护军将军臧质捧着皇上的玺绶去迎接彭城王刘义康来继天子之位。"孔熙先觉得举大事就应该用刘义康的命令来让大家知晓，因此，范晔又伪造了刘义康给徐湛之的书信，让徐湛之杀掉刘宋文帝刘义隆身边的坏人，把这封信拿给谋事的同党们看。

帝之燕武帐冈也，晔等谋以其日作乱。许曜侍帝，扣刀目晔，晔不敢仰视。俄而座散，徐湛之恐事不济，密以其谋白帝。帝使湛之具探取本末，得其檄书，选署姓名，上之。帝乃命有司收掩穷治。其夜，呼晔置客省，先于外收综及熙先兄弟，皆款服。帝遣使诘问晔，晔犹隐拒；熙先闻之，笑曰："凡处分、符檄、书疏，皆范所造，云何于今方作如此抵蹋邪？"帝以晔墨迹示之，乃具陈本末。

【译文】刘宋文帝刘义隆前往武帐冈赴宴，范晔等人谋划在这一天发动叛乱。许曜在刘宋文帝身边侍奉，将佩刀稍微出鞘，向范晔使眼色，范晔不敢抬头看。没有多久，宴会结束，徐湛之担心事情不成，就将孔熙先的计谋全部报告给了刘宋文帝刘义隆，刘宋文帝就让徐湛之详细查看政变的先后情况，徐湛之得到了他们的檄文以及参与叛乱者的名单，将他们交给刘宋文帝。于是，刘宋文帝刘义隆命令负责的官吏彻底追查这件事。当晚，范晔被召进宫后软禁在客省内，并事先抓获谢综及孔熙先兄弟，他们全部认罪。刘宋文帝刘义隆派人审问范晔，范晔还在隐瞒，孔熙先知道了这件事后，笑着说："我们所有的谋划、符檄以及书信，都是范晔所做的，怎么如此抵赖？"刘宋文帝刘义隆把范晔亲笔写的书信拿出给范晔看，范晔才将事情的先后情况都交代出来。

明日，仗士送付廷尉。熙先望风吐款，辞气不桡。上奇其才，遣人慰勉之曰："以卿之才而滞于集书省，理应有异志，此乃我负卿也。"又责前吏部尚书何尚之曰："使孔熙先年将三十作散骑郎，那不作贼！"熙先于狱中上书谢恩，且陈图谶，深戒上以骨肉之祸，曰："愿且勿遗弃，存之中书。若囚死之后，或可追录，庶九泉之下，少塞衅责。"

晔在狱，为诗曰："虽无嵇生琴，庶同夏侯色。"晔本意谓入狱即死，而上穷治其狱，遂经二旬，晔更有生望。狱吏戏之曰："外传詹事或当长系。"晔闻之，惊喜。综、熙先笑之曰："詹事畴昔攘袂瞋目，跃马顾盼，自以为一世之雄；今扰攘纷纭，畏死乃尔！设令赐以性命，人臣图主，何颜可以生存！"

【译文】第二天，士兵把抓获的人交给廷尉处理，孔熙先顺着形势，从容道来，言辞坦白没有一丝胆怯。刘宋文帝刘义隆对他的才华感到十分惊讶，派人对他慰勉说："以你的才华，而被埋没在集书省这么长时间，难怪有别的想法，这是我对你亏待了啊。"他又责怪吏部尚书何尚之说："让快到三十岁的孔熙先只是担任散骑郎，他哪里不会叛变！"孔熙先在狱中上书给刘宋文帝，对他的恩典表示感谢，并将图谶的征兆报告给刘宋文帝，并深诫刘宋文帝要小心兄弟相残的祸乱，说："希望不要遗弃我写的这些东西，将它存放在中书省。如果我死了以后，或许可以想起来查看，那么我在九泉之下，也能稍微减少一些挑衅作乱的罪责。"

范晔在狱中作诗说："虽然没有嵇康被杀时抚琴而谈，但是可以像夏侯玄临死前那样不变脸色。"本来范晔认为下狱后当天就会被处死，然而，因为刘宋文帝在彻底追查这件事，过了二十天还没有什么动静。范晔便认为又有了生的希望。狱吏嘲讽说："外面传说太子的詹事范晔也许会长期囚禁。"范晔听到以后，既感到惊讶又十分高兴。谢综、孔熙先嘲笑说："詹事范晔以前是怒目奋起，跃马奔驰，自认为是一代豪杰，现在动荡混乱，却是如此怕死！即使皇上赐你不死，但是人臣企图谋害君主，又有什么颜面得以贪生呢？"

十二月，乙未，晔、综、熙先及其子弟、党与皆伏诛。晔母至市，涕泣责晔，以手击晔颈，晔色不怍；妹及妓妾来别，晔悲涕流涟。综曰："舅殊不及夏侯色。"晔收泪而止。

谢约不预逆谋，见兄综与熙先游，常谏之曰："此人轻事好奇，不近于道，果锐无检，未可与狎。"综不从而败。综母以子弟自蹈逆乱，独不出视。晔语综曰："姊今不来，胜人多矣。"

【译文】十二月，乙未(十一日)，范晔、谢综、孔熙先以及他们的儿子、兄弟、同党全部都被斩首。范晔的母亲前去刑场，痛哭流涕责骂范晔，拿手打范晔的脖子，范晔却没有后悔的样子，他的妹妹以及妻妾赶来诀别的时候，范晔不觉间泪流满面。谢综说："舅舅这个样子可是比不过夏侯玄当时的样子。"范晔这才停止流泪。

谢约没有参与谋反这件事，当初看到哥哥谢综和孔熙先交往的时候，常常规劝自己的哥哥说："孔熙先这个人做事轻率轻浮，举止奇异，不行正道，行为果断决绝却不知检点，不能和他太亲近。"谢综没有听从他的劝告而致使事败。谢综的母亲因为儿子和弟弟自蹈叛乱，而不去刑场上看他们。范晔对谢综说："姐姐今天没有来，是比别人高明很多啊。"

【乾隆御批】于母不动色，对妻妾悲涕，不惟贼臣，兼是逆子。诗虽佳，比之鹦鹉能言可耳。史载若笔临终相语，况似有惜意。谬哉。

【译文】面对母亲不动声色，面对妻妾却放声大哭，这不仅是奸臣，更是逆子。范蔚宗的诗写得虽好，相比能说话的鹦鹉还可以。史书记载这些人临死前的对话，好像有怜惜他们的意思。这也太荒谬了。

收籍晔家，乐器服玩并皆珍丽，妓妾不胜珠翠。母居止单陋，唯有一厨盛樵薪；弟子冬无被，叔父单布衣。

◆裴子野论曰：夫有逸群之才，必思冲天之据；盖俗之量，则愤常均之下。其能守之以道，将之以礼，殆为鲜乎！刘弘仁、范蔚宗皆忸志而贪权，矜才以徇逆，累叶风素，一朝而陨。向之所谓智能，翻为亡身之具矣。◆

徐湛之所陈多不尽，为晔等辞所连引，上赦不问。臧质，熹之子也，先为徐、兖二州刺史，与晔厚善；晔败，以为义兴太守。

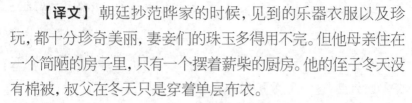

【译文】朝廷抄范晔家的时候，见到的乐器衣服以及珍玩，都十分珍奇美丽，妻妾们的珠玉多得用不完。但他母亲住在一个简陋的房子里，只有一个摆着薪柴的厨房。他的侄子冬天没有棉被，叔父在冬天只是穿着单层布衣。

◆裴子野评论说：有超越常人才能的人，必定有一飞冲天的抱负；有超然世俗胸怀的人，常常不愿久居人下。可以严守正道，用礼法来约束自己的人，几乎是很少了！刘弘仁（刘湛）、范蔚宗（范晔）二人都心志骄傲而贪慕虚荣权力，矜持自我的才能而图谋叛逆，历代积累的清白名声，一夕之间尽毁。平时所称赞的智慧能力，反而成为他们毁灭自己的工具。◆

徐湛之向刘宋文帝刘义隆告发的事情有很多都陈述得不详细，被范晔等人在供词中牵连出来，而刘宋文帝刘义隆赦免了他，不再追究。臧质是臧熹的儿子，曾经担任徐、兖二州的刺史，与范晔的关系十分亲厚，范晔被处死以后，他也被贬去担任义兴太守。

【申涵煜评】熙先雄辩，竟似战国一策士。然而倾危险，僻盛世，所必诛何足为惜？范晔特龌龊奴耳，与之作贼，安得不败？只可惜一部《后汉书》被此贼污却。

【译文】孔熙先擅长雄健的辩论，居然像战国时期的一名策士。但是坑害国家，偏离盛世，被诛杀哪里值得惋惜？范晔不过是一名品行卑劣的奴婢罢了，和他一起做国家的叛贼，怎么可以不失败？只是可惜一部《后汉书》被这位奸贼弄脏了。

有司奏削彭城王义康爵，收付廷尉治罪。丁酉，诏免义康及其男女皆为庶人，绝属籍，徙付安成郡；以宁朔将军沈邵为安成相，领兵防守。邵，璞之兄也。义康在安成，读书，见淮南厉王长事，废书叹曰："自古有此，我乃不知，得罪为宜也。"

庚戌，以前豫州刺史赵伯符为护军将军。伯符，孝穆皇后之弟子也。

【译文】 有关部门奏请刘宋文帝刘义隆把彭城王刘义康的爵位削去，并抓获他交给廷尉治罪。丁酉（十三）日，刘宋文帝刘义隆下诏，免去刘义康的爵位，将他的亲属全都贬为平民，在宗室户籍中除名，并把他们迁往安成郡。任命宁朔将军沈邵为安成相，率士兵在此看管刘义康。沈邵是沈璞的哥哥。刘义康在安成以读书消磨时光，看到淮南厉王刘长的事情时，将书放下长叹说："以前就有这样的事，我居然一点都不知道，难怪我会获罪了。"

庚戌（二十六日），刘宋文帝刘义隆任命前豫州刺史赵伯符为护军将军。赵伯符是孝穆皇后赵氏德的侄子。

初，江左二郊无乐，宗庙虽有登歌，亦无二舞。是岁，南郊始设登歌。

魏安南、平南府移书兖州，以南国侨置诸州多滥北境名号；又欲游猎具区。兖州答移曰："必若因土立州，则彼立徐、扬，岂有其地？复知欲游猎具区，观化南国。开馆饰邸，则有司存；呼韩入汉，厥仪未泯，馈饩之秩，每存丰厚。"

【译文】 起初，江东二郊祭祀的时候还没有音乐，宗庙虽然有祭祀时所唱的歌曲，但是也没有文、武这两种舞蹈。这一年，南郊祭祀才开始设祭祀歌。

北魏国安南和平南二将军府向刘宋兖州官府发出公告，指责刘宋地方上设置的很多州,都是滥用北魏各州的名号。同时,他们又要求去南方的太湖游猎,兖州官府回信说:"如果必须按照土地来设立州郡,那么你们所设立的徐州以及扬州,难道也有这土地吗? 我们又得知你们想去太湖游猎,参观我们南国的风土教化。我们设置并装饰邸舍,有关部门会来接待你们。从前汉代匈奴单于呼韩邪前往汉朝所使用的仪式还在,我们用来款待客人的生肉米粮,常常储存得十分丰富。"

元嘉二十三年(丙戌,公元四四六年)春,正月,庚申,尚书左仆射孟顗罢。

戊辰,魏主军至东雍州,临薛永宗垒,崔浩曰:"永宗未知陛下自来,众心纵弛。今北风迅疾,宜急击之。"魏主从之,庚午,围其垒。永宗出战,大败,与家人皆赴汾水死。其族人安都先据弘农,弃城来奔。

【译文】元嘉二十三年(丙戌,公元446年)春季,正月,庚申(初六),刘宋尚书左仆射孟顗被免去职务。

戊辰(十四日),北魏君主拓跋焘率军前往东边的雍州,临近薛永宗的堡垒,崔浩说:"薛永宗还不知道陛下亲自率兵来进攻,军心一定十分散漫。现在正是北风疾速的时候,我们应该趁机快速进攻。"北魏君主同意了他的建议,庚午(十六日),北魏士兵包围堡垒。薛永宗率士兵出来应战,结果大败,他与族人一起投汾水自杀。他的族人薛安都以前占据弘农,听到这个消息后,弃城逃往刘宋。

辛未,魏主南如汾阴,济河,至洛水桥。闻盖吴在长安北,帝以渭北地无谷草,欲渡渭南,循渭而西。以问崔浩,对曰:"夫击蛇者先击其首，首破则尾不能掉。今盖吴营去此六十里，轻骑趋之，一日可到，到则破之必矣。破吴，南向长安亦不过一日，一日之乏，未至有伤。若从南道，则吴徐入北山，猝未可平。"帝不从，自渭南向长安。庚辰，至戏水。吴众闻之，悉散入北地山，军无所获。帝悔之。二月，丙戌，帝至长安，丙申，如盩厔，历陈仓，还，如雍城。所过诛民、夷与盖吴通谋者。乙拔等诸军大破盖吴于杏城。

【译文】 辛未（十七日），北魏君主拓跋焘向南前往汾阴，渡过黄河，到达洛水桥。听知盖吴驻扎在长安北边，北魏君主拓跋焘认为渭水北边没有粮草，就想向南渡过渭水，再沿渭水向西进军。北魏君主询问崔浩对此有何意见，崔浩说："打蛇的人就要先打蛇头，头如果被击破，尾巴就无法逃掉了。如今盖吴的军营和我们相距有六十里远，派轻骑兵快速前去，一天就可以到达，一旦到达那里，就肯定能把盖吴打败，打败盖吴后，再向南前往长安也不过是一天的时间，多一天的劳顿不至于有什么损失。如果从渭南进军，盖吴就有时间进入北山，我们就无法一下子平定他们。"北魏君主没有听从他的建议，自己率兵从渭水南岸向长安进军，庚辰（二十六日），军队抵达戏水。盖吴知道消息后，全部都分散进入北山之中，北魏士兵什么收获都没有。北魏君主感到十分后悔。二月，丙戌（初二），北魏君主拓跋焘到达长安，丙申（十二日），北魏君主抵达盩厔，又经过陈仓，然后返回，前往雍城，所到之处，将汉人、蛮夷以及与盖吴通谋的人全部杀死。乙拔等各军在杏城击败盖吴的军队。

吴复遣使上表求援，诏以吴为都督关、陇诸军事、雍州刺史、北地公；使雍、梁二州发兵屯境上，为吴声援；遣使赐吴印一百二十一纽，使吴随宜假授。

初，林邑王范阳迈，虽遣使入贡，而寇盗不绝，所贡亦薄陋；帝遣交州刺史檀和之讨之。南阳宗悫，家世儒素，悫独好武事，常言"愿乘长风破万里浪"。及和之伐林邑，悫自奋请从军，诏以悫为振武将军，和之遣悫为前锋。阳迈闻军出，遣使上表，请还所掠日南民，输金一万斤，银十万斤。帝诏和之："若阳迈果有款诚，亦许其归顺。"和之至朱梧戍，遣府户曹参军姜仲基等诣阳迈，阳迈执之；和之乃进军围林邑将范扶龙于区粟城。阳迈遣其将范毗沙达救之，宗悫潜兵迎击毗沙达，破之。

【译文】 盖吴又派使者携带奏章前去刘宋请求支援。刘宋文帝刘义隆下诏，任命盖吴为都督关、陇诸军事、雍州刺史，封为北地公，并且派雍、梁二州发兵屯驻在边境，作为盖吴的声援。派使者赐给盖吴一百二十一个大印，让盖吴可以随时代替朝廷加授官职。

起初，虽然林邑王范阳迈派使者向刘宋朝廷进贡，但依旧不断侵犯边境，而且他们所进贡的东西十分微小。于是，刘宋文帝刘义隆派交州刺史檀和之去讨伐林邑。南阳人宗悫，世代都是清白的读书人，只有宗悫十分喜好军事，他常说："我愿乘长风破万里浪。"等到檀和之要去讨伐林邑时，宗悫自告奋勇请求加入军队，于是，刘宋文帝刘义隆任命宗悫为振武将军，檀和之派宗悫做前锋。范阳迈听说刘宋士兵要来进犯，便派使者请求刘宋文帝将所抢的日南百姓送回，并把一万斤黄金、十万斤白银作为赎金。刘宋文帝刘义隆命令檀和之说："如果范阳迈真有这么大的诚意，可以同意他归顺。"檀和之率士兵到达朱梧戍，派府户曹参军姜仲基等人前去拜访范阳迈，范阳迈却将他抓了起来。于是，檀和之率士兵包围了林邑将领范扶龙所驻守的区粟城。范阳迈派他的将领范毗沙达去救援范扶龙, 宗悫暗地里埋伏士兵迎击范毗沙达, 把他打得大败。

魏主与崔浩皆信重寇谦之, 奉其道。浩素不喜佛法, 每言于魏主, 以为佛法虚诞, 为世费害, 宜悉除之。及魏主讨盖吴, 至长安, 入佛寺, 沙门饮从官酒; 从官入其室, 见大有兵器, 出以白帝, 帝怒曰: "此非沙门所用, 必与盖吴通谋, 欲为乱耳。" 命有司案诛阖寺沙门, 阅其财产, 大得酿具及州郡牧守、富人所寄藏物以万计, 又为窟室以匿妇子。浩因说帝悉诛天下沙门, 毁诸经像, 帝从之。寇谦之与浩固争, 浩不从。先尽诛长安沙门, 焚毁经像, 并敕留台下四方, 令一用长安法。诏曰: "昔后汉荒君, 信惑邪伪以乱天常, 自古九州之中, 未尝有此。夸诞大言, 不本人情, 叔季之世, 莫不眩焉。由是政教不行, 礼义大坏, 九服之内, 鞠为丘墟。朕承天绪, 欲除伪定真, 复羲、农之治。其一切荡除, 灭其踪迹。自今已后, 敢有事胡神及造形像泥人、铜人者门诛。有非常之人, 然后能行非常之事, 非朕孰能去此历代之伪物? 有司宣告征镇诸军、刺史, 诸有浮图形像及胡经, 皆击破焚烧, 沙门无少长悉坑之!" 太子晃素好佛法, 屡谏不听, 乃缓宣诏书, 使远近豫闻之, 得各为计。沙门多亡匿获免, 或收藏经像, 唯塔庙在魏境者无复孑遗。

【译文】北魏君主拓跋焘和崔浩都十分信任寇谦之, 并信奉寇谦之的道术。崔浩一向就不喜欢佛教, 常常对拓跋焘进言, 认为佛教虚无荒诞, 并且耗费财物, 应该全部将其毁灭。等到北魏君主拓跋焘讨伐盖吴, 抵达长安, 进入一座佛寺, 佛寺的僧侣让北魏君主的随从官吏喝酒。官吏们进入和尚们居住的内室，看到里面有很多兵器，便向北魏君主拓跋焘报告，北魏君主十分愤怒地说："这不是和尚们所用的东西，肯定是与盖吴相通，想要作乱的！"于是，北魏君主拓跋焘下令将佛寺的和尚全部杀死，搜查佛寺财产的时候，发现了酿酒的器具以及州郡主官、富人在此寄存的多达数以万计的东西，又发现了和尚们在地宫里窝藏的妇女。因此，崔浩建议拓跋焘下令把全国的和尚全部杀死，将各种佛经以及佛像摧毁，北魏君主拓跋焘同意了他的建议。寇谦之却反对，极力劝阻崔浩，崔浩不听。于是，他们先是将长安的和尚全部杀死，并把佛经佛像全部都烧毁，并给平城下令，发出诏书通知全国，按照长安对和尚们的办法，诛杀全国和尚。诏书说："以前，后汉的昏君信奉邪乱的佛教，以扰乱天道常规，从古代以来，九州之间从来没有发生这样的事情。荒唐的大话，根本不符合人情，但在乱世的时候，人们全都受到迷惑。因此，政教无法推行，礼义遭到破坏，全国之内，穷困潦倒，全部都变为丘墟。我继承上天的旨意，要铲除虚伪，保留真善，恢复伏羲、神农时期太平安定的社会，应该将佛教全部毁掉，消灭他们的踪迹。从今以后，如果有谁敢事奉胡人所信奉的神和塑造神的泥像或铜人佛像，全部满门抄斩。有不寻常的人，才可以有不寻常的事。没有我，谁可以将这历代积累的假物消除！有关部门要通告征镇各军、各州刺史，凡是发现寺塔、佛像以及佛经，全部都要摧毁，和尚们不分年纪大小全部都要活埋！"太子拓跋晃平时就喜爱佛法，他屡次劝谏北魏君主，北魏君主都不听。于是，他只好拖延宣告的诏书，使得远近地方的寺庙和尚可以事先知道消息，然后各自想办法躲避，很多和尚逃亡藏匿起来，才得以幸免，有的把佛经佛像也收藏起来，只是北魏境内的寺塔佛庙，全部都被摧毁。

【康熙御批】魏信道士寇谦之，以黜沙门，复因佛寺有兵器，诏无少长，悉诛之。素无明禁，一旦尽行歼除，可谓不教而杀，亦惨甚矣。

【译文】北魏朝廷相信道士寇谦之，驱逐僧人，又因为佛寺有武器，下诏无论老少，全部处死。这一点过去没有明确禁止，现在一经发现又全部诛杀，可以说是不教而杀，实在太残忍了。

魏主徙长安工巧两千家于平城。还，至洛水，分军诛李闰叛羌。

太原颜白鹿私入魏境，为魏人所得，将杀之，诈云青州刺史杜骥使其归诚。魏人送白鹿诣平城，魏主喜曰："我外家也。"使崔浩作书与骥，且命永昌王仁、高凉王那将兵迎骥，攻冀州刺史申恬于历城；杜骥遣其府司马夏侯祖欢等将兵救历阳。魏人遂寇兖、青、冀三州，至清东而还；杀掠甚众，北边骚动。

【译文】北魏君主拓跋焘将长安有技艺的两千家工匠迁移到平城。回京的时候，到达洛水，分派军队前去诛杀以李闰为首反叛的羌族部落。

刘宋太原人颜白鹿秘密进入北魏境内，被北魏士兵抓捕，要杀他的时候，他欺骗说："是青州刺史杜骥命我前来归降。"北魏士兵把他送到平城，北魏君主拓跋焘十分高兴地说："杜骥是我的外家啊！"拓跋焘让崔浩给杜骥写了一封信，并命令永昌王拓跋仁、高凉王拓跋那分别率兵迎接杜骥，并到历城进攻冀州刺史申恬。杜骥派他的府司马夏侯祖欢等率兵去历城支援。北魏士兵便进攻兖、青、冀三州，一直到清水以东才撤回，掠夺屠杀了很多人，刘宋北部边疆的百姓人心骚动，感到不安。

资治通鉴卷第一百二十四　宋纪六

帝以魏寇为忧，咨访群臣。御史中丞何承天上表，以为："凡备匈奴之策，不过二科：武夫尽征伐之谋，儒生讲和亲之约。今若欲追踪卫、霍，自非大田淮、泗，内实青、徐，使民有赢储，野有积谷，然后发精卒十万，一举荡夷，则不足为也。若但欲遣军追讨，报其侵暴，则彼必轻骑奔走，不肯会战。徒兴巨费，不损于彼，报复之役，将遂无已。斯策之最末者也。安边固守，于计为长。臣窃以曹、孙之霸，才均智敌，江、淮之间，不居各数百里。何者？斥候之郊，非耕牧之地，故坚壁清野以俟其来，整甲缮兵以乘其弊；保民全境，不出此涂。要而归之，其策有四：一曰移远就近。今青、兖旧民及冀州新附，在界首者三万馀家，可悉徙置大岘之南，以实内地。二曰多筑城邑以居新徙之家，假其经用，春夏佃牧，秋冬入保。寇至之时，一城千家，堪战之士，不下两千，其馀赢弱，犹能登陴鼓噪，足抗群虏三万矣。三曰纂偶车牛以载粮械。计千家之资，不下五百耦牛，为车五百两，参合钩连以卫其众；设使城不可固，平行趋险，贼所不能干，有急徵发，信宿可聚。四曰计丁课仗。凡战士两千，随其便能，各自有仗，素所服习，铭刻由己，还保输之于库，出行请以自新。弓鞬利铁，民不得者，官以渐充之。数年之内，军用粗备矣。近郡之师，远屯清、济，功费既重，嗟怨亦深，以臣料之，未若即用彼众之易也。今因民所利，导而帅之，兵强而敌不戒，国富而民不劳，比于优复队伍，坐食粮禀者，不可同年而校矣。"

【译文】 刘宋文帝刘义隆对北魏的入侵感到十分忧虑，询问百官意见。御史中丞何承天上书认为："防备匈奴侵略的办法，不外乎两种：一是武将尽力前去征伐，一是儒士们主张借用和亲来建立友好关系。如果要仿效卫青、霍去病的做法，肯定要扩大淮水、泗水农田的面积，充实青、徐二州的力量，使百姓的储存丰裕，田野里有积粮，然后再发动精兵十万，便可以将敌人一举荡平；如果只是出兵前去征讨追击，报复他们的侵略，他们肯定会轻骑逃走，不愿和我们会战，白白地消耗我们的财物，对敌人却没有丝毫损伤，所以，这种采取武力报复的进攻，从此就不会停止，这是最下等的方法。最长远的方法，就是安定边境，巩固边防。我认为曹操、孙权之所以各霸一方，是因为他们的才智可以匹敌，而在长江、淮水之间的流域，各有数百里无人居住区，这是为什么呢？因为这是侦察士兵出没的郊野，而不是耕田放牧的地方。所以，将壁垒巩固，将人口迁走，以等待他们的到来，整顿武装以抓住对方的弱点，这样就可以保护百姓，顾全国家的完整，不会超出这条途径。简单说来，它的策略有四个方面：一是将住在远处的百姓迁到附近。如今青、兖二州旧有的百姓和冀州新归附的百姓，有三万多家在边界居住，可以将他们全部迁移到大岘以南，以此来充实内地的力量。二是多多地建筑城邑，让新迁来的百姓可以有地方居住，将房子借给他们，春夏时耕田畜牧，秋冬时可以进堡居住。这样北魏士兵入侵时，一个城邑有一千家，能够作战的人就不会少于两千人，其余的老弱病残，还能登上城堡呐喊助威，这样就足够抵抗三万敌人。三是将百姓的耦车耕牛编集起来，以此来运载粮食以及军械，合计一千家的财产，肯定不会少于一千头耕牛，五百辆车子，将它们调和钩连在一起，能够用来保护大众。即使城邑不牢固，可以从平地进入险要地带，这样一来，敌人就无法再进一步侵犯，而等到有紧急情况时，可以将附近的军队临时聚集起来，两夜就可聚集好。四是依照士兵的数量准备兵器。一个城邑有两千士兵，依据他们各自的能力，分配给他们自己的武器，让他们平时进行军事训练，自己刻上记号，练习结束回到城邑时把兵器存进兵库统一管理，外出迎敌时就将兵器取出来擦拭磨砺。百姓缺少的弓箭以及锐利的铁制武器，官府应该逐步加以补充完全。几年之内，军事方面就可以初具规模。现在附近的各郡军队，要前去很远的清水、济水屯驻，军资耗费十分巨大，士兵的劳苦怨恨也很深。依我之见，不如利用当地百姓的力量更为容易。如今，我们应该按照对百姓有利的准则去做，顺从形势并加以引导统领，兵力强大也就没有敌人入侵的忧虑，国家富足而老百姓并不劳苦，这和坐吃粮食，免除士兵的赋税，是不可相提并论的。"

魏金城边固、天水梁会，与秦、益杂民万馀户据上邽东城反，攻逼西城。秦、益二州刺史封敕文拒却之。氐、羌万馀人，休官、屠各二万馀人皆起兵应固、会，敕文击固，斩之，馀众推会为主，与敕文相攻。

【译文】北魏的金城人边固、天水人梁会以及秦州、益州各地杂居的百姓有一万多户据守在上邽东城，起兵反抗北魏，他们的攻势直逼西城。秦、益二州刺史封敕文率兵将他们击退。氐、羌二族一万多人，休官、屠各族两万多人，都纷纷起兵响应边固、梁会，封敕文进攻边固，杀掉了他，剩余造反的人又推举梁会为他们的领袖，和封敕文相对抗。

夏，四月，甲申，魏主至长安。

丁未，大赦。

仇池人李洪聚众，自言应王。梁会求救于氐王杨文德，文德曰:“两雄不并立,若须我者,宜先杀洪。”会诱洪斩之,送首于文德。五月,癸亥,魏主遣安丰公闾根帅骑赴上邽,未至,会弃东城走。敕文先掘重堑于外,严兵守之,格斗从夜至旦。敕文曰:“贼知无生路,致死于我,多杀伤士卒,未易克也。”乃以白虎幡宣告会众,降者赦之,会众遂溃;分兵追讨,悉平之。略阳人王元达聚众屯松多川,敕文又讨平之。

【译文】夏季,四月,甲申(初一),北魏君主拓跋焘到达长安。

丁未(二十三日),刘宋朝廷下令大赦天下。

仇池人李洪聚集百姓,自称为王。梁会向氐王杨文德请求支援,杨文德说:“两雄无法并立,如果必须要我帮忙,你应该先杀死李洪。”于是,梁会骗出李洪并杀了他,把李洪的头送给杨文德。五月,癸亥(十一日),北魏君主拓跋焘派安丰公拓跋闾根率骑兵前往上邽,还没到,梁会就弃城而逃了。封敕文事先在城外挖好几重壕沟,并派士兵严加防守,双方一直搏斗,从夜里到第二天天亮。封敕文说:“贼人知道自己没有活路,所以同我们以死相拼,杀了我们很多士兵,我们很难战胜他们。”于是,封敕文高举白虎幡告诉梁会的部下士兵,只要他们投降就可以赦免,梁会的士兵立马溃败。封敕文又分别派士兵前去追讨,将他们全部平定。略阳人王元达在松多川屯驻聚集了很多百姓,封敕文又率士兵前去征讨,平定了他们。

盖吴收兵屯杏城,自号秦地王,声势复振。魏主遣永昌王仁、高凉王那督北道诸军讨之。

檀和之等拔区粟,斩范扶龙,乘胜入象浦;林邑王阳迈倾国来战,以具装被象,前后无际。宗悫曰:“吾闻外国有师子,威服百兽。"乃制其形，与象相拒，象果惊走，林邑兵大败。和之遂克林邑，阳迈父子挺身走。所获未名之宝，不可胜计，宗悫一无所取，还家之日，衣栉萧然。

【译文】北魏盖吴收集残余的部众屯驻在杏城，自封为秦地王，声势再次浩大起来。北魏君主拓跋焘派永昌王拓跋仁、高凉王拓跋那率北道各路士兵前去讨伐。

檀和之等人攻克区粟，斩杀范扶龙，并且乘胜一直追击到象浦。林邑王范阳迈发动全国的军力前来迎战，他把马甲披覆到大象的身上，象阵的前后望不到头。宗悫说："我听说外国有狮子，它的凶猛威严能够将百兽镇服。"于是，他们制作了很多狮子形的东西，以此来和大象对抗，大象果然被狮子惊走，林邑的军队大败。于是，檀和之攻克林邑，范阳迈父子快速逃走。刘宋士兵获得的稀世珍宝多得不可胜数，但是宗悫一样东西都没有拿，回家那天，他的衣着仍旧很俭朴。

六月，癸未朔，日有食之。

甲申，魏发冀、相、定三州兵二万人屯长安南山诸谷，以备盖吴窜逸。丙戌，又发司、幽、定、冀四州十万人筑畿上塞围，起上谷，西至河，广纵千里。

帝筑北堤，立玄武湖，筑景阳山于华林园。

【译文】六月，癸未朔(初一)，发生日食。

甲申(初二)，北魏发动冀州、相州、定州三州的兵力二万人，屯驻在长安南山的各个山谷中，以防盖吴逃往其他地方。丙戌(初四)，又出动司州、幽州、定州、冀州四州的兵力十万人修建京畿外围的防卫工事，东起上谷，西到黄河，一直绵延覆盖了一千里。

刘宋文帝刘义隆命令修筑北堤，修筑玄武湖，并在华林园修筑景阳山。

秋，七月，辛未，以散骑常侍杜坦为青州刺史。坦，骥之兄也。初，杜预之子耽，避晋乱，居河西，仕张氏。前秦克凉州，子孙始还关中。高祖灭后秦，坦兄弟从高祖过江。时江东王、谢诸族方盛，北人晚渡者，朝廷悉以伧荒遇之，虽复人才可施，皆不得践清涂。上尝与坦论金日磾，曰："恨今无复此辈人！"坦曰："日磾假生今世，养马不暇，岂办见知！"上变色曰："卿何量朝廷之薄也！"坦曰："请以臣言之：臣本中华高族，晋氏丧乱，播迁凉土，世业相承，不殒其旧；直以南度不早，便以荒伧赐隔。日磾，胡人，身为牧圉，乃超登内侍，齿列名贤。圣朝虽复拔才，臣恐未必能也。"上默然。

【译文】 秋季，七月，辛未（二十日），刘宋文帝刘义隆任命散骑常侍杜坦为青州刺史。杜坦是杜骥的哥哥。起初，晋朝名将杜预的儿子杜耽，为逃避晋朝战乱而迁到河西居住，在张氏的部下做官。前秦攻克凉州以后，他的子孙才又回到关中。刘宋高祖刘裕灭掉后秦以后，杜坦兄弟跟随高祖渡过长江。那时，江东的王、谢几个家族正是兴盛的时期，晚来的北方人受到歧视，朝廷把他们看作是北方荒凉之地的乡下人，即使有才能被任用，也不可以被征召为清贵之官。刘宋文帝刘义隆曾和杜坦一起谈论过金日磾，说："遗憾的是如今再也没有金日磾这样的人才了！"杜坦说："金日磾如果活在今天，养马都已忙不过来，怎么会被人所知道呢？"刘宋文帝脸色大变说："你把朝廷想得太刻薄了！"杜坦说："请以我自身为例，我家原是中原的名门望族，因为晋朝的动乱，不得已搬到西凉居住，并没有因为迁移而改变旧有家业。但是，现在只是因为我们南渡长江比较晚，就认为我们是荒伧而排斥我们。金日磾是匈奴人，身为给朝廷养马的人，居然可以越级升为内侍，和贤者相提并论。像现在这样，即使朝廷再次选拔人才，也未必可以轮到我。"刘宋文帝刘义隆听了他的话后默不作声。

【乾隆御批】门弟衡人，最为江左恶习，果其人才足录，奈何以疆界限之？如是而欲希遇日磾流辈不啻竽瑟之异好矣。

【译文】用门第高低来衡量人才，是江左政权最坏的恶习，如果这个人才真的可以录用，为什么要用疆界来限制他呢？像这样还想遇见金日磾这样的人才，就不只是喜欢吹竽或是鼓瑟的不同爱好之间的差别了。

八月，魏高凉王那等破盖吴，获其二叔；诸将欲送诣平城，长安镇将陆俟曰："长安险固，风俗豪忮，平时犹不可忽，况承荒乱之馀乎！今不斩吴，则长安之变未已也。吴一身潜窜，非其亲信，谁能获之？若停十万之众以追一人，又非长策。不如私许吴叔，免其妻子，使自追吴，擒之必矣。"诸将咸曰："今贼党众已散，唯吴一身，何所能至？"俟曰："诸君不见毒蛇乎！不断其首，犹能为害。吴天性凶狡，今若得脱，必自称王者不死，以惑愚民，为患愈大。"诸将曰："公言是也。但得贼不杀，而更遣之，若遂往不返，将何以任其罪？"俟曰："此罪我为诸君任之。"高凉王那亦以俟计为然，遂赦二叔，与刻期而遣之。及期，吴叔不至，诸将皆咎俟，俟曰："彼伺之未得其便耳，必不负也。"后数日，吴叔果以吴首来；传诣平城。永昌王仁等讨吴馀党白广平、路那罗等，悉平之。以陆俟为内都大官。

资治通鉴

【译文】八月，北魏高凉王拓跋那等率兵击败盖吴，抓获了他的两个叔叔。将领们打算将他们押送到平城，镇守长安的守将陆俟说："长安地势险要，风俗豪放凶悍，没有战乱的时候都不可以忽视它，更何况这正是在战乱之后呢，如果不杀死盖吴，长安的战乱就不会停止。现在盖吴一人潜逃流窜，假若不是他的亲信，又有谁可以将他捕获呢？留下十万兵众来追捕他一个人也不是长久的计策。不如我们私下里释放盖吴的叔叔，并赦免他的妻子和孩子，让他们去寻找盖吴，这样我们就一定可以抓到盖吴。"各将领都说："如今贼人党众已经散去，只有盖吴一个人逃走，他还能做些什么呢？"陆俟说："各位难道都没有看过毒蛇吗？不砍断它的头，它就还可以去伤害别人。盖吴天性凶狠狡诈，如果逃走，会自称有王命的人不会死，以此来诱惑愚昧无知的百姓，如此一来，造成的祸乱更大。"各将领说："你说得很对。但是抓到贼人而没有杀他们，还将他们放走，如果他们不回来了，谁来承担这个罪责？"陆俟说："这个罪名，我来替各位承担。"高凉王拓跋那也认为陆俟的计谋是正确的，于是，赦免了盖吴的两个叔叔，和他们约定好回来的期限就放了他们。到约定的日子，盖吴的两个叔叔还没有回来，各将领都将罪过推到陆俟身上，陆俟说："他们只是还没有找好机会下手而已，一定不会辜负我们的期望！"过了几天，盖吴的两个叔叔果然回来了，还带着盖吴的头。消息很快就传到平城。永昌王拓跋仁继续率兵讨平盖吴的残余部下白广平、路那罗等，将他们全部平定。北魏君主拓跋焘任命陆俟为内都大官。

会安定卢水胡刘超等聚众万馀人反，魏主以俟威恩著于关中，复加俟都督秦、雍二州诸军事，镇长安，谓俟曰："关中奉化日浅，恩信未洽，吏民数为逆乱。今朕以重兵授卿，则超等必同心协力，据险拒守，未易攻也；若兵少，则不能制贼，卿当自以方略取之。"侯乃单马之镇。超等闻之，大喜，以侯为无能为也。

资治通鉴

【译文】正好赶上安定的卢水胡人刘超等人聚集一万多民众叛变北魏，北魏君主拓跋焘因为陆俟在关中的威名以及恩慈都十分大，又加授陆俟为都督秦、雍二州诸军事，镇守长安。北魏君主拓跋焘对陆俟说："关中的百姓奉承朝廷的教化还没有多长时间，我们的恩德还没树立起来，所以，当地的官吏百姓常常叛乱。如今，我把重兵交给你，刘超等人肯定也会同心协力，一起据守险要之地来对抗朝廷，攻取他们并不容易，如果我们派的士兵过少，就无法降服敌人，希望你可以谋划好战略来取得胜利。"于是，陆俟一个人骑马前往长安。刘超等人知道这件事后，十分高兴，认为陆俟是无所作为的。

　　俟既至，谕以成败，诱纳超女，与为姻戚以招之；超自恃其众，犹无降意。俟乃帅其帐下亲往见超，超使人逆谓俟曰："从者过三百人，当以弓马相待；不及三百人，当以酒食相供。"俟乃将二百骑诣超。超设备甚严，俟纵酒尽醉而还。顷之，俟复选敢死士五百人出猎，因诣超营，约曰："发机当以醉为限。"既饮，俟阳醉，上马大呼，手斩超首；士卒应声纵击，杀伤千数，遂平之。魏主徵俟还，为外都大官。

　　是岁，吐谷浑复还旧土。

　　【译文】陆俟到了关中以后，用事情的胜败，生死利害来对刘超进行劝导，并且假说要娶刘超的女儿为妻，以此做诱饵，通过结为姻亲来达到让刘超归顺的目的。但是，刘超自恃人多力大，仍然没有归降的想法。于是，陆俟就率他营帐内的部下亲自前去见刘超，刘超派人迎接陆俟，说："如果你的随从超过三百人，我们就用弓箭战马来对待，如果随从不到三百人，我们就会用美酒佳肴来招待。"于是，陆俟就带了二百骑兵前去见刘超，刘超的防卫十分严密，陆俟纵情饮酒一直喝醉才返回自己的地方。没过多久，陆俟又挑选了敢死勇士五百人借外出游猎为名，转到刘超所在的军营。陆俟与士兵约定说："发动进攻的时间应该在我喝醉的时候。"刘超招待陆俟，陆俟假装喝得酩酊大醉，骑上马大声喊叫，亲手砍下刘超的头颅。士兵们应声进攻，杀了刘超的士兵几千人，平定刘超。拓跋焘将陆俟征召回平城，任命他为外都大官。

这一年，吐谷浑汗国又回到他们的故土生活。

资治通鉴卷第一百二十五　宋纪七

起强圉大渊献，尽上章摄提格，凡四年。

【译文】起丁亥（公元447年），止庚寅（公元450年），共四年。

【题解】本卷记录了宋文帝刘义隆元嘉二十四年至二十七年共四年间刘宋与北魏等国的大事：魏将万度归与唐和平定西域；魏主拓跋焘几次出兵柔然，致使柔然逐渐衰弱；刘宋沈庆之、柳元景平定沔北诸蛮叛乱；魏主拓跋焘率兵南侵，宋将陈宪坚守、臧质等率兵救援，魏兵退去；魏国谋臣崔浩专制朝权，主编国史，听信小人之言，被灭族；刘宋佞臣王玄谟等怂恿文帝北伐，文帝不听沈庆之等人劝告，派兵进攻滑台；王玄谟进围滑台时，坐失良机，全军伤亡殆尽；从襄阳北出的柳元景等战势喜人，但因东线王玄谟惨败，只好撤回；刘义恭在部将张畅的坚持下，据城坚守；魏主拓跋焘攻彭城不克，派李孝伯出使彭城，与刘宋的张畅互逞辞令；沈璞、臧质合作守盱眙，公而无私；魏主拓跋焘建议南北分治，互通友好，刘宋内部意见不一，未予回复。

太祖文皇帝中之下

元嘉二十四年（丁亥，公元四四七年）春，正月，甲戌，大赦。

魏吐京胡及山胡曹仆浑等反；二月，征东将军武昌王提等讨平之。

癸未，魏主如中山。

魏师之克燉煌也，沮渠牧犍使人斫开府库，取金玉及宝器，因不复闭，小民争入盗取之，有司索盗不获。至是，牧犍所亲及守藏者告之，且言牧犍父子多蓄毒药，潜杀人前后以百数；姊妹皆学左道。有司索牧犍家，得所匿物。魏主大怒，赐沮渠昭仪死，并诛其宗族，唯沮渠祖以先降得免。又有告牧犍犹与故臣民交通谋反者，三月，魏主遣崔浩就第赐牧犍死，谥曰哀王。

魏人徙定州丁零三千家于平城。

【译文】元嘉二十四年（丁亥，公元447年）春季，正月，甲戌（二十六日），刘宋文帝刘义隆下令大赦。

北魏吐京胡以及山胡酋长曹仆浑等率兵叛变。二月，北魏征东将军武昌王拓跋提等人率兵前去将他们平定。

癸未（初五），北魏君主拓跋焘抵达中山。

北魏士兵攻克敦煌时，沮渠牧犍派人打开府库，拿走金银珠宝以及玉器，府库的大门从此不再关闭，百姓们争相进来盗走剩余的珠宝，北魏有关部门进行抓捕，没有抓到一个人。到此时，沮渠牧犍的左右亲信和看守府库的人才向北魏朝廷告发了沮渠牧犍，并且说沮渠牧犍父子藏有很多毒药，暗地里前后杀了好几百人。而且说沮渠牧犍的姐妹们都会邪术。有关部门搜查了沮渠牧犍的家，发现了沮渠牧犍所藏匿的财物。北魏君主拓跋焘十分恼怒，下令赐沮渠昭仪自杀，并将沮渠牧犍的族人全部诛杀，只有沮渠祖因为最先投降而免于一死。又有人告发沮渠牧犍还与他的旧臣有所联系，意图叛变，三月，北魏君主拓跋焘派崔浩前去沮渠牧犍的府第让他自杀，谥号为哀王。

北魏下令定州的三千家丁零部落迁移到平城。

六月，魏西征诸将扶风公处真等八人，坐盗没军资及虏掠赃各千万计，并斩之。

初，上以货重物轻，改铸四铢钱。民多翦凿古钱，取铜盗铸。上患之。录尚书事江夏王义恭建议，请以大钱一当两。右仆射何尚之议曰："夫泉贝之兴，以估货为本，事存交易，岂假多铸！数少则（弊）〔币〕重，数多则物重，多少虽异，济用不殊。况复以一当两，徒崇虚价者邪？若今制遂行，富人之赀自倍，贫者弥增其困，惧非所以使之均壹也。"上卒从义恭议。

【译文】 六月，北魏西征将领扶风公拓跋处真等共八人，因吞没军用物资和侵占掠夺赃物，每人各得钱财数以千万计，全部被处斩。

起初，刘宋文帝刘义隆因为货币面值太大而物品价格太低，便下令改铸新的四铢钱。所以，百姓中有很多把古钱毁掉，用铜自己偷偷铸造新钱，刘宋文帝感到十分忧虑。录尚书事江夏王刘义恭向刘宋文帝建议说，请求用一个大钱当两个小钱。右仆射何尚之则建议说："货币的兴起，是以估货的价值为标准的，这种事情只要有买卖交易就会出现，哪里会因为多铸大钱而受到影响呢？货币数量少的话价值就高，货币数量多的话货物的价值就高，货币的多少虽然不一样，但是用它们交易的功能并没有什么不同。何况用一个大钱当作两个小钱，只是将表面的价值增加了而已。如果我们实施这个制度，那么富人的财产就会成倍地增加，贫苦百姓的生活会更加困苦，这恐怕不是一个可以使社会达到贫富均衡的好办法吧！"刘宋文帝最终采纳了刘义恭的建议。

资治通鉴

秋，八月，乙未，徐州刺史衡阳文王义季卒。义季自彭城王义康之贬，遂纵酒不事事。帝以书诮责，且戒之，义季犹酣饮自若，以至成疾而终。

魏乐安宣王范卒。

冬，十月，壬午，胡藩之子诞世杀豫章太守桓隆之，据郡反，欲奉前彭城王义康为主；前交州刺史檀和之去官归，过豫章，击斩之。

十一月，甲寅，封皇子浑为汝阴王。

十二月，魏晋王伏罗卒。

杨文德据葭芦城，招诱氐、羌，武都等五郡氐皆应之。

【译文】秋季，八月，乙未（二十日），刘宋徐州刺史衡阳文王刘义季去世。刘义季自从彭城王刘义康被贬以后，就整日放纵饮酒，不再处理政事。刘宋文帝曾写信责备过他，并且加以规劝，但是刘义季仍然一如既往地酗酒，最终因饮酒过度而生病去世。

北魏乐安宣王拓跋范去世。

冬季，十月，壬午（初八），刘宋胡藩的儿子胡诞世杀了豫章太守桓隆之，占据豫章郡起兵造反，他想拥立前彭城王刘义康为皇上，前交州刺史檀和之在去官回京的路上，经过豫章，击败并斩杀了胡诞世。

十一月，甲寅（初十），刘宋文帝刘义隆封皇子刘浑为汝阴王。

十二月，北魏晋王拓跋伏罗去世。

杨文德占据北魏的葭芦城，并招抚诱降氐、羌族部落的人，武都等五郡的氐人全都归附。

元嘉二十五年(戊子,公元四四八年)春,正月,魏仇池镇将皮豹子帅诸军击之。文德兵败,弃城奔汉中。豹子收其妻子、僚属、军资及杨保宗所尚魏公主而还。

初,保宗将叛,公主劝之。或曰:"奈何叛父母之国?"公主曰:"事成,为一国之母,岂比小县公主哉!"魏主赐之死。

杨文德坐失守,免官,削爵土。

【译文】元嘉二十五年(戊子,公元448年)春季,正月,北魏仇池的守将皮豹子率各路大军前去讨伐杨文德。杨文德大败,放弃葭芦城,逃往汉中。皮豹子逮捕了杨文德的妻子、儿子以及僚属,并没收其军资,同时又抓捕了杨保宗所娶的北魏公主,返回平城。

起初,杨保宗要叛变北魏,公主是尽力鼓励他。后来有人问公主说:"你为什么要反叛自己父母的国家呢?"公主说:"如果事情可以成功,我就是一国之母,怎么是现在小县公主身份可以相比的呢!"北魏君主拓跋焘命公主自杀。

杨文德因为失去所镇守的城池而被罢免官职,他的爵位及封土全部被削去。

二月,癸卯,魏主如定州,罢塞围役者;遂如上党,诛潞县叛民两千馀家,徙河西离石民五千馀家于平城。

闰月,己酉,帝大蒐于宣武场。

初,刘湛既诛,庾炳之遂见宠任,累迁吏部尚书,势倾朝野。炳之无文学,性强急轻浅。既居选部,好诟詈宾客,且多纳货赂,士大夫皆恶之。

【译文】二月,癸卯(疑误),北魏君主拓跋焘抵达定州,将建筑京畿外围要塞工事的人解散,并前往上党,下令杀了潞县叛变的百姓两千多家。同时将河西、离石的五千多家百姓强行迁往平城。

闰月，己酉（初七），刘宋文帝刘义隆在建康宣武场举行阅兵典礼。

起初，刘湛被斩首后，吏部郎庾炳之开始受到刘宋文帝的宠信，一直官至吏部尚书，权势在朝野压倒所有人。然而，庾炳之没有才学，而且个性暴躁浅薄，主持吏部尚书以后，喜爱辱骂宾客，而且接受很多贿赂，士大夫们全都对他十分厌恶。

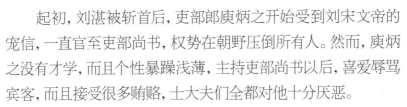

炳之留令史二人宿于私宅，为有司所纠。上薄其过，欲不问。仆射何尚之因极陈炳之之短曰："炳之见人有烛盘、佳驴，无不乞句；选用不平，不可一二；交结朋党，构扇是非，乱俗伤风，过于范晔，所少，贼一事耳。纵不加罪，故宜出之。"上欲以炳之为丹杨尹。尚之曰："炳之蹈罪负恩，方复有尹京赫赫之授，乃更成其形势也。古人云：'无赏无罚，虽尧、舜不能为治。'臣昔启范晔，亦惧犯颜，苟曰愚怀，九死不悔。历观古今，未有众过藉藉，受货数百万，更得高官厚禄如炳之者也。"上乃免炳之官，以徐湛之为丹杨尹。

【译文】庾炳之将两个尚书令史留宿在他家，受到有关部门的弹劾。而刘宋文帝认为他的罪过很小，不想过问。于是，仆射何尚之竭力揭发庾炳之的缺点，说："庾炳之看见别人有蜡烛盘和好的驴子，全部都要去索取；他所选用的人才不公平也不是一两件；他交结自己的党羽，喜爱挑拨是非，伤风败俗，甚过范晔，他与范晔相比所少的只是还没有对朝廷反叛这件事而已。就算不加罪于他，也应该把他撤职流放！"刘宋文帝刘义隆打算任命庾炳之为丹杨尹，何尚之又说："庾炳之犯罪辜负了皇上给予他的恩德，如果再给他封授丹阳尹这样的官职，就会使他的形势进一步增强。古人说：'有功不赏，有过不罚，就算是尧舜，也无法治理好天下。'我以前就因为范晔的事情向皇上禀告过，也担心会冒犯圣上。但是，我现在只要能把自己心中的话说出来，即使被处死也不后悔。历观古今很多大事，从来没有罪行累累，接受贿赂数百万，而可以像庾炳之这样得到高官厚禄的啊。"刘宋文帝刘义隆这才罢免了庾炳之的官职，任命徐湛之为丹杨尹。

彭城太守王玄谟上言："彭城要兼水陆，请以皇子抚临州事。"夏，四月，乙卯，以武陵王骏为安北将军、徐州刺史。

五月，甲戌，魏以交趾公韩拔为鄯善王，镇鄯善，赋役其民，比之郡县。

当两人钱行之经时，公私不以为便；己卯，罢之。

六月，丙寅，荆州刺史南谯王义宣进位司空。

辛酉，魏主如广德宫。

秋，八月，甲子，封皇子彧为淮阳王。

【译文】刘宋彭城太守王玄谟向刘宋文帝上书说："彭城位于水陆交通的要道，请求皇上派皇子亲自莅临主持政务。"夏季，四月，乙卯(十四日)，刘宋文帝刘义隆任命武陵王刘骏为安北将军兼任徐州刺史。

五月，甲戌(初四)，北魏君主拓跋焘任命交趾公韩拔为鄯善王，镇守鄯善，对百姓的赋税和劳役，和北魏内地郡县的设置一样。

当刘宋用一个大钱当两个小钱的方法通行一段时间以后，朝廷和私人都认为很不方便。己卯初九，刘宋文帝刘义隆下令废除这个制度。

六月，丙寅（二十六日），刘宋荆州刺史南谯王刘义宣升迁为司空。

辛酉（二十一日），北魏君主拓跋焘前往广德宫。

秋季，八月，甲子（二十五日），刘宋文帝刘义隆封皇子刘彧为淮阳王。

西域般悦国去平城万有馀里，遣使诣魏，请与魏东西合击柔然。魏主许之，中外戒严。

九月，辛未，以尚书右仆射何尚之为左仆射，领军将军沈演之为吏部尚书。

丙戌，魏主如阴山。

魏成周公万度归击焉耆，大破之，焉耆王鸠尸卑那奔龟兹。魏主诏唐和与前部王车伊洛帅所部兵会度归讨西域。和说降柳驴等六城，因共击波居罗城，拔之。

【译文】 西域般悦国与平城相距有一万多里，派使者前往北魏，请求和北魏分别从东西方共同讨伐柔然汗国，北魏君主拓跋焘同意了，下令北魏内外实行戒严。

九月，辛未（初二），刘宋文帝刘义隆任命尚书右仆射何尚之为左仆射，领军将军沈演之为吏部尚书。

丙戌（十七日），北魏君主拓跋焘前往阴山。

北魏成周公万度归前去进攻焉耆国，大败焉耆国，焉耆国王鸠尸卑那逃跑到龟兹。北魏君主拓跋焘下诏，派唐和与前部王车伊洛率各自的士兵和万度归会合，共同讨伐西域，唐和游说并收降了柳驴等六座城池，又趁机共同前去讨伐波居罗城，最终占领了波居罗城。

冬，十月，辛丑，魏弘农昭王奚斤卒，子它观袭。魏主曰："斤关西之败，罪固当死；朕以斤佐命先朝，复其爵邑，使得终天年，君臣之分亦足矣。"乃降它观爵为公。

癸亥，魏大赦。

十二月，魏万度归自焉耆西讨龟兹，留唐和镇焉耆。柳驴戍主乙直伽谋叛，和击斩之，由是诸胡咸附，西域复平。

魏太子朝于行宫，遂从伐柔然。至受降城，不见柔然，因积粮于城内，置戍而还。

【译文】 冬季，十月，辛丑（初三），北魏弘农昭王奚斤去世，他的儿子奚它观继承爵位。北魏君主拓跋焘说："奚斤以前在关西战败，论罪理应处死，但是，因为奚斤曾佐助过先朝，所以恢复了他的爵位和封邑，使他能够终享天年，君臣之间的情分已经可以了。"于是，将奚它观的爵位降为公爵。

癸亥（二十五日），北魏实行大赦。

十二月，北魏万度归从焉耆向西发兵讨伐龟兹，留下唐和镇守焉耆。驻守柳驴的乙直伽意图反叛，唐和进行反击，斩杀了乙直伽。从此，各族的胡人都十分畏服北魏，西域再次获得平定。

北魏太子拓跋晃在阴山行宫朝见北魏君主拓跋焘，然后跟随北魏君主前去攻伐柔然汗国。走到受降城，仍然没有见到柔然的士兵，于是，拓跋晃把粮食屯放在城内，在那里留下守卫然后返回平城。

元嘉二十六年（己丑，公元四四九年）春，正月，戊辰朔，魏主飨群臣于漠南。甲戌，复伐柔然。高凉王那出东道，略阳王羯兒出西道，魏主與太子出涿邪山，行數千里。柔然處羅可汗恐惧，遠遁。

二月，己亥，上如丹徒，谒京陵。三月，丁巳，大赦。募诸州乐移者数千家以实京口。

庚寅，魏主还平城。

夏，五月，壬午，帝还建康。

庚寅，魏主如阴山。

【译文】元嘉二十六年（乙丑，公元449年）春季，正月，戊辰朔（初一），北魏君主拓跋焘在漠南宴请各位大臣。甲戌（初七），北魏君主又起兵前去攻打柔然汗国。高凉王拓跋那从东路发兵，略阳王拓跋羯儿从西路发兵，拓跋焘和太子拓跋晃从涿邪山发兵，行军几千里。柔然处罗可汗郁久闾吐贺真十分恐惧，远远逃走。

二月，己亥（初三），刘宋文帝刘义隆前往丹徒，拜谒京陵。三月，丁巳（疑误），刘宋文帝下令大赦天下。募集了各州愿意迁居的几千家百姓迁来充实京口。

庚寅（二十四日），北魏君主拓跋焘回到平城。

夏季，五月，壬午（十七日），刘宋文帝刘义隆回到建康。

庚寅（二十五日），北魏君主拓跋焘前往阴山。

帝欲经略中原，群臣争献策以迎合取宠。彭城太守王玄谟尤好进言，帝谓侍臣曰：“观玄谟所陈，令人有封狼居须意。”御史中丞袁淑言于上曰：“陛下今当席卷赵、魏，检玉岱宗；臣逢千载之会，愿上封禅书。”上悦。淑，耽之曾孙也。

秋，七月，辛未，以广陵王诞为雍州刺史。上以襄阳外接关、河，欲广其资力，乃罢江州军府，文武悉配雍州；湘州入台租税，悉给襄阳。

【译文】 刘宋文帝刘义隆想要收复中原，文武百官争相献计前去迎合，希望可以取得刘宋文帝的宠信。彭城太守王玄谟尤其喜好进言，刘宋文帝刘义隆对侍臣说："认真想想王玄谟所说的话，让人有霍去病攻伐匈奴封狼居胥的感觉。"御史中丞袁淑向刘宋文帝上书说："皇上如今应该收复赵、魏旧有的土地，前去泰山祭祀天神。臣遇到这千载难逢的机遇，愿意呈上一封禅书。"刘宋文帝刘义隆听了十分高兴。袁淑是袁耽的曾孙。

秋季，七月，辛未（初七），刘宋文帝刘义隆任命广陵王刘诞为雍州刺史。刘宋文帝认为襄阳向外与关中、黄河相接连，所以想要扩张襄阳的财力军力，于是，撤除了江州军府，罢黜了江州的文武百官，全部改配给雍州。原来湘州百姓向朝廷交纳的租税也全部都给了襄阳。

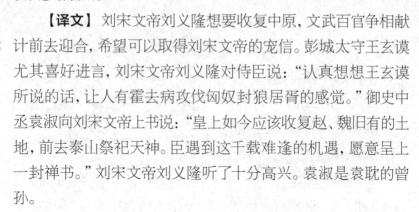

九月，魏主伐柔然。高凉王那出东道，略阳王羯兒出中道。柔然处罗可汗悉国中精兵围那数十里；那掘堑坚守，相持数日。处罗数挑战，辄为那所败。以那众少而坚，疑大军将至，解围夜去。那引兵追之，九日九夜。处罗益惧，弃辎重，逾穹隆岭远遁。那收其辎重，引军还，与魏主会于广泽。略阳王羯兒收柔然民畜凡百馀万。自是柔然衰弱，屏迹不敢犯魏塞。冬，十二月，戊申，魏主还平城。

【译文】 九月，北魏君主拓跋焘率兵讨伐柔然，高凉王拓跋那从东路发兵，略阳王拓跋羯儿从中路发兵。柔然汗国处罗可汗郁久闾吐贺真动员全国所有的精锐部队将拓跋那的军队包围了几十重，拓跋那挖掘深沟在阵地坚守了好几天，郁久闾吐贺真向拓跋那挑战了好几次，都被拓跋那打败。郁久闾吐贺真认为拓跋那兵少却十分坚锐，猜测支援拓跋那的大军将要来到，于是，在夜间去除包围，率兵离开。拓跋那率兵追赶了九天九夜。郁久闾吐贺真越发感到害怕，放下辎重，越过穹隆岭远远逃走。拓跋那获得了郁久闾吐贺真的辎重，率兵返回，和北魏君主拓跋焘在广泽会合。略阳王拓跋羯儿掳获了柔然百姓和一百多万头牲畜。从此以后，柔然汗国逐渐衰弱，远远地躲避起来，再也不敢入侵北魏的边境地区。冬季，十二月，戊申（十七日），北魏君主拓跋焘返回平城。

沔北诸山蛮寇雍州，建威将军沈庆之帅后军中兵参军柳元景、随郡太守宗悫等二万人讨之，八道俱进。先是，诸将讨蛮者皆营于山下以迫之，蛮得据山发矢石以击，官军多不利。庆之曰："去岁蛮田大稔，积谷重岩，不可与之旷日相守也。不若出其不意，冲其腹心，破之必矣。"乃命诸军斩木登山，鼓噪而前，群蛮震恐。因其恐而击之，所向奔溃。

【译文】沔北的各个山蛮族前来入侵雍州，刘宋的建威将军沈庆之率后军中兵参军柳元景、随郡太守宗悫等二万多人前去讨伐蛮族，共分八路一并进军。在此之前，各个将领讨伐蛮族，都是在山下驻扎营地，再逼近攻击迫使他们投降，蛮族占据在高山上的有利地势，发射乱石利箭攻击，刘宋士兵多次失利。沈庆之说："去年，蛮族的粮食大获丰收，他们将粮食囤积在深山中，我们无法与他们长期抗战，不如出其不意，一直攻入他们的腹部，肯定可以攻破。"于是，下令各路大军将树木砍倒，向山上登去，一路喊叫着向前进攻，各蛮族都感到十分震惊，刘宋士兵乘着他们惊慌而发动进攻，蛮族立刻全部崩溃，四处逃散。

元嘉二十七年(庚寅, 公元四五〇年)春, 正月, 乙酉, 魏主如洛阳。

沈庆之自冬至春, 屡破雍州蛮。因蛮所聚谷以充军食, 前后斩首三千级, 虏二万八千馀口, 降者二万五千馀户。幸诸山大羊蛮凭险筑城, 守御甚固。庆之击之, 命诸军连营于山中, 开门相通, 各穿池于营内, 朝夕不外汲。顷之, 风甚, 蛮潜兵夜来烧营。诸军以池水沃火, 多出弓弩夹射之, 蛮兵散走。蛮所据险固, 不可攻, 庆之乃置六戍以守之。久之, 蛮食尽, 稍稍请降; 悉迁于建康以为营户。

【译文】元嘉二十七年(庚寅, 公元450年)春季, 正月, 乙酉(二十四日), 北魏君主拓跋焘前往洛阳。

建威将军沈庆之从去年冬天一直到今年春天, 多次击败雍州境内的蛮族势力, 把蛮人囤积的粮食抢来, 作为刘宋军队的粮食, 前后一共斩杀了三千人, 俘虏的有二万八千多人, 归降的有二万五千多户百姓。幸诸山的大羊蛮族凭借地势险要建筑城堡, 防守十分坚固。沈庆之前来进攻, 命令士兵在山中连营扎寨, 各自在营地内部挖水池, 早晚都不出去取水。不久, 刮起了很厉害的大风, 蛮族偷偷派人在夜间潜入军营放火, 各军用水池里的水将火浇灭, 并在两边用弓弩发射, 蛮族的军队四处逃散。蛮族所在位置据险坚守, 没有办法攻破, 沈庆之就设立了六个戍所在此驻守。时间长了, 蛮族将粮食全部吃完, 渐渐有人请求投降, 刘宋士兵便将他们全部迁往建康, 作为营户。

魏主将入寇, 二月, 甲午, 大猎于梁川。帝闻之, 敕淮、泗诸郡: "若魏寇小至, 则各坚守; 大至, 则拔民归寿阳。"边戍侦候不明，辛亥，魏主自将步骑十万奄至。南顿太守郑琨、颍川太守郭道隐并弃城走。

是时，豫州刺史南平王铄镇寿阳，遣左军行参军陈宪行汝南郡事，守悬瓠，城中战士不满千人，魏主围之。

【译文】北魏君主拓跋焘率士兵入侵刘宋。二月，甲午（初三），北魏君主拓跋焘前往梁川狩猎练兵。刘宋文帝刘义隆听到这个消息后，下令给淮河、泗水的各个郡守说："如果北魏进行小规模的侵犯，那么就各自坚守城池；如果是大军侵犯，就率百姓全部前去寿阳。"因为边境的侦察不准确而状况不明，辛亥（二十日），北魏君主拓跋焘亲自率步兵、骑兵十万人突然越过边境。刘宋南顿太守郑琨、颍川太守郑道隐全都放弃城池逃走。

那时，豫州刺史南平王刘铄正镇守寿阳，他派左军行参军陈宪代替处理汝南郡政务，驻守悬瓠，悬瓠城中士兵不到一千人，拓跋焘率大军包围了悬瓠。

三月，以军兴，减内外百官俸三分之一。

魏人昼夜攻悬瓠，多作高楼，临城以射之，矢下如雨，城中负户以汲，施大钩于冲车之端以牵楼堞，坏其南城。陈宪内设女墙，外立木栅以拒之。魏人填堑，肉薄登城，宪督厉将士苦战，积尸与城等。魏人乘尸上城，短兵相接，宪锐气愈奋，战士无不一当百，杀伤万计，城中死者亦过半。

【译文】三月，刘宋因为战争兴起，将朝廷内外文武百官俸禄减少了三分之一。

北魏士兵日夜不停地攻击悬瓠，他们做了很多楼车，靠近城池来射击，一时间，箭如雨下，守城的士兵背着门板，去井里提水，北魏士兵在冲车的一头用大铁钩钩住城楼的围墙，把南部的城墙破坏。陈宪赶紧在里面又建了一道围墙，外面又加了一道木栅来抗拒。北魏士兵将沟堑填平，强行登上城墙和刘宋士兵肉搏，陈宪指挥将士苦苦奋战，双方士兵的尸体堆积如城墙一样高。北魏士兵踏着尸体登上城墙，与刘宋士兵短兵相接，陈宪锐气不减，更加奋勇迎敌，士兵们全部都是以一当百，杀伤的北魏士兵数以万计，而城中守城的士兵也死得超过一半。

魏主遣永昌王仁将步骑万馀，驱所掠六郡生口北屯汝阳。时徐州刺史武陵王骏镇彭城，帝遣间使命骏发骑，赍三日粮袭之。骏发百里内马得千五百匹，分为五军，遣参军刘泰之帅安北骑兵行参军垣谦之、田曹行参军臧肇之、集曹行参军尹定、武陵左常侍杜幼文、殿中将军程天祚等将之，直趋汝阳。魏人唯虑救兵自寿阳来，不备彭城。丁酉，泰之等潜进击之，杀三千馀人，烧其辎重，魏人奔散，诸生口悉得东走。魏人侦知泰之等兵无后继，复引兵击之。垣谦之先退，士卒惊乱，弃仗走。泰之为魏人所杀，肇之溺死，天祚为魏所擒，谦之、定、幼文及士卒免者九百馀人，马还者四百匹。

【译文】北魏君主拓跋焘派永昌王拓跋仁率步兵、骑兵一万多人，将他们所掠夺的六郡百姓驱赶北上屯驻汝阳。当时，刘宋徐州刺史武陵王刘骏镇守彭城，刘宋文帝刘义隆派伺察敌情的使者前去通知刘骏出动骑兵，带上三日的粮食前去袭击北魏士兵。刘骏征用方圆百里得到一千五百匹马，一共兵分五军，派参军刘泰之率安北骑兵行参军垣谦之、田曹行参军臧肇之、集曹行参军尹定、武陵左常侍杜幼文、殿中将军程天祚等分别率五路大军，直指汝阳。北魏士兵只考虑到刘宋的救兵从寿阳而来，对于彭城中的刘宋士兵没有丝毫防备。丁酉（疑误），刘泰之等率兵偷袭北魏军队，杀死三千多人，纵火烧毁了北魏的辎重，北魏士兵四处奔散，俘虏也趁机向东逃跑。北魏军队侦察到刘泰之等人没有后援部队，于是，再次率兵回来进攻，垣谦之首先撤退，士兵感到十分惊慌，一时大乱，纷纷抛弃武器四处逃走。刘泰之被北魏士兵斩杀，臧肇之掉到水里淹死，程天祚被北魏士兵抓获，只有坦谦之、尹定、杜幼文和士兵一共九百多人得以逃走，另外还有四百多马匹和他们一起回来。

魏主攻悬瓠四十二日，帝遣南平内史臧质诣寿阳，与安蛮司马刘康祖共将兵救悬瓠。魏主遣殿中尚书任城公乞地真逆拒之。质等击斩乞地真。康祖，道锡之从兄也。

夏，四月，魏主引兵还。癸卯，至平城。

壬子，安北将军武陵王骏降号镇军将军，垣谦之伏诛，尹定、杜幼文付尚方；以陈宪为龙骧将军、汝南、新蔡二郡太守。

【译文】 北魏君主拓跋焘围攻悬瓠四十二天，刘宋文帝刘义隆派南平内史臧质前往寿阳，和安蛮司马刘康祖一起率兵前去援救悬瓠，拓跋焘派殿中尚书任城公拓跋乞地真率士兵迎战，臧质等人迎击并杀了拓跋乞地真。刘康祖是刘道锡的堂兄。

夏季，四月，北魏君主拓跋焘率士兵开始撤回，癸卯(十三日)，北魏君主返回平城。

壬子(二十二日)，刘宋安北将军武陵王刘骏被降号为镇军将军，垣谦之被诛杀，尹定、杜幼文押付尚方官署做苦工。陈宪被任命为龙骧将军，同时兼任汝南、新蔡二郡太守。

魏主遗帝书曰："前盖吴反逆，扇动关、陇。彼复使人就而诱之，丈夫遗以弓矢，妇人遗以环钏；是曹正欲谲诳取赂，岂有远相服从之理！为大丈夫，何不自来取之，而以货诱我边民？募往者复除七年，是赏奸也。我今来至此土所得多少，孰与彼前后得我民邪？

【译文】 北魏君主拓跋焘给刘宋文帝写信说："以前，盖吴叛变，煽动关、陇一带的百姓造反，你又派人前去加以诱导，把弓箭送给男的，把臂环送给女的。这不过是他们用欺骗的手法来获取贿赂之财，要不然怎么会有在远处却甘愿服从的道理，你作为大丈夫，为什么不出兵自己前来攻取，而用金银珠宝来诱惑我边境的百姓？还让投奔你的人免掉七年的赋役，你这是肆意奖赏奸邪小人的做法，我如今夺取你土地上的百姓数量与你前后所得我百姓的数量，谁多谁少呢？

"彼若欲存刘氏血食者，当割江以北输之，摄守南渡。如此，当释江南使彼居之。不然，可善敕方镇、刺史、守宰严供帐之具，来秋当往取扬州。大势已至，终不相纵。彼往日北通蠕蠕，西结赫连、沮渠、吐谷浑，东连冯弘、高丽。凡此数国，我皆灭之。以此而观，彼岂能独立！

【译文】 "如果你想要保存好刘家的宗庙，就将长江以北的土地全部割让给我，然后让士兵撤回江南。这样我就把长江以南让给你居住。否则，你就应该好好地命令方镇、刺史、守宰恭敬地准备好酒食器具、床帐，等着我来年秋天前去攻取扬州。这是大势所然，我终不会放弃。从前，你向北与柔然交往，向西和赫连、沮渠、吐谷浑相勾结，向东又和冯弘、高丽联系。如今这些国家全部都被我灭掉，由此看来，你哪里可以单独存在呢？

"蠕蠕吴提、吐贺真皆已死，我今北征，先除有足之寇。彼若不从命，来秋当复往取之；以彼无足，故不先讨耳。我往之日，彼作何计，为掘堑自守，为筑垣以自障也？我当显然往取扬州，不若彼翳行窃步也。彼来侦谍，我已擒之，复纵还。其人目所尽见，委曲善问之。

【译文】 "柔然可汗吴提、吐贺真都已经死了，如今我要向北征伐，先将那些骑马贼寇铲除，如果你不按我说的去做，明年秋天我肯定再次前来夺取，因为你没有那么多的骑马贼人，无法跑掉，所以我先不打你。等到我进攻的那一天，你要怎么办呢？不管你是挖深沟自守还是修筑城墙作为屏障，我一定会大方地前去攻打扬州，不像你一样偷偷地去耍一些小计谋，你派来侦察的人我已经抓获，并把他放回去了，这人眼睛看到了我们所有的一切，详细的情况你可以好好地问一问他。

"彼前使裴方明取仇池，既得之，疾其勇功，已不能容；有臣如此尚杀之，乌得与我校邪！彼非我敌也。彼常欲与我一交战，我亦不痴，复非苻坚，何时与彼交战？昼则遣骑围绕，夜则离彼百里外宿；吴人正有斫营伎，彼募人以来，不过行五十里，天已明矣。彼募人之首，岂得不为我有哉！

【译文】 "你曾经派裴方明前来夺取仇池，得到城池以后，却因为嫉妒他的谋略和战功，而自己无法容许。有这样好的大将，还是把他杀了，你哪里能够和我较量呢？你已经不是我的对手了！你常常想要和我作战，我既不是白痴，也不是骄傲的苻坚，何时与你作战呢？我白天命令骑兵将你包围，晚上让他在离你一百里外的地方宿营。吴人有晚上偷袭对方军营的技巧，但是，你所招募的士兵来到这里，走不过五十里，天就会亮了。你所招募来的这些士兵的头，哪里不会被我的士兵砍下呢?

"彼公时旧臣虽老，犹有智策，知今已杀尽，岂非天资我邪! 取彼亦不须我兵刃，此有善咒婆罗门，当使鬼缚以来耳。"

侍中、左卫将军江湛迁吏部尚书。湛性公廉，与仆射徐湛之并为上所宠信，时称"江徐"。

【译文】 "你父亲时的旧臣虽然年纪大了，但还是十分有智策，但是，我知道他们如今已经被你杀完了，这不是上天都在帮助我吗? 而且杀你也不需要动用我的刀刃，我有善于念咒的婆罗门教士，自然就会有鬼绑着你来见我啊!"

刘宋侍中、左卫将军江湛升迁为吏部尚书。江湛性情公正廉洁，与仆射徐湛之一起得到刘宋文帝刘义隆的宠信，当时的人们将他们并称为"江徐"。

魏司徒崔浩，自恃才略及魏主所宠任，专制朝权，尝荐冀、定、相、幽、并五州之士数十人，皆起家为郡守。太(守)〔子〕晃曰："先徵之人，亦州郡之选也; 在职已久，勤劳未答，宜先补郡县，以新徵者代为郎吏。且守令治民，宜得更事者。"浩固争而遣之。中书侍郎、领著作郎高允闻之，谓东宫博士管恬曰："崔公其不免乎! 苟遂其非而校胜于上，将何以堪之!"

【译文】 北魏司徒崔浩，自恃很有才能并且深受北魏君主拓跋焘的宠信，独揽朝中大权，他以前曾推荐冀、定、相、幽、并五州的几十个士族直接起用为郡太守。太子拓跋晃说："早先征聘的人，也是才能足以担任州刺史、郡太守的人选，他们担任这些职务已经有很长时间了，一直工作勤劳辛苦而没有得到朝廷报答，应该先将他们补为郡守县令，然后让新征用的人替他们做郎吏。而且地方主官管理百姓，应该由有经验的人所担任。"但是，崔浩坚持力争，派他推荐的人前去担任。中书侍郎兼著作郎高允知道这件事以后，对东宫博士管恬说："崔浩恐怕免不掉一场灾祸了！为了达到他无理的私心而与有权势的人对抗争胜，将怎么来保全自己呢？"

魏主以浩监秘书事，使与高允等共撰《国记》，曰："务从实录。"著作令史闵湛、郗标，性巧佞，为浩所宠信。浩尝注《易》及《论语》《诗》《书》，湛、标上疏言："马、郑、王、贾不如浩之精微，乞收境内诸书，班浩所注，令天下习业。并求敕浩注《礼传》，令后生得观正义。"浩亦荐湛、标有著述才。湛、标又劝浩刊所撰《国史》于石，以彰直笔。高允闻之，谓著作郎宗钦曰："湛、标所营，分寸之间，恐为崔门万世之祸，吾徒亦无噍类矣！"浩竟用湛、标议，刊石立于郊坛东，方百步，用功三百万。浩书魏之先世，事皆详实，列于衢路，往来见者咸以为言。北人无不忿恚，相与谮浩于帝，以为暴扬国恶。帝大怒，使有司案浩及秘书郎吏等罪状。

【译文】北魏君主拓跋焘任命崔浩为监秘书事，派他与高允等人一起编撰《国记》，拓跋焘对他们说："必须要依据事实录写。"著作令史闵湛、郗标，性情奸巧、善于说话，深受崔浩的宠信。崔浩曾经注解《易》《论语》《诗》《书》等书，闵湛、郗标向皇上上书说："马融、郑玄、王肃、贾逵等人所做的注解，没有崔浩做得精细，请求皇上可以把国内由以上这些人所注解的书没收，颁行崔浩所注解的书，命令全国都来学习，并请求皇上命令崔浩继续注解《礼传》，使得后人在将来可以看到正确的释义。"崔浩也极力推荐闵湛、郗标二人有著述的才华。闵湛、郗标二人又建议崔浩把他所撰写的《国史》刻在石碑上，以表彰崔浩的秉笔直书。高允知道这件事情以后，对著作郎宗钦说："闵湛、郗标所做的这些事，如果有一点差错，恐怕就会给崔家铸成万世的大祸，那么我们这些人也无法幸免了。"然而崔浩居然同意了闵湛、郗标的意见，将《国史》刻在石碑上，立在平城郊外的天坛东边，占地一百步见方，共使用了三百万劳力才完成。崔浩书写了北魏先世们的事迹，史事都陈述得十分详细真实，他把石碑列在交通要道上，来来往往看到的人，都在议论这件事。北方鲜卑人对此十分愤怒，纷纷向北魏君主拓跋焘控告崔浩，认为他这是在大肆张扬先祖的污点。拓跋焘听了十分恼怒，下令有关部门调查处理崔浩和其他秘书郎吏等人。

　　初，辽东公翟黑子有宠于帝，奉使并州，受布千匹。事觉，黑子谋于高允曰："主上问我，当以实告，为当讳之？"允曰："公帷幄宠臣，有罪首实，庶或见原，不可重为欺罔也。"中书侍郎崔览、公孙质曰："若首实，罪不可测，不如讳之。"黑子怨允曰："君奈何诱人就死地！"入见帝，不以实对，帝怒，杀之。帝使允授太子经。及崔浩被收，太子召允至东宫，因留宿。明旦，与俱入朝，至宫门，谓允曰："入见至尊，吾自导卿；脱至尊有问，但依吾语。"允曰："为何等事也？"太子曰："入自知之。"太子见帝，言"高允小心慎，密且微贱；制由崔浩，请赦其死。"帝召允，问曰：《国书》皆浩所为乎？"对曰："《太祖记》，前著作郎邓渊所为；《先帝记》及《今记》，臣与浩共为之。然浩所领事多，总裁而已；至于著述，臣多于浩。"帝怒曰："允罪甚于浩，何以得生！"太子惧，曰："天威严重，允小臣，迷乱失次耳。臣向问，皆云浩

资治通鉴

所为。"帝问允:"信如东宫所言乎?"对曰:"臣罪当灭族,不敢虚妄。殿下以臣侍讲日久,哀臣,欲句其生耳,实不问臣,臣亦无此言,不敢迷乱。"帝顾谓太子曰:"直哉!此人情所难,而允能为之!临死不易辞,信也;为臣不欺君,贞也。宜特除其罪以旌之。"遂赦之。

　　【译文】起初,辽东公翟黑子深受北魏君主拓跋焘宠信,前去出使并州,接受他人一千匹布的贿赂,被发现以后,翟黑子和高允商量说:"皇上审问我的时候,我应该据实以告还是隐瞒不承认呢?"高允说:"你是朝廷的宠臣,犯了罪应该自首把事情说出来,或许有机会被皇上所赦免,不能再次欺骗皇上。"然而中书侍郎崔览、公孙质说:"如果你把实话说出来,皇上要如何处置你很难预测,还不如隐瞒不承认。"翟黑子埋怨高允说:"你为什么要害我置身于死地呢?"等到翟黑子面见北魏君主时,没有说实话,北魏君主十分生气,就杀了他。北魏君主拓跋焘随后派高允来教授太子拓跋晃经书。等到崔浩被抓捕入狱,太子拓跋晃召高允入东宫,留他住了一晚上。等到第二天天亮,二人一同入朝,走到宫门的时候,太子拓跋晃对高允说:"我们入宫见皇上,我自会引导你去做些什么,如果皇上有问,你只管按照我说的话去作答。"高允问道:"出了什么事吗?"太子拓跋晃说:"你入宫就会知道了。"太子拓跋晃见到北魏君主拓跋焘说:"高允做事小心细密,而且地位卑贱,所有的文章都是由崔浩一人所作,请求您将他的死罪赦免。"北魏君主召见高允,问道:"《国书》都是崔浩一个人所写的吗?"高允回答说:"《太祖记》,是由前著作郎邓渊所撰写,《先帝记》和《今记》,是我和崔浩一起撰写的。但是崔浩做的事情很多,对于《国书》他只是校订而已,并没有撰写多少,至于注疏的工作,我做的比崔浩做的多。"北魏君主听后十分生气,说:"那么高允的罪过比崔浩还要大,哪里能够不死呢?"太子拓跋晃害怕地说:"陛下的威严严肃庄重,高允这样的小臣被您的威严吓得惊慌失措而失去理智胡言乱语了,臣先前询问过他,他说全部都是崔浩所做的。"北魏君主质问高允说:"真的如太子所说的那样吗?"高允回答说:"我的罪过应当灭族,我不敢欺骗您。是因为我在太子身边侍讲的时间很长,所以他可怜我的遭遇,想要为臣谋求一条生路而已。实际上他没有问过我,我也没有说过这样的话,我不敢胡言乱语来欺骗您。"拓跋焘看着太子说:"这就是正直的人啊!这在人情很难做到,可是高允居然可以做到,马上就要死了还不改变说辞,这就是诚实的人,为臣不敢欺骗皇上,这就是忠贞,应该特别免除他的罪,来表彰他的诚实。"于是,赦免了高允。

于是召浩前,临诘之。浩惶惑不能对。允事事申明,皆有条理。帝命允为诏,诛浩及僚属宗钦、段承根等,下至僮吏,凡百二十八人,皆夷五族;允持疑不为。帝频使催切,允乞更一见,然后为诏。帝引使前,允曰:"浩之所坐,若更有馀衅,非臣敢知;若直以触犯,罪不至死。"帝怒,命武士执允。太子为之拜请,帝意解,乃曰:"无斯人,当更有数千口死矣。"

【译文】北魏君主拓跋焘再次召见崔浩,亲自审问他。崔浩恐慌无法答复。而高允当时却是事事都说得很明白,十分有条理。于是,北魏君主拓跋焘下令让高允写诏书,将崔浩和他的僚属宗钦、段承根等人,以及他们的仆吏,一共一百二十八人,全部都诛杀五族。高允犹豫没有写。北魏君主拓跋焘派人多次催促,高允请求再觐见北魏君主拓跋焘一次,才愿意写诏书。北魏君主命人将他带到自己面前，高允说："崔浩所犯的罪过被逮捕入狱，如果还有别的罪过，那么我就不敢多说，如果只是因为直笔写史而冒犯了皇族，那么他的罪过还不至于达到被处死的地步。"北魏君主拓跋焘听了十分生气，下令抓捕了高允。太子拓跋晃替高允求情，北魏君主的怒气才稍稍平息，说："如果没有这个人，就会有几千人被处死。"

　　六月，己亥，诏诛清河崔氏与浩同宗者无远近，及浩姻家范阳卢氏、太原郭氏、河东柳氏，并夷其族，馀皆止诛其身。执浩置槛内，送城南，卫士数十人溲其上，呼声嗷嗷，闻于行路。宗钦临刑叹曰："高允其殆圣乎！"

　　它日，太子让允曰："人亦当知机。吾欲为卿脱死，既闻端绪，而卿终不从，激怒帝如此。每念之，使人心悸。"允曰："夫史者，所以记人主善恶，为将来劝戒，故人主有所畏忌，慎其举措。崔浩孤负圣恩，以私欲没其廉洁，爱憎蔽其公直，此浩之责也。至于书朝廷起居，言国家得失，此为史之大体，未为多违。臣与浩实同其事，死生荣辱，义无独殊。诚荷殿下再造之慈，违心苟免，非臣所愿也。"太子动容称叹。允退，谓人曰："我不奉东宫指导者，恐负翟黑子故也。"

　　【译文】六月，己亥（初十），北魏君主拓跋焘下诏，诛杀清河崔氏以及与崔浩的同宗族人，不管血缘的亲近，以及崔浩的姻亲范阳卢氏、太原郭氏、河东柳氏，全部都被诛杀全族。其余获罪的人，只诛杀本人。崔浩被关在一个木槛车里，由士兵押送到城南，押送的数十个士兵都在他身上小便，崔浩呼叫的惨声，过往的路人都可以听到。宗钦在被斩首前叹息说："高允算得上是圣人了。"

过了几天，太子拓跋晃责备高允说："人应该知道如何见机行事，我打算为你洗脱死罪，已经有了好的开始，而你却一直不合作，以至于如此激怒皇上，现在我每次想起来，都感到害怕。"高允说："史官，就是记载君主的好坏，以此来告诫后人，所以，君主就会有所畏忌，对自己的行为举止就会谨慎行事。崔浩对皇上的恩德有了辜负，用他自己的欲望淹没了他的廉洁，用他个人的爱恨遮蔽了他的公正秉直，这是崔浩的过错。至于对皇上起居动态的书写，陈述国家行政的得失，这是史官的重要原则，并不能说有多大的过错。我和崔浩实际上是共同做的这件事情，生死荣辱，应该一样才对。我接受太子赐给我的再生恩德，违背自己的良心而得以免于死罪，这并不是我愿意做的。"太子为之动容，一直赞叹着。高允退下后对别人说："我之所以没有听从太子的引导，是因为害怕辜负了翟黑子。"

【申涵煜评】浩才略政事，绝有过人，使以功名终。当在孔明、景略之间，惜以忤众致族。按：其可罪处有三，陷李顺，别氏族，刊国书也。或指为诋佛之报。夫彼不尝奉天师教乎，究亦何会作福？予以为事有定数，总不关此。

【译文】崔浩的才干谋略和政治才能，绝对超过常人，如果他因功名而善终，应当在诸葛亮（字孔明）、王猛（字景略）之中，可惜因为忤逆众人的意志而被诛杀全族。按：他可以论罪的有三点，即诬陷李顺，区分氏族，刊行国家的史书。有的人指责崔浩是诋毁佛祖的报应。他不是曾经敬奉天师教的吗，究竟怎么做才能得福？我认为凡事都有一定的气数，总和报应无关。（编者按：申涵煜不懂佛法，方有此论。崔浩建议拓跋焘杀死所有僧人，毁灭佛法，罪恶滔天，其不得善终，宜也。）

初，冀州刺史崔赜，武城男崔模，与浩同宗而别族；浩常轻侮之，由是不睦。及浩诛，二家独得免。赜，逞之子也。

辛丑，魏主北巡阴山。魏主既诛崔浩而悔之，会北部尚书宣城公李孝伯病笃，或传已卒，魏主悼之曰："李宣城可惜！"既而曰："朕失言，崔司徒可惜，李宣城可哀！"孝伯，顺之从父弟也，自浩之诛，军国谋议皆出孝伯，宠眷亚于浩。

【译文】最初，冀州刺史崔赜、武城男崔模与崔浩属于同一个祖宗而不属于同一个族系，崔浩对他们经常看不起，所以，与崔浩并不是十分亲善。等到崔浩被诛杀，全族被诛，只有这两家的人得以幸免。崔赜是崔逞的儿子。

辛丑(十二日)，北魏君主拓跋焘向北巡视阴山。北魏君主杀了崔浩以后就十分后悔。恰好北部尚书宣城公李孝伯身患重病，有人传他已经死去。拓跋焘悲悼说："李宣城死得可惜！"接着又说："我说错了。应该是崔司徒死得可惜！李宣城的死让人哀痛！"李孝伯，是李顺的堂弟，自从崔浩被杀以后，国家的军事以及朝廷大事都由李孝伯处理，北魏君主对他的宠信和眷顾仅次于崔浩。

初，车师大帅车伊洛世服于魏，魏拜伊洛平西将军，封前部王。伊洛将入朝，沮渠无讳断其路，伊洛屡与无讳战，破之。无讳卒，弟安周夺其子乾寿兵，伊洛遣人说乾寿，乾寿遂帅其民五百馀家奔魏；伊洛又说李宝弟钦等五十馀人下之，皆送于魏。伊洛西击焉耆，留其子歇守城。沮渠安周引柔然兵间道袭之，攻拔其城。歇走就伊洛，共收馀众，保焉耆镇，遣使上书于魏主，言："为沮渠氏所攻，首尾八年，百姓饥穷，无以自存。臣今弃国出奔，得免者才三分之一，已至焉耆东境，乞垂赈救！"魏主诏开焉耆仓以赈之。

【译文】起初，车师大师车伊洛世代臣服于北魏，北魏君主拓跋焘任命车伊洛为平西将军，封为前部王。车伊洛要到平城朝拜北魏君主，在高昌镇守的沮渠无讳截断了他的去路，车伊洛多次和沮渠无讳交战，把沮渠无讳打败。沮渠无讳在战败身亡以后，他的弟弟沮渠安周夺去了沮渠无讳儿子沮渠乾寿的士兵，车伊洛趁机派人前去游说沮渠乾寿，于是，沮渠乾寿率他的五百多家百姓投奔北魏。车伊洛又对李宝的弟弟李钦等五十多人游说，将他们全部游说成功，转送到了北魏。车伊洛向西前去袭击焉耆，留下他的儿子车歇守城，沮渠安周率柔然士兵从小路偷袭他们，攻克了车歇据守的城池。车歇逃到了他父亲车伊洛的地方，一起将残兵聚集在一起，镇守焉耆，并派使者给北魏君主拓跋焘上书，说："我们被沮渠氏包围攻击，先后已经有八年了，百姓们都很窘迫，无法生活，我如今已经抛弃自己的国土逃走，和我一起幸免一死的只余有三分之一，我们现在已经走到焉耆的东边，请求您拯救我们！"于是，北魏君主拓跋焘下诏，命令打开焉耆粮仓，救济车伊洛的人民。

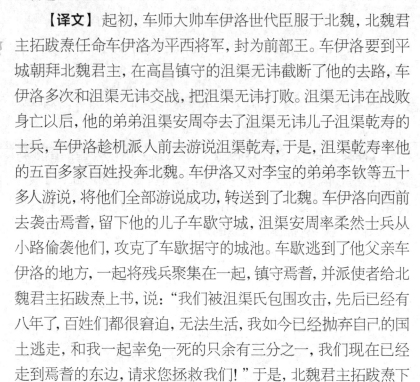

吐谷浑王慕利延为魏所逼，上表求入保越巂，上许之；慕利延竟不至。

上欲伐魏，丹杨尹徐湛之、吏部尚书江湛、彭城太守王玄谟等并劝之；左军将军刘康祖以为"岁月已晚，请待明年。"上曰："北方苦虏虐政，义徒并起。顿兵一周，沮向义之心，不可。"

【译文】吐谷浑王慕容慕利延被北魏所逼迫，给刘宋文帝刘义隆上书请求进入越巂自保，刘宋文帝答应了他的请求，但是慕容慕利延却没有来。

刘宋文帝刘义隆想要讨伐北魏，丹杨尹徐湛之、吏部尚书江湛、彭城太守王玄谟等人都赞成拥护文帝的想法，只有左军将军刘康祖认为："今年已经到了年底，请等待明年再说。"刘宋文帝说："北方苦于暴政，到处都有反抗的百姓，我们的军队如果再拖一年，就会让这些起义者感到灰心，所以我们不能这样做。"

太子步兵校尉沈庆之谏曰："我步彼骑，其势不敌。檀道济再行无功，到彦之失利而返。今料王玄谟等，未逾两将，六军之盛，不过往时，恐重辱王师。"上曰："王师再屈，别自有由，道济养寇自资，彦之中涂疾动。虏所恃者唯马；今夏水浩汗，河道流通，泛舟北下，碻磝必走，滑台小戍，易可覆拔。克此二城，馆谷吊民，虎牢、洛阳，自然不固。比及冬初，城守相接，虏马过河，即成擒也。"庆之又固陈不可。上使徐湛之、江湛难之。庆之曰："治国譬如治家，耕当问奴，织当访婢。陛下今欲伐国，而与白面书生辈谋之，事何由济！"上大笑。

太子劭及护军将军萧思话亦谏，上皆不从。

【译文】太子步兵校尉沈庆之进谏说："我们的军队是步兵，他们是骑兵，形势上对我们不利，檀道济两次率兵北伐都没有打赢，到彦之也是战败而回。如今，我估计王玄谟等人的才能，都无法超过檀道济、到彦之二人，我们军队的强盛也不如从前了，出兵恐怕会使我们的军队遭受侮辱。"刘宋文帝说："我们的军队两次失败，另有它自己的原因，檀道济放纵贼人而抬高自己，到彦之在进军的中途生病导致失败。敌人所依赖的只有马，今年夏天的雨水很多，河道畅通无阻，如果我们乘船北上，北魏的守军一定会逃走，在滑台驻守的士兵，也是不难攻克的。占领这两城以后，就用敌粮来安抚百姓，虎牢、洛阳两关肯定也无法守住，等到初冬到来，我们各城已经相连接，敌人的战马一渡过黄河，我们就能将他们擒获。"沈庆之仍然再三陈述不可以讨伐北魏的原因，于是，刘宋文帝让徐湛之、江湛与沈庆之辩论。沈庆之说："治理国家就好像治理自己的家，耕种要向农夫请教，纺织要向纺织婢女请教，皇上如今想要出兵讨敌，却和白面书生谋划，这有什么帮助呢？"文帝听了大笑。

太子刘劭和护军将军萧思话也极力劝谏刘宋文帝，刘宋文帝都没有采纳他们的建议。

资治通鉴

魏主闻上将北伐，复与上书曰："彼此和好日久，而彼志无厌，诱我边民。今春南巡，聊省我民，驱之使还。今闻彼欲自来，设能至中山及桑乾川，随意而行，来亦不迎，去亦不送。若厌其区宇者，可来平城居，我亦往扬州，相与易也。彼年已五十，未尝出户，虽自力而来，如三岁婴儿，与我鲜卑生长马上者果如何哉！更无馀物可以相与，今送猎马十二匹并毡、药等物。彼来道远，马力不足，可乘；或不服水土，药可自疗也。"

【译文】 北魏君主拓跋焘听说刘宋文帝刘义隆要北伐的消息，又给刘宋文帝写了一封信说："我们双方已经和好很长时间了，而你却贪得无厌，引诱我边境的百姓。今年春天我南下巡视，顺便慰问我那些逃往你那里的百姓，驱赶他们一下便回到自己的境内。如今听说你准备亲自来，如果你能到达中山和桑乾川，就请随便行动，来的时候我不迎接，离开的时候我也不送。如果你对你的土地厌倦，那么你可以来平城居住，我也前去扬州居住，我们不妨相互交换土地。你都快到五十岁了，还从来没有迈出自己的家门，虽然你有自己的力量前来，但是也就像三岁的幼儿一样，和我们在马背上生长的鲜卑人相比，你该是什么样子的呢？如今我们也没有多余的东西可以送给你，只有二十匹猎马以及一些毛毡、药品，你远道而来，马力不足，可以乘坐我送给你的马。或者有水土不服时，可以吃我送去的药自己治疗。"

秋，七月，庚午，诏曰："虏近虽摧挫，兽心靡革。比得河朔、秦、雍华戎表疏，归诉困棘，跂望绥拯，潜相纠结以候王师；芮芮亦遣间使远输诚款，誓为掎角；经略之会，实在兹日。可遣宁朔将军王玄谟帅太子步兵校尉沈庆之、镇军谘议参军申坦水军入河，受督于青、冀二州刺史萧斌；太子左卫率臧质、骁骑将军王方回径造许、洛；徐、兖二州刺史武陵王骏、豫州刺史南平王铄各勒所部，东西齐举；梁、南、北秦三州刺史刘秀之震荡沔、陇；太尉江夏王义恭出次彭城，为众军节度。"坦，钟之曾孙也。

【译文】秋季，七月，庚午（十二日），刘宋文帝刘义隆下诏："虽然敌人最近受到我们的挫折，但是他们的兽心并没有除去。今日，得到河朔、秦、雍华戎等地上表的奏章，他们都诉说了自己的痛苦，举踵翘首地等待我们去解救，他们暗地里已经联合起来等候大军的到来。甚至柔然也派使者秘密地远来以表达他们的诚心，发誓与我们联合进攻北魏。因此，我们出兵的大好机会，就在今天。现在，可以派宁朔将军王玄谟率太子步兵校尉沈庆之、镇军谘议参军申坦所统领的水军渡过黄河，接受青、冀二州刺史萧斌的督统，太子左卫率臧质、骁骑将军王方回直接到达许昌、洛阳，徐、兖二州刺史武陵王刘骏、豫州刺史南平王刘铄各自率自己所属的部下，从东西两方一起进攻。梁州、南秦、北秦三州刺史刘秀之在沔、陇一带侵扰破坏，太尉、江夏王刘义恭在彭城驻守，担任各军总指挥。"申坦是申钟的曾孙。

是时军旅大起，王公、妃主及朝士、牧守，下至富民，各献金帛、杂物以助国用。又以兵力不足，悉发青、冀、徐、豫、二兖六州三五民丁，倩使暂行，符到十日装束；缘江五郡集广陵，缘淮三郡集盱眙。又募中外有马步众艺武力之士应科者，皆加厚赏。有司又奏军用不充，扬、南徐、兖、江四州富民家赀满五十万，僧尼满二十万，并四分借一，事息即还。

【译文】起初，全国军队大规模动员，上至王公、王妃、公主和朝廷的官员、牧守，下到富有的百姓，全都献出金帛以及其他物品来援助国家支用。因为兵力不够，又发动青、冀、徐、豫、北兖、南兖六州百姓，按每三个壮丁出一人、五个壮丁出两人的比例进行征召，也可以雇用他人代替参军。通知到达十天内，就要整理行装起程出发。长江五郡的壮丁在广陵聚集，淮水三郡的壮丁在盱眙聚集。同时，又招募国内擅长马步专长武力的壮士，对他们加以厚赏。有关部门又向朝廷报告军费不足，于是，扬州、南徐州、南兖州、江州四州，凡是富民家财超过五十万的、僧尼的积蓄超过二十万的，都要借出四分之一的钱来供军队急用，等到战事结束后就还钱。

建武司马申元吉引兵趋碻磝。乙亥，魏济州刺史王买德弃城走。萧斌遣将军崔猛攻乐安，魏青州刺史张淮之亦弃城走。斌与沈庆之留守碻磝，使王玄谟进围滑台。雍州刺史随王诞遣中兵参军柳元景、振威将军尹显祖、奋武将军曾方平、建武将军薛安都、略阳太守庞法起将兵出弘农。后军外兵参军庞季明，年七十馀，自以关中豪右，请入长安招合夷、夏，诞许之；乃自赀谷入卢氏，卢氏民赵难纳之。季明遂诱说士民，应之者甚众，安都等因之，自熊耳山出；元景引兵继进。豫州刺史南平王铄遣中兵参军胡盛之出汝南，梁坦出上蔡向长社。魏荆州刺史鲁爽镇长社，弃城走。爽，轨之子也。幢主王阳儿击魏豫州刺史仆兰，破之，仆兰奔虎牢；铄又遣安蛮司马刘康祖将兵助坦，进逼虎牢。

【译文】 建武司马申元吉率兵趋近碻磝。乙亥（十七日），北魏济州刺史王买德弃城而逃。刘宋青、冀二州刺史萧斌派将军崔猛攻打乐安，北魏青州刺史张淮之也弃城而逃。萧斌和沈庆之留下镇守碻磝，派王玄谟去围攻滑台。雍州刺史随王刘诞派中兵参军柳元景、振威将军尹显祖、奋武将军曾方平、建武将军薛安都、略阳太守庞法起率兵进攻弘农。后军外兵参军庞季明，已经七十多岁，自认为是关中的豪门望族，请求暗地里进入长安招集夷蛮民众，刘诞答应了他的请求。于是，庞季明从赀谷进入卢氏，卢氏人赵难收容了庞季明，庞季明游说当地的官员百姓，很多人响应他，薛安都等人因此从熊耳山通过，柳元景率士兵随后前进。豫州刺史南平王刘铄派中兵参军胡盛之从汝南出发，梁坦从上蔡出发向长社进军，北魏荆州刺史鲁爽镇守长社，弃城而逃。鲁爽是鲁轨的儿子。刘宋幢主王阳儿攻破北魏豫州刺史仆兰，仆兰大败逃往虎牢，刘铄又派安蛮司马刘康祖率兵援助梁坦，大军直逼虎牢。

魏群臣初闻有宋师，言于魏主，请遣兵救缘河谷帛。魏主曰："马今未肥，天时尚热，速出必无功。若兵来不止，且还阴山避之。国人本著羊皮裤，何用绵帛！展至十月，吾无忧矣。"

九月，辛卯，魏主引兵南救滑台，命太子晃屯漠南以备柔然，吴王余守平城。庚子，魏发州郡兵五万分给诸军。

【译文】北魏群臣刚刚听到刘宋士兵北上的消息，就报告给北魏君主拓跋焘，请求派士兵抢救黄河沿岸的谷粮以及绵帛。北魏君主说："如今我们的马匹还没有肥壮，天气也还是炎热的时候，出兵一定不会取得胜利。如果刘宋士兵不断进攻，我们就暂且回到阴山躲避一下。我们本来就是穿羊皮裤的，要这些棉布丝绸有何用！只要拖延到十月以后，我们就不用有什么好忧虑的了。"

九月，辛卯（疑误），北魏君主拓跋焘率兵向南援救滑台，命令太子拓跋晃屯驻漠南，以防柔然进攻，又命令吴王拓跋余在平城留下据守。庚子（疑误），北魏发动各个州郡五万士兵，分配给各军队。

王玄谟士众甚盛，器械精严；而玄谟贪愎好杀。初围滑台，城中多茅屋，众请以火箭烧之。玄谟曰："彼吾财也，何遽烧之！"城中即撤屋穴处。时河、洛之民竞出租谷、操兵来赴者日以千数，玄谟不即其长帅而以配私昵；家付匹布，责大梨八百；由是众心失望。攻城数月不下，闻魏救将至，众请发车为营，玄谟不从。

【译文】刘宋宁朔将军王玄谟的军队气势强盛，所配备的武器也十分精良，但是，王玄谟刚愎自用，喜爱杀戮。起初包围滑台，城中有很多茅屋，各个将领请求用火箭将这些茅屋烧毁，王玄谟说："那些茅屋会是我的财产，怎么能把它烧掉！"这样使得城中的北魏守军将房屋赶快拆除，挖掘地穴居住进去。当时，黄河、洛水一带居住的百姓，争先把他们的粮食送给刘宋大军，而且，每天都有数以千计的人带着兵器前来投奔，王玄谟对这些投奔的士兵没有按照原有的军官配给，而是把他们分别派给和自己亲近的军官。他给每家一匹布，却要求每家交大梨八百个,于是,北方群众都大失所望。王玄谟进攻滑台城,几个月都没有攻克,听到北魏援兵将要来到的消息,众将领请求用马车作为营垒迎战,王玄谟没有听从。

冬,十月,癸亥,魏主至枋头,使关内侯代人陆真夜与数人犯围,潜入滑台,抚慰城中,且登城视玄谟营曲折还报。乙丑,魏主渡河,众号百万,鞞鼓之声,震动天地;玄谟惧,退走。魏人追击之,死者万馀人,麾下散亡略尽,委弃军资器械山积。

先是,玄谟遣钟离太守垣护卜以百舸为前锋,据石济,在滑台西南百二十里。护之闻魏兵将至,驰书劝玄谟急攻曰:"昔武皇攻广固,死没者甚众。况今事迫于曩日,岂得计士众伤疲!愿以屠城为急。"玄谟不从。及玄谟败退,不暇报护之。魏人以所得玄谟战舰,连以铁锁三重,断河以绝护之还路。河水迅急,护之中流而下。每至铁锁,以长柯斧断之,魏不能禁;唯失一舸,馀皆完备而返。

【译文】冬季,十月,癸亥(疑误),北魏君主拓跋焘到达枋头,派关内侯、代人陆真在晚上和几个人突破刘宋士兵的包围圈,偷偷潜入滑台城中,安抚城中的北魏士兵。而且,登上城头察看王玄谟的军营,然后辗转出城返回报告给北魏君主。乙丑(疑误),北魏君主拓跋焘渡过黄河,号称百万大军,战鼓的声音就像打雷一样震动天地。王玄谟感到十分害怕,连忙退去。北魏士兵追击他,杀死刘宋一万多士兵,王玄谟的部将四处逃散,最后几乎没剩一个人,丢弃的军资以及兵器堆积如山。

起初,王玄谟派钟离太守垣护之率百艘军舰作为前锋,据守石济,在距离滑台西南一百二十里处。垣护之听到北魏大军即将到来的消息,立马快信给王玄谟,劝王玄谟进攻滑台,说:

"起初，武皇围攻广固，死的人有很多，何况今天面临的急迫与当时相比更甚，怎么可以再考虑士兵的伤亡劳苦呢？希望能够把屠城当作急务来处理。"王玄谟没有听从他的建议。等到王玄谟战败撤退时，来不及通报垣护之。北魏士兵把从王玄谟那里抢来的战舰用铁锁连了起来，一共结成三排，将黄河切断，断绝了垣护之的归路，黄河水十分湍急，垣护之从中流顺流而下，每次遇到铁锁，就用长柄斧头将铁锁切断，北魏士兵无法阻挡垣护之的军队，所以，到最后，垣护之只是损失了一只船，其余的船全部完好无损地安全返回。

萧斌遣沈庆之将五千人救玄谟，庆之曰："玄谟士众疲老，寇虏已逼，得数万人乃可进。小军轻往，无益也。"斌固遣之。会玄谟遁还，斌将斩之，庆之固谏曰："佛狸威震天下，控弦百万，岂玄谟所能当！且杀战将以自弱，非良计也。"斌乃止。

斌欲固守碻磝，庆之曰："今青、冀虚弱，而坐守穷城，若虏众东过，清东非国家有也。碻磝孤绝，复作（未）〔朱〕修之滑台耳。"会诏使至，不听斌等退师。斌复召诸将议之，并谓宜留。庆之曰："阃外之事，将军得以专之。诏从远来，不知事势。节下有一范增不能用，空议何施！"斌及坐者并笑曰："沈公乃更学问！"庆之厉声曰："众人虽知古今，不如下官耳学也。"斌乃使王玄谟戍碻磝，申坦、垣护之据清口，自帅诸军还历城。

【译文】萧斌命令沈庆之率五千士兵去救援王玄谟，沈庆之说："王玄谟的士兵都十分疲累，没有士气，然而敌兵已经逼近，我们必须要有几万人的兵力才可以前进，如果只率小部队轻率赶去救援，恐怕没有什么好处！"萧斌坚决让他前去，这时王玄谟正好逃回来，萧斌要斩了王玄谟，沈庆之再三劝谏说："北魏君主威震天下,率着百万大军,怎么是王玄谟可以抵挡的!而且斩杀战将是削弱自己的力量,这不是一个好办法!"萧斌这才没斩王玄谟。

萧斌打算坚守碻磝,沈庆之说:"如今青、冀二州兵力虚弱,我们却是在空守孤城,如果敌人向东边进军,那么,清水东边就不再属于我们国家。碻磝地处孤绝,一旦与北隔绝起来,又会和朱修之据守滑台的情况一样了。"正好朝廷传达诏书的使者来到,说不允许萧斌退兵。于是,萧斌又把各将领召集在一起商议,大家一致赞同应该留守,沈庆之说:"都城以外的战事,将军完全可以自己决定,皇上的命令从远方传来,是不知道目前的实际情况。你下边有一个像范增一样的谋士却不用他,还空谈什么可以使用的计策呢?"萧斌和在座的将领们都忍不住笑着说:"沈公的学问真多啊!"沈庆之对众人厉声说:"虽然你们通晓古今,却不如我耳朵仔细听到的多啊!"于是,萧斌派王玄谟驻守碻磝,申坦、垣护之据守清水河口,自己则率各路大军返回历城。

闰月,庞法起等诸军入卢氏,斩县令李封,以赵难为卢氏令,使帅其众为乡导。柳元景自百丈崖从诸军于卢氏。法起等进攻弘农,辛未,拔之,擒魏弘农太守李初古拔。薛安都留屯弘农。丙戌,庞法起进向潼关。

魏主命诸将分道并进:永昌王仁自洛阳趋寿阳,尚书长孙真趋马头,楚王建趋钟离,高凉王那自青州趋下邳,魏主自东平趋邹山。

【译文】闰十月,庞法起等各路大军进入卢氏,斩杀卢氏县令李封,任命赵难为卢氏令,让他率当地百姓担任向导。这时,中兵参军柳元景从百丈崖跟随各路大军来到卢氏。庞法起等率士兵攻击弘农，辛未（十五日）攻占弘农，擒获北魏弘农太守李初古拔。建武将军薛安都留守弘农。丙戌（三十日），庞法起率兵进军潼关。

北魏君主拓跋焘命各位将领分路并进。永昌王拓跋仁从洛阳向寿阳进军，尚书长孙真向马头进军，楚王拓跋建向钟离进军，高凉王拓跋那从青州直逼下邳，北魏君主拓跋焘自己率兵从东平直指邹山。

十一月，辛卯，魏主至邹山，鲁郡太守崔邪利为魏所擒。魏主见秦始皇石刻，使人排而仆之，以太牢祠孔子。

楚王建自清西进，屯萧城；步尼公自清东进，屯留城。武陵王骏遣参军马文恭将兵向萧城，江夏王义恭遣军主嵇玄敬将兵向留城。义恭为魏所败。步尼公遇玄敬，引兵趣苞桥，欲渡清西；沛县民烧苞桥，夜于林中击鼓，魏以为宋兵大至，争渡苞水，溺死者殆半。

【译文】十一月，辛卯（初五），北魏君主拓跋焘到达邹山，鲁郡太守崔邪利被北魏士兵抓获。北魏君主看到秦始皇的石刻，命令士兵把它打倒，并派人用牛羊猪三种牲畜前去祭祀孔子。

刘宋楚王刘建从清水向西挺进，屯驻萧城，步尼公从清水向东挺进，屯驻留城。刘宋武陵王刘骏派参军马文恭率兵增援萧城，江夏王刘义恭派军主嵇玄敬率兵增援留城。马文恭被北魏士兵打败，步尼公在途中和嵇玄敬相遇，二人引兵进攻苞桥，想要渡过清水向西进军，沛县百姓正在放火烧毁苞桥，晚上在林中不停地敲鼓，北魏士兵以为刘宋大军来了，都争相渡过苞水，有一半都被淹死。

诏以柳元景为弘农太守。元景使薛安都、尹显祖先引兵就庞法起等于陕，元景于后督租。陕城险固，诸军攻之不拔。魏洛州刺史张是连提帅众二万度崤救陕，安都等与战于城南，魏人纵突骑，诸军不能敌；安都怒，脱兜鍪，解铠，唯著绛纳两当衫，马亦去具装，瞋目横矛，单骑突陈；所向无前，魏人夹射不能中。如是数四，杀伤不可胜数。会日暮，别将鲁元保引兵自函谷关至，魏兵乃退。元景遣军副柳元怙将步骑两千救安都等，夜至，魏人不之知。明日，安都等陈于城西南。曾方平谓安都曰："今勍敌在前，坚城在后，是吾取死之日。卿若不进，我当斩卿；我若不进，卿斩我也！"安都曰："善，卿言是也！"遂合战。元怙引兵自南门鼓噪直出，旌旗甚盛，魏众惊骇。安都挺身奋击，流血凝肘，矛折，易之更入，诸军齐奋。自旦至日昃，魏众大溃，斩张是连提及将卒三千馀级，其馀赴河堙死者甚众，生降两千馀人。明日，元景至，让降者曰："汝辈本中国民，今为虏尽力，力屈乃降，何也？"皆曰：""虏驱民使战，后出者灭族，以骑蹙步，未战先死，此将军所亲见也。"诸将欲尽杀之，元景曰："今王旗北指，当令仁声先路。"尽释而遣之，皆称万岁而去。甲午，克陕城。

【译文】刘宋文帝刘义隆下诏任命柳元景为弘农太守。柳元景派薛安都、尹显祖先率兵到达陕城和庞法起等人会合，柳元景则在后方征收税粮。陕城地势险要，十分坚固，刘宋各军围攻也无法攻破。北魏洛州刺史张是连提率两万士兵越过崤山去救援陕城，薛安都等在城南与张是连提应战。北魏派骑兵突击，刘宋士兵无法抵挡，薛安都十分愤怒，解下头盔、战甲，只穿了一件红衣背心，他的战马也将马甲解下，怒目而视，手执长矛，单骑呐喊着奔进敌阵，无人可阻，北魏士兵左右夹射也未能射中。像这样突进敌人阵营有几次，杀伤北魏士兵无数。直到黄昏，另外一位将领鲁元保率兵从函谷关来到这里，北魏士兵这才撤退。柳元景派军副柳元怙率两千步骑前去援救薛安都等人，晚上抵达陕城城南，北魏士兵不知道。第二天，薛安都等人在城西南设置兵阵，曾方平对薛安都说："如今强敌当前，坚城在后，这正是我们战死的时候。你如果不向前进攻，我就杀了你，如果我不向前进攻，你就杀了我！"薛安都说："好！你说得没错！"于是，两军合战，柳元怙率士兵从南门击鼓呐喊直出，军旗招展，北魏士兵感到十分害怕。薛安都挺身奋战，身体受伤，流血在手臂上都已经凝固，长矛折断后又换矛再次向前进攻，各军愈战愈勇。从早上一直大战到黄昏，北魏士兵大败，斩杀了张是连提以及士兵三千多人，其余北魏士兵有很多掉入河沟而死，另外有两千多人投降。第二天，柳元景抵达，责备投降的人说："你们本来就是中原百姓，现在却为敌人卖命，直到打败以后才投降，为什么要这样做呢？"投降的北魏士兵异口同声地说："胡人驱使我们为他们作战，迟一些就会被灭族，他们用骑兵践踏驱赶我们，有很多人没有作战就已经被打死，这是将军所亲眼看到的。"各将领建议把俘虏全部杀死。柳元景说："如今，皇上让我们北上，应该用仁义的名声来为我们开路。"于是，释放了全部俘虏，让他们回家，大家都喊着万岁而回。甲午（初八），刘宋士兵攻克陕城。

庞法起等进攻潼关，魏成主娄须弃城走，法起等据之。关中豪桀所在蜂起，及四山羌、胡皆来送款。

上以王玄谟败退，魏兵深入，柳元景等不宜独进，皆召还。

元景使薛安都断后，引兵归襄阳。诏以元景为襄阳太守。

魏永昌王仁攻悬瓠、项城，拔之。帝恐魏兵至寿阳，召刘康祖使还。癸卯，仁将八万骑追及康祖于尉武。康祖有众八千人，军副胡盛之欲依山险间行取至，康祖怒曰："临河求敌，遂无所见；幸其自送，奈何避之！"乃结车营而进，下令军中曰："顾望者斩首，转步者斩足！"魏人四面攻之，将士皆殊死战。自旦至晡，杀魏兵万馀人，流血没踝，康祖身被十创，意气弥厉。魏分其众为三，且休且战。会日暮风急，魏以骑负草烧车营，康祖随补其阙。有流矢贯康祖颈，坠马死，馀众不能战，遂溃，魏人掩杀殆尽。

【译文】庞法起等率士兵进攻潼关，北魏守将娄须弃城而逃，庞法起占据了潼关。关中豪杰纷纷起来反对北魏的统治，在四山居住的羌、胡二族的人也都送来犒劳士兵的物品，愿意归附。

刘宋文帝刘义隆认为王玄谟兵败逃走，北魏士兵从东部深入境内，柳元景等人就不应该单独进攻，于是，就把他们全部召回。柳元景派薛安都断后，自己率士兵返回襄阳。刘宋文帝刘义隆下诏任命柳元景为襄阳太守。

北魏永昌王拓跋仁进攻悬瓠、项城二城，将它们攻占。刘宋文帝刘义隆害怕北魏士兵到达寿阳，就命令安蛮司马刘康祖回来。癸卯(十七日)，北魏拓跋仁率八万骑兵前去追击刘康祖，追到尉武。刘康祖只有八千士兵，军副胡盛之准备依靠山险让军队走小路前往寿阳。刘康祖十分恼怒，说："我们前往黄河边寻找敌人，始终都没有找到，如今他们自己送上门来，我们为什么还要躲避呢？"于是，让士兵结成车营，继续前进，刘康祖下令说："作战时回头看的人斩首，转过身不前进的人砍断双脚！"北魏士兵从四面围攻，刘宋士兵全都是拼死作战，战斗一直从早上坚持到下午，刘宋士兵杀了北魏士兵一万多人，流血淹没人的脚踝。刘康祖身上有十多处受伤，但是斗志愈加坚强。北魏把士兵分为三部分，轮流作战。这时，正好赶上夜幕降临，刮起大风，北魏士兵用骑兵背草纵火将刘宋军营烧毁，刘康祖随即补救军营。有流箭射穿了刘康祖的脖子，刘康祖跌下马身亡，剩余的士兵没有人指挥，无法作战，于是立马崩溃，刘宋士兵被北魏士兵全部杀死。

南平王铄使左军行参军王罗汉以三百人戍尉武。魏兵至，众欲南依卑林以自固，罗汉以受命居此，不去。魏人攻而擒之，锁其颈，使三郎将掌之；罗汉夜断三郎将首，抱锁亡奔盱眙。

魏永昌王仁进逼寿阳，焚掠马头、钟离，南平王铄婴城固守。

【译文】刘宋南平王刘铄派左军行参军王罗汉率三百士兵据守尉武。北魏士兵突然到达，王罗汉的士兵想要跑到灌木中自卫，而王罗汉认为自己接受命令在这里守城，不愿意离开。北魏士兵攻进尉武，抓获王罗汉，北魏士兵用锁链锁住他的脖子，派三郎将看守。晚上，王罗汉砍掉三郎将的头颅，自己抱着锁链逃往盱眙。

北魏永昌王拓跋仁向寿阳进军，他们沿途掠夺焚烧马头、钟离二地。南平王刘铄围绕城池，加固防守。

魏军在萧城，去彭城十馀里。彭城兵虽多，而食少，太尉江夏王义恭欲弃彭城南归。安北中兵参军沈庆之以为历城兵少食多，欲为函箱车陈，以精兵为外翼，奉二王及妃女直趋历城；分兵配护军萧思话，使留守彭城。太尉长史何勖欲席卷奔郁洲，自海道还京师。义恭去意已判。唯二议弥日未决。安北长史沛郡太守张畅曰:"若历城、郁洲有可至之理,下官敢不高赞! 今城中乏食,百姓咸有走志,但以关扃严固,欲去莫从耳。一旦动足,则各自逃散,欲至所在,何由可得! 今军食是寡,朝夕犹未窘罄;岂有舍万安之术而就危亡之道? 若此计必行,下官请以颈血污公马蹄。"武陵王骏谓义恭曰:"阿父既为总统,去留非所敢干,道民忝为城主,而委镇奔逃,实无颜复奉朝廷。必与此城共其存没,张长史言不可异也。"义恭乃止。

【译文】 北魏士兵占据萧城,与彭城相距十多里,彭城的刘宋士兵很多,但是粮食却很少。太尉江夏王刘义恭打算放弃彭城,返回南方。安北中兵参军沈庆之认为历城兵少粮多,建议用函箱战车装载,派精兵作为外围,护送江夏王刘义恭、武陵王刘骏以及他的妃子女儿直奔历城。又分兵一部分配给护军萧思话,让他留在彭城镇守。太尉长史何勖则建议去郁洲,然后再乘船从海路返回京师。刘义恭离开彭城的决心已定,但是对两种意见的选择有所争议,所以,经过一天也没有讨论决定。安北长史沛郡太守张畅说:"如果我们能够到达历城、郁洲二地,下官哪里会不赞成! 但是如今城中食粮短缺,百姓都有逃命的想法,只是由于城门紧闭,无法离去罢了。一旦大军出城离去,百姓就会四处逃散,我们想让他们到达本应该到达的地方,要如何做到呢? 如今粮食虽然缺少,但是短期内还可以维持,这样,怎么可以把安全的办法舍弃,而要走危险死亡的道路呢? 如果必须弃城离开,请让下官颈上的鲜血来污染大王的马蹄!"武陵王刘骏对刘义恭说:"叔父你既然是统帅,去留的决定不是我们可以干预的。但我是一城之主,如果弃城逃走,实在是没有脸面对朝廷,所以,我要与彭城共存亡,张长史所说的话,我们不可以不听！"刘义恭这才决定不再离去。

壬子，魏主至彭城，立毡屋于戏马台以望城中。

马文恭之败也，队主蒯应没于魏。魏主遣应至小市门求酒及甘蔗；武陵王骏与之，仍就求橐驼。明日，魏主使尚书李孝伯至南门，饷义恭貂裘，饷骏橐驼及骡，且曰："魏主致意安北，可暂出见我；我亦不攻此城，何为劳苦将士，备守如此！"骏使张畅开门出见之，曰："安北致意魏主，常迟面写，但以人臣无境外之交，恨不暂悉。备守乃边镇之常，悦以使之，则劳而无怨耳。"魏主求甘橘及借博具，皆与之；复饷毡及九种盐胡豉。又借乐器，义恭应之曰："受任戎行，不赍乐具。"孝伯问畅："何为匆匆闭门绝桥？"畅曰："二王以魏主营垒未立，将士疲劳，此精甲十万，恐轻相陵践，故闭城耳。待休息士马，然后共治战场，刻日交戏。"孝伯曰："宾有礼，主则择之。"畅曰："昨见众宾至门，未为有礼。"魏主使人来言曰："致意太尉、安北，何不遣人来至我所？彼此之情，虽不可尽，要须见我小大，知我老小，观我为人。若诸佐不可遣，亦可使僮干来。"畅以二王命对曰："魏主形状才力，久为来往所具。李尚书亲自衔命，不患彼此不尽，故不复遣使。"孝伯又曰："王玄谟亦常才耳，南国何意作如此任使，以致奔败？自入此境七百馀里，主人竟不能一相拒逆。邹山之险，君家所凭，前锋始接，崔邪利遽藏入穴，诸将倒曳出之。魏主赐其馀生，今从在此。"畅曰："王玄谟南土偏将，不谓为才，但以之为前驱。大军未至，河冰向合，玄谟因夜还军，致戎马小乱耳。崔邪利陷没，何损于国！魏主自以数十万众制一崔邪利，乃足言邪！知入境七百里无相拒者，此自太尉神算，镇军圣略，用兵有机，不用相语。"孝伯曰："魏主当不围此城，自帅众军直造瓜步。南事若办，彭城不待围；若其不捷，彭城亦非所须也。我今当南饮江湖以疗渴耳。"畅曰："去留之事，自适彼怀。若虏马遂得饮江，便为无复天道。"先是童谣云："虏马饮江水，佛狸死卯年。"故畅云然。畅音容雅丽，孝伯与左右皆叹息。孝伯亦辩赡，且去，谓畅曰："长史深自爱，相去步武，恨不执手。"畅曰："君善自爱，冀荡定有期，相见无远。君若得还宋期，今为相识之始。"

【译文】壬子（二十六日），北魏君主拓跋焘抵达彭城，在戏马台上设置毡屋行宫，以此来眺望彭城城内的情况。

马文恭战败时，队主蒯应被北魏士兵抓获。北魏君主拓跋焘派蒯应前去彭城小市门向守军索要酒和甘蔗，武陵王刘骏就给了他，但是向北魏索要骆驼作为回报。第二天，北魏君主拓跋焘派尚书李孝伯前去彭城南门，送给刘义恭貂裘，给刘骏送去骆驼以及骡子，并且说："北魏君主致意于向安北将军张畅表示问候，你们可以暂时出城相见，我们也绝不攻打彭城，何必要辛苦劳累士兵，严加防守到如此地步呢？"刘骏让张畅出城前去和他相见，张畅说："安北将军致意向北魏君主表示问候，希望可以一直见面，来表达情谊，但是因为身为人臣，无法和国外的人有私交，所以，很遗憾不能出来与您见面。守备是国家边境很正常的事，只要百姓能够快乐地生活，虽然我们士兵辛劳，但却是心甘情愿没有怨恨！"北魏君主拓跋焘又索要柑橘以及赌博的器具，刘宋士兵将这些东西全部给了他，北魏君主又派人送去了毛毡、九种盐以及胡豆豉，同时，又向刘宋军队借用乐器，刘义恭回答："我们身在军营，没有带乐器这种东西来！"李孝伯向张畅询问说："为什么把城门匆忙关闭，吊起护城河桥？"张畅回答："两位王爷认为北魏士兵的军营还没有扎稳，士兵也十分疲劳，我们的十万精兵，担心他们忍不住和你们自相践踏，所以，我们如今先关闭城门。让你们的将士休息一段时间，然后我们再在战场相见，定下日期交锋！”李孝伯说：“宾客如果有礼貌，就可以让主人随意来选择。”张畅说：“昨天我看到很多宾客来到城门口，似乎并不是彬彬有礼。”这时，北魏君主拓跋焘派人来说：“我向太尉、安北将军致意，你们为什么不派人到我们这里来呢？我们彼此之间的感情，虽然无法尽情倾诉，但是你们也应该派个人来看看我是大是小，了解我是老是少，观察一下我的为人怎么样！如果你们无法派左右佐吏前来，也可以派个童仆来啊！”张畅以两位王爷的命令说：“北魏君主的形貌以及才能力量，我们已从来往使者那里清楚了。李尚书也是亲自带着北魏君主的命令来过，如此一来，就不必担心我们彼此之间不能全面了解了，所以，我们就没再派使者前往。”李孝伯又说：“王玄谟只是一个一般将才而已，你们为什么要把这样大的事情交给他，导致他奔逃失败呢？自从我军进入你们境内七百多里，你们居然连一次抵抗都没有。邹山的地势险要坚固，这是你们的屏障，但是我们的前锋才刚刚接触你们，你们的崔邪利就害怕得躲藏进了洞穴，将领们把他倒着拖出来投降。北魏君主拓跋焘赐他们不死，现在，他也随从我们的军队来到这儿。”张畅说：“王玄谟只是我们的一位小将，不能算得上有才之士，我们只是把他作为前锋罢了，当时只是后方的大军还未来到，黄河正值结冰的时候，所以，王玄谟因为在夜晚班师回朝，导致兵马发生小乱罢了。崔邪利被抓获，对我们国家没有什么损害。北魏君主拓跋焘亲自领数十万大军仅仅是对付一个小小的崔邪利，这有什么值得说的呢？你们进入我们境内七百里而没有看到我们的抵抗，这是我们太尉的神机妙算，镇军将军的明策，用兵自有用兵的机密，无法相告！"李孝伯说："北魏君主拓跋焘不会包围进攻彭城，但是他会亲自率大军直指瓜步山。如果南征顺利，彭城不用我们包围就会瓦解，如果我们不太顺利，彭城也就没有必要包围了。我们如今要南下饮长江的水来解渴啊！"张畅说："你们是去是留，这需要由你们自己来决定，如果胡马可以喝到长江水，那就没有天理了。"以前有童谣流传："胡马饮长江水，（佛狸）拓跋焘卯年死。"所以张畅说了这些话。张畅言谈举止文雅庄重，李孝伯以及左右的人都对他叹为观止。但是，李孝伯也辩才不停，临离开时，对张畅说："长史要多加保重，我们相距只是几步，遗憾无法与你握手交谈言欢！"张畅也说："您也要保重，希望平定祸害的日子不远，那时你也可以返回宋朝，今天就是我们相识的开始！"

【申涵煜评】魏师抵彭城，两国不以兵戎相见。而张畅与李孝伯各以口舌词令相往，复又馈索貂盐、甘橘、博具，若寻常无事者。然盖彼时南北交相惮，故皆从容，以示暇豫耳。

【译文】北魏的军队抵达彭城，两个国家却不以发动战争来解决矛盾。然而张畅和李孝伯用口舌辞令交涉，又互相赠送和索要貂盐、柑橘、博具，犹如平常一样。大概是那时南北两方互相忌惮，因此彼此都不慌不忙，以表现出悠闲自在的状态罢了。

上起杨文德为辅国将军，引兵自汉中西入，摇动汧、陇。文德宗人杨高帅阴平、平武群氐拒之。文德击高，斩之，阴平、平武悉平。梁、南秦二州刺史刘秀之遣文德伐啖提氐，不克，执送荆州；使文德从祖兄头戍葭芦。

丁未，大赦。

【译文】 刘宋文帝刘义隆把杨文德升迁为辅国将军，命令他率士兵从汉中西边进入北魏境内，侵扰汧、陇一带。杨文德的同宗杨高率阴平、平武各氐人抵抗杨文德，杨文德打败杨高，并斩杀了他，因此，阴平、平武全部平定。梁、南秦二州刺史刘秀之派杨文德前去攻讨啖提部落，无法攻克，刘秀之派人抓获杨文德，押送到荆州。派杨文德同曾祖的哥哥杨头戍守葭芦。

丁未（二十一日），刘宋朝廷下令大赦天下。

魏主攻彭城，不克。十二月，丙辰朔，引兵南下，使中书郎鲁秀出广陵，高凉王那出山阳，永昌王仁出横江，所过无不残灭，城邑皆望风奔溃。戊午，建康纂严。己未，魏兵至淮上。

上使辅国将军臧质将万人救彭城，至盱眙，魏主已过淮。质使冗从仆射胡崇之、积弩将军臧澄之营东山，建威将军毛熙祚据前浦，质营十城南。

【译文】 北魏君主拓跋焘围攻彭城，无法攻克。十二月，丙辰朔（初一），北魏君主率大军南下，派中书郎鲁秀在广陵发兵，高凉王拓跋那在山阳发兵，永昌王拓跋仁向横江发兵，所有经过的城池，无不烧杀抢掠，城邑全部崩溃。戊午（初三），刘宋都城建康戒严。己未（初四），北魏士兵到达淮河。

刘宋文帝刘义隆派辅国将军臧质率一万士兵前去增援彭城，到达盱眙，发现北魏君主的大军已经渡过淮水。臧质赶紧派冗从仆射胡崇之、积弩将军臧澄之在东山安营扎寨，派建威将军毛熙祚据守前浦，臧质自己率士兵据守盱眙城南。

乙丑，魏燕王谭攻崇之等三营，皆败没，质案兵不敢救。澄之，焘之孙；熙祚，修之之兄子也。是夕，质军亦溃，质弃辎重器械，单将士百人赴城。

【译文】乙丑（初十），北魏燕王拓跋谭进攻胡崇之，崇元、澄之、熙祚三人驻地全部都被攻克，臧质按兵不敢前去救援。胡澄之是胡藩的孙子。毛熙祚是毛修之的侄子。当晚，臧质的士兵也全部被击溃，臧质抛弃所有武器辎重，率七百单骑逃往盱眙城。

初，盱眙太守沈璞到官，王玄谟犹在滑台，江淮无警。璞以郡当冲要，乃缮城浚隍，积财谷，储矢石，为城守之备。僚属皆非之，朝廷亦以为过。及魏兵南向，守宰多弃城走。或劝璞宜还建康，璞曰："虏若以城小不顾，夫复何惧！若肉薄来攻，此乃吾报国之秋，诸君封侯之日也，奈何去之！诸君尝见数十万人聚于小城之下而不败者乎？昆阳、合肥，前事之明验也。"众心稍定。璞收集得两千精兵，曰："足矣。"及臧质向城，众谓璞曰："虏若不攻，则无所事众；若其攻城，则城中止可容见力耳。地狭人多，鲜不为患。且敌众我寡，人所共知。若以质众能退敌完城者，则全功不在我；若避罪归都，会资舟楫，必更相蹂践。正足为患，不若闭门勿受。"璞叹曰："虏必不能登城，敢为诸君保之。舟楫之计，固已久息。虏之残害，古今未有，屠剥之苦，众所共见，其中幸者，不过得驱还北国作奴婢耳。彼虽乌合，宁不惮此邪！所谓'同舟而济，胡、越一心'者也。今兵多则虏退速，少则退缓。吾宁可欲专功而留虏乎！"乃开门纳质。质见城中丰实，大喜，众皆称万岁，因与璞共守。

【译文】起初，盱眙太守沈璞前去任职时，王玄谟还在围攻滑台，长江、淮河一带都是平安无事。沈璞认为盱眙处于交通要道，所以，下令修筑城墙，疏通并加深环城的壕沟，蓄积财物粮食，准备矢石，做好守城准备，那时，他的部属都认为没有必要，朝廷也认为他做得太过分。现在北魏士兵南下，各地守官大多弃城逃走。有人规劝沈璞返回建康，沈璞说："如果敌人认为我们的城小而不予理会的话，我们又有什么好怕的呢？如果他们要来进攻，这正是我报效国家的时候，也是各位封侯之日，我们怎么可以逃走呢？各位以前见过几十万大军进攻一座小城而守城的人没有战败的情况吗？昆阳、合肥全部都失败，这就是明证！"大家的心这才稍微安定下来。沈璞征集了两千名精兵，说："这些就足够了！"没过多久，臧质来投奔，属下的人对沈璞说："如果敌人不来攻城，就用不到这么多的士兵；如果敌人前来攻城，城中也只可以容下现有的兵力。我们的地小人多，不能不说是忧患，而且敌人数量多而我们人少，这是人人皆知的，如果臧质的士兵可以击退敌人保住城池，那么功劳就不再是我们的了，如果我们逃避责任，撤回都城，则双方都要依靠船只，那么一定会互相残杀，反而会给我们带来祸患，不如把城门关闭不接收他们。"沈璞说："敌人肯定不会攻破我们的城池，这一点我敢向各位保证。我们乘船南回的计划，本来就已经否定了。敌人的凶狠残暴，是我们自古至今都没有见过的，他们掠夺屠杀的痛苦，是大家有目共睹的，其中最幸运的人，也是被驱逐到北魏当奴隶罢了。臧质的军队虽然是一群乌合之众，难道他们不怕这样吗？所谓'同船共渡，胡、越也会同心'的说法，就是这些事情。如今我们士兵众多，敌人很快就会撤退，如果我们兵少，他们撤退得慢。我们怎么可以为了独得功劳而留住敌人为患呢？"于是，他打开城门，将臧质一行人接纳进来。臧质看到城内军资丰厚，十分高兴，士兵们都高呼万岁，于是，臧质与沈璞一起留守盱眙。

魏人之南寇也，不赍粮用，唯以抄掠为资。及过淮，民多窜匿，抄掠无所得，人马饥乏；闻盱眙有积粟，欲以为北归之资。既破崇之等，一攻城不拔，即留其将韩元兴以数千人守盱眙，自帅大众南向。由是盱眙得益完守备。

庚午，魏主至瓜步，坏民庐舍，及伐苇为筏，声言欲渡江。建康震惧，民皆荷担而立。壬午，内外戒严，丹杨统内尽户发丁，王公以下子弟皆从役。命领军将军刘遵考等将兵分守津要，游逻上接于湖，下至蔡洲，陈舰列营，周亘江滨。自采石至于暨阳，六七百里。太子劭出镇石头，总统水军，丹杨尹徐湛之守石头仓城，吏部尚书江湛兼领军，军事处置悉以委焉。

【译文】北魏士兵南下侵略，没有准备粮食等物品，只能靠掠夺来维持生活。渡过淮水以后，百姓大多藏匿起来，他们再也无法抢到什么东西，导致人马饥乏，北魏君主听到盱眙有存粮的消息，想把粮食抢回来作为回国的军资。北魏士兵打败胡崇之以后，城池却一直无法攻下，于是留下将领韩元兴率几千人围困盱眙，北魏君主拓跋焘则率大军南下，这样一来，盱眙城的防守就更加完善。

庚午（十五日），北魏君主拓跋焘前往瓜步山，摧毁百姓住宅，砍伐芦苇建造小筏，扬言要渡长江。建康城内一片惊恐，城里百姓都挑着担子要从城中出逃。壬午（二十七日），城内外戒备森严。丹杨尹统治境内征发壮丁，王公以下的贵族子弟都要入伍参军。刘宋文帝刘义隆又命令领军将军刘遵考等分别率兵防守重要的渡口，水上巡逻上到于湖，下到蔡洲，江面上排列着一排排的船只，沿岸相连，从采石矶一直到暨阳，长达六七百里。

太子刘劭率军镇守石头城，并指挥水军作战，丹杨尹徐湛之镇守石头仓城，吏部尚书江湛兼领军之职，军事全部由他处理。

上登石头城，有忧色，谓江湛曰："北伐之计，同议者少。今日士民劳怨，不得无惭。贻大夫之忧，予之过也。"又曰："檀道济若在，岂使胡马至此？"上又登莫府山，观望形势，购魏主及王公首，许以封爵、金帛。又募人赍野葛酒置空村中，欲以毒魏人，竟不能伤。

魏主凿瓜步山为蟠道，于其上设毡屋。魏主不饮河南水，以橐驼负河北水自随。饷上橐驼、名马，并求和，请婚。上遣奉朝请田奇饷以珍羞异味。魏主得黄甘，即啖之，并大进酃酒。左右有附耳语者，疑食中有毒。魏主不应，举手指天，以其孙示奇曰："吾远来至此，非欲为功名，实欲继好息民，永结姻援。宋若能以女妻此孙，我又女妻武陵王，自今匹马不复南顾。"

【译文】刘宋文帝刘义隆登上石头城，面带忧虑地对江湛说："很少有人同意北伐的计划，如今士兵厌战，人民劳作辛苦，怨恨满城，作为一国之君，我不得不深感惭愧，还要给大夫增添忧虑，这都是我的过错！如果檀道济还在世，怎么会让胡马如此猖狂？"接着，刘宋文帝登上莫府山，观看战争形势。下诏悬赏购买北魏国主及其王、公的首级，并承诺若有成功者就加封爵位，赏赐金银绸缎，同时招募将士把野葛的毒酒放在无人的村落中，希望毒杀魏人，但最终都没能伤害到魏人。

北魏君主拓跋焘开凿瓜步山，修筑盘山路，并在山上建造毡屋。因为他不喝黄河以南的水，所以就让背着黄河以北的水的骆驼跟随在自己身边。为了求和，又送给刘宋文帝刘义隆骆驼、名马，并请通婚。于是刘宋文帝也派奉朝请田奇送给魏主珍奇的食物。当北魏君主得到黄柑,马上就吃下,并痛饮鄙酒。北魏君主左右的人怀疑食物有毒,就附在他耳边告诉他。但北魏君主没有答复,只是举起手指向天,并把孙子给田奇看,说道:"我从远方来到此地,不是为了扬显功名,而是为了使双方继续友好,使两国人民休养生息,安宁稳定,并结成婚姻。刘宋文帝如果能把女儿嫁给我的孙子,我就把女儿嫁给武陵王(刘骏),从此以后我的马匹不会再南来此地。"

奇还,上召太子劭及群臣议之。众并谓宜许,江湛曰:"戎狄无亲,许之无益。"劭怒,谓湛曰:"今三王在厄,讵宜苟执异议!"声色甚厉。坐散,俱出,劭使班剑及左右排湛,湛几至僵仆。劭又言于上曰:"北伐败辱,数州沦破,独有斩江湛、徐湛之可以谢天下。"上曰:"北伐自是我意,江、徐但不异耳。"由是太子与江、徐不平,魏亦竟不成婚。

【译文】田奇回来后,刘宋文帝刘义隆召集太子刘劭和大臣商议通婚这件事。在朝堂上,大家都认为应该答应,只有江湛说:"戎狄没有亲近友爱,答应此事对我们没有好处。"刘劭听后极为愤怒,声色俱厉地对江湛说道:"现在三位王都处在困厄的境地之中,我们内部彼此怎么可以有不同的意见?"下朝以后,大家都向外走,朝臣拥挤。刘劭便指使执剑卫士和左右的人排挤江湛,使江湛几乎被撞晕倒地。之后,刘劭又对刘宋文帝进言:"北伐战败,我们遭受了奇耻大辱,数州沦陷,我国只有杀掉江湛、徐湛之才能向天下百姓谢罪。"但刘宋文帝回答说:"北伐是我的意思,江湛、徐湛之他们只是没有表示异议而已。"于是从这以后太子刘劭和江湛、徐湛元两人结下仇怨,而北魏所提出的联姻,最终也没能实现。

资治通鉴卷第一百二十六　宋纪八

起重光单阏,尽玄黓执徐,凡二年。

【译文】起辛卯(公元451年),止壬辰(公元452年),共两年。

【题解】 本卷记录了宋文帝元嘉二十八年、二十九年共两年间的刘宋与北魏等国大事:魏主拓跋焘在瓜步山举酒赏群臣后,攻盱眙三旬不下,烧攻具而走;魏军过彭城,刘义恭不出击,放魏军北走;战争给宋国的青、冀等六州造成深重灾难;宗爱杀太子晃近臣,致使太子晃"以忧死";宗爱杀魏帝拓跋焘,立皇子拓跋余为帝,后又将其杀掉;刘尼、源贺、陆丽等议杀宗爱等人,立皇孙拓跋濬,即高宗文成帝;拓跋濬即位后,法律严酷,一批元老连续被杀,唯对陆丽等格外宠用;宋帝刘义隆趁魏主拓跋焘死而兴兵北伐,东路退屯历城,其他三路也相继退兵;刘劭与弟弟造作巫蛊害父亲,刘义隆没有立即诛除二子,留下后祸;刘义康被杀,刘义隆宠用王僧绰。

太祖文皇帝下之上

元嘉二十八年(辛卯,公元四五一年)春,正月,丙戌朔,魏主大会群臣于瓜步山上,班爵行赏有差。魏人缘江举火;太子左卫率尹弘言于上曰:"六夷如此,必走。"丁亥,魏掠居民、焚庐舍而去。

【译文】元嘉二十八年（辛卯，公元451年）春，正月，丙戌朔日（初一），魏主拓跋焘和本国群臣在瓜步山上举行宫廷聚会，魏主拓跋焘按功劳大小对臣子进行官爵行赏。这时，大批魏军沿长江边境举柴放火。刘宋太子左卫率尹弘听闻后对皇上说："夷人这样烧火的举动，必定是要走的预兆。"果然，丁亥日（初二），魏军在掠夺城中百姓财物，焚烧百姓住宅后离去。

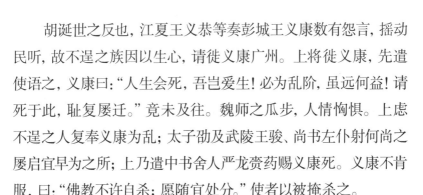

胡诞世之反也，江夏王义恭等奏彭城王义康数有怨言，摇动民听，故不逞之族因以生心，请徙义康广州。上将徙义康，先遣使语之，义康曰："人生会死，吾岂爱生！必为乱阶，虽远何益！请死于此，耻复屡迁。"竟未及往。魏师之瓜步，人情恟惧。上虑不逞之人复奉义康为乱；太子劭及武陵王骏、尚书左仆射何尚之屡启宜早为之所；上乃遣中书舍人严龙赍药赐义康死。义康不肯服，曰："佛教不许自杀；愿随宜处分。"使者以被掩杀之。

江夏王义恭以碻磝不可守，召王玄谟还历城；魏人追击败之，遂取碻磝。

【译文】胡诞世造反叛乱时，江夏王刘义恭等人向宋文帝刘义隆报告说，彭城王刘义康经常有埋怨的言辞，以此来达到扰乱人们视听的目的，所以那些不满现实的人家也因此有了不当的图谋，上奏请求皇帝把刘义康迁到广州。宋文帝刘义隆将要迁走刘义康之前，先派人通知他，刘义康回复说："人生总有一死，我并不是贪生的人，但如果我的确是动乱的因素，即使到了远方，难道会有用吗？我对常被迁移感到耻辱，今天我请求死在这里。"刘义康终于没有被迁到广州。当魏军到瓜步山时，山中人心惶恐。这时，宋文帝刘义隆害怕不满现实的人又以刘义康的名义作乱。而太子刘劭和武陵王刘骏、尚书左仆射何尚之屡次告诫宋文帝刘义隆要及早对刘义康下手以避免叛乱发生。宋文帝刘义隆于是派中书舍人严龙给刘义康送去毒药赐他自杀。刘义康不肯吃下，他说："佛教不允许自杀，因此我希望由你们处置。"于是使者就用被子蒙住刘义康，使其窒息而死。

江夏王刘义恭认为守不住碻磝，就召令王玄谟回历城助战，但魏军追击打败了王玄谟，最后攻取碻磝。

初，上闻魏将入寇，命广陵太守刘怀之逆烧城府、船乘，尽帅其民渡江。山阳太守萧僧珍悉敛其民入城，台送粮仗诣盱眙及滑台者，以路不通，皆留山阳；蓄陂水令满，须魏人至，决以灌之。魏人过山阳，不敢留，因攻盱眙。

【译文】起初，宋文帝刘义隆听到魏军即将入侵的消息，就先派广陵太守刘怀之去焚烧城中的府第和车船，而后率城中所有人渡长江南下。此时，山阳太守萧僧珍把人全部藏进城中。因为道路不通，台城送粮仗到盱眙和滑台的人无法前进，也都留在山阳城内；而萧僧珍则在山边蓄满水，等待魏军的到来，魏军一到，就决堤以水冲淹魏军。魏军知晓萧僧珍的计划后，经过山阳不敢停留，转而攻取盱眙。

魏主就臧质求酒，质封溲便与之；魏主怒，筑长围，一夕而合；运东山土石以填堑，作浮桥于君山，绝水陆道。魏主遗质书曰："吾今所遣斗兵，尽非我国人，城东北是丁零与胡，南是氐、羌。设使丁零死，正（何）〔可〕减常山、赵郡贼；胡死，减并州贼；氐、羌死，减关中贼。卿若杀之，无所不利。"质复书曰："省示，具悉奸怀。尔自恃四足，屡犯边境。王玄谟退于东，申坦散于西，尔知其所以然邪？尔独不闻童谣之言乎？盖卯年未至，故以二军开饮江之路耳；冥期使然，非复人事。寡人受命相灭，期之白登，师行未远。尔自送死，岂容复令尔生全，飨有桑乾哉！尔有幸得为乱兵所杀，不幸则生相锁缚，载以一驴，直送都市耳。我本图全，若天地无灵，力屈于尔，糜之，粉之，屠之，裂之，犹未足以谢本朝。尔智识及众力，岂能胜苻坚邪！今春雨已降，兵方四集，尔但安意攻城，勿遽走！粮食乏者可见语，当出廪相赒。得所送剑刀，欲令我挥之尔身邪？"魏主大怒，作铁床，于其上施铁镵，曰："破城得质，当坐之此上。"质又与魏众书曰："尔语房中诸士庶：佛狸见与书，相待如此。尔等正朔之民，何为自取（糜）〔縻〕灭，岂可不知转祸为福邪！"并写台格以与之云："斩佛狸首，封万户侯，赐布、绢各万匹。"

【译文】 这次，魏主拓跋焘要求臧质送酒到魏国，臧质把小便封在酒壶中送去给他。魏主拓跋焘非常愤怒，就筑起一个晚上就可以接合起来的长围，并运来东山的土石填充壕沟，再在君山建造浮桥，使盱眙与外界断绝水陆交通。此后，魏主拓跋焘在给臧质的信上说道："我现在所派的战士，并不是我们的族人，攻打城东北的是丁零人和胡人，攻打城南的是氐人和羌人。假使丁零人被敌军打死，恰好可以减少常山、赵郡地区的叛贼；胡人被敌军打死，恰好可以减少并州地区的叛贼；氐人、羌人被敌军打死，恰好可以减少关中地区的叛贼，如果你杀掉他们，对我们魏国无所不利，如此我魏国势必取胜。"后来臧质回信说道："从你的来信看，我完全了解你对我国的阴谋。你只是凭借有四只马脚，就屡次派军队侵犯我国边境，制造事端。王玄谟从东边后退，申坦从西边离散的原因，你知道是什么吗？你难道没有听过童谣里的话吗？这是因为卯年还没有到，所以就用这两支军队来引诱你喝长江水；这是由于你的死期将至，而不是由于人事不济。而我正是接受上天的命令来消灭你，我国军队走不远就要攻到白登。既然你是自行来送死，我怎么还会允许你活着回去，到桑乾河祭飨呢？你可能有幸而被乱兵所杀，陈尸沙场；也可能不幸被我骁勇的军队活捉，用一头驴背着，直接一路把你送回京城。我本来就不贪恋余生，如果天地真的无灵，让我被你打败，那么即使我的身体被刀剥切、研碎、屠杀、撕裂，也不足以报答本朝。只凭借你的智力和兵众的力量，如杯水车薪，怎么能够战胜苻坚呢？如今，已降下春雨，我们的兵士已从四面八方而来，但愿你能放心攻打城池，不要中途溜掉，粮食缺乏的话你可以告诉我，我自会打开粮仓为你提供粮食。如果我得到你送的刀，你是想要我挥刀砍向你的身体吗？"看完臧质的回信，魏主拓跋焘非常愤怒，立刻命人制作一张铁床，并在上面布满铁刺，厉声对左右人说道："待破城以后，必要抓到臧质，让他坐在上面！"臧质又在给魏兵的信上说道："你们告诉敌后的士族人民，在佛狸所写的信中，其实正以对待叛贼的方式对待你们。你们本也是奉行过中原历法的百姓，为什么要选择自取灭亡的结果，而不知道转祸为福的方法呢？"并写赏格对他们说道："斩掉佛狸头的人，就许以万户侯，赐布、绢各一万匹的封赏。"

【申涵煜评】质守（山阳）〔盱眙〕，魏主以全胜之势，受其詈辱，攻之三旬不能下，卒释围而去。至今读其遗魏书，犹足廉顽立懦，真是铁汉。末路啖莲覆荷，肠胃萦水，死得何其狼狈？

【译文】臧质镇守山阳（盱眙），北魏皇帝拓跋焘凭借着全胜的情势，反而遭受臧质的指责和侮辱，于是攻打三十天但是没有能够攻克，最终还是解除包围而离开。至今阅读臧质给北魏皇帝拓跋焘的书信，仍然觉得能使贪婪的人廉洁，使懦弱的人坚定心志，的确是一名铁汉子。他晚年啖食莲子，肠胃积水，逝世的时候是怎样狼狈？

魏人以钩车钩城楼，城内系以驱絙，数百人唱呼引之，车不能退。既夜，缒桶悬卒出，截其钩，获之。明日，又以冲车攻城，城土坚密，每至，颓落不过数升。魏人乃肉薄登城，分番相代，坠而复升，莫有退者，杀伤万计，尸与城平。凡攻之三旬，不拔。会魏军中多疾疫，或告以建康遣水军自海入淮，又敕彭城断其归路；二月，丙辰朔，魏主烧攻具退走。盱眙人欲追之，沈璞曰："今兵不多，虽可固守，不可出战；但整舟楫，示若欲北渡者，以速其走，计不须实行也。"

【译文】　一天，魏兵用钩车来钩取宋国城楼，城楼内数百个士兵呼叫着用铁环拉住绳子，来拉取钩车的绳索，使得钩车不能向后退。到了晚上，城中的宋军把装有士兵的桶子悬出城外，来截取钩车的钩子，魏军只得作罢，无功而返。第二天清晨，魏兵又用冲车攻取城池，但城墙很坚固，每次用力冲击，只会掉落几升泥土而已。无奈魏军只能采用肉搏的方式，士兵分队轮流登城，一有人坠下，立即又有人登上，士兵众志成城，中途没有后退逃脱的。经过两天的厮杀混战，宋军杀伤数以万计的魏兵，使魏兵的尸体叠到与城墙齐平的高度。魏军一共围攻宋军三旬，始终不能攻破宋城。正好魏军中多人生病，又有人说建康水军从海上进入淮水境内，并命令彭城出兵以达到截断魏军归路的目的。二月，丙辰朔日（初二），魏军焚烧掉攻城的器械，从宋国退去。盱眙士兵想要追赶，沈璞却说："现在我兵不多，虽然可以坚守城池，却不可以出战，如果我们整顿水军，表现出要北渡淮水追击魏军的样子，则会使他们退去得更快，所以这是没必要采用的计策。"

臧质以璞城主，使之上露板，璞固辞，归功于质。上闻，益嘉之。

魏师过彭城，江夏王义恭震惧不敢击。或告"虏驱南口万馀，夕应宿安王陂，去城数十里，今追之，可悉得。"诸将皆请行，义恭禁不许。明日，驿使至，上敕义恭悉力急追。魏师已远，义恭乃遣镇军司马檀和之向萧城。魏人先已闻之，尽杀所驱者而去。程天祚逃归。

【译文】臧质任命沈璞担任盱眙城主，并命令他把战胜的捷报写在露板之上，沈璞一再拒绝，并把功劳都归于臧质的正确引领。宋文帝刘义隆获知此事后，更是嘉勉他。

魏军经过彭城，江夏王刘义恭因为害怕，不敢进行截击。有人向他报告说："敌人掳走广陵一万多人民，晚上就留宿在离城几十里的安王陂。如果我军现在对他们进行追击，就可以把他们全部歼灭。"各将领都要求进击，可刘义恭仍然拒绝不予答应。第二天，朝廷的驿使到达彭城，下达宋文帝刘义隆让刘义恭全力追击敌军的命令。刘义恭派镇军司马檀和之奔向萧城时，事先知道消息的魏军把所掳之人全部杀死后离去。而程天祚则侥幸从魏军逃回。

【乾隆御批】魏师力屈退走。而沈璞、臧质不敢从其后，义恭复不敢邀其前。南朝恇怯若此，宜魏之往来如入无人之境也。

【译文】魏军力竭撤退，而沈璞、臧质不敢从后面进击，刘义恭也不敢从前面堵截。南朝人这样恐惧畏缩，让魏人往来就像进入无人之境。

魏人凡破南兖、徐、兖、豫、青、冀六州，杀掠不可胜计，丁壮者即加斩截，婴儿贯于槊上，槃舞以为戏。所过郡县，赤地无馀，春燕归，巢于林木。魏之士马死伤亦过半，国人皆尤之。

上每命将出师，常授以成律，交战日时，亦待中诏，是以将帅赵趄，莫敢自决。又江南白丁，轻进易退，此其所以败也。自是邑里萧条，元嘉之政衰矣。

【译文】战事中，魏军一共蹂躏了南兖、徐、兖、豫、青、冀六州土地，造成不可胜计的死伤，其中青壮年当即被斩杀；婴儿则被残忍地贯穿在槊上，而魏军就舞动槊作为游戏。魏军所经过的郡县，都被烧掠殆尽。连春天飞回来的燕子，都因为无巢可宿而飞到林木中。而魏国的士兵战马也死伤过半，哀鸿遍野，人民饱受亲人离别之痛，因此恨透了这样的穷兵黩武。

宋文帝刘义隆每次命令将领出兵之前，都要提前把作战规律交付给他们；交战一段时间后，将领也要等待皇上的命令，因此将帅在面对战事突发情况时往往会犹豫不前，不敢自己决定。与此同时，江南没有军籍的士兵无视军规，纪律涣散，在作战中任意进退，这是失败的主要原因。战败后地方日益萧条，元嘉政治逐渐呈现衰败的局面。

癸酉，诏赈恤郡县民遭寇者，蠲其税调。

甲戌，降太尉义恭为骠骑将军、开府仪同三司。

戊寅，魏主济河。

辛巳，降镇军将军武陵王骏为北中郎将。

壬午，上如瓜步。是日，解严。

【译文】癸酉日（十九日），宋文帝刘义隆下令赈救被敌人摧残的郡县人民，并免除他们的税调。

甲戌日（二十日），宋文帝刘义隆下令贬降太尉刘义恭为骠骑将军、开府仪同三司。

戊寅日（二十四日），魏主拓跋焘渡过黄河北上。

辛巳日（二十七日），宋文帝刘义隆下令贬镇军将军武陵王刘骏为北中郎将。

壬午日（二十八日），宋文帝刘义隆到达瓜步。这一天，解除戒严。

初，魏中书学生卢度世，玄之子也，坐崔浩事亡命匿高阳郑罴家。吏囚罴子，掠治之。罴戒其子曰："君子杀身成仁，虽死不可言。"其子奉父命，吏以火爇其体，终不言而死。及魏主临江，上遣殿上将军黄延年使于魏，魏主问曰："卢度世亡命，已应至彼。"延年曰："都下不闻有度世也。"魏主乃赦度世及其族逃亡籍没者。度世白出，魏主以为中书侍郎。度世为其弟娶郑罴妹以报德。

【译文】起初，卢玄的儿子魏中书学生卢度世，因为牵涉崔浩的案子，被朝廷通缉，所以他从魏国逃出，被藏匿在宋国高阳人郑罴的家中。后来，魏国官吏逮捕了郑罴的儿子，他在牢狱中受到刑审。郑罴亲自告诫他的儿子说："身为君子一定有杀身成仁的勇气，你即使到死也不可以说出卢度世被藏匿在家中的事情。"他的儿子遵行父亲的命令，即使最后被施以火烧身体的酷刑，疼痛难忍，也一直坚持到死没有说出。等到魏主拓跋焘到达长江边上的时候，询问黄延年道："卢度世逃亡，已经逃到你们建康那边了吧！"黄延年回答说："我在建康没有听说过有卢度世这个人。"魏主拓跋焘于是赦免卢度世和他被抄的家族，卢度世就从郑罴家中出来，魏主拓跋焘任命他担任中书郎。卢度世为他的弟弟迎娶郑罴的妹妹，来作为对郑罴救命之恩的报答。

三月，乙酉，帝还宫。

己亥，魏主还平城，饮至告庙，以降民五万馀家分置近畿。

初，魏主过彭城，遣人语城中曰："食尽且去，须麦熟更来。"及期，江夏王义恭议欲苅麦翦苗，移民堡聚。镇军录事参军王孝孙曰："虏不能复来，既自可保；如其更至，此议亦不可立。百姓闭在内城，饥馑日久，方春之月，野采自资；一入堡聚，饿死立至，民知必死，何可制邪！虏若必来，苅麦无晚。"四坐默然，莫之敢对。长史张畅曰："孝孙之议，实有可寻。"镇军府典签董元嗣侍武陵王骏之侧，进曰："王录事议不可夺。"别驾王子夏曰："此论诚然。"畅敛板白骏曰："下官欲命孝孙弹子夏。"骏曰："王别驾有何事邪？"畅曰："苅麦移民，可谓大议，一方安危，事系于此。子夏亲为州端，曾无同异；及闻元嗣之言，则欢笑酬答。阿意左右，何以事君！"子夏、元嗣皆大惭，义恭之议遂寝。

【译文】三月，乙酉日（初一），宋文帝刘义隆回宫。

己亥日（十五日），魏主拓跋焘回到平城，在宗庙祭告后，把五万多家投降的人民分别安置在接近平城一带的地方。

起初，魏主经过彭城的时候，派侍从对城里的百姓说："我们因为军中的粮食已经吃完，所以暂时离去，等到麦子成熟的时候我们就会再来！"等到了三月，江夏王刘义恭想要迁移人民，把他们聚集在土堡中来收割荞麦。镇军录事参军王孝孙知道刘义恭的想法后便对他说："如果敌人不再前来进犯，我们在彭城就可以自保，没有到土堡的必要；如果敌人又前来进犯，这办法也是行不通的。因为当人民被关在城内的时候，如果饥饿，他们就可以在春日自行到野外采集食物来充饥；而他们一旦进入土堡，马上就会被饿死。在他们知道一定会死的情况下，我们就会控制不了他们的行为。敌人如果会来，我们再割麦也不迟！"四边坐着的人都静默着，没有人敢对答。稍后，长史张畅说："我们实在可以考虑孝孙的意见！"侍候在武陵王刘骏旁边的镇军府典签董元嗣也上前说："王录事的意见不能改变！"别驾王子夏紧接着说："王录事的说法是对的！"这时，张畅收起手，激动地指向刘骏，对他说："下官要命令孝孙弹劾子夏！"刘骏问道："王别驾是因为什么事呢？"张畅回答说："割麦移民，可以说是一个大问题。一个地方的安危，全部取决于这件事。而子夏作为一州的幕僚长，本应统领全州，但他却没有提出任何有决策性的意见，等到元嗣出口后，就承欢应答来顺着旁人的心意，这样的人怎么能侍奉君主，为主分忧呢？"子夏、元嗣听到张畅的话后都很惭愧，刘义恭的意见也就因此没被采纳。

初，鲁宗之奔魏，其子轨为魏荆州刺史、襄阳公，镇长社。常思南归，以昔杀刘康祖及徐湛之之父，故不敢来。轨卒，子爽袭父官爵。爽少有武干，与弟秀皆有宠于魏主，秀为中书郎。既而兄弟各有罪，魏主诘责之。爽、秀惧诛，从魏主自瓜步还，至湖陆，请曰："奴与南有仇，每兵来，常恐祸及坟墓。乞共迎丧还葬平城。"魏主许之。爽至长社，杀魏戍兵数百人，帅部曲及愿从者千馀家奔汝南。夏，四月，爽遣秀诣寿阳，奉书于南平王铄以请降。上闻之，大喜，以爽为司州刺史，镇义阳；秀为颍川太守，馀弟侄并授官爵，赏赐甚厚。魏人毁其坟墓。徐湛之以为庙算远图，特所奖纳，不敢苟申私怨，乞屏居田里；不许。

【译文】起初，鲁宗之投奔魏国时，他的儿子鲁轨担任魏荆州刺史和襄阳公，镇守长社。鲁轨经常想要回到南方，但因为自己曾经杀死刘康祖和徐湛之二人的父亲，所以不敢回来。鲁轨死后，他的儿子鲁爽沿袭了父亲的官爵，步入仕途。鲁爽年少时就精通武艺，武术超群，因此他与弟弟鲁秀都被魏主拓跋焘所宠爱。但不久，兄弟就都犯下了罪，魏主拓跋焘对他们进行责备。因此两人都怕被魏主所杀，于是在跟随魏主从瓜步山返回魏国，路经湖陆的途中，向魏主请求说："奴才与南方有仇，每次兵来的时候，都害怕祖坟受到伤害，这次请让我们回到长社把祖先的遗骨送回平城安葬。"魏主拓跋焘听后便答应了。鲁爽、鲁秀到达长社以后，杀掉魏国数百守兵，然后率部曲和志愿随从的一千多家投奔到汝南。夏季，四月，鲁爽派鲁秀到寿阳向南平王奉上书信表示投降。宋文帝刘义隆知道后，非常高兴，任命鲁爽为司州刺史，镇守义阳；任命鲁秀为颍川太守，其余兄弟侄儿都授予官爵，赏赐十分丰厚。魏人因此毁坏他们的祖坟。徐湛之认为朝廷的谋划远大，是特意奖励接纳鲁氏兄弟，不敢申述私人恩怨，因此请求退职隐居农村，宋文帝刘义隆没有同意。

青州民司马顺则自称晋室近属，聚众号齐王。梁邹戍主崔勋之诣州，五月，乙酉，顺则乘虚袭据梁邹城。又有沙门自称司马百年，亦聚众号安定王以应之。

壬寅，魏大赦。

己巳，以江夏王义恭领南兖州刺史，徙镇盱眙，增督十二州诸军事。

戊申，以尚书左仆射何尚之为尚书令，太子詹事徐湛之为仆射、护军将军。尚之以湛之国戚，任遇隆重，每事推之。诏湛之与尚之并受辞诉。尚之虽为令，而朝事悉归湛之。

【译文】 青州百姓司马顺则自称是晋朝皇室的近亲,聚众自号齐王。梁邹城的军队长官崔勋之前往州治所,五月,初二,司马顺则乘虚偷袭梁邹城。又有和尚自称司马百年,也聚众号称安定王,响应司马顺则。

壬寅日(十九),魏国宣布大赦。

己巳日,宋文帝刘义隆任命江夏王刘义恭兼领南兖州刺史,迁徙镇守盱眙,增加都督十二州诸军事。

戊申日(二十五),宋文帝刘义隆任命尚书左仆射何尚之为尚书令,太子詹事徐湛之为仆射、护军将军。何尚之认为徐湛之是皇亲国戚(文帝的外甥),有重要的关系,于是把每一件政事都推脱给他负责。宋文帝刘义隆诏令徐湛之和何尚之同时接受申诉。因此何尚之虽然为尚书令,但朝廷政事全部由徐湛之负责。

六月,壬戌,魏改元正平。

魏主命太子少傅游雅、中书侍郎胡方回等更定律令,多所增损,凡三百九十一条。

魏太子晃监国,颇信任左右,又营园田,收其利。高允谏曰:"天地无私,故能覆载,王者无私,故能容养。今殿下国之储贰,万方所则,而营立私田,畜养鸡犬,乃至酤贩市廛,与民争利;谤声流布,不可追掩。夫天下者,殿下之天下,富有四海,何求而无,乃与贩夫贩妇竞此尺寸之利乎!昔虢之将亡,神赐之土田,汉灵帝私立府藏,皆有颠覆之祸;前鉴若此,甚可畏也。武王爱周、邵、齐、毕,所以王天下;殷纣爱飞廉、恶来,所以丧其国。今东宫俊义不少,顷来侍御左右者,恐非在朝之选。愿殿下斥去佞邪,亲近忠良,所在田园,分给贫下,贩卖之物,以时收散;如此，则休声日至，谤议可除矣。"不听。

【译文】六月，壬戌日（初九），魏国改年号为正平。

魏主拓跋焘命令太子少傅游雅、中书侍郎胡方回等重新订正法令，其中共有三百九十一条增加删减。

魏太子拓跋晃代理国政时，非常相信左右的人。他又经营田园事业，从中获取利润。忠臣高允向他劝谏道："天地没有私心，所以能覆载万物。帝王没有私心，所以能容纳百姓。现在殿下作为国家的储君，应该是天下的模范，做天下人的表率。而殿下却从事经营私田、饲养鸡狗的勾当，甚至到了去市场贩卖粮食和鸡狗，与人民争夺利益的地步。因此现在国内到处是批评殿下的声音。众所周知，天下是殿下的天下，因此殿下富有四海。殿下想要的，哪一样东西没有呢？殿下却要与贩夫、贩妇来争夺尺寸的利益吗？从前虢国将要灭亡的时候，神赐给土田，而汉灵帝私自设立府藏，使汉覆亡，这实在是可怕的前车之鉴。从前武王喜爱周、邵、齐、毕等公，并能够重用他们，所以可以在天下称王；殷纣喜爱飞廉、恶来等人，所以使国家到了灭亡的地步。现在东宫中的人才不少，但是近来在殿下左右侍奉的人，恐怕都不是朝廷的上等人选，对殿下无益，希望殿下能够排斥奸邪之流，亲近忠良之辈；把所有的田园，分发给贫苦的下人；及时收拾贩卖的物品并发放给贫苦百姓。这样的话，殿下美好的声誉会与日俱增，而批评的人就会逐渐没有了。"太子晃一意孤行，不听高允的劝谏。

太子为政精察，而中常侍宗爱，性险暴，多不法，太子恶之。给事中仇尼道盛、侍郎任平城有宠于太子，颇用事，皆与爱不协。爱恐为道盛等所纠，遂构告其罪。魏主怒，斩道盛等于都街，东宫官属多坐死，帝怒甚。戊辰，太子以忧卒。壬申，葬金陵，谥曰景穆。帝徐知太子无罪，甚悔之。

【译文】拓跋晃为政精明，善于洞察时事。而中常侍宗爱性情凶狠残暴，做了很多不法之事，因此太子十分厌恶他。给事中仇尼道盛、侍郎任平城两人平时都得到太子的宠爱和信任，专断许多事，而与宗爱不和。宗爱恐怕被仇尼道盛等人弹劾，因此向魏主拓跋焘诬告仇尼道盛有罪。魏主拓跋焘知道后，非常生气，一怒之下，没有详查就在市头斩杀仇尼道盛等人，而东宫官员多因受到牵连被赐死。戊辰日（十五日），太子拓跋晃因为忧郁而死去。壬申日（十九日），魏国在金陵埋葬太子，太子谥号景穆。魏主拓跋焘后来慢慢才知道太子原来无罪，非常后悔。

秋，七月，丁亥，魏主如阴山。

青、冀二州刺史萧斌遣振武将军刘武之等击司马顺则、司马百年，皆斩之。癸亥，梁邹平。

萧斌、王玄谟皆坐退败免官。上问沈庆之曰："斌欲斩玄谟而卿止之，何也？"对曰："诸将奔退，莫不惧罪；自归而死，将至逃散，故止之。"

【译文】秋季，七月，丁亥日（初五），魏主拓跋焘到达阴山。

青、冀二州刺史萧斌派振武将军刘武之等攻击并斩杀司马顺则、司马百年二人。癸亥日（七月无此日），平定梁邹。

萧斌、王玄谟两人都因为对魏国退兵而被皇上免去职位。宋文帝刘义隆问沈庆之道："萧斌要处死玄谟，你却加以阻止，这是为什么呢？"沈庆之回答道："向后奔走的各位将领，其中没有不害怕获罪的；如果自动回来会被处以死刑，那么各将领

资治通鉴

将会逃跑散去，所以我就加以阻止，避免将领逃跑事件的发生。"

【乾隆御批】元谟退败，当问其致败之由，敌强，尽力不得已而败，虽不罪之可也。敌弱而已望风先逃，即应斩之，以狥于众。岂可以众人惧罪聊为调停，当时纪律尚可问耶？

【译文】王玄谟战败退却，应该询问他失败的缘由，如果敌人强大，尽力抵抗不得已而败，也可以不加罪于他。如果敌人弱小，自己听到风声就先行逃跑，那就应该把他斩首在市集上示众。怎么能用大家惧怕获罪来作为理由进行调停呢？当时的纪律还能问吗？

九月，癸巳，魏主还平城；冬，十月，庚申，复如阴山。

上遣使至魏，魏遣殿中将军郎法祐来修好。

己巳，魏上党靖王长孙道生卒。

十二月，丁丑，魏主封景穆太子之子濬为高阳王；既而以皇孙世嫡，不当为藩王，乃止。时濬生四年，聪达过人，魏主爱之，常置左右。徙秦王翰为东平王，燕王谭为临淮王，楚王建为广阳王，吴王余为南安王。

【译文】九月，癸巳日（十二日），魏主拓跋焘回到平城；冬，十月，庚申日（初九），魏主拓跋焘又来到阴山。

宋文帝刘义隆派使者到魏国，魏国也派殿中将军郎法祐到宋国来实现发展两国友好关系的目的。

己巳日（十八日），魏上党靖王长孙道生去世。

十二月，丁丑日（二十七日），魏主拓跋焘封景穆太子的儿子拓跋濬为高阳王；但不久，因为皇孙世嫡不适宜当藩王而不得不撤销对拓跋濬的封令。当时拓跋濬才四岁，就聪明过人，因此魏主拓跋焘很疼爱他，经常把他带在身边。魏主拓跋焘又把秦王拓跋翰迁任为东平王，燕王拓跋谭迁任为临淮王，楚王拓跋建迁任为广阳王，吴王拓跋余迁任为南安王。

帝使沈庆之徙彭城流民数千家于瓜步，征北参军程天祚徙江西流民数千家于姑孰。

帝以吏部郎王僧绰为侍中。僧绰，昙首之子也，幼有大成之度，众皆以国器许之。好学，有思理，练悉朝典。尚帝女东阳献公主。在吏部，谙悉人物，举拔咸得其分。及为侍中，年二十九，沉深有局度，不以才能高人。帝颇以后事为念，以其年少，欲大相付托，朝政小大，皆与参焉。帝之始亲政事也，委任王华、王昙首、殷景仁、谢弘微、刘湛，次则范晔、沈演之、庾炳之，最后江湛、徐湛之、何瑀之及僧绰，凡十二人。

康和入朝于魏，魏主厚礼之。

【译文】宋文帝刘义隆派沈庆之把彭城数千家难民迁移到瓜步，征北参军程天祚把江西数千家流民迁移到姑孰。

宋文帝刘义隆任命吏部郎王僧绰担任侍中的职位。王僧绰是王昙首的儿子，他年幼时器宇不凡，很有成大器的气度，大家都期许他以后成为治国安邦的人才。僧绰喜好学习，并且思想有条理，通晓朝廷典章制度，后来迎娶宋文帝刘义隆的女儿东阳献公主为妻。僧绰在吏部时，熟悉人事，对举拔人才的事情处理得都很得当。担任侍中时，王僧绰才二十九岁，可他为人处世沉着有肚量，从不炫耀自己的才能。宋文帝刘义隆很惦念自己的后事，因为王僧绰很年轻，就让他参与朝政大事，想让他为相。从宋文帝刘义隆执政开始，他先委任王华、王昙首、殷景仁、谢弘微、刘湛之辈，然后再委任范晔、沈演之、庾炳之之辈，最后委任江湛、徐湛之、何尚之和王僧绰之辈，前后辅佐皇帝政事的一共有十二个大臣。

唐和来到魏国朝拜魏主拓跋焘，魏主用隆重的礼节接待他以示友好。

元嘉二十九年（壬辰，公元四五二年）春，正月，魏所得宋民五千馀家在中山者谋叛，州军讨诛之。冀州刺史张掖王沮渠万年坐与叛者通谋，赐死。

【译文】元嘉二十九年（壬辰，公元452年）春季，正月，魏国五千多住在中山的宋虏及其家人计划发动叛乱，魏定州军加以攻打讨伐。冀州刺史张掖王沮渠万年因为牵涉与反叛人民相通的事情，被魏主拓跋焘赐死。

魏世祖追悼景穆太子不已，中常侍宗爱惧诛，二月，甲寅，弒帝，尚书左仆射兰延、侍中和疋、薛提等秘不发丧。延、疋以皇孙濬冲幼，欲立长君，徵秦王翰，置之秘室；提以濬嫡皇孙，不可废。议久不决。宗爱知之，自以得罪于景穆太子，而素恶秦王翰，善南安王余，乃密迎余自中宫便门入禁中，矫称赫连皇后令召延等。延等以爱素贱，不以为疑，皆随入。爱先使宦者三十人持兵伏于禁中，延等入，以次收缚，斩之；杀秦王翰于永巷而立余。大赦，改元承平，尊皇后为皇太后，以爱为大司马、大将军、太师、都督中外诸军事、领中秘书，封冯翊王。

【译文】魏世祖思念景穆太子，不能停止对他的哀悼，因此中常侍宗爱经常害怕自己诬告仇尼道盛的事情暴露，而被皇上所杀。于是，二月，甲寅日（初五），宗爱弒杀魏主拓跋焘。弒杀成功后，尚书左仆射兰延，侍中和疋、薛提等秘密商定不公布魏主拓跋焘的丧事。因为皇孙年龄太小，有人提议立年龄大的皇子作为君主，于是就征召秦王拓跋翰入宫，把他安置在一个秘密房间，一起进行立君的讨论。拓跋翰认为拓跋濬是嫡皇孙，不能被废黜。因此虽然商议很久，仍不能决定皇上的人选。宗爱知道这件事后，认为自己已经得罪了景穆太子，而自己又一向厌恶秦王翰，却与南安王拓跋余相互交好，于是就秘密迎接拓跋余，让他从中宫便门进入皇宫，并伪造赫连皇后的命令召集兰延等人入宫。兰延等人认为宗爱地位低下卑贱，就没有怀疑他的行为，都跟随他入宫。宗爱事先命令三十名宦官手持兵器埋伏在皇宫中，等到兰延等人入宫，一个个捆绑和斩杀他们，再在永王巷杀死秦王翰，最后立拓跋余为皇上。拓跋余登基后，大赦魏国境内，改年号为承平，尊奉皇后为皇太后，让宗爱担任大司马、大将军、太师、都督中外诸军事兼中秘书的职位，并封他为冯翊王。

【乾隆御批】宗爱罪不容诛，而拓拔余德其迎立之谋，忘讨贼之义，为大司马，是亦乱臣贼子而已。不旋踵而祸及，可见天谴昭然不爽。

【译文】宗爱罪大恶极，杀了也抵不了所犯的罪恶，但是拓跋余为报答他迎接并使自己立为帝的计谋，忘记了讨伐逆贼的道义，任命他为大司马，也是一个乱臣贼子而已。没过多久大祸临头，可见天道的惩罚明白无误。

庚午，立皇子休仁为建安王。

三月，辛卯，魏葬太武皇帝于金陵，庙号世祖。

上闻魏世祖殂，更谋北伐，鲁爽等复劝之。上访于群臣，太子中庶子何偃以为："淮、泗数州疮痍未复，不宜轻动。"上不从。偃，尚之之子也。

【译文】庚午日（二十一日），立皇子休仁为建安王。

三月，辛卯日（十三日），魏国在金陵下葬太武皇帝，庙号世祖。

宋文帝刘义隆获悉魏世祖去世的消息，更要谋求北伐大计，鲁爽等人又劝阻他。皇上询问其他大臣的意见，太子中庶子何偃说："淮水、泗水一带各州，战争的创伤还没有恢复过来，我们不应该轻举妄动，贸然北伐。"但宋文帝刘义隆不同意搁置北伐计划。何偃，是何尚之的儿子。

夏，五月，丙申，诏曰："虐虏穷凶，著于自昔；未劳资斧，已伏天诛。拯溺荡秽，今其会也。可符骠骑、司空二府，各部分所统，东西应接。归义建绩者，随劳酬奖。"于是，遣抚军将军萧思话督冀州刺史张永等向碻磝，鲁爽、鲁秀、程天祚将荆州甲士四万出许、洛，雍州刺史臧质帅所领趣潼关。永，茂度之子也。沈庆之固谏北伐；上以其异议，不使行。

【译文】夏季，五月，丙申日（十九日），宋文帝刘义隆颁布诏书说："敌人的残暴，超过古今；如果我们没有进行杀戮，就要遭到上天的谴责。如果我们想要拯救同胞，扫除涤荡污秽，现在正是一个好时机。分派骠骑将军义恭、司空义宣统率部属，使东西能够相互接应。只要投降或立下功劳的人，按照功劳大小来进行奖赏。"于是派抚军将军萧思话率冀州刺史张永等向碻磝攻去，鲁爽、鲁秀、程天祚率荆州四万带甲士兵从许昌、洛阳出来，雍州刺史臧质率部属径直奔向潼关。张永，是张茂度的儿子。宋文帝刘义隆因为沈庆之坚决反对北伐，就没让他出征。

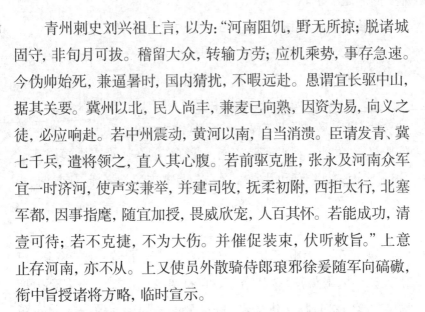

青州刺史刘兴祖上言，以为："河南阻饥，野无所掠；脱诸城固守，非旬月可拔。稽留大众，转输方劳；应机乘势，事存急速。今伪帅始死，兼逼暑时，国内猜扰，不暇远赴。愚谓宜长驱中山，据其关要。冀州以北，民人尚丰，兼麦已向熟，因资为易，向义之徒，必应响赴。若中州震动，黄河以南，自当消溃。臣请发青、冀七千兵，遣将领之，直入其心腹。若前驱克胜，张永及河南众军宜一时济河，使声实兼举，并建司牧，抚柔初附，西拒太行，北塞军都，因事指麾，随宜加授，畏威欣宠，人百其怀。若能成功，清壹可待；若不克捷，不为大伤。并催促装束，伏听敕旨。"上意止存河南，亦不从。上又使员外散骑侍郎琅邪徐爰随军向碻磝，衔中旨授诸将方略，临时宣示。

【译文】青州刺史刘兴祖向宋文帝刘义隆报告："河南人民因为在田野中不能获得粮食，困苦饥饿；各城坚守，也不是用一个月的时间就可以攻破的。现在大众滞留，转运疲劳，所以我们要利用时机，用最快的速度来解决。如今魏主拓跋焘刚死，加上暑期就要到来，魏国国情纷扰杂乱，其力量一定不能到达边远地区。我认为应该长驱直入到中山来控制重要据点。冀州以北的人民还算得上富裕，而且麦子将要成熟，可以食用，这样我们就容易取用所需资源。投诚的人民，必然会起来响应我们。如果中州震动的话，黄河以南地区，自当分崩溃败。我请求派将领率七千青州、冀州的士兵，直接攻入敌人心腹之地。如果前锋取得胜利，张永和河南各军，就可以同时渡过黄河，达到宣传和实力并行的目的，建立地方组织，抚慰最初依附的人民，稳定民心，向西以太行山作为据点，向北以军都山作为要塞。因为人大都有害怕被威胁和喜欢被宠爱的心理，所以要按照形势来指挥军队行动，根据政况授予投奔者官职。如果成功，那么统一指日可待；如果失败，对我们也没有大的伤害。因此我请求即刻迅速装备衣束，伏身来听从皇上的指令。"而宋文帝刘义隆的意思是只要得到河南即可，因此最终也没答应这个建议。宋文帝刘义隆又派琅邪人员外散骑侍郎徐爰跟随军队向碻磝进发，这样徐爰就可以接受宋文帝刘义隆的命令来临时指示各将领的作战策略。

尚书令何尚之以老请致仕，退居方山。议者咸谓尚之不能固志。既而诏书敦谕数四，六月，戊申朔，尚之复起视事。御史中丞袁淑录自古隐士有迹无名者为《真隐传》以嗤之。

秋，七月，张永等至碻磝，引兵围之。

壬辰，徙汝阳王浑为武昌王，淮阳王彧为湘东王。

【译文】尚书令何尚之因为年老向宋文帝请求退休离朝，退隐后在方山居住。议论的人，都认为何尚之最终不能坚持他的原意。果真不久以后，宋文帝又前后四次征召他上朝。六月，戊申朔日（初一），尚之就在宋文帝征召后又出来担任职位。御史中丞袁淑把古来隐居而不知道名字的真正隐者编录为《真隐传》，来嘲笑何尚之。

秋季，七月，张永等到达碻磝，率兵包围了城池。

壬辰日（十六日），宋文帝刘义隆把汝阴王刘浑迁任为武昌王，淮阳王刘彧迁任为湘东王。

【乾隆御批】石隐岩栖，处士虚声之为耳。既为大臣，致仕后岂宜徇名高尚乎？然尚之既居山矣，旋复视事，则所谓矫诬热中，进退无据。宜袁淑讥之。

【译文】隐居山岩，是处士们在做官前虚张声势的行为罢了。既然做了大臣，退休后难道还应该追求高尚的名声吗？何尚之既然已经住进山里，不久又出来办公，则是所谓的假借名义进行诬罔且热衷仕进，进退都没有根据。被袁淑讥笑是应当的。

初，潘淑妃生始兴濬。元皇后性妒，以淑妃有宠于上，恚恨而殂，淑妃专总内政。由是太子劭深恶淑妃及濬。濬惧为将来之祸，乃曲意事劭，劭更与之善。

吴兴巫严道育，自言能辟谷服食，役使鬼物；因东阳公主婢王鹦鹉出入主家。道育谓主曰："神将有符赐主。"主夜卧，见流光若萤，飞入书笥，开视，得二青珠；由是主与劭、濬皆信惑之。劭、濬并多过失，数为上所诘责；使道育诉请，欲令过不上闻。道育曰："我已为上天陈请，必不泄露。"劭等敬事之，号曰："天师"。其后遂与道育、鹦鹉及东阳主奴陈天与、黄门陈庆国共为巫蛊，琢玉为上形像，埋于含章殿前；劭补天与为队主。

【译文】起初，潘淑妃生下始兴王刘濬后，得到皇帝的宠爱。元皇后生性善妒，因为淑妃被皇帝宠爱，自己忧愁怨恨而病死。元皇后死后，潘淑妃垄断后宫内政，专权跋扈，因此太子刘劭深恨潘淑妃和刘濬。刘濬害怕将来被刘劭祸害，而小心翼翼地奉承刘劭，刘劭才和刘濬和好如初。

吴兴有一个叫严道育的女巫，自称不用食用五谷，还有能够驱使鬼神的本领。她因为东阳公主的婢女王鹦鹉的关系，得以自由进出公主府邸。严道育对公主说："今晚神灵将有符要赐给公主。"晚上公主卧床时，看到像萤火虫的流光飞入竹书箱中，她吃惊地打开来看，果然看到两颗青色珠子，这样，公主和

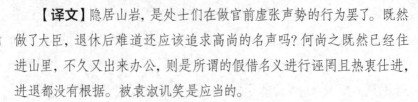

刘劭、刘濬都对她深信不疑。刘劭、刘濬经常犯下过错和失误，几次被皇上责骂，两人不愿再被皇上责备，于是就来找道育，要求不要让皇上知道他们的罪过。道育回答说："我已经向上天陈说请求，它一定不会把事情泄露。"此后，刘劭等人很敬重她，把她称为天师。后来刘劭、刘濬就与严道育、王鹦鹉，东阳公主的奴仆陈天与、黄门陈庆国共同制作巫蛊，把用玉雕刻的皇帝的模型埋藏在含章殿前；刘劭补升陈天与担任队主。

东阳主卒，鹦鹉应出嫁，劭、濬虑语泄，濬府佐吴兴沈怀远；素为濬所厚，以鹦鹉嫁之为妾。

上闻天与领队，以让劭曰："汝所用队主副，并是奴邪？"劭惧，以书告濬。濬复书曰："彼人若所为不已，正可促其馀命，或是大庆之渐耳。"劭、濬相与往来书疏，常谓上为"彼人"，或曰："其人"，谓江夏王义恭为"佞人"。

【译文】　东阳公主死后，王鹦鹉本来应当离开皇宫嫁与人家，刘劭、刘濬恐怕她泄露秘密，就想办法把鹦鹉留下，把她嫁给刘濬府上一向被刘濬亲近厚待的僚佐吴兴人沈怀远做妾室，希望她能保守秘密。

宋文帝听说陈天与担任队主，就责备刘劭说："你所用的队主、队副，都是奴仆吗？"刘劭无话可说，感到害怕，就写信告诉刘濬，刘濬回信说："那个人（皇上）如果再对你责备不止，我们就正好可以结束他的余命，这样我们就要有大庆祝（迎新君）呢！"刘劭和刘濬互相通信时，经常称皇上为"那个人"或"其人"，称江夏王义恭为"佞人"。

鹦鹉先与天与私通，既适怀远，恐事泄，白劭使密杀之。陈庆国惧，曰："巫蛊事，唯我与天与宣传往来。今天与死，我其危哉！"乃具以其事白上。上大惊，即遣收鹦鹉；封籍其家，得劭、濬书数百纸，皆咒诅巫蛊之言；又得所埋玉人，命有司穷治其事。道育亡命，捕之不获。

【译文】王鹦鹉先前曾与陈天与私通，后来再嫁给沈怀远，她怕前事泄露，就对陈庆国说，我要谋杀陈天与。陈庆国听后感到十分恐惧，说道："巫蛊的事，只有我和天与相互传达往来。现在天与被杀，那么我就危险了。"考虑再三，他就决定把事情的全部始末报告给宋文帝。宋文帝听后大吃一惊，当即派人逮捕关押王鹦鹉，并查封她的家，最后搜到刘劭和刘濬来往的几百张书信，上面写的都是咒诅巫蛊的事，又挖出埋藏的玉人。宋文帝刘义隆知道后，命令负责的官吏彻底追查这件事，听到消息的严道育逃亡，最终没有被官兵抓到。

先是，濬自扬州刺史出镇京口，及庐陵王绍以疾解扬州，意谓己必复得之。既而上用南谯王义宣，濬殊不乐，乃求镇江陵；上许之。濬入朝，遣还京口，为行留处分，至京口数日而巫蛊事发。上惋叹弥日，谓潘淑妃曰："太子图富贵，更是一理，虎头复如此，非复思虑所及。汝母子岂可一日无我邪！"遣中使切责劭、濬，劭、濬惶惧无辞，惟陈谢而已。上虽怒甚，犹未忍罪也。

【译文】先前，刘濬被从扬州刺史调任为京口镇守，后来庐陵王刘绍因为生病，被解除扬州刺史的职位，刘濬以为自己这次一定又会得到这个职位。但不久宋文帝刘义隆却任用了南谯王刘义宣，刘濬因此很不高兴，就要求出镇江陵，宋文帝刘义隆答应了他的要求。刘濬入朝后，又被宋文帝刘义隆派回京口，来处理行留的事务，没想到，只到京口数天，巫蛊之事就被揭发。

当宋文帝刘义隆知道刘濬参与巫蛊之事后，失望至极，整天叹息，一日对潘淑妃感慨道："太子意图谋取高贵，还有道理，虎头（刘濬的小字）却也这样，就不是按照常理所能想象到的，你们母子怎么可以一天没有我呢？"宋文帝之后派宫中使臣对刘劭、刘濬进行严厉的指责，刘劭、刘濬没有别的话可以对答，只是谢罪而已。宋文帝虽然很生气，但仍不忍心对两个皇子加以治罪。

【乾隆御批】履霜坚冰，《易经》早著炯戒。邵浚逆乱显著，更无疑义。乃始则置而弗问，继复机事不密。是直自酿篡弑耳，岂特坐昧先几，真是贻诮千古。

【译文】脚踏着霜露就知道结冰的严冬将要来临，这是《易经》上早就写了十分明显的警戒。刘劭和刘濬的叛逆行为这样明显，更是毫无疑问的。开始的时候却置之不理不问不闻，接着又因没有保密而泄露。这完全是自己酿成的篡权弑父案，不只是不了解事情的先兆，真正是留下千古笑柄。

诸军攻碻磝，治三攻道：张永等当东道，济南太守申坦等当西道，扬武司马崔训当〔南〕道。攻之累旬，不拔。八月，辛亥夜，魏人自地道潜出，烧崔训营及攻具；癸丑夜，又烧东围及攻具；寻复毁崔训攻道。张永夜撤围退军，不告诸将，士卒惊扰；魏人乘之，死伤涂地。萧思话自往，增兵力攻旬馀，不拔。是时，青、徐不稔，军食乏。丁卯，思话命诸军皆退屯历城，斩崔训，系张永、申坦于狱。

【译文】宋各路军马分成三路进攻碻磝：张永等在东路，济南太守申坦等在西路，扬武司马崔训在南路。进攻已经多旬，但仍没能攻破。八月,辛亥日(初五)夜晚,魏军悄悄从地道潜出,焚烧崔训的军营和攻城器具;癸丑日(初七)夜晚,魏军又焚烧东边的军营和攻城器具,并对崔训攻城的路径进行摧毁。张永感到无力抵抗魏军,兵败已成必然,就在夜晚撤军,却没告诉其他将领。宋国士兵看到魏军的行为后感到惊慌,溃乱成沙,魏军乘机攻击,使宋军死伤满地,尸横遍野。后来,萧思话亲自来支援,增加兵力猛攻,仍然没有攻破魏军的突围。当时,青州、徐州没有收成,粮食短缺,士兵没有食物可以充饥,所以非常饥饿疲惫。丁卯日(二十一日),萧思话派各军退下驻守历城,并处死崔训,囚禁张永、申坦。

鲁爽至长社,魏戍主秃(髡)〔发〕幡弃城走。臧质顿兵近郊,不以时发,独遣冠军司马柳元景帅后军行参军薛安都等向潼关,元景等进据洪关。梁州刺史刘秀之遣司马马汪与左军中兵参军萧道成将兵向长安。道成,承之子也。魏冠军将军封礼自洺津南渡,赴弘农。九月,司空高平公兒乌干屯潼关,平南将军黎公辽屯河内。

【译文】当鲁爽进军到长社时,魏长社城主秃髡幡丢弃城池逃离,鲁爽不战而胜。这时,臧质在襄阳近郊驻扎士兵,却没有及时发兵进行支援,只是派冠军司马柳元景率后军行参军薛安都等前去占领据守洪关。而梁州刺史刘秀之则派司马马汪和左军中兵参军萧道成率士兵向长安方向奔去支援。萧道成,是萧承之的儿子。魏冠军将军封礼从洺津南渡到弘农。九月,司空高平公兒乌干驻军防守潼关,而平南将军黎公辽驻军防守河内。

吐谷浑王慕利延卒,树洛干之子拾寅立,始居伏罗川;遣使来请命,〔亦请命〕于魏。丁亥,以拾寅为安西将军、西秦、河、沙三州刺史、河南王;魏以拾寅为镇西大将军、沙州刺史、西平王。

庚寅,鲁爽与魏豫州刺史拓跋仆兰战于大索,破之,进攻虎牢。闻碻磝败退,与柳元景皆引兵还。萧道成、马汪等闻魏救兵将至,还趣仇池。己丑,诏解萧思话徐州,更领冀州刺史,镇历城。

【译文】 吐谷浑王慕利延死后,便立树洛干的儿子拾寅为嗣,起初居住在伏罗山一带的他们,在派使者到宋国请求封赏的同时也向魏国请求封赏。丁亥日(十一日),宋国任命拾寅担任安西将军,西秦、河、沙三州刺史,河南王的职位;魏国也任命拾寅担任镇西大将军、沙州刺史、西平王的职位。

庚寅日(十四日),鲁爽和魏豫州刺史拓跋仆兰在大索的交战中,鲁爽击破魏军,径直进入虎牢。当鲁爽听到攻打碻磝的宋军败退的消息,就与柳元景都率士兵退回兵营。萧道成、马汪等听说魏军救兵将要赶到,也快速退到仇池。己丑日(十三日),宋文帝刘义隆下诏解除萧思话的徐州刺史职位,让他改任冀州刺史之职,镇守历城。

上以诸将屡出无功,不可专责张永等,赐思话诏曰:"虏既乘利,方向盛冬,若脱敢送死,兄弟父子自共当之耳。言及增愤!可以示张永、申坦。"又与江夏王义恭书曰:"早知诸将辈如此,恨不以白刃驱之。今者悔何所及!"义恭寻奏免思话官,从之。

魏南安隐王余自以违次而立,厚赐群下,欲以收众心;旬月之间,府藏虚竭。又好醋饮及声乐、畋猎,不恤政事。宗爱为宰相,录三省,总宿卫,坐召公卿,专恣日甚。余患之,谋夺其权;爱愤怒。冬,十月,丙午朔,余夜祭东庙,爱使小黄门贾周等就弑余，而秘之，唯羽林郎中代人刘尼知之。尼劝爱立皇孙濬，爱惊曰："君大痴人！皇孙若立，岂忘正平时事乎！"尼曰："若尔，今当立谁？"爱曰："待还宫，当择诸王贤者立之。"

【译文】 宋文帝刘义隆认为各将领屡次出兵都无功而返，铩羽而归，不能只由张永等人担负罪名和责任，他在给萧思话的诏书中说："敌人既然乘着我们战败的机会获取利益，现在又接近隆冬时节，如果他们此刻敢来送死，我兄弟父子就全要出来抵挡，没有退缩的道理。说到这里，我就愤恨不已！你们可以把诏书出示给张永、申坦看！"又在给江夏王刘义恭的书信中说："早知道各位将领是如此的不尽如人意，我恨不得当初用白刃来驱赶你们，现在后悔却也来不及了。"刘义恭不久奏请撤免萧思话的官职，宋文帝刘义隆答应了他的请求。

违反次序登上皇位的魏南安隐王拓跋余为了收买众心，给予下属非常厚重的赏赐。于是，十天一月之间，就耗费光了国家的财库，而他又喜爱饮酒、声乐、打猎，终日沉醉于声色犬马之中，对政事毫不关心。宗爱作为宰相，总领三省和宿卫，坐召公卿，位高权大，日益跋扈乖张。拓跋余很担忧他功高盖主，便计划夺取他的权力，来确保自己的权威不被侵犯。宗爱知道后感到很愤怒。冬季，十月，丙午朔日（初一），拓跋余夜晚在东庙时，宗爱派小黄门贾周等人就地刺杀他，并对这个消息进行封锁。只有羽林郎中代人刘尼知道这件事。这时，刘尼劝告宗爱立皇孙拓跋濬为君主，宗爱吃惊地说："你这个愚笨的人！如果立皇孙为主，岂不是忘了正平时的事吗？"刘尼说："这样的话，你现在要立谁呢？"宗爱说："等待还宫以后，我自当选择各王中的贤者来继承皇位！"

尼恐爱为变，密以状告殿中尚书源贺。贺时与尼俱典兵宿卫，乃与南部尚书陆丽谋曰："宗爱既立南安，还复杀之。今又不立皇孙，将不利于社稷。"遂与丽定谋，共立皇孙。丽，俟之子也。

戊申，贺与尚书长孙渴侯严兵守卫宫禁，使尼、丽迎皇孙于苑中。丽抱皇孙于马上，入平城，贺、渴侯开门纳之。尼驰还东庙，大呼口："宗爱弑南安王，大逆不道，皇孙已登大位，有诏，宿卫之士皆还宫！"众咸呼万岁。遂执宗爱、贾周等，勒兵而入，奉皇孙即皇帝位。登永安殿，大赦，改元兴安。杀爱、周，皆具五刑，夷三族。

【译文】 刘尼因为害怕宗爱变卦，经过考虑，就秘密写书状向殿中尚书源贺报告宗爱杀主的事情。源贺和刘尼都掌管宫中警卫事务，两人就和南部尚书陆丽商量，说："宗爱既然立南安王为君主，现在又把他杀掉。但又不立皇孙为君主，这将对国家没有好处。"于是两人和陆丽共同决定扶持拥立皇孙拓跋濬。陆丽，是陆俟的儿子。

戊申日（初三），源贺和尚书长孙渴侯派士兵严守宫廷内门禁，并派刘尼、陆丽到鹿苑迎接皇孙。陆丽骑马抱着皇孙进入平城，源贺、渴侯开门接纳他们。这时，刘尼骑马迅速奔驰到东庙，向庙内大叫道："宗爱弑杀南安王，是大逆不道的行为，皇孙已经登上皇帝之位，我有诏书，请卫士都回宫！"大家听后，都激动地高呼万岁，抓住宗爱、贾周等人，刘尼又引领士兵进入皇宫，尊奉皇孙拓跋濬登上皇帝之位。在拓跋濬登上永安殿后，就宣布大赦全国，改年号为兴安。而宗爱、贾周被杀，施加五刑，并诛灭三代宗族。

西阳五水群蛮反，自淮、汝至于江、沔，咸被其患。诏太尉中兵参军沈庆之督江、豫、荆、雍四州兵讨之。

魏以票骑大将军拓跋寿乐为太宰、都督中外诸军、录尚书事，长孙渴侯为尚书令，加仪同三司。十一月，寿乐、渴侯坐争权，并赐死。

癸未，魏广阳简王建、临淮宣王谭皆卒。

甲申，魏主母闾氏卒。

【译文】西阳、五水各少数民族反叛宋国，宋国从淮水、汝水到长江、沔水一带，全都受到被侵占的威胁。情况危急之下，宋文帝刘义隆下诏，命太尉中兵参军沈庆之指挥江、豫、荆、雍四州士兵作战，对敌军加以追讨攻击。

魏国任命骠骑大将军拓跋寿乐担任太宰、都督中外各军、录尚书事的职位，长孙渴侯担任尚书令，加仪同三司。十一月，拓跋寿乐、长孙渴侯因为争夺权力获罪，后来全被赐死。

癸未日（初八），魏广阳简王拓跋建和临淮宣王拓跋谭去世。

甲申日（初九），魏主拓跋濬的母亲闾氏去世。

魏南安王余之立也，以古弼为司徒，张黎为太尉。及高宗立，弼、黎议不合旨，黜为外都大官；坐有怨言，且家人告其为巫蛊，皆被诛。

壬寅，庐陵昭王绍卒。

魏追尊景穆太子为景穆皇帝，皇妣闾氏为恭皇后，尊乳母常氏为保太后。

陇西屠各王景文叛魏，署置王侯；魏统万镇将南阳王惠寿、外都大官于洛拔督四州之众讨平之，徙其党三千馀家于赵、魏。

【译文】魏南安王拓跋余被立时，让古弼担任司徒，张黎担任太尉。到了高宗被立时，古弼和张黎因为意见和魏主拓跋濬旨意不相符，被贬黜为外都大官；后来因为两人对降职之事颇有怨言而获得罪名，又因为有家人奏告他们参与巫蛊之事，最后两人都被处死。

壬寅日（二十七日），庐陵昭王刘绍去世。

魏国追尊景穆太子为景穆皇帝，皇帝的母亲闾氏为恭皇后，皇帝的乳母常氏为保太后。

陇西屠各王景文叛反魏国，设置王侯，魏统万守将南阳王惠寿、外都大官于洛拔指挥四州军队加以讨伐平定，战胜后把他们的三千多家族人迁移到旧时的赵国与魏国边境一带。

十二月，戊申，魏葬恭皇后于金陵。

魏世祖晚年，佛禁稍弛，民间往往有私习者。及高宗即位，群臣多请复之。乙卯，诏州郡县众居之所，各听建佛图一区；民欲为沙门者，听出家，大州五十人，小州四十人。于是向所毁佛图，率皆修复。魏主亲为沙门师贤等五人下发，以师贤为道人统。

【译文】十二月，戊申日（初四），魏国在金陵埋葬恭皇后。

魏世祖拓跋焘晚年，稍微放宽对佛教的禁令，而民间也经常有人私下学习佛教。到高宗即位时，大臣们请求恢复对佛教的开放政策。乙卯日（十一日），高宗拓跋濬颁布诏令，在州郡县三级人民聚居的地方，可以各建佛塔一座；如果有人想要做僧侣，任由出家，出家人数的名额定为大州五十人，小州四十人。诏令一经颁布，各地过去被摧毁的佛塔，大都被修复。为表对佛教的尊崇，魏主拓跋濬亲自为僧侣师贤等五人剃度头发，还把师贤任命为道人统。

丁巳，魏以乐陵王周忸为太尉，南部尚书陆丽为司徒，镇西将军杜元宝为司空。丽以迎立之功，受心膂之寄，朝臣无出其右者，赐爵平原王。丽辞曰："陛下，国之正统，当承基绪；效顺奉迎，臣子常职，不敢愊天之功以干大赏。"再三不受，魏主不许。丽曰："臣父奉事先朝，忠勤著效。今年逼桑榆，愿以臣爵授之。"帝曰："朕为天下主，岂不能使卿父子为二王邪！"戊午，进其父建业公侯爵为东平王。又命丽妻为妃，复其子孙。丽力辞不受，帝益嘉之。

【译文】 丁巳日（十三日），魏国任命乐陵王周忸为太尉，南部尚书陆丽为司徒，镇西将军杜元宝为司空。陆丽因为有迎立魏主拓跋濬的功劳，受到魏主拓跋濬交心对待，是魏主拓跋濬的心腹之臣，朝廷大臣们的地位没有在他之上的。后来，魏主拓跋濬赐给他平原王的爵位，陆丽辞谢说："陛下是国家的真正继承者，本来就应该继承王位，这是顺理成章的事。而我作为臣子依照顺序奉迎陛下，是我本来的责任，因此不敢贪图天大的功劳，来求取大赏。"说完后，再三拒绝魏主的赏赐。但魏主拓跋濬不答应，坚持行赏。陆丽于是说："臣子的父亲侍奉先朝，忠诚勤劳。现在已将近晚年，希望把赏赐给臣子的爵位让给臣子的父亲。"魏主拓跋濬说："我身为天下的主人，难道不能让你父子两人都晋爵王位吗？"戊午日（十四日），魏主晋升陆丽的父亲建业公陆侯的爵位为东平王，又下旨把陆丽的妻子位列妃位，对他的子孙免除徭役，陆丽更是极力拒绝，魏主拓跋濬更是称赞嘉奖他。

以东安公刘尼为尚书仆射，西平公源贺为征北将军，并进爵为王。帝班赐群臣，谓源贺曰："卿任意取之。"贺辞曰："南北未宾，府库不可虚也。"固与之，乃取戎马一匹。

高宗之立也，高允预其谋，陆丽等皆受重赏，而不及允，允终身不言。

甲子，周忸坐事赐死。时魏法深峻，源贺奏："谋反之家，男子十三以下本不预谋者，宜免死没官。"从之。

【译文】魏主拓跋濬任命东安公刘尼为尚书仆射，西平公源贺为征北将军，并把他们晋爵为王位。然后依次赏赐朝堂群臣，并对源贺说："你从国库中任意挑选吧！"源贺推辞说："如今南北敌人尚未平定，钱粮紧需，国家的府库不可以空虚。"但魏主拓跋濬不答应，一定要他拿，于是他就挑取了一匹战马作为赏赐。

当高宗拓跋濬登上皇位时，高允也曾参与计谋，陆丽都得到厚重的赏赐，但赏赐并没有轮到高允，以至于高允终身都不高兴。

甲子日（二十日），周忸因事获罪，被赐死。当时魏国法律残忍冷酷，源贺上奏说："如果一个家庭谋反，十三岁以下且没有参与的男子，应该免去死罪，可以把他没入官奴的户籍。"文成帝拓跋濬依从了他的话，周忸最终免于死罪。

【乾隆御批】王者不可私人，以官禄叙酬功，非礼也。陆丽、源贺辞让一再，可谓能见其大，足愧当时之怀私希宠利者。

【译文】做皇帝的不可以为个人原因，用官职酬谢功劳，这是不合礼义的做法。陆丽、源贺一再辞让，可以说是深明大义，足以使当时那些怀有私心希求得到宠信和利益的人感到惭愧。

江夏王义恭还朝。辛未，以义恭为大将军、南徐州刺史，录尚书如故。

初，魏入中原，用《景初历》，世祖克沮渠氏，得赵𣌾《玄始历》，时人以为密，是岁，始行之。

【译文】 辛未日（二十七日），江夏王刘义恭回到朝廷。宋文帝刘义隆任命刘义恭为大将军、南徐州刺史，仍然担任录尚书。

起初，魏人效仿中原，使用《景初历》。后来，魏世祖拓跋焘攻克沮渠氏得到《玄始历》，而它当时被秘密地收藏起来，没有被使用，直到这一年，《玄始历》才开始实施。

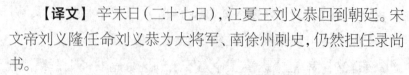

资治通鉴卷第一百二十七　宋纪九

昭阳大荒落，一年。

【译文】起止癸巳（公元453年），共一年。

【题解】本卷记录了宋文帝元嘉三十年一年间的刘宋与北魏等国的大事：宋主刘义隆得知太子刘劭与刘濬等二子仍在继续他们的罪恶活动，遂与信臣密谋废太子、杀刘浚，但迟迟未决定，刘劭得知后发动政变，杀了文帝刘义隆与其近臣，草草组成朝廷班底；沈庆之等佐助武陵王刘骏在西阳誓师，讨伐刘劭，南谯王刘义宣等举兵响应；沈正、顾琛等亦勤刘诞在浙东举义；刘骏率军东下，刘劭退守台城，消极待毙，台城一方官僚皆投向刘骏，刘骏即皇帝位；竟陵王刘诞所率的东方军在曲阿的务牛塘破台城军；台城被攻破，刘劭、刘濬及党羽被杀示众；刘骏大改元嘉制度，肆意封赏，宋国开始衰弱；周朗、谢庄等给刘骏上书，均不被采纳；萧简因兄被杀发动叛乱，被沈法系平定；刘骏从起兵便卧病，政务均由颜竣代理；功臣臧质与刘骏的矛盾日益激化，为日后的冲突埋下伏笔。

太祖文皇帝下之下

元嘉三十年（癸巳，公元四五三年）春，正月，戊寅，以南谯王义宣为司徒、扬州刺史。

萧道成等帅氐、羌攻魏武都，魏高平镇将苟莫于将突骑两千救之。道成等引还南郑。

壬午，以征北将军始兴王濬为荆州刺史。帝怒未解，故濬久留京口；既除荆州，乃听入朝。

戊子，诏江州刺史武陵王骏统诸军讨西阳蛮，军于五洲。

【译文】元嘉三十年（癸巳，公元453年）春季，正月，戊寅日（初四），宋文帝刘义隆任命南谯王刘义宣为司徒、扬州刺史。

萧道成等率氐人、羌人进攻魏国武都，武都危急。魏国高平守将苟莫于便率两千骑兵前来支援武都；萧道成等得到消息后，率兵回到南郑。

壬午日（初八），任命征北将军始兴王刘濬为荆州刺史。因为宋文帝刘义隆的愤怒还没有消除，所以刘濬长久停留在京口。现在已经新任荆州刺史，于是就听从宋文帝刘义隆的命令回到朝廷。

戊子日（十四日），宋文帝刘义隆下令在五洲驻扎军队的江州刺史武陵王刘骏统率各路军队进攻西阳蛮。

严道育之亡命也，上分遣使者搜捕甚急。道育变服为尼，匿于东宫，又随始兴王濬至京口，或出止民张旿家。濬入朝，复载还东宫，欲与俱往江陵。丁巳，上临轩，濬入受拜。是日，有告道育在张旿家者，上遣掩捕，得其二婢，云道育随征北还都。上谓濬与太子劭已斥遣道育，而闻其犹与往来，惆怅惋骇，乃命京口送二婢，须至检覆，乃治劭、濬之罪。

【译文】在严道育逃亡以后，宋文帝刘义隆分派使者展开紧急的搜捕行动。开始时，严道育换上尼姑的装扮，被藏匿在东宫，之后她又跟随始兴王刘濬到达京口，一度住在平民张旿家中。刘濬入朝时，又把她带回东宫，两人一起到达江陵。二月，丁巳日（十四日），宋文帝刘义隆走到殿前与刘濬辞别，而刘濬前去接受命令。就在这一天，有人向宋文帝刘义隆报告说严道育在张旿家，宋文帝就下令派人逮捕张旿，捉到他的两个婢女，她们说严道育已经跟随征北将军回到京师。宋文帝刘义隆本以为刘濬和太子刘劭已经排斥严道育，当听到这两人还跟她有往来，心中溢满失望的情绪，他甚至感到惊奇以至于不能相信，于是就命令京口官吏送回两个婢女，等送到以后再进行审问，然后再治办刘劭和刘濬的罪。

潘淑妃抱濬泣曰："汝前祝诅事发，犹冀能刻意思愆；何意更藏严道育！上怒甚，我叩头乞恩不能解，今何用生为！可送药来，当先自取尽，不忍见汝祸败也。"濬奋衣起曰："天下事寻自当判，愿小宽虑，必不上累！"

己未，魏京兆王杜元宝坐谋反诛；建宁王崇及其子济南王丽皆为元宝所引，赐死。

【译文】潘淑妃听说后，抱着刘濬哭泣着说："你以前的咒诅之事被揭发后，我还希望你能小心反省，可你为什么还要窝藏严道育？皇上很生气，我即使叩头求恩，也不能排解他的愤怒之情。我现在活着有什么用呢？你可以送毒药过来，我应当先行自尽，因为我不忍心看到你的灾祸。"刘濬抖着衣服站起来对潘淑妃说："天下事都要靠自己解决，希望母亲放心，一定不会连累您。"

己未日（十六日），魏国京兆王杜元宝因为图谋造反被杀；建宁王拓跋崇和他的儿子济南王拓跋丽都被元宝所牵连，两人也都被赐死。

帝欲废太子劭，赐始兴王濬死，先与侍中王僧绰谋之；使僧绰寻汉魏以来废太子、诸王典故，送尚书仆射徐湛之及吏部尚书江湛。

【译文】 宋文帝刘义隆想要废黜太子刘劭，赐给始兴王刘濬死罪。在下令前，他先和侍中王僧绰商量，要求王僧绰先寻找汉魏以来废太子和废王的典故，再把典故送给尚书仆射徐湛之和吏部尚书江湛。

武陵王骏素无宠，故屡出外藩，不得留建康；南平王铄、建平王宏皆为帝所爱。铄妃，江湛之妹；随王诞妃，徐湛之之女也。湛劝帝立铄，湛之意欲立诞。僧绰曰："建立之事，仰由圣怀。臣谓唯宜速断，不可稽缓。'当断不断，反受其乱。'愿以义割恩，略小不忍；不尔，便应坦怀如初，无烦疑论。事机虽密，易致宣广，不可使难生虎表，取笑千载。"帝曰："卿可谓能断大事。然此事至重，不可不愍懃三思。且彭城始亡。人将谓我无复慈爱之道。"僧绰曰："臣恐千载之后，言陛下唯能裁弟，不能裁儿。"帝默然。江湛同侍坐，出阁，谓僧绰曰："卿向言将不太伤切直！"僧绰曰："弟亦恨君不直！"

【译文】 武陵王刘骏因为一向不被皇帝喜欢，所以经常被派到地方上去，不能留在建康。而南平王刘铄、建平王刘宏都为皇帝所喜爱，能够长留在建康。铄妃，是江湛的妹妹；随王诞妃，是徐湛之的女儿。因此江湛劝告皇帝立铄，徐湛之的意思则是立诞。王僧绰则说："设立太子的事，完全是由皇上决定，我们臣子不能越俎代庖。臣认为只能快速地决定这件事，不可长时间拖延。古人说：'当断不断，反受其乱。'因此我希望用大义来割除恩情，排除狭隘的不忍之心。不这样的话，便应该坦诚

资治通鉴

相处，真诚相待，不要彼此怀疑。事情虽然机密，但是仍容易被广泛宣扬，我们不可以让祸难发生在思虑范围之外，否则就会被后世所取笑。"宋文帝刘义隆说："你说的可是能断大事！但这事情太重要，我不可以不谨慎三思，而且彭城才死，如果又马上废黜太子，人民将说我完全没有慈爱之心，醉心于杀戮，我将会失去民心。"王僧绰回答说："臣是恐怕千年之后的人，会说陛下只能解决弟弟的事，不能解决儿子的事。"宋文帝刘义隆听后只是沉默并不作答，朝堂顿时一片寂静。江湛当时侍坐在旁，当他走出阁门时，对王僧绰："你刚才所说的话难道不损害你的正直吗？"王僧绰说："我也遗憾你的不正直。"

铄自寿阳入朝，既至，失旨。帝欲立宏，嫌其非次，是以议久不决。每夜与湛之屏人语，或连日累夕。常使湛之自秉烛，绕壁检行，虑有窃听者。帝以其谋告潘淑妃，淑妃以告濬，濬驰报劭。劭乃密与腹心队主陈叔儿、斋帅张超之等谋为逆。

【译文】 这时，刘铄从寿阳回到朝廷，到达后，却又没有得到宋文帝刘义隆的命令。因为宋文帝又想下令设立刘宏为太子，可是又嫌弃他次序不对。就这样，宋文帝久久不能做出决定。为了尽早议定太子人选，他每天晚上都和徐湛之秘密商议谈论，有时甚至花费整日整夜的时间。宋文帝因为害怕有人窥听，经常叫徐湛之亲自拿着蜡烛，环绕着墙壁检查。在宋文帝把重立太子的计划告诉潘淑妃后，潘淑妃又转而告诉了刘濬，刘濬听完母亲的话后，立即骑马奔驰到刘劭的住宅向刘劭报告情况。刘劭知晓后，就秘密地和心腹队主陈叔儿、斋帅张超之等计划发动叛变。

初，帝以宗室强盛，虑有内难，特加东宫兵，使与羽林相若，至有实甲万人。劭性黠而刚猛，帝深倚之。及将作乱，每夜飨将士，或亲自行酒。王僧绰密以启闻，会严道育婢将至，癸亥夜，劭诈为帝诏云："鲁秀谋反，汝可平明守阙，帅众入。"因使张超之等集素所畜养兵士两千馀人，皆被甲；召内外幢队主副，豫加部勒，云有所讨。夜，呼前中庶子右军长史萧斌、左卫率袁淑、中舍人殷仲素、左积弩将军王正见并入宫。劭流涕谓曰："主上信谗，将见罪废。内省无过，不能受枉。明旦当行大事，望相与戮力。"因起，遍拜之。众惊愕，莫能对。久之，淑、斌皆曰："自古无此，愿加善思。"劭怒，变色。斌惧，与众俱曰："当竭身奉命。"淑叱之曰："卿便谓殿下真有是邪？殿下幼尝患风，或是疾动耳。"劭愈怒，因昒淑曰："事当克不？"淑曰："居不疑之地，何患不克！但〔恐〕既克之后，不为天地所容，大祸亦旋至耳。假有此谋，犹将可息。"左右引淑出，曰："此何事，而云可罢乎！"淑还省，绕床行，至四更乃寝。

【译文】 起初，宋文帝认为宗室（他的弟弟）势力强大，害怕将来宫中出现内乱，于是特别增加东宫的兵力，使其兵力达到与羽林军相同的程度，以致东宫有了一万甲兵。刘劭敏锐而刚猛，宋文帝一向对他有深深的依赖。等到准备作乱的时候，刘劭每天晚上都宴请他东宫的将士，有时亲自给他们敬酒。王僧绰把这件事秘密向宋文帝刘义隆报告时，正好严道育的婢女即将押到。癸亥日（二十日）晚上，刘劭伪造宋文帝刘义隆的诏书说道："鲁秀造反，你们（东宫军）在拂晓时守住皇宫，再率众人进宫。"又派张超之等集合私自存蓄的都穿盔甲的两千多兵士；并命令内外禁卫队主队副管束整顿他们的部队，说是要有所征讨。晚上，召集前中庶子右军长史萧斌、左卫率袁淑、中舍人殷仲素、左积弩将军王正见，都进入皇宫。刘劭流着泪对他们说："因为皇上听信谗言，我将被废黜。可我反省自己，并没有过失与错误，因此我不能蒙受不白的冤枉，明天清晨我将会发动大事，希望你们能尽力帮助我。"于是起来一一向他们下拜。大家感到惊慌，都不敢说话。过了一段时间，袁淑、萧斌都说："自古以来就没有这样的事，希望太子能够好好考虑！"刘劭的脸顿时变了颜色，表现出愤怒的情绪。萧斌感到害怕，就与大家都说道："臣等自当会尽力遵奉命令！"袁淑骂他们说："你们真的以为殿下是要叛乱吗？殿下年幼时曾经患过疯病，或者现在是疯病又发作了。"刘劭听后更加生气，用眼睛瞄了袁淑一下说："你认为这件事情能够取胜吗？"袁淑说："如果处在没有人疑惑提防的地方，不用害怕取胜不了。只是害怕取胜了之后，不被天地所容纳许可，那么大的灾祸也就要到来，假使说能想到这里，还可以尽早停止不干！"左右的人把袁淑拉出来，说："这是何等的大事，怎么可以说罢休不干呢？"后来，袁淑回到左卫率省，在房间里开始一直绕着床徘徊走动，到四更才到床上睡下。

　　甲子，宫门未开，劭以朱衣加戎服上，乘画轮车，与萧斌同载，卫从如常入朝之仪。呼袁淑甚急，淑眠不起，劭停车奉化门催之相续。淑徐起，至车后；劭使登车，又辞不上，劭命左右杀之。守门开，从万春门入。旧制，东宫队不得入城。劭以伪诏示门卫曰："受敕，有所收讨。"令后队速来。张超之等数十人驰入云龙门及斋阁，拔刀径上合殿。帝其夜与徐湛之屏人语至旦，烛犹未灭，门阶户席直卫兵尚寝未起。帝见超之入，举几捍之，五指皆落，遂弑之。湛之惊起，趣北户，未及开，兵人杀之。劭进至合殿中閤，闻帝已殂，出坐东堂，萧斌执刀侍直，呼中书舍人顾觊，觊震惧，不时出，既至，问曰："欲共见废，何不早启？"觊未及答，即于前斩之。江湛直上省，闻喧噪声，叹曰："不用王僧绰言，以至于此！"乃匿傍小屋中，劭遣兵就杀之。宿卫旧将罗训、徐罕皆望风屈附。左细仗主、广威将军吴兴卜天与不暇被甲，执刀持弓，疾呼左右出战。徐罕曰："殿下入，汝欲何为！"天与骂曰："殿下常来，云何于今乃作此语！只汝是贼！"手射劭于东堂，几中之。劭党击之，断臂而死。队将张泓之、朱道钦、陈满与天与俱战死。左卫将军尹弘惶怖通启，求受处分。劭使人从东阁入，杀潘淑妃及太祖亲信左右数十人，急召始兴王濬使帅众屯中堂。

【译文】 甲子日（二十一日），皇宫的门还没有打开，刘劭把红衣穿在战服上，与萧斌同乘着画轮车朝皇宫驶去。而他的卫士随从如同平常入宫的礼仪。刘劭紧急呼叫袁淑，袁淑正在睡觉没有起床，于是刘劭在奉化门停车，一再催促袁淑。袁淑慢慢地起床，当他到了车子前，刘劭要他上车，袁淑却拒绝，刘劭就气急败坏地命令左右士兵把他杀死。等宫门开后，刘劭便从万春门入宫。东宫卫队不能进宫城是原有的规定，刘劭把伪造的诏书递给守门的卫士说："我接受皇帝的命令，将进宫有所讨伐。"并且命令后面的军队快速赶来。张超之等数十人骑马奔驰进入云龙门和斋阁，拔出刀直接冲上合殿，殿内烛光还没有熄灭，门、阶、户、席间的当值卫兵还在睡觉。宋文帝看见张超之拿刀进来，就用手举起小几抵挡，五个手指都被刀削断，最后被杀死。徐湛之被声音惊起，慌张跑向北门，这时北门还没有开，因此没有逃走，最终被遇到的士兵所杀。刘劭进到合殿中阁，听到宋文帝已死的消息，就出坐东堂。萧斌拿刀随侍跟从，他呼叫中书舍人顾觊，顾觊害怕，犹豫不决，等来到以后，就问他："既然要共同废我，为什么不早说？"顾觊还没有回答，就在前面被

资治通鉴

206

斩杀。此时，江湛正在上省当值，听到喧闹声后，叹息说："就是因为皇帝不听王僧绰的话，才会有这样的结果！"他躲到旁边的小屋中，刘劭派士兵把他杀死。宿卫旧将罗训、徐罕都望风使舵，选择归附刘劭。左细仗主、广威将军吴兴人卜天与，在慌乱之际都来不及穿盔甲，便执刀拿弓，快速叫左右士兵准备抗战。徐罕说："殿下入宫的时候，你有什么作为？"卜天与骂道："殿下经常来，为何现在说这种话，你与贼有什么区别！"一会儿后，他用箭几乎射中在东堂的刘劭。刘劭的兵众发现后，就对他进行攻击，最后卜天与断了手臂而死。队将张泓之、朱道钦、陈满都同时和卜天与战死。左卫将军尹弘惶恐通报，请求处分。刘劭又派士兵从东阁门进，杀掉潘淑妃和太祖数十亲信与左右侍从，并且紧急召令始兴王刘濬，让他率众军驻扎中堂。

【申涵煜评】淑既闻劭之逆谋，何不夜叩宫门上变？乃还寝省中。及辞，不登车。究亦见害，应是祸来神昧，故不得与卜，天与辈同其义烈。

【译文】袁淑听闻刘劭反叛，为什么不在夜里叩打皇宫的大门上报？居然还回省里面就寝。等到辞掉刘邵的任用，没有登上朝廷派来的公车。终究袁淑也被杀害，应该是灾祸降临神灵也蒙昧了，因此不能让他预先知道，上天和这样的人一同彰显大义。

濬时在西州，府舍人朱法瑜奔告濬曰："台内喧噪，宫门皆闭，道上传太子反，未测祸变所至。"濬阳惊曰："今当奈何？"法瑜劝入据石头。濬未得劭信，不知事之济不，骚扰不知所为。将军王庆曰："今宫内有变，未知主上安危，凡在臣子，当投袂赴难；凭城自守，非臣节也。"濬不听，乃从南门出，径向石头，文武从者千馀人。时南平王铄戍石头，兵士亦千馀人。俄而劭遣张超之驰马召濬，濬屏人问状，即戎服乘马而去。朱法瑜固止濬，濬不从；出中门，王庆又谏曰："太子反逆，天下怨愤。明公但当坚闭城门，坐食积粟，不过三日，凶党自离。公情事如此，今岂宜去！"濬曰："皇太子令，敢有复言者斩！"既入，见劭，劭谓濬曰："潘淑妃遂为乱兵所害。"濬曰："此是下情由来所愿。"

【译文】刘濬当时在西州，不知情的府舍人朱法瑜奔过来告诉他说："台城内喧闹聒噪，宫门都被关闭，道路上传说是太子造反的缘故，我不知道祸变的真相。"刘濬假装惊讶地问道："那现在应该怎么办呢？"朱法瑜劝告他占据石头城。此时刘濬还没有得到刘劭的消息，不知道政变是否成功，心中激动之情满溢，到了不知所措的地步。将军王庆说："现在宫中正发生动乱，我们不知道皇上的安危，凡是做臣子的，都应该投袂赴难，只是自己守卫城池，不是作为臣子应有的节操！"刘濬不听，就从南门出来，径直向石头奔去，有一千多文武随从跟随。当时南平王刘铄率一千多士兵驻守石头城。不久刘劭派张超之的骑兵召见刘濬，刘濬屏退了左右侍从，询问反叛的状况，听到叛变成功的消息，刘濬当即穿着战服乘马离去。朱法瑜一再阻止刘濬，刘濬不听；从中门出来，王庆又劝谏说："如今，太子发动叛乱。全天下都是对他的怨恨和愤怒。你只要坚闭城门，坐食存粮，不超过三天，凶党就要到分崩离散的地步。这样的形势，你现在怎么可以离去呢？"刘濬说："这是皇太子的命令，谁敢再说话就处斩。"进宫以后，见到刘劭，刘劭欺骗他说："潘淑妃已经被乱军所杀害！"刘濬回复说："这正是我的意思，是我向来所希望的事情！"

劭诈以太祖诏召大将军义恭、尚书令何尚之入，拘于内；并召百官，至者才数十人。劭遽即位，下诏曰："徐湛之、江湛弑逆无状，吾勒兵入殿，已无所及，号恸崩衄，肝心破裂。今罪人斯得，元凶克珍，可大赦，改元太初。"

【译文】 刘劭伪造太祖诏书召集大将军刘义恭、尚书令何尚之入京，然后把他们关在宫内，又召集百官，但到的只有数十人。刘劭匆促登上皇位，颁下诏书说："徐湛之、江湛之辈忘恩负义，丑陋地弑杀皇帝，当我得到消息带兵进宫的时候，已经来不及挽救父皇性命，只有悲痛地哭号才能平复丧父之痛，使心肝到了破裂的地步。现在罪人已经被逮捕，首恶已经正法，可以大赦天下，把年号改为太初。"

即位毕，亟称疾还永福省，不敢临丧；以白刃自守，夜则列灯以防左右。以萧斌为尚书仆射、领军将军，以何尚之为司空，前右卫率檀和之戍石头，征虏将军营道侯义綦镇京口。义綦，义庆之弟也。乙丑，悉收先给诸处兵还武库，杀江、徐亲党尚书左丞荀赤松、右丞臧凝之等。凝之，焘之孙也。以殷仲素为黄门侍郎，王正见为左军将军，张超之、陈叔儿等皆拜官、赏赐有差。辅国将军鲁秀在建康，劭谓秀曰："徐湛之常欲相危，我已为卿除之矣。"使秀与屯骑校尉庞秀之对掌军队。劭不知王僧绰之谋，以僧绰为吏部尚书，司徒左长史何偃为侍中。

【译文】 刘劭在即位的礼节完毕以后，就以生病为托词回到永福省（太子住宅），不敢亲临先皇的丧事；因为害怕，他白天手执白刃来守卫，晚上则点燃整排的灯，来预防左右侍从图谋不轨。之后，他任命萧斌担任尚书仆射、领军将军，任命何尚之担任司空，任命前右卫率檀和之驻守石头，任命征虏将军营道侯刘义綦镇守京口。刘义綦，是刘义庆的弟弟。乙丑日（二十二日），刘劭把先前分别放置在各王和各地的武器，全都收进武库，并杀掉江湛、徐湛之的亲近者尚书左丞荀赤松、右丞臧凝之等人。臧凝之，是臧焘的孙子。又任命殷仲素担任黄门侍郎，王正见担任左军将军，张超之、陈叔儿都被授予官职，依次给予赏赐。刘劭对在建康的辅国将军鲁秀说："徐湛之经常要陷害你，我已经替你除去祸害了。"这样，刘劭得到了鲁秀的支持。他派鲁秀和屯骑校尉庞秀之轮流掌管军队。刘劭因为不知道王僧绰原来的计谋，便任命僧绰担任吏部尚书，司徒左长史何偃担任侍中。

武陵王骏屯五洲，沈庆之自巴水来，咨受军略。三月，乙亥，典签董元嗣自建康至五洲，具言太子（杀）〔弑〕逆，骏使元嗣以告僚佐。沈庆之密谓腹心曰："萧斌妇人，其馀将帅，皆易与耳。东宫同恶，不过三十人；此外屈逼，必不为用。今辅顺讨逆，不忧不济也。"

【译文】武陵王刘骏在五洲屯扎驻守，沈庆之从巴水过来向刘骏询问讨伐蛮人的战略。三月，乙亥日（初二），典签董元嗣从建康到五洲一直陈述太子弑君的事情。刘骏派董元嗣向僚属宣告消息。沈庆之秘密对心腹说："萧斌是像妇人一样怯弱的人，而其余将帅都容易对付。太子的帮凶，不过三十人而已；其余的人，都是被逼迫的，一定不被他利用。现在辅佐新君（刘骏），讨伐叛逆之人，不必忧虑不能成功。"

【乾隆御批】尚之受劭司空，大节扫地，较长乐老无廉耻为尤甚，直非人类耳。

【译文】何尚之接受刘劭任命为司空，大节已经扫地，比起长乐老冯道更加不知廉耻，简直就不是人了。

【乾隆御批】袁淑一闻劭言，始则讽以疾，动力叱群邪。继则明以祸至，正言折乱谋，可谓凛然大义，不愧纯臣。然使彼时即举发其事，或当不至决裂。乃犹豫不决，终夜绕床，欲何为哉？幸以身殉，不然《南史》之诛不能逃矣。

【译文】袁淑一听到刘劭的话，就开始说刘劭犯病，有力地叱责那些奸邪小人。接着就说明他们将大祸临头，用道理来驳斥那些人的叛乱阴谋，真可谓是大义凛然，不愧为纯正的人臣。如果那时就检举揭发他们的罪行，也许还不至于最后决裂。可他犹豫不决，整夜绕床，想干什么呢？幸好他以身殉职，不然不能逃脱《南史》对他的口诛笔伐。

壬午，魏尊保太后为皇太后，追赠祖考，官爵兄弟，皆如外戚。

太子劭分浙江五郡为会州，省扬州，立司隶校尉，以其妃父殷冲为司隶校尉。冲，融之曾孙也。以大将军义恭为太保，荆州刺史南谯王义宣为太尉，始兴王濬为骠骑将军，雍州刺史臧质为丹杨尹，会稽太守随王诞为会州刺史。

【译文】壬午日（初九），魏主拓跋濬尊奉保太后为皇太后，追赠祖考名号，封给她兄弟官爵，待遇如同外戚。

太子刘劭分浙东五郡为会州，把扬州作为省会，设立司隶校尉并让他妃子的父亲殷冲担任司隶校尉。殷冲，是殷融的曾孙。又任命大将军义恭担任太保，荆州刺史南谯王义宣担任太尉，始兴王刘濬担任骠骑将军，雍州刺史臧质担任丹杨尹。

劭料检文帝巾箱及江湛家书疏，得王僧绰所启飨士并前代故事，甲申，收僧绰，杀之。僧绰弟僧虔为司徒左西属，所亲咸劝之逃，僧虔泣曰："吾兄奉国以忠贞，抚我以慈爱，今日之事，苦不见及耳；若得同归九泉，犹羽化也。"劭因诬北第诸王侯，云与僧绰谋反，杀长沙悼王瑾、瑾弟临川哀王烨、桂阳孝侯觊、新渝怀侯玠，皆劭素所恶也。瑾，义欣之子；烨，义庆之子；觊、玠，义庆之弟子也。

资治通鉴

【译文】 刘劭在检查文帝的巾箱和江湛家的书信时，得到王僧绰向宋文帝刘义隆报告太子飨士和前代废太子史事的文件。于是，甲申日（十一日），刘劭下令收押王僧绰，并杀死他。王僧绰的弟弟王僧虔此时担任司徒左西属，与他亲近的人都劝说他尽早逃亡，以避免因牵连带来的杀身之祸。王僧虔拒绝，他哭泣着说："我哥哥不仅忠贞报国，而且对我慈爱。今天哥哥出事，事情既然已经来了，如果我能与哥哥同归九泉，就如同羽化登仙一样。"刘劭诬告城北各王侯与王僧绰谋反，杀掉他厌恶的长沙悼王瑾、瑾弟临川哀王烨、桂阳孝侯觊、新渝怀侯玠等人。刘瑾，是刘义欣的儿子；刘烨，是刘义庆的儿子；刘觊和刘玠，都是刘义庆弟弟的儿子。

【乾隆御批】 僧绰既赞谋废劭。斋阁之变非力讨贼即引身殉节，再无二义。乃隐忍受官，旋即见杀，有愧袁淑诸人多矣。

【译文】 王僧绰既然赞成谋划将刘劭废除。斋阁的变乱不是奋力讨贼就是以身殉节，再也没有别的选择。他却隐忍耻辱接受官职，转眼又被杀死，他和袁淑等人相比就太羞愧了。

【申涵煜评】 僧绰料事甚明，劝帝速断。而帝弑不能死，报颜就冢宰之位。及巾箱事发，乃尔被戮。其弟僧虔曰："吾兄奉国以忠贞。"嗟乎，忠贞者固如是哉？

【译文】王僧绰预料事情很明白，劝谏宋文帝刘义隆赶快决定。但是宋文帝刘义隆被杀死王僧绰却没有一起死去，羞愧地坐上冢宰的位置上。等到藏在巾箱里的奏章的事情泄露之后，才被刘劭杀死。他的弟弟王僧虔说："我的兄长用忠诚坚贞来事奉国家。"嗟乎，忠诚坚贞的人是像他这样的吗？

劭密与沈庆之手书，令杀武陵王骏。庆之求见王，王惧，辞以疾。庆之突入，以劭书示王，王泣求入内与母诀，庆之曰："下官受先帝厚恩，今日之事，唯力是视；殿下何见疑之深！"王起再拜曰："家国安危，皆在将军。"庆之即命内外勒兵。府主簿颜竣曰："今四方未知义师之举，劭据有天府，若首尾不相应，此危道也。宜待诸镇协谋，然后举事。"庆之厉声曰："今举大事，而黄头小儿皆得参预，何得不败！宜斩以徇众！"王令竣拜谢庆之，庆之曰："君但当知笔札事耳！"于是专委庆之处分。旬日之间，内外整办，人以为神兵。竣，延之之子也。

【译文】刘劭秘密送给沈庆之亲手所写的书信，要求他杀掉武陵王刘骏。后来，沈庆之求见武陵王，武陵王感到害怕，以生病为托词而拒绝请求。沈庆之于是撞门而入，把刘劭的书信给武陵王看，武陵王看完后，便哭泣着请求进入内屋和母亲诀别，沈庆之说："下官接受先帝厚重的恩情，今天的事，应当尽力为先帝效命，怎么会为刘劭效力呢？殿下为何对我有如此之深的怀疑！"武陵王感激不已，起身两次拜谢说："家庭和国家的安危，都要依靠将军了。"沈庆之就命令内外动员。府主簿颜竣说："现在天下四方都不知道义师的举动，无人响应，而劭据有首都之地的便利，如果我们不能与各地配合响应，那么这就是危险的办法。因此我们应该等待与各藩镇协调的时机，然后再行举兵起事。"沈庆之厉声叫道:"现在要办大事,而像小孩子般无知识的人都参与,怎么会不失败,应该把你斩杀来示众。"武陵王赶忙叫颜竣拜谢沈庆之,沈庆之却对颜竣说:"你只配写文章而已!"武陵王于是把军务全部委托给沈庆之处理。十天之后,内外整齐,人民都以为是士兵有了神力。颜竣,是颜延之的儿子。

　　庚寅,武陵王戒严誓众。以沈庆之领府司马;襄阳太守柳元景、随郡太守宗悫为咨议参军,领中兵;江夏内史朱修之行平东将军;记室参军颜竣为谘议参军,领录事,兼总内外;以谘议参军刘延孙为长史、寻阳太守,行留府事。延孙,道产之子也。

　　南谯王义宣及臧质皆不受劭命,与司州刺史鲁爽同举兵以应骏。质、爽俱诣江陵见义宣,且遣使劝进于王。辛卯,臧质于敦等在建康者闻质举兵,皆逃亡。劭欲相慰悦,下诏曰:"臧质,国戚勋臣,方赞翼京辇,而子弟波迸,良可怪叹。可遣宣譬令还,咸复本位。"劭寻录得敦,使大将军义恭行训杖三十,厚给赐之。

　　【译文】庚寅日(十七日),武陵王戒严誓师。他任命沈庆之担任领府司马;襄阳太守柳元景、随郡太守宗悫担任谘议参军,统领中兵;江夏内史朱修之兼平东将军;记室参军颜竣担任谘议参军,兼任录事,兼领内外军务;谘议参军刘延孙担任长史、寻阳太守,留守府事。延孙,是刘道产的儿子。

　　南谯王义宣和臧质都不接受刘劭的命令,他们与司州刺史鲁爽一同起兵来接应刘骏。臧质和鲁爽都到江陵去拜见义宣,并派使者劝说武陵王称帝。辛卯日(十八日),臧质在建康的儿子臧敦等人听到臧质起兵,都逃亡了。刘劭听说后,要对臧质加以劝慰勉励,就颁下诏书说:"臧质是国戚和功臣,正是京都的得力辅佐，而他的子弟却要逃亡，这确实是奇怪的事情，可以下令宣他们回来，都恢复原有的职位。"刘劭不久后把臧敦找回来，命令大将军义恭按照外戚规矩棒打三十棍，但还给臧敦厚重的赏赐。

癸巳，劭葬太祖于长宁陵，谥曰景皇帝，庙号中宗。

乙未，武陵王发西阳；丁酉，至寻阳。庚子，王命颜竣移檄四方，使共讨劭。州郡承檄，翕然响应。南谯王义宣遣臧质引兵诣寻阳，与骏同下，留鲁爽于江陵。

【译文】癸巳日（二十日），刘劭在长宁陵下葬太祖，谥号景皇帝，庙号中宗。

乙未日（二十二日），武陵王刘骏在西阳起兵；丁酉日（二十四日），到达寻阳；庚子日（二十七日），命令颜竣写下要各地共同讨伐刘劭的檄文并分送到四方。在各州郡发放后，都得到热烈的响应。南谯王义宣派臧质率士兵到寻阳，与刘骏同下建康，留下鲁爽在江陵守卫。

劭以兖、冀二州刺史萧思话为徐、兖二州刺史，起张永为青州刺史。思话自历城引部曲还平城，起兵以应寻阳；建武将军垣护之在历城，亦帅所领赴之。南谯王义宣板张永为冀州刺史。永遣司马崔勋之等将兵赴义宣。义宣虑萧思话与永不释前憾，自为书与思话，使长史张畅为书与永，劝使相与坦怀。

【译文】刘劭任命兖、冀二州刺史萧思话担任徐、兖二州刺史，升迁张永担任青州刺史。萧思话从历城率部曲回到彭城起兵以响应在寻阳的武陵王刘骏的号召。在历城的建武将军垣护之也率部下参与对刘劭的讨伐。南谯王义宣任命张永担任冀州刺史。张永派司马崔勋之等率部到义宣处，义宣考虑到萧思话与张永并没有解除之前的嫌隙，就自行写信给萧思话，命令长史张畅写信给张永，劝说彼此坦诚相处。

随王诞将受劭命，参军事沈正说司马顾琛曰："国家此祸，开辟未闻。今以江东骁锐之众，唱大义于天下，其谁不响应！岂可使殿下北面凶逆，受其伪宠乎！"琛曰："江东忘战日久，虽逆顺不同，然强弱亦异，当须四方有义举者，然后应之，不为晚也。"正曰："天下未尝有无父无君之国，宁可自安仇耻而责义于馀方乎！今正以弑逆冤丑，义不同天，举兵之日，岂求必全邪！冯衍有言：'大汉之贵臣，将不如荆、齐之贱士乎！'况殿下义兼臣子，事实国家者哉！"琛乃与正共入说诞，诞从之。正，田子之兄子也。

【译文】在随王刘诞准备要接受刘劭的命令时，参军事沈正对司马顾琛游说道："国家这次祸乱，是开国以来所未有的，现在江东凭借精锐的士兵，在天下打着大义的旗帜，谁会不响应呢？怎么可以让殿下（随王刘诞）臣服凶恶的逆反之贼，并接受其虚伪的宠爱和信任呢？"顾琛回复说："江东已经遗忘战争很久，虽然这次占理，但实力强弱毕竟有所不同。我们应该等待四方先进行起义的军队，然后再响应他们也不迟。"沈正又说："天下未曾有过无父无君的国家，怎么可以自己忍受着耻辱，来责备别人无义呢？现在是正义与凶逆不共戴天。举兵的日子，哪能求得全体人的响应呢？冯衍说过：'大汉的贵臣，还不如楚国、齐国的贱士吗？'何况殿下在道义上也是臣子，应当做有助于国家的人！"顾琛于是和沈正共同说服了刘诞。沈正，是沈田子哥哥的儿子。

劭自谓素习武事，语朝士曰：“卿等但助我理文书，勿措意戎旅；若有寇难，吾自当之，但恐贼虏不敢动耳。”及闻四方兵起，始忧惧，戒严，悉召下番将吏，迁淮南岸居民于北岸，尽聚诸王及大臣于城内，移江夏王义恭处尚书下舍，分义恭诸子处侍中下省。

【译文】 刘劭自以为一向学习武事，就可以在军事方面独当一面。他对朝中大臣说：“各位只要协助我处理文书，没有参与军事的必要；如果有贼寇前来侵犯，就由我自己来解决，但恐怕贼寇是不敢对我动兵的！”等到四方起兵，刘劭才开始恐惧，于是进行森严的戒备，轮番召集全部将领和官吏，又把秦淮水以南的居民迁到北岸，把各王和大臣们集中到城内，并迁移江夏王义恭到尚书下舍，分散义恭各子到侍中下省。

夏，四月，癸卯朔，柳元景统宁朔将军薛安都等十二军发溢口，司空中兵参军徐遗宝以荆州之众继之。丁未，武陵王发寻阳，沈庆之总中军以从。

劭立妃殷氏为皇后。

庚戌，武陵王檄书至建康，劭以示太常颜延之曰：“彼谁笔也？”延之曰：“竣之笔也。”劭曰：“言辞何至于是！”延之曰：“竣尚不顾老臣，安能顾陛下！”劭怒稍解。悉拘武陵王子于侍中下省，南谯王义宣子于太仓空舍。劭欲尽杀三镇士民家口，江夏王义恭、何尚之皆曰：“凡举大事者不顾家；且多是驱逼，今忽诛其室累，正足坚彼意耳。”劭以为然，乃下书一无所问。

【译文】 夏季，四月，癸卯朔日（初一），柳元景率宁朔将军薛安都等十二军从溢口出发，司空中兵参军徐遗宝率荆州的兵众来响应他。丁未日（初五），武陵王从寻阳出发，由沈庆之为总中军跟随。

刘劭立妃殷氏为皇后。

庚戌日(初八),武陵王的檄文分发到建康,刘劭看完檄文的内容,就知道是颜延之之子颜竣的手笔。他故意拿过来给太常颜延之看,问道:"这是谁的手笔呢?"颜延之回答说:"是颜竣写的。"刘劭说:"言辞怎么会这样激烈呢?"颜延之说:"颜竣尚且不顾念老臣,又怎能顾念陛下呢?"刘劭的愤怒稍微得到消解。他把武陵王的儿子全部囚禁在侍中下省,把南谯王的儿子全部拘囚在太仓的空屋中。他还准备杀尽雍、荆、江三镇官兵的家属。江夏王义恭、何尚之都说:"凡是做大事的人都不会顾念家属,而且多是被逼迫的,你现在杀掉他们的家属,正是为他们的意志更加坚决创造机会。"刘劭也认为是这样,就颁布诏书对他们的家属全不过问。

劭疑朝廷旧臣皆不为己用,乃厚抚鲁秀及右军参军王罗汉,悉以军事委之;以萧斌为谋主,殷冲掌文符。萧斌劝劭勒水军自上决战,不尔则保据梁山。江夏王义恭以南军仓猝,船舫陋小,不利水战,乃进策曰:"贼骏小年未习军旅,远来疲弊,宜以逸待之。今远出梁山,则京都空弱,东军乘虚,或能为患。若分力两赴,则兵散势离,不如养锐待期,坐而观衅。割弃南岸,栅断石头,此先朝旧法,不忧贼不破也。"劭善之。斌厉色曰:"南中郎二十年少,能建如此大事,岂复可量!三方同恶,势据上流;沈庆之甚练军事,柳元景、宗悫屡尝立功。形势如此,实非小敌。唯宜及人情未离,尚可决力一战;端坐台城,何由得久!今主、相咸无战意,岂非天也!"劭不听。或劝劭保石头城,劭曰:"昔人所以固石头城者,俟诸侯勤王耳。我若守此,谁当见救!唯应力战决之;不然,不克。"日日自出行军,慰劳将士,亲督都水治船舰。

壬子，焚淮南岸室屋、淮内船舫，悉驱民家渡水北。

【译文】 后来，刘劭怀疑朝廷的旧臣都不愿为自己所用，就厚重地安抚鲁秀和右军参军王罗汉，把军事都委托给他们；让萧斌作为主要谋士，殷冲管理文书。萧斌劝说刘劭带领水军溯江来决一死战，不这样的话，就保卫梁山作为据点。江夏王义恭认为刘骏的南军是仓促组成的，并且军舰简单短小，不利于在水上作战，于是就提出建议："贼人刘骏年龄还小，没有学习过军事，他的军队远道而来一定会疲劳，所以我们应该凭借安逸闲适来对付他们。如果我军远出梁山，那么首都会空虚，会稽随王的军队可能乘虚而入。如果我军分兵两路，则力量分散，不如养精蓄锐，坐等敌人过来。而舍弃秦淮河南岸，阻断从石头北上建康的道路，这是先朝抗敌的旧法，我们采取这个方法就不怕攻不破贼人。"刘劭认为义恭的建议是正确的。萧斌面带严厉地说："南中郎将（刘骏）是一个二十来岁的年轻人，能干出这样的大事，我们怎么能够小看他呢？何况三方人马同时为奸，把长江上游全部占据。沈庆之军事精练，而柳元景、宗悫等人过去经常建立战功，功名显赫，这样的形势，实在不是小敌。我们只有趁人心还没有离散的时候，决力一战；如果坐在台城等候，怎么能够持久呢？现在的人君与上相，都不想作战，难道这不是天意？"刘劭不听。有人劝说刘劭固守石头城。刘劭说："从前的人固守石头城的原因，是等待诸侯来救助君王。可如果是我守卫石头城，谁又会来搭救我呢？只有用力战来解决，不然的话，我们就取胜不了。"刘劭每天亲自外出调动军队，抚慰奖赏将士，还亲自指挥都水，整顿船舰。壬子日（初十），他下令焚烧秦淮河南岸的房屋和河中的船只，把居民都驱赶到河北岸。

立子伟之为皇太子。以始兴王濬妃父褚湛之为丹杨尹。湛之，裕之之兄子也。濬为侍中、中书监、司徒、录尚书六条事，加南平王铄开府仪同三司，以南兖州刺史建平王宏为江州刺史。太尉司马宠秀之自石头先众南奔，人情由是大震。以营道侯义綦为湘州刺史，檀和之为雍州刺史。

【译文】之后，刘劭立儿子刘伟之为皇太子，任命始兴王刘濬妃子的父亲褚湛之为丹杨尹。褚湛之，是褚裕之哥哥的儿子。他还任命刘濬为侍中、中书监、司徒、录尚书六条事，加任南平王刘铄开府仪同三司，任命南兖州刺史建平王刘宏为江州刺史。太尉司马庞秀之率先从石头城投奔刘骏，因此引起大恐慌。又任命营道侯义綦为湘州刺史，檀和之为雍州刺史。

癸丑，武陵土军于鹊头。宣城太守王僧达得武陵王檄，未知所从。客说之曰："方今衅逆滔天，古今未有。为君计，莫若承义师之檄，移告傍郡。苟在有心，谁不响应！此上策也。如其不能，可躬帅向义之徒，详择水陆之便，致身南归，亦其次也。"僧达乃自侯道南奔，逢武陵王于鹊头。王即以为长史。僧达，弘之子也。王初发寻阳，沈庆之谓人曰："王僧达必来赴义。"人问其故，庆之曰："吾见其在先帝前议论开张，执意明决；以此言之，其至必也。"

【译文】癸丑日（十一日），武陵王的军队如期到达鹊头。此刻，宣城太守王僧达正在为得到的武陵王讨伐刘劭的檄文犹豫不决，他思前想后，不知该如何决定自己的去向。有宾客对他说："现在刘劭发动叛乱，罪过滔天，这是古今所未有的情况。你为君主打算，还不如接受义军的檄文，再转告给邻近的郡。

只要是有心人，没有人会不响应，这是上策。如果不能的话，那么你可以选择带领志同道合的人，走方便的水路或陆路投奔义军，这是次策。"王僧达听取他的第二个建议，从警戒道路向南奔去，正好在鹊头遇到武陵王。武陵王任命他为长史。王僧达，是王弘的儿子。起初武陵王在寻阳出兵时，沈庆之就对别人说过："王僧达一定会来归顺。"别人问他原因，沈庆之回答说："我曾经看到他在先帝面前意气风发，志向明确，按这样来说，他一定会前来响应。"

柳元景以舟舰不坚，惮于水战，乃倍道兼行，丙辰，至江宁步上，使薛安都帅铁骑曜兵于淮上，移书朝士，为陈逆顺。

劭加吴兴太守汝南周峤冠军将军。随王诞檄亦至，峤素恇怯，回惑不知所从；府司马丘珍孙杀之，举郡应诞。

戊午，武陵王至南洲，降者相属；己未，军于溧洲。王自发寻阳，有疾，不能见将佐，唯颜竣出入卧内，拥王于膝，亲视起居。疾屡危笃，不任咨禀，竣皆专决。军政之外，间以文教书檄，应接遝迩，昏晓临哭，若出一人。如是累旬，自舟中甲士亦不知王之危疾也。

【译文】柳元景因为船只不牢固，害怕打水仗，因此加速向前进发。丙辰日（十四日），到达江宁岸边，派薛安都率铁骑精兵到秦淮送文书给朝中大臣，向他们陈述叛逆与正义的道理。

刘劭升迁吴兴太守汝南人周峤为冠军将军。而随王刘诞的檄文也随后到达，周峤一向怯弱，犹豫不决，不知道所要跟从的对象，这时，府司马丘珍孙杀掉周峤，以全郡响应刘诞。

戊午日（十六日），武陵王军队到达南洲，不断有前来投降的人。己未日（十七日），军队到达溧洲。武陵王从寻阳出发，因为生病不能接见将士和左右辅佐的人，只有颜竣出入他的卧室，抱起武陵王到自己的膝上，并亲自照顾他的衣食起居，病情经常很危急，不能接受军队的报告，军务就全由颜竣决定。除了军政以外，颜竣也要处理文教书檄；接待远近的人之前，早晚都要痛哭吊唁先帝，因为这些看起来完全像是由武陵王自己一人做的。所以就这样经过了二十天以后，在船中的甲兵竟然也不知道武陵王病危的消息。

癸亥，柳元景潜至新亭，依山为垒。新降者皆劝元景速进，元景曰："不然。理顺难恃，同恶相济，轻进无防，实启寇心。"

元景营未立，劭龙骧将军詹叔儿觇知之，劝劭出战，劭不许。甲子，劭使萧斌统步军，褚湛之统水军，与鲁秀、王罗汉、刘简之等精兵合万人，攻新亭垒，劭自登朱雀门督战。元景宿令军中曰："鼓繁气易衰，叫数力易竭；但衔枚疾战，一听吾鼓声。"劭将士怀劭重赏，皆殊死战。元景水陆受敌，意气弥强，麾下勇士，悉遣出斗，左右唯留数人宣传。劭兵势垂克，鲁秀击退鼓，劭众遽止。元景乃开垒鼓噪以乘之，劭众大溃，坠淮死者甚多。劭更帅馀众，自来攻垒，元景复大破之，所杀伤过于前战，士卒争赴死马涧，涧为之溢；劭手斩退者，不能禁。刘简之死，萧斌被创，劭仅以身免，走还宫。鲁秀、褚湛之、檀和之皆南奔。

【译文】癸亥日（二十一日），柳元景潜进新亭，在山边搭建军营。新投降的人都劝说柳元景快速率军前进，柳元景却说："不可以，不能因为有道理就把自己的力量估计得过于强大，坏人聚集在一起往往也会互相帮助。我军在没有充分准备的情况下轻易冒进，这样容易引发敌人的攻击之心。"

这天，刘劭的龙骧将军詹叔儿观察到元景的军营还没有搭建好，就劝说刘劭率军出来作战，但刘劭不听劝说，没有答应。甲子日（二十二日），刘劭派包括萧斌率的步兵，褚湛之率的水兵，以及鲁秀、王罗汉、刘简之率的精兵在内的合计一万士兵，对新亭发起进攻，他为鼓舞士气，亲自登上朱雀门指挥军队作战。元景命令军中说："击鼓频繁的话，力气容易衰弱；喊叫太急促的话，力量容易衰竭。因此你们只需要口衔枚，快速进行战斗，并听我的鼓声指挥。"刘劭的将士因为全部得到厚重的赏赐，都视死如归，拼命作战。而元景水陆两面受到敌人士兵的攻击，此时战势越发紧急，而士兵意志越发顽强，元景帐下的勇士全部出去参与战斗，左右只留下几个人负责宣告传达号令。刘劭军队形势上将要得胜的时候，鲁秀突然敲打起退鼓，刘劭的军队听到鼓声后，误以为是退战的命令，于是很快都停止前进的步伐。元景抓住时机，马上打开军垒，趁机率士兵喊叫着前进，刘劭的军队来不及准备，意外落败，其中很多士兵掉入秦淮河中被淹死。刘劭不甘落败，亲自率残余部队对军垒发动攻击，元景又加以摧毁，这一战所杀伤的敌军人数比上一战还要多，军心瞬时崩溃，都选择逃命。他们争先恐后地渡过死马涧，而淹死的人阻塞了涧水；刘劭亲自杀掉撤退的人，但仍然禁止不了。战争结束后，刘简之被打死，萧斌受伤，只有刘劭幸免于难，逃回宫中，而鲁秀、褚湛之、檀和之都选择投奔南军。

丙寅，武陵王至江宁。丁卯，江夏王义恭单骑南奔；劭杀义恭十二子。

劭、濬忧迫无计，以辇迎蒋侯神像置宫中，稽颡乞恩，拜为大司马，封钟山王；拜苏侯神为骠骑将军。以濬为南徐州刺史，与南平王铄并录尚书事。

【译文】 丙寅日（二十四日），武陵王到达江宁。丁卯日（二十五日），江夏王刘义恭独自一个人骑着马投奔南军。之后，刘劭杀掉刘义恭的十二个儿子。

刘劭、刘濬满心焦虑，却无计可施，他们情急之下，就用车子迎接蒋侯的神像，然后把神像安置在宫廷中，并向它叩头求恩，希望求取战胜的策略，后来授予蒋侯大司马的职位，又封赏他为钟山王。刘劭授予苏侯骠骑将军的职位；任命刘濬为南徐州刺史，与南平王刘铄并为录尚书事。

戊辰，武陵王军于新亭，大将军义恭上表劝进。散骑侍郎徐爰在殿中诳劭，云自追义恭，遂归武陵王。时王军府草创，不晓朝章；爰素所谙练。乃以爰兼太常丞，撰即位仪注。己巳，王即皇帝位，大赦。文武赐爵一等，从军者二等。改谥大行皇帝曰文，庙号太祖。以大将军义恭为太尉、录尚书六条事、南徐州刺史。是日，劭亦临轩拜太子伟之，大赦，唯刘骏、义恭、义宣、诞不在原例。庚子，以南谯王义宣为中书监、丞相、录尚书六条事、扬州刺史，随王诞为卫将军、开府仪同三司、荆州刺史，臧质为东骑将军，开府仪同三司、江州刺史，沈庆之为领军将军，萧思话为尚书左仆射。壬申，以王僧达为右仆射，柳元景为侍中、左卫将军，宗悫为右卫将军，张畅为吏部尚书，刘延孙、颜竣并为侍中。

【译文】 戊辰日（二十六日），武陵王在新亭驻扎军队，大将军义恭呈上奏表劝谏武陵王刘骏登上皇位称帝。散骑侍郎徐爰在宫殿中欺骗刘劭，说他要追赶义恭，也投奔到武陵王麾下。当时，王军府才刚刚设立，大家并不知道朝廷的典章规则；而徐爰一向熟悉，于是就任命徐爰兼任太常丞，撰写即位的仪礼注释。己巳日(二十七日),武陵王登上皇位,宣布大赦天下。文武百官赐爵一等,从寻阳来的官吏则晋爵二等。并把去世的皇帝谥号改为文,庙号太祖;任命大将军刘义恭为太尉、录尚书六条事、南徐州刺史。当天,刘劭也出殿拜伟之为太子,大赦天下,并称"只有刘骏、刘义恭、刘义宣、刘诞,不在赦免之列"。庚子日(四月无庚子日,《宋书》作庚午二十八日),宋孝武帝刘骏任命南谯王刘义宣担任中书监、丞相、录尚书六条事、扬州刺史,任命随王刘诞担任卫将军、开府仪同三司、荆州刺史,命臧质担任车骑将军、开府仪同三司、江州刺史,任命沈庆之担任领军将军,任命萧思话担任尚书左仆射。壬申日(三十日),又任命王僧达担任右仆射,柳元景担任侍中、左卫将军,宗悫担任右卫将军,张畅担任吏部尚书,以刘延孙和颜竣同时担任侍中。

五月,癸酉朔,臧质以雍州兵二万至新亭。豫州刺史刘遵考遣其将夏侯献之帅步骑五千军于瓜步。

先是,世祖遣宁朔将军顾彬之将兵东入,受随王诞节度。诞遣参军刘季之将兵与彬之俱向建康,诞自顿西陵,为之后继。劭遣殿中将军燕钦等拒之,相遇于曲阿奔牛塘,钦等大败。劭于是缘淮树栅以自守,又决破岗、方山埭以绝东军。时男丁既尽,召妇女供役。

【译文】五月,癸酉朔日(初一),臧质率两万雍州兵到达新亭。而豫州刺史刘遵考派他的将领夏侯献之率五千步兵骑兵在瓜步驻扎。

起先,世祖(刘骏)派宁朔将军顾彬之率士兵向东前进,接受随王刘诞的指挥。刘诞派参军刘季之率军队和顾斌之会合,一齐奔向建康,而刘诞自己暂时停留在西陵,作为后备支援的力量。刘劭派殿中将军燕钦等抗拒敌军，两军在曲阿奔牛塘相遇，结果燕钦军队大败。刘劭为防守敌军，就在沿着淮水两岸竖立木栈，又决破岗、方山埭的河水，来隔绝东军。当时在男子已经征用完的情况下，就再次召令使用妇女。

甲戌，鲁秀等募勇士攻大航，克之。王罗汉闻官军已渡，即放仗降，缘渚幢队以次奔散，器仗鼓盖充塞路衢。是夜，劭闭守六门，于门内凿堑立栅；城中沸乱，丹杨尹尹弘等文武将吏争逾城出降。劭烧辇及衮冕服于宫庭。萧斌宣令所统，皆使解甲，自石头戴白幡来降；诏斩斌于军门。濬劝劭载宝货逃入海，劭以人情离散，不果行。

【译文】甲戌日（初二），鲁秀等召令募集勇士进攻大航，并加以攻克。这时，王罗汉听到官军已经渡过秦淮河，认为抵抗无望，就放下武器投降，最后，沿沙洲驻防的幢队依次奔离分散，道路被士兵抛弃的器仗鼓盖充塞。当天晚上，刘劭紧急关闭六处城门，命令将士在城门内挖掘壕沟、竖立木栅。城中一片紊乱的局面，丹杨尹尹弘等文武官吏争先恐后出城投降，刘劭万念俱灰，开始在宫殿中焚烧车驾和皇帝衣冠。萧斌下令所属部队，解除武装，从石头城头戴白旗来投降，宋孝武帝刘骏下达在军门前斩杀萧斌的诏令。刘濬劝告刘劭乘坐载着珠宝的船从大海逃走，刘劭认为人心已经离散，因此没有听刘濬的劝告。

乙亥，辅国将军朱修之克东府，丙子，诸军克台城，各由诸门入会于殿庭，获王正见，斩之。张超之走至合殿御床之所，为军士所杀，刳肠割心，诸将脔其肉，生啖之。建平等七王号哭俱出。劭穿西垣，入武库井中，队副高禽执之。劭曰："天子何在？"

禽曰:"近在新亭。"

【译文】乙亥日（初三），辅国将军朱修之成功攻下东府。丙子日（初四），各军攻下台城，分别从各门进入，到宫殿会集。士兵抓捕到王正见，并杀了他。在张超之走到合殿御床处时，被遇见的军士所杀，军士残忍地剖开他的肠子，挖出他的心脏，然后各将领纷纷生吃他的肉。先前被刘劭所拘禁的建平等七王都号哭着逃出牢狱。刘劭翻越西墙，在准备进入武库井的时候，被队副高禽抓到。刘劭问他："皇帝（刘骏）在哪里？"高禽回答道："就近在新亭。"

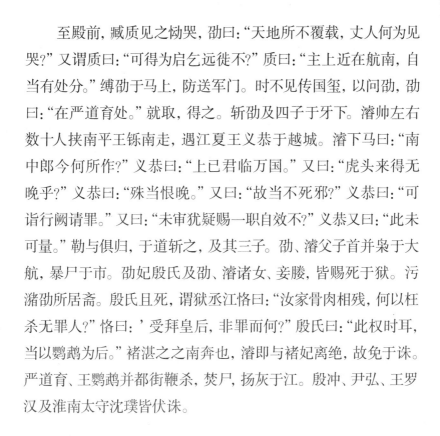

至殿前，臧质见之恸哭，劭曰："天地所不覆载，丈人何为见哭？"又谓质曰："可得为启乞远徙不？"质曰："主上近在航南，自当有处分。"缚劭于马上，防送军门。时不见传国玺，以问劭，劭曰："在严道育处。"就取，得之。斩劭及四子于牙下。濬帅左右数十人挟南平王铄南走，遇江夏王义恭于越城。濬下马曰："南中郎今何所作？"义恭曰："上已君临万国。"又曰："虎头来得无晚乎？"义恭曰："殊当恨晚。"又曰："故当不死邪？"义恭曰："可诣行阙请罪。"又曰："未审犹疑赐一职自效不？"义恭又曰："此未可量。"勒与俱归，于道斩之，及其三子。劭、濬父子首并枭于大航，暴尸于市。劭妃殷氏及劭、濬诸女、姜膑，皆赐死于狱。污潴劭所居斋。殷氏且死，谓狱丞江恪曰："汝家骨肉相残，何以枉杀无罪人？"恪曰：'受拜皇后，非罪而何？"殷氏曰："此权时耳，当以鹦鹉为后。"褚湛之之南奔也，濬即与褚妃离绝，故免于诛。严道育、王鹦鹉并都街鞭杀，焚尸，扬灰于江。殷冲、尹弘、王罗汉及淮南太守沈璞皆伏诛。

【译文】 然后刘劭被带到宫殿前，臧质看到他后痛哭流涕，刘劭问道："我已经为天地所不容纳，丈人为什么还要为我而伤心流泪呢？"又向臧质问道："我能够被流放发配到远方吗？"臧质说："主上近来就在大航以南，等他回来后，自当会有所处理。"然后就把刘劭捆绑在马上，命人把他护送到军门。宋孝武帝刘骏当时找不到传国玺印，就命人来问刘劭，刘劭说："玉玺由严道育保存。"于是到严道育处拿到。最后，宋孝武帝刘骏在牙门下斩杀刘劭和他的四个儿子。刘濬得到消息后，立刻率左右数十人挟持南平王刘铄向南逃走，未料在越城遇到江夏王刘义恭。刘濬下马对刘义恭说道："南中郎现在在做什么？"刘义恭说："主上已经登上皇位，君临天下。"又说："虎头来得不晚吗？"刘义恭说："的确晚得有点让人遗憾。"又说："可以不赐我死罪？"刘义恭说："你可以到行阙，向皇帝请罪！"又说："不知能否赐给我　个官职？"刘义恭说："这我就不知道了。"刘义恭勒令刘濬和他一起回来，在路上，刘义恭斩杀掉刘濬和他的三个儿了。刘劭、刘濬父子的头被悬挂在大航，他们的尸体就暴露在街市上。刘劭的妃子殷氏和刘劭、刘濬的所有女儿、妾侍和随嫁的人，都被赐死在牢狱中。刘劭的住宅也被挖毁为水池。在殷氏要受死的时候，对狱丞江恪说："你们皇家骨肉不顾亲情，互相惨烈厮杀，但为什么要平白地杀害没有罪的人呢？"江恪说："你被封为皇后，没有罪是什么？"殷氏说："这只是暂时的，以后自当让鹦鹉当皇后。"因为褚湛之向南投奔后，刘濬就和褚妃离别绝散，所以褚妃免于被杀。而严道育、王鹦鹉都在市街上被鞭杀，然后尸体被火焚烧，骨灰被抛撒到长江。殷冲、尹弘、王罗汉和淮南太守沈璞也都被杀害。

庚辰，解严。辛巳，帝如东府，百官请罪，诏释之。甲申，尊帝母路淑媛为皇太后。太后，丹杨人也。乙酉，立妃王氏为皇后。后父偃，导之玄孙也。戊子，以柳元景为雍州刺史。辛卯，追赠袁淑为太尉，谥忠宪公；徐湛之为司空，谥忠烈公；江湛为开府仪同三司，谥忠简公；王僧绰为金紫光禄大夫，谥简侯。壬辰，以太尉义恭为扬、南徐二州刺史，进位太傅，领大司马。

【译文】 庚辰日(初八)，戒严被解除。辛巳日(初九)，宋孝武帝刘骏到东府向百官请罪，下诏赦罪。甲申日(十二日)，尊奉皇帝母亲路淑媛为皇太后。皇太后是丹杨人。乙酉日(十三日)，立妃子王氏为皇后。皇后的父亲王偃，是王导的玄孙。戊子日(十六日)，任命柳元景担任雍州刺史。辛卯日(十九日)，追赐袁淑为太尉，谥号忠宪公；徐湛之为司空，谥号忠烈公；江湛为开府仪同三司，谥号忠简公；王僧绰为金紫光禄大夫，谥号简侯。壬辰日(二十日)，任命太尉义恭为扬、南徐二州刺史，晋升到太傅之位，领大司马。

初，劭以尚书令何尚之为司空、领尚书令，子征北长史偃为侍中，父子并居权要。及劭败，尚之左右皆散，自洗黄阁。殷冲等既诛，人为之寒心。帝以尚之、偃素有令誉，且居劭朝用智将迎，时有全脱，故特免之，复以尚之为尚书令，偃为大司马长史，任遇无改。

甲午，帝谒初宁、长宁陵。追赠卜天与益州刺史，谥壮侯，与袁淑等四家，长给禀禄。张泓之等各赠郡守。戊戌，以南平王铄为司空，建平王宏为尚书左仆射，萧思话为中书令、丹杨尹。六月，丙午，帝还宫。

【译文】起初，刘劭任命尚书令何尚之担任司空、领尚书令，儿子征北长史何偃担任侍中。这样，何氏父子同时在朝中居于权要地位。刘劭失败后，何尚之左右属下都离开分散到各处，他无人可用，只能自己洗刷黄阁。等到殷冲等人被杀后，人们都为他感到寒心。后来，因为宋孝武帝刘骏认为何尚之和何偃一向有好的名声，而且在刘劭朝中任职时能用智力对付时事，不时做出挽救人民的事，受到人民的爱戴，所以特别对他们父子进行赦免，没有对他们的职位进行更改，恢复何尚之为尚书令，何偃为大司马长史。

甲午日（二十二日），宋孝武帝刘骏到初宁、长宁陵祭拜，追赠卜天与为益州刺史，谥号壮侯。为战争胜利做出贡献的卜天与与袁淑等四家的粮食长时间由公家供给。张泓之等各被追赠郡守。戊戌日（二十六日），任命南平王刘铄担任司空，建平王刘宏担任尚书左仆射，萧思话担任中书令、丹杨尹。六月，丙午日（初五），宋孝武帝刘骏回到皇宫。

【乾隆御批】颜竣初奉孝武讨逆时，出入卧内，翊卫起居，颇似谨密者。何以贵显之后，顿尔骄奢。卒致祸逮妻孥，可谓弗克负荷者矣。

【译文】颜竣起初事奉孝武帝刘骏讨伐逆贼时，进出皇帝卧室以内，弼辅保卫皇帝的日常作息，好像很严谨细致的人。为什么在地位显贵后，突然变得骄傲奢侈呢？终于导致大祸临头殃及妻子儿女，可以说是有好开头而没有好结果的人啊！

初，帝之讨西阳蛮也，臧质使柳元景将兵会之。及质起兵，欲奉南谯王义宣为主，潜使元景帅所领西还，元景即以质书呈帝，语其信曰："臧冠军当是未知殿下义举耳。方应伐逆，不容西还。"质以此恨之。及元景为雍州，质虑其为荆、江后患，建议元景当为爪牙，不宜远出。帝重违其言，戊申，以元景为护军将军，领石头戍事。

【译文】起初，宋孝武帝刘骏征兵讨伐西阳蛮人的时候，臧质便派柳元景率士兵和他会合。等到臧质起兵，他准备尊奉南谯王义宣为主，于是就暗地派人命令柳元景率士兵回到西边的襄阳。柳元景对宋孝武帝刘骏很忠心，就把臧质送来的书信呈给他（当时为武陵王），并告诉送信的人说："臧将军应当是不知道殿下（武陵王）的大义之举，现在正是要讨伐逆贼的时候，军队不能西回。"臧质因此怨恨他。到了元景被皇帝任命为雍州刺史的时候，臧质忧虑他以后会成为荆州、江州的后患，就向宋孝武帝刘骏建议把元景作为得力助手，而不应该把他远放外地。宋孝武帝刘骏不好驳他的面子，在戊申日（初七），任命柳元景担任护军将军，兼领石头的防卫。

己酉，以司州刺史鲁爽为南豫州刺史。庚戌，以卫军司马徐遗宝为兖州刺史。

庚申，诏有司论功行赏，封颜竣等为公、侯。

辛未，徙南谯王义宣为南郡王，随王诞为竟陵王，立义宣次子宜阳侯恺为南谯王。

【译文】己酉日（初八），宋孝武帝刘骏任命司州刺史鲁爽担任南豫州刺史。庚戌日（初九），任命卫军司马徐遗宝担任兖州刺史。

庚申日（十九日），宋孝武帝刘骏下诏让官吏负责对有功的官员发放赏赐，封赏颜竣等人为公、侯。

辛未日（三十日），调任南谯王义宣为南郡王，随王诞为竟陵王，并立义宣的第二个儿子宜阳侯恺为南谯王。

闰月，壬申，以领军将军沈庆之为南兖州刺史，镇盱眙。癸酉，以柳元景为领军将军。

乙亥，魏太皇太后赫连氏殂。

丞相义宣固辞内任及子恺王爵。甲午，更以义宣为荆、湘二州刺史，恺为宜阳县王，将佐以下并加赏秩。以竟陵王诞为扬州刺史。

【译文】 闰月，壬申日（初一），宋孝武帝刘骏任命领军将军沈庆之担任南兖州刺史，镇守盱眙。癸酉日（初二），任命柳元景担任领军将军。

乙亥日（初四），魏太皇太后赫连氏死。

因为丞相义宣拒绝朝廷所封职务和儿子恺的土爵，宋孝武帝刘骏就在甲午日（二十三日）这天，重新任命义宣担任荆、湘二州刺史，恺担任宜阳县王，将佐以下官吏一并都加赏秩。任命竟陵王诞担任扬州刺史。

秋，七月，辛丑朔，日有食之。甲寅，诏求直言。辛酉，诏省细作并尚方雕文涂饰；贵戚竞利，悉皆禁绝。

中军录事参军周朗上疏，以为："毒之在体，必割其缓处。历下、泗间，不足戍守。议者必以为胡衰不足避，而不知我之病甚于胡矣。今空守孤城，徒费财役。使虏但发轻骑三千，更互出入，春来犯麦，秋至侵禾，水陆漕输，居然复绝；于贼不劳而边已困，不至二年，卒散民尽，可蹻足而待也。今人知不以羊追狼、蟹捕鼠，而令重车弱卒与肥与悍胡相逐，其不能济固宜矣。又，三年之丧，天下之达丧；汉氏节其臣则可矣，薄其子则乱也。凡法有变于古而刻于情，则莫能顺焉；至乎败于礼而安于身，必遽而奉之。今陛下以大孝始基，宜反斯谬。又，举天下以奉一君，何患不给？一体炫金，不及百两，一岁美衣，不过数袭；而必收宝连椟，集服累笥，目岂常视，身未时亲，是椟带宝、笥著衣也，何糜蠹之剧，惑鄙之甚邪！且细作始并，以为俭节；而市造华怪，即传于民。如此，则迁也，非罢也。凡阙庶民，制度日侈，见车马不辩贵贱，视冠服不知尊卑。尚方今造一物，小民明已睥睨；宫中朝制一衣，庶家晚已裁学。侈丽之源，实先宫闱。又，设官者宜官称事立，人称官置。王侯识未堪务，不应强仕。且帝子未官，人谁谓贱？但宜详置宾友，茂择正人，亦何必列长史、参军、别架从事，然后为贵哉！又，俗好以毁沈人，不知察其所以致毁；以誉进人，不知测其所以致誉。毁徒皆鄙，则宜擢其毁者；誉党悉庸，则宜退其誉者。如此，则毁誉不妄，善恶分矣。凡无世不有言事，无时不有下令。然升平不至，昏危相继，何哉？设令之本非实故也。"书奏，忤旨，自解去职。朗，峤之弟也。

【译文】秋季，七月，辛丑朔日，天空出现日食。甲寅日（十四日），宋孝武帝刘骏颁下诏令征求批评他的言论。辛酉日（二十一日），宋孝武帝刘骏颁下诏令把细作署和尚方等官署合并，完全禁止浮华雕饰，贵族求利等行为。

这天，中军录事参军周朗上疏给宋孝武帝刘骏，他认为："如果人的身体有毒，一定要割除被毒素蔓延的地方。历下、泗之间，是不足够来防守的。评议的人都认为胡人内部混乱，力量衰弱，因此我们没有躲避的必要，却不知道我们自己的毛病比胡人还要严重。现在我军空守这座孤城，无所事事，只是对财货和人力的浪费。现在只要敌人发动三千骑兵，就可以任意出入城内外，他们截断水陆的货物运输，春天就可以过来掠夺麦子，秋天则可以过来掠夺禾谷。这对于贼人来说丝毫不会感到辛劳困苦，而我们地区却是完全不同的情况，将面对缺粮断路的困境。不到两年，就会很快落得兵散民尽的下场。现在我们虽然知道不用羊来追赶狼，不用螃蟹来捕抓老鼠，但是却用重车和肥马、孱弱的士兵和彪悍的胡人来竞逐，这不能取胜应该在情理之中。此外，三年的守丧期，本应该是天下人通行的丧礼，汉代人节制臣子守三年丧是可以接受的，但如果作为儿子，却要守短于三年的丧期就违背礼制了。凡是改变古人礼法，对待人情采取刻薄态度的行为，是行不通的；至于有失礼法而对人身适宜的规定，则要快速去实行。现在陛下凭借大孝的名义登上帝位，就应该下令反对不守三年丧的谬论。我们用全天下的所有来侍奉一位君主，陛下又何必忧虑不能够供给？一个人身体所穿的华丽衣裳，只用不到一百两的钱；一年的美衣，不过几套。收集一箱箱的宝物和一橱橱的衣服，眼睛怎么能看到这么多，身体怎么能穿这么多，简直是箱子·戴宝物，橱子穿衣服，这奢侈到极点，太让人心生疑惑和鄙弃之意！陛下如今把细作署合并到尚方，来表示宫中的节俭，但市中仍然制造华丽奇巧的东西，并流传到民间，这同样是细作署所制作的奇巧。这是陛下只迁移单位，并没有对细作署进行裁撤的结果。那些平民，日渐采用奢侈的制度，只会看车马的形体，而不能分出贵贱；只会看衣冠的样子，而不知道尊卑之别。尚方今天制造出一物，小民在次日就已经可以瞧得清楚；宫中在早上制作出一件衣服，民家到晚上就已经依照样子缝制成。这是因为奢侈的源头，最先起自宫中。陛下又设置官吏，要任用适当的官吏，工作才能做好；有适当的人员，再设置官职。正如学识不足的王侯如果能力不足以担任职位，就不应该勉强让他担任。皇帝的儿子并没有任官，难道会有谁说他低贱吗？只要好好对待藩王，好好安置宾友，并选择正确得当的人来加以辅佐，何必一定要担任长史、参军、别驾从事，然后才算得上高贵之人呢？世俗喜爱诽谤他人来埋没人才，人们听到后，却不观察他毁谤的原因；喜爱称誉他人来推荐人才，人们听到后，却不观察他称誉的原因。如果毁谤者都是卑鄙之人，就要提升被毁谤者；如果称誉者都是庸才，就要黜退被称誉者。这样的话，诽谤和称誉就不会出现紊乱的局面，善和恶也就分明了。任何社会都有臣子上书建议的事，任何时代也都有皇帝主动下令接受批评的事。但太平盛世却从未出现，黑暗危险反倒不断而来，这是为什么呢？这是因为皇帝下令的本意并不是真诚实在的。"奏书上去后，因为害怕忤逆宋孝武帝刘骏的心意，就自行请求离职。周朗，是周峤的弟弟。

侍中谢庄上言："诏云：'贵戚竞利，悉皆禁绝。'此实允惬民听。若有犯违，则应依制裁纠；若废法申恩，便为明诏既下而声实乘爽也。臣愚谓大臣在禄位者，尤不宜与民争利。不审可得在此诏不？"庄，弘微之子也。

上多变易太祖之制，郡县以三周为满，宋之善政，于是乎衰。

【译文】侍中谢庄也提出报告说道："诏书中说：'贵族争利，完全禁止。'这实在合乎人民的视听，满足人民的心意。如果贵族有所违犯，应该依照制度加以处分；如果废弃法律不进行处分，只强调恩宠宽大，这实际上就只是表面下诏禁止。臣子认为拥有禄位的大臣，尤其不能和人民争夺利益，不知我所说的合乎诏书吗？"谢庄，是谢弘微的儿子。

宋孝武帝刘骏改变许多太祖的制度，如把郡县主官改为满三年进行一次调动，拥有良好政治的宋国从此开始衰弱。

乙丑，魏濮阳王闾若文、征西大将军永昌王仁皆坐谋叛，仁赐死于长安，若文伏诛。

南平穆王铄素负才能，意（当）〔常〕轻上；又为太子劭所任，出降最晚。上潜使人毒之，己巳，铄卒，赠司徒，以商臣之谥谥之。

【译文】乙丑日（二十五日），魏濮阳王闾若文、征西大将军永昌王仁都因牵涉叛乱之事而获罪，王仁被魏文成帝拓跋濬赐死在长安，闾若文被处死。

南平穆王刘铄凭借才能，一向自负，经常表现出轻视皇帝刘骏的意思；而且又曾经为太子刘劭所用，投降最晚，宋孝武帝刘骏早对他心生不满，就暗地派人毒杀他。己巳日（二十九日），刘铄中毒而死，皇帝追赠他为司徒，并用商臣的谥号米追赠谥。

南海太守萧简据广州反。简，斌之弟也。诏新南海太守南昌邓琬、始兴太守沈法系讨之。法系，庆之之从弟也。简诳其众曰："台军是贼劭所遣。"众信之，为之固守。琬先至，止为一攻道；法系至，曰："宜四面并攻；若守一道，何时可拔！"琬不从。法系曰："更相申五十日。"日尽又不克，乃从之。八道俱攻，一日即破之。九月，丁卯，斩简，广州平。法系封府库付琬而还。

【译文】南海太守萧简占据广州后，在广州发动叛乱。萧简，是萧斌的弟弟。宋孝武帝刘骏下令新被任命的南海太守南昌人邓琬和始兴太守沈法系前去征讨萧简。沈法系，是沈庆之的堂弟。萧简欺骗众人说："台城来的士兵是贼人刘劭所派来的。"士兵相信了萧简，便固守城墙，没有人退缩。在邓琬先到达广州后，只集中兵力攻打一点。等沈法系到来，说："应该进攻四面，如果只攻打一点，要等到何时才可以攻破城池！"但邓琬不听他的意见，没有答应。沈法系说："如果再延迟五十天，你仍然攻不下城池，你就要放弃这个攻法。"邓琬到达约定日期后，因为攻不破城池，只好答应改变战略。沈法系率军队分由八路同时进攻广州，一天时间，城池就被攻破。九月，丁卯日（二十八日），斩杀萧简，平定广州。沈法系封锁了府库，把府库交给邓琬，而后回军。

冬，十一月，丙午，以左军将军鲁秀为司州刺史。

辛酉，魏主如信都、中山。

十二月，癸未，以将置东宫，省太子率更令等官，中庶子等各减旧员之半。

甲午，魏主还平城。

【译文】冬季，十一月，丙午日（初八），宋孝武帝刘骏任命左军将军鲁秀担任司州刺史。

辛酉日（二十三日），北魏文成帝拓跋濬到达信都、中山。

十二月，癸未日（十五日），宋孝武帝刘骏改编东宫，撤销了太子率更令等官职，中庶子等官职名额各减少到原有数量的一半。

甲午日（二十六日），北魏文成帝拓跋濬回到平城。

资治通鉴卷第一百二十八　宋纪十

起阏逢敦牂，尽著雍阉茂，凡五年。

【译文】起甲午（公元454年），止戊戌（公元458年），共五年。

【题解】本卷记录了宋孝武帝孝建元年至大明二年共五年间的刘宋与北魏等国的大事：宋荆州刺史刘义宣与江州刺史臧质联络兖州刺史徐遗宝等起兵进攻朝廷，臧质及刘义宣均被杀，叛乱大体平定；宋孝武帝刘骏欲削弱王侯，刘义恭大力迎合；刘浑自立楚王，被孝武帝逼令自杀；宋孝武帝刘骏骄奢自恣，颜竣以藩朝旧臣，恳切劝谏，被外放；中书令王僧达矜才自负，又对皇帝亲戚无礼，被诬以罪名杀掉；宋孝武帝刘骏因淫乱无度大失人心，竟陵王刘诞宽而有礼，人心向之，刘骏心怀忌惮，出之广陵；宋孝武帝刘骏下令甄别审查所有僧徒，设立各种禁令；宋孝武帝刘骏宠用戴法兴、巢尚之、戴明宝，三人权重当时。魏臣高允谏魏主大兴宫殿，被魏主采纳，高允能屏人而谏，为魏主留情面，使魏主知其过而天下不知。

世祖孝武皇帝上

孝建元年（甲午，公元四五四年）春，正月，己亥朔，上祀南郊，改元，大赦。甲辰，以尚书令何尚之为左光禄大夫、护军将军，以左卫将军颜竣为吏部尚书、领骁骑将军。

壬戌，更铸孝建四铢钱。

乙丑，魏以侍中伊馛为司空。

丙子，立皇子子业为太子。

【译文】孝建元年（甲午，公元454年）春季，正月，己亥朔日（初一），宋孝武帝刘骏到达南郊祭天，并把年号改为孝建，大赦天下。甲辰日（初六），宋孝武帝刘骏任命尚书令何尚之担任左光禄大夫、护军将军的职位，任命左卫将军颜竣担任吏部尚书、领骁骑将军的职位。

壬戌日（二十四日），宋孝武帝刘骏下令重新铸造孝建四铢钱。

乙丑日（二十七日），魏文成帝拓跋濬任命侍中伊馛司空的职位。

丙子日（《宋书》作丙寅日，二十八日），宋孝武帝刘骏把皇子子业立为太子。

初，江州刺史臧质，自谓人才足为一世英雄；太子劭之乱，质潜有异图，以荆州刺史南郡王义宣庸暗易制，欲外相推奉，因而覆之。质于义宣为内兄，既至江陵，即称名拜义宣。义宣惊愕问故，质曰：“事中宜然。”时义宣已奉帝为主，故其计不行。及至新亭，又拜江夏王义恭，曰：“天下屯危，礼异常日。”

【译文】起初，江州刺史臧质恃才傲物，认为自己有出众的才能，足以成为一世英雄。对于太子刘劭造反的事，臧质暗地存有不同的计谋，认为荆州刺史、南郡王刘义宣性格软弱，容易控制，想要在外推举他，再把他从王位推下，加以自立。臧质是刘义宣的内兄，他到了江陵，就以人主的名义向刘义宣下拜。刘义宣感到惊讶，问他原因。臧质说：“战乱中，应该这样，我希望尊奉你为君主。"因为当时刘义宣已经尊奉皇帝（当时为武陵王）为主，所以他的计策没有行通。等到达新亭后，臧质又向江夏王刘义恭下拜，说："如今天下一片混乱危险的局势，礼数应该和平日有所不同。"

劭既诛，义宣与质功皆第一，由是骄恣，事多专行，凡所求欲，无不必从。义宣在荆州十年，财富兵强；朝廷所下制度，意有不同，一不遵承。质自建康之江州，舫千馀乘，部伍前后百馀里。帝方自揽威权，而质以少主遇之，政刑庆赏，一不咨禀。擅用溢口、钩圻米，台符屡加检诘，渐致猜惧。

【译文】刘劭被杀后，义宣和臧质都是第一功臣，因此骄傲放肆，恣意横流，做事多专断独行。凡是他们所要求的，宋孝武帝刘骏没有不给予的。刘义宣在荆州十年，财力雄厚，兵力强大；朝廷所颁布的制度，如果他有不同意见，就不遵行。臧质从建康到江州，虽然只有一千多艘船，前后船队却有一百多里。在宋孝武帝刘骏亲自掌握权力后，臧质却以少主的方式来对待皇帝，完全不向他禀报有关政务刑法和庆贺奖赏的事，并不经允许，擅自使用溢口、钩圻的米粮。台城屡次下令追问臧质，以致两方彼此渐渐产生猜忌的情绪。

帝淫义宣诸女，义宣由是恨怒。质乃遣密信说义宣，以为："负不赏之功，挟震主之威，自古能全者有几？今万物系心于公，声迹已著；见几不作，将为它人所先。若命徐遗宝、鲁爽驱西北精兵来屯江上，质帅九江楼船为公前驱，已为得天下之半。公以八州之众，徐进而临之，虽韩、白更生，不能为建康计矣。且少主失德，闻于道路；沈、柳诸将，亦我之故人，谁肯为少主尽力者？夫不可留者年也，不可失者时也。质常恐溘先朝露，不得展其旅力，为公扫除，于时悔之何及。"义宣腹心将佐谘议参军蔡超、司马竺超民等咸有富贵之望，欲倚质威名以成其业，共劝义宣从其计。质女为义宣子采之妇。义宣谓质无复异同，遂许之。超民，夔之子也。臧敦时为黄门侍郎，帝使敦至义宣所，道经寻阳，质更令敦说诱义宣，义宣意遂定。

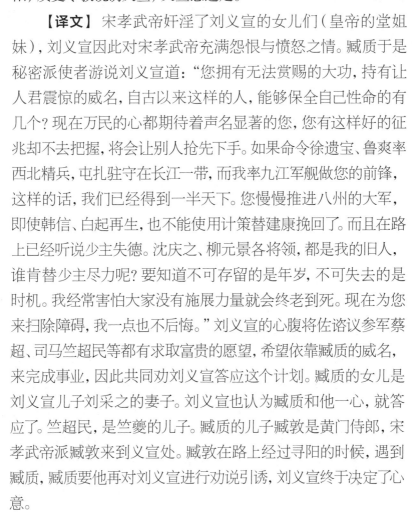

【译文】 宋孝武帝奸淫了刘义宣的女儿们（皇帝的堂姐妹），刘义宣因此对宋孝武帝充满怨恨与愤怒之情。臧质于是秘密派使者游说刘义宣道："您拥有无法赏赐的大功，持有让人君震惊的威名，自古以来这样的人，能够保全自己性命的有几个？现在万民的心都期待着声名显著的您，您有这样好的征兆却不去把握，将会让别人抢先下手。如果命令徐遗宝、鲁爽率西北精兵，屯扎驻守在长江一带，而我率九江军舰做您的前锋，这样的话，我们已经得到一半天下。您慢慢推进八州的大军，即使韩信、白起再生，也不能使用计策替建康挽回了。而且在路上已经听说少主失德。沈庆之、柳元景各将领，都是我的旧人，谁肯替少主尽力呢？要知道不可存留的是年岁，不可失去的是时机。我经常害怕大家没有施展力量就会终老到死。现在为您来扫除障碍，我一点也不后悔。"刘义宣的心腹将佐谘议参军蔡超、司马竺超民等都有求取富贵的愿望，希望依靠臧质的威名，来完成事业，因此共同劝刘义宣答应这个计划。臧质的女儿是刘义宣儿子刘采之的妻子。刘义宣也认为臧质和他一心，就答应了。竺超民，是竺夔的儿子。臧质的儿子臧敦是黄门侍郎，宋孝武帝派臧敦来到义宣处。臧敦在路上经过寻阳的时候，遇到臧质，臧质要他再对刘义宣进行劝说引诱，刘义宣终于决定了心意。

豫州刺史鲁爽有勇力，义宣、质素与之相结。义宣密使人报爽及兖州刺史徐遗宝，期以今秋同举兵。使者至寿阳，爽方饮醉，失义宣指，即日举兵。爽弟瑜在建康，闻之，逃叛。爽使其众戴黄标，窃造法服，登坛，自号建平元年；疑长史韦处穆、中兵参军杨元驹、治中庾腾之不与己同，皆杀之。遗宝亦勒兵向彭城。

【译文】豫州刺史鲁爽十分有勇气和力量，因此刘义宣一向与他交往甚密。后来，刘义宣秘密派使者通报鲁爽和兖州刺史徐遗宝，和他们相约在今秋同时出兵。使者到达寿阳时，鲁爽正是喝醉酒的状态，就领会错了刘义宣的意思，立刻出兵。鲁爽的弟弟鲁瑜正在建康，他听到鲁爽出兵的消息就逃跑了。之后，鲁爽命令他的士兵戴上黄色标帜，并私下制造标准服饰，到登坛场行礼，自号建平元年。鲁爽把和自己意见不同的长史韦处穆、中兵参军杨元驹、治中庾腾之都给杀掉。徐遗宝也带士兵向彭城奔去。

二月，义宣闻爽已反，狼狈举兵。鲁瑜弟弘为质府佐，帝敕质收之，质即执台使，举兵。

义宣与质皆上表，言为左右所谗疾，欲诛君侧之恶。义宣进爽号征北将军。爽于是送所造舆服诣江陵，使征北府户曹版义宣等，文曰："丞相刘，今补天子，名义宣；东骑臧，今补丞相，名质；平西朱，今补车骑，名修之。皆版到奉行。"义宣骇愕，爽所送法物并留竟陵，不听进。质加鲁弘辅国将军，下戍大雷。义宣遣谘议参军刘谌之将万人就弘，召司州刺史鲁秀，欲使为谌之后继。秀至江陵见义宣，出，拊膺曰："吾兄误我，乃与痴人作贼，今年败矣！"

【译文】二月，刘义宣听到鲁爽已经出兵反叛的消息，也仓促出兵。鲁瑜的弟弟鲁弘担任臧质府佐，宋孝武帝刘骏派使者命令臧质收押鲁弘，臧质立即逮捕朝廷使者，随即出兵。

义宣和臧质都向宋孝武帝刘骏呈上表书，说皇帝被左右所蒙蔽，要诛杀皇帝身旁的坏人。刘义宣升任鲁爽为征北将军。鲁爽把所造的服饰车舆送到江陵，并命令征北府户曹把版书授予刘义宣等人，文章中说道："丞相刘，现在进补为天子，名义宣；车骑将军臧，现在补任为丞相，名质；平西将军朱，现在补任为车骑将军，名修之。在各位收到版书后，开始实施。"刘义宣惊愕不止，把鲁爽所送的服饰都留在竟陵，不接受他的劝进。臧质加任鲁弘为辅国将军。他派谘议参军刘谌之率一万士兵到鲁弘处，又召令司州刺史鲁秀，要求他作为刘谌之的后继。鲁秀到江陵参见义宣，他出来后，悲怆地说："我哥哥不听我的意见，竟然要与笨人一起作战，今年要失败了。"

义宣兼荆、江、兖、豫四州之力，威震远近。帝欲奉乘舆法物迎之，竟陵王诞固执不可，曰："奈何持此座与人！"乃止。

己卯，以领军将军柳元景为抚军将军；辛卯，以左卫将军王玄谟为豫州刺史。命元景统玄谟等诸将以讨义宣。癸巳，进据梁山洲，于两岸筑偃月垒，水陆待之。义宣自称都督中外诸军事，命僚佐悉称名。

【译文】刘义宣兼有荆、江、兖、豫四州的军力，他的军事力量震惊远近。宋孝武帝刘骏想要奉上帝王的车舆服饰来迎接刘义宣，竟陵王刘诞坚持不可以这样，说："皇上怎么可以拿着帝位送人呢？"宋孝武帝刘骏这才停止。

己卯日（十二日），宋孝武帝刘骏任命领军将军柳元景担任抚军将军；辛卯日（二十四日），任命左卫将军王玄谟担任豫州刺史，命令柳元景率玄谟等各将领讨伐刘义宣。癸巳日（二十六日），占领梁山洲，在两岸建筑半月形的防卫堡垒，并在水陆两路等待。刘义宣自称督办中外诸军事，命令僚属都直称他的名字。

甲午，魏主诣道坛受图箓。

丙申，以安北司马夏侯祖欢为兖州刺史。三月，己亥，内外戒严。辛丑，以徐州刺史萧思话为江州刺史，柳元景为雍州刺史。癸卯，以太子左卫率庞秀之为徐州刺史。

义宣移檄州郡，加进位号，使同发兵。雍州刺史朱修之伪许之，而遣使陈诚于帝。益州刺史刘秀之斩义宣使者，遣中兵参军韦崧将万人袭江陵。

【译文】甲午日（二十七日），魏文成帝拓跋濬到达道坛，接受图箓。

丙申日（二十九日），宋孝武帝刘骏任命安北司马夏侯祖欢担任兖州刺史。三月，己亥日（初二），建康内外戒严。辛丑日（初四），宋孝武帝刘骏任命徐州刺史萧思话担任江州刺史，任命柳元景担任雍州刺史。癸卯日（初六），宋孝武帝刘骏任命太子左卫率庞秀之担任徐州刺史。

刘义宣分送讨伐檄文给各州郡主官，许诺要加进他们的位号，并要求他们同时出兵。雍州刺史朱修之假装答应，却派使者向宋孝武帝刘骏告发以表示对皇帝的忠心。而益州刺史刘秀之斩杀刘义宣的使者，派中兵参军韦崧率一万人袭击江陵。

戊申，义宣帅众十万发江津，舳舻数百里。以子恺为辅国将军，与左司马竺超民留镇江陵。檄朱修之使发兵万人继进，修之不从。义宣知修之贰于己，乃以鲁秀为雍州刺史，使将万馀人击之。王玄谟闻秀不来，喜曰："臧质易与耳！"

冀州刺史垣护之妻，徐遗宝之姊也，遗宝邀护之同反，护之不从，发兵击之。遗宝遣兵袭徐州长史明胤于彭城，不克。胤与夏侯祖欢、垣护之共击遗宝于湖陆，遗宝弃众焚城，奔鲁爽。

义宣至寻阳，以质为前锋而进，爽亦引兵直趣历阳，与质水陆俱下。殿中将军沈灵赐将百舸，破质前军于南陵，擒军主徐庆安等。质至梁山，夹陈两岸。与官军相拒。

【译文】戊申日（十一日），刘义宣率十万大军乘坐绵延几百里的船只从江津出发。他任命儿子刘恢担任辅国将军，与左司马竺超民共同在江陵留守。刘义宣发檄文给朱修之，要求他率一万士兵前进，朱修之不从。刘义宣早就知道朱修之和自己不同心，于是任命鲁秀担任雍州刺史，让他率一万多士兵攻击朱修之。王玄谟知道鲁秀没有来的消息后，高兴地说："臧质就是容易对付呀！"

冀州刺史垣护之的妻子，是徐遗宝的姐姐。徐遗宝邀请垣护之一起反叛，垣护之不愿意反叛，就没有听从徐遗宝的意见，并出兵攻击他。徐遗宝派士兵在彭城袭击徐州长史明胤，但是没有攻下。明胤和夏侯祖欢、垣护之共同反击在湖陆的徐遗宝，徐遗宝弃下众兵，火烧城池，得以逃走投奔鲁爽。

刘义宣到达寻阳后，向臧质下达担任前锋向前进发的命令。这时，鲁爽也率兵径直扑向历阳，他和臧质各自率水陆军队向江东方向进发。殿中将军沈灵赐率百艘船舰，打败臧质在南陵的水军前部，并擒拿捕获军主徐庆安等人。臧质率军抵达梁山后，在长江两岸摆开阵势，与官军形成对峙局面。

夏，四月，戊辰，以后将军刘义綦为湘州刺史；甲申，以朱修之为荆州刺史。

上遣左军将军薛安都、龙骧将军南阳宗越等戍历阳，与鲁爽前锋杨胡兴等战，斩之。爽不能进，留军大岘，使鲁瑜屯小岘。上复遣镇军将军沈庆之济江，督诸将讨爽；爽食少，引兵稍退，自留断后。庆之使薛安都帅轻骑追之，丙戌，及爽于小岘。爽将战，饮酒过醉，安都望见爽，即跃马大呼，直往刺之，应手而倒，左右范双斩其首。爽众奔散，瑜亦为部下所杀。遂进攻寿阳，克之。徐遗宝奔东海，东海人杀之。

◆李延寿论曰："凶人之济其身，非世乱莫由焉。鲁爽以乱世之情，而行之于平日，其取败也宜哉！◆

【译文】夏季，四月，戊辰日（初二），宋孝武帝刘骏任命将军刘义綦担任湘州刺史；甲申日（十八日），任命朱修之担任荆州刺史。

宋孝武帝刘骏派左军将军薛安都、龙骧将军南阳宗越等在历阳驻扎守卫，与鲁爽的前锋杨胡兴等交战，斩杀杨胡兴。鲁爽的军队不能前进，就使军队停留在大岘，并派鲁瑜驻守小岘。宋孝武帝刘骏又派镇军将军沈庆之渡过长江，指挥各将讨伐鲁爽的行动。鲁爽军中因为缺少粮食，部队稍微向后退，而留下自己断后，沈庆之派薛安都率轻骑兵追击鲁爽。丙戌日（二十日），薛安都在小岘追击到鲁爽。鲁爽要出来迎战，却因饮酒大醉，不能控制自己的行动。薛安都看到鲁爽就跳下战马大叫，径直奔过去刺杀，鲁爽被刺倒地，薛安都的部将范双砍下鲁爽的人头，鲁爽的军队奔逃散去，鲁瑜也被部下所杀，薛安都于是乘胜攻下寿阳。徐遗宝逃到东海时，被遇到的东海人杀掉。

◆李延寿评论说：凶恶的人之所以能有所成就，是因为没有不利用社会动乱的机会。鲁爽却把乱世的投机情怀，用于升平的时代，因此他的失败是应该的。◆

南郡王义宣至鹊头，庆之送爽首示之，并与书曰："仆荷任一方，而衅生所统。近聊帅轻师，指往翦扑，军锋裁及，贼爽授首。公情契异常，或欲相见，及其可识，指送相呈。"爽累世将家，骁猛善战，号万人敌。义宣与质闻其死，皆骇惧。

柳元景军于采石；王玄谟以臧质众盛，遣使来求益兵，上使元景进屯姑孰。

太傅义恭与义宣书曰："往时仲堪假兵，灵宝寻害其族；孝伯推诚，牢之旋踵而败。臧质少无美行，弟所具悉。今藉西楚之强力，图济其私；凶谋若果，恐非复池中物也。"义宣由此疑之。

【译文】在南郡王义宣到达鹊头后，沈庆之把鲁爽的头送给他，并给他写信说道："我虽然承担一方职务，但纠纷却发生在我所管辖的地方，因此我率部分军队前往平定，交锋的结果是，贼人鲁爽被斩断了头。你和他情谊深厚，如果要你们相见，或许还可以识别出来，特别送来呈送给你看。"鲁爽家世代都是勇猛善战的名将，号称万人敌。义宣和臧质听到他被杀害的消息，都很慌张害怕。

柳元景率军驻扎在采石矶。王玄谟认为臧质的士兵多，派人到建康向宋孝武帝刘骏要求增加兵力。宋孝武帝刘骏于是派柳元景进驻姑孰。

太傅义恭在给义宣的书信上说："从前殷仲堪把士兵借给桓玄，而桓玄不久就杀了他全家；王恭信任刘牢之，但转眼间就被刘牢之所杀害。臧质年少时没有好的品行，这你是知道的。现在他想利用荆楚的军力，来实现他的私人欲望，如果让他的奸计得逞，恐怕就不是你能控制的池中之物了。"义宣从此怀疑臧质。

五月，甲辰，义宣至芜湖，质进计曰："今以万人取南州，则梁山中绝；万人缀梁山，则玄谟必不敢动；下官中流鼓棹，直趣石头，此上策也。"义宣将从之。刘谌之密言于义宣曰："质求前驱，此志难测。不如尽锐攻梁山，事克然后长驱，此万安之计也。"义宣乃止。

【译文】 五月，甲辰日（初八），义宣到达芜湖，臧质向义宣提议道："现在如果用一万人来攻取南州，那么梁山就会被截断后援；在万人牵制梁山的情况下，王玄谟一定不敢轻举妄动，下官再带上水军径直夺取石头城，这是上策。"义宣打算运用这个计策。刘谌之秘密地对义宣说："臧质要求做军队的前锋，我们很难预料他的志向。不如率全部精兵进攻梁山，待攻破后，再长驱直入，这才是万全之计。"义宣听后觉得有道理，就改变了原来的打算。

冗从仆射胡子反等守梁山西垒，会西南风急，质遣其将尹周之攻西垒；子反方渡东岸就玄谟计事，闻之，驰归。周之攻垒甚急，偏将刘季之帅水军殊死战，求救于玄谟，玄谟不遣；大司马参军崔勋之固争，乃遣勋之与积弩将军垣询之救之。比至，城已陷，勋之、询之皆战死。询之，护之之弟也。子反等奔还东岸。质又遣其将庞法起将数千兵趋南浦，欲自后掩玄谟，游击将军垣护之引水军与战，破之。

朱修之断马鞍山道，据险自守。鲁秀攻之不克，屡为修之所败，乃还江陵，修之引兵蹑之。或劝修之急追，修之曰："鲁秀，骁将也；兽穷则攫，不可迫也。"

【译文】冗从仆射胡子反等守卫梁山西边阵地，正好西南风刮得很急，臧质派他的将领尹周之进攻西城。胡子反当时正准备渡过东岸接受王玄谟的作战命令，在获知西城被攻打的消息后立刻赶回作战。尹周之猛烈发动攻击，偏将刘季之率水军拼死奋战，他向王玄谟求救，王玄谟本来不肯派士兵前来支援，在大司马参军崔勋之坚决争取的情况下，才答应派崔勋之和积弩将军垣询之前往援助。当他们到达时，西城已被攻破，崔勋之、垣询之都战死沙场。垣询之，是垣护之的弟弟。胡子反率余下军队逃回东岸。臧质又派他的将领庞法起率数千士兵快速攻打南浦，想要从后面堵住王玄谟的退路，以解王玄谟不派援兵救援的仇恨。游击将军垣护之带领水军前来交战，击破庞法起。

朱修之截断马鞍山的道路，自己占据险地守卫。鲁秀攻击他，没有取胜过，反而经常被朱修之击败，于是他不得不退回到江陵，而朱修之却没有放过他的意思，率兵紧随其后，暗地跟着他。有人劝朱修之赶快追赶，朱修之说："鲁秀，是勇猛的将领；就是一只野兽，你要把它追急了，它会回身和你拼死搏斗，所以对于鲁秀不能逼得太紧迫！"

王玄谟使垣护之告急于柳元景曰："西城不守，唯馀东城万人。贼军数倍，强弱不敌。欲退还姑孰，就节下协力当之，更议进取。"元景不许，曰："贼势方盛，不可先退，吾当卷甲赴之。"护之曰："贼谓南州有三万人，而将军麾下裁十分之一，若往造贼垒，则虚实露矣。王豫州必不可来，不如分兵援之。"元景曰：

"善!"乃留羸弱自守，悉遣精兵助玄谟，多张旗帜。梁山望之如数万人，皆以为建康兵悉至，众心乃安。

【译文】 王玄谟派垣护之向柳元景告急说："如果不守卫西城，那么东城就只剩下一万人，而贼军有好几倍，弱不敌强，我要退守到姑孰，希望你能先协力阻挡，然后我们再商量进攻的事情。"柳元景不同意，说："贼人的战斗力正是强盛之时，你不可以先退下，我立即整装来支援你。"垣护之说："贼人称南州有三万军队，而将军才有十分之一的兵力，如果现在前往贼人的阵地，虚实就显露出来了，王豫州不可以过来，不如你分派士兵前来支援。"柳元景说："好!"于是就留下虚弱的士兵守卫城池，而自己则率全部精兵协助王玄谟，并悬挂许多军旗来虚张声势。这样，梁山看起来好像有好几万士兵，被人以为建康的援兵全到达梁山，大家的心才安定下来。

质请自攻东城。谘议参军颜乐之说义宣曰："质若复克东城，则大功尽归之矣；宜遣麾下自行。"义宣乃遣刘谌之与质俱进。甲寅，义宣至梁山，顿兵西岸，质与刘谌之进攻东城。玄谟督诸军大战，薛安都帅突骑先冲其陈之东南，陷之，斩谌之道，刘季之、宗越又陷其西北，质等兵大败。垣护之烧江中舟舰，烟焰覆水，延及西岸，营垒殆尽；诸军乘势攻之，义宣兵亦溃。义宣单舸进走，闭户而泣，荆州人随之者犹百馀舸。质欲见义宣计事，而义宣已去，质不知所为，亦走，其众皆降散。己未，解严。

【译文】 后来，臧质自己请求进攻东城。谘议参军颜乐之向刘义宣说："臧质如果攻克东城，大的功劳就要全部归他了，我们应派自己的部下前去攻打。"刘义宣就派刘谌之和臧质一同进攻。甲寅日（十八日），刘义宣到达梁山，在西岸驻扎军队，臧质和刘谌之进攻东城。王玄谟指挥各军应战。薛安都率突击骑兵先行冲入东南阵地，加以摧毁，砍下了刘谌之的头，刘季之、宗越又攻陷他们的西北阵地，臧质大败。垣护之用火焚烧长江中的船只，江面顿时被烟雾和火焰覆盖，连一直延伸到西岸的军营也被烧尽。各军乘机进攻，刘义宣的士兵溃不成军，刘义宣乘坐一只船赶快逃走，关上船门哭泣，此时还有从荆州跟随他的一百多艘船只。臧质想跟刘义宣商议事情，而刘义宣已经离去，臧质不知如何处理，也跟着走了，所有士兵都投降或逃散。己未日（二十三日），解除戒严。

癸亥，以吴兴太守刘延孙为尚书右仆射。

六月，丙寅，魏主如阴山。

臧质至寻阳，焚烧府舍，载妓妾西走；使嬖人何文敬领馀兵居前，至西阳。西阳太守鲁方平给文敬曰："诏书唯捕元恶，馀无所问。不如逃之。"文敬弃众亡去。质先以妹夫羊冲为武昌郡，质往投之；冲已为郡丞胡庇之所杀，质无所归，乃逃于南湖。掇莲实啖之，追兵至，以荷覆头，自沉于水，出其鼻。戊辰，军主郑俱儿望见，射之，中心，兵刃乱至，肠胃萦水草，斩首送建康，子孙皆弃市，并诛其党豫章太守乐安任荟之、临川内史刘怀之、鄱阳太守杜仲儒。仲儒，骥之兄子也。功臣柳元景等封赏各有差。

【译文】癸亥日（二十七日），宋孝武帝刘骏任命吴兴太守刘延孙担任尚书右仆射。

六月，丙寅日（初一），魏文成帝拓跋濬到达阴山。

臧质到达寻阳后，烧掉自己的住宅，带着侍姬向西逃走。他宠幸的臣子何文敬领头带领余下的士兵向前方逃走，到达西阳。西阳太守鲁方平在给何文敬的信中说："诏书上说只要捕捉到首恶，其余的人就不追究，我们不如就此逃走。"何文敬就抛弃众人逃走。臧质先前让妹夫羊冲担任武昌郡太守，因此要投奔他，但是羊冲已经被郡丞胡庇之所杀，臧质无处可去，于是逃到南湖，摘取莲子吃。等追兵赶到的时候，臧质跳到湖中，用莲叶覆盖着头，把身体沉入水中，让鼻子从水中出来保持呼吸。戊辰日（初三），军主郑俱儿发现臧质后，用箭射中他的鼻心，然后用刀对准他的身体胡乱砍，臧质流出的肠胃缠绕着水草，他的头颅被砍下后送到建康，子孙都在市集被杀，他的同党乐安太守任荟之、临川内史刘怀之、鄱阳太守杜仲儒等也被杀掉。杜仲儒，是杜骥哥哥的儿子。功臣柳元景等人依照功绩被分别加以封赏。

丞相义宣走至江夏，闻巴陵有军，回向江陵，众散且尽，与左右十许人徒走，脚痛不能前，僦民露车自载，缘道求食。至江陵郭外，遣人报竺超民，超民具羽仪兵众迎之。时荆州带甲尚万馀人，左右翟灵宝诫义宣使抚慰将佐，以"臧质违指授之宜，用致失利。今治兵缮甲，更为后图。昔汉高百败，终成大业!"而义宣忘灵宝之言，误云"项羽千败"，众咸掩口。鲁秀、竺超民等犹欲收馀兵更图一决；而义宣悟沮，无复神守，入内不复出，左右腹心稍稍离叛。鲁秀北走，义宣不能自立，欲随秀去，乃携息惰及所爱妾五人着男子服相随。城内扰乱，白刃交横，义宣惧，坠马，遂步进；竺超民送至城外，更以马与之，归而城守。义宣求秀不得，左右尽弃之，夜，复还南郡空廨；旦日，超民收送刺奸。义宣止狱户，坐地叹曰："臧质老奴误我!"五妾寻被遣出，义宣号泣，语狱吏曰："常日非苦，今日分别始是苦。"鲁秀众散，不能去，还向江陵，城上人射之，秀赴水死，就取其首。

【译文】丞相刘义宣逃到江夏后,听说巴陵有军队驻防,就又急忙退向江陵。此时,跟随他的兵众几乎全部逃光,他就与左右十多人走路,脚痛不能再走的时候,就借用民间的无篷车乘坐搭载;饥饿的时候,就沿街向路人乞讨食物。等他到江陵城城外时,派人通报竺超民。竺超民准备有羽旗装饰的士兵举行欢迎仪式。当时荆州的带甲士兵还有一万多人,在刘义宣左右的侍从翟灵宝劝告刘义宣要懂得抚慰和奖赏将士,刘义宣于是借用翟灵宝的话说道:"臧质违背正确的指挥,以致失败。现在我们要重整装备、训练士兵,重新制订复兴计划。从前汉高祖就是经过上百次失败,才终于成就大业。"刘义宣忘了灵宝的原话,错说道"项羽有千次失败"。士众都掩口而笑。鲁秀、竺超民等人还想收拾余兵,重新决战,而刘义宣没有精神、沮丧之至,进入室内就不再出来,左右心腹等人渐渐离他而去。鲁秀要向北走,刘义宣自己不能守卫住,就要跟鲁秀一起去,于是携带儿子刘恑和女扮男装的五个爱妾跟随自己。当时城内纷扰杂乱,刀刃相互残杀,刘义宣因为害怕,从马上坠下,只得步行。刘义宣找不到鲁秀,左右的人又全都抛弃他,晚上就回到南郡的空官舍。第二天,竺超民用车子把他送进刺奸掾。当刘义宣进到监狱,坐在地上叹息说:"臧质这老家伙害死了我!"五个妾不久被送出监狱,刘义宣不忍分别,对狱吏哭号说:"平常打仗失败都不感到痛苦,今天要与亲人分别才是最痛苦的事情。"鲁秀因为兵众四散离去,不能向北,于是又回到江陵。江陵城上的士兵用箭射杀他,鲁秀掉落水中而死,他的头颅被士兵割取。

诏右仆射刘延孙使荆、江二州,旌别枉直,就行诛赏;且分割二州之地,议更置新州。

初，晋氏南迁，以扬州为京畿，谷帛所资皆出焉；以荆、江为重镇，甲兵所聚尽在焉，常使大将居之。三州户口，居江南之半，上恶其强大，故欲分之。癸未，分扬州浙东五郡置东扬州，治会稽；分荆、湘、江、豫州之八郡置郢州，治江夏；罢南蛮校尉，迁其营于建康。太傅义恭议使郢州治巴陵，尚书令何尚之曰："夏口在荆、江之中，正对沔口，通接雍、梁，实为津要。由来旧镇，根基不易，既有见城，浦大容舫，于是为便。"上从之。既而荆、扬因此虚耗，尚之请复合二州，上不许。

【译文】宋孝武帝刘骏下诏派右仆射刘孝孙到荆、江两州，调查识别忠贞或反叛之士，分别执行赏赐或诛杀处罚；又划拨出两州土地，另外设立新州。

起初，晋朝南迁时，把扬州作为首都地区，粮食布帛都由扬州供给；而把荆州、江州作为军事重镇，因此军队多在两州驻扎，并经常派大将驻守。这三州的人口，占到江南的一半，宋孝武帝刘骏不喜欢这三州太过强大，害怕朝廷将来会控制不住，所以想把这三个州再划分为数个小州。癸未日（十八日），便分出扬州浙东的五郡，设立东扬州，州治在会稽；分出荆、湘、江、豫州的八郡，设立郢州，州治在江夏；撤销南蛮校尉，把原有机构迁回建康。太傅刘义恭提议郢州州治应设在巴陵，尚书令何尚之则说："夏口在荆州、江州的中央，并正对沔口，可以连通雍州、梁州，是重要的水路中心，而且是自古以来的重镇，基础稳固。而夏口既有的城垣，不仅有大的港湾，而且停泊的船只又多，管理上也比较方便。"宋孝武帝刘骏同意何尚之的意见。从此，在荆、扬分州以后，增加官府的消耗花费。何尚之就又请求合并荆、扬二州，宋孝武帝刘骏没有同意。

戊子，省录尚书事。上恶宗室强盛，不欲权在臣下；太傅义恭知其指，故请省之。

上使王公、八座与荆州刺史朱修之书，令丞相义宣自为计。书未达，庚寅，修之入江陵，杀义宣，并诛其子十六人，及同党竺超民、从事中郎蔡超、谘议参军颜乐之等。超民兄弟应从诛，何尚之上言："贼既遁走，一夫可擒。若超民反覆昧利，即当取之，非唯免愆，亦可要不义之赏。而超民曾无此意，微足观过知仁。且为官保全城府，谨守库藏，端坐待缚。今戮及兄弟，则与其馀逆党无异，于事为重。"上乃原之。

【译文】戊子日（二十三日），宋国裁撤掉录尚书事的职位。宋孝武帝刘骏厌恶宗室强盛的局面，不愿意自己的权力比臣子的小。太傅刘义恭因为知道宋孝武帝的心意，就请求撤去。

宋孝武帝刘骏命令王公、八座给荆州刺史朱修之送信，要求丞相刘义宣自杀。庚寅日（二十五日），信还没有被送达，朱修之就进入江陵城，杀掉刘义宣和他的十六个儿子，以及同党竺超民、从事中郎蔡超、谘议参军颜乐之等人。

宋孝武帝刘骏又准备下令杀掉竺超民的兄弟。何尚之上书给宋孝武帝刘骏说："贼人刘义宣逃出江陵时，我一个人就可以把他抓捕回来。如果竺超民贪取利益，反复无常，我们就可以杀掉他。在要他投降不仅可以免罪，而且可以得到不义的赏赐的情况下，竺超民并没有免罪求赏的意思，这样也稍微可以了解他的为人。而且他任官时，也保全了城中的官宅，并且小心地保全府库的钱粮，正在坐着等待逮捕。如果现在还要杀他的兄弟，那么我们就与其他的叛党没有两样，这样的处分未免太重了。"宋孝武帝刘骏于是原谅了竺超民的兄弟。

秋，七月，丙申朔，日有食之。

庚子，魏皇〔子〕弘生；辛丑，大赦，改元兴光。

丙辰，大赦。

八月，甲戌，魏赵王深卒。

乙亥，魏主还平城。

冬，十一月，戊戌，魏主如中山，遂如信都；十二月，丙子，还，幸灵丘，至温泉宫；庚辰，还平城。

【译文】秋季，七月，丙申朔日（初一），天空出现日食。

庚子日（初五），魏皇子拓跋弘出生；辛丑日（初六），魏国大赦境内，把年号改为兴光。

丙辰日（二十一日），宋国大赦天下。

八月，甲戌日（初十），魏赵王去世。

乙亥日（十一日），魏文成帝拓跋濬回到平城。

冬季，十一月，戊戌日（初五），魏文成帝拓跋濬先到中山，后转到信都；十二月，丙子日（十四日），从信都折回，到达灵丘温泉宫；庚辰日（十八日），又回到平城。

孝建二年（乙未，公元四五五年）春，正月，魏车骑大将军乐平王拔有罪，赐死。

镇北大将军、南兖州刺史沈庆之请老；二月，丙寅，以为左光禄大夫、开府仪同三司。庆之固让，表疏数十上，又面自陈，乃至稽颡泣涕。上不能夺，听以始兴公就第，厚加给奉。顷之，上复欲用庆之，使何尚之往起之。尚之累陈上意，庆之笑曰："沈公不效何公，往而复返。"尚之惭而止。辛巳，以尚书右仆射刘延孙为南兖州刺史。

【译文】 孝建二年（乙未，公元455年）春季，正月，魏车骑大将军乐平王拓跋拔因为有罪，被赐令自杀。

镇北大将军、南兖州刺史沈庆之因为年老向宋孝武帝请求辞掉官职回家休养；二月，丙寅日（初五），宋孝武帝刘骏让他担任左光禄大夫、开府仪同三司。沈庆之一直推辞谦让，为此上了数十次表疏，又当面陈情，乃至于叩头哭泣。宋孝武帝刘骏不能强迫他改变自己的意愿，就同意他以始兴公的爵号回家，加厚俸禄。不久，宋孝武帝刘骏又要用到他，便派何尚之去请他。何尚之一再说明皇上的意思，沈庆之只是笑着说："沈公不效仿何公，去了而又回来（指何尚之退了职又复官）。"何尚之感到惭愧而不敢再去请他。辛巳日（二十日），宋孝武帝刘骏任命尚书右仆射刘延孙担任南兖州刺史。

夏，五月，戊戌，以湘州刺史刘遵考为尚书右仆射。

六月，壬戌，魏改元太安。

甲子，大赦。

甲申，魏主还平城。

【译文】 夏季，五月，戊戌日（初八），宋孝武帝刘骏任命湘州刺史刘遵考担任尚书右仆射。

六月，壬戌日（初二），魏国改年号为太安。

甲子日（初四），宋国大赦天下。

甲申日（二十四日），魏文成帝拓跋濬到达平城。

秋，七月，癸巳，立皇弟休祐为山阳王，休茂为海陵王，休业为鄱阳王。

丙辰，魏主如河西。

【译文】 秋季，七月，癸巳日……

雍州刺史武昌王浑与左右作檄文，自号楚王，改元永光，备置百官，以为戏笑。长史王翼之封呈其手迹。八月，庚申，废浑为庶人，徙始安郡。上遣员外散骑侍郎东海戴明宝诘责浑，因逼令自杀，时年十七。

丁亥，魏主还平城。

诏祀郊庙，初设备乐，从前殿中曹郎荀万秋之议也。

【译文】秋季，七月，癸巳日（初四），宋孝武帝刘骏立皇弟刘休祐为山阳王，刘休茂为海陵王，刘休业为鄱阳王。

丙辰日（二十七日），魏文成帝拓跋濬到达河西。

雍州刺史武昌王刘浑，与左右开玩笑，写下檄文，自号楚王，把年号改为永光，重新设置百官。长史王翼之把刘浑的笔迹呈给宋孝武帝刘骏看。八月，庚申日（初一），宋孝武帝刘骏把刘浑废为平民，流放到始安郡。宋孝武帝刘骏派员外散骑侍郎东海人戴明宝去责问刘浑，实际上是想逼他自杀，而刘浑当时年仅十七岁。

丁亥日（二十八日），魏文成帝拓跋濬回到平城。

宋孝武帝刘骏下诏要在郊外的寺庙进行祭祀，命人开始制作完备的乐曲。这是依据前殿中曹郎荀万秋的提议。

上欲削弱王侯，冬，十月，己未，江夏王义恭、竟陵王诞奏裁损王、侯车服、器用、乐舞制度，凡九事；上因讽有司奏增广为二十四条，听事不得南向坐，施帐；剑不得为鹿卢形；内史、相及封内官长止称下官，不得称臣，罢官则不复追敬。诏可。

【译文】宋孝武帝刘骏打算削弱王侯的力量。冬季，十月，己未日（初一），江夏王刘义恭和竟陵王刘诞上奏请求裁减王、侯的车服、器用和乐舞制度，一共有九条；宋孝武帝刘骏趁机示意有关官吏把要裁减的内容增加到二十四条，比如王、侯在听取政事时不可以向南坐；剑柄不可以被制作成鹿卢形；内史、相和封内的官长对王、侯要自称下官，不可以称臣；撤官后，则不再追敬。宋孝武帝刘骏下诏同意。

【乾隆御批】惩尾大不掉之患，自有恩义两全之道。乃谨于仪服度数重示裁抑，所谓不揣其本，卒致逆鳞相寻耳。

【译文】惩治尾大不掉的祸患，自有恩义两全的方法。只是在礼仪服制的数量轻重方面进行裁减压抑，正所谓不能从根本上解决，最后导致叛逆残杀。

庚午，魏以辽西王常英为太宰。

壬午，以太傅义恭领扬州刺史，竟陵王诞为司空、领南徐州刺史，建平王宏为尚书令。

【译文】庚午日（十二日），魏文成帝拓跋濬任命辽西王常英担任太宰。

壬午日（二十四日），宋孝武帝刘骏任命太傅刘义恭兼任扬州刺史，竟陵王刘诞担任司空兼任南徐州刺史，建平王刘宏担任尚书令。

是岁，以故氐王杨保宗子元和为征虏将军，杨头为辅国将军。头，文德之从祖兄也。元和虽杨氏正统，朝廷以其年幼才弱，未正位号，部落无定主，头先成葭芦，母妻子弟并为魏所执，而头为宋坚守无贰心。雍州刺史王玄谟上言："请以头为假节、西秦州刺史，用安辑其众。俟数年之后，元和稍长，使嗣故业。若元和才用不称，便应归头，头能藩扞汉川，使无虏患，彼四千户荒州殆不足惜。若葭芦不守，汉川亦无立理。"上不从。

【译文】这一年，宋孝武帝刘骏任命已故的氐王杨保宗的儿子杨元和担任征虏将军，杨头担任辅国将军。杨头，是杨文德的同祖父哥哥。杨元和虽然是杨氏的正统血脉，但朝廷因为他年幼，也没有才能，就没有给他正式的位号，这样使得部落没有固定的主人。杨头先前驻守葭芦的时候，母亲、妻子、儿子、弟弟都被魏军抓去。而杨头对宋国忠贞，没有为解救家人向魏军投降的二心。雍州刺史王玄谟向宋孝武帝刘骏上书说："请让杨头担任假节、西秦州刺史，用来安抚他们的部族。等几年以后，杨元和年纪较大的时候，就可以让他继承先世的职位来执政。如果杨元和没有相配的才能，就让杨头另选他人。杨头能够作为汉川的屏障，消灭外患，而他们只是四千户的荒州，应该不会舍不得。如果葭芦守卫不住，汉川也就没有能够保全的道理。"宋孝武帝刘骏不同意他的意见。

孝建三年（丙申，公元四五六年）春，正月，庚寅，立皇弟休范为顺阳王，休若为巴陵王。戊戌，立皇子子尚为西阳王。

壬子，纳右卫将军何瑀女为太子妃。瑀，澄之曾孙也。甲寅，大赦。

乙卯，魏立贵人冯氏为皇后。后，辽西郡公朗之女也；朗为秦、雍二州刺史，坐事诛，后由是没入宫。

二月，丁巳，魏主立子弘为皇太子，先使其母李贵人条记所付托兄弟，然后依故事赐死。

【译文】孝建三年（丙申，公元456年）春季，正月，庚寅日（初四），宋孝武帝刘骏立皇弟刘休范为顺阳王，刘休若为巴陵王。戊戌日（十二日），立皇子刘子尚为西阳王。

壬子日(二十六日),太子接纳迎娶右卫将军何瑀的女儿为太子妃。何瑀,是何澄的曾孙。甲寅日(二十八日),大赦天下。

乙卯日(二十九日),魏文成帝拓跋濬立贵人冯氏为皇后。皇后是辽西郡公冯朗的女儿,而冯朗是秦、雍二州刺史,因为牵涉政事被杀,女儿才因此被许配到宫中。

二月,丁巳日(初一),魏文成帝拓跋濬立拓跋弘为皇太子,先让拓跋弘的母亲李贵人分条记下所要交代的事并托付给她的兄弟,然后依照古有的成例赐她自杀。

【康熙御批】齐家乃平治之源,太子为国家之本。选建储位则其母必素被行于之化者矣。藉以养育青宫,裨益匪浅。稽诸往牒,如申生之母尚在,则骊姬之谮不行,晋国之家庭骨肉岂至有惨祸耶?汉武帝欲立太子乃先赐钩弋夫人死,特有惩于吕后之故而耄年计拙,遂至因噎废食也。至北魏时径相沿为故事,而踵行之,使其子得以立而丧母,将必有大不忍于其中者。嗣服继统之日,欲以孝治天下,能不无隐恫哉?夫汉武固雄才大略之主也,而举动不常,流弊一至于此,惜哉。

【译文】齐家是平治国家的源头,继承人是国家的根本。选建储位的天子,他们的母亲一定也一定要在道德教化的行列。借此以培养青宫,获益匪浅。考查往事,如果晋国申生的母亲还在,那么骊姬的谗言就会行不通,晋国的家庭骨肉就不会有如此惨祸。汉武帝想要立太子就先把太子的母亲钩弋夫人处死了,这是有鉴于在吕后的教训而在老年做出的拙劣计策,简直是因噎废食了。这种做法到北魏时几乎相沿成为惯例,不断施行,自己被立为太子就会失去母亲,将会让人太不忍心了。太子继承帝位那一天,想要以孝治天下,能没有隐藏之痛吗?汉武帝是一位雄才大略的君主,他的这一举动却不符合常道,流弊一直延续到这个时候，实在可惜呀！

甲子，以广州刺史宗悫为豫州刺史。故事，府州部内论事，皆签前直叙所论之事，置典签以主之。宋世诸皇子为方镇者多幼，时主皆以亲近左右领典签，典签之权稍重。至是，虽长王临藩，素族出镇，典签皆出纳教命，执其枢要，刺史不得专其职任。及悫为豫州，临安吴喜为典签。悫刑政所施，喜每多违执，悫大怒，曰："宗悫年将六十，为国竭命，正得一州如斗大，不能复与典签共临之！"喜稽颡流血，乃止。

丁零数千家匿井陉山中为盗，魏选部尚书陆真与州郡合兵讨灭之。

闰月，戊午，以尚书左仆射刘遵考为丹杨尹。

癸酉，鄱阳哀王休业卒。

【译文】甲子日（初八），宋孝武帝刘骏任命广州刺史宗悫担任豫州刺史。为了沿用原来府州内部行政都用书札来根据实情记载所办事务的制度，因此设置典签来掌管。宋朝被派到各藩镇担任刺史的各皇子大多年纪较小，因此都任命左右亲近的人来出任典签的职位，所以典签的权力比较大。从此，即使是年纪大的王或皇族的人出任州刺史，典签也都有左右政令的权力，他们掌握权要，连刺史都不能专擅他的职位。等到宗悫担任豫州刺史，临安人吴喜担任典签。吴喜常常坚持反对宗悫的刑法政治措施，一次，宗悫忍不住，大怒说："我都将近六十岁了，还在为国家效命，却才得以掌管如斗大的一个州，我当然不能够与你典签来共同管理！"吴喜惊慌，跪地叩头直至流血，宗悫的怒气才平息下来。

数千家丁零族人藏匿在井陉山中做盗贼，魏文成帝拓跋濬选派部尚书陆真率州郡组成的军队,讨伐消灭他们。

闰月,戊午日(初三),宋孝武帝刘骏任命尚书左仆射刘遵考担任丹杨尹。

癸酉日(十八日),鄱阳哀王刘休业去世。

太傅义恭以南兖州刺史西阳王子尚有宠,将避之,乃辞扬州。秋,七月,解义恭扬州;丙子,以子尚为扬州刺史。时荧惑守南斗,上废西州旧馆,使子尚移治东城以厌之。扬州别驾从事沈怀文曰:"天道示变,宜应之以德。"今虽空西州,恐无益也。"不从。怀文,怀远之兄也。

【译文】太傅刘义恭认为南兖州刺史、西阳王刘子尚被宋孝武帝刘骏所宠爱,而选择避让他,因此请求辞掉扬州刺史的职位。秋季,七月,宋孝武帝刘骏就解除了刘义恭的扬州刺史职位。丙子日(二十三日),宋孝武帝刘骏任命刘子尚担任扬州刺史。当时天空中荧惑(火星)守着南斗星,宋孝武帝刘骏认为这个天象是分野扬州不吉的征兆,于是废除西州旧有的公馆,并命令刘子尚搬到东城来压住凶兆。扬州别驾从事沈怀文对宋孝武帝说:"我们应该用道德来配合天道所显示的变化,而不是行动。现在把西州空置下来,恐怕对我们没有好处。"宋孝武帝刘骏不听沈怀文的话。沈怀文是沈怀远的哥哥。

八月,魏平西将军渔阳公尉眷击伊吾,克其城,大获而还。

九月,壬戌,以丹杨尹刘遵考为尚书右仆射。

冬,十月,甲申,魏主还平城。

丙午,太傅义恭进位太宰,领司徒。

【译文】八月,魏平西将军渔阳公尉眷攻击伊吾,把伊吾城攻破，在城内大肆掠夺而回。

九月，壬戌日（初十），宋孝武帝刘骏任命丹杨尹刘遵考担任尚书令。

冬季，十月，甲申日（初二），魏文成帝拓跋濬回平城。

丙午日（二十四日），宋国太傅刘义恭进位为太宰，兼任司徒。

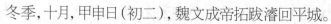

十一月，魏以尚书西平王源贺为冀州刺史，更赐爵陇西王。贺上言："今北虏游魂，南寇负险，疆场之间，犹须防戍。臣愚以为，自非大逆、赤手杀人，其坐赃盗及过误应入死者，皆可原宥，谪使守边；则是已断之体受更生之恩，徭役之家蒙休息之惠。"魏高宗从之。久之，谓群臣曰："吾用贺言，一岁所活不少，增戍兵亦多。卿等人人如贺，朕何忧哉！"会武邑人石华告贺谋反，有司以闻，帝曰："贺竭诚事国，朕为卿等保之，无此明矣。"命精加讯验。华果引诬，帝诛之，因谓左右曰："以贺忠诚，犹不免诬谤，不及贺者可无慎哉！"

【译文】十一月，魏文成帝拓跋濬任命尚书西平王源贺担任冀州刺史，赐给他陇西王的爵位。源贺向魏文成帝拓跋濬上书说："现在北方敌人（柔然）到处游荡攻击，而南方敌人（刘宋）在边疆前线依附着险要的地势，我们还需要防备守卫。臣认为，如果不是大逆不道赤手杀人，其他因犯贪污盗窃罪名或因过失要处以死刑的人，都是可以原谅的。把他们流放到边疆可以起到防卫作用，这样使得要死的人能够得到再生的恩惠；出征的人家，反倒可以得到休息的恩惠。"魏高宗拓跋濬同意源贺的建议。经过一段时间后，魏文成帝拓跋濬向群臣说道："我听从了源贺的话，一年中使不少人活下来，增加了很多的防卫兵力。各位如果都能像源贺一样，我会有什么忧愁的事情呢？”正好此时，武邑人石华来报告源贺计划造反，负责的官吏来向魏文成帝拓跋濬禀告说：“源贺竭尽诚心报效国家，我向各位保证，他绝对不会做这种事，我是很清楚的。”于是下令对石华详加审问调查，石华果然是诬告源贺，魏文成帝拓跋濬杀了他以后对左右说道：“凭借源贺的忠诚，还不免被人诬告陷害，不如源贺的人，怎么可以不小心谨慎呢？”

　　十二月，濮阳太守姜龙驹、新平太守杨自伦帅吏民弃郡奔魏。

　　上欲移青、冀二州并镇历城，议者多不同。青、冀二州刺史垣护之曰：“青州北有河、济，又多陂泽，非虏所向；每来寇掠，必由历城。二州并镇，此经远之略也。北又近河，归顺者易。近息民患，远申王威，安边之上计也。”由是遂定。

　　【译文】十二月，宋国濮阳太守姜龙驹、新平太守杨自伦率官吏和人民，丢弃下郡投奔魏国。

　　宋孝武帝刘骏提出把青州、冀州的州治，都合并到冀州的州治历城的想法，朝堂上讨论的臣子大多持有不同意见。青、冀二州刺史垣护之说：“青州以北有黄河、济水，又多山地和沼泽，不是敌人所攻击的方向；敌人每次前来，一定会经过历城。把这二州并到历城，是战略上的考虑。北方又靠近黄河，前来投奔归附的人容易到达。历城近可以稳定人民，消灭祸患，远可以达到伸张天子威望的目的，是安定边疆、稳定国家的最佳计策。”宋孝武帝刘骏认为垣护之说得有道理，因此做出合并两州到历城的决定。

元嘉中，官铸四铢钱，轮郭、形制与五铢同，用费无利，故民不盗铸。及上即位，又铸孝建四铢，形式薄小，轮郭不成。于是，盗铸者众，杂以铅、锡；翦凿古钱，钱转薄小。守宰不能禁，坐死、免者相继。盗铸益甚，物价踊贵，朝廷患之。去岁春，诏钱薄小无轮郭者悉不得行，民间喧扰。

【译文】元嘉年间，官方铸造的四铢钱，外轮内廓、式样、铸造成本、币值都与五铢钱相同，所以人民不盗铸。等到宋孝武帝刘骏登上皇位，铸造式样薄小、外圆内方、不整齐的孝建四铢。因此偷铸钱币的人多了起来，窃贼把铅、锡掺杂到钱里，使钱不牢固；或者剪凿古钱，使钱更为薄小。地方官吏因为禁止不了，被牵涉处死或免职的事件相继发生。盗铸愈多，物价愈贵，朝廷对此感到很忧虑。去年春天，宋孝武帝刘骏下诏宣布太小的或轮廓不整齐的钱，都不能再使用，民间因为这件事一片喧闹纷扰的声音。

是岁，始兴郡公沈庆之建议，以为："宜听民铸钱，郡县置钱署，乐铸之家皆居署内，平其准式，去其杂伪。去春所禁新品，一时施用，今铸悉依此格。万税三千，严检盗铸。"丹杨尹颜竣驳之，以为："五铢轻重，定于汉世，魏、晋以降，莫之能改；诚以物货既均，改之伪生故也。今云去春所禁一时施用；若巨细总行而不从公铸，利己既深，情伪无极，私铸、翦凿尽不可禁，财华未赡，大钱已竭，数岁之间，悉为尘土矣。今新禁初行，品式未一，须臾自止，不足以垂圣虑；唯府藏空匮，实为重忧。今纵行细钱，官无益赋之理；百姓虽赡，无解官乏。唯简费去华，专在节俭，求赡之道，莫此为贵耳。"议者又以为铜转难得，欲铸二铢钱。骏曰:"议者以为官藏空虚,宜更改铸;天下铜少,宜减钱式以救交弊,赈国舒民。愚以为不然。今铸二铢,恣行新细,于官无解于乏,而民间奸巧大兴,天下之货将糜碎至尽;空严立禁,而利深难绝,不一二年,其弊不可复救。民惩大钱之改,兼畏近日新禁,市井之间,必生纷扰。远利未闻,切患猥及,富商得志,贫民困窘,此皆其不可者也。"乃止。

【译文】这一年,始兴郡公沈庆之建议,他认为:"让人民去铸造钱币,在各郡县设置钱署,愿意铸钱的人家都住在钱署内,并规定一定的标准,淘汰其中有杂质的。去年春天所禁的新币,暂时允许继续流通使用,今年铸的就全要依照一万钱币课三千税的新规定,严格对盗铸行为进行追查。"丹杨尹颜竣反驳道:"五铢钱的轻重,在汉代就已被规定,魏、晋以后,一直未改变。物品与货币既然是均衡的状态,那么如果对货币进行更改就容易产生作假的事情。现在说去年所禁的钱币,要在一段时间内通行,那么在这段时间内大小不一的钱币将全部通行,不用依照官铸的钱币。这样下去,人民就会养成追求利益的习惯,继而会有无穷尽的人造假,私铸或剪凿钱币的现象就会完全禁止不了,最后财物货物不足,而大钱已经用尽,几年之后,四铢钱就将全部化为尘土,消失殆尽。现在因为刚刚实行新的禁令,钱币式样还没有统一,但不久以后就自然会没有问题,这不足以让皇上感到忧虑;而国家库存空虚,财物匮乏,才是最值得皇上忧虑的事情。现在就是准许通行小钱,官方也不能从中获取利益,充实府库;百姓虽然富足,也不能解决官方财富匮乏的状况。使国家富足最可贵的办法,只有排除奢侈华丽的事物,力求勤俭节约。"之后,议论的臣子又说:"因为铜很难得到,所以我国应该铸造二铢钱。"丹杨尹颜竣说:"议论的臣子都认为为了改善官方库藏空虚的情况，请求更改旧钱，铸造轻钱；而又认为天下缺少铜，就更应该通行更小的货币。你们却不知道这对于官方府库的匮乏状况没有帮助，反而会大兴民间的奸邪取巧之风，天下的货物将销糜殆尽，纵使下令严格禁止，却会因为人民已深深陷入追利的深潭而难以杜绝停止，不出一两年，它的积弊将到不可收拾的地步。现在，百姓接受了大钱改小的教训，又害怕近日的新禁令，这时，市井之间，一定会纷扰杂乱，眼看远的利益还没有得到，近的弊病却先来到。这样富足的商人会得到利益，贫民会贫困窘迫，这都是绝对不可以允许发生的情况。"于是，改铸二铢钱的建议被否决。

魏定州刺史高阳许宗之求取不节，深泽民马超谤毁宗之，宗之殴杀超，恐其家人告状，上超诋讪朝政。魏高宗曰："此必妄也。朕为天下主，何恶于超而有此言！必宗之惧罪诬超。"案验，果然，斩宗之于都南。

【译文】魏定州刺史高阳人许宗之求取不合法度的利益，深泽平民马超批评他，许宗之不接受他的批评，殴打马超导致其死亡。后来，他因为害怕马超的家人向皇上告状，就向皇上报告说马超诋毁诽谤朝廷的政治事务。魏高宗拓跋濬回答说："这一定是假的。我作为天下之主，还害怕马超批评的话！一定是许宗之诬告马超。"官府查案结果出来，果然是许宗之诬告，于是魏文成帝拓跋濬下令在都南斩杀许宗之。

金紫光禄大夫颜延之卒。延之子竣贵重，凡所资供，延之一无所受，布衣茅屋，萧然如故。常乘赢牛笨车，逢竣卤簿，即屏住道侧。常语竣曰："吾平生不喜见要人，今不幸见汝！"竣起宅，延之谓曰："善为之，无令后人笑汝拙也。"延之尝早诣竣，见宾客盈门，竣尚未起，延之怒曰："汝出粪土之中，升云霞之上，遽骄傲如此，其能久乎!"竣丁父忧，裁逾月，起为右将军，丹杨尹如故。竣固辞，表十上；上不许，遣中书舍人戴明宝抱竣登车，载之郡舍，赐以布衣一袭，絮以彩纶，遣主衣就衣诸体。

【译文】宋国金紫光禄大夫颜延之去世。颜延之的儿子颜竣官职显达高贵，掌握大权。但是所有儿子提供给他的东西，他全都不接受，仍然穿着粗糙的麻布衣裳，住在由茅草搭建的房屋，如往常一样清贫，经常乘坐由一头瘦弱的牛拉着的笨重车子，当他遇到儿子颜竣的车队，就赶快到路边躲避。他经常对颜竣说："我平生不喜欢见到要人，现在不幸见到你!"颜竣建盖房宅，颜延之对他说："你要好自为之，不要让后人来嘲笑你笨拙!"颜延之曾经早起去看望颜竣，看到宾客满门，而颜竣还没有起床的情况后，生气地批评儿子说："你在粪土之中出生，而现在升在云霞之上，如果这么骄傲，能够持久吗?"颜竣才守满一个月的父丧，宋孝武帝刘骏就升任他为右将军，并仍然为丹杨尹。颜竣坚持拒绝，十次上表陈说，宋孝武帝刘骏都不允许，派中书舍人戴明宝强抱颜竣上车，把颜竣搭载回官邸，赐给他一领布衣，内里却絮着彩色丝绵，派主衣局官吏亲自给他送过去，并给他穿上。

大明元年(丁酉，公元四五七年)春，正月，辛亥朔，改元，大赦。

壬戌，魏主畋于崞山；戊辰，还平城。

魏以渔阳王尉眷为太尉、录尚书事。

【译文】大明元年(丁酉，公元457年)春季，正月，辛亥朔日

（初一），宋国改年号为大明，大赦天下。

　　壬戌日（十二日），魏文成帝拓跋濬到崞山打猎。戊辰日（十八日），回到平城。

　　魏国任命渔阳王尉眷担任太尉、录尚书事。

　　二月，魏人寇兖州，向无盐，败东平太守南阳刘胡。诏遣太子左卫率薛安都将骑兵，东阳太守沈法系将水军，向彭城以御之，并受徐州刺史申坦节度。比至，魏兵已去。先是，群盗聚任城荆榛中，累世为患，谓之"任榛"。申坦请回军讨之，上许之。任榛闻之，皆逃散。时天旱，人马渴乏，无功而还。安都、法系坐白衣领职。坦当诛，群臣为请，莫能得。沈庆之抱坦哭于市曰："汝无罪而死。我哭汝于市，行当就汝矣！"有司以闻，上乃免之。

　　【译文】二月，魏军入侵兖州，向无盐发起进攻，最后打败东平太守南阳人刘胡。宋孝武帝刘骏颁下诏令派太子左卫率薛安都率骑兵、东阳太守沈法系率水军，前往彭城防御魏军。并把战事交徐州刺史申坦指挥。当水陆军到达时，魏军已经离去。在此之前，聚集在任城灌木丛林中的群盗，多少年来都对官府形成威胁，他们被称为"任榛"。申坦请求在调回军队时顺便对这些盗匪加以攻讨，宋孝武帝刘骏答应了他的请求。任榛获得消息，都从任城逃跑散去到各处。当时天旱，人马饥渴难耐，疲惫乏力，又没有任榛的踪迹，只得无功而回。薛安都、沈法系因此获罪被废为平民而兼领原职，申坦则要被处死，群臣在朝堂上为他说情，宋孝武帝刘骏最终不同意减免对他的刑罚。到了申坦被处死的这一天，沈庆之在街市中的刑场抱着申坦哭着说："你无罪却要被处死，我现在市中为你的死亡痛哭，因为我也将要跟着你去了。"官吏向上级报告，宋孝武帝刘骏才下令赦免申坦。

三月，庚申，魏主畋于松山；己巳，还平城。

魏主立其弟新成为阳平王。

上自即吉之后，奢淫自恣，多所兴造。丹杨尹颜竣以蕃朝旧臣，数恳切谏争，无所回避，上浸不悦。竣自谓才足干时，恩旧莫比，当居中永执朝政；而所陈多不纳，疑上欲疏之，乃求外出以占上意。夏，六月，丁亥，诏以竣为东扬州刺史，竣始大惧。

【译文】三月，庚申日（十一日），魏文成帝拓跋濬到松山打猎；己巳日（二十日），回到平城。

魏文成帝拓跋濬立他弟弟拓跋新成为阳平王。

宋孝武帝刘骏自从解除丧期之后，骄奢淫逸，恣意放纵，沉迷于声色犬马之中，修建了许多用来嬉耍玩乐的宫苑。丹杨尹颜竣认为自己是早时皇帝为外藩时的旧臣，进行几次诚恳贴切的谏诤，每次都直言相劝，对宋孝武帝刘骏的缺失无所回避，宋孝武帝刘骏因此渐渐地不喜欢他。颜竣自认为才干足以挽救时世，而受宋孝武帝刘骏宠爱信任的深切程度无人可以相提并论，可以身居朝廷的枢要地位，永远执掌朝政之事，但他所陈说的建议却大多不被皇帝采纳，就怀疑皇帝要故意疏远他。于是向宋孝武帝刘骏请求外放自己到地方去任职，来猜测揣度宋孝武帝刘骏的意思。夏季，六月，丁亥日（初九），宋孝武帝刘骏果真下诏任命颜竣担任东扬州刺史，颜竣这才大为恐惧起来。

癸卯，魏主如阴山。

雍州所统多侨郡县，刺史王玄谟上言："侨郡县无有境土，新旧错乱，租课不时，请皆土断。"秋，七月，辛未，诏并雍州三郡十六县为一郡。郡县流民不愿属籍，讹言玄谟欲反。时柳元景宗强，群从多为雍部两千石，乘声皆欲讨玄谟。玄谟令内外晏然以解众惑，驰使启上，具陈本末。上知其虚，遣主书吴喜抚慰之，且报曰："七十老公，反欲何求！君臣之际，足以相保，聊复为笑，伸卿眉头耳。"玄谟性严，未尝妄笑，故上以此戏之。

【译文】癸卯日（二十五日），魏文成帝拓跋濬到达阴山。

雍州管辖许多侨郡县，刺史王玄谟向宋孝武帝刘骏上书说："因为侨郡县没有实际的土地，所以出现新旧居民户口错乱，租税又不合时的情况，这样不利于国家管理。因此请求撤除侨郡县，而把它归属到现在实有的郡县中。"宋孝武帝刘骏认为有道理，就答应了他的提议。秋季，七月，辛未日（二十四日），宋孝武帝刘骏颁下诏书把雍州三郡十六县合并为一郡。郡县的新移民不愿意把原来的户籍归到新的郡县，他们知道这是王玄谟的建议后，就相约一起捏造谣言说王玄谟要起兵发动叛乱。当时柳元景的宗族盛多，同宗族的兄弟多担任雍州侨郡县两千石的官，他们也都乘着声势要讨伐王玄谟。王玄谟得到消息后，先想办法使内外平静下来，讲述合并郡县的原因，解除大家的疑惑，并快速地把事情的本末一一报告给宋孝武帝刘骏。宋孝武帝知道没有这件事，就派主书吴喜来安慰他，而且答复他说："七十岁的老人，还会有什么要求呢？我们可以相互保证君臣的关系，你姑且笑笑，让眉头放松吧！"因为王玄谟生性严肃，不随便笑，所以宋孝武帝跟他开玩笑。

八月，己亥，魏主还平城。

甲辰，徙司空、南徐州刺史竟陵王诞为南兖州刺史，以太子詹事刘延孙为南徐州刺史。初，高祖遗诏，以京口要地，去建康密迩，自非宗室近亲，不得居之。延孙之先虽与高祖同源，而高祖属彭城，延孙属莒县，从来不序昭穆。上既命延孙镇京口，仍诏与延孙合族，使诸王皆序长幼。

【译文】八月，己亥日（二十二日），魏文成帝拓跋濬回到平城。

甲辰日（二十七日），宋孝武帝刘骏调动司空、南徐州刺史竟陵王刘诞担任南兖州刺史，任命太子詹事刘延孙担任南徐州刺史。起初，高祖留下遗诏，认为京口重地距离建康很近，不是宗室近亲就不可以任命为刺史。刘延孙的祖先虽然和高祖同源，但高祖刘姓属于彭城，延孙刘姓属于莒县，两家从来没有对辈次进行排列过。宋孝武帝已经命令刘延孙镇守京口，于是就颁下诏令和刘延孙合并为一族，指派各王与刘延孙家一起来排列长幼辈分的次序。

上闺门无礼，不择亲疏、尊卑，流闻民间，无所不至。诞宽而有礼，又诛太子劭、丞相义宣皆有大功，人心窃向之。诞多聚才力之士，蓄精甲利兵，上由是畏而忌之，不欲诞居中，使出镇京口；犹嫌其逼，更徙之广陵。以延孙腹心之臣，故使镇京口以防之。

魏主将东巡，冬，十月，诏太宰常英起行宫于辽西黄山。

十二月，丁亥，更以顺阳王休范为桂阳王。

【译文】宋孝武帝刘骏在宫中淫乱时，丝毫不考虑女子与他的亲疏、尊卑关系，风声流传到民间，人民无所不知。而宋孝武帝刘骏的弟弟刘诞为人宽容忠厚，对人讲礼节，又杀掉太子刘劭、丞相刘义宣,立下大功劳,人心私下都倾向他。刘诞也多聚集有才干的人士,蓄养精锐的甲兵,宋孝武帝刘骏因此感到害怕而对他有所猜忌,不想让他再居于朝中,就派他镇守京口,但还是嫌京口距离建康太近,于是便把他调任到更遥远的广陵。并把刘延孙作为心腹之臣,镇守京口以防刘诞。

魏文成帝拓跋濬将要东巡,冬季,十月,颁下诏令命太宰常英在辽西黄山盖造行宫。

十二月,丁亥日(十二日),宋孝武帝刘骏改顺阳王刘休范为桂阳王。

大明二年(戊戌,公元四五八年)春,正月,丙午朔,魏设酒禁,酿、酤、饮者皆斩之;吉凶之会,听开禁,有程日。魏主以士民多因酒致斗及议国政,故禁之。增置内外候官,伺察诸曹及州、镇,或微服杂乱于府寺间,以求百官过失,有司穷治,讯掠取服;百官赃满二丈者皆斩。又增律七十九章。

乙卯,魏主如广宁温泉宫,遂巡平州;庚午,至黄山宫;二月,丙子,登碣石山,观沧海;戊寅,南如信都,畋于广川。

乙酉,以金紫光禄大夫褚湛之为尚书左仆射。

【译文】大明二年(戊戌,公元458年)春季,正月,丙午朔日(初一),魏国下令禁酒,不论是酿造酒的人、卖酒的人,还是喝酒的人都要被处斩。在举办喜事、丧事的聚会上,可以开禁,但有一定日期限制。魏文成帝拓跋濬认为士人平民多因饮酒后发生打斗,然后批评国家政事,所以禁酒。他增设内外候官,来调查采集各曹和州、镇的违反者,候官有人穿着便服混入府寺中,查找百官的过失,对有过失的官吏进行彻底追究,为取得口供拷打讯问。官员收取的赃物赃款达到可以购买两丈帛的价值都要被处死，法律又增加七十九章。

乙卯日（初十），魏文成帝拓跋濬到达广宁温泉宫，并巡视平州。庚午日（二十五日），到达黄山宫。二月，丙子日（初二），他登上碣石山，观赏大海。戊寅日（初四），他先向南来到信都，再到广川打猎。

乙酉日（十一日），宋孝武帝刘骏任命金紫光禄大夫褚湛之担任尚书左仆射。

丙戌，建平宣简王宏以疾解尚书令；三月，丁未，卒。

丙辰，魏高宗还平城，起太华殿。是时，给事中郭善明，性倾巧，说帝大起宫室。中书侍郎高允谏曰："太祖始建都邑，其所营立，必因农隙，况建国已久，永安前殿足以朝会，西堂、温室足以宴息，紫楼足以临望；纵有修广，亦宜驯致，不可仓猝。今计所当役凡二万人，老弱供馈，又当倍之，期半年可毕。一夫不耕，或受之饥，况四万人之劳费，可胜道乎！此陛下所宜留心也。"帝纳之。

【译文】丙戌日（十二日），宋国建平宣简王刘宏因为生病而被解除尚书令的职务；三月，丁未日（初三），去世。

丙辰日（十二日），魏高宗拓跋濬回到平城，准备建筑太华殿。当时，给事中郭善明生性机灵投巧，说动魏高宗建造许多宫殿。中书侍郎高允认为此举不妥，便向魏高宗劝谏说："太祖开始建立都城的时候，所有营造建筑，一定会利用农事的闲暇时间，避免耽误农事。何况建国时间已久，永安前殿足够做朝堂集会之用，西堂、温室足够做游玩赏乐休息之用，紫楼足够做远望之用，即使要有所增建，也应该慢慢来，不可急促。现在计算要用到两万名工人，加上对老小供应粮饷又要多一倍的人，估计半年可以完成。如果一个男子不耕种，就会有人面临饥饿的状况，更何况四万人的花费，怎么可以数得过来呢？这是陛下应当注意的事。"魏高宗认为有道理，就接纳他的建议，不再修建。

允好切谏，朝廷事有不便，允辄求见，帝常屏左右以待之。或自朝至幕，或连日不出；群臣莫知其所言。语或痛切，帝所不忍闻，命左右扶出，然终善遇之。时有上事为激讦者，帝省之，谓群臣曰："君、父一也。父有过，子何不作书于众中谏之？而于私室屏处谏者，岂非不欲其父之恶彰于外邪！至于事君，何独不然！君有得失，不能面陈，而上表显谏，欲以彰君之短，明己之直，此岂忠臣所为乎！如高允者，乃真忠臣也。朕有过，未尝不面言，至有朕所不堪闻者，允皆无所避。朕闻其过而天下不知，可不谓忠乎！"

【译文】高允喜爱劝谏，只要朝廷事务有不好的，高允就要求见魏高宗，魏高宗经常屏除左右侍从，单独接见他。他们的谈话有时从早上持续到黄昏，有时一连几天都不出宫，群臣都不知道他们的谈话内容。高允说话有时太激动，当魏高宗听不进去的时候，就命令左右侍从把他扶出宫殿，但魏高宗始终对高允很好。当时有人上书激烈批评高允，魏高宗查看后，对群臣说道："君主和父亲是一样的，父亲有过错，儿子怎么不写书在大众面前来劝告呢？而儿子之所以要在房中隐处来劝告父亲，哪里是想要将父亲的过错张扬出去呢？至于侍奉国君，又何尝不是这样。国君有过失，不当着国君的面陈说叙述，而是选择上书公开劝谏，通过向臣子显扬国君的过错之处，来表现自己的正直，这哪里是忠臣所做的呢？如高允，就是忠臣。我有过失，他没

有不当面直言的，至于我有听不下的，他都不闪避。只有我知道
自己有过失而天下人不知道，这难道不叫忠心吗？"

允所与同征者游雅等皆至大官，封侯，部下吏至刺史、两千
石者亦数十百人，而允为郎二十七年不徙官。帝谓群臣曰："汝等
虽执弓刀在朕左右，徒立耳，未尝有一言规正；唯伺朕喜悦之际，
祈官乞爵，今皆无功而至王公。允执笔佐我国家数十年，为益不
少，不过为郎，汝等不自愧乎！"乃拜允中书令。

时魏百官无禄，允常使诸子樵采以自给。司徒陆丽言于帝
曰："高允虽蒙宠待，而家贫，妻子不立。"帝曰："公何不先言；今
见朕用之，乃言其贫乎！"即日，至允第，惟草屋数间，布被，缊
袍，厨中盐菜而已。帝叹息，赐帛五百匹，粟千斛，拜长子悦为
长乐太守，允固辞，不许。帝重允，常呼为令公而不名。

【译文】和高允同时被征用的游雅等人，都做到大官、封
侯，他们的部下从刺史到两千石的官吏也有数十百人，而高允
则一直担任郎官，二十七年中从未升过官。魏文成帝拓跋濬向
大臣们说："你们虽然拿着弓刀站在我的左右，却从来没有一句
规劝我的话，都是白站，只是等我高兴的时候，请求官爵，以至
于你们现在没有功劳却做到王公之位。高允执笔数十年辅佐我
治理国家，做出不小的贡献，但官位不过郎官，你们不觉得惭愧
吗？"于是就任命高允担任中书令。

当时魏国百官没有俸禄，高允经常命他的儿子们去打柴谋
生。司徒陆丽对魏文成帝拓跋濬说："高允虽然受到优宠，但家
庭贫困，妻子和儿子都没有可以谋生的产业。"魏文成帝拓跋濬
说："你为何不早说呢？现在看到我重用他，才说他贫困吗？"
当天，他亲自到高允家查看，看到只有几间草屋，床上只有粗糙

的布被，破旧的絮袍，厨房中只有盐菜而已。魏文成帝感慨叹息，赏赐给他五百匹布帛，一千斛谷子，任命他的长子高悦为长乐太守。高允一直拒绝，魏文成帝不答应。魏文成帝拓跋濬尊重高允，经常叫他令公，而不叫他的名字。

　　游雅常曰："前史称卓子康、刘文饶之为人，褊心者或不之信。余与高子游处四十年，未尝见其喜愠之色，乃知古人为不诬耳。高子内文明而外柔顺，其言呐呐不能出口。昔崔司徒尝谓余云：'高生丰才博学，一代佳士，所乏者，矫矫风节耳。'余亦以为然。及司徒得罪，起于纤微，诏指临责，司徒声嘶股栗，殆不能言；宗钦已下，伏地流汗，皆无人色。高子独敷陈事理，申释是非，辞义清辩，音韵高亮。人主为之动容，听者无不神耸，此非所谓矫矫者乎！宗爱方用事，威振四海。尝召百官于都坐，王公已下皆趋庭望拜，高子独升阶长揖。由此观之，汲长孺可以卧见卫青，何抗礼之有！此非所谓风节者乎！夫人固未易知；吾既失之于心，崔又漏之于外，此乃管仲所以致恸于鲍叔也。"

　　【译文】游雅经常说："以前史书（《后汉书》）说卓子康、刘文饶两人为人宽容忠厚，有的心地褊小的人不相信会有这样的人。我与高子相交四十年，未曾看过他喜怒的颜色，才知道古人所说的一点也没错！高子内心文雅而外表柔和温顺，说话结结巴巴，经常说不出口。从前崔司徒（浩）对我说：'高生才能高超，学识渊博，是一代才俊。他所缺乏的，只是刚强坚毅的节操而已。'我当时也认为是这样。等到司徒得罪，起初以为是细微的小事，后来皇上颁布诏命，司徒当面受审，他哭叫不成声，双腿发抖，说不出话。宗钦以下的人，都伏在地上吓得冒汗，以至于没有一点人的气色。而高子却独自陈述事理，解释是非，言辞严肃端正, 声音洪亮。君主为之感动, 听者没有不神往的, 这难道不是所谓的刚毅吗? 宗爱正执掌权力之时, 权威声势震惊天下, 他曾经下令召集百官到都城集会, 王公以下的百官都加快移动步伐到庭中拜见, 只有高子径直走上台阶, 长揖拱手。汲长孺可以卧见卫青, 由此看来, 这也算不得是违背礼节了。这不是所谓的节操吗? 人心是很不容易了解的, 最初我心中想象错误, 而崔浩口中所说又出错。知心难得, 难怪管仲要感伤地怀念鲍叔牙了。"

乙丑, 魏东平成王陆俟卒。

夏, 四月, 甲申, 立皇子子绥为安陆王。

帝不欲权在臣下, 六月, 戊寅, 分吏部尚书置二人, 以都官尚书谢庄、度支尚书吴郡顾觊之为之。又省五兵尚书。

【译文】乙丑日(二十一日), 魏东平成王陆俟去世。

夏季, 四月, 甲申日(十一日), 宋孝武帝刘骏立皇子刘子绥为安陆王。

六月, 戊寅日(初六), 宋孝武帝刘骏为了不让他的权力在大臣之下, 就把吏部尚书一职, 分开由都官尚书谢庄、度支尚书吴郡人顾觊之两人担任。又裁减去五兵尚书的职位。

初, 晋世, 散骑常侍选望甚重, 与侍中不异; 其后职任闲散, 用人渐轻。上欲重其选, 乃用当时名士临海太守孔觊、司徒长史王彧为之。侍中蔡兴宗谓人曰: "选曹要重, 常侍闲淡, 改之以名而不以实, 虽主意欲为轻重, 人心岂可变邪!" 既而常侍之选复卑, 选部之贵不异。觊, 琳之之孙; 彧, 谧之兄孙; 兴宗, 廓之子也。

【译文】起初, 在晋时, 被选拔担任散骑常侍的人, 声名和威望很重要，要达到与侍中相当的水平；后来因为职位事务闲散，就任命不重要的出任散骑常侍。宋孝武帝刘骏要加重这个职位，于是任用当时的名士临海太守孔觊、司徒长史王彧来担任。侍中蔡兴宗向别人说："虽然职位选用重要人士来担任，但常侍一职仍然空闲松散，这样只是表面上改用人选，而不增加职位的实际权力，虽然主上心中有轻重的标准，但一般人的观念怎么能随之改变呢？"不久散骑常侍的人选又减少，而选部的贵重仍与从前一样。孔觊，是孔琳之的孙子；王彧，是王谧哥哥的儿子；蔡兴宗，是蔡廓的儿子。

◆裴子野论曰："官人之难，先王言之，尚矣。周礼，始于学校，论之州里，告诸六事，而后贡于王庭。其在汉家，州郡积其功能，五府举为掾属，三公参其得失，尚书奏之天子；一人之身，所阅者众，故能官得其才，鲜有败事。魏、晋易是，所失弘多。夫厚貌深衷，险如谿壑，择言观行，犹惧弗周；况今万品千群，俄折乎一面，庶僚百位，专断于一司，于是嚣风遂行，不可抑止。干进务得，兼加谄渎；无复廉耻之风，谨厚之操；官邪国败，不可纪纲，假使龙作纳言，舜居南面，而治致平章，不可必也，况后之官人者哉！孝武虽分曹为两，不能反之于周、汉，朝三暮四，其庸愈乎！◆

【译文】◆裴子野评论说：古代帝王早就说过任命官吏的困难，这已经有久远的历史了。周代的礼制，从学校开始，而后在州里评议，然后上报给六官，最后进献给王朝。而在汉朝，川郡储备人才，然后五府从中举用为掾属，三公再考核他们的得失，由尚书最后向帝王报告。选用一个人才，经历多人考核，所以官职都能得到适合的人才，很少出现失误。但魏、晋把选官制度加以更改，所以出现很多失误。有的人相貌忠厚诚恳，但内心却如同不可预测的深溪般阴险，因此通过观察人的言论和行为来选择任用官职，还恐怕有不周到的地方；何况现在在万人千群之中，片刻间只见一面就做出用人的决定；所有百官的职位，都由一个官属来专断，因此钻营取巧之风盛行，不能抑止。为求得晋升，官吏谄媚上级，贪赃渎法的手段兼而用之，从此，官场中不再有明晓廉耻的风气，官员也不再有谨慎宽厚的操守；最后到达官吏奸邪、国政败坏、没有纲纪的地步。假使让舜帝时期那个叫龙的大臣来接纳忠言，让舜做国家的君王，而想要政治清平，也未必一定能够做到，况且后来被任命的官吏呢？宋国的孝武帝虽然把尚书分为两人，但却不能回复到周、汉的制度上去，结果朝三暮四，反复无常，这怎么能够做好官吏的选拔工作呢？◆

丙申，魏主畋于松山；秋，七月，庚午，如河西。

南彭城民高阇、沙门昙标以妖妄相扇，与殿中将军苗允等谋作乱，立阇为帝。事觉，甲辰，皆伏诛，死者数十人。于是，下诏沙汰诸沙门，设诸条禁，严其诛坐；自非戒行精苦，并使还俗。而诸尼多出入宫掖，此制竟不能行。

【译文】丙申日（二十四日），魏文成帝拓跋濬到松山打猎；庚午日（六月无此日），到达河西。

宋国南彭城人高阇、僧侣昙标借用虚妄的言论来标榜自己，与殿中将军苗允等计划反叛，立高阇为帝。事情被宋孝武帝刘骏发觉，甲辰日（七月初二），有数十名叛乱之人被处死。于是宋孝武帝刘骏下令甄别审查所有僧徒，设立各种禁止的法令，并用连坐杀戮来严格防范，如果不是道行精深的高僧，都被要求还俗。但因为许多尼姑仍在宫廷中进出，使得禁令行不通。

中书令王僧达，幼聪警能文，而跌荡不拘。帝初践祚，擢为仆射，居颜、刘之右。自负才地，谓当时莫及，一二年间，即望宰相。既而迁护军，怏怏不得志，累启求出。上不悦，由是稍稍下迁，五岁七徙，再被弹削。僧达既耻且怨，所上表奏，辞旨抑扬，又好非议时政，上已积愤怒。路太后兄子尝诣僧达，趋升其榻，僧达令异弃之。太后大怒，固邀上令必杀僧达。会高阇反，上因诬僧达与阇通谋，八月，丙戌，收付廷尉，赐死。

【译文】 宋国中书令王僧达，从小聪明敏锐，机灵警觉，擅长写文章，但行为豪放，不拘小节。宋孝武帝刘骏刚登上皇位，就升任他为仆射，地位在颜竣、刘延孙之上。王僧达自认为能力是当时的人所比不上的，在一两年内，就可以当上宰相。不久，被调任护军，心情郁闷不得志，几次向宋孝武帝刘骏上书请求辞职，宋孝武帝很不高兴，对他心生不满。因此渐渐地被降职，五年中被降七次，还被弹劾。王僧达感到可耻又怨恨，而他之前所呈上的书表，内容有褒有贬，又爱批评朝政，宋孝武帝已经累积了愤怒之情。路太后的侄子曾到王僧达家中去拜访，当他小步快走地坐上席子，王僧达就命人把这张席子抬出去扔掉。路太后大怒，坚决要求宋孝武帝刘骏杀了王僧达。正好高阇造反，宋孝武帝就把王僧达戴上与他串通谋反的帽子。八月，丙戌日（十五日），王僧达被廷尉收押，被赐自杀。

◆沈约论曰："夫君子、小人，类物之能称，蹈道则为君子，违之则为小人。是以太公起屠钓为周师，傅说去板筑为殷相，明扬幽仄，唯才是与。逮于二汉，兹道未革：胡广累世农夫，致位公相；黄宪牛医之子，名重京师：非若晚代分为二途也。魏武始立九品，盖以论人才优劣，非谓世族高卑。而都正俗士，随时俯仰，凭藉世资，用相陵驾；因此相沿，遂为成法。周、汉之道，以智役愚，魏、晋以来，以贵役贱，士庶之科，较然有辨矣。◆

◆裴子野论曰："古者，德义可尊，无择负贩；苟非其人，何取世族！名公子孙，还齐布衣之伍；士庶虽分，本无华素之隔。有晋以来，其流稍改，草泽奇士，犹显清途；降及季年，专限阀阅。自是三公之子，傲九棘之家，黄散之孙，蔑令长之室；转相骄矜，互争铢两，唯论门户，不问贤能。以谢灵运、王僧达之才华轻躁，使生自寒宗，犹将覆折；重以怙其庇荫，召祸宜哉。◆

【译文】◆沈约评论说：君子和小人，只是人物的通称而已。能遵行正义之道，则是君子；违背正义之道的，则是小人。所以太公姜望是钓鱼翁，而成为周文王的军师；傅说是泥水匠，而成为殷高宗的宰相。从中可以看到，一个人的发达和隐微，是由才能来决定的。到了两汉，这种不论出身唯才是用的精神没有改变，因此，胡广虽家中世代是农民，而做到公相之职；黄宪是牛医的儿子，而名声和威望为京师所推重，不会像后来出现世族和平民永不相交的情况。魏武帝曹操认为人才的优劣，与门第的高低无关，于是开始设立九品中正选拔人才，但各州的中正官和那些热衷名利的人，根据自己的利益任意选用，淘汰虽有才能但出身低贱的人，只相互推荐出身更高的世家。这样就相沿袭成为习俗，最后演变成为制度。周、汉的制度，是用智者统治愚者；而魏、晋以来，是用贵者来统治贱者，把贵族与平民的界限划分得非常清楚。◆

◆裴子野评论说：在古代，只尊重讲道德和大义的人，而不论他们是否为背负东西的工人或商贩；如果不是适合的人才，为什么非要选用世族子弟呢? 名士的子孙, 与平民的子孙是齐等的; 虽然有士族和平民的区分, 但没有华宗、素门的永远分别。从晋初以来, 这种风气稍微有所改变, 乡间的人才, 还能有被官府录用的机会, 得以进入仕途; 但是到了晋晚年, 就专用阀阅之家的子弟为官。从此三公的儿子, 傲视九卿; 黄门侍郎、散骑常侍的孙子, 蔑视县令, 于是相互骄矜, 争夺小利, 只谈论高贵的门户, 不问能力是否贤能。如果让谢灵运、王僧达在寒门出生, 虽然有才华, 还是会被摧残; 但如果自恃世族的庇荫, 不可一世, 也是会招来祸害的。◆

资治通鉴

九月, 乙巳, 魏主还平城。

丙寅, 魏大赦。

冬, 十月, 甲戌, 魏主北巡, 欲伐柔然, 至阴山, 会雨雪, 魏主欲还, 太尉尉眷曰: "今动大众以威北敌, 去都不远而车驾遽还, 虏必疑我有内难。将士虽寒, 不可不进。" 魏主从之, 辛卯, 军于车仑山。

【译文】九月, 乙巳日(初四), 魏文成帝拓跋濬回到平城。

丙寅日(二十五日), 魏文成帝拓跋濬大赦境内。

冬季, 十月, 甲戌日(初四), 魏文成帝拓跋濬向北巡视, 要讨伐攻打柔然, 到达阴山以后, 遇到雨雪, 便要撤回, 太尉尉眷说: "我们劳用大军来讨伐北方敌人, 现在离开都城不远, 如果车驾仓促退回, 敌人一定会怀疑我们有内难, 进而发起攻击。所以将士虽然冷, 不可以不前进。" 魏文成帝拓跋濬认为有道理, 就同意了尉眷的意见。辛卯日(二十一日), 在车仑山驻扎军队。

积射将军殷孝祖筑两城于清水之东。魏镇西将军封敕文攻之，清口戍主、振威将军傅乾爱拒破之。孝祖，羡之曾孙也。上遣虎贲主庞孟虬将兵救清口，青、冀二州刺史颜师伯遣中兵参军苟思达助之，败魏兵于沙沟。师伯，竣之族兄也。上遣司空参军卜天生将兵会傅乾爱及中兵参军江方兴共击魏兵，屡破之，斩魏将窟瑰公等数人。十一月，魏征西将军皮豹子等将三万骑助封敕文寇青州，颜师伯御之，辅国参军焦度刺豹子坠马，获其铠稍具装，手杀数十人。度，本南安氏也。

【译文】宋国积射将军殷孝祖在清水东岸建筑两城。魏镇西将军封敕文加以攻击，清口的驻军长官、振威将军傅乾爱抗拒敌人，击破魏军，取得胜利。殷孝祖，是殷羡的曾孙。宋孝武帝刘骏派虎贲主庞孟虬骑马奔驰过去救援清口，青、冀两州刺史颜师伯也派中兵参军苟思达前去援助，在沙沟打败魏兵。颜师伯，是颜竣的族兄。宋孝武帝刘骏又派司空参军卜天生率士兵会合傅乾爱和中兵参军江方兴屡次加以摧毁并击败魏兵，斩杀魏将窟瓌公等数人。十一月，魏征西将军皮豹子等率三万骑兵来帮助封敕文入侵青州，颜师伯防御敌军，辅国将军焦度刺杀皮豹子，皮豹子从马上坠落，焦度抢到他的铠甲、槊和其他装备，并亲手杀掉数十名敌军。焦度，本是南安氏族人。

魏主自将骑十万、车十五万两击柔然，度大漠，旌旗千里。柔然处罗可汗远遁，其别部乌朱驾颓等帅数千落降于魏。魏主刻石纪功而还。

初，上在江州，山阴戴法兴、戴明宝、蔡闲为典签；及即位，皆以为南台侍御史兼中书通事舍人。是岁，三典签并以初举兵预密谋，赐爵县男；闲已卒，追赐之。

【译文】魏文成帝拓跋濬亲自率十万骑兵和十五万辆战车,渡过大沙漠攻击柔然,旌旗前后连绵千里。柔然处罗可汗收到魏军进攻的消息后向远方逃去,而他的别部乌朱驾颓等率数千部落向魏军投降,魏文成帝拓跋濬刻立石碑,记载下战功,而后班师回朝。

起初,宋孝武帝刘骏在江州时,任命山阴人戴法兴、戴明宝、蔡闲为典签;到了他登上帝位以后,把他们都调任为南台侍御史兼中书通事舍人。这一年,三位典签都因为最初参与起兵攻伐太子刘劭的密谋,立下功绩,被赐爵为县男;此时,蔡闲已死,也追赐爵位给他。

时上亲览朝政,不任大臣;而腹心耳目,不得无所委寄。法兴颇知古今,素见亲待。鲁郡巢尚之,人士之末,涉猎文史,为上所知,亦以为中书通事舍人。凡选授迁徙诛赏大处分,上皆与法兴、尚之参怀;内外杂事,多委明宝。三人权重当时;而法兴、明宝大纳货贿,凡所荐达,言无不行,天下辐凑,门外成市,家产并累千金。

吏部尚书顾觊之独不降意于法兴等。蔡兴宗与觊之善,嫌其风节太峻,觊之曰:"辛毗有言:'孙、刘不过使吾不为三公耳。'"觊之常以为:"人禀命有定分,非智力所移,唯应恭己守道;而(阁)〔闇〕者不达,妄意侥幸,徒亏雅道,无关得丧。"乃以其意命弟子原著《定命论》以释之。

【译文】宋孝武帝刘骏因为不信任大臣,亲自掌握朝廷政事,因为政事繁多,所以不得不依赖心腹耳目之臣。戴法兴稍微熟悉古今事务,一向被宋孝武帝刘骏亲近对待。而鲁郡人巢尚之,是士中的末流,涉猎文史,为宋孝武帝所熟知,也被任命为中书通事舍人。所有官吏的选用、迁调、赏罚等重要事务，宋孝武帝刘骏都和戴法兴、巢尚之商量决定；而宫内外的杂事，大多委托给戴明宝处理。因此三个人是当时除了宋孝武帝外最富有权力的人，尤其是戴法兴、戴明宝，他们凭借职位之便，大肆收取别人的贿赂。凡是他们所推荐的，宋孝武帝刘骏无所不从，天下人都集中到他们家中请求办事，门庭外来来往往宛如市集一般，两人都累积到千金家产。

　　只有吏部尚书顾觊之不向戴法兴等人低头。蔡兴宗和顾觊之一向彼此亲近友善，他嫌弃顾觊之的节操太严峻，顾觊之说："魏辛毗说过：'孙资、刘放不过是使我不能做三公而已。'"觊之经常认为："人的天赋上天自有定数，不是智力所能改变的事情，因此就应该自己恭敬，严守正道。而愚笨阴暗的人不通达，妄想侥幸，这样只会使正道亏损，无关得失。"于是按照他的意思，命弟子著《定命论》一书并加以解释。

资治通鉴卷第一百二十九　宋纪十一

起屠维大渊献，尽阏逢执徐，凡六年。

【译文】起己亥（公元459年），止甲辰（公元464年），共六年。

【题解】本卷记录了宋孝武帝大明三年至大明八年共六年间刘宋与北魏等国的大事：宋竟陵王刘诞因受孝武帝刘骏猜忌而在广陵修城聚粮，预做防范，沈庆之"身先士卒，亲犯矢石"，攻克广陵，杀死刘诞；雍州刺史刘休茂因不愿受典签挟制，攻杀典签，占据襄阳自称车骑大将军，后被尹玄庆所杀。薛继考在刘休茂被杀后，威逼其僚属证明自己是平定襄阳之乱的功臣，被赐爵冠军侯，事实弄清后被杀；孝武帝记恨群臣的直言敢谏，很多谏臣因此被贬或被杀；孝武帝奢欲无度，大兴土木，戏称其祖为"田舍公"；孝武帝贪婪成性，除示意官员进贡外，还以蒲戏为名大肆敛财；孝武帝驾崩后，废帝即位，废帝临丧无戚容，母病不探视，为后文打下伏笔；顾命大臣刘义恭引身避事，小人专政，朝政面临严重危机。

世祖孝武皇帝下

大明三年（己亥，公元四五九年）春，正月，己巳朔，兖州兵与魏皮豹子战于高平，兖州兵不利。

己丑，以骠骑将军柳元景为尚作令，右仆射刘遵考为领军将军。

己酉，魏河南公伊馛卒。

三月，乙卯，以扬州六郡为王畿，更以东扬州为扬州，徙治会稽，犹以星变故也。

三月，庚寅，以义兴太守垣阆为兖州刺史。阆，遵之子也。

【译文】 大明三年（己亥，公元459年）春季，正月，己巳朔日（初一），宋国兖州士兵在高平和魏国皮豹子交战，兖州士兵失败。

己丑日（二十一日），宋孝武帝刘骏任命骠骑将军柳元景担任尚书令，右仆射刘遵考担任领军将军。

己酉日（正月无此日），魏河南公伊馛去世。

三月，乙卯日（初二），宋国把扬州六郡列为王畿；又把东扬作为扬州，把州治迁移到会稽，这都是荧惑星出现的缘故。

三月，庚寅日（二十三日），宋孝武帝刘骏任命义兴太守垣阆担任兖州刺史。垣阆，是垣遵的儿子。

夏，四月，乙巳，魏主立其弟子推为京兆王。

竟陵王诞知上意忌之，亦潜为之备；因魏人入寇，修城浚隍，聚粮治仗。诞记室参军江智渊知诞有异志，请假先还建康，上以为中书侍郎。智渊，夷之弟子也，少有操行，沈怀文每称之曰：“人所应有尽有，人所应无尽无者，其唯江智渊乎！”

【译文】 夏季，四月，乙巳日（初八），魏文成帝拓跋濬立他弟弟的儿子拓跋子推为京兆王。

竟陵王刘诞（为武帝刘骏的异母弟弟）知道宋孝武帝刘骏猜忌他，就暗地里防备；同时因为魏人入侵，而修筑城墙，疏通城沟，屯聚粮食，准备武器。刘诞的记室参军江智渊知道刘诞有二心，请假先行回到建康，宋孝武帝刘骏任命他为中书侍郎。江智渊，是江夷弟弟的儿子，年少时就有操守。沈怀文常称赞他说："人所应该有的，他全都具备，人所不应该具备的，他都没有，这样的人大概就只有江智渊了。"

是时，道路皆云诞反。会吴郡民刘成上书称："息道龙昔事诞，见诞在石头城修乘舆法物，习唱警跸。道龙忧惧，私与伴侣言之，诞杀道龙。"又豫章民陈谈之上书称："弟詠之在诞左右，见诞疏陛下年纪姓讳，往巫郑师怜家祝诅，詠之密以启闻，诞诬詠之乘酒骂詈，杀之。"上乃令有司奏诞罪恶，请收付廷尉治罪。乙卯，诏贬诞爵为侯，遣之国。诏书未下，先以羽林禁兵配兖州刺史垣阆，使以之镇为名，与给事中戴明宝袭诞。

【译文】当时，四处都传说刘诞造反。这时，正好吴郡人刘成上书给宋孝武帝刘骏说："我儿子刘道龙从前侍奉刘诞，看到刘诞在石头城修定制造帝王坐车的法物和排演帝王出入的仪式。刘道龙感到忧虑恐惧，私下和同伴说起这件事，然后被刘诞所杀。"又有豫章人陈谈之也上书给宋孝武帝刘骏说："我弟弟陈詠之在刘诞左右，看见刘诞写下陛下的生辰姓名，送到巫人郑师怜家诅咒，陈詠之秘密要向陛下报告，刘诞便诬赖陈詠之在饮酒时责骂自己，把他杀掉了。"宋孝武帝刘骏于是下令官吏负责报告刘诞的罪行，交付给廷尉治罪。乙卯日（十八日），宋孝武帝刘骏下诏贬谪刘诞为侯爵，并召回建康。诏书还没有颁下，就先把羽林禁军分配给兖州刺史垣阆指挥，以前去到任为名，与给事中戴明宝一起偷袭刘诞。

阆至广陵，诞未悟也。明宝夜报诞典签蒋成，使明晨开门为内应。成以告府舍人许宗之，宗之入告诞；诞惊起，呼左右及素所畜养数百人执蒋成，勒兵自卫。天将晓，明宝与阆帅精兵数百人猝至，而门不开；诞已列兵登陴，自在门上斩蒋成，赦作徒、系囚，开门击阆，杀之，明宝从间道逃还。诏内外纂严。以始兴公沈庆之为车骑大将军、开府仪同三司、南兖州刺史，将兵讨诞。甲子，上亲总禁兵顿宣武堂。

司州刺史刘季之，诞故将也，素与都督宗悫有隙，闻诞反，恐为悫所害，委官，间道自归朝廷，至盱眙，盱眙太守郑瑗疑季之与诞同谋，邀杀之。

【译文】垣阆到达广陵时，刘诞还没有觉醒领悟。戴明宝当夜通报刘诞的典签蒋成，要他明天清晨开城门，作为内应。蒋成告诉了府舍人许宗之，许宗之又进入告诉刘诞。刘诞惊起，呼叫左右侍从和平常所蓄养的数百心腹，逮捕蒋成，率士兵自卫。天将亮时，戴明宝与垣阆率数百精兵猝然到达，但城门没有开；刘诞已经登到城楼上列兵，亲自在城门上斩杀蒋成，赦免城中因罪服劳役的人和坐牢的囚犯，再开门攻击垣阆，杀掉了他，戴明宝从小路逃回。宋孝武帝刘骏获悉后，下诏命令建康城内外戒严。任命始兴公沈庆之担任车骑大将军、开府仪同三司、南兖州刺史，率兵讨伐刘诞。甲子日（二十七日），宋孝武帝刘骏亲自总领禁兵驻扎在宣武堂。

司州刺史刘季之，是刘诞的旧将领，一向和都督宗悫有嫌隙，听到刘诞谋反的消息，害怕被宗悫陷害，丢弃官职，独自从小路奔回朝廷，到达盱眙；盱眙太守郑瑗怀疑刘季之和刘诞同谋，便杀了刘季之。

沈庆之至欧阳，诞遣庆之宗人沈道愍赍书说庆之，饷以玉环刀。庆之遣道愍返，数以罪恶。诞焚郭邑，驱居民悉使入城，闭门自守，分遣书檄，邀结远近，时山阳内史梁旷，家在广陵，诞执其妻子，遣使邀旷，旷斩使拒之；诞怒，灭其家。

诞奉表投之城外曰："陛下信用谗言，遂令无名小人来相掩袭；不任枉酷，即加诛翦。雀鼠贪生，仰违诏敕。今亲勒部曲，镇扞徐、兖。先经何福，同生皇家？今有何怨，便成胡、越？陵锋奋戈，万没岂顾；荡定之期，冀在旦夕。"又曰："陛下宫帷之丑，岂可三缄！"上大怒，凡诞左右、腹心、同籍、期亲在建康者并诛之，死者以千数，或有家人已死，方自城内出奔者。

【译文】 沈庆之率军到达欧阳，刘诞派沈庆之的同宗沈道愍送书信游说沈庆之，并送给他玉环刀。沈庆之命令沈道愍回去，不接受劝说，并向他数说刘诞的罪恶，希望他能及早归顺皇帝。刘诞焚烧外城，把百姓全部驱赶进城内，闭门自守，并分别送书，邀请远近的地方官入伙发动叛乱。当时山阳内史梁旷，家在广陵，刘诞抓捕他的妻子和儿女，然后派人邀请梁旷加入自己的阵营，梁旷拒绝并杀了使者；刘诞生气，杀掉了他的家人。

刘诞把写给宋孝武帝刘骏的奏章投到城外，他在上面说："陛下听信谗言，命无名小人前来袭击。我因无法忍受你们对我的冤枉和残酷对待，决定即时加以铲除。雀鼠尚且贪恋生命，我在迫不得已的情况下，对此也要有所违令。何况你现在亲自率部队，镇压徐、兖，逼迫我到了无以复加的地步。以前我们是有何等的福气，可以共同出生在帝王家？现在犯下什么罪过，成了像胡、越两地人那样的陌生人？我们就要交锋对敌，万死不顾，我希望决定胜负的时间，就在早晚。"又说："陛下在宫帷中的丑事，难道可以三缄其口，不说出来？"宋孝武帝刘骏看奏章后龙颜大怒，下令把刘诞留在建康的左右、腹心、同籍、期亲等全部杀戮，被杀死的有上千人；有的因家人已死，才从城内逃出来。

庆之至城下，诞登楼谓之曰："沈公垂白之年，何苦来此！"庆之曰："朝廷以君狂愚，不足劳少壮故耳。"

上虑诞奔魏，使庆之断其走路。庆之移营白土，去城十八里，又进军新亭。豫州刺史宗悫、徐州刺史刘道隆并帅众来会；兖州刺史沈僧明，庆之兄子也，亦遣兵助庆之。先是诞诳其众，云"宗悫助我"；悫至，绕城曜马呼曰："我，宗悫也！"

【译文】这天，沈庆之到达城下，刘诞登上城楼向他说道："沈公已经是白首之年，何苦来此呢？"沈庆之说："这是朝廷因为你太过狂妄愚笨，不必动用年轻人。"

宋孝武帝刘骏害怕刘诞投奔魏国，于是派沈庆之截断道路，沈庆之把军营迁移到距离广平城十八里的白土，接着又向新亭进军。豫州刺史宗悫、徐州刺史刘道隆都率兵前来会合。兖州刺史沈僧明，是沈庆之哥哥的儿子，也派兵前来帮助沈庆之。起初刘诞欺骗他的士众说："宗悫要帮助我们！"宗悫到达后，骑马绕城高叫道："我就是宗悫啊！"

诞见众军大集，欲弃城北走，留中兵参军申灵赐守广陵，自将步骑数百人，亲信并自随，声云出战，邪趋海陵道。庆之遣龙骧将军武念追之。诞行十馀里，众皆不欲去，互请诞还城。诞曰："我还易耳，卿能为我尽力乎？"众皆许诺，诞乃复还，筑坛歃血以誓众，凡府州文武皆加秩。以主簿刘琨之为中兵参军；琨之，遵考之子也，辞曰："忠孝不得并。琨之老父在，不敢承命。"诞因之十馀日，终不受，乃杀之。

【译文】 刘诞看到大军包围，要弃城向北逃走，留下中兵参军申灵守卫广陵，自己则率数百步兵、骑兵和亲信随从，声称要出去作战，实际上却斜奔向海陵路。沈庆之派龙骧将军武念追击。刘诞逃了十多里后，他的部下都不愿再跟他前去，全都请求刘诞回到广陵。刘诞说："我回去容易，各位能为我尽力杀敌吗？"大家都答应。刘诞于是又返回，建筑盟坛歃血与众人宣誓许诺，战胜后，凡府州文武官吏都加官秩，任命主簿刘琨之担任中兵参军。刘琨之，是刘遵考的儿子。刘琨之拒绝说："忠孝不能并存，琨之的老父尚在建康，我不敢接受命令。"刘诞囚禁刘琨之十多天，但刘琨之始终不答应，就杀了他。

右卫将军垣护之、虎贲中郎将殷孝祖等击魏还，至广陵，上并使受庆之节度。庆之进营，逼广陵城。诞饷庆之食，提挈者百馀人，出自北门；庆之不开视，悉焚之。诞于城上授函表，请庆之为送，庆之曰："我受诏讨贼，不得为汝送表。汝必欲归死朝廷，自应开门遣使，吾为汝护送。"

【译文】 宋国右卫将军垣护之、虎贲中郎将殷孝祖等人攻击魏兵返回，到达广陵，宋孝武帝刘骏要他们接受沈庆之的指挥。沈庆之进营，向广陵城逼近。刘诞携带一百多人从北门出来给沈庆之送食物，沈庆之并没有打开看，全部烧毁。刘诞从城上投下函表，请沈庆之转送给宋孝武帝刘骏，沈庆之回答说："我接受皇帝的命令前来讨伐贼人，不能替你送表，你如果一定要回朝廷赴死，就应该开门派遣入朝投降的使者，我替你护送。"

东扬州刺史颜竣遭母忧，送丧还都，上恩待犹厚，竣时对亲旧有怨言，或语及朝廷得失。会王僧达得罪，疑竣潛之；将死，具陈竣前后怨望诽谤之语。上乃使御史中丞庾微之劾奏，免竣官。竣愈惧，上启陈谢，且请生命；上益怒，诏答曰："卿讪讦怨愤，已孤本望；乃复过烦思虑，惧不自全，岂为下事上诚节之至邪！"及竟陵王诞反，上遂诬竣与诞通谋，五月，收竣付廷尉，先折其足，然后赐死。妻子徙交州，至宫亭湖，复沉其男口。

【译文】 东扬州刺史颜竣的母亲去世后，颜竣亲自把母亲的灵柩送回都城，宋孝武帝刘骏对他的恩遇很优厚，但是颜竣时时对亲戚旧友埋怨，有时还批评朝政的得失。正赶上王僧达获罪，他就怀疑是颜竣在宋孝武帝刘骏面前说自己坏话的缘故，他在临死时就向宋孝武帝陈述颜竣前前后后那些怨恨和批评朝廷的话。宋孝武帝刘骏很气愤，就派御史中丞庾微之前来弹劾颜竣，并免去他的官职，颜竣越发害怕，向宋孝武帝刘骏上书谢罪，请求活命，宋孝武帝刘骏更加生气，颁下诏书说："你的批评与怨恨，已经辜负我的愿望，而现在你又过多地思虑，恐怕不能够存活性命，哪里是臣下侍奉君主的忠诚之道呢？"到竟陵王刘诞造反的时候，宋孝武帝就借机诬赖颜竣和刘诞通谋，五月，收押颜竣，交付给廷尉，先砍断他的脚，然后令他自杀。又下令把颜竣的妻子流放发配到交州；走到宫亭湖，又把他家的男子全部丢进湖中淹死。

【申涵煜评】 竣为藩邸旧臣，当倡议时，委屈事帝于病困，功过宋昌远矣。虽在位不无少骄，失位不能免怨，是其器量浅狭处。遽以语言诛之，又沉其男口，孝武亦酷矣哉。

【译文】 颜竣是宋孝武皇帝刘骏做诸侯时的老臣。开始倡议的时候，他就委身屈服侍奉被疾病困扰的刘骏，功劳超过宋昌太远了。虽然他在位有一点骄慢，失去官位不免有点怨恨，这是颜峻器量狭窄的地方。就因为说话而被宋孝武皇帝诛杀，而且又将他家的男丁沉溺江中，宋孝武皇帝也太残酷了。

资治通鉴

六月，戊申，魏主如阴山。

上命沈庆之为三烽于桑里，若克外城，举一烽，克内城，举两烽，擒刘诞，举三烽；玺书督趣，前后相继。庆之焚其东门，塞堑，造攻道，立行楼、土山并诸攻具，值久雨，不得攻城。上使御史中丞庾微之奏免庆之官，诏勿问，以激之。自四月至于秋七月，雨止，城犹未拔。上怒，命太史择日，将自济江讨诞；太宰义恭固谏。乃止。

【译文】六月，戊申日（十二日），魏文成帝拓跋濬到达阴山。

宋孝武帝刘骏命令沈庆之在广陵西南桑里设置三处烽火台，如果攻下外城，就点燃第一个烽火台；攻克内城，就点燃第二个烽火台；抓到刘诞就点燃第三个烽火台。宋孝武帝刘骏颁布诏书督促，派来的使者一个接一个，一刻不停地催促沈庆之进攻广陵。沈庆之率兵用火焚烧广陵城的东门，填塞护城河，建筑攻道，竖立行楼、土山等所有攻城装备，却又恰逢阴雨连绵，因此不能攻城。宋孝武帝刘骏就指使御史中丞庾微之奏请撤销沈庆之的官职，后来又下诏说不要追究他的责任，来激励沈庆之。从四月到秋季七月，雨才停，但城还没有被攻下。宋孝武帝刘骏很生气，命令太史卜选日子，准备亲自渡过长江攻打讨伐刘诞，太宰刘义恭坚持劝谏，刘骏这才停止亲自率军的想法。

诞初闭城拒使者，记室参军山阴贺弼固谏，诞怒，抽刀向之，乃止。诞遣兵出战，屡败，将佐多逾城出降。或劝弼宜早出，弼曰："公举兵向朝廷，此事既不可从；荷公厚恩，又义无违背，唯当以死明心耳！"乃饮药自杀。参军何康之等谋开门纳官军，不果，斩关出降。诞为高楼，置康之母于其上，暴露之，不与食；母呼康之，数日而死。诞以中军长济阳范义为左司马。义母妻子皆在城内，或谓义曰："事必不振，子其行乎！"义曰："吾，人吏也；子不可以弃母，吏不可以叛君。必若何康之而活，吾弗为也。"

资治通鉴卷第一百二十九 宋纪十一

【译文】 刘诞起初关闭城门拒绝使者，记室参军山阴人贺弼坚持阻拦，刘诞很生气，对他拔刀相向，他才不反对。刘诞派士兵出城作战，屡次战败，许多将士出城投降，有人劝贺弼应该及早出走，贺弼说："公（刘诞）起兵反对朝廷，此事必然不可跟从；但承蒙公的厚重恩德，在道义上又不能违背他的意思，因此我只有一死来表明心迹！"于是喝毒药自杀。本来，参军何康之计划打开城门迎接官军，没有成功，于是就杀掉守关人，出城投降。刘诞建造高楼，把何康之的母亲放在上面，暴露着不给食物，他的母亲呼叫康之，过几天就死了。刘诞任命中军长史济阳人范义担任左司马，范义的母亲、妻子都在广陵城内，有人向范义说："战事一定无法取胜，你确定要去吗？"范义说："我是人的佐吏，儿子不可以抛弃母亲，佐吏不可以反叛主君，如果要像何康之那样活着，我是不干的。"

沈庆之帅众攻城，身先士卒，亲犯矢石，乙巳，克其外城；乘胜而进，又克小城。诞闻兵入，走趋后园，队主沈胤之等追及之，击伤诞，坠水，引出，斩之。诞母、妻皆自杀。

上闻广陵平，出宣阳门，敕左右皆呼万岁。侍中蔡兴宗陪辇，上顾曰："卿何独不呼？"兴宗正色曰："陛下今日正应涕泣行诛，岂得皆称万岁！"上不悦。

【译文】沈庆之率军攻打城池，他身先士卒，迎着射下的箭石进攻。乙巳日（七月无此日），攻下外城，乘胜前进，又攻下小城。刘诞听到哥哥的部队已经入城，就跑到后园，队主沈胤之等追到刘诞，打伤了他，刘诞掉进水中，又被拉上来，然后被杀掉。后来，刘诞的母亲和妻子都自杀。

宋孝武帝刘骏听说平定广陵，高兴地从宣阳门出来，命令左右官吏侍从高呼万岁。侍中蔡兴宗陪侍在车边，却没有呼喊，宋孝武帝便转头问他说："为什么只有你不呼叫呢？"蔡兴宗神情严肃地说："陛下，今天的讨伐本应流泪，怎么可以要大家高呼万岁呢（皇帝刘骏为文帝三子，刘诞为文帝六子，骨肉相杀）？"宋孝武帝听后，很不高兴。

诏贬诞姓留氏；广陵城中士民，无大小悉命杀之。沈庆之请自五尺以下全之，其馀男子皆死，女子以为军赏；犹杀三千馀口。

长水校尉宗越临决，皆先刳肠抉眼，或笞面鞭腹，苦酒灌创，然后斩之，越对之，欣欣若有所得。上聚其首于石头南岸为京观，侍中沈怀文谏，不听。

初，诞自知将败，使黄门吕昙济与左右素所信者将世子景粹匿于民间，谓曰："事若不济，思相全脱；如其不免，可深（理）〔埋〕之。"各分以金宝赍送。既出门，并散走；唯昙济不去，携负景粹十馀日，捕得，斩之。

【译文】宋孝武帝刘骏下诏贬刘诞姓留氏，而不姓刘；广陵城中无论官吏还是百姓，也无论年龄大小一律杀戮。沈庆之向宋孝武帝请求五尺以下的孩子免于杀害，其余男子全部杀掉，女子则赏赐给军队士兵，这样也杀掉了三千多人。

长水校尉宗越主持屠杀，被处以死刑的先被挖开肠子再被挖出眼珠，有的被鞭打脸腹，再用酸醋浇淋伤口，而后砍头，宗越面对屠杀的惨烈局面，欣然自得。宋孝武帝刘骏命人把砍杀的人头堆积在石头南岸，成为髑髅山，侍中沈怀文劝谏，宋孝武帝刘骏不听。

起初，刘诞知道自己将会失败，命令黄门吕昙济和一向亲信的左右侍从把世子刘景粹藏匿在民间，说："事情如果办不成功，就想办法保全性命逃走；如果逃不了，可以深埋他的遗体。"然后分别送给他们金钱财宝。可一出城门，全部四散而逃，只有昙济没有逃走，他带着刘景粹四处躲避了十多天，最后被捕获，斩杀。

临川内史羊璿坐与诞素善，下狱死。

擢梁旷为后将军，赠刘琨之给事黄门侍郎。

蔡兴宗奉旨慰劳广陵。兴宗与范义素善，收敛其尸，送丧归豫章。上谓曰："卿何敢故触王宪?"兴宗抗言对曰："陛下自杀贼，臣自葬故交，何不可之有!"上有惭色。

宗越治军严，善为营陈。每数万人止顿，越自骑马前行，使军人随其后，马止营合，未尝参差。

【译文】临川内史羊璿因为与刘诞交好，被捕下狱而死。

宋孝武帝刘骏后来升任梁旷为后将军，追赠刘琨之为给事黄门侍郎。

蔡兴宗奉宋孝武帝刘骏的命令去抚慰奖赏攻打广陵的军士。因为蔡兴宗和范义关系一向友好，他就收敛范义的尸体，并送丧回豫章。宋孝武帝刘骏知道后，质问他说："你怎么敢触犯王法？"蔡兴宗顶嘴说："你杀你的贼人，我埋我的朋友，有什么不可以呢？"宋孝武帝刘骏脸上露出愧色。

宗越带军严谨，善于训练队伍。每次有数万人在场操演时，宗越就亲自骑马在前，让军队随在后面，他的马停下，队伍就集合；马开始走，队伍就继续前进，从来没有出现过差错。

辛未，大赦。

丙子，以丹杨尹刘秀之为尚书右仆射。

丙戌，以南兖州刺史沈庆之为司空，刺史如故。

八月，庚戌，魏主如云中；壬戌，还平城。

九月，壬辰，筑上林苑于玄武湖北。

初，晋人筑南郊坛于巳位，尚书右丞徐爰以为非礼。诏徙于牛头山西，直宫城之午位。及废帝即位，以旧地为吉，复还故处。帝又命尚书左丞荀万秋造五路，依金根车，加羽葆盖。

【译文】辛未日（初五），宋国实行大赦。

丙子日（初十），宋孝武帝刘骏任命丹杨尹刘秀之担任尚书右仆射。

丙戌日（二十日），宋孝武帝刘骏任命南兖州刺史沈庆之担任司空，仍担任刺史。

八月，庚戌日（十五日），魏文成帝拓跋濬到达云中；壬戌日（二十七日），回到平城。

九月，壬辰日（二十七日），魏文成帝拓跋濬在玄武湖北岸建筑上林苑。

起初，晋朝在建康南郊的巳方位建坛，尚书右丞徐爰认为这个方位不合乎礼制，宋孝武帝刘骏听从他的意见，就下诏把坛迁到牛头山西,正好是宫城的午方位。到废帝(刘骏的儿子刘子业)即位,认为祭坛原来的位置吉利,就又迁移回去。宋孝武帝刘骏又命尚书左丞荀万秋制造帝王所乘的五种车子,即玉路、金路、象路、革路、木路,并依照金根车制造,加用鸟羽为装饰。

大明四年(庚子,公元四六〇年)春,正月,甲子朔,魏大赦,改元和平。

乙亥,上耕藉田,大赦。

己卯,诏祀郊庙,初乘玉路。

庚寅,立皇子子勋晋安王,子房为寻阳王,子顼为历阳王,子鸾为襄阳王。

魏散骑侍郎冯阐来聘。

二月,魏卫将军乐安王良讨河西叛胡。

三月,魏人寇北阴平,朱提太守杨归子击破之。

甲申,皇后亲桑于西郊,皇太后观礼。

【译文】大明四年(庚子,公元460年)春季,正月,甲子朔日(初一),魏国大赦境内,改年号为和平。

乙亥日(十二日),宋孝武帝刘骏举行耕田仪式,大赦天下。

己卯日(十六日),宋孝武帝刘骏下诏祭祀郊庙,开始乘坐玉路车。

庚寅日(二十七日),宋孝武帝刘骏立皇子刘子勋为晋安王,刘子房为寻阳王,刘子顼为历阳王,刘子鸾为襄阳王。

魏国散骑侍郎冯阐来建康访问。

二月,魏国卫将军乐安王拓跋良讨伐河西及叛魏的胡人。

三月，魏军入侵北阴平，朱提太守杨归子打败他们。

甲申日（二十二日），宋孝武帝刘骏的皇后亲自在建康西郊种桑，皇太后参加观礼。

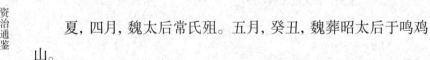

夏，四月，魏太后常氏殂。五月，癸丑，魏葬昭太后于鸣鸡山。

丙戌，尚书左仆射褚湛之卒。

吐谷浑王拾寅两受宋、魏爵命，居止出入，拟于王者，魏人忿之。定阳侯曹安表："拾寅今保白兰，若分军出其左右，必走保南山，不过十日，人畜乏食，可一举而定。"六月，甲午，魏遣征西大将军阳平王新成等督统万、高平诸军出南道，南郡公中山李惠等督凉州诸军出北道，以击吐谷浑。

魏崔浩之诛也，史官遂废，至是复置。

河西叛胡诣长安首罪，魏遣使者安慰之。

【译文】夏季，四月，魏太后常氏去世。五月，癸丑日（五月无此日），魏国在鸣鸡山下葬太后。

丙戌日（二十五日），宋国尚书左仆射褚湛之去世。

吐谷浑王拾寅同时接受宋、魏的爵位封赏，他的起居出入都比照帝王的仪式。魏人对此感到愤恨，定阳侯曹安向魏文成帝拓跋濬上书说："拾寅现在保有白兰，如果我们的军队分别从他的左右进行攻击，他们就会走保南山的道路，不超过十天，他的人马一定会缺乏粮草，到那时我们就可以一举攻破他们。"六月，甲午日（初四），魏文成帝拓跋濬为攻击吐谷浑，派征西大将军阳平王新成等率统万、高平各军从南路出发，南郡公中山李惠等率凉州各军从北路出发，一同出击吐谷浑王。

魏国崔浩被杀后，魏文成帝拓跋濬就废弃史官，现在又恢复设置。

河西反抗的胡人到长安认罪，魏文成帝拓跋濬派使者安抚他们。

秋，七月，遣使如魏。

甲戌，开府仪同三司何尚之卒。

壬午，魏主如河西。

魏军至西平，吐谷浑王拾寅走保南山。九月，魏军济河追之，会疾疫，引还，获杂畜二十馀万。

【译文】秋季，七月，宋国派使者到达魏国。

甲戌日（十四日），宋国开府仪同三司何尚之去世。

壬午日（二十二日），魏文成帝拓跋濬到达河西。

魏军到西平，吐谷浑王拾寅走保南山。九月，魏军渡过黄河追击，未料在路上遇到传染病，于是军队被迫撤回，俘虏劫获二十多万头牲畜。

庚午，魏主还平城。

丁亥，徙襄阳王子鸾为新安王。

冬，十月，庚寅，诏沈庆之讨缘江蛮。

前庐陵内史周朗，言事切直，上衔之。使有司奏朗居母丧不如礼，传送宁州，于道杀之。朗之行也，侍中蔡兴宗方在直，请与朗别；坐白衣领职。

【译文】庚午日（十一日），魏文成帝拓跋濬回到平城。

丁亥日（二十八日），宋孝武帝刘骏把襄阳王刘子鸾改封为新安王。

冬季，十月，庚寅日（初一），宋孝武帝刘骏下诏命沈庆之讨伐沿长江驻守的蛮人。

宋国前庐陵内史周朗，因为劝谏宋孝武帝时经常仗义执言，不讲忌讳，宋孝武帝刘骏对他怀恨在心，后来，宋孝武帝刘骏命令官吏诬告周朗在为母守丧时行为不符合礼仪规定，把周朗发配到宁州，然后在路上杀害了他。周朗在被传送时，侍中蔡兴宗正在当值，他请求和周朗送别，因此获得罪名，被废为平民，仍兼领原来的职位。

十一月，魏散骑侍郎卢度世等来聘。

是岁，上徵青、冀二州刺史颜师伯为侍中。师伯以诌佞被亲任，群臣莫及，多纳货贿，家累千金。上尝与之樗蒲，上掷得雉，自谓必胜；师伯次掷，得卢，上失色。师伯遽敛子曰："几作卢！"是日，师伯一输百万。

柔然攻高昌，杀沮渠安周，灭沮渠氏，以阚伯周为高昌王。高昌称王自此始。

【译文】十一月，魏国散骑常侍卢度世等来建康访问。

这一年，宋孝武帝刘骏征召青、冀二州刺史颜师伯担任侍中，颜师伯因为善于诌媚奉承而被信任，群臣都比不上他，他借机收取许多贿赂，累积千金家财。宋孝武帝刘骏曾经和他赌樗蒲（今掷骰子），宋孝武帝先掷得雉，认为自己一定会赢；师伯接着掷，得到卢，宋孝武帝的脸立马就变了颜色。师伯故意收起骰子说："几乎得卢！"这一天，为了取悦宋孝武帝，师伯一次输百万。

柔然进攻高昌，杀掉沮渠安周，消灭沮渠氏，任命阚伯周担任高昌王。高昌称王就从这个时候开始。

大明五年（辛丑，公元四六一年）春，正月，戊午朔，朝贺。雪落太宰义恭衣，有六出，义恭奏以为瑞，上悦。义恭以上猜暴，惧不自容，每卑辞逊色，曲意祗奉；由是终上之世，得免于祸。

二月，辛卯，魏主如中山；丙午，至邺，遂如信都。

三月，遣使如魏。

魏主发并、肆州民五千人治河西猎道；辛巳，还平城。

夏，四月，癸巳，更以西阳王子尚为豫章王。

庚子，诏经始明堂，直作大殿于丙、己之地，制如太庙，唯十有二间为异。

【译文】大明五年（辛丑，公元461年）春季，正月，戊午朔日（初一），宋国举行新年贺礼，天空中雪花飘落，一个有六角的雪花飘落到太宰刘义恭的衣服上，刘义恭上奏说是祥瑞的征兆，宋孝武帝刘骏很高兴。刘义恭以为宋孝武帝喜欢猜忌且性情暴戾，害怕心中容不下他，因此在宋孝武帝面前经常低声下气，曲意奉承，使得宋孝武帝在位期间，刘义恭免于灾祸。

二月，辛卯日（初四），魏文成帝拓跋濬到达中山；丙午日（十九日），到达邺城，又转而到达信都。

三月，宋孝武帝刘骏派使者到达魏国。

魏文成帝拓跋濬发动并州、肆州五千人民修理整治河西猎道。辛巳日（二十五日），魏文成帝拓跋濬回到平城。

夏季，四月，癸巳日（初七），宋孝武帝刘骏改封西阳王刘子尚为豫章王。

庚子日（十四日），宋孝武帝刘骏颁布建筑明堂的诏令，明堂的位置正好在大殿的丙、己方位的土地上，它的形状构造和太庙相像，只有十二间和太庙不同。

雍州刺史海陵王休茂，年十七，司马新野庾深之行府事。休茂性急，欲自专处决，深之及主帅每禁之，常怀忿恨。左右张伯超有宠，多罪恶，主帅屡责之。伯超惧，说休茂曰："主帅密疏官过失，欲以启闻，如此恐无好。"休茂曰："为之奈何？"伯超曰："唯有杀行事及主帅，举兵自卫。此去都数千里，纵大事不成，不失入虏中为王。"休茂从之。

丙午夜，休茂与伯超等帅夹毂队，杀典签杨庆于城中，出金城，杀深之及典签戴双；徽集兵众，建牙驰檄，使佐吏上己为车骑大将军、开府仪同三司，加黄钺。侍读博士荀诜谏，休茂杀之。伯超专任军政，生杀在己，休茂左右曹万期挺身斫休茂，不克而死。

【译文】宋国雍州刺史海陵王刘休茂，年龄才十七岁，府中事务主要由司马新野庾深之处理，刘休茂性情急躁，非要自己专断决定，可庾深之和典签经常拒绝他，因此怀恨在心。刘休茂宠信身边的侍从张伯超，而张伯超做了很多恶事，受到典签的多次责备，张伯超因此害怕以后受到他的处置，便诬陷典签，对刘休茂说："典签一直秘密地向我诉说主官（休茂）的过失，他还要向皇帝报告，这样对你恐怕没有好处！"刘休茂说："现在我要怎么办呢？"张伯超说："只有杀掉庾深之和典签，率兵起义自卫，才能保全你自己。我们这里距离京都有数千里，即使大事不成，你也可以投靠敌军称王。"刘休茂同意了他的建议。

丙午日（二十日）晚，刘休茂和张伯超等率领夹毂队，在城内杀掉典签杨庆，又从金城出来，杀掉庾深之和典签戴双。然后征集军队，竖立牙旗，骑马奔驰到各地送檄书，任命佐吏奉刘休茂担任车骑大将军、开府仪同三司，加任黄钺。侍读博士荀诜劝告阻止，刘休茂杀了他。张伯超专揽军政和生杀大权，刘休茂左右侍从曹万期挺身要砍杀刘休茂，没有成功反而被他所杀。

休茂出城行营，谘议参军沈畅之等帅众闭门拒之。休茂驰还，不得入。义成太守薛继考为休茂尽力攻城，克之，斩畅之及同谋数十人。其日，参军尹玄庆复起兵攻休茂，生擒，斩之，母、妻皆自杀，同党伏诛。城中扰乱，莫相统摄。中兵参军刘恭之，秀之之弟也，众共推行府州事。继考以兵胁恭之，使作启事，言"继考立义"，自乘驿还都；上以为北中郎谘议参军，赐爵冠军侯；事寻泄，伏诛。以玄庆为射声校尉。

【译文】刘休茂出城（襄阳），到城外巡视军营。这时，谘议参军沈畅之趁机率军队关闭城门，抗拒刘休茂。后来，刘休茂奔驰回城，不能进去，义成太守薛继考为刘休茂尽力攻城，攻破城后，斩杀沈畅之和与他同谋的数十名将领。当天，参军尹玄庆又率兵攻击刘休茂，活捉刘休茂后加以斩杀，刘休茂的母亲、妻子都自杀，和他同谋的也都被杀。城中纷扰杂乱的程度，没有人能控制。中兵参军刘恭之，是刘秀之的弟弟，众人推举他来执行州府的政事，薛继考用军队威胁刘恭之，让刘恭之给宋孝武帝上书，说"是薛继考推行义事"。而后薛继考自己乘车回到建康向宋孝武帝邀取功劳奖赏，宋孝武帝刘骏任命他担任北中郎谘议参军，赐给他冠军侯的爵位；不久他攻城的事泄露，被宋孝武帝刘骏下令杀掉。宋孝武帝刘骏任命尹玄庆担任射声校尉。

上自即位以来，抑黜诸弟；既克广陵，欲更峻其科。沈怀文曰："汉明不使其子比光武之子，前史以为美谈。陛下既明管、蔡之诛，愿崇唐、卫之寄。"及襄阳平，太宰义恭探知上旨，复上表请裁抑诸王，不使任边州，及悉输器甲，禁绝宾客；沈怀文固谏，以为不可，乃止。

【译文】 宋孝武帝刘骏自从登上帝位以来，一直压迫各个弟弟，既杀了广陵王刘诞，又把严峻的刑法加重来对付他们。沈怀文说："汉明帝不让他的儿子和光武帝的儿子相比，以前的史家传为美谈。陛下既然像周公诛杀讨伐管叔、蔡叔，希望也能像周公一样封赏弟弟到唐、卫，来作为王室的屏障。"等到襄阳平定，太宰刘义恭在试探知道宋孝武帝的意思后，就呈上表书，请求压制各封王的力量，不要让他们出任边疆州刺史的职位，并要求他们交出所有的武器和军队，禁止他们与宾客往来。沈怀文坚持向宋孝武帝劝谏，认为不可以这样做，宋孝武帝刘骏这才停止计划。

【乾隆御批】 诸王不使任边州，及输甲兵，绝宾客，实保全懿亲第一义。若果行此，则江州、荆郢之祸可无再见。而庐江、巴陵、建平并得以禄位终矣。怀文之谏虽意在优施恩谊，岂知爱之适所以害之耶？

【译文】 不让诸王们任职边境州郡，上缴甲兵，禁止私养宾客，实在是保全皇室宗亲的第一要义。如果真的这样做，那么江州和荆郢的灾祸可以不再出现。而庐江王、巴陵王、建平王都可以在王位上终老。沈怀文的谏言虽然意在对他们施加恩惠加深情谊，哪知道爱他们恰好害了他们呢？

上畋游无度，尝出，夜还，敕开门。侍中谢庄居守，以棨信或虚，执不奉旨，须墨敕乃开。上后因燕饮，从容曰："卿欲效郗君章邪？"对曰："臣闻王者祭祀、畋游，出入有节。今陛下晨往宵归，臣恐不逞之徒，妄生矫诈，是以伏须神笔，乃敢开门耳。"

魏大旱，诏："州郡境内，神无大小，悉洒扫致祷；俟丰登，各以其秩祭之。"于是，群祀之废者皆复其旧。

【译文】宋孝武帝刘骏纵情游猎，没有节制，曾经有一次出城打猎，直到晚上才回来，命令开城门，侍中谢庄负责门禁，害怕入门的凭证有假，就不听命令，要求必须要有皇帝手谕才打开城门。因为宋孝武帝刘骏喝了酒，他从容地对谢庄说："你难道是想要效法郅君章吗？"谢庄对答道："臣子听说帝王祭祀、打猎，出入有节度。现在陛下早上出城，却到晚上才回来，臣恐怕是不法之徒，趁乱冒充，因此只有请陛下下笔，才敢开门！"

魏国出现大旱灾，魏文成帝拓跋濬下诏说："州郡境内，不论大小神庙，都要洒水打扫进行祈祷，等到丰收以后，会各以合乎他们的品秩祭礼来进行祭拜！"因此过去已经荒废的各个神庙又恢复祭祀了。

秋，七月，戊寅，魏主立其弟小新成为济阳王，加征东大将军，镇平原；天赐为汝阴王，加征南大将军，镇虎牢；万寿为乐浪王，加征北大将军，镇和龙；洛侯为广平王。

壬午，魏主巡山北；八月，丁丑，还平城。

戊子，立皇子子仁为永嘉王，子真为始安王。

【译文】秋季，七月，戊寅日（二十四日），魏文成帝拓跋濬任命他的弟弟拓跋小新为济阳王，加封征东大将军，镇守平原；任命拓跋天赐为汝阴王，加封征南大将军，镇守虎牢；任命拓跋万寿为乐浪王，加封征北大将军，镇守和龙；任命拓跋洛侯为广平王。

壬午日（二十八日），魏文成帝拓跋濬到山北巡视；八月，丁丑日（八月无此日），他回到平城。

戊子日（初四），宋孝武帝刘骏封皇子刘子仁为永嘉王，刘子真为始安王。

九月，甲寅朔，日有食之。

沈庆之固让司空，柳元景固让开府仪同三司；诏许之，仍命庆之朝会位次司空，俸禄依三司，元景在从公之上。

庆之目不知书，家素富，产业累万金，童奴千计；再献钱千万，谷万斛。先有四宅，又有园舍在娄湖；庆之一夕携子孙及中表亲戚徙居娄湖，以四宅输官。庆之多蓄妓妾，优游无事，尽意欢娱，非朝贺不出门；车马率素，从者不过三五人，遇之者不知其三公也。

甲戌，移南豫州治于湖。丁丑，以浔阳王子房为南豫州刺史。

【译文】九月，甲寅朔日（初一），天空出现日食。

沈庆之坚决请求辞去司空的职位，而柳元景坚决请求辞去开府仪同三司，宋孝武帝刘骏颁布诏令同意，但仍然命令沈庆之在朝会时的位置在司空的次位，俸禄依照三司。柳元景位置在从公的上位。

沈庆之不识字，而家中向来富有，积累到万金的产业，奴仆多到用千计算的程度，献给官家千万钱，万斛谷子。先前有四处住宅，又在娄湖有园舍。沈庆之在一夜间，带领子孙和内外表亲迁居到娄湖，把四处住宅都捐给官家。沈庆之又蓄养许多艺妓侍妾，整天悠闲得无事可干，和她们尽情欢乐，如果不是朝廷举行贺礼的聚会，从来不出门，车马朴素，随从不过三五人，遇到的人都不知道他其实位在三公。

甲戌日（二十一日），宋孝武帝刘骏把南豫州州治迁移到于湖。丁丑日（二十四日），任命浔阳王刘子房担任南豫州刺史。

闰月，戊子，皇太子妃何氏卒，谥曰献妃。

壬寅，更以历阳王子顼为临海王。

冬，十月，甲寅，以南徐州刺史刘延孙为尚书左仆射，右仆射刘秀之为雍州刺史。

乙卯，以新安王子鸾为南徐州刺史。子鸾母殷淑仪，宠倾后宫，子鸾爱冠诸子，凡为上所昵遇者，莫不入子鸾之府。及为南徐州，割吴郡以属之。

【译文】闰月，戊子日（初五），宋国皇太子妃何氏去世，谥号献妃。

壬寅日（十九日），宋孝武帝刘骏改封历阳王刘子顼为临海王。

冬季，十月，甲寅日（初二），宋孝武帝刘骏任命南徐州刺史刘延孙担任尚书左仆射，任命右仆射刘秀之担任雍州刺史。

乙卯日（初三），宋孝武帝刘骏任命新安王刘子鸾担任南徐州刺史。刘子鸾的母亲殷淑仪，在后宫受到宋孝武帝刘骏的专宠，因此刘子鸾与其他兄弟相比，更受到宋孝武帝刘骏的喜欢。凡是被孝武帝看到的东西，没有不送入刘子鸾府中的。等到刘子鸾出任南徐州刺史时，就割划吴郡来并入南徐州的土地。

初，巴陵王休若为北徐州刺史，以山阴令张岱为谘议参军，行府、州、国事。后临海王子顼为广州，豫章王子尚为扬州，晋安王子勋为南兖州，岱历为三府谘议、三王行事，与典签、主帅共事，事举而情不相失。或谓岱曰："主王既幼，执事多门，而每能缉和公私，云何致此？”岱曰：“古人言：‘一心可以事百君。’我为政端平，待物以礼，悔吝之事，无由而及；明暗短长，更是才用之多少耳。”及子鸾为南徐州，复以岱为别驾、行事。岱，永之弟也。

【译文】起初，宋国的巴陵王刘休若担任北徐州刺史时，任命山阴令张岱担任谘议参军，负责执行处理府、州和巴陵国的政事。后来临海王刘子顼担任广州刺史，豫章王刘子尚担任扬州刺史，晋安王刘子勋担任南兖州刺史，而张岱历任这三府的谘议参军、执行处理三州的政事，和典签共同办事，政事兴办得没有过失。有人好奇地问张岱说：“主王年龄小，而管事的又有许多部门，而你居然能调和公私，是怎么做到的呢？”张岱说：“古人说：‘专心一致就可以侍奉一百个君主。’我为政端正持平，待人接物讲究礼节，那么后悔的事，就无从产生。人行为的好坏和能力的高低，才是被任用的标准。”等到刘子鸾担任南徐州刺史，又任命张岱担任别驾、执行政事。张岱，是张永的弟弟。

魏员外散骑常侍游明根等来聘。明根，雅之从祖弟也。

魏广平王洛侯卒。

十二月，壬申，以领军将军刘遵考为尚书右仆射。

甲戌，制民户岁输布四匹。

是岁，诏士族杂婚者皆补将吏。士族多避役逃亡，乃严为之制，捕得即斩之，往往奔窜湖山为盗贼。沈怀文谏，不听。

【译文】魏国员外散骑常侍游明根等人来到建康访问。游明根，是游雅的同曾祖弟弟。

魏国广平王拓跋洛侯去世。

十二月，壬申日（二十日），宋国任命领军将军刘遵考担任尚书右仆射。

甲戌日（二十二日），宋国规定百姓一户一年要缴纳给官家四匹布。

这一年，宋孝武帝刘骏颁布和工商杂户通婚的士族要补任为军官的诏令，士族多为躲避兵役而逃亡，宋孝武帝刘骏于是下令严格强加制止，捉捕到的就斩杀，因此经常有士族奔跑到山泽中做盗贼。沈怀文劝谏，但宋孝武帝刘骏不听。

【申涵煜评】士族杂婚，虽非美俗，有何关于治乱？乃严为之制。犯即捕吏，逃即捕斩，是不教而杀，安得不驱民为盗？

【译文】士人家族之间混杂通婚，虽然不是美好的风俗，但是和国家的安定或动乱有什么关系？居然严肃区分士族之间的通婚并形成制度。违反了制度就被替补成将吏，逃亡了就被逮捕并诛杀，这是不施行教化却诛杀他们，简直就是驱赶民众成为盗贼。

大明六年（壬寅，公元四六二年）春，正月，癸未，魏乐浪王万寿卒。

辛卯，上初祀五帝于明堂，大赦。

丁未，策秀、孝于中堂。扬州秀才顾法对策曰："源清则流洁，神圣则刑全。躬化易于上风，体训速于草偃。"上览之，恶其谅也，投策于地。

二月，乙卯，复百官禄。

三月，庚寅，立皇子子元为邵陵王。

【译文】 大明六年（壬寅，公元462年）春季，正月，癸未日（初二），魏国乐浪王拓跋万寿死。

辛卯日（初十），宋孝武帝刘骏开始在明堂祭祀五帝，大赦天下。

丁未日（二十六日），宋孝武帝刘骏在中堂举行秀才、孝廉的策试。扬州秀才顾法对策说："源头清澈则流水干净，精神圣洁则形体健全，皇帝亲自实践好比风一吹草就倒下，可以更有效地教化天下。"宋孝武帝刘骏看到后，讨厌他的仗义执言，把他的策文丢在地上。

二月，乙卯日（初四），宋孝武帝刘骏下令恢复百官原有的俸禄数目。

三月，庚寅日（初十），宋孝武帝刘骏封皇子刘子元为邵陵王。

初，侍中沈怀文，数以直谏忤旨。怀文素与颜竣、周郎善，上谓怀文曰："竣若知我杀之，亦当不敢如此。"怀文嘿然。侍中王彧，言次称竣、郎人才之美，怀文与相酬和。颜师伯以白上，上益不悦。上尝出射雉，风雨骤至，怀文与王彧、江智渊约相与谏。会召入雉场，怀文曰："风雨如此，非圣躬所宜冒。"彧曰："怀文所启，宜从。"智渊未及言，上注弩作色曰："卿欲效颜竣邪，何以恒知人事！"又曰："颜竣小子，恨不先鞭其面！"每上燕集，在坐者皆令沉醉，嘲谑无度。怀文素不饮酒，又不好戏调，上谓故欲异己。谢庄尝戒怀文曰："卿每与人异，亦何可久！"怀文曰："吾少来如此，岂可一朝而变！非欲异物，性所得耳。"上乃出怀文为晋安王子勋征虏长史，领广陵太守。

【译文】起初，侍中沈怀文因为几次直言劝谏而得罪宋孝武帝刘骏。沈怀文本来与颜竣、周朗关系友好，宋孝武帝刘骏对沈怀文说："颜竣如果知道我会杀掉他，也就不敢这样和你交好！"沈怀文沉默不语。侍中王彧，曾经在谈话中赞美颜竣、周朗的才华，沈怀文也跟着他附和。颜师伯便向宋孝武帝打小报告，宋孝武帝更加不喜欢沈怀文。宋孝武帝曾经准备外出射雉，但风雨忽至，沈怀文和王彧、江智渊相约要劝阻宋孝武帝。正好他们被宋孝武帝刘骏召入射雉场中，沈怀文说："圣上身体不能经受这么大的风雨。"王彧也说："沈怀文所说，应该可以听取！"江智渊还没有来得及说话，宋孝武帝刘骏就注视着弓，脸色阴沉地说："你是想要效法颜竣吗？为什么总是来管别人的事情！"又说，"颜竣小子！朕恨不得先鞭打他的脸！"每次宋孝武帝刘骏宴会饮酒，在座的人都喝醉，嘲谑失去仪态，沈怀文一向不喝酒，又不喜爱开玩笑。宋孝武帝认为他是故意要和自己唱反调。谢庄曾经告诫沈怀文说："你每次都与人不同，怎么能保持长久呢？"沈怀文说："我从小就这样，怎么可以一天就改变得了呢？我不是故意要与众不同，而是我的性情使然。"宋孝武帝刘骏就调沈怀文出任晋安王刘子勋征虏将军的长史，并兼任广陵太守。

资治通鉴卷第一百二十九　宋纪十一

怀文诣建康朝正，事毕遣还，以女病求申期，至是犹未发，为有司所纠，免官，禁锢十年。怀文卖宅，欲还东，上闻之，大怒，收付廷尉，丁未，赐怀文死。怀文三子澹、渊、冲，行哭为怀文请命，见者伤之。柳元景欲救怀文，言于上曰："沈怀文三子，涂炭不可见；愿陛下速正其罪。"上竟杀之。

【译文】沈怀文回到建康参加正月元旦朝会，仪式完毕后本应被遣回所任职的地方，但因为女儿生病而请求延期出发，因此没有按时走，被负责的官吏纠缠，遭到弹劾，被撤免官职，并且被惩罚十年内不得做官。沈怀文便卖了房子，准备回到东方的家乡，宋孝武帝刘骏获悉后，大怒，把沈怀文收交给廷尉处理，丁未日（二十七日），赐沈怀文自杀。沈怀文的三个儿子沈澹、沈渊、沈冲哭泣奔走，请求能免父亲一死，看到的人为他们感到伤心。柳元景为挽救沈怀文，向宋孝武帝刘骏说："沈怀文有三子，现在极为痛苦，我都不忍心亲眼看他们的悲痛模样，希望陛下快速适当地给他定罪。"但宋孝武帝刘骏没有改变心意，最终还是杀了沈怀文。

夏，四月，淑仪殷氏卒。追拜贵妃，谥曰宣。上痛悼不已，精神为之罔罔，颇废政事。

五月，壬寅，太宰义恭解领司徒。

六月，辛酉，东昌文穆公刘延孙卒。

庚午，魏主如阴山。

魏石楼胡贺略孙反，长安镇将陆真讨平之。魏主命真城长蛇镇。氐豪仇傉檀反，真讨平之，卒城而还。

【译文】夏季，四月，宋孝武帝刘骏的淑仪殷氏去世，追拜贵妃，谥号为宣。殷氏死后，宋孝武帝刘骏悲痛不已，精神恍惚，荒废政事。

五月，壬寅日（二十三日），太宰刘义恭被解除兼领的司徒职务。

六月，辛酉日（十二日），东昌文穆公刘延孙去世。

庚午日（二十一日），魏文成帝拓跋濬到达阴山。

魏石楼胡人贺略孙反抗魏国，长安镇将陆真前去讨伐平定他。魏文成帝拓跋濬命令陆真在长蛇镇筑造城墙。氐族旧强敌仇傉檀反抗魏国，陆真又加以讨伐平定，并把城墙筑好后返回。

秋，七月，壬寅，魏主如河西。

乙未，立皇子子云为晋陵王；是日卒，谥曰孝。

初，晋庾冰议使沙门敬王者，桓玄复述其议，并不果行。至是，上使有司奏曰："儒、法枝派，名、墨条分，至于崇亲严上，厥猷靡爽。唯浮图为教，反经提传，拘文蔽道，在末尔扇。夫佛以谦卑自牧，忠虔为道，宁有屈膝四辈而简礼二亲，稽颡耆腊而直体万乘者哉！臣等参议，以为沙门接见，比当尽虔；礼敬之容，依其本俗。"九月，戊寅，制沙门致敬人主。及废帝即位，复旧。

【译文】秋季，七月，壬寅日（二十四日），魏文成帝拓跋濬到达河西。

乙未日（十七日），宋孝武帝刘骏封皇子刘子云为晋陵王；同一天，刘子云去世，谥号为孝。

起初，晋庾冰建议要使佛徒尊敬帝王，桓玄也重复申述他的意见，但没有被实施。这时，宋孝武帝刘骏命令官吏上奏说："虽然儒家、法家分属不同支派，名家、墨家也有不同的义理，但对于尊崇亲人尊敬长辈的事情，他们的思想并没有差别。只有佛教徒，他们违反经义写作传记，拘泥于文字，妨碍正道，而属于佛教末流的思想更是厉害。佛教本是节操自守，谦虚低下，忠诚施行道义的，哪里只有下拜四圣（佛、菩萨、圆觉、声闻四辈）而失礼于双亲（父母）的呢？哪里只有向老僧叩头，而不向皇帝叩首呢？因此，臣等建议：佛教徒拜见皇帝，应当使用与俗世相同的诚敬、礼敬的仪式。"九月，戊寅日（初一），制定佛教徒要尊敬君主的礼制。等到废帝即位，又恢复先前的制度。

【乾隆御批】浮图虽自沿其教，然既在戴高履厚之中，一切当与四民同治，不待言也。晋宋间乃以沙门致敬人主著之令甲，正与旧律文所载僧道拜父母，均为笑谈。

【译文】僧侣虽然要遵守他们的教规，但是既然头顶天脚踩地，生活在天地之间，一切当然应该和百姓一样遵守管理，这是不必说的。晋宋以来却把僧侣向皇帝致敬定进法令，正和旧法条文中僧道拜父母一样，都是笑话。

乙未，以尚书右仆射刘遵考为左仆射，丹杨尹王僧朗为右仆射。僧朗，彧之父也。

冬，十月，壬申，葬宣贵妃于龙山。凿冈通道数十里，民不堪役，死亡甚众；自江南葬埋之盛，未之有也。又为之别立庙。

魏员外散骑常侍游明根等来聘。

辛巳，加尚书令柳元景司空。

壬寅，魏主还平城。

【译文】 乙未日（十八日），宋孝武帝刘骏任命尚书右仆射刘遵考担任左仆射，丹杨尹王僧朗担任右仆射。王僧朗，是王彧的父亲。

冬季，十月，壬申日（二十五日），为了在龙山埋葬宣贵妃，在山上挖掘数十里通道。百姓受不了奴役，有很多人死亡。自从江南举行丧礼以来，这次规模的盛大与隆重是从来没有过的，而且又为她立了庙。

魏员外散骑常侍游明根等人又来到建康访问。

辛巳日（十月无此日），宋孝武帝刘骏加封尚书令柳元景担任司空。

壬寅日（十一月四日），魏文成帝拓跋濬返回平城。

南徐州从事史范阳祖冲之上言，何承天《元嘉历》疏舛犹多，更造新历，以为："旧法，冬至日有定处，未盈百载，辄差二度；今令冬至日度，岁岁微差，将来久用，无烦屡改。又，子为辰首，位在正北，虚为北方列宿之中；今历，上元日度，发自虚一。又，日辰之号，甲子为先；今历，上元岁在甲子。又，承天法，日、月、五星各自有元；今法，交会、迟疾悉以上元岁首为始。"上令善历者难之，不能屈。会上晏驾，不果施行。

【译文】宋国南徐州从事史范阳人祖冲之向宋孝武帝刘骏上书说道"何承天的《元嘉历法》有很大误差，应该重新制定新的历法。在旧历法中，冬至日有固定的位置，在不满一百年的时间里，就只差二度（四十五年八月差一度）。现在如果使冬至日度每年都稍有差距，将来就可以长久使用，不必麻烦地常常修改。按照旧历把位于正北的子作为辰首，虚宿在北方列宿的中央。新历则把以上元日度，是虚宿一起算。旧历的日辰之号，以甲子为先；新历，则上元岁在甲子。承袭旧法，日、月、五星都各自有元。新法，则七星的交会、运动的快慢，都以上元岁首为开始。"宋孝武帝刘骏命令精通历法的人对祖冲之的建议加以反驳，不能驳倒祖冲之。但不久宋孝武帝刘骏去世，以致不能颁行新历。

大明七年（癸卯，公元四六三年）春，正月，丁亥，以尚书右仆射王僧朗为太常，卫将军颜师伯为尚书仆射。

上每因宴集，好使群臣自相嘲诋以为乐。吏部郎江智渊素恬雅，渐不会旨。尝使智渊以王僧郎戏其子彧。智渊正色曰："恐不宜有此戏！"上怒曰："江僧安痴人，痴人自相惜。"僧安，智渊之父也。智渊伏席流涕，由此恩宠大衰。又议殷遗妃谥曰怀，上以为不尽美，甚衔之。它日，与群臣乘马至贵妃墓，举鞭指墓前石柱，谓智渊曰："此上不容有'怀'字？"智渊益惧，竟以忧卒。

己丑，以尚书令柳元景为骠骑大将军、开府仪同三司。

【译文】大明七年（癸卯，公元463年）春季，正月，丁亥日（十二日），宋孝武帝刘骏命令尚书右仆射王僧朗担任太常，卫将军颜师伯担任尚书仆射。

宋孝武帝刘骏常常举行宴会，喜欢让群臣相互挖取彼此的丑事作为玩乐，而吏部郎江智渊性情一向恬静文雅，渐渐地不合宋孝武帝刘骏的心意。孝武帝曾经要他以王僧朗来戏弄他的儿子王彧。江智渊却严正地说："这个玩笑恐怕不好开吧！"宋孝武帝刘骏不高兴地说道："江僧安是痴人！痴人都会互相爱惜！"江僧安，是江智渊的父亲。江智渊听后，伏卧在席上哭泣，因此江智渊受宋孝武帝刘骏的宠爱和信任程度大大衰减。同时江智渊又建议把殷贵妃的谥号改为怀，宋孝武帝刘骏认为不够美，对他怀恨在心。等宋孝武帝刘骏改天和群臣乘马到贵妃墓，举起鞭子指着墓前的石柱，对江智渊说："这上面不容许有'怀'字！"江智渊更怕，忧虑恐惧而死。

己丑日（十四日），宋孝武帝刘骏任命尚书令柳元景担任骠骑大将军、开府仪同三司。

二月，甲寅，上南巡豫、南兖二州；丁卯，校猎于乌江；壬戌，大赦；甲子，如瓜步山；壬申，还建康。

夏，四月，甲子，诏："自非将军战陈，并不得专杀；其罪应重辟者，皆先上须报；违犯者以杀人论。"

五月，丙子，诏曰："自今刺史、守宰，动民兴军，皆须手诏施行；唯边隅外警及奸衅内发，变起仓猝者，不从此例。"

戊辰，以左民尚书蔡兴宗、左卫将军袁粲为吏部尚书。粲，淑之兄子也。

【译文】二月，甲寅日（初九），宋孝武帝刘骏巡视南豫、南兖两州；丁卯日（二十二日），在乌江圈围栅栏打猎；壬戌日（十七日），大赦天下；甲子日（十九日），到达瓜步山；壬申日（二十七日），回到建康。

夏季，四月，甲子日（二十日），宋孝武帝刘骏下诏："除非是在战场作战，否则不可以有杀人的专权；如果有人犯罪要被处死，要先向朝廷报告。违反的人以杀人罪论处。"

五月，丙子日（初二），宋孝武帝刘骏下诏："从今以后刺史、太守如果要动用民力调动军队，都需要皇帝的亲笔诏书；但仓促发生的边界外寇和内部叛变，不在这个限制之内。"

戊辰日（五月无此日），宋孝武帝刘骏命令左民尚书蔡兴宗和左卫将军袁粲担任吏部尚书。袁粲，是袁淑哥哥的儿子。

上好狎侮群臣，自太宰义恭以下，不免秽辱。常呼金紫光禄大夫王玄谟为老伧，仆射刘秀之为老悭，颜师伯为齴；其馀短、长、肥、瘦，皆有称目。黄门侍郎宗灵秀体肥，拜起不便，每至集会，多所赐与，欲其瞻谢倾踣，以为欢笑。又宠一昆仑奴，令以杖击群臣，尚书令柳元景以下皆不能免。唯惮蔡兴宗方严，不敢侵媟。颜师伯谓仪曹郎王耽之曰："蔡尚书常免昵戏，去人实远。"耽之曰："蔡豫章昔在相府，亦以方严不狎。武帝宴私之日，未尝相召。蔡尚书今日可谓能负荷矣。"

壬寅，魏主如阴山。

【译文】宋孝武帝刘骏喜欢侮辱群臣，从太宰刘义恭以下的百官，都免不了受到侮辱。他经常把金紫光禄大夫王玄谟叫作老伧，把仆射刘秀之叫作老悭，把颜师伯叫作齴；其他矮的、高的、肥的、瘦的，都有绰号。黄门侍郎宗灵秀身体肥胖，下拜后站起来很不方便，每到集会的时候，宋孝武帝刘骏大多要赏赐他，就是为了看他答谢后站起来摔倒的样子来寻取开心。他又宠爱一个南方的黑人，命他用棍子来打大臣们，从柳元景以下的官吏，都要挨打。因为害怕蔡兴宗方正严肃，不敢作弄他。颜师伯向仪曹郎王耽之说："蔡尚书常免于被戏弄，和一般人大大不同！"王耽之说："蔡豫章（蔡兴宗的父亲）从前在相府的时候，也方正严肃不喜戏谑。武帝私宴群臣的时候，从来不召他。蔡尚书可说是继承了他父亲的遗业。"

壬寅日（二十八日），魏文成帝拓跋濬到达阴山。

六月，戊辰，以秦郡太守刘德愿为豫州刺史。德愿，怀慎之子也。

上既葬殷贵妃，数与群臣至其墓，谓德愿曰："卿哭贵妃，悲者当厚赏。"德愿应声恸哭，抚膺擗踊，涕泗交流。上甚悦，故用豫州刺史以赏之。上又令医术人羊志哭贵妃，志亦呜咽极悲。他日有问志者曰："卿那得此副急泪？"志曰："我尔日自哭亡妾耳。"

【译文】六月，戊辰日（二十五日），宋孝武帝刘骏任命秦郡太守刘德愿担任豫州刺史。刘德愿，是刘怀慎的儿子。

宋孝武帝刘骏埋葬殷贵妃后，经常和大臣们一同去看她的墓。他向刘德愿等人说："你们为贵妃哭泣，哭得最悲哀的就有厚赏！"刘德愿于是就放声大哭，达到抚胸踩脚，涕泪交流的程度。宋孝武帝刘骏很开心，就赏赐给他豫州刺史的职位。宋孝武帝刘骏又命医师羊志为贵妃哭泣，羊志也哭得不成声。改天有人问羊志说："你哪来这么快的眼泪呢？"羊志说："我那日是哭我死去的妾啊！"

上为人，机警勇决，学问博洽，文章华敏，省读书奏，能七行俱下，又善骑射，而奢欲无度。自晋氏渡江以来，宫室草创，朝宴所临，东、西二堂而已。晋孝武末，始作清暑殿。宋兴，无所增改。上始大修宫室，土木被锦绣，嬖妾幸臣，赏赐倾府藏。坏高祖所居阴室，于其处起玉烛殿。与群臣观之，床头有土障，壁上挂葛灯笼、麻蝇拂。侍中袁顗因盛称高祖俭素之德。上不答，独曰："田舍公得此，已为过矣。"顗，淑之兄子也。

　　【译文】宋孝武帝刘骏为人机警勇敢，学问渊博，文章敏捷，阅读公文，能同时看七行，又善于骑射，但却骄奢淫逸，没有限度。自从晋司马东渡以来，草率建成宫殿，朝会宴会时所对的，只有东、西二堂而已。晋孝武帝末年，才建成清暑殿。宋朝成立后，没有进行任何修改。到宋孝武帝刘骏的时候，就大肆修建宫室，在土木上都装饰锦绣图画，赏赐喜爱的近臣，倾尽了府库的收藏。又要拆毁高祖（刘裕）所居住的阴室，在该地重新建筑玉烛殿，于是就和大臣们去察看现场情况，发现床头上还有土墙，墙壁上挂有葛布灯笼、麻线苍蝇拂。侍中袁顗因此而称赞高祖俭朴的美德。宋孝武帝刘骏默不作声，独自说："田舍翁（指刘裕）拥有这样的住所，已经很过分了。"袁顗，是袁淑哥哥的儿子。

　　【乾隆御批】土障、葛灯皆前人留以示俭，虽无侍中称述，见之亦当悚然动容，乃转以谐语自蔑其祖，是全不知缔构艰难，宜其不能垂后。

　　【译文】土隔墙、葛布灯笼都是前人留下表示节俭的，就算没有侍中称赞述说，看见也应肃然起敬，却反而用戏言来侮蔑自己的祖先，真是全然不知创业建国的艰难，难怪他不能流传后代。

秋，八月，乙丑，立皇子子孟为淮南王，子产为临贺王。

丙寅，魏主畋于河西；九月，辛巳，还平城。

庚寅，以新安王子鸾兼司徒。

丙申，立皇子子嗣为东平王。

冬，十月，癸亥，以东海王祎为司空。

己巳，上校猎姑孰。

魏员外散骑常侍游明根等来聘。明根奉使三返，上以其长者，礼之有加。

【译文】秋季，八月，乙丑日（二十三日），宋孝武帝刘骏封皇子刘子孟为淮南王，刘子产为临贺王。

丙寅日（二十四日），魏文成帝拓跋濬到河西打猎；九月，辛巳日（初九），回到平城。

庚寅日（十八日），宋孝武帝刘骏命新安王刘子鸾兼任司徒。

丙申日（二十四日），宋孝武帝刘骏封皇子刘子嗣为东平王。

冬季，十月，癸亥日（二十二日），宋孝武帝刘骏任命东海王刘祎担任司空。

己巳日（二十八日），宋孝武帝刘骏到姑孰围猎。

魏员外散骑常侍游明根等人来宋国访问。明根作为奉使，在两国之间三次往返，宋孝武帝刘骏因为他是一位德高望重的人，对他很礼遇。

十一月，癸巳，上习水军于梁山。

十二月，丙午，如历阳。

甲寅，大赦。

己未，太宰义恭加尚书令。

癸亥，上还建康。

【译文】十一月，癸巳日（二十二日），宋孝武帝刘骏在梁山演习水兵。

十二月，丙午日（初六），宋孝武帝刘骏到达历阳。

甲寅日（十四日），宋国实行大赦。

己未日（十九日），宋孝武帝刘骏加任太宰刘义恭尚书令的职位。

癸亥日（二十三日），宋孝武帝刘骏回到建康。

大明八年（甲辰，公元四六四年）春，正月，丁亥，魏主立其弟云为任城王。

戊子，以徐州刺史新安王子鸾领司徒。

夏，闰五月，壬寅，太宰义恭领太尉。

【译文】大明八年（甲辰，公元464年）春季，正月，丁亥日（十七日），魏文成帝拓跋濬封他弟弟拓跋云为任城王。

戊子日（十八日），宋孝武帝刘骏命徐州刺史新安王子鸾兼任司徒。

夏季，闰五月，壬寅日（初五），宋孝武帝刘骏命太宰刘义恭兼任太尉。

上末年尤贪财利，刺史、两千石罢还，必限使献奉，又以蒲戏取之，要令罄尽乃止。终日酣饮，少有醒时。常凭几昏睡，或外有奏事，即肃然整容，无复酒态。由是内外畏之，莫敢弛惰。庚申，上殂于玉烛殿。遗诏："太宰义恭解尚书令，加中书监；以票骑将军、南兖州刺史柳元景领尚书令, 入居城内。事无巨细, 悉关二公, 大事与始兴公沈庆之参决; 若有军旅, 悉委庆之; 尚书中事, 委仆射颜师伯; 外临所统, 委领军将军王玄谟。"是日, 太子即皇帝位, 年十六。大赦。吏部尚书蔡兴宗亲奉玺绶, 太子受之, 傲惰无戚容。兴宗出, 告人曰: "昔鲁昭不戚, 叔孙知其不终。家国之祸, 其在此乎!"

甲子, 诏复以太宰义恭录尚书事, 柳元景加开府仪同三司, 领丹杨尹, 解南兖州。

【译文】 宋孝武帝刘骏在晚年特别贪求财富和利益, 如果刺史、两千石的官罢官回京, 一定要派人前来奉献钱物; 而且又和官吏赌博来捞取, 把他们赢到口袋光光为止。他整天喝醉酒, 少有清醒的时候, 经常靠在小桌上昏睡, 外头一有报告, 马上就严肃地整理面容坐起来, 没有酒醉的样子。因此宫廷内外都害怕他, 不敢有丝毫松懈怠慢。庚申日(二十三日), 宋孝武帝刘骏在玉烛殿驾崩。他在遗诏中说: "解除太宰刘义恭尚书令的职位, 而加任中书监; 命骠骑将军、南兖州刺史柳元景兼任尚书令, 居住在台城内。事情不论大小, 都由两人负责, 大事则与始兴公沈庆之共同商议解决; 如果有军事任务, 全由沈庆之负责; 尚书中的事务, 则由仆射颜师伯负责; 外监的统一管理, 则由领军将军王玄谟负责。"这一天, 太子(刘子业)继承皇帝位, 年十六岁, 大赦天下。吏部尚书蔡兴宗亲自奉上玺绶, 太子接去, 面带骄傲而没有忧伤的样子。蔡兴宗出宫, 向人说道: "从前鲁昭公不为父丧哀伤, 叔孙知道他没有好结果。现在太子也是这样, 家国的祸害, 就在这儿了!"

甲子日(二十七日), 宋废帝刘子业下诏命太宰刘义恭担任尚书事, 柳元景加任开府仪同三司, 兼任丹杨尹, 解除他南兖州刺史的职务。

六月，丁亥，魏主如阴山。

秋，七月，己亥，以晋安王子勋为江州刺史。

柔然处罗可汗卒，子予成立，号曰受罗部真可汗，改元永康。部真帅众侵魏；辛丑，魏北镇游军击破之。

【译文】六月，丁亥日（二十日），魏文成帝拓跋濬到达阴山。

秋季，七月，己亥日（初二），宋废帝刘子业任命晋安王刘子勋担任江州刺史。

柔然处罗可汗去世，儿子予成继位，被赐受罗部真可汗的封号，改年号为永康。部真率兵攻打魏国，辛丑日（初四），魏北方的游击军将其击破。

壬寅，魏主如河西。高车五部相聚祭天，众至数万。魏主亲往临视之，高车大喜。

丙午，葬孝武皇帝于景宁陵，庙号世祖。

庚戌，尊皇太后曰太皇太后，皇后曰皇太后。

【译文】壬寅日（初五），魏文成帝拓跋濬到达河西。高车五部族相聚在一起祭天，群众多达几万人。魏文成帝拓跋濬亲自前往看视，高车人对此感到高兴。

丙午日（初九），宋国在景宁陵葬孝武皇帝，庙号为世祖。

庚戌日（十三日），宋废帝刘子业尊奉皇太后为太皇太后，皇后为皇太后。

乙卯，罢南北二驰道，及孝建以来所改制度，还依元嘉。尚书蔡兴宗于都座慨然谓颜师伯曰：“先帝虽非盛德之主，要以道始终。三年无改，古典所贵。今殡宫始撤，山陵未远，而凡诸制度兴造，不论是非，一皆刊削，虽复禅代，亦不至尔。天下有识，当以此窥人。”师伯不从。

太宰义恭素畏戴法兴、巢尚之等，虽受遗辅政，而此身避事，由是政归近习。法兴等专制朝权，威德近远，诏敕皆出其手；尚书事无大小，咸取决焉，义恭与颜师伯但守空名而已。

【译文】乙卯日（十八日），宋废帝刘子业废除南北向的两条驰道，以及孝建以来所改的制度，恢复元嘉年间的旧制度。尚书蔡兴宗在都座感慨地对颜师伯说：“先帝虽然不是盛德的君主，大抵原则却始终一致，三年不改制度，这是古书所赞赏的。现在灵堂才撤，陵墓就在不远处，而所有的制度办法，不管是非，全部都改变，即使把皇位传给另外一个族姓的人，也不至于这样。天下有见识的人，应当能够从这里看到因人不同的作风。”颜师伯同意蔡兴宗的看法。

太宰刘义恭一向害怕戴法兴、巢尚之等人，虽然是接受遗诏辅佐政事，却经常抽身躲避，从此政事归于宋废帝刘子业近侍管理。而戴法兴等得到垄断朝廷政权的机会，威行近远，诏命都出自他们手中；尚书事务无论大小，也都由他们决定。这样刘义恭和颜师伯只有空的官衔而已。

蔡兴宗自以职管铨衡，每至上朝，辄为义恭陈登贤进士之意，又箴规得失，博论朝政。义恭性恇挠，阿顺法兴，恒虑失旨，闻兴宗言，辄战惧无答，兴宗每奏选事，法兴、尚之等辄点定回换，仅有在者。兴宗于朝堂谓义恭、师伯曰：“主上谅暗，不亲万机；而选举密事，多被删改，复非公笔，亦不知是何天子意！”数与义恭等争选事，往复论执。义恭、法兴皆恶之。左迁兴宗新昌太守。既而以其人望，复留之建康。

【译文】蔡兴宗自以为是吏部尚书，有遴选人才的职责，每次上朝，就向刘义恭陈述推荐贤士的想法，又规劝推行政治的得失，广泛批评朝政。刘义恭生性懦弱，为阿谀奉承戴法兴，经常思虑失旨，听到蔡兴宗的话，恐惧而不能回话。蔡兴宗每次上奏关于官吏选用的事情，戴法兴、巢尚之等人就加以点定或回换，很少留存他推荐的名额。于是蔡兴宗就在朝堂对刘义恭、颜师伯说："主上因为守丧，不能亲自处理政务，而选用人才的机密事务都被删改，既不是你们的手笔所批，也不是皇帝的意思！"他几次因为选用人才的事而与刘义恭发生争执，经常和他们争论，以致刘义恭、戴法兴都厌恶他。因此蔡兴宗被降职为新昌太守，不久，又因他有人望，而把他留在建康。

丙辰，追立何妃曰献皇后。

乙丑，新安王子鸾解领司徒。戴法兴等恶王玄谟刚严，八月，丁卯，以玄谟为南徐州刺史。

王太后疾笃，使呼废帝。帝曰："病人间多鬼，那可往！"太后怒，谓侍者："取刀来，剖我腹，那得生宁馨儿！"己丑，太后殂。

九月，辛丑，魏主还平城。

癸卯，以尚书左仆射刘遵考为特进、右光禄大夫。

乙卯，葬文穆皇后于景宁陵。

【译文】丙辰日（十九日），宋废帝刘子业追赠何妃为献皇后。

乙丑日（二十八日），新安王刘子鸾解除兼任的司徒职务。戴法兴等厌恶王玄谟刚正严格的性格。八月，丁卯日（初一），调任他为南徐州刺史。

王太后病重，呼叫宋废帝刘子业，废帝说："病人所在的地方多鬼，我怎么可以过去！"太后知道废帝的态度后很生气，就对侍者说："拿刀子来！我要剖开我的肚子，看看我怎么会生出这样的儿子呢？"己丑日（二十三日），太后去世。

九月，辛丑日（初五），魏文成帝拓跋濬回到平城。

癸卯日（初七），宋废帝刘子业任命尚书左仆射刘遵考担任特进、右光禄大夫。

乙卯日（十九日），宋国在景宁陵埋葬文穆皇后。

冬，十二月，壬辰，以王畿诸郡为扬州，以扬州为东扬州。癸巳，以豫章王子尚为司徒、扬州刺史。

是岁，青州移治东阳。

宋之境内，凡有州二十二，郡二百七十四，县千二百九十九，户九十四万有奇。东方诸郡连岁旱，饥，米一升钱数百，建康亦至百馀钱，饿死者什六七。

【译文】冬季，十二月，壬辰日（二十八日），把王畿各郡作为扬州，扬州作为东扬州。癸巳日（二十九日），宋废帝刘子业任命豫章王刘子尚担任司徒、扬州刺史。

这一年，宋国把青州的治所移到东阳。

宋国境内，共有二十二州，二百七十四郡，一千二百九十九县，九十四万多户人民。东方各郡连年出现旱灾饥荒的状况，一升米就要花费几百钱，在建康一升也要一百多钱，饿死的人有十分之六七。

资治通鉴卷第一百三十　宋纪十二

旃蒙大荒落，一年。

【译文】起止乙巳（公元465年），共一年。

【题解】本卷记录了宋明帝泰始元年，即宋废帝刘子业永光元年，后来又改称景和元年这一年间刘宋与北魏等国的大事：宋废帝刘子业为掌权诛杀、罢免前朝宠臣；柳元景等欲废刘子业改立刘义恭，事情泄露被杀；废帝刘子业杀弟、杀舅，杀姑父，逼反刘昶，纳其姑为妃；宋废帝忌恨诸权，尤其三王，对他们进行关押、凌辱；宋废帝因其祖、父都以排行老三而起家为帝，忌恨三弟刘子勋，派人往杀，导致刘子勋僚属武装起事；湘东王刘彧的亲信阮佃夫等与废帝身边的柳光世等串连政变，杀死废帝并拥立刘彧做了皇帝；刘彧称帝后，大力任用文帝诸子；刘彧杀了废帝的胞弟刘子尚及一批宠臣，并对废帝的兄弟进行裁抑；刘彧以加官晋爵的方式招抚起事反朝廷的刘子勋等人，邓琬等人不从。魏文成帝拓跋濬去世，其子拓跋弘即位，因年幼被权臣乙浑把持国政，很多大臣被杀。

太宗明皇帝上之上

泰始元年（乙巳，公元四六五年）春，正月，乙未朔，废帝改元永光，大赦。

丙申，魏大赦。

二月，丁丑，魏主如楼烦宫。

自孝建以来，民间盗铸滥钱，商货不行。庚寅，更铸二铢钱，形式转细。官钱每出，民间即模效之，而更薄小，无轮郭，不磨𨪇，谓之"耒子"。

【译文】 泰始元年（乙巳，公元465年）春季，正月，乙未朔日（初一），宋废帝刘子业改年号为永光，大赦天下。

丙申日（初二），魏文成帝拓跋濬大赦境内。

二月，丁丑日（十四日），魏文成帝拓跋濬到达楼烦宫。

自从孝建年间以来，民间百姓有人偷着铸造坏钱，使商品不能通行。庚寅日（二十七日），朝廷下令重新铸造二铢钱，它的形式更小。官钱一发行，民间就有人马上模仿制造更加薄小、没有轮廓、不磨平的钱币，叫作"耒子"。

三月，乙巳，魏主还平城。

夏，五月，癸卯，魏高宗殂。初，魏世祖经营四方，国颇虚耗，重以内难，朝野楚楚。高宗嗣之，与时消息，静以镇之，怀集中外，民心复安。甲辰，太子弘即皇帝位，大赦，尊皇后曰皇太后。

【译文】 三月，乙巳日（十二日），魏文成帝拓跋濬回到平城。

夏季，五月，癸卯日（十一日），魏高宗拓跋濬驾崩。起初，魏世祖拓跋焘向四方扩张疆域，国力消耗很大，加上又时有内乱发生，使朝野上下都感到痛苦不堪。魏高宗拓跋濬继承王位后，依照四时，休养生息，无为而治，使中外向心于他，人民又恢复安居乐业的局面。甲辰日（十二日），太子拓跋弘登上皇位，大赦境内，尊奉皇后为皇太后。

显祖时年十二，侍中、车骑大将军乙浑专权，矫诏杀尚书杨保年、平阳公贾爱仁、南阳公张天度于禁中。侍中、司徒、平原王陆丽治疾于代郡温泉，乙浑使司卫监穆多侯召之。多侯谓丽曰："浑有无君之心。今宫车晏驾，王德望素重，奸臣所忌，宜少淹留以观之；朝廷安静，然后入，未晚也。"丽曰："安有闻君父之丧，虑患而不赴者乎！"即驰赴平城。乙浑所为多不法，丽数争之。戊申，浑又杀丽及穆多侯。多侯，寿之弟也。己酉，魏以浑为太尉、录尚书事，东安王刘尼为司徒，尚书左仆射代人和其奴为司空。殿中尚书顺阳公郁谋诛乙浑，浑杀之。

【译文】 魏显祖拓跋弘，当时十二岁。侍中、车骑大将军乙浑专制权事，伪造皇帝诏书命令在宫中杀死尚书杨保年、平阳公贾爱仁、南阳公张天度。侍中、司徒、平原王陆丽在代郡温泉治病，乙浑派司卫监穆多侯召令他回到平城。穆多侯对陆丽说："乙浑心中没有君主，现在先君去世，而你德望很高，被奸臣所忌讳，你应该再停留一时，来观察朝廷的动静，然后再回京也不算晚！"陆丽说："哪有听到君父去世，只在心中忧虑而不前去奔丧呢！"就不听穆多侯的劝说，立刻奔赴平城。后来乙浑做了很多不法的事，陆丽几次和他争执。戊申日（十六日），乙浑又杀掉陆丽和穆多侯。穆多侯，是穆寿的弟弟。己酉日（十七日），魏国任命乙浑担任太尉、录尚书事，东安王刘尼担任司徒，尚书左仆射代人和其奴担任司空。殿中尚书顺阳公郁计划杀掉乙浑，反而被乙浑所杀。

壬子，魏以淮南王它为镇西大将军、仪同三司，镇凉州。

六月，魏开酒禁。

壬午，加柳元景南豫州刺史，加颜师伯丹杨尹。

秋，七月，癸巳，魏以太尉乙浑为丞相，位居诸王上；事无大小，皆决于浑。

【译文】壬子日（二十日），魏国任命淮南王担任镇西大将军、仪同三司，镇守凉州。

六月，魏国开放酒禁。

壬午日（二十一日），宋国命柳元景兼任南豫州刺史，命颜师伯兼任丹杨尹。

秋季，七月，癸巳日（初二），魏国任命太尉乙浑担任丞相，他的官位在各王之上，无论大小政治事务，都交由乙浑来决定。

废帝幼而狷暴。及即位，始犹难太后、大臣及戴法兴等，未敢自恣。太后既殂，帝年渐长，欲有所为，法兴辄抑制之，谓帝曰："官所为如此，欲作营阳邪！"帝稍不能平。所幸阉人华愿儿，赐与无算，法兴常加裁减，愿儿恨之。帝使愿儿于外察听风谣，愿儿言于帝曰："道路皆言'宫中有二天子：法兴为真天子，官为赝天子。'且官居深宫，与人物不接，法兴与太宰、颜、柳共为一体，往来门客恒有数百，内外士庶莫不畏服。法兴是孝武左右，久在宫闱；今与它人作一家，深恐此坐席非复官有。"帝遂发诏免法兴，遣还田里，仍徙远郡。八月，辛酉，赐法（兴）兴死，解巢尚之舍人。

【译文】宋废帝幼年时就凶狠残暴，在他刚登上皇位时，还对太后、大臣和戴法兴等人有所顾忌，不敢放肆。太后死后，随着他年纪逐渐长大，就想为所欲为，戴法兴就压制他，对宋废帝刘子业说道："你如此作为，是想做营阳王（被废）吗？"宋废帝刘子业听后越来越感到无法忍受。他宠幸阉臣华愿儿，赏赐给他无数金帛，戴法兴常常加以裁减，华愿儿因此怨恨戴法兴。宋废帝刘子业派华愿儿在外察听民谣，华愿儿就对皇帝说："道路上的人都说：'宫中有两个天子：法兴为真天子，而皇上为假天子。'而且皇上久居深宫中，不和外人相接触，而戴法兴和太宰（刘义恭）、颜师伯、柳元景为一伙，常有数百的宾客来往他们的住处，朝廷内外士人平民无不畏惧佩服。戴法兴，原来是孝武皇帝的左右侍从，久居宫中，现在他居然和别人合为一家，恐怕这个皇位不会再是你所有了。"宋废帝刘子业相信了华愿儿的话，就下诏免去戴法兴的官职，将他遣返回家乡，而后又把他流放到远郡。八月，辛酉日（初一），宋废帝刘子业赐戴法兴自杀，并解除巢尚之舍人的职务。

员外散骑侍郎东海奚显度，亦有宠于世祖。常典作役，课督苛虐，捶扑惨毒，人皆苦之。帝常戏曰："显度为百姓患，比当除之。"左右因唱诺，即宣旨杀之。

尚书右仆射、领卫尉卿、丹杨尹颜师伯居权日久，海内辐凑，骄奢淫恣，为衣冠所疾。帝欲亲朝政，庚午，以师伯为尚书左仆射，解卿、尹，以吏部尚书王彧为右仆射，分其权（待）〔任〕。师伯始惧。

【译文】 员外散骑侍郎东海人奚显度，也曾经被宋世祖所宠信。他经常征召人民服劳役，他的监督苛刻残虐，鞭打狠毒，人民都怨恨他。宋废帝刘子业经常开玩笑说："现在奚显度被人民所怨恨，这就当是除掉他的方法。"左右侍从都说好，就宣旨把他召来杀掉。

尚书右仆射兼卫尉卿、丹杨尹颜师伯掌握政权很久，骄奢淫逸，被士族所怨恨。因此宋废帝刘子业要亲自处理朝政，庚午日（初十），宋废帝刘子业任命颜师伯担任尚书左仆射，解除卫尉卿和丹杨尹的职务，并任命吏部尚书王彧担任右仆射，来分散他的权力，颜师伯这才害怕起来。

初，世祖多猜忌，王公、大臣，重足屏息，莫敢妄相过从。世祖殂，太宰义恭等皆相贺曰："今日始免横死矣。"甫过山陵，义恭与柳元景、颜师伯等声乐醑饮，不舍昼夜；帝内不能平。既杀戴法兴，诸大臣无不震慑，各不自安；于是元景、师伯密谋废帝，立义恭，日夜聚谋，而持疑不能决。元景以其谋告沈庆之；庆之与义恭素不厚，又师伯常专断朝事，不与庆之参怀，谓令史曰："沈公，爪牙耳，安得预政事！"庆之恨之，乃发其事。

【译文】起初，因为宋世祖刘骏善于猜忌，王公、大臣都小心行动，不敢相互来往，害怕遭到世祖的怀疑招致灾祸。在宋世祖刘骏死后，太宰刘义恭等都相互庆贺说："今天终于可以免于横死了。"刚刚祭拜过世祖的陵墓，刘义恭和柳元景、颜师伯等就日夜不停地听歌饮酒，宋废帝刘子业内心不平。在杀了戴法兴以后，大臣们无不感到震惊，人心一片惶惶，于是柳元景、颜师伯秘密计划废掉皇帝，改立刘义恭，他们日夜聚在一起商议，但犹豫迟疑，始终不能做出决定。柳元景把计划告诉沈庆之，沈庆之和刘义恭一向不友好，而颜师伯又经常不和沈庆之商量，擅自决断朝政之事。颜叔伯对尚书令史说："沈公，只是爪牙而已，怎么能参与处理政事！"沈庆之知道后，就怨恨他，向宋废帝刘子业揭露他们的计划。

癸酉，帝自帅羽林兵讨义恭，杀之，并其四子。断绝义恭支体，分裂肠胃，挑取眼睛，以蜜渍之，谓之"鬼目粽"。别遣使者称诏召柳元景，以兵随之。左右奔告"兵刃非常"。元景知祸至，入辞其母，整朝服乘车应召。弟车骑司马叔仁戎服，帅左右壮士欲拒命，元景苦禁之。既出巷，军士大至。元景下车受戮，容色恬然；并其八子、六弟及诸侄。获颜帅伯于道，杀之，并其六子。又杀廷尉刘德愿。改元景和，文武进位二等。遣使诛湘州刺史江夏世子伯禽。自是公卿以下，皆被捶曳如奴隶矣。

【译文】癸酉日（十三日），宋废帝刘子业亲率羽林兵攻击刘义恭，把他杀死（刘义恭为皇帝叔祖父），并杀死他另外四个儿子。皇帝切断义恭的肢体，割裂他的肠胃，挖出他的眼睛并用糖蜜浸渍，称为"鬼目粽"。另外又派使者召见柳元景，并命令军队跟随在使者后面。使者奔去报告柳元景，说："兵刃紧急。"柳元景知道祸害即将到来，就入室辞别母亲，穿好上朝的衣服乘车前去应召。他的弟弟车骑司马柳叔仁身穿战服，率左右壮士打算要抵抗，柳元景苦苦禁止。当走出巷口，大军就到了。柳元景面色平静地下车接受杀戮，被杀害的还有他八个儿子、六个弟弟和所有侄儿。军队又在路上捕获颜师伯，杀掉他和他的六个儿子。又杀掉廷尉刘德愿。改年号为景和，文武官员都官升二等。又派使者杀害湘州刺史江夏世子刘伯禽（刘义恭的儿子）。从此自公卿以下的官吏，都被糟蹋得像奴隶一样。

初，帝在东宫，多过失，世祖欲废之而立新安王子鸾，侍中袁顗盛称"太子好学，有日新之美"，世祖乃止；帝由是德之。既诛群公，欲引进颗，任以朝政，迁为吏部尚书，与尚书左丞徐爰皆以诛义恭等功，赐爵县子。

徐爰便僻善事人，颇涉书传，自元嘉初，入侍左右，豫参顾问；既长于附会，又饰以典文，故为太祖所任遇。大明之世，委寄尤重。时殿省旧人多见诛逐，唯爱巧于将迎，始终无迕；废帝待之益厚，群臣莫及。帝每出，常与沈庆之及山阴公主同辇，爱亦预焉。

【译文】 起初，宋废帝刘子业在东宫的时候，犯下许多过失与错误，宋世祖刘骏想要废黜他，立新安王刘子鸾为太子。侍中袁顗称赞说："太子喜好学习，有日求进步的美德。"宋世祖刘骏才没有废黜他。宋废帝刘子业从此感激袁顗。在屠杀了各员大臣以后，就引进袁顗，把朝政委托给他，升任他为吏部尚书和尚书右丞。徐爱也凭借杀掉刘义恭等人的功劳，而被赐予官位和县子爵。

徐爱，善于逢迎谄媚，也读过相当多的书籍。从元嘉初年，他就在皇帝左右侍奉，参与顾问工作，既擅长拉拢关系，又善于修饰文章，所以被宋太祖所信任。他在大明年间特别被委以重任，当时殿省的旧官员大多被杀戮或排斥，只有徐爱巧于逢迎，始终对皇帝没有冒犯，宋废帝刘子业对他更加器重，群臣都不能相比。宋废帝刘子业经常和沈庆之、山阴公主同乘一辆车，徐爱也一起。

山阴公主，帝姊也，适驸马都尉何戢。戢，偃之子也。公主尤淫恣，尝谓帝曰："妾与陛下，男女虽殊，俱托体先帝。陛下六宫万数，而妾唯驸马一人，事太不均。"帝乃为公主置面首左右三十人，进爵会稽郡长公主，秩同郡王。吏部郎褚渊貌美，公主就帝请以自侍，帝许之。渊侍公主十日，备见逼迫，以死自誓，乃得免。渊，湛之之子也。

【译文】 山阴公主，是宋废帝刘子业的姐姐，嫁给驸马都尉何戢。何戢，是何偃的儿子。公主性情非常淫乱，曾经对宋废帝刘子业说：“我与陛下，虽然男女有别，但都是先帝所生。陛下六宫有数以万计的女人，而我却只有驸马一人，这事太不公平了。”宋废帝刘子业就为公主设置三十个面首（美男子）侍从，晋爵会稽郡长公主，官秩与郡王同列。吏部郎褚渊长得很俊美，公主要求宋废帝刘子业把褚渊许给她，皇帝答应，褚渊侍奉公主十多天，备受逼迫，发誓用死来拒绝公主的要求，才幸免。褚渊，是褚湛之的儿子。

帝令太庙别画祖考之像，帝入庙，指高祖像曰：“渠大英雄，生擒数天子。”指太祖像曰：“渠亦不恶，但末年不免儿斫去头。”指世祖像曰：“渠大齇鼻。如何不齇？”立召画工令齇之。

以建安王休仁为雍州刺史，湘东王彧为南豫州刺史，皆留不遣。

甲戌，以司徒、扬州刺史、豫章王子尚领尚书令。乙亥，以始兴公沈庆之为侍中、太尉；庆之固辞。徵青、冀二州刺史王玄谟为领军将军。

魏葬文成皇帝于金陵，庙号高宗。

【译文】宋废帝刘子业命令太庙重新画祖先的画像。宋废帝刘子业进入宗庙，指着高祖（曾祖父刘裕）的像说：“他是大英雄，曾经抓到好几个帝王！”指着太祖（祖父刘义隆）的像说：“他也不错！但晚年却被儿子砍去了头！”又指着世祖（父亲刘骏）的像说：“怎么没画出他的大酒糟鼻呢？”立即叫画工改画世祖的鼻子为酒糟鼻。

宋废帝刘子业任命建安王刘休仁担任雍州刺史，湘东王刘彧担任南豫州刺史，然而却让他们留在建康城中，不让他们到任所赴任。

甲戌日（十四日），宋废帝刘子业命司徒、扬州刺史豫章王刘子尚兼任尚书令。乙亥日（十五日），任命始兴公沈庆之担任侍中、太尉，沈庆之坚决请辞拒绝。并征召青、冀二州刺史王玄谟担任领军将军。

魏国在金陵埋葬文成皇帝，庙号高宗。

九月，癸巳，帝如湖熟；戊戌，还建康。

新安王子鸾有宠于世祖，帝疾之。辛丑，遣使赐子鸾死，又杀其母弟南海王子师及其母妹，发殷贵妃墓；又欲掘景宁陵，太史以为不利于帝，乃止。

初，金紫光禄大夫谢庄为殷贵妃《诔》曰："赞轨尧门。"帝以庄比贵妃于钩弋夫人，欲杀之。或说帝曰："死者人之所同，一往之苦，不足为困。庄生长富贵，今系之尚方，使知天下苦剧，然后杀之，未晚也。"帝从之。

【译文】九月，癸巳日（初三），宋废帝刘子业到湖熟；戊戌日（初八），回到建康。

新安王刘子鸾先前被世祖所宠爱，因此宋废帝刘子业怨恨他。辛丑日（十一日），宋废帝刘子业派使者赐刘子鸾（皇帝异母弟）自杀，又杀掉他同母的弟弟南海王刘子师和同母的妹妹。他挖毁殷贵妃（刘子鸾母亲）的坟墓，又要挖毁景宁（皇帝父亲世祖）陵，太史认为如果挖了坟墓会对宋废帝刘子业不利，他才没有挖。

起初，金紫光禄大夫谢庄在殷贵妃死后，为她写作《诔》，诗中说道"赞轨尧门"，宋废帝刘子业认为谢庄把贵妃比作汉代的钩弋夫人，而要杀掉谢庄。有人对宋废帝刘子业说："死的感受谁都相同，一下子的痛苦，算不了什么。谢庄从小生长在富贵之家,现在把他关在尚方做劳役,让他知道天下人的痛苦,然后再杀他也不迟。"宋废帝刘子业同意了。

徐州刺史义阳王昶,素为世祖所恶,民间每讹言昶当反;是岁,讹言尤甚。废帝常谓左右曰:"我即大位〔以〕来,遂未尝戒严,使人邑邑!"昶使典签蘧法生奉表诣建康,求入朝,帝谓法生曰:"义阳与太宰谋反,我正欲讨之。今知求还,甚善!"又屡诘问法生:"义阳谋反,何故不启?"法生惧,逃还彭城;帝因此用兵。己酉,下诏讨昶,内外戒严。帝自将兵渡江,命沈庆之统诸军前驱。

【译文】 徐州刺史义阳王刘昶(刘昶,是世祖刘骏的弟弟),一向被世祖所讨厌,而民间常常谣传刘昶要造反的消息。这一年,谣言更盛,宋废帝刘子业经常对左右的人说:"我自从登上帝位以来,还没有下过戒严的命令,真使人不愉快!"刘昶派典签蘧法生奉表书到建康,向宋废帝刘子业请求让自己回到朝廷。宋废帝刘子业对蘧法生说:"义阳和太宰要谋划造反,我正准备要讨伐他。现在他要回来,正好!"又多次责问蘧法生,说:"义阳要谋反,你为何不报告?"蘧法生害怕,逃回彭城;宋废帝刘子业因此而出兵。己酉日(十九日),朝廷内外戒严,宋废帝刘子业下诏讨伐刘昶,并亲自率兵渡过长江,命令沈庆之统率各军先遣部队。

法生至彭城,昶即聚兵反;移檄统内诸郡,皆不受命,斩昶使,将佐文武悉怀异心。昶知事不成,弃母、妻,携爱妾,夜与数十骑开北门奔魏。昶颇涉学,能属文,魏人重之,使尚公主,拜侍中、征南将军、驸马都尉,赐爵丹杨王。

吏部尚书袁顗，始为帝所宠任，俄而失指，待遇顿衰，使有司纠奏其罪，白衣领职。顗惧，诡辞求出。甲寅，以顗为督雍、梁等四州诸军事、雍州刺史。顗舅蔡兴宗谓之曰："襄阳星恶，何可往？"顗曰："'白刃交前，不救流矢。'今者之行，唯愿生出虎口耳。且天道辽远，何必皆验！"

【译文】 蘧法生到达彭城后，刘昶就召集军队进行反抗，把檄文分送到辖区内的各郡，但各郡都不接受，斩杀掉刘昶派来的使者，而且州府的将佐文武官员都和他异心。刘昶自知大事不能成功，就抛弃了母亲和妻子，携带着爱妾，在夜晚和数十名骑兵打开北门投奔魏国。刘昶非常有学问，能写文章，魏国人很敬重他，就把公主嫁给他，授予他侍中、征南将军、驸马都尉的职位，赐给他丹杨王爵位。

吏部尚书袁顗，开始时很受宋废帝刘子业所宠信，但忽然因为有事不合皇帝心意，待遇就被削减。宋废帝刘子业派官吏弹劾他的罪状，并夺去他的官衔。袁顗感到害怕，计划辞职并向宋废帝刘子业请求向外调任。甲寅日（二十四日），宋废帝刘子业命袁顗担任雍、梁各州军事都督、雍州刺史。袁顗的舅父蔡兴宗对他说："襄阳分野的星宿凶恶，不吉利，怎么可以去？"袁顗说："白刃已经在身前，就顾不得流矢了。现在我离开京城就任，只求脱离虎口而已。天道辽阔广远，不一定都灵验！"

是时，临海王子顼为都督荆、湘等八州诸军事、荆州刺史，朝廷以兴宗为子顼长史、南郡太守，行府、州事，兴宗辞不行。顗说兴宗曰："朝廷形势，人所共见。在内大臣，朝不保夕，舅今出居陕西，为八州行事，顗在襄、沔，地胜兵强，去江陵咫尺，水陆流通。若朝廷有事，可以共立桓、文之功，岂比受制凶狂、临不测之祸乎? 今得间不去, 后复求出, 岂可得邪!" 兴宗曰: "吾素门平进, 与主上甚疏, 未容有患。宫省内外, 人不自保, 会应有变。若内难得弭, 外衅未必可量。汝欲在外求全, 我欲居中免祸, 各行其志, 不亦善乎!"

【译文】 当时, 临海王刘子顼任荆湘等八州各军事都督、荆州刺史, 朝廷任命蔡兴宗担任刘子顼的长史、南郡太守, 执行府州政务, 但蔡兴宗拒绝上任。袁顗向蔡兴宗强调说: "朝廷情势的危险, 是大家所共见的。在朝内的大臣, 朝不保夕, 舅舅现在出任陕西, 执行八州政事, 我在襄阳、沔水, 地势险峻, 军力强大, 距离江陵又很近, 水陆可以通达。如果朝廷发生事变, 我们就可以建立如同齐桓、晋文的功业。在建康受制于凶狠狂妄之人, 并要面对难以预测的祸害, 哪里可以与这相比呢? 现在有机会却不走, 等以后再要求走, 怎么还会有机会呢? " 蔡兴宗回复说: "我门第寒素, 平稳做官, 和君上的关系很疏远, 没有理由会得到祸害。宫廷内外, 人们不能自保, 一定会有政变发生。如果内乱难以消弭祸害, 在外的变乱, 也很难预测。你要在外寻求安全, 而我却选择在内寻求避开祸端, 我们各自实现各自的愿望, 不是很好吗? "

顗于是狼狈上路, 犹虑见追, 行至寻阳, 喜曰: "今始免矣。" 邓琬为晋安王子勋镇军长史、寻阳内史, 行江州事。顗与之款狎过常, 每清闲, 必尽日穷夜。顗与琬人地本殊, 见者知其有异志矣。寻复以兴宗为吏部尚书。

【译文】 袁顗于是仓促地上路, 一路上还害怕有追兵, 当走到寻阳, 就高兴地说道: "现在才免除祸患了。" 邓琬是晋安王刘子勋的镇军长史、寻阳内史, 执行江州的政治事务。袁顗和他交游玩乐，亲密异常，一有空闲，两个人一定会整天整夜待在一起。袁顗和邓琬两人，为人出身本来都不相同，却能如此投机，有见识的人知道这是因为他们一定都有了反抗朝廷的心意。不久，宋废帝刘子业又任命蔡兴宗担任吏部尚书。

戊午，解严。帝因自白下济江至瓜步。

沈庆之复启听民私铸钱，由是钱货乱败。千钱长不盈三寸，大小称此，谓之"鹅眼钱"；劣于此者，谓之"綖环钱"；贯之以缕，入水不沉，随手破碎。市井不复料数，十万钱不盈一掬，斗米一万，商货不行。

【译文】戊午日（二十八日），宋国解除建康的戒严。宋废帝刘子业从白下渡过长江到达瓜步。

沈庆之又上奏请求让民间私自铸钱，因此货币制度又进入混乱时期。一千个铜币串起来，大小都一样，长度还不满三寸，叫作"鹅眼钱"；比这更差的，叫作"綖环钱"，把它用丝线贯穿，放入水中都不会下沉，随手一抓就会破碎，市场上的钱不能计算多少，十万钱双手都捧不满。当时米价一斗一万，商人做买卖都不要这种钱。

冬，十月，丙寅，帝还建康。

帝舅东阳太守王藻尚世祖女临川长公主。公主妒，谮藻于帝。己卯，藻下狱死。

会稽太守孔灵符，所至有政绩；以忤犯近臣，近臣谮之，帝遣使鞭杀灵符，并诛其二子。

【译文】冬季，十月，丙寅日（初七），宋废帝刘子业回到建康。

宋废帝刘子业的舅舅东阳太守王藻迎娶世祖的女儿临川长公主,公主生性喜欢忌妒,向宋废帝刘子业说王藻的坏话。己卯日(二十日),宋废帝刘子业下令把王藻逮捕入狱处死。

会稽太守孔灵符,所到之处都有好的政绩,因为得罪了宋废帝刘子业的左右近臣,近臣向宋废帝诉说孔灵符的过错,宋废帝刘子业便派使者用鞭子抽死了孔灵符,并杀掉他的两个儿子。

宁朔将军何迈,瑀之子也,尚帝姑新蔡长公主。帝纳公主于后宫,谓之谢贵嫔;诈言公主薨,杀宫婢,送迈等殡葬,行丧礼。庚辰,拜贵嫔为夫人。加鸾辂龙旗,出警入跸。迈素豪侠,多养死士,谋因帝出游,废之,立晋安王子勋。事泄,十一月,壬辰,帝自将兵诛迈。

初,沈庆之既发颜、柳之谋,遂自昵于帝,数尽言规谏,帝浸不悦。庆之惧祸,杜门不接宾客。尝遣左右范羡至吏部尚书蔡兴宗所,兴宗使羡谓庆之曰:"公闭门绝客,以避悠悠请托者耳。如兴宗,非有求于公者也,何为见拒?"庆之使羡邀兴宗。

【译文】 宁朔将军何迈,是何瑀的儿子,迎娶皇帝的姑母新蔡长公主(文帝第十女刘英媚),宋废帝刘子业把她放置在后宫,假称为谢贵嫔,并谎称公主已经死亡,杀死一个宫婢,用她的尸体来冒充公主的尸体,送回何迈家埋葬,并举行丧礼。庚辰日(二十一日),宋废帝刘子业封他的姑母"谢贵嫔"为夫人,坐鸾旗龙旗的车子,以帝王礼出入。何迈一向豪迈侠义,蓄养许多可以为他效死的侠士,计划利用宋废帝刘子业出去游玩的时间,把他废掉,改立晋安王刘子勋为皇帝。最终,计谋泄露。十一月,壬辰日(初三),宋废帝刘子业亲率士兵攻杀何迈。

起初,沈庆之在揭发颜师伯、柳元景的计谋以后,就被宋废帝刘子业所宠爱信任，他几次规劝宋废帝刘子业并向他进谏，渐渐地不被宋废帝刘子业喜欢。沈庆之感到害怕，就关闭府门不接见宾客。他曾派左右亲信范羡到吏部尚书蔡兴宗的宅第。蔡兴宗要范羡对沈庆之说："沈公闭门断绝与门客的来往，为的是逃避众人的拜托而已，至于我，并不是有求于公的，为何要拒绝？"于是，沈庆之又派范羡邀请蔡兴宗到自己的府第。

兴宗往见庆之，因说之曰："主上比者所行，人伦道尽；率德改行，无可复望。今所忌惮，唯在于公；百姓喁喁，所瞻赖者，亦在公一人而已。公威名素著，天下所服。今举朝遑遑，人怀危怖。指麾之日，谁不响应！如犹豫不断，欲坐观成败，岂推旦暮及祸，四海重责将有所归！仆蒙眷异常，故敢尽言，愿公详思其计。"庆之曰："仆诚知今日忧危，不复自保，但尽忠奉国，始终以之，当委任天命耳。加老退私门，兵力顿阙，虽欲为之，事亦无成。"兴宗曰："当今怀谋思奋者，非欲邀功赏富贵，正求脱朝夕之死耳。殿中将帅，唯听外间消息，若一人唱首，则俯仰可定。况公统戎累朝，旧日部曲，布在宫省，受恩者多，沈攸之辈皆公家子弟耳，何患不从！且公门徒、义附，并三吴勇士。殿中将军陆攸之，公之乡人，今入东讨贼，大有铠仗，在青溪未发。公取其器仗以配衣麾下，使陆攸之帅以前驱，仆在尚书中，自当帅百僚按前代故事，更简贤明以奉社稷，天下之事立定矣。又，朝廷诸所施为，民间传言公悉豫之。公今不决，当有先公起事者，公亦不免附从之祸。闻车驾屡幸贵第，酗醉淹留；又闻屏左右，独入阁内。此万世一时，不可失也。"庆之曰："感君至言。然此大事，非仆所能行；事至，固当抱忠以没耳。"

【译文】 蔡兴宗便得以前往拜访沈庆之，对他游说道："皇上最近的作为，丧尽伦理道德，要期待他改变操守，已经没有希望。现在他所顾忌的，就只有你一个人；痛苦的人民，所能够仰望和依赖的，也只有你一人而已。你向来有显赫的威名，被天下人所敬佩服气。现在朝廷人心惶惶，人们都始终怀着恐惧的心情。如果有你指挥行动，会有谁不来响应呢？如果犹豫不决，坐观失败，岂止灾祸降临，而且全天下人都会把所有谴责集中在你头上。我承蒙你的厚爱，所以胆敢说得彻底，希望你能详细计划！"沈庆之说："我的确也知道今日危急困难的处境，我连自己的性命都难以保全，但竭尽忠心侍奉国家的心愿却始终如一，现在只有由天意来决定了！加上我已年老退居家门，兵力变小，虽然想要有所作为，事情也很难成功。"蔡兴宗说："当今存有谋求变革之心，并不是为求取功劳来得到富贵，只是为了逃脱早晚都会到来的死亡。殿中的将帅，只是在等待听从外边的动态。如果有你带头提倡，事情就很容易成功。何况你曾在几朝带过兵，旧日的部属，分布在宫省，有很多人受过你的恩惠，沈攸之等人都是你家的子弟，难道还害怕没有人跟从吗？而且你又有门徒、义附和三吴的勇士。你的同乡殿中将军陆攸之，把许多铠甲武器，存在青溪还没有打开，现在他入东讨伐贼人，你可以取得武器分给部下，派陆攸之带领先锋，而我在尚书中自会领导百官，依照前代的成例，更换贤能的人，以继承国家，那么天下大事也就确定了。另外，民间传言你也参与朝廷的各种作为，如果你现在不当机立断，就会有比你先起兵的人，那时你也免除不掉附从罪魁的祸害。我听说皇帝经常到贵府停留喝酒，又是隔离左右侍从，独自进入门内，这是千载难逢之机。"沈庆之说："感谢你高超的见解，但这种大事，不是我能做的。如果祸事临头，我也只有效忠而死罢了。"

青州刺史沈文秀，庆之弟子也，将之镇，帅部曲出屯白下，亦说庆之曰："主上狂暴如此，祸乱不久，而一门受其宠任，万物皆谓与之同心。且若人爱憎无常，猜忍特甚，不测之祸，进退难免。今因此众力，图之易于反掌。机会难值，不可失也。"再三言之，至于流涕，庆之终不从。文秀遂行。

【译文】青州刺史沈文秀，是沈庆之弟弟的儿子。在出来镇守青州前，他带领部属屯扎驻守到白下，也对沈庆之进行说服："皇上这样狂暴，不久就会有祸害；而我们一家受到他的宠爱信任，天下人就会说我们和他同样有狂暴之心。而且这个人爱恨无常，特别喜欢猜忌，不论我们进或退，都会发生不能预测的祸害。现在凭借众多的军力，要铲除他，非常容易。你不可以失去这样难得的机会。"他再三陈述，以至到了流泪的程度，但沈庆之始终不答应。沈文秀于是到青州上任。

及帝诛何迈，量庆之必当入谏，先闭青溪诸桥以绝之。庆之闻之，果往，不得进而还。帝乃使庆之从父兄子直阁将军攸之赐庆之药。庆之不肯饮，攸之以被掩杀之，时年八十。庆之子侍中文叔欲亡，恐如太宰义恭被支解，谓其弟中书郎文季曰："我能死，尔能报。"遂饮庆之之药而死。弟秘书郎昭明亦自经死。文季挥刀驰马而去。追者不敢逼，遂得免。帝诈言庆之病薨，赠侍中、太尉，谥曰忠武公，葬礼甚厚。

【译文】宋废帝刘子业杀了何迈，料想沈庆之一定会入朝劝谏，于是封锁青溪上的各桥梁。沈庆之听到何迈被杀的消息，果然要入朝，但因为不能进去而回到自己家中。后来宋废帝

资治通鉴

刘子业派沈庆之伯父的儿子直阁将军沈攸之送给沈庆之毒药要他自杀，沈庆之不肯喝，沈攸之就用被子把他活活闷死，沈庆之享年八十岁。沈庆之的儿子侍中沈文叔想要逃走，又担心会像太宰刘义恭一样被肢解，便对他的弟弟中书郎沈文季说："我可以陪着父亲去死，但你要留下来，日后好为父兄报仇！"就喝下赐给沈庆之的毒药而死，他另一个弟弟秘书郎沈昭明也上吊自杀，沈文季挥着刀骑马奔驰而去，追赶的士兵都不敢逼近他，沈文季得以幸免。宋废帝刘子业假装说沈庆之病死，追赠侍中、太尉，谥号为忠武公，为他举办很隆重的葬礼。

【申涵煜评】庆之辞位，至于流涕稽颡，岂非畏祸？而然比讨竟陵王诞，犹曰不得已而起。若发颜、柳之谋，则未免挟私报怨矣。况自昵求宠，顿与初念相左。八十老翁卒不免，又谁尤哉。

【译文】沈庆之辞去官位，到了流泪磕头的地步，难道不是害怕惹上灾祸？然而等到征讨竟陵王刘诞的时候，仍然说是不得已而兴兵讨伐的。像揭发颜师伯、柳元景谋逆的事情，则不得不说是心怀私念而报复怨恨。何况他自行求宠幸，和他当初的志向互相违背。虽然是八十岁的老翁，最终也不能避免灾祸，又怨恨谁呢？

领军将军王玄谟数流涕谏帝以刑杀过差，帝大怒。玄谟宿将，有威名，道路讹言玄谟已见诛。蔡兴宗尝为东阳太守，玄谟典签包法荣家在东阳，玄谟使法荣至兴宗所。兴宗谓法荣曰："领军殊当忧惧。"法荣曰："领军比日殆不复食，夜亦不眠，恒言收己在门，不保俄顷。"兴宗曰："领军忧惧，当为方略，那得坐待祸至！"因使法荣劝玄谟举事。玄谟使法荣谢曰："此亦未易可行，期当不泄君言。"

【译文】 领军将军王玄谟几次流泪劝说宋废帝刘子业不要杀戮太重，宋废帝刘子业因此大怒。王玄谟是元老将领，有很高的声望，路上的行人都谣传王玄谟已被宋废帝刘子业所杀。蔡兴宗曾经担任东阳太守，而王玄谟的典签包法荣的家也在东阳，于是王玄谟就派包法荣到蔡兴宗住所。蔡兴宗对包法荣说："领军将军当然会感到忧虑恐惧。"包法荣说："领军近日几乎吃不下饭，晚上睡不着觉，一直说皇帝就要派兵到家中收拾他，自己的性命已经片刻不能保全。"蔡兴宗说："领军忧虑恐惧，就要制定计策谋略来应对，怎么可以静坐着等待灾祸到来呢？"于是要包法荣劝告王玄谟起兵，包法荣答应。王玄谟又派包法荣对蔡兴宗说："这事还不容易做，希望你不要泄露。"

右卫将军刘道隆，为帝所宠任，专典禁兵。兴宗尝与之俱从帝夜出，道隆过兴宗车后，兴宗曰："刘君！比日思一闲写。"道隆解其意，掐兴宗手曰："蔡公勿多言！"

壬寅，立皇后路氏，太皇太后弟道庆之女也。

【译文】 右卫将军刘道隆，被宋废帝刘子业所宠信，专门管理宫中禁兵。蔡兴宗曾经和他一起随从宋废帝刘子业在晚上外出，刘道隆经过蔡兴宗车子的时候，蔡兴宗对他说："刘君！近来想听听你的感受！"刘道隆了解他的意思，就用手指甲掐蔡兴宗的手，说："请蔡公不要多说话！"

壬寅日（十三日），宋废帝刘子业立路氏为皇后，路氏是太皇太后弟弟路道庆的女儿。

帝畏忌诸父，恐其在外为患，皆聚之建康，拘于殿内，殴捶陵曳，无复人理。湘东王彧、建安王休仁、山阳王休祐，皆肥壮，

资治通鉴卷第一百三十　宋纪十二

帝为竹笼，盛而称之，以彧尤肥，谓之"猪王"，谓休仁为"杀王"，休祐为"贼王"。以三王年长，尤恶之，常录以自随，不离左右。东海王祎性凡劣，谓之"驴王"；桂阳王休范、巴陵王休若年尚少，故并得从容。尝以木槽盛饭，并杂食搅之，掘地为坑，实以泥水，裸彧内坑中，使以口就槽食之，用为欢笑。前后欲杀三王以十数；休仁多智数，每以谈笑佞谀说之，故得推迁。

【译文】宋废帝刘子业畏惧顾忌叔父们，恐怕他们在外成为他的敌对力量，就把他们聚集在建康，关押在宫殿内，进行殴打侮辱，不讲一点人伦天理。湘东王刘彧、建安王刘休仁、山阳王刘休祐身体都很肥壮，宋废帝刘子业把他们关在竹笼，称他们的重量，因为刘彧最重，就叫他"猪王"，叫刘休仁"杀王"，叫刘休祐"贼王"。又因为这三王年纪最大，特别讨厌他们，经常把他们囚禁在旁边，跟随自己左右不离开。东海王刘祎天性低劣，宋废帝刘子业就叫他"驴王"，桂阳王刘休范、巴陵王刘休若因为年纪还小，所以能够放任他们。宋废帝刘子业曾经派人用木槽盛着与杂粮搅和在一起的饭，再掘地穴做有泥水的坑，把刘彧裸身放在坑内的泥水中，叫他张口喂给他吃杂粮饭，这样来让自己取乐欢笑。有好几次，宋废帝刘子业想要杀掉这三王，都是凭借刘休仁的机智灵巧，用谈笑逢迎来使宋废帝刘子业高兴，忘记当时的想法，才能一次拖过一次。

少府刘矇妾孕临月，帝迎入后宫，俟其生男，欲立为太子。彧尝忤旨，帝裸之，缚其手足，贯之以杖，使人担付太官，曰："今日屠猪！"休仁笑曰："猪未应死。"帝问其故，休仁曰："待皇太子生，杀猪取其肝肺。"帝怒乃解，曰："且付廷尉。"一宿，释之。丁未，矇妾生子，名曰皇子，为之大赦，赐为父后者爵一级。

351

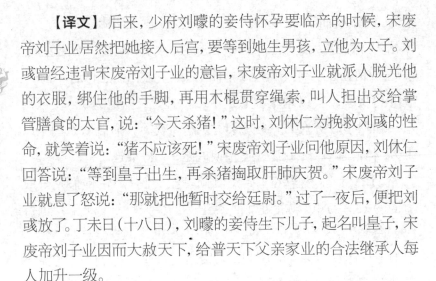

【译文】后来，少府刘矇的妾侍怀孕要临产的时候，宋废帝刘子业居然把她接入后宫，要等到她生男孩，立他为太子。刘彧曾经违背宋废帝刘子业的意旨，宋废帝刘子业就派人脱光他的衣服，绑住他的手脚，再用木棍贯穿绳索，叫人担出交给掌管膳食的太官，说："今天杀猪！"这时，刘休仁为挽救刘彧的性命，就笑着说："猪不应该死！"宋废帝刘子业问他原因，刘休仁回答说："等到皇子出生，再杀猪掏取肝肺庆贺。"宋废帝刘子业就息了怒说："那就把他暂时交给廷尉。"过了一夜后，便把刘彧放了。丁未日（十八日），刘矇的妾侍生下儿子，起名叫皇子，宋废帝刘子业因而大赦天下，给普天下父亲家业的合法继承人每人加升一级。

帝又以太祖、世祖在兄弟数皆第三，江州刺史晋安王子勋亦第三，故恶之，因何迈之谋，使左右朱景云送药赐子勋死。景云至湓口，停不进。子勋典签谢道迈、主帅潘欣之、侍书褚灵嗣闻之，驰以告长史邓琬，泣涕请计。琬曰："身南土寒士，蒙先帝殊恩，以爱子见托，岂得惜门户百口，期当以死报效。幼主昏暴，社稷危殆，虽曰天子，事犹独夫。今便指帅文武，直造京邑，与群公卿士，废昏立明耳。"戊申，琬称子勋教，令所部戒严。子勋戎服出听事，集僚佐，使潘欣之口宣旨谕之。四座未对，录事参军陶亮首请效死前驱，众皆奉旨。乃以亮为谘议参军，领中兵，总统军事；功曹张沈为谘议参军，统作舟舰；南阳太守沈怀宝、岷山太守薛常宝、彭泽令陈绍宗等并为将帅。初，帝使荆州录送前军长史、荆州行事张悦至湓口，琬称子勋命，释其桎梏，迎以所乘车，以为司马。悦，畅之弟也。琬、悦二人共掌内外众事，遣将军俞伯奇帅五百人断大雷，禁绝商旅及公私使命。遣使上诸郡民丁,收敛器械;旬日之内,得甲士五千人,出顿大雷,于两岸筑垒。又以巴东、建平二郡太守孙冲之为谘议参军,领中兵,与陶亮并统前军,移檄远近。

【译文】 宋废帝刘子业又因为太祖、世祖在兄弟中都排行第三,江州刺史晋安王刘子勋(他的三弟)也排行第三,因此讨厌他,就乘着何迈事件,派左右朱景云送毒药赐刘子勋自杀。朱景云到溢口后,停滞不前。刘子勋的典签谢道迈、主帅潘欣之、侍书褚灵嗣获得消息后,立即奔走告知长史邓琬,哭着请求挽救刘子勋的办法。邓琬说:"我是南方寒士,承蒙先帝的厚重恩德,并把爱子托付,怎么会只爱惜自家一百多人的性命?我自当以死来报效先帝。幼主为政昏庸,凶狠残暴,以至于国家到了危险的境地。他虽然叫天子,所作所为实在是独夫的表现。我现在就带领文武百官,径直奔向京邑,与各公卿大臣,废掉昏庸的皇帝,共立圣明的君主。"戊申日(十九日),邓琬以刘子勋的教令,命令部队戒严。刘子勋身穿军装出来视事,集合部属,派潘欣之口头向大家宣告,四边的人还没有反应过来,录事参军陶亮就首先请求担任先锋为邓琬以生命报效,而后大家都愿意接受命令。于是任命陶亮担任谘议参军,兼任中兵,总指挥军事;功曹张沈担任谘议参军,统率船舰;南阳太守沈怀宝、岷山太守薛常宝、彭泽令陈绍宗等一同担任将领。起初,宋废帝刘子业派荆州录送前军长史、荆州行事张悦到溢口,被军队逮捕,邓琬以刘子勋的命令,解开他的铐镣,用自己所乘坐的车来接他,并任命他担任司马。张悦,是张畅的弟弟。邓琬、张悦两人共同掌管内外众多事务,另外派将军俞伯奇带领五百人截断大雷,禁止商旅往来和公私事务。他们派使者到江州各郡征召民兵,并收集武器,十天之内,就得到五千带甲士兵,后来派他们到大雷两岸修筑堡垒。又任命巴东、建平二郡太守孙冲之担任谘议参军，兼任中兵，和陶亮共同统任前军，并送起义檄文到远近各地。

戊午，帝召诸妃、主列于前，强左右使辱之。南平王铄妃江氏不从；帝怒，杀妃三子南平王敬猷、庐陵王敬先、安南侯敬渊，鞭江妃一百。

先是民间讹言湘中出天子，帝将南巡荆、湘二州以厌之。明旦，欲先诛湘东王彧，然后发。

【译文】 戊午日（二十九日），宋废帝刘子业召集各王王妃、公主排列在宫殿前面，强令左右侍从奸污她们。南平王刘铄的王妃江氏拒绝，宋废帝刘子业愤怒，就杀死王妃的三个儿子南平王刘敬猷、庐陵王刘敬先、安南侯刘敬渊，并鞭打王妃一百鞭。

先前民间谣传湘中出现天子，宋废帝刘子业打算南巡荆州、湘州加以镇压。计划第二天清晨，先杀掉湘东王刘彧，然后出发。

初，帝既杀诸公，恐群下谋己，以直阁将军宗越、谭金、童太一、沈攸之等有勇力，引为爪牙，赏赐美人、金帛，充牣其家。赵等久在殿省，众所畏服，皆为帝尽力；帝恃之，益无所顾惮，恣为不道，中外骚然。左右宿卫之士皆有异志，而畏越等，不敢发。时三王久幽，不知所为，湘东王彧主衣会稽阮佃夫、内监吴兴王道隆、学官令临淮李道儿与直阁将军柳光世及帝左右琅邪淳于文祖等阴谋弑帝。帝以立后故，假诸王阉人。彧左右钱蓝生亦在中，彧密使候帝动止。

354

【译文】起初，宋废帝刘子业在杀掉各大臣后，害怕部下暗算他，就把直阁将军宗越、谭金、童太一、沈攸之等有勇力的人作为自己的爪牙，赏赐他们，使他们的家中充满美人、金帛。宗越等久在殿省，众人对他们畏怕恐惧，而他们都为皇帝卖力，皇帝恃仗他们，更加无所顾忌，放肆妄为，宫廷内外因此更加纷扰杂乱。他左右的卫士都有二心，但因为害怕宗越等人而不敢发作。当时三王被禁锢已久，不知道如何作为。湘东王刘彧的主衣会稽人阮佃夫、内监始兴人王道隆、学官令临淮人李道儿和直阁将军柳光世以及宋废帝刘子业左右卫士琅邪人淳于文祖等相互计划刺杀皇帝的谋略。宋废帝刘子业因为立皇后，动用了各王的太监，而刘彧的太监钱蓝生也在其中，刘彧就命他注意皇帝的动静。

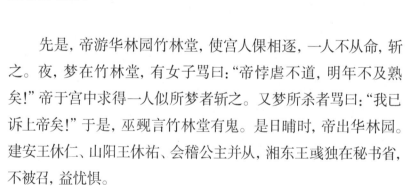

先是，帝游华林园竹林堂，使宫人倮相逐，一人不从命，斩之。夜，梦在竹林堂，有女子骂曰："帝悖虐不道，明年不及熟矣！"帝于宫中求得一人似所梦者斩之。又梦所杀者骂曰："我已诉上帝矣！"于是，巫觋言竹林堂有鬼。是日晡时，帝出华林园。建安王休仁、山阳王休祐、会稽公主并从，湘东王彧独在秘书省，不被召，益忧惧。

【译文】此前，宋废帝刘子业在华林园竹林堂游戏玩乐，命令宫女裸体和他互相追赶。有一人不肯，宋废帝刘子业便命人杀了她。当夜，宋废帝刘子业梦见有女子在竹林堂骂他说："皇帝暴虐无道，将活不到明年秋收。"宋废帝刘子业梦醒后，就在皇宫中找到一个与梦中女子模样相像的宫女，命人把她杀死。到晚上又梦到这被杀的宫女说："我已经上天告诉上帝了。"于是巫觋就说竹林堂中有鬼。当日下午，宋废帝刘子业从华林园出来。建安王刘休仁、山阳王刘休祐、会稽公主都随从，湘东王刘彧独自在秘书省，不被召见，感到更加忧伤恐惧。

　　帝素恶主衣吴兴寿寂之，见辄切齿，阮佃夫以其谋告寂之及外监典事东阳朱幼、细铠主南彭城姜产之、细铠将晋陵王敬则、中书舍人戴明宝。寂之等闻之，皆响应。幼豫约勒内外，使钱蓝生密报休仁、休祐。时帝欲南巡，腹心宗越等并听出外装束，唯队主樊僧整防华林阁。柳光世与僧整，乡人，因密邀之；僧整即受命。凡同谋十馀人。阮佃夫虑力少不济，更欲招合，寿寂之曰："谋广或泄，不烦多人。"其夕，帝悉屏侍卫，与群巫及彩女数百人射鬼于竹林堂。事毕，将奏乐，寿寂之抽刀前入，姜产之次之，淳于文祖等皆随其后。休仁闻行声甚疾，谓休祐曰："事作矣！"相随奔景阳山。帝山寂之至，引弓射之，不中。彩女皆迸走，帝亦走，大呼"寂寂"者三。寂之追而弑之；宣令宿卫曰："湘东王受太皇太后令，除征主，今已平定。"殿省惶惑，未知所为。

　　【译文】宋废帝刘子业一向讨厌主衣吴兴人寿寂之，到了一看到他就咬牙切齿的程度。阮佃夫就把他要刺杀宋废帝刘子业的计划告诉给寿寂之，以及外监典事东阳人朱幼、细铠主南彭城人姜产之、细铠将晋陵人王敬则、中书舍人戴明宝等人，寿寂之等知道这个消息后，都响应支持他。朱幼预先安排内外，派钱蓝生秘密向王休仁、王休祐报告。当时宋废帝刘子业要南巡，心腹宗越等人都受命外出整顿装备，只有队主樊僧整在华林园防卫。柳光世和樊僧整是同乡，因此秘密邀请樊僧整参与政变，樊僧整答应了。一共有十多个同谋的人。阮佃夫忧虑人少，力量不够，想要拉拢更多的人。寿寂之说："庞大的计划就容易泄露，不必动用更多的人！"当天晚上，宋废帝刘子业屏退了全部卫士，与巫人和数百彩女，在竹林堂射鬼。等仪式完毕，将要奏乐的时候，寿寂之拔刀带头向前走，姜产之其次，淳于文祖等都随在后面。王休仁听到快步声，对王休祐说："事情发动了。"两人相随奔向景阳山，宋废帝刘子业看到寿寂之到来，便拉取弓箭对他射击，没有射中。这时，彩女都四处奔走逃命，宋废帝刘子业也想逃跑，大叫"寂寂"三次。寿寂之追上前去把他给杀了（时年十七岁）。他向侍卫宣告说："湘东王接受太皇太后的命令，除掉暴君，现在已经平定。"殿省人心惶惶，一片恐惧，不知所措。

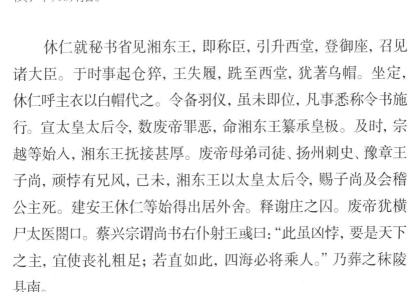

休仁就秘书省见湘东王，即称臣，引升西堂，登御座，召见诸大臣。于时事起仓猝，王失履，跣至西堂，犹著乌帽。坐定，休仁呼主衣以白帽代之。令备羽仪，虽未即位，凡事悉称令书施行。宣太皇太后令，数废帝罪恶，命湘东王纂承皇极。及时，宗越等始入，湘东王抚接甚厚。废帝母弟司徒、扬州刺史、豫章王子尚，顽悖有兄风，己未，湘东王以太皇太后令，赐子尚及会稽公主死。建安王休仁等始得出居外舍。释谢庄之囚。废帝犹横尸太医阁口。蔡兴宗谓尚书右仆射王彧曰："此虽凶悖，要是天下之主，宜使丧礼粗足；若直如此，四海必将乘人。"乃葬之秣陵县南。

初，湘东王母沈婕妤早卒，路太后养之。王事太后甚谨，太后爱王亦笃。王既弑废帝，欲慰太后心，下令以太后弟子休之为黄门侍郎，茂之为中书侍郎。

论功行赏，寿寂之等十四人皆封县侯、县子。

【译文】王休仁到秘书省看到湘东王刘彧，便自称臣，然后引领他到西堂，登上皇帝的座位，召见大臣。当时因为时间仓促，湘东王掉了鞋，戴着乌帽赤脚跑到西堂，等他坐好后，王休仁命主衣拿白帽给他换上，并准备羽仪，虽然还没有即位，但所有事全都以令书的形式施行。宣告太皇太后令，其中逐条陈述宋废帝刘子业的罪恶，命湘东王继承皇位。到了天亮，宗越等才进来，湘东王给他们很厚重的安抚。宋废帝刘子业同母弟弟司徒、扬州刺史豫章王刘子尚性情顽劣，有他哥哥的作风。己未日（三十日），湘东王用太皇太后的命令，赐刘子尚和会稽公主（山阴公主）自杀。建安王刘休仁等被软禁的人，得以走出宫外，并释放了谢庄。宋废帝刘子业此时还陈尸在太医阁口。蔡兴宗对尚书右仆射王彧说："他虽然凶狠残暴，但仍是天下之主，不应该以简单丧礼埋葬，如果这样，天下一定有借口兴师问罪。"于是在秣陵县南埋葬废帝刘子业。

起初，湘东王刘彧的亲生母亲沈婕妤早年就已去世，他由路太后抚养长大。湘东王刘彧谨慎恭敬地侍奉太后，太后对待刘彧也是感情深厚。刘彧已经杀掉宋废帝刘子业，就想安慰太后的心，便下令命太后的弟弟路休之担任黄门侍郎，路茂之担任中书侍郎。

朝廷论功行赏，寿寂之等十四人都被封县侯、县子。

十二月，庚申朔，以东海王祎为中书监、太尉。进镇军将军、江州刺史晋安王子勋为车骑将军、开府仪同三司。癸亥，以建安王休仁为司徒、尚书令、扬州刺史，以山阳王休祐为荆州刺史，桂阳王休范为南徐州刺史。乙丑，徙安陆王子绥为江夏王。

丙寅，湘东王即皇帝位，大赦，改元。其废帝时昏制谬封，并皆刊削。

庚午，以右卫将军刘道隆为中护军。道隆昵于废帝，尝无礼于建安太妃;至是,建安王休仁求解职,明帝乃赐道隆死。

【译文】十二月,庚申朔日(初一),朝廷任命东海王刘祎担任中书监、太尉。升任镇军将军、江州刺史晋安王刘子勋为车骑将军、开府仪同三司。癸亥日(初四),任命建安王刘休仁担任司徒、尚书令、扬州刺史,任命山阳王刘休祐担任荆州刺史,桂阳王刘休范担任南徐州刺史。乙丑日(初六),调任安陆王刘子绥为江夏王。

丙寅日(初七),湘东王刘彧登上皇位,大赦天下,改年号为泰始,撤除废帝时期的荒唐制度和错误封号。

庚午日(十一日),朝廷任命右卫将军刘道隆担任中护军的职位。刘道隆在先前被废帝宠爱,废帝曾经在建安王刘休仁面前,命令刘道隆奸淫建安太妃,因此,建安王刘休仁见到刘道隆是中护军,就立即请求辞职,宋明帝刘彧不得已赐刘道隆自杀。

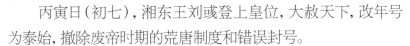

宗越、谭金、童太一等虽为上所抚接,内不自安;上亦不欲使居中,从容谓之曰:"卿等遭罹暴朝,勤劳日久,应得自养之地;兵马大郡,随卿等所择。"越等素已自疑,闻之,皆相顾失色,因谋作乱;以告沈攸之,攸之以闻。上收越等,下狱死。攸之复入直阁。

辛未,徙临贺王子产为南平王,晋熙王子舆为庐陵王。

壬申,以尚书右仆射王景文为尚书仆射。景文,即彧也,避上名,以字行。

乙亥,追尊沈太妃曰宣太后,陵曰崇宁。

【译文】宗越、谭金、童太一等人虽被宋明帝刘彧所安抚接纳,但宋明帝刘彧也不要他们在台城,于是心中感到不安。宋明帝刘彧很从容地对他们说:"你们遭遇凶暴的皇帝,已经勤劳很久，应该有个可以休养的地方，兵马大郡任随你们选择。"宗越等本来就怀疑皇帝的居心，听到这话，都相顾失色，因此就计划叛变，并告诉沈攸之，沈攸之却向宋明帝刘彧揭发他们，宋明帝刘彧下令逮捕宗越等人，并下狱处死。沈攸之因此而又入直阁。

辛未日（十二日），宋明帝刘彧调动临贺王刘子产担任南平王，晋熙王刘子舆担任庐陵王。

壬申日（十三日），宋明帝刘彧命尚书右仆射王景文担任尚书仆射。王景文，即王彧，因为要规避皇帝刘彧的名讳，而把字改为名。

乙亥日（十六日），宋明帝刘彧追尊他的亲生母亲沈太妃为宣太后，陵墓叫崇宁陵。

初，豫州刺史山阳王休祐入朝，以长史、南梁郡太守陈郡殷琰行府州事。及休祐徙荆州，即以琰为督豫、司二州诸军事、豫州刺史。

有司奏路太后宜即前号，移居外宫；上不许。戊寅，尊路太后为崇宪皇太后，居崇宪宫，供奉礼仪，不异旧日。立妃王氏为皇后。后，景文之妹也。

罢二铢钱，禁鹅眼、綖环钱，馀皆通用。

【译文】起初，豫州刺史山阳王刘休祐入朝，任命长史、南梁郡太守陈郡人殷琰执行掌管豫州府的政务。等到刘休祐被调任荆州刺史，就任命殷琰担任都督豫州、司州各军事、豫州刺史。

有关官吏上奏请求路太后应改称使用先前的名号，并迁移到外宫居住，但宋明帝刘彧不答应。戊寅日（十九日），尊奉路太后为崇宪皇太后，居住在崇宪宫，供奉的礼仪，和往常相同。立妃王氏为皇后。皇后是王景文的妹妹。

宋明帝刘彧废除二铢钱，禁用鹅眼、綖环钱，其余钱币仍然通用。

江州佐吏得上所下令书，皆喜，共造邓琬，曰："暴乱既除，殿下又开黄阁，实为公私大庆。"琬以晋安王子勋次第居三，又以寻阳起事与世祖同符，谓事必有成，取令书投地曰："殿下当开端门，黄阁是吾徒事耳！"众皆骇愕。琬更与陶亮等缮治器甲，徵兵四方。

袁顗既至襄阳，即与谘议参军刘胡缮修兵械，简集士卒，诈称被太皇太后令，使其起兵，即建牙驰檄，奉表劝子勋即大位。

辛巳，更以山阳王休祐为江州刺史，荆州刺史临海王子顼即留本任。

【译文】江州佐吏在得到宋明帝刘彧下给晋安王的任命书后，都很高兴，一起来拜见邓琬说："暴乱已除，殿下（晋安王刘子勋）又升任黄阁（开府仪同三司），于公于私，都是值得庆贺的事情。"邓琬认为晋安王刘子勋与世祖相同，都是第三子，而且和世祖同样在寻阳起兵，是相同的皇帝符瑞，所以举办大事一定能够成功。他把任命书拿过来摔到地上说："殿下应该打开端门做天子，黄阁应该是我们干的！"大家都感到震惊。邓琬更和陶亮等制造武器，向四方征兵。

袁顗到了襄阳后，就和谘议参军刘胡修理完善武器，选拔召集士兵，假托受到太皇太后的命令（路太后）起兵，并当即竖立牙旗，分送檄文到各地，奉上劝刘子勋登上皇帝位的表文。

辛巳日（二十二日），宋明帝刘彧更换山阳王刘休祐的职位，命他担任江州刺史，而荆州刺史临海王刘子顼则留本任，不调动。

先是，废帝以邵陵王子元为湘州刺史，中兵参军沈仲玉为道路行事，至鹊头，闻寻阳兵起，不敢进。琬遣数百人劫迎之，令子勋建牙于桑尾，传檄建康，称："孤志遵前典，黜幽陟明。"又谓上"矫害明茂，篡窃天宝，干我昭穆，寡我兄弟。藐孤同气，犹有十三，圣灵何辜，而当乏飨。"

【译文】先前，宋废帝刘子业任命邵陵王刘子元担任湘州刺史，而命中兵参军沈仲玉负责上任的行程事务，刘子元走到鹊头，听到寻阳起兵，便心生畏惧，不敢继续向前进发。邓琬派数百士兵半劫半迎刘子元，又叫刘子勋在桑尾竖立牙旗，并传送檄文到建康，说："我（刘子勋，当时十岁）志在遵循前人的经义典章，要罢黜掉昏庸的君主，升用英明的人来担任。"又对当今皇帝（刘彧，刘子勋的叔父）说："你假托太皇太后的命令毒死刘子尚（废帝刘子业的二弟），窃取帝位，违反按照长幼继承皇位的次序（刘彧以世祖刘骏之弟继承，刘子勋为刘骏三子），孤立我们兄弟（废帝刘子业、刘子尚为刘子勋的哥哥），藐视我们十三个同胞手足，先帝（世祖）之灵有何罪过，竟然断绝了后人对他的祭祀。"

郢州刺史安陆王子绥承子勋初檄，欲攻废帝；闻废帝已陨，即解甲下标。既而闻江、雍犹治兵，郢府行事荀卞之大惧，即遣谘议、领中兵参军郑景玄帅军驰下，并送军粮。荆州行事孔道存奉刺史临海王子顼，会稽将佐奉太守寻阳王子房，皆举兵以应子勋。

【译文】 郢州刺史安陆王刘子缓第一次接到刘子勋的檄文后，想要参与攻击废帝的战斗。等听到废帝已死的消息，当即解甲罢兵。后来又听到江州、雍州拥兵独立的消息。郢州府中行事苟（一作荀）卞之因为郢州夹在江、雍二州之间，感到很恐惧，两眼都昏花迷离，他就派谘议兼中兵参军郑景玄率士兵带着军备和粮草快速顺长江而下。荆州行事孔道存辅佐刺史临海王刘子顼，会稽将佐辅佐太守寻阳王子房，都带领士兵来响应刘子勋。

资治通鉴卷第一百三十一　宋纪十三

柔兆敦牂，一年。

【译文】起止丙午（公元466年），共一年。

【题解】　本卷记录了宋明帝泰始二年刘宋与北魏等国大事：宋明帝刘彧取得帝位，而刘骏诸子部下将佐与各州郡长官均支持刘子勋在寻阳称帝；兖州刺史殷孝祖入援建康；刘彧朝廷将领吴喜等率军东伐，平定东方诸郡；西部战线，两军会战于赭圻、鹊尾、浓湖一线；朝廷名将张兴世与沈攸之等连破寻阳军，浓湖军营被沈攸之等占据；沈攸之进驻寻阳，杀掉刘子勋；荆州的宗景杀荆州行事刘道宪，执刘子顼投降；湘州行事何慧文兵败不屈而死；孝武帝刘骏的几个儿子及拥戴刘子勋的将领均被杀，荆、湘地区平定；萧惠开归顺朝廷，益州平定；殷琰率部投降，刘勔厚抚之，寿阳民众大悦；刘彧发兵北上，薛安都等惶恐降魏，魏国拓跋石等率兵援助薛安都，青、兖、徐、豫等州大片土地归于魏国。

太宗明皇帝上之下

泰始二年（丙午，公元四六六年）春，正月，己丑朔，魏大赦，改元天安。

癸巳，徵会稽太守寻阳王子房为抚军将军，以巴陵王休若代之。

甲午，中外戒严。以司徒建安王休仁都督征讨诸军事，车骑将军、江州刺史王玄谟副之。休仁军于南州，以沈攸之为寻阳太守，将兵屯虎槛。时玄谟未发，前锋凡十军，络绎继至，每夜各立姓号，不相禀受。攸之谓诸将曰："今众军姓号不同，若有耕夫、渔父夜相呵叱，便致骇乱，取败之道也。请就一军取号。"众咸从之。

【译文】 泰始二年（丙午，公元466年）春季，正月，己丑朔日（初一），魏国实行大赦，改年号为天安。

癸巳日（初五），宋明帝刘彧征召会稽太守、寻阳王刘子房担任抚军将军，命巴陵王刘休若代为会稽太守。

甲午日（初六），宋国朝廷内外戒严。宋明帝刘彧任命司徒、建安王刘休仁统率征讨等诸军事，命车骑将军、江州刺史王玄谟担任副手。刘休仁在南州驻扎军队，命沈攸之担任寻阳太守，率军队屯扎驻守在虎槛。当时王玄谟还没有出发，前锋部队已有十军，后面的军队又不断来到，彼此不相配合，每天晚上，各军便以自己主帅的姓氏为口令，复杂纷扰。沈攸之于是就对各将领说："现在各军的姓号不同，如同农夫、渔夫在晚上相互呵斥责骂，以致军队秩序紊乱，这是作战失败的因素。请以一军为准统一编立姓号。"各军将领都认为有道理，同意他的意见。

邓琬称说符瑞，诈称受路太后玺书，帅将佐上尊于晋安王子勋。乙未，子勋即皇帝位于寻阳，改元义嘉。以安陆王子绥为司徒、扬州刺史；寻阳王子房、临海王子顼并加开府仪同三司；以邓琬为尚书右仆射，张悦为吏部尚书，袁顗加尚书左仆射；自馀将佐及诸州郡，除官进爵号各有差。

丙申，以征虏司马申令孙为徐州刺史。令孙，坦之子也。置司州于义阳，以义阳内史庞孟虬为司州刺史。

【译文】 邓琬强调符瑞，伪称接受了路太后的玺书，率将佐为晋安王刘子勋立尊号。乙未日（初七），刘子勋在寻阳登上帝位，改年号为义嘉。任命安陆王刘子绥担任司徒、扬州刺史；寻阳王刘子房、临海王刘子顼都加封开府仪同三司；任命邓琬担任尚书右仆射，张悦担任吏部尚书；袁顗加任尚书左仆射；从其余将佐到各州郡官吏，都依次加进爵号。

丙申日（初八），宋明帝刘彧任命征虏司马申令孙担任徐州刺史。申令孙，是申坦的儿子。设置司州，州治在义阳；任命义阳内史庞孟虬担任司州刺史。

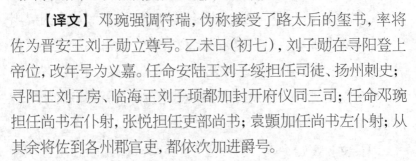

徐州刺史薛安都、冀州刺史清河崔道固皆举兵应寻阳。上徵兵于青州刺史沈文秀，文秀遣其将平原刘弥之等将兵赴建康。会薛安都遣使邀文秀，文秀更令弥之等应安都。济阴太守申阐据睢陵应建康，安都遣其从子直阁将军索儿、太原太守清河傅灵越等攻之。阐，令孙之弟也。安都婿裴祖隆守下邳，刘弥之至下邳，更以所领应建康，袭击祖隆。祖隆兵败，与征北参军垣崇祖奔彭城。崇祖，护之之从子也。弥之族人北海太守怀恭、从子善明皆举兵以应弥之，薛索儿闻之，释睢陵，引兵击弥之。弥之战败，走保北海。申令孙进据淮阳，请降于索儿。庞孟虬亦不受命，举兵应寻阳。

【译文】 徐州刺史薛安都、冀州刺史清河崔道固都起兵响应寻阳的刘子勋。宋明帝刘彧向青州刺史沈文秀征召士兵，沈文秀派他的将领平原人刘弥之等率兵到达建康。正好薛安都也派使者邀请沈文秀加入自己的阵营，他于是改变心意，改命刘弥之响应安都。济阴太守申阐占据睢陵响应建康，薛安都便派他侄儿直阁将军薛索儿、太原太守清河人傅灵越等攻击睢陵。申阐，是申令孙的弟弟。薛安都的女婿裴祖隆镇守下邳，刘弥之到了下邳，却改变主意，又响应建康，袭击裴祖隆。裴祖隆兵败，和征北参军垣崇祖投奔彭城。垣崇祖，是垣护之的侄儿。刘弥之的族人北海太守刘怀恭、侄儿刘善明都起兵响应他，薛索儿获悉，就放下睢陵，率兵攻击刘弥之，刘弥之被打败，逃走以保护北海。申令孙进据淮阳，向薛索儿投降。庞孟虬也拒绝诏令，起兵响应寻阳。

帝召寻阳王长史行会稽郡事孔觊为太子詹事，以平西司马庾业代之；又遣都水使者孔璪入东慰劳。璪说觊以"建康虚弱，不如拥五郡以应袁、邓。"觊遂发兵，驰檄奉寻阳。吴郡太守顾琛、吴兴太守王昙生、义兴太守刘延熙、晋陵太守袁标皆据郡应之。上又以庾业代延熙为义兴，业至长塘湖，即与延熙合。

【译文】宋明帝刘彧召令寻阳王长史、行会稽郡事孔觊担任太子詹事，而命平西司马庾业代为寻阳王长史；又派都水使者孔璪入东抚慰犒赏军士，孔璪游说孔觊："建康力量弱小，不如用五郡来附和袁顗、邓琬。"孔觊就起兵驰送檄文，辅助寻阳。吴郡太守顾琛、吴兴太守王昙生、义兴太守刘延熙、晋陵太守袁标都占据郡治来响应寻阳。宋明帝刘彧又命庾业代刘延熙担任义兴太守，不料庾业走到长塘湖，马上就投奔了刘延熙。

益州刺史萧惠开，闻晋安王子勋举兵，集将佐谓之曰："湘东，太祖之昭；晋安，世祖之穆；其于当璧，并无不可。但景和虽昏，本是世祖之嗣；不任社稷，其次犹多。吾荷世祖之眷，当推奉九江。"乃遣巴郡太守费欣寿将五千人东下。于是，湘州行事何慧文、广州刺史袁昙远、梁州刺史柳元怙、山阳太守程天祚皆附于子勋，元怙，元景之从兄也。

【译文】 益州刺史萧惠开听说晋安王刘子勋起兵的消息，就召集属下的文武将官，对他们说："湘东王（刘彧），是太祖（刘义隆）的儿子；晋安王（刘子勋），是世祖（刘骏）的儿子，两人作为继承人，都并无不可。但景和（宋废帝，年号景和）虽然昏暴，也是世祖的后嗣，如果他不再任社稷之任，他下面还有很多弟弟可以选择。我承受世祖厚重的恩惠，应当推举尊奉九江晋安王。"于是派巴郡太守费欣寿率五千士兵顺长江东下。同时湘州行事何慧文、广州刺史袁昙远、梁州刺史柳元怙、山阳太守程天祚都附和刘子勋。柳元怙，是柳元景的堂兄。

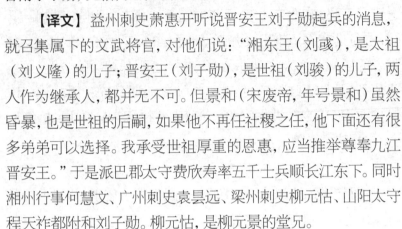

是岁，四方贡计皆归寻阳，朝廷所保，唯丹杨、淮南等数郡，其间诸县或应子勋，东兵已至永世，宫省危惧。上集群臣以谋成败。蔡兴宗曰："今普天同叛，人有异志。宜镇之以静，至信待人。叛者亲戚布在宫省，若绳之以法，则士崩立至，宜明罪不相及之义。物情既定，人有战心，六军精勇，器甲犀利，以待不习之兵，其势相万耳。愿陛下勿忧。"上善之。

【译文】 这一年，四方都向寻阳刘子勋俯首称臣，进献贡品。而朝廷所保有的，只有丹杨、淮南等数郡而已。其中若干县已经响应刘子勋，东兵已经到达永世，建康朝廷所面临的形势非常危险，人人恐惧不安。宋明帝刘彧召集大臣商量反败为胜的方法。蔡兴宗说："现在天下都有了二心，发动叛变，我们应当镇静，待人诚信。反叛者的亲戚多分布在宫省，如果对他们加刑处罚，那我们马上就会瓦解，所以我们应该申明犯罪并不株连家人的大义。只要人心稳定，就有战斗力，用勇敢的六军，犀

资治通鉴

利的兵器，来等待没有经过训练的敌兵，这样形势相差很大，希望陛下不必忧虑。"宋明帝刘彧认为有道理。

建武司马刘顺说豫州刺史殷琰使应寻阳，琰以家在建康，未许。右卫将军柳光世自省内出奔彭城，过寿阳，言建康必不能守。琰信之，且素无部曲，为土豪前右军参军杜叔宝等所制，不得已而从之。琰以叔宝为长史，内外军事，皆叔宝专之。上谓蔡兴宗曰："诸处未平，殷琰已复同逆；顷日人情云何？事当济不？"兴宗曰："逆之与顺，臣无以辨。今商旅断绝，米甚丰（贼）〔贱〕，四方云合，而人情更安，以此卜之，清荡可必。但臣之所忧，更在事后，犹羊公言：'既平之后，方当劳圣虑耳。'"上曰："诚如卿言。"上知琰附寻阳非本意，乃更厚抚其家以招之。

【译文】建武司马刘顺游说豫州刺史殷琰归附寻阳，殷琰认为家人还在建康，没有答应。右卫将军柳光世从省内出来投奔彭城，经过寿阳时，对殷琰说建康一定不会保住。殷琰相信了柳光世的话，但因为自己没有部队，被土豪前右军参军杜叔宝等所控制，不得已而跟从他。殷琰命杜叔宝担任长史，内外军事都由杜叔宝专断决定。宋明帝刘彧对蔡兴宗说："各地还没有平定，殷琰又附从别人叛逆，近日的人心怎么样？事情能够成功吗？"蔡兴宗回答说："臣不能分辨出是逆势还是顺势。现在来往各地做买卖的商人被封锁道路，但米粮多而便宜，四方人集合，人心更加稳定，由此推测，我们一定可以平定动乱。但臣所忧虑的，是在平定动乱之后的事情，就如羊公（羊祜）所说：'平定之后，才要烦劳圣上操心呢。'"宋明帝刘彧说："的确如你所说。"宋明帝刘彧知道殷琰附和寻阳不是他的本意，因此厚重安抚他的家属，希望来召他回归。

汝南、新蔡二郡太守周矜起兵于悬瓠以应建康。袁顗诱矜司马汝南常珍奇执矜，斩之，以珍奇代为太守。

上使冗从仆射垣荣祖还徐州说薛安都，安都曰："今京都无百里地，不论攻围取胜，自可拍手笑杀；且我不欲负孝武。"荣祖曰："孝武之行，足致馀殃，今虽天下雷同，正是速死，无能为也。"安都不从，因留荣祖使为将。荣祖，崇祖之从父兄也。

【译文】汝南、新蔡二郡太守周矜在悬瓠起兵，响应建康。袁顗引诱周矜的侍从司马汝南人常珍奇捕获周矜，并斩杀他，而命常珍奇代替周矜担任太守。

宋明帝刘彧派冗从仆射垣荣祖回到徐州说服薛安都，薛安都回复说："现在离京都已不足一百里，只要攻打取得胜利，我自可拍手大笑，而且我不要辜负孝武（刘子勋为孝武帝刘骏的儿子）。"垣荣祖说："孝武的暴行，足以余留祸害。现在天下虽然一时如雷响应，但这正是表示他的势力很快就要消灭了。"薛安都仍然不答应，便留下垣荣祖担任将领。垣荣祖，是垣崇祖的堂兄。

兖州刺史殷孝祖之甥司法参军颍川葛僧韶请殷孝祖入朝，上遣之。时薛索儿屯据津迳，僧韶间行得至，说孝祖曰："景和凶狂，开辟未有；朝野危极，假命漏刻。主上夷山（寱）〔凶〕暴，更造天地，国乱朝危，宜立长君。而群迷相煽，构造无端，贪利幼弱，竞怀希望。使天道助逆，群凶事申，（贮）〔则〕主幼时艰，权柄不一，兵难互起，岂有自容之地！舅少有立功之志，若能控济主勇，还奉朝廷，非唯匡主静乱，乃可以垂名竹帛。"孝祖具问朝廷消息，僧韶随方酬譬，并陈兵甲精强，主上欲委以前驱之任。

孝祖即日委妻子于瑕丘,帅文武二千人,随僧韶还建康。时四方皆附寻阳,朝廷唯保丹杨一郡;而永世令孔景宣复叛,义兴兵垂至延陵,内外忧危,咸欲奔散。孝祖忽至,众力不少,并伧楚壮士,人情大安。甲辰,进孝祖号抚军将军,假节、督前锋诸军事,遣向虎槛,宠赉甚厚。

【译文】 兖州刺史殷孝祖的外甥司法参军颍川人葛僧韶请求宋明帝刘彧征召殷孝祖回到朝廷。宋明帝刘彧答应,就派葛僧韶前去。当时薛索儿率军在渡口边屯扎驻守,葛僧韶就绕小路到达,对殷孝祖说:"景和(废帝)的凶暴,是开国以来从未有过的,朝野人士终日处在危险的境地,性命片刻就会得不到保全。而皇上(刘彧)消除凶暴,重新改造天地。在国家朝廷的动乱中,应该扶持年长的君主,而那群迷途的人相互煽动,无缘无故地制造问题,认为利用年幼无知的(刘子勋)会有利于自己的控制,竞相谋求自己的幻想,如同让天道帮助叛逆。暴徒们辅佐晚辈,则幼小的君主就会面临艰难的时局,权力不能集中,兵变就会不断发生,哪里有人会有容身之地呢?舅舅年少时就有立功的宏伟志向,如果你能控制济河一带的壮丁,来辅助朝廷,不仅可以帮助君主平定动乱,而且可以名垂青史。"殷孝祖详细询问朝廷的消息,葛僧韶随机说明,并陈述宋明帝刘彧有强壮的士兵,要委任他担任前锋将领。殷孝祖当天就把妻子·安置在瑕丘,率两千文武官员,跟随葛僧韶回到建康。当时四方都依附寻阳,朝廷只保存有丹杨一郡而已,而永世县令孔景宣又反叛朝廷,义兴率兵已逼近到延陵,朝廷内外感到危险忧虑,正要四处奔散,殷孝祖忽然到达,增加不少兵力;加上中原和荆州的壮丁,强盛的兵力使得人心大为安定。甲辰日(十六日),宋明帝刘彧晋升殷孝祖担任抚军将军,持节统领前线各军事务,率兵到达虎槛，宋明帝刘彧对他进行非常厚重的赏赐。

初，上遣东平毕众敬诣兖州募人，至彭城，薛安都以利害说之，矫上命以众敬行兖州事，众敬从之。殷孝祖使司马刘文石守瑕丘，众敬引兵击杀之。安都素与孝祖有隙，使众敬杀孝祖诸子。州境皆附之，唯东平太守申纂据无盐，不从。纂，钟之曾孙也。

【译文】起初，宋明帝刘彧派东平人毕众敬到兖州去招募壮丁，到达彭城时，薛安都摆出利害关系说服他归顺，再假造皇帝的命令，任命毕众敬担任兖州行事，毕众敬答应。殷孝祖派司马刘文石守卫瑕丘，毕众敬率兵攻杀他。薛安都一向和殷孝祖有过节，就派毕众敬尽杀殷孝祖的儿子们。兖州各地都附和毕众敬，只有东平太守申纂占据无盐，不服从毕众敬。申纂，是申钟的曾孙。

丙午，上亲总兵，出顿中堂。辛亥，以山阳王休祐为豫州刺史，督辅国将军彭城刘勔、宁朔将军广陵吕安国等诸军西讨殷琰。巴陵王休若督建威将军吴兴沈怀明、尚书张永、辅国将军萧道成等诸军东讨孔觊。时将士多东方人，父兄子弟皆已附觊。上因送军，普加宣示曰："朕方务德简刑，使父子兄弟罪不相及，助顺同逆者，一以所从为断。卿等当深达此怀，勿以亲戚为虑也。"众于是大悦。凡叛者亲党在建康者，皆使居职如故。

【译文】丙午日（十八日），宋明帝刘彧亲自指挥军队，出居中堂。辛亥日（二十三日），任命山阳王刘休祐担任豫州刺史，指挥辅国将军彭城人刘勔、宁朔将军广陵人吕安国等各军向西攻击殷琰；任命巴陵王刘休若指挥建威将军吴兴人沈怀明、尚书张永、辅国将军萧道成等各军向东攻击孔觊。当时将士多为东方人，他们的父兄子弟都已经向孔觊投奔。宋明帝刘彧在送别军队时，广为宣布说："我正要修养品德，减轻刑罚，使父子兄弟的罪不相牵连，避免彼此拖累的情况；从前顺从或叛逆的，视他现在的顺从来做了断，不追究已经过去的往事。各位应该明白我这样说的用意，不要再因为亲戚的事而感到忧虑。"兵众因此都很高兴，所有反叛者在建康的亲人，都一样地做官任职。

壬子，路太后殂。

孔觊遣其将孙昙瓘等军于晋陵九里，部陈甚盛，沈怀明至奔牛，所令寡弱，乃筑垒自固。张永至曲阿，未知怀明安否；百姓惊扰，永退还延陵，就巴陵王休若，诸将帅咸劝休若退保破冈。其日，大寒，风雪甚猛，塘埭决坏，众无固心。休若宣令："敢有言退者斩！"众小定，乃筑垒息甲。寻得怀明书，贼定未进，军主刘亮又至，兵力转盛，人情乃安。亮，怀慎之从孙也。

【译文】壬子日（二十四日），路太后去世。

孔觊派他的将领孙昙瓘等在晋陵九里驻扎军队，部队拥有强大的阵势。沈怀明到达奔牛，所率的士兵人数少力量又弱小，就挖筑堡垒来防守。张永到达曲阿后，不知道沈怀明是否安全，却惊扰到百姓，退回延陵，依附巴陵王刘休若，各将领都劝说刘休若退回保护破冈。当天，正值寒流到来，风雪很大，河堤和大坝都被破坏，众心有所动摇。刘休若发布命令说："敢说撤退的就加以斩杀！"众心稍微稳定下来，于是挖筑堡垒，来调整休息。不久得到沈怀明的书信，知道敌人停下未进，军主刘亮又将来到，兵力会逐渐强大，人心才安定下来。刘亮，是刘怀慎的侄孙。

殿中御史吴喜以主书事世祖，稍迁至河东太守。至是，请得精兵三百，致死于东。上假喜建武将军，简羽林勇士配之。议者以"喜刀笔主者，未尝为将，不可遣。"中书舍人巢尚之曰："喜昔随沈庆之，屡经军旅，性既勇决，又习战陈；若能任之，必有成绩。诸人纷纭，皆是不别才耳。"乃遣之。喜先时数奉使东吴，性宽厚，所至人并怀之。百姓闻吴河东来，皆望风降散，故喜所至克捷。

【译文】殿中御史吴喜因为是侍奉世祖的主书，不久升迁河东太守。此时，他请求得到三百精兵，在东方效命。宋明帝刘彧假意授予吴喜建武将军的职位，挑选羽林勇士分配给他。有人批评说："吴喜是拿笔的文官，不曾担任过将领，不可以派他领兵打仗。"中书舍人巢尚之说："吴喜以前曾多次在军中跟随沈庆之，本性勇敢，又熟习战阵；如果任用他，一定会取得战绩。纷纷批评的人，都是不能辨识人才的。"于是仍然派吴喜领兵出征。吴喜早时曾经数次奉命到东吴，因为他性情宽厚，所到之处人民都怀念爱戴他。现在百姓听说吴喜从河东要过来，都闻风向他投降，所以吴喜所到之处，全都取得胜利。

永世人徐崇之攻孔景宣，斩之，喜版崇之领县事。喜至国山，遇东军，进击，大破之。自国山进屯吴城，刘延熙遣其将杨玄等拒战。喜兵力甚弱，玄等众盛。喜奋击，斩之，进逼义兴。延熙栅断长桥，保郡自守，喜筑垒与之相持。

【译文】永世人徐崇之攻杀孔景宣，吴喜上奏让徐崇之兼任县事。吴喜到达国山时，遇到东军，就发起进攻，并歼灭他们。他从国山出来再进入吴城驻守，刘延熙派将领杨玄来抵抗，虽然吴喜兵力薄弱，杨玄兵力强大，但吴喜率军奋力作战，斩杀杨玄，进逼义兴。刘延熙用木栅截断荆溪，来到长桥上，保守郡治，吴喜则修筑堡垒和他对峙。

庚业于长塘湖口夹岸筑城，有众七千人，与延熙遥相应接。沈怀明、张永与晋陵军相持，久不决。外监朱幼举司徒参军督护任农夫骁果有胆力，上以四百人配之，使助东讨。农夫自延陵出长塘，农夫驰往攻之，力战，大破之，庚业弃城走义兴。农夫收其船仗，进向义兴，助吴喜。二月，己未朔，喜渡水攻郡城，分兵击诸垒，登高指麾，若令四面俱进者。义兴人大惧，诸垒皆溃。延熙赴水死，遂克义兴。

【译文】庚业率领七千人在长塘湖口两岸建筑城堡，与刘延熙遥相应接。沈怀明、张永和晋陵军相对峙，久久不能决定胜负。担任外监的朱幼向宋明帝刘彧举荐勇敢而有胆识的司徒参军督护任农夫，宋明帝刘彧就配属给任农夫四百人，让他帮助吴喜向东讨伐。任农夫从延陵攻打长塘，庚业因为正在建筑城堡还没有前来会合，任农夫快速攻击，奋力作战，终于击破城池，庚业战败，丢弃城池，逃到义兴，任农夫收取遗留下来的船只武器，向义兴前进，以帮助吴喜作战。二月，己未朔日（初一），吴喜渡水攻击郡城，他分散兵力攻打各个堡垒，并登高指挥，要从四面同时进攻。义兴人很是吃惊恐慌，各堡垒都溃败，刘延熙在逃走途中不慎掉入水中淹死，最后攻下义兴。

魏丞相太原王乙浑专制朝权，多所诛杀。安远将军贾秀掌吏曹事，浑屡言于秀，为其妻求称公主，秀曰："公主岂庶姓所宜称！秀宁取死今日，不可取笑后世！"浑怒，骂曰："老奴官，悭！"

会侍中拓跋丕告浑谋反，庚申，冯太后收浑，诛之。秀，彝之子；丕，烈帝之玄孙也。太后临朝称制，引中书令高允、中书侍郎渔阳高闾及贾秀共参大政。

【译文】魏国丞相太原王乙浑专断朝政，杀了许多人。安远将军贾秀担任吏部尚书，乙浑多次向贾秀请求改称他的妻子为公主，贾秀回答说："公主的名号，哪里是庶姓所能称呼的（魏，凡不是国姓拓跋，都是庶姓）！我宁可在今天死去，也不能被后世取笑！"乙浑愤怒怨恨，便骂他道："老奴才！咨喜！"这时正好侍中拓跋丕告发乙浑谋反，庚申日（初二），冯太后收押乙浑，杀掉他。贾秀，是贾彝的儿子；拓跋丕，是烈帝的玄孙。太后临朝执掌政权，任用中书令高允、中书侍郎渔阳人高闾和贾秀，共同决议大政事务。

沈怀明、张永、萧道成等军于九里西，与东军相持。东军闻义兴败，皆震恐。上遣积射将军济阳江方兴、御史王道隆至晋陵视东军形势。孔凯将孙昙瓘、程祛宗等列五城，互相连带。祛宗城犹未固，王道隆与诸将谋曰："祛宗城既未立，可以藉手，上副圣旨，下成众气。"辛酉，道隆帅所领急攻，拔之，斩祛宗首。永等因乘胜进击昙瓘等，壬戌，昙瓘等兵败，与袁标俱弃城走，遂克晋陵。

【译文】宋沈怀明、张永、萧道成等驻扎在九里西边，与东军呈现相对峙的局势。东军获知义兴军败的消息，都感到恐惧惊慌，宋明帝刘彧派积射将军济阳人江方兴、御史王道隆到晋陵去察看东军形势。孔凯的将领孙昙瓘、程祛宗把五城相互连接，而程祛宗的城池还没有建造牢固，王道隆于是和各将领计谋说："程祛宗的城池还没有建好，这对我们来说是可以利用的时机。向上可以符合皇上的心意，向下可以鼓舞大众的士气。"
辛酉日（初三），王道隆率所属部队快速进攻，攻破城池，砍下
程扞宗的头，张永等人乘胜进击孙昙瓘等人，壬戌日（初四），
孙昙瓘等人兵败，与袁标一起弃城逃走，于是朝廷攻克晋陵。

　　吴喜军至义乡。孔璪屯吴兴南亭，太守王昙生诣璪计事；闻
台军已近，璪大惧，堕床，曰："悬赏所购，唯我而已；今不遽走，
将为人擒!"遂与昙生奔钱唐。喜入吴兴，任农夫引兵向吴郡，顾
琛弃郡奔会稽。上以四郡既平，乃留吴喜使统沈怀明等诸将东
击会稽，召张永等北击彭城，江方兴等南击寻阳。

　　以吏部尚书蔡兴宗为左仆射，侍中褚渊为吏部尚书。

　　【译文】 吴喜的军队到达义乡后，孔璪在吴兴南亭驻守军
队，太守王昙生到孔璪处商议，听到台城军已经逼近的消息，
孔璪很害怕，竟然从座椅上摔了下来，说："朝廷所要悬赏购买
的人头，就只有我一个人，现在还不快走，就将被抓到了!"就
与王昙生一起奔跑到钱塘。吴喜的军队进入吴兴，任农夫率兵
攻向吴郡，顾琛抛弃郡城，奔向会稽。宋明帝刘彧认为晋陵、义
兴、吴兴、吴郡等四郡已经被平定，就留下吴喜，要他统率沈怀
明等将领攻击东边的会稽，召令张永等人向北攻击彭城，江方
兴等人向南攻击寻阳。

　　宋明帝刘彧任命吏部尚书蔡兴宗担任左仆射，侍中褚渊担
任吏部尚书。

　　丁卯，吴喜至钱唐，孔璪、王昙生奔浙东。喜遣强弩将军任
农夫等引兵向黄山浦；东军据岸结寨，农夫等击破之。喜自柳浦
渡，取西陵，击斩庾业。会稽人大惧，将士多奔亡，孔觊不能制。

戊寅，上虞令王晏起兵攻郡，觊逃奔嵊山；车骑从事中郎张绥封府库以待吴喜。己卯，王晏入城，杀绥，执寻阳王子房于别署。纵兵大掠，府库皆空；获孔璪，杀之。庚辰，嵊山民缚孔觊送晏，晏谓之曰："此事孔璪所为，无预卿事，可作首辞，当相为申上。"觊曰："江东处分，莫不由身；委罪求活，便是君辈行意耳。"晏乃斩之。顾琛、王昙生、袁标等诣吴喜归罪，喜皆宥之。东军主凡七十六人，于陈斩十七人，其馀皆原宥。

【译文】丁卯日（初九），吴喜率军队到达钱塘，而孔璪、王昙生则奔逃到浙东。吴喜派强弩将军任农夫等率兵攻向黄山浦，东军此时占据岸边结营，任农夫等击破他们。吴喜则从柳浦渡水，攻取西陵，斩杀庾业。会稽人感到非常惊讶，将士多逃亡，孔觊不能制止。戊寅日（二十日），上虞令王晏起兵攻打郡城，孔觊逃到嵊山；车骑从事中郎张绥封锁府库，等待吴喜。己卯日（二十一日），王晏进入郡城，杀掉张绥，在别署逮捕寻阳王刘子房。他对士兵的大肆抢劫采取放任态度，府库为之一空，捕获孔璪，加以杀戮。庚辰日（二十二日），嵊山人民把孔觊捆绑起来送给王晏。王晏对孔觊说："这事是孔璪干的，与你无干，你可以作自首的文辞，我自当替你向上申诉。"孔觊说："江东的事情，全由我自己处理；如果推卸罪过来求得活命，那是你的意思。"王晏于是就斩杀了他。顾琛、王昙生、袁标等都向吴喜自首请罪，吴喜都饶恕了他们。东军的军主一共有七十六人，在对阵中杀了十七人，其余的都被赦免。

薛索儿攻申阐，久不下；使申令孙入睢陵说阐，阐出降，索儿并令孙杀之。

山阳王休祐在历阳，辅〔国〕将军刘勔进军小岘。殷琰所署南汝阴太守裴季之以合肥来降。

邓琬性鄙暗贪吝，既执大权，父子卖官鬻爵，使婢仆出市道贩卖；酣歌博弈，日夜不休；大自矜遇，宾客到门，历旬不得前；内事悉委褚灵嗣等三人，群小横恣，竞为威福。于是，士民仇怨，内外离心。

【译文】薛索儿进攻申阐，久久没有攻下，就命申令孙进到睢陵说服申阐，申阐听从劝告，打开城门投降，最后薛索儿把申阐和申令孙都给杀了。

当时山阳王刘休祐在历阳，辅国将军刘勔进军小岘，南汝阴太守裴季之献出合肥投降。

邓琬个性贪婪卑鄙，喜爱钱财，掌握大权以后，父子就卖官鬻爵，让婢女奴仆到市场贩卖东西，而自己则日夜不停地听歌赌博，并且骄傲自大。有宾客登门求见，经过十天还不能见到他。他把内务都委任给褚灵嗣等三人，小人放肆，更加威风，因此遭到士兵和百姓的怨恨，内外离心。

琬遣孙冲之帅龙骧将军薛常宝、陈绍宗、焦度等兵一万为前锋，据赭圻。冲之于道与晋安王子勋书曰："舟楫已办，器械亦整，三军踊跃，人争效命；便欲沿流挂帆，直取白下。愿速遣陶亮众军兼行相接，分据新亭、南州，则一麾定矣。"子勋加冲左卫将军；以陶亮变右卫将军，统郢、荆、湘、梁、雍五州兵合二万人，一时俱下。陶亮本无干略，闻建安王休仁自上，殷孝祖又至，不敢进，屯军鹊洲。

【译文】邓琬派孙冲之率龙骧将军薛常宝、陈绍宗、焦度等一万士兵作为前锋，占据赭圻。孙冲之在上奏给晋安王刘子勋的书信上说："船只已经置办好，粮食武器也完备，三军踊跃，人人争相效命，就要顺流起航，直到白下，希望皇上赶快派陶亮众军兼程相接，分别占据新亭、南州，那么就可以平定天下了。"刘子勋加授任冲之为左卫将军，陶亮为右卫将军，统率郢、荆、湘、梁、雍五州共计两万士兵，同时顺江而下。陶亮本来就没有才能和本领，听说建安王刘休仁亲自溯江而上，而殷孝祖又将到达，因此不敢前进，在鹊洲驻扎军队。

殷孝祖负其诚节，陵轹诸将，台军有父子兄弟在南者，孝祖悉欲推治。由是人情乖离，莫乐为用。宁朔将军沈攸之，内抚将士，外谐群帅，众并赖之。孝祖每战，常以鼓盖自随，军中人相谓："殷统军可谓死将矣！今与贼交锋，而以羽仪自标显，若善射者十人共射之，欲不毙，得乎？"三月，庚寅，众军水陆并进，攻赭圻；陶亮等引兵救之，孝祖于陈为流矢所中，死。军主范潜帅五百人降于亮。人情震骇，并谓沈攸之宜代孝祖为统。

【译文】殷孝祖倚仗自己对宋明帝刘彧的忠诚，经常侮辱将领，朝廷军中凡是有亲属在晋安王刘子勋那里的，都被他追究查办，因此造成原来依附他的人心都分离消散，没有人乐意被他任用。而宁朔将军沈攸之却能善待士兵，对内安抚将士，使将士欣慰；对外使将领和谐相处，保持对自己的依附之心，于是众人都依赖他。殷孝祖每次都带着鼓盖出来作战，军中有士兵相互议论说道："殷统军可以说是不害怕死亡的将领了。每次与敌人交战的时候，都会把自己与其他士兵相区别，用羽仗来标明显示自己。如果有十个善射的敌军同时向他射击，他怎么能保全性命不死呢？"三月，庚寅日（初三），宋明帝刘彧派各路大军从水路、陆路同时进发，对赭圻发起攻击，陶亮等人率兵进行支援，最后，殷孝祖在战争中果真因为中箭而死。让人感到震惊的是军主范潜竟然率五百人向陶亮投降，而范潜认为沈攸之应该代替殷孝祖担任军队的指挥。

时建安王休仁屯虎槛，遣宁朔将军江方兴、龙骧将军襄阳刘灵遗各将三千人赴赭圻。攸之以为孝祖既死，亮等有乘胜之心，明日若不更攻，则示之以弱。方兴各位相亚，必不为己下；军政不壹，致败之由也。乃帅诸军主诣方兴曰："今四方并反，国家所保，无复百里之地。唯有殷孝祖为朝廷所委赖，锋镝裁交，舆尸而反，文武丧气，朝野危心。事之济否，唯在时旦一战；战若不捷，则大事去矣。诘朝之事，诸人或谓吾应统之，自卜懦薄，干略不如卿。今辄相推为统，但当相与戮力耳。"方兴甚悦，许诺。攸之既出，诸军主并尤之，攸之曰："吾本以济国活家，岂计此之升降！且我能下彼，彼必不能下我，共济艰难，岂可自措同异也！"

【译文】 当时建安王刘休仁正屯守驻扎在虎槛，不能亲自前往赭圻。于是派宁朔将军江方兴、龙骧将军襄阳人刘灵遗各自带领三千士兵到赭圻支援守卫。沈攸之认为在殷孝祖死后，陶亮一定会产生乘胜进攻的计划，因此，如果明天不把防守的计划改为进攻，就是主动向敌军示弱。而江方兴和他自己有相同的宁朔将军的名位，一定不会愿意屈居在自己下面，容易出现不同的军令。如果两人没有达成统一军令，就会造成战士的迷茫，扰乱作战计划，会成为战事失败的原因。于是他率各军军主去拜见江方兴说："现在四方都发生造反叛乱，国家所拥有的只有百里土地。而朝廷所依赖的只有殷孝祖一个人，但是他不幸阵亡，这样的交战结果，使得文武百官都垂头丧气，朝廷上下产生危难之心。明天早上的战事关系到大势是否能够被挽回，如果这一战仍不能取得胜利，就会造成全盘皆输的结果。所以大家都认为应该由我指挥这场战事，但是我认为自己生性懦弱微薄，才能谋略都比不上你，现在我想推举你担任总指挥，我们自当努力来跟随你进行战斗。"江方兴听到后很高兴，就答应了他的提议。在沈攸之离去以后，他的各军军主都因他不计较名位的高低就答应而埋怨他。沈攸之说："我的本意是挽救国家，保住家人的性命，怎么会计较名位高低呢？而且我的名位可以低于他，但他一定不愿意使自己的名位低于我，为了共同度过艰难的时期，两人怎么可以持有不同的立场呢？"

资治通鉴

孙冲之谓陶亮曰："孝祖枭将，一战便死，天下事定矣，不须复战，便当直取京都。"亮不从。

辛卯，方兴帅诸军进战，建安王休仁又遣军主郭季之、步兵校尉杜幼文、屯骑校尉垣恭祖、龙骧将军济地顿生京兆段佛荣等三万人往会战，自寅及午，大破之，追奔至姥山而还。幼文，骥之子也。

孙冲子于湖、白口筑二城，军主竟陵张兴世攻拔之。

【译文】孙冲之对陶亮说："殷孝祖虽然是勇猛的将士，但是一进行战斗就死于沙场。这说明天下的事已经决定，没有必要再进行战斗，便可以直取京都。"但陶亮不答应。

辛卯日（初四），江方兴指挥各将领进行攻击。建安王刘休仁又派军主郭季之、步兵校尉杜幼文、屯骑校尉垣恭祖、龙骧将军济地人顿生、京兆人段佛荣等三万人前往会合作战。从清晨寅时一直激战到午时，大败陶亮的军队，向北追击他到达姥山然后返回。杜幼文，是杜骥的儿子。

孙冲之在巢湖、白水会合口修建两座城池，被军主竟陵人张兴世攻占。

壬辰，诏以沈攸之为辅国将军、假节，代殷孝祖督前锋诸军事。

陶亮闻湖、白二城不守，大惧，急召孙冲之还鹊尾，留薛常宝等守赭圻；先于姥山及诸冈分立营寨，亦悉散还，共保浓湖。

时军旅大起，国用不足，募民上钱谷者，赐荒县、荒郡，或五品至三品散官有差。

军中食少，建安王休仁抚循将士，均其丰俭，吊死问伤，身亲隐恤；故十万之众，莫有离心。

【译文】壬辰日（初五），宋明帝刘彧任命沈攸之担任辅国将军、假节，代替殷孝祖指挥军队前线。

陶亮在听到湖、白二城已经失守的消息后，感到非常惊恐，急忙召令孙冲之回到鹊尾，留下薛常宝等人守卫赭圻，先前驻扎在姥山和分别驻扎在各要塞的营地，也都被撤回，共同守卫浓湖。

当时因为战争兴起，朝廷的钱额用度不够，就招募人民捐献金钱粮食，并依照数量的多寡，赐给荒县、荒郡，或五品到三品的散官。

因为军中粮食很少，建安王刘休仁为了安抚将士，就按照人数的多寡把粮食平均分配给他们，并表现出悲痛怜惜的样子，吊唁祭拜死者，慰问伤者，使得士兵感到欣慰，所以十万士兵都没有动过离开他的心思。

邓琬遣其豫州刺史刘胡帅众三万、铁骑二千，东屯鹊尾，并旧兵凡十馀万。胡，宿将，勇健多权略，屡有战功，将士畏之。

司徒中兵参军冠军蔡那，子弟在襄阳，胡每战，悬之城外；那进战不顾。吴喜既定三吴，帅所领五千人，并运资实，至于赭圻。

薛索儿将马步万馀人自睢陵渡淮，进逼青、冀二州刺史张永营。丙申，诏南徐州刺史桂阳王休范统北讨诸军事，进据广陵；又诏萧道成将兵救永。

【译文】邓琬派他的豫州刺史刘胡带领三万步兵和两千骑兵，向东驻扎在鹊尾，加上原有的士兵，人数共计十万。刘胡，是久经沙场的老将，他足智多谋，屡次建立战功，将士们都敬畏他。司徒中兵参军冠军人蔡那有子弟在襄阳，刘胡每次与蔡那作战，都要把他的子弟悬吊在城外作为人质来威胁他，但蔡那只是奋勇作战，不顾念人质。吴喜平定了三吴以后，就率所属的五千人并携带粮食装备，一起到达赭圻。

薛索儿率骑兵步兵一万多人从睢陵渡过淮水，进逼青州、冀州刺史张永的军营。丙申日（初九），宋明帝刘彧下诏命令令南徐州刺史、桂阳王刘休范率兵讨伐北方各军，进占广陵，又下诏命萧道成率兵救援张永。

戊戌，寻阳王子房至建康，上宥之，贬爵为松滋侯。

庚子，魏以陕西王源贺为太尉。

上遣宁朔将军刘怀珍帅龙骧将军王敬则等步骑五千，助刘勔讨寿阳，斩庐江太守刘道蔚。怀珍，善明之从子也。

中书舍人戴明宝启上，遣军主竟陵黄回募兵击斩寻阳所署马头太守王广元。

【译文】戊戌日（十一日），寻阳王刘子房到达建康。宋明帝刘彧宽恕了他，贬爵为松滋侯。

庚子日（十三日），魏国任命陇西王源贺担任太尉。

宋明帝刘彧派宁朔将军刘怀珍率龙骧将军王敬则等人带领步骑兵五千人，帮助刘勔攻打讨伐寿阳，斩杀庐江太守刘道蔚。刘怀珍，是刘善明的侄儿。

中书舍人戴明宝向宋明帝刘彧报告，请求派军主竟陵人黄回招募军队，然后攻杀寻阳所署的马头太守王广元。

前奉朝请寿阳郑黑，起兵于淮上以应建康，东扞殷琰，西拒常珍奇；乙巳，以黑为司州刺史。

殷琰将刘顺、柳伦、皇甫道烈、庞天生等马步八千人东据宛唐；刘勔帅众军并进，去顺数里立营。时琰所遣诸军，并受顺节度，而以皇甫道烈土豪，柳伦台之所遣，顺本卑微，唯不使经督二军。勔始至，堑垒未立；顺欲击之，道烈，伦不同，顺不能独进，乃止。勔营既立，不可复攻，因相持守。

壬子，断新钱，专用古钱。

【译文】 之前奉朝廷命令前来支援的寿阳人郑黑，在淮水起兵，响应建康，向东抵抗殷琰，向西抗拒常珍奇。乙巳日（十八日），宋明帝刘彧任命郑黑担任司州刺史。

殷琰的部将刘顺、柳伦、皇甫道烈、庞天生等人率骑、步兵八千人向东占领宛唐；刘勔率各军一并前进，在距离刘顺军营数里处安营扎寨。当时殷琰所派的各军，名义上都接受刘顺的指挥，但皇甫道烈是土豪，柳伦又是朝廷所派，而刘顺出身低下，地位卑微，就不让他指挥这两支军队。刘勔到的时候，防御工事还没有修筑完成，刘顺想要立刻进行攻击，但皇浦道烈、柳伦两军不同意他的意见，刘顺不能单独行动，所以没有进行攻击。等到刘勔的堡垒筑好的时候，就再没有有机会进行攻打，因此两方出现对峙的局面。

壬子日（二十五日），建康朝廷禁用新钱，专用古钱。

沈攸之帅诸军围赭圻。薛常宝等粮尽，告刘胡求救；胡以囊盛米，系流查及船腹，阳覆船，顺风流下以饷之。沈攸之疑其有异，遣人取船及流查，大得囊米。丙辰，刘胡帅步卒一万，夜，斫山开道，以布囊运米饷赭圻。平旦，至城下，犹隔小堑，未能入。沈攸之帅诸军邀之，殊死战，胡众大败，舍粮弃甲，缘山走，斩获甚众。胡被疮，仅得还营。常宝等惶惧，夏，四月，辛酉，开城突围，走还胡军。攸之拔赭圻城，斩其宁朔将军沈怀宝等，纳降数千人。陈绍宗单舸奔鹊尾。建安王休仁自虎槛进屯赭圻。

【译文】沈攸之率各军包围赭圻城。薛常宝等人的粮食吃尽后便向刘胡请求援助，刘胡想出把装米的袋子绑在浮木和船腹下，使船表现出翻覆的状态，可以乘风顺流而下到赭圻支援常宝。而沈攸之怀疑翻船有异样，就派人取下船和木头查看，米袋就这样被发现。丙辰日（二十九日），刘胡率步兵一万赶来支援薛常宝，在夜间砍伐山林中的树木来开辟道路，用布袋装米补给赭圻，清晨虽然到达城下，但还隔着一条小沟，因此不能进入。沈攸之率各军迎面打击刘胡，两军进行生死激战，结果刘胡的士兵大败，抛掉粮食和甲兵，沿山逃走，很多士兵在路上被斩杀，虽然刘胡受伤，但最终得以返回军营。薛常宝等感到惊惶和害怕。夏季，四月，辛酉日（初四），薛常宝打开城门突围敌军，最后逃到刘胡的军营。不久，沈攸之就攻下赭圻城，斩杀守城的宁朔将军沈怀宝，接纳数千名士兵投降。陈绍宗乘坐单船航行到鹊尾。建安王刘休仁从虎槛拔营进驻赭圻。

刘胡等兵犹盛。上欲绥慰人情，遣吏部尚书褚渊至虎槛，选用将士。时以军功除官者众，板不能供，始用黄纸。

邓琬以晋安王子勋之命，徵袁顗下寻阳，顗悉雍州之众驰下。琬以黄门侍郎刘道宪行荆州事，侍中孔道存行雍州事，上庸太守柳世隆乘虚袭襄阳，不克。世隆，元景之弟子也。

【译文】 刘胡等人兵力依然很强盛。宋明帝刘彧为安抚人心，派吏部尚书褚渊到虎槛，选用将士为官。当时很多人凭借军功而出任官职。因为任职的版书不够使用，就开始使用黄纸。

邓琬以晋安王刘子勋的命令，征召袁顗顺江渡到寻阳，袁顗把雍州军队全部带出，邓琬任命黄门侍郎刘道宪掌管执行荆州政务，侍中孔道存代为处理雍州的政务。上庸太守柳世隆乘虚袭击襄阳，但没有成功。柳世隆，是柳元景弟弟的儿子。

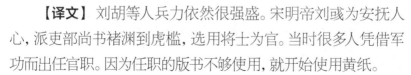

散骑侍郎明僧暠起兵攻沈文秀以应建康。壬午，以僧暠二郡太守王玄默据琅邪，清河、广川二郡太守王玄邈据盘阳城，高阳、勃海二郡太守刘乘民据临济城，并起兵以应建康。玄邈，玄谟之从弟；乘民，弥之之从子也。沈文秀遣军主解彦士攻北海，拔之，杀刘弥之。乘民从弟伯宗，合帅乡党，复取北海，因引兵向青州所治东阳城。文秀拒之，伯宗战死。僧暠、玄默、玄邈、乘民合兵攻东阳城，每战，辄为文秀所破，离而复合，如此者十馀，卒不能克。

【译文】 后来，散骑侍郎明僧暠起兵攻击沈文秀，来响应建康。二十五日，宋明帝刘彧任命明僧暠担任青州刺史。分别占据琅琊、盘阳、临济的平原、乐安郡守王玄默，清河、广川郡守王玄邈，高阳、渤海郡守也一并发动军队来响应建康。王玄邈是王玄默的堂弟，刘乘民是刘弥之的侄子。沈文秀派军主解彦士向北海发起进攻，攻克北海，并杀掉刘弥之。刘乘民的堂

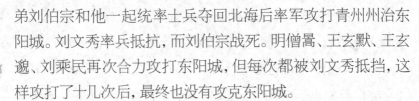

弟刘伯宗和他一起统率士兵夺回北海后率军攻打青州州治东阳城。刘文秀率兵抵抗，而刘伯宗战死。明僧暠、王玄默、王玄邈、刘乘民再次合力攻打东阳城，但每次都被刘文秀抵挡，这样攻打了十几次后，最终也没有攻克东阳城。

　　杜淑宝谓台军住历阳，不能遽进；及刘勔等至，上下震恐。刘顺等始行，唯赍一月粮，既与勔久相持，粮尽。叔宝发车千五百乘，载米饷顺，自将五千精兵送之。吕安国闻之，言于刘勔曰：“顺精甲八千，而我众不能居半。相持既久，强弱势殊，更复推迁，则无以自立；所赖者，彼粮行竭，我食有馀耳。若使叔宝米至，非唯难可复图，我亦不能持久。今唯有间道袭其米车，出彼不意，若能制之，当不战走矣。”勔以为然，以疲弱守营，简精兵千人配安国及龙骧将军黄回，使从间道出顺后，于横塘抄之。

　　【译文】先前，杜叔宝认为台军在历阳驻守，因此不能着急前进，后来刘勔率军到达时，上下才感到震惊。杜叔宝这才命令刘顺开始率兵出击，但刘顺只带了足够一个月食用的粮食，当与刘勔出现相互对峙的状态，粮食很快就耗费完了。杜叔宝得知这个消息后，亲自带领五千精兵护送一千五百辆运载米粮的车辆去补给刘顺。吕安国获悉后，便对刘勔说：“刘顺有八千带甲精兵，我们军队的数量不及他的一半，如果两军相持的时间越来越久，那么敌强我弱的形势就显示出来；如果情势又发生转变，我们则不能自立。因此我们所能依赖的就是对方粮食将尽，而我方尚有余粮的情况。倘使杜叔宝把米粮送到刘顺的军营，我们不仅难以取得胜利，恐怕也不能长久防守。现在我们只有采取出其不意地从小路偷袭他们米车的方法，他们如果不能战胜就会选择走掉。”刘勔认为有道理，就留下老弱士兵守卫军营，挑选一千精兵配属给安国和龙骧将军黄回，命他们从小路包抄到刘顺后面，在横塘对他加以拦截。

安国始行，赍二日熟食；食尽，叔宝不至，将士欲还，安国曰："卿等旦已一食。今晚米车不容不至；若其不至，夜去不晚。"

叔宝果至，以米车为函箱陈，叔宝于外为游军。幢主杨促怀将五百人居前，安国、回等击斩之，及其士卒皆尽。叔宝至，回欲乘胜击之，安国曰："彼将自走，不假复击。"退三十里，止宿。夜遣骑参候，叔宝果弃米车走。安国复夜往烧米车，驱牛二千馀头而还。

【译文】吕安国刚出发不久，他携带的够吃两天的熟食就被食用完了，但这时杜叔宝还没有到达，将士因为饥饿都要求回去。吕安国说："各位早上已经吃过一顿，今晚米车一定会到达；如果不到达，我们等晚上再回去也不迟。"

晚上杜叔宝果然到达，并把米车摆成函箱的阵势。他在车阵外围巡逻，幢主杨仲怀率五百人在车前守卫，这时吕安国、黄回等突然出来偷袭米车，杀尽杨仲怀和他的士兵。杜叔宝正准备逃走，黄回想要乘胜攻击他，吕安国说："他们会自动逃走，没有必要再进行攻击。"黄回答应，便后退三十里，驻扎军营留宿下来，晚上派骑兵斥候前去查看，发现杜叔宝果然放弃米车逃走。吕安国连夜前往焚烧米车，并赶回了两千多头牛。

五月，丁亥朔，夜，刘顺众溃，顺走淮西就常珍奇。于是，刘勔鼓行，进向寿阳。叔宝敛居民及散卒，婴城自守；勔与诸军分营城外。

山阳王休祐与殷琰书，为陈利害，上又遣御史王道隆赍诏宥琰罪。勔与琰书，并以琰兄瑗子邈书与之。琰与叔宝等皆有降意，而众心不壹，复婴城固守。

弋阳西山蛮田益之起兵应建康，诏以益之为辅国将军，督弋阳西山事。壬辰，以辅国将军沈攸之为雍州刺史。丁未，以尚书左仆射王景文为中军将军。庚戌，以宁朔将军刘乘民为冀州刺史。

【译文】 五月，丁亥朔日（初一），晚上，刘顺的军队溃乱，作战失败，后来，他们奔向淮西，投靠常珍奇。于是刘勔击鼓进兵攻向寿阳。杜叔宝聚集居民和余下的散兵，依靠城池进行守卫，而刘勔和各军队分别在城外驻扎军营。

山阳王刘休祐派人给殷琰送书信，向他陈述利害得失。宋明帝刘彧又派御史王道隆送诏书赦免殷琰，刘勔以及殷琰哥哥殷瑗的儿子殷邈也送给他书信。后来，殷琰和杜叔宝等人都心生投降的愿望，但众人心意不一，所以他们又固守城池。

弋阳西山蛮酋田益之起兵响应建康，宋明帝刘彧颁布诏书，命田益之担任辅国将军，监督指导弋阳西蛮事务。壬辰日（初六），宋明帝刘彧命辅国将军沈攸之担任雍州刺史。丁未日（二十一日），宋明帝刘彧命尚书左仆射王景文担任中军将军。庚戌日（二十四日），宋明帝刘彧命宁朔将军刘乘民担任冀州刺史。

甲寅，葬昭太后修宁陵。

张永、萧道成等与薛索儿战，大破之，索儿退保石梁；食尽而溃，走向乐平，为申令孙子孝叔所斩。薛安都子道智走向合肥，诣裴季〔之〕降。傅灵越走至淮西，武卫将军沛郡王广之生获之，送诣勔。勔诘其叛逆，灵越曰："九州唱义，岂独在我！薛公不能专任智勇，委付子侄，此其所以败也。人生归于一死，实无面求活。"勔送诣建康。上欲赦之，灵越辞终不改，乃杀之。

【译文】甲寅日（二十八日），宋明帝刘彧在修宁陵埋葬昭太后。

薛索儿在和张永、萧道成等人的交战中大败，退保石梁；粮食吃尽后，他又跑到乐平，最后被申令孙的儿子申孝叔斩杀。薛安都的儿子薛道智走到合肥向裴季之投降。傅灵越则在淮西被武卫将军沛郡人王广之活捉，押送给刘勔，刘勔责问他叛乱逆反的事情，傅灵越回答说："全国都起义，难道只是我一个人吗？薛公不能任用机智勇敢的人，却把大事委任托付给子侄，这是他之所以失败的原因。人生到最后都会有一死，我实在没有脸面请求存活性命。"刘勔就把他送到建康。宋明帝刘彧原本决定要赦免他，但傅灵越始终不改变口气，不得已而杀掉他。

邓琬以刘胡与沈攸之等相持，久不决，乃加袁顗督征讨诸军事。六月，甲戌，顗帅楼船千艘，战士二万，来入鹊尾。顗本无将略，性又怯桡，在军中未尝戎服，语不及战陈，唯赋诗谈义而已，不复抚接诸将；刘胡每论事，酬对甚简。由此大失人情，胡常切齿恚恨，胡以南运米未至，军士匮乏，就顗借襄阳之资，顗不许，曰："都下两宅未成，方应经理。"又（倍）〔信〕往来之言，云"建康米贵，斗至数百"，以为将不攻自溃，拥甲以待之。

【译文】邓琬认为刘胡和沈攸之对阵持久，却仍没有决断，于是便命袁顗督导征讨各军军务。六月，甲戌日（十八日），袁顗率一千艘军舰、两万战士来到鹊尾。袁顗本来就缺乏指挥能力，个性又胆小懦弱，他在军中未曾穿过军服，说话的内容不涉及战术，只是吟诵诗歌谈论义理而已，从来不抚慰各将领；刘胡每次和他谈论公事，他都简单地答复。袁顗因此大失人心，刘胡经常切齿埋怨邓琬的决定。后来，刘胡因为南运过来的米粮没有到达，军士缺少粮食，便向袁顗借用襄阳的物资，袁顗不答应，说："都下还有两处房宅没有建筑成功，也正需要物资来进行处理。"后来，刘胡又相信来往的人关于建康大米贵到一斗数百钱的传说，认为不用发动进攻，建康就会自行崩溃，因此拥兵以待。

田益之帅蛮众万馀人围义阳，邓琬使司州刺史庞孟虬帅精兵五千救之，益之不战溃去。

安成太守刘袭，始安内史王识之，建安内史赵道生，并举郡来降。袭，道怜之孙也。

萧道成世子赜为南康赣令，邓琬遣使收系之。门客兰陵桓康担赜妻裴氏及其子长懋、子良逃于山中，与赜族人萧欣祖等结客得百馀人，攻郡，破狱出赜。南康相沈肃之帅将吏追赜，赜与战，擒之。赜自号宁朔将军，据郡起兵，与刘袭等相应。琬以中护军殷孚为豫章太守，督上流五郡以防袭等。

【译文】田益之率一万多蛮兵包围义阳，邓琬派司州刺史庞孟虬带领五千精兵援救义阳，田益之没有作战就带领军队分散四退。

安成太守刘袭、始安内史王识之、建安内史赵道生，同时带着他们管辖的郡县来建康投降。刘袭，是刘道怜的孙子。

邓琬派人收捕萧道成的儿子南康赣令萧赜下狱。萧赜的门客兰陵人桓康担着萧赜的妻子裴氏和儿子萧长懋、萧子良逃到山中。后来，他和萧赜的族人萧欣祖等集结一百多门客攻打郡中的监狱，救出萧赜。萧赜在和率军追赶他的南康相沈肃之交战中, 擒获沈肃之。萧颐自封宁朔将军的名号, 在占据的南康郡起兵与刘袭等人相呼应。邓琬命中护军殷孚担任豫章太守, 督导上流的五个郡, 来提防刘袭等人。

衡阳内史王应之起兵应建康, 袭击 (襄) 〔湘〕州行事何慧文于长沙。应之与慧文舍军身战, 斫慧文八创, 慧文斫应之断足, 杀之。

始兴人刘嗣祖等据郡起兵应建康, 广州刺史袁昙远遣其将李万周等讨之。嗣祖诳万周云"寻阳已平"。万周还袭番禺, 擒昙远, 斩之。上以万周行广州事。

【译文】起兵响应建康的衡阳内史王应之, 在长沙袭击湘州行事何慧文。王应之和何慧文离开军队, 单打独斗, 最后, 何慧文身受八伤, 他先砍断王应之的脚, 再杀死他。

始兴人刘嗣祖等人占据郡城, 并起兵响应建康。广州刺史袁昙远派他的将领李万周等人攻打讨伐刘嗣祖。刘嗣祖欺骗李万周说: "寻阳已被平定。"李万周就心生背叛之心, 回到京师偷袭番禺, 捕杀袁昙远, 立下功劳, 因此宋明帝刘彧命李万周执行广州政务。

初, 武都王杨元和治白水, 微弱不能自立, 弃国奔魏。元和从弟僧嗣复自立, 屯葭芦。

费欣寿 (王) 〔至〕巴东, 巴东人任叔儿据白帝, 自号辅国将军, 击欣寿, 斩之, 叔儿遂阻守三峡。萧惠开复遣治中程法度将兵三千出梁州, 杨僧嗣帅群氐断其道, 间使以闻。秋, 七月, 丁酉, 以僧嗣为北秦州刺史、武都王。

【译文】起初, 武都王杨元和统治白水时, 因力量微弱, 不能独立，就抛弃国家投奔魏国。后来，杨元和的堂弟杨僧嗣又自立为王，屯守驻扎在葭芦。

费欣寿到达巴东时，巴东人任叔儿占据白帝，并自称辅国将军，他攻击并斩杀费欣寿。于是任叔儿趁势控制三峡。治中程法度受萧惠开的派遣，率三千士兵从梁州出兵东下，杨僧嗣率各部氐人截断他的通道，派使者辗转来到建康报告，立下功劳。秋季，七月，丁酉日（十二日），宋明帝刘彧任命杨僧嗣担任北秦州刺史、武都王。

诸军与袁顗相拒于浓湖，久未决。龙骧将军张兴世建议曰："贼据上流，兵强地胜，我虽持之有馀，而制之不足。若以奇兵数千潜出其上，因险而壁，见利而动，使其首尾周遑，进退疑阻，中流既梗，粮运自艰，此制贼之奇也。钱溪江岸最狭，去大军不远，下临洄洑，船下必来泊岸，又有横浦可以藏船，千人守险，万人不能过。冲要之地，莫出于此。"沈攸之、吴喜并赞其策。会庞孟虬引兵来助殷琰，刘勔遣使求援甚急，建安王休仁欲遣兴世救之。沈攸之曰："孟虬蚁聚，必无能为，遣别将马步数千，足以相制。兴世之行，是安危大机，必不可辍。"乃遣段佛荣将兵救勔，而选战士七千、轻舸二百配兴世。

【译文】建康各军和袁顗在浓湖对峙，久久未能分出胜负。龙骧将军张兴世建议说："敌人占据上游，并且兵力强大，占据有利的地形，我方虽然尚有余力防守，但是没有绝对制胜的把握。但我们能够任用数千奇兵潜往江水上游，依附险峻的峭壁见机行动，使敌人首尾不能兼顾，进退两难，最后中流被切断，运粮困难。这是制伏敌人的奇计！最为狭窄、距离大军不远的钱溪江岸，向下靠近弯曲水道，船往下游时一定要在此停靠，而又有可以隐藏船只的横浦，如果派一千人守卫这个险地，一万人都不能通过，没有比这个地方更重要的地势了。"沈攸之、吴喜都称赞这个计策。正好这时庞孟虬率兵前来援助殷琰，刘勔紧急派人向建安王刘休仁求救。刘休仁想派张兴世前往进行援救。沈攸之说："庞孟虬是乌合之众，一定不会有什么作为，另外派将领率兵数千，就可以制伏。而张兴世的军事行动，是影响安危的关键，不可以中止。"刘休仁认为有道理，于是就派段佛荣率士兵前去援救刘勔，而另外挑选七千战士，二百艘轻船，分配给张兴世。

兴世帅其众溯流稍上，寻复退归，如是者累日。刘胡闻之，笑曰："我尚不敢越彼下取扬州，张兴世何物人，欲轻据我上！"不为之备。一夕，四更，值便风，兴世举帆直前，渡湖、白，过鹊尾。胡既觉，乃遣其将胡灵秀将兵于东岸翼之而进。戊戌夕，兴世宿景洪浦，灵秀亦留。兴世潜遣其将黄道标帅七十舸径趣钱溪，立营寨；己亥，兴世引兵进之，灵秀不能禁。庚子，刘胡自将水步二十六军来攻钱溪。将士欲迎击之，兴世禁之曰："贼来尚远，气盛而矢骤；骤既易尽，盛亦易衰，不如待之。"令将士治城如故。俄而胡来转近，船入洄洑；兴世命寿寂之、任农夫帅壮士数百击之，众军相继并进，胡败走，斩首数百，胡收兵而下。时兴世城寨未固，建安王休仁虑袁顗并力更攻钱溪，欲分其势。辛丑，命沈攸之、吴喜等以皮舰进攻浓湖，斩获千数。是日，刘胡帅步卒二万、铁马一千，欲更攻兴世。未至钱溪数十里，袁顗以浓湖之急，遽追之，钱溪城由此得立。胡遣人传唱"钱溪已平"，众并惧，沈攸之曰："不然。若钱溪实败，万人中应有一逃亡得还者；必是彼战失利，唱空声以惑众耳。"勒军中不得妄动；钱溪捷报寻至。攸之以钱溪所送胡军耳鼻示浓湖，袁顗骇惧。攸之日暮引归。

【译文】张兴世率部属乘坐船只逆流而上，稍微前进，不久却又退回，就这样往来了一整天。刘胡知道这个消息后，笑着说："我尚且不敢乘船顺流越过敌方阵地，直取扬州，而张兴世是何许人物，居然想轻易占据我的上游。"于是没有进行提防守卫。一天夜里，四更天的时候，正好出现有利风向，张兴世立即开始径直向前航行，船只渡过湖、白，越过鹊尾。刘胡发觉后，就派他的将领胡灵秀带领士兵到东岸，靠近侧翼前行。戊戌日（十三日）晚上，张兴世率军在景洪浦过夜，而张灵秀也停留下来。与此同时，张兴世派他的将领黄道标暗地带领七十船人直奔钱溪，建立营寨。己亥日（十四日），张兴世率士兵占据钱溪，胡灵秀无可奈何。庚子日（十五日），刘胡亲自率水、步兵共二十六军来攻打钱溪。将士准备迎战，张兴世禁止，说："敌人距离钱溪还远，他们心气旺盛，就会很快地射箭，快射的话，箭就容易射完；而正因为心气旺盛，也容易衰微下来，我们不如等待，而不要出击。"他仍然命令将士挖筑城堡。不久刘胡的船只航行进入弯曲的回流中，逐步靠近，张兴世便命寿寂之、任农夫带领数百壮士加以攻击，各军随后支援，刘胡的军队失败逃走，有数百士兵被斩首，刘胡便收兵顺水退回。当时张兴世所建的城寨还没有牢固，建安王刘休仁忧虑袁顗会集中兵力进攻钱溪，就想分散他的力量。辛丑日（十六日），他又命沈攸之、吴喜乘坐牛皮包裹的船只进攻浓湖，斩杀俘获数以千计的敌军。这一天，刘胡率两万步兵、一千精锐骑兵，要重新攻打张兴世，还有数十里到达钱溪，袁顗用浓湖告急的消息，很快把刘胡追回，钱溪城因此能建起来。刘胡派人传播说："钱溪已经被攻打平定。"大家都很恐惧，沈攸之说："这不是事实。如果钱溪真的被攻破，一万人中总会有一个人逃脱出来。一定是他们被打败，所以说空话来欺骗大家！"他下令约束军中士兵不可轻举妄动，不久钱溪的捷报就到了。沈攸之把钱溪送来的胡军死者的耳鼻展示给浓湖的军队看，袁顗感到害怕。沈攸之在傍晚时带领士兵回去。

龙骧将军刘道符攻山阳，程天祚请降。

庞孟虬进至弋阳，刘勔遣吕安国等迎击于蓼潭，大破之，孟虬走向义阳。王玄谟之子昙善起兵据义阳以应建康，孟虬走死蛮中。

刘胡遣辅国将军薛道标袭合肥，杀汝阴太守裴季，刘勔遣辅国将军垣阆击之。阆，阗之弟；道标，安都之子也。

淮西人郑叔举起兵击常珍奇以应郑黑；辛亥，以叔举为北豫州刺史。

崔道固为土人所攻，闭门自守。上遣使宣慰，道固请降。甲寅，复以道固为徐州刺史。

【译文】龙骧将军刘道符进攻山阳，程天祚请求投降。

庞孟虬进攻弋阳，被刘勔派遣的吕安国等人在蓼潭迎击并歼灭，庞孟虬逃跑到义阳。王玄谟的儿子王昙善起兵占据义阳，来响应建康。因此庞孟虬又从义阳逃走，最后死在蛮地。

刘胡派辅国将军薛道标袭击合肥，薛道标杀死汝阴太守裴季之。刘勔派辅国将军垣阆攻击薛道标。垣阆，是垣阗的弟弟；薛道标，是薛安都的儿子。

淮西人郑叔举带领士兵攻击常珍奇，以响应郑黑；辛亥日

（二十六日），宋明帝刘彧任命郑叔举担任北豫州刺史。

崔道固因为被当地原住民攻击，只得关闭并守卫历城，宋明帝刘彧为收买人心，就派使者安抚他，最后，崔道固请求向建康投降。甲寅日（二十九日），宋明帝刘彧任命崔道固担任徐州刺史。

八月，皇甫道烈等闻庞孟虬败，并开门出降。

张兴世既据钱溪，浓湖军乏食。邓琬大送资粮，畏兴世，不敢进。刘胡帅轻舸四百，由鹊头内路欲攻钱溪，既而谓长史王念叔曰："吾少习步战，未闲水斗。若步战，恒在数万人中；水战在一舸之上，舸舸各进，不复相关，正在三十人中，此非万全之计，吾不为也。"乃托疟疾，住鹊头不进，遣龙骧将军陈庆将三百舸向钱溪，戒庆："不须战。张兴世吾之所悉，自当走耳。"陈庆至钱溪，军于梅根。

【译文】八月，皇甫道烈等人获知庞孟虬兵败的消息后，打开寿阳城门投降。

张兴世占据钱溪，截断补给浓湖的水路，使浓湖的袁顗军队缺乏粮食。邓琬本想要大量地补给，但因为害怕张兴世，不敢前进。刘胡原本决定率四百艘轻船，从鹊头内的水道进攻钱溪，但考虑到自己的性命可能因此不保而心生退意，停顿了片刻就对长史王念叔说："我年少时学习陆战，不熟悉水战。如果是陆地作战，我总是在千军万马中冲杀；而水战只能在一船之上进行，而每条船各走各的，不相连接，我只是在一船三十人之中而已。这不是万全之策，因此我不干！"于是假托自己有疟疾，居住在鹊头不走。刘胡又派龙骧将军陈庆带领三百艘船只驶向钱溪，告诫陈庆没有必要进行攻打，他说："张兴世是我所了解的,自然会走的。"陈庆到达钱溪后,在梅根驻扎军营。

胡遣别将王起将百舸攻兴世,兴世击起,大破之。胡帅其馀舸驰还,谓颛曰:"兴世营寨已立,不可猝攻;昨日小战,未足为损。陈庆已与南陵、大雷诸军共遏其上,大军在此,鹊头诸将又断其下流;已堕围中,不足复虑。"颛怒胡不战,谓曰:"粮运鲠塞,当如此何?"胡曰:"彼尚得溯流越我而上,此运何以不得沿流越彼而下邪!"乃遣安北府司马沈仲玉将千人步趣南陵迎粮。

【译文】 刘胡派别将王起带领一百艘船只进攻张兴世,张兴世迎击抵抗,大败王起。刘胡带领其余的船只快速驶回,他对袁颛说:"张兴世的营寨已经建好,我们不可以快速攻打,昨天小战的失败,算不上损失。陈庆已经和南陵、大雷各军共同阻遏他们的上游;大军在此,而鹊头各将又截断他们的下游,敌人已经坠入到我们的包围中,因此不足以再忧虑。"袁颛对刘胡不进行战斗的行为感到愤怒,说:"粮食运输被封锁,我们要怎么办呢?"刘胡回答说:"他们可以溯流穿越我军而上,我们为什么不能顺流穿越他们而下呢?"于是袁颛派安北府司马沈仲玉率一千士兵快速前行到南陵接运粮食。

仲玉至南陵,载米三十万斛,钱布数十舫,竖榜为城,规欲突过。行至贵口,不敢进,遣间信报胡,令遣重军援接。张兴世遣寿寂之、任农夫等将三千人至贵口击之,仲玉走还颛营,悉虏其资实;胡众骇惧,胡将张喜来降。

镇东中兵参军刘亮进兵逼胡营,胡不能制。袁颛惧曰:"贼入人肝脾里,何由得活!"胡阴谋遁去,己卯,绐颛云:"欲更帅步骑二万,上取钱溪,兼下大雷馀运。"令颛悉选马配之。其日,胡委颛去, 径趣梅根。先令薛常宝办船, 悉发南陵诸军, 烧大雷诸城而走。至夜颛方知之, 大怒, 骂曰:"今年为小子所误!"呼取常所乘善马"飞燕"谓其众曰:"我当自出追之!"因亦走。

【译文】沈仲玉到达南陵, 在数十艘船只上装载三十万斛米和钱布, 并在船上竖立木板为墙想突破防线。等航行到贵口时, 不敢前进。沈仲玉派人通告刘胡, 要他再派重兵前来支援。张兴世派寿寂之、任农夫率三千士兵到贵口攻击船队, 沈仲玉逃回到袁颛营中, 所有的粮食军需全被虏获。刘胡的军队大惊, 将领张喜投降。

镇东中兵参军刘亮进兵, 接近刘胡军营, 刘胡不能阻止。袁颛恐惧地说:"贼人进入人的肝脾里, 怎么能够存活呢?"刘胡计划暗地里逃走, 己卯日(二十四日), 便欺骗袁颛说:"要再加两万步骑兵, 上可以用来攻取钱溪, 下可以用来为大雷的粮食运输服务。"袁颛相信了, 就把全部人马分配给他。当天, 刘胡就抛弃袁颛而去, 一直向梅根奔去。先令薛常宝置办船只, 发动南陵各军, 焚烧大雷各城而逃脱。一直到当晚袁颛才知道, 他大怒, 骂道:"今年我被这小子所害!"然后命令部属牵来平常骑的好马"飞燕", 对他的部属说:"我自己去追!"也走掉了。

庚辰, 建安王休仁勒兵入颛营, 纳降卒十万, 遣沈攸之等追颛。颛走至鹊头, 与戍主薛伯珍并所领数千人偕去, 欲向寻阳。夜, 止山间, 杀马以劳将士, 顾谓伯珍曰:"我非不能死; 且欲一至寻阳, 谢罪主上, 然后自刭耳。"因慷慨叱左右索节, 无复应者。及旦, 伯珍请屏人言事, 遂斩颛首, 诣钱溪马军主襄阳俞湛之。湛之因斩伯珍, 并送首以为己功。

刘胡帅二万人向寻阳，诈晋安王子勋云："袁顗已降，军皆散，唯己帅所领独返；宜速处分，为一战之资。当停据溢城，誓死不贰。"乃于江外夜趣泗口。

【译文】庚辰日（二十五日），建安王刘休仁带领士兵进入袁顗的军营，接纳十万投降的士兵，并派沈攸之等追赶袁顗。袁顗走到鹊头，要和守军军主薛伯珍及所属的数千士兵一起走到寻阳。晚上，停宿在山上，为慰劳奖赏将士就杀掉马匹，袁顗对薛伯珍说："我不是不能死，而是想要到寻阳一趟向主上谢罪，然后自杀而已。"说到激动处，呼唤左右索取符节，但是没有人回话。天要亮时，薛伯珍请开了旁人，要和袁顗说话，乘机砍下袁顗的头，再派人送给钱溪军主襄阳人俞湛之，俞湛之却杀了薛伯珍，把人头送报，作为自己的功劳。

刘胡率两万人奔向寻阳，他欺骗晋安王刘子勋说："袁顗已经投降，他的军队已经四散而去，你应当尽快准备，作为战争之用，我当会停留在溢城，誓死没有二心。"于是晚上从长江外水道奔到泗口。

邓琬闻胡去，忧惶无计，呼中书舍人褚灵嗣等谋之，并不知所出。张悦诈称疾，呼琬计事，令左右伏甲帐后，戒之："若闻索酒，便出。"琬既至，悦曰："卿首唱此谋，今事已急，计将安出！"琬曰："正当斩晋安王，封府库，以谢罪耳。"悦曰："宁可卖殿下求活邪！"因呼酒。子洵提刀出，斩琬。中书舍人潘欣之闻琬死，勒兵而至。悦使人语之曰："邓琬谋反，今已枭戮。"欣之乃还。取琬子，并杀之。悦因单舸赍琬首驰下，诣建安王休仁降。

【译文】邓琬听到刘胡军队已经离去的消息后，忧虑愁苦到无计可施的地步，命令中书舍人褚灵嗣等人前来商量，但他们都想不出解决办法。张悦假托生病为借口，叫邓琬前来谋划商量公事，他预先命令左右武装埋伏在帐后，告诫他们说："你们如果听到我要酒，就出来杀掉邓琬！"邓琬来到后，张悦说："你首先提倡拥立晋安王的计谋，现在大事紧急，你可想出什么办法吗？"邓琬说："只好杀掉晋安王，封锁府库，来谢罪而已。"张悦说："你现在可以出卖殿下来求取活命吗？"就呼叫要酒，他的儿子张洵提刀出来杀了邓琬。中书舍人潘欣之获知邓琬已死的消息，就带领士兵到来。张悦派人告诉潘欣之说："邓琬谋反，现在已经被杀。"潘欣之这才退回。并捉到邓琬儿子，把他给杀了。张悦就乘坐单船带着邓琬的头顺水而下，向建安王刘休仁请降。

寻阳乱。蔡那之子道渊在寻阳被系作部，脱锁入城，执子勋，囚之。沈攸之等诸军至寻阳，斩晋安王子勋，传首建康，时年十一。

初，邓琬遣临川内史张淹自鄱阳峤道入三吴，军于上饶，闻刘胡败，军副鄱阳太守费晔斩淹以降。淹，畅之子也。

废帝之世，衣冠惧祸，咸欲远出。至是流离外难，百不一存，众乃服蔡兴宗之先见。

【译文】寻阳纷扰杂乱，蔡那的儿子蔡道渊被囚禁在寻阳城外的作部，后来他脱锁逃出监狱进入城中，逮捕并囚禁了刘子勋。沈攸之等各军队到达寻阳，斩杀晋安王刘子勋，把刘子勋的头颅送到建康，当时刘子勋才十一岁。

起初，邓琬派临川内史张淹从鄱阳山路进入三吴，在上饶驻扎军队，后来刘胡作战失败，军副鄱阳太守费晔斩杀张淹投降建康。张淹，是张畅的儿子。

宋废帝刘子业执政时，士大夫害怕招致杀身灾祸，都要求远出做官。到现在，他们在外流离失所，遇到灾难，一百个中活不了一个，大家这才佩服蔡兴宗的远见。

【申涵煜评】子勋江州兵起，响应甚众，建康几至不保，但以彼用一邓琬，此用一蔡兴宗，而成败之势顿异，语曰："得人（者）兴，失人者崩。"不信然欤？

【译文】刘子勋从江州兴兵，响应他的人特别多，都城建康几乎到了不能保全的地步，仅仅是因为刘子勋在那时任用一名邓琬，在这时任用一名蔡兴宗，但是成功和失败的情势忽然之间已经不同了，就像《商君书》上说："得到就会兴旺，失人就会失败。"不是如此吗？

九月，壬辰，山阳王休祐为荆州刺史。

癸巳，解严，大赦。

庚子，司徒休仁至寻阳，遣吴喜、张兴世向荆州，沈怀明向郢州，刘亮及宁朔将军南阳张敬儿向雍州，孙超之向湘州，沈思仁、任农夫向豫章，平定馀寇。

【译文】 九月，壬辰日（初八），宋明帝刘彧命山阳王刘休祐担任荆州刺史。

癸巳日（初九），宋国解除戒严，大赦天下。

庚子日（十六日），司徒刘休仁到达寻阳，派吴喜、张兴世进军荆州，沈怀明进军郢州，刘亮和宁朔将军南阳人张敬儿进军雍州，孙超之进军湘州，沈思仁、任农夫进军豫章，平定残余的叛党。

刘胡逃至石城，捕得，斩之。郢州行事张沈变形为沙门，潜走，追获，杀之。荆州行事刘道宪闻浓湖平，散兵，遣使归罪。荆州治中宗景等勒兵入城，杀道宪，执临海王子顼以降。孔道存知寻阳已平，遣使请降；寻闻柳世隆、刘亮当至，众悉逃溃，道存及三子皆自杀。上以何慧文才兼将吏，使吴喜宣旨赦之。慧文曰："既陷逆节，手害忠义，何面见天下之士！"遂自杀。安陆王子绥、临海王子顼、邵陵王子元并赐死，刘顺及馀党在荆州者皆伏诛。诏追赠诸死节之臣，及封赏有功者各有差。

己酉，魏初立郡学，置博士、助教、生员，从中书令高允、相州刺史李䜣之请也。䜣，崇之子也。

【译文】 刘胡逃到石城后，被捕杀。郢州行事张沈也被追杀，就化装为和尚逃走。荆州行事刘道宪获知浓湖被平定的消息，就解散士兵，并派人向朝廷请罪。荆州治中宗景等带领士兵入城，杀了刘道宪，逮捕临海王刘子顼来投降。雍州行事孔道存在知道寻阳已被平定的消息后，就派使者请求投降，不久又听到柳世隆、刘亮即将到达，大家都逃跑散去，孔道存和三个儿子都自杀了。宋明帝刘彧认为何慧文兼有文武的才能，派吴喜宣读赦免他的圣旨。何慧文说："我已经身陷叛逆的境地，又亲手杀掉忠诚的臣子，有什么面目来见天下之士。"于是就自杀了。安陆王刘子绥、临海王刘子顼、邵陵王刘子元(都是皇帝刘彧的侄子，都是十一岁以下的孩子)和刘顺及在荆州的余党都被赐死。皇帝还下诏追赠所有为朝廷而死的臣子，并依照功劳大小封赏有功劳的人。

己酉日(二十五日)，魏国听从中书令高允、相州刺史李䜣的请求开始设立郡学，设置博士、助教、生员的职位。李䜣，是李崇的儿子。

上既诛晋安王子勋等，待世祖诸子犹如平日。司徒休仁还自寻阳，言于上曰："松滋侯兄弟尚在，将来非社稷计，宜早为之所。"冬，十月，乙卯，松滋侯子房、永嘉王子仁、始安王子真、淮南王子孟、南平王子产、庐陵王子舆、子趋、子期、东平王子嗣、子悦并赐死，及镇北谘议参军路休之、司徒从事中郎路茂之、兖州刺史刘祗、中书舍人严龙皆坐诛。世祖二十八子于此尽矣。祗，义欣之子也。

【译文】 宋明帝刘彧在杀了晋安王刘子勋以后，像平日里一样对待世祖刘骏的其他儿子。司徒刘休仁（刘彧弟弟）从寻阳回来，对宋明帝刘彧说："松滋侯他们兄弟（刘子勋的弟弟们）还活着，将来不会是国家的福气，应该尽早做出安排！"冬季，十月，乙卯日（初一），松滋侯刘子房（十一岁）、永嘉王刘子仁（十岁）、始安王刘子真（十岁）、淮南王刘子孟（八岁）、南平王刘子产、庐陵王刘子舆、刘子趋、刘子期（两人年小，未封）、东平王刘子嗣（四岁）、刘子悦（未封）兄弟都被赐死，以及镇北谘议参军路休之、司徒从事中郎路茂之（二人是路太后的侄子）、兖州刺史刘祗、中书舍人严龙，都因连坐的罪名被杀。世祖刘骏的二十八个儿子到这时都死光了。刘祗，是刘义欣的儿子。

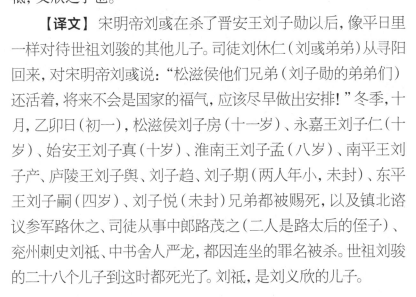

刘勔围寿阳，垣闳攻合肥，俱未下。勔患之，召诸将会议。马队主王广之曰："得将军所乘马，判能平合肥。"幢主皇甫肃怒曰："广之敢夺节下马，可斩！"勔笑曰："观其意，必能立功。"即推鞍下马与之。广之往攻合肥，三日，克之；薛道标突围奔淮西归常珍奇，勔擢广之为军主。广之谓肃曰："节下若从卿言，何以平贼？卿不赏才，乃至于此！"肃有学术，及勔卒，更依广之，广之荐于齐世祖为东海太守。

沈灵宝自庐江引兵攻晋熙，晋熙太守阎湛之弃城走。

【译文】刘勔包围寿阳，垣闳攻击合肥，但都没能攻下。刘勔感到忧愁焦虑，召集各将领举行会议。骑兵统领王广之说："我如果能够得到将军所乘坐的马，一定能够平定合肥。"幢主皇甫肃愤怒地说："王广之竟然敢夺取将军的马匹，应该杀掉！"刘勔则笑着说："看他的意思，一定能够立下功劳。"立即推鞍下马，把马让给了他。王广之前往攻打合肥，三天后，就攻下。薛道标突出重围，奔走到淮西，投靠常珍奇。刘勔升任王广之为军主。王广之对皇甫肃说："将军如果听你的话，不把马让给我骑，我凭什么来平定贼人呢？你不识人才，居然到了这样的地步！"皇甫肃有学问，到刘勔死后，就依附王广之，后来王广之向齐世祖推荐他担任东海太守。

沈灵宝从庐江率兵进攻晋熙，晋熙太守阎湛之丢弃城池逃走。

徐州刺史薛安都、益州刺史萧惠开、梁州刺史柳元怙、兖州刺史毕众敬、豫章太守殷孚、汝南太守常珍奇，并遣使乞降。上以南方已平，欲示威淮北，乙亥，命镇军将军张永、中领军沈攸之将甲士五万迎薛安都。蔡兴宗曰："安都归顺，此诚非虚，正须单使尺书。今以重兵迎之，势必疑惧；或能招引北虏，为患方深。若以叛臣罪重，不可不诛，则向之所有亦已多矣。况安都外据大镇，密迩边陲，地险兵强，攻围难克，考之国计，尤宜驯养；如其外叛，将为朝廷盱食之忧。"上不从，谓征北司马行南徐州事萧道成曰："吾今因此北讨，卿意以为何如？"对曰："安都狡猾有馀，今以兵逼之，恐非国之利。"上曰："诸军猛锐，何往不克！卿勿多言！"安都闻大兵北上，惧，遣使乞降于魏，常珍奇亦以悬瓠降魏，皆请兵自救。

【译文】徐州刺史薛安都、益州刺史萧惠开、梁州刺史柳元怙、兖州刺史毕众敬、豫章太守殷孚、汝南太守常珍奇，都派人到建康请求投降。宋明帝刘彧认为南方已经被平定，决定向淮北显示威力。于是，乙亥日（二十一日），准备令镇军将军张永、中领军沈攸之率五万带甲精兵去迎接薛安都。蔡兴宗说："薛安都的归顺，是出于诚意，而不是虚情假意，所以只要派一个使者送诏书过去就可以，现在派大兵前去迎接他，一定会被怀疑，如果招来北方的敌人，才是大患。陛下如果认为他是叛臣罪孽深重到不可以不杀的地步，就要想到以前所赦免的不是也有很多像他一样的人吗？更何况薛安都还在外占据靠近边疆的大州，地势险要，兵马强壮，难以围攻，从国家的利益来考虑，特别要对他加以安抚，如果他背叛国家，向敌军投降，将成为朝廷辛劳对付的祸害。"但宋明帝刘彧不听，向征北司马南徐州行事萧道成说："我现在正为此而北伐，你的意思怎样？"萧道成回答道："薛安都狡猾有余，现在用兵逼他投降，恐怕不符合国家的利益。"宋明帝刘彧说："各军非常勇猛敏锐，有什么攻克不了的，你不必多说！"薛安都获知大军北上的消息，感到害怕，就派人向魏国请求投降，常珍奇也以悬瓠地投降魏国，并且两人都请求魏兵的援救。

戊寅，立皇子昱为太子。

薛安都以其子为质于魏，魏遣镇东大将军代人尉元、镇东将军魏郡孔伯恭等帅骑一万出东道，救彭城；镇西大将军西河公石、都督荆、豫、南雍州诸军事张穷奇出西道，救悬瓠。以安都为都督徐、雍等五州诸军事、镇南大将军、徐州刺史、河东公；

常珍奇为平南将军、豫州刺史、河内公。

【译文】戊寅日（二十四日），宋明帝刘彧立皇子刘昱为太子。

薛安都把儿子放在魏国做人质，魏国派镇东大将军代人尉元、镇东将军魏郡人孔伯恭等率一万骑兵从东路出来前去援救彭城；派镇西大将军西河公拓跋石、都督荆、豫、南雍州各军事张穷奇从西路出来前去援救悬瓠。并任命薛安都为都督指挥徐、雍等五州各军事、镇南大将军、徐州刺史、河东公；命常珍奇担任平南将军、豫州刺史、河内公。

兖州刺史申纂诈降于魏，尉元受之，而阴为之备。魏帅至无盐，纂闭门拒守。

薛安都之召魏兵也，毕众敬不与之同，遣使来请降；上以众敬为兖州刺史。众敬子元宾在建康，先坐它罪诛。众敬闻之，怒，拔刀斫柱曰："吾皓首唯一子，不能全，安用独生!"十一月，壬子，魏师至瑕丘，众敬请降于魏。尉元遣部将先据其城，众敬悔恨，数日不食。元长驱而进，十二月，己未，军于秺。

【译文】兖州刺史申纂假意向魏国投降，尉元接受他的投降，但是加以提防。魏军到达无盐，申纂却关闭城门抵抗守卫。

毕众敬不与薛安都一样召引魏兵，而是派人向建康请求投降，宋明帝刘彧任命毕众敬担任兖州刺史。而毕众敬在建康的儿子毕元宾因为牵涉其他的罪名而被杀。毕众敬获知这个消息后，大怒，拔刀边砍柱子边说道："我等到头发花白，才有这么一个儿子，却不能保全他的性命，留我一人独自活着又有什么用处!"十一月，壬子日（二十九日），当魏兵到瑕丘的时候，毕众敬又向魏兵请求投降。然后，尉元派部将占领了他的城池。毕众敬很悔恨，几天吃不下东西。尉元长驱进入宋境。十二月，己未日（初六），在稏县驻扎军队。

西河公石至上蔡，常珍奇帅文武出迎。石欲顿军汝北，未即入城，中书博士郑羲曰："今珍奇虽来，意未可量。不如直入其城，夺其管籥，据有府库，制其腹心，策之全者也。"石遂策马入城，因置酒嬉戏。羲曰："观珍奇之色甚不平，不可不为之奋。"乃严兵设备。其夕，珍奇使人烧府屋，欲为变，以石有备而止。羲，豁之曾孙也。

淮西七郡民多不愿属魏，连营南奔。魏遣建安王陆馛宣慰新附民；有陷军为奴婢者，馛悉免之，新民乃悦。

【译文】西河公拓跋石率军到达上蔡，常珍奇率文武官员出来迎接。拓跋石想要向汝水北方扩张，没有即时入城。魏中书博士郑羲说："现在常珍奇虽然投降，但心意还不可以揣测，不如直接进入城中，夺取他的锁匙，来达到占据府库、控制他的腹心的目的，这才是万全的办法。"拓跋石就乘马进城，设置酒宴来玩乐。郑羲说："我看常珍奇表现出不平静的样子，我们不可以不做防备。"于是拓跋石布置严兵来设防。当晚，常珍奇本想派人焚烧魏将领的住宅，从而发起兵变，但因拓跋石有所防备就没有行动。郑羲，是郑豁的曾孙。

淮西七郡百姓大多不愿归附魏国，他们联结各营，向南逃奔。魏国派建安王陆馛抚慰新近依附的百姓，百姓中是军中奴婢的，陆馛全都赦免他们，从而受到新依附百姓的欢迎和爱戴。

乙丑，诏坐依附寻阳削官爵禁锢者，皆从原荡，随才铨用。

刘勔围寿阳，自首春至于末冬，内攻外御，战无不捷，以宽厚得将士心。寻阳既平,上使中书为诏谕殷琰,蔡兴宗曰:"天下既定,是琰思过之日。陛下宜赐手诏数行以相慰引。今直中书为诏,彼必疑谓非真,非所以速清方难也。"不从。琰得诏,谓刘勔诈为之,不敢降。杜叔宝闭绝寻阳败问,有传者即杀之,守备益固。凡有降者,上辄送寿阳城下,使与城中人语,由是众情离沮。

资治通鉴

【译文】乙丑日(十二日),宋明帝刘彧下诏,因为依附寻阳获罪而被削去官爵禁止做官的人,都除去原罪,依照才能又进行录用。

刘勔包围寿阳,从初春到冬末,内攻外御,没有打过败仗,他待人宽容忠厚,从而深得将士之心。在寻阳平定后,宋明帝刘彧派中书写诏书劝殷琰投降,蔡兴宗说:"天下已经平定,现在应该是殷琰后悔难过的时候了。陛下应该亲自写下数行诏书来安抚他,现在只是派中书写诏书,他一定会心生怀疑,认为皇帝是假意劝降,这不是快速解决一方困难的办法。"宋明帝刘彧不听。殷琰在得到诏书后,果真以为是刘勔在欺骗他,就不敢投降。杜叔宝禁绝寻阳失败的消息,有传说的就立即被杀,而守备越发结实坚固。后来一有向宋明帝刘彧投降的人,宋明帝刘彧就把他送到寿阳城下,让他和城中的士兵说话,因此士气开始涣散。

琰欲请降于魏,主簿谯郡夏侯详说琰曰:"今日之举,本效忠节。若社稷有奉,便当归身朝廷,何可北面左衽乎!且今魏军近在淮次,官军未测吾之去就,若遣使归款,必厚相慰纳,岂止免罪而已。"琰乃使详出见刘勔。详说勔曰:"今城中士民知困而犹固守者,畏将军之诛,皆欲自归于魏。愿将军缓而赦之。则莫不相帅而至矣。"勔许诺,使详至城下,呼城中人,谕以勔意。丙寅，琰帅将佐面缚出降，勔悉加慰抚，不戮一人。入城，约勒将士，士民赀财，秋毫无所失，寿阳人大悦。魏兵至师水，将救寿阳；闻琰已降，乃掠义阳数千人而去。久之，琰复仕至少府而卒。

【译文】殷琰本来想要向魏国投降，主簿谯郡人夏侯详对殷琰说："今日我们的行动，本来就是在为国家效忠，因此在国家有君主的情况下，就应该归附朝廷，现在怎么可以到北面去侍奉胡人呢？而且魏国士兵就在附近的淮水旁边驻军，而建康的军队还不知道我们的去向，如果现在派人向建康投降，我们一定会被抚慰接纳，不只是免除罪责而已。"殷琰于是就派夏侯详出城来会见刘勔。夏侯详对刘勔说："现在城中的士兵和百姓虽然知道情况艰难，但是仍然要坚守寿阳城，是因为害怕被将军屠杀，希望将军宽恕并赦免要投归魏国的人，那么就没有人不来归附了。"刘勔认为有道理，便答应，命夏侯详到城下呼叫城中的人民，宣告如果他们投降，刘勔就会宽恕他们的消息。丙寅日（十三日），殷琰反绑自己后率将佐出城投降，刘勔抚慰他们，没有杀掉一个人。在刘勔进入城池后，严格约束将士的行为，丝毫没有抢夺士民的财物，寿阳人因此很高兴。等魏兵到达师水准备要救被围困的寿阳，听知殷琰已经出城投降，就抢劫几千义阳人离去。到后来，殷琰官做到少府，因病而死。

萧惠开在益州，多任刑诛，蜀人猜怨。闻费欣寿败没，程法度不得前，于是晋原一郡反，诸郡皆应之，合兵围成都。城中东兵不过二千，惠开悉遣蜀人出，独与东兵拒守。蜀人闻寻阳已平，争欲屠城，众至十馀万人。惠开每遣兵出战，未尝不捷。

上遣其弟惠基自陆道使成都，赦惠开罪。惠基至涪，蜀人遏留惠基，不听进。惠基帅部曲击之，斩其渠帅，然后得前。惠开奉旨归降，城围得解。

【译文】 萧惠开在益州时，经常对人实行刑罚杀戮，因此蜀人猜忌怨恨他。听知费欣寿败亡，程法度被阻挡不得前进的消息，于是各郡都响应晋原一郡的造反行动，他们集合士兵包围成都。城中依附寻阳的士兵数量不到两千，萧惠开把蜀人放出城去，独自与部下抗拒守卫。蜀人听闻寻阳已经平定的消息，争先恐后攻打城池，有多达十多万兵众包围城池。萧惠开每次派兵出城作战，都打胜仗。

宋明帝刘彧派萧惠开的弟弟萧惠基走陆路到达成都赦免萧惠开的罪责。萧惠基到达涪县，因为蜀人阻止，不能前进。后来萧惠基率部攻击并斩杀他们的头目，才得以前进。最后，萧惠开奉旨投降，没有再围攻城池。

上遣惠开宗人宝首自水道慰劳益州。宝首欲以平蜀为己功，更奖说蜀人，使攻惠开。于是处处蜂起，凡诸离散者一时还合，与宝首进逼成都，众号二十万。惠开欲击之，将佐皆曰："今慰劳使至而拒之，何以自明？"惠开曰："今表启路绝，不战则何以得通使京师？"乃遣宋宁太守萧惠训等将万兵与战，大破之，生擒宝首，囚于成都，遣使言状。上使执送宝首，召惠开还建康。既至，上问以举兵状。惠开曰："臣唯知逆顺，不识天命；且非臣不乱，非臣不平。"上释之。

【译文】 宋明帝刘彧派萧惠开的同宗萧宝首从水路来慰劳益州士兵，萧宝首想把平定蜀地的功劳占为己有，就教唆指使蜀人攻击萧惠开，于是到处都出现扰乱动荡的局面。以前离散的蜀人，再次集合起来，与萧宝首进逼成都，号称有二十万士兵。萧惠开想要出城还击，将佐都劝告说："现在朝廷派来慰劳的使者到达，你却用兵抗拒，将来要怎么说明？" 萧惠开说：
"现在呈上来的书表说明道路都被切断，如果不作战，如何才能派使者到建康通报消息？" 于是萧惠开派宋宁太守萧惠训等率一万兵作战，大败萧宝首军队，活捉萧宝首并将其关在成都，派使者到建康报告。宋明帝刘彧派使者押回萧宝首，并召令萧惠开回到建康。宋明帝刘彧向他询问出兵的情形。萧惠开说："臣只知道选择叛逆或顺从，而不认识天命；不是臣不能作乱，而是臣不能够平定叛乱。" 宋明帝刘彧听后释放了他。

是岁，侨立兖州，治淮阴；徐州治钟离；青、冀二州共一刺史，治郁洲，郁洲在海中，周数百里，累石为城，高八九尺，虚置郡县，荒民无几。

张永、沈攸之进兵逼彭城，军于下磻，分遣羽林监王穆之将卒五千守辎重于武原。

【译文】这一年，宋国设立侨兖州，治所设在淮阴；徐州的治所设在钟离县，而州治在郁洲的青、冀二州共用一个刺史。海中的郁洲，周围百里都是累石所筑的高八九尺的城墙，郡县如同空设，实际没有多少人民。

张永、沈攸之进兵逼近彭城，在下磻驻扎军队，另外派羽林监王穆之率五千士兵在武原防备守卫。

魏尉元至彭城，薛安都出迎。元遣李璨与安都先入城，收其管籥；别遣孔伯恭以精甲二千安抚内外，然后入。其夜，张永攻南门，不克而退。

元不礼于薛安都，安都悔降，复谋叛魏；元知之，不果发。安都重赂元等，委罪于女婿裴祖隆而杀之。元使李璨与安都守彭城，自将兵击张永，绝其粮道，又破王穆之于武原。穆之帅馀众就永，元进攻之。

【译文】薛安都出城迎接到达彭城的魏尉元。尉元派李璨和薛安都先进城，他又收取薛安都的锁钥，另外派孔伯恭带领两千精兵安抚内外，然后才入城。当天晚上，张永攻打南门，无功而退。

尉元无礼地对待薛安都，薛安都后悔投降，又计划反魏，被尉元知道，但他没有在当时揭发。薛安都就用厚重的财物来贿赂尉元等人，然后把罪过推卸给他的女婿裴祖隆，最后把他杀掉。尉元派李珠（又作李璨）和薛安都守卫彭城，而自己又率士兵攻击张永，截断他运输粮食的通道，再在武原摧毁王穆之。王穆之率余下的士兵依附张永，尉元再对张永进行攻击。

资治通鉴卷第一百三十二　宋纪十四

起强圉协洽，尽上章阉茂，凡四年。

【译文】起丁未（公元467年），止庚戌（公元470年），共四年。

【题解】本卷记录了宋明帝泰始三年至泰始六年共四年间的刘宋与北魏等国大事：魏将尉元、薛安都等在吕梁之东大破宋将张永、沈攸之，淮北四州与豫州之淮西诸郡落入魏人手中；沈文秀、崔道固先乞降于魏，后又乞降归宋，继而为刘宋据守青、冀二州；魏将慕容白曜先在无盐破杀宋将申纂，又获肥城等地；沈攸之二次进攻彭城，惨败；魏将尉元轻取下邳，又取团城、兖州、兰陵；魏将孔伯恭等攻取宿豫、淮阳，慕容白曜取得历城、梁邹；沈文静率军救青州被魏军围杀；沈文秀在青州坚守三年后，被魏军攻破，慕容白曜对青、冀抚慰有方；魏国冯太后还政于子，拓跋弘勤于朝政，很有作为；柔然部真可汗侵魏，魏主拓跋弘在武川大破柔然；魏主拓跋弘杀慕容白曜、李敷、李奕兄弟等人；宋明帝刘彧杀其弟庐江王。

太宗明皇帝中

泰始三年（丁未，公元四六七年）春，正月，张永等弃城夜遁。会天大雪，泗水冰合，永等弃船步走，士卒冻死者太半，手足断者什七八。尉元邀其前，薛安都乘其后，大破永等于吕梁之东，死者以万数，枕尸六十馀里，委弃军资器械不可胜计；永足指亦堕，与沈攸之仅以身免，梁、南秦二州刺史垣恭祖等为魏所虏。上闻之，召蔡兴宗，以败书示之，曰："我愧卿甚！"永降号左将军；攸之免官，以贞阳公领职还屯淮阴。由是失淮北四州及豫州淮西之地。

【译文】泰始三年（丁未，公元467年）春季，正月，张永等晚上弃城而逃，正好遇到大雪，泗水结冰，张永只得率士军弃船步行，最后士兵大半被冻死，有十之七八手脚被冻断。从前面迎击的尉元和从后面追击的薛安都，在吕梁东边大败张永军队，最后张永军队损失好几万人，尸体相连起来有六十多里，不计其数的军备武器被抛弃。张永的脚趾也被冻掉，与沈攸之仅能免于一死而已，梁、南秦二州刺史垣恭祖等人被魏军所俘虏。宋明帝刘彧获悉，召蔡兴宗来，把打败仗的文书给他看，说："我在你面前感到很惭愧！"于是把张永降职为左将军，撤去沈攸之的官职，以贞阳公领职，撤回军队驻扎淮阴。从此宋国失去淮水以北四州和豫州淮水以西的土地。

◆裴子野论曰：昔齐桓矜于葵丘而九国叛，曹公不礼张松而天下分。一失毫厘，其差远矣。太宗之初，威令所被，不满百里，卒有离心，士无固色，而能开诚心，布款实，莫不感恩服德，致命效死，故西摧北荡，寓内褰开。既而六军献捷，方隅束手，天子欲贾其馀威，师出无名，长淮以北，倏忽为戎。惜乎！若以向之虚怀，不骄不伐，则三叛奚为而起哉！高祖虮虱生介胄，经启疆场；后之子孙，日蹙百里。播获堂构，岂云易哉！◆

【译文】◆裴子野评论：古时齐桓公在葵丘骄傲自大，因此九国反叛；曹操不礼遇张松，因此天下分裂。都是一点儿的失

资治通鉴

误，却造成严重的后果。太宗（刘彧）刚开始登上皇位时，命令所能到达的地方，不足百里，士兵离心，官僚大夫也没有为他坚守的决心。后来因为他能改变之前的做法，以诚心待人，坦白无私，使得没有人不感恩，佩服他的品德，为他效命，所以才能成功进行西征北伐，最后平定天下。不久，国家的军队取得胜利，地方臣服，而太宗却开始展示余威，没有目的地任意发动军队，致使长江淮水以北的土地在片刻之间成为胡地，这实在太可惜了！如果他能坚持之前的谦虚品德，不骄傲不自大，那么薛、毕、常三人哪里又会反叛呢？高祖（刘裕）身穿有虱子的盔甲，辛苦地开辟疆域，但是后代的子孙却使国土面积日渐减小。要守住祖先的成业，哪里会是容易的呢？◆

　　魏尉元以彭城兵荒之后，公私困竭，请发冀、相、济、兖四州粟，取张永所弃船九百艘，沿清运载，以赈新民；魏朝从之。

　　魏东平王道符反于长安，杀副将驸马都尉万古真等；丙午，司空和其奴等将殿中兵讨之。丁未，道符司马段太阳攻道符，斩之；以安西将军陆真为长安镇将以抚之。道符，翰之子也。

　　【译文】魏国尉元认为被战争破坏的彭城无论官府还是民间，都很艰辛困苦，就上书请求魏国朝廷给冀、相、济、兖四州人民发放补给粮食，用张永所抛弃的九百艘船只顺着清水运载过来赈济新依附的人民，魏朝廷认为有道理，就答应了他的请求。

　　在长安发动反叛的魏东平王拓跋道符，杀掉副将驸马都尉万古真等人。丙午日（二十四日），魏国担任司空的和其奴等率殿中军队前来攻打讨伐他。丁未日（二十五日），拓跋道符的司马段太阳攻击并斩杀拓跋道符。魏国朝廷任命安西将军陆真担任长安镇将，以安抚长安的士兵和百姓。拓跋道符，是拓跋翰的儿子。

闰月，魏以顿丘王李峻为太宰。

沈文秀、崔道固为土人所攻，遣使乞降于魏，且请兵自救。

二月，魏西河公石自悬瓠引兵攻汝阴太守张超，不克；退屯陈项，议还长社，待秋击之。郑羲曰："张超蚁聚穷命，粮食已尽，不降当走，可翘足而待也。今弃之远去，超修城浚隍，积薪储谷，更来恐难图矣。"石不从，遂还长社。

【译文】闰月，魏国任命顿丘王李峻担任太宰。

沈文秀、崔道固因为被青、冀州的当地人所攻击，遂派人向魏国请求投降的同时也向建康请求救兵支援。

二月，魏国西河公拓跋石从悬瓠率士兵进攻汝阴太守张超，在没有攻克的情况下，退而屯扎驻守在陈项，然后计划回长社，等秋天再进行攻打。郑羲说："张超聚合亡命之徒，粮食已经吃尽，即使不投降也会失败逃走，我们很容易就会等到结果。现在如果放弃远去，张超就会有时间修筑城堡挖取沟渠，积累薪柴储存粮食，等到那时再来进攻就困难了。"拓跋石没有听从他的建议，按照计划回到长社。

初，寻阳既平，帝遣沈文秀弟文炳以诏书谕文秀，又遣辅国将军刘怀珍将马步三千人与文炳偕行。未至，值张永等败退，怀珍还镇山阳。文秀攻青州刺史明僧暠，帝使怀珍帅龙骧将军王广之将五百骑、步卒二千人浮海救之，至东海，僧暠已退保东莱。怀珍进据胸城，众心凶惧，欲且保郁洲，怀珍曰："文秀欲以青州归索虏，计齐之士民，安肯甘心左衽邪！今扬兵直前，宣布

资治通鉴

威德，诸城可飞书而下；奈何守此不进，自为沮挠乎!"遂进，至黔陬，文秀所署高密、平昌二郡太守弃城走。怀珍送致文炳，达朝廷意，文秀犹不降；百姓闻怀珍至，皆喜。文秀所署长广太守刘桃根将数千人戍不其城。怀珍军于洋水，众谓且宜坚壁伺隙，怀珍曰："今众少粮竭，悬军深入，正当以精兵速进，掩其不备耳。"乃遣王广之将百骑袭不其城，拔之。文秀闻诸城皆败，乃遣使请降；帝复以为青州刺史。崔道固亦请降，复以为冀州刺史。怀珍引还。

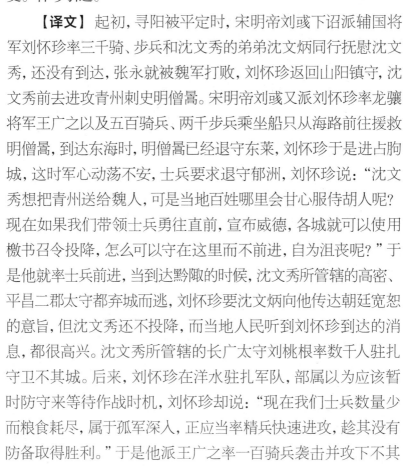

【译文】起初，寻阳被平定时，宋明帝刘彧下诏派辅国将军刘怀珍率三千骑、步兵和沈文秀的弟弟沈文炳同行抚慰沈文秀，还没有到达，张永就被魏军打败，刘怀珍返回山阳镇守，沈文秀前去进攻青州刺史明僧暠。宋明帝刘彧又派刘怀珍率龙骧将军王广之以及五百骑兵、两千步兵乘坐船只从海路前往援救明僧暠，到达东海时，明僧暠已经退守东莱，刘怀珍于是进占胸城，这时军心动荡不安，士兵要求退守郁洲，刘怀珍说："沈文秀想把青州送给魏人，可是当地百姓哪里会甘心服侍胡人呢？现在如果我们带领士兵勇往直前，宣布威德，各城就可以使用檄书召令投降，怎么可以守在这里而不前进，自为沮丧呢？"于是他就率士兵前进，当到达黔陬的时候，沈文秀所管辖的高密、平昌二郡太守都弃城而逃，刘怀珍要沈文炳向他传达朝廷宽恕的意旨，但沈文秀还不投降，而当地人民听到刘怀珍到达的消息，都很高兴。沈文秀所管辖的长广太守刘桃根率数千人驻扎守卫不其城。后来，刘怀珍在洋水驻扎军队，部属以为应该暂时防守来等待作战时机，刘怀珍却说："现在我们士兵数量少而粮食耗尽，属于孤军深入，正应当率精兵快速进攻，趁其没有防备取得胜利。"于是他派王广之率一百骑兵袭击并攻下不其城。沈文秀听到各城都已经失败的消息，于是派人请求投降，宋明帝刘彧任命他担任青州刺史。崔道固也请求投降，宋明帝刘彧又任命他担任冀州刺史。刘怀珍于是带领军队胜利班师。

魏济阴王小新成卒。

沈攸之之自彭城还也，留长水校尉王玄载守下邳，积射将军沈韶守宿豫，睢陵、淮阳皆留兵戍之。玄载，玄谟之从弟也。时东平太守申纂守无盐，幽州刺史刘休宾守梁邹，并州刺史清河房崇吉守升城，辅国将军清河张谠守团城，及兖州刺史王整、兰陵太守桓忻、肥城、糜沟、垣苗等戍皆不附于魏。休宾，乘民之兄子也。

【译文】魏国济阴王拓跋小新成去世。

沈攸之从彭城回来时，留下长水校尉王玄载和积射将军沈韶分别守卫下邳和宿豫，此外在睢陵、淮阳也都留下军队驻守。王玄载，是王玄谟的堂弟。当时分别守卫无盐、梁邹、升城和团城的东平太守申纂、幽州刺史刘休宾、并州刺史清河人房崇、辅国将军清河人张谠和兖州刺史王整、兰陵太守桓忻，以及在肥城、糜沟、垣苗等地驻扎军队的指挥官都不归附魏国。刘休宾，是刘乘民哥哥的儿子。

魏遣平东将军长孙陵等将兵赴青州，征南大将军慕容白曜将骑五万为之继援。白曜，燕太祖之玄孙也。白曜至无盐，欲攻之。将佐皆以为攻具未备，不宜遽进。左司马范阳郦范曰："今轻军远袭，深入敌境，岂宜淹缓！且申纂必谓我军来速，不暇攻围，将不为备；今若出其不意，可一鼓而克。"白曜曰："司马策是也。"乃引兵伪退。申纂不复设备，白曜夜中部分，三月，甲寅旦，攻城，食时，克之；纂走，追擒，杀之。白曜欲尽以无盐人为军赏，郦范曰：“齐，形胜之地，宜远为经略。今王师始入其境，人心未洽，连城相望，咸有拒守之志，苟非以德信怀之，未易平也。”白曜曰："善!"皆免之。

【译文】魏国派平东将军长孙陵等人率兵到达青州，燕太祖的玄孙征南大将军慕容白曜率五万骑兵作为他的后援。等到慕容白曜到达无盐，想要攻打城池，但将佐都认为攻城器械还没有准备，不应仓促进攻。左司马范阳人郦范说："现在我们轻装前进，长途跋涉来突袭敌人，已经深入敌境，怎么可以中途逗留而延缓呢? 况且申纂一定认为我军来得快，还没有时间发起进攻，因此不进行防备守卫；现在如果趁对方没有意料到就采取行动，就可以一攻而下。"慕容白曜说："司马的策略是正确的。"于是率兵假装退去。申纂信以为真，因此没有设防。慕容白曜在夜晚进行部署，在三月甲寅日（初三）的清晨攻打城池，在守军吃早饭的时候一举攻下，申纂逃走，后来被捕获并斩杀。慕容白曜本想把无盐人全部赏给魏军做奴隶和仆人，郦范说："齐地作为形势很重要的地方，我们应该进行长远的经营。现在我军刚到这里，人心并不融洽，连城相望，他们都有抗拒的心意，如果没有用道德信用来对待他们，是不容易平定的。"慕容白曜说："很好。"于是赦免了他们。

白曜将攻肥城，郦范曰："肥城虽小，攻之引日，胜之不能益军势，不胜足以挫军威。彼见无盐之破，死伤涂地，不敢不惧；若飞书告谕，纵使不降，亦当逃散。"白曜从之，肥城果溃，获粟三十万斛。白曜谓范曰："此行得卿，三齐不足定也。"遂取垣苗、糜沟二戍。一旬中连拔四城，威震齐土。

【译文】慕容白曜将攻打肥城，郦范说："肥城虽小，但进攻需要花费时日，打胜不能够增加军队气势，失败则会损害军队的威严。如果他们看到无盐残败破日，军队死伤遍地的场面，不会不害怕；如果我们送去书信进行警告，他们即使不投降，也会逃跑。"慕容白曜同意他的建议，送去书信扬言灾祸就要来临，以此威胁城中士兵和百姓，肥城果然崩溃，并获得三十万斛粮食。慕容白曜对郦范说："这次行动，如果不是得到你的建议，那么三齐不会完全平定。"于是他又攻取垣苗、糜沟两个据点，并在十天当中连续攻占四城，震惊青州各地。

丙子，以尚书左仆射蔡兴守为郢州刺史。

房崇吉守升城，胜兵者不过七百人。慕容白曜筑长围以攻之，自二月至于夏四月，乃克之。白曜忿其不降，欲尽坑城中人，参军事昌黎韩麒麟谏曰："今勍敌在前而坑其民，自此以东，诸城人自为守，不可克也。师老粮尽，外寇乘之，此危道也。"白曜乃慰抚其民，各使复业。

崇吉脱身走。崇吉母傅氏，申纂妻贾氏，与济州刺史卢度世有中表亲，然已疏远。及为魏所虏，度世奉事甚恭，赡给优厚。度世闺门之内，和而有礼。虽世有屯夷，家有贫富，百口怡怡，丰俭同之。

【译文】丙子日（二十五日），宋明帝刘彧任命尚书左仆射蔡兴宗担任郢州刺史。

房崇吉守卫升城，他的士兵中还有不超过七百人能拿起兵器打仗。慕容白曜于是修筑长堤先来包围升城，再发起进攻，一直从二月攻打到夏季四月，才攻下。慕容白曜对于宋军不投降的行为感到愤怒，就想把城中人全部活埋，参军昌黎人韩麒麟劝阻他说:"现在在强大的敌人面前,活埋他们的人民,那么各城人都会坚守在此城的东边,我们就不能攻克。到那时我们军队疲劳,粮食吃尽,再加上被敌军进攻,这是危险的情形。"慕容白曜于是放弃原来的想法,安抚城中人民,让各人从事原有的工作。

房崇吉脱身逃走。房崇吉的母亲傅氏、申纂的妻子贾氏二人,跟济州刺史卢度世的母亲是内表姐妹,但来往已经疏远。后来两人被魏军所俘,卢度世恭敬地侍奉傅氏、贾氏,周济救助很丰厚,卢度世的家庭内部,祥和有礼,虽处在乱世,家庭贫富状况不稳定,但一家百人祥和欢乐,无论有无都一同分享。

崔道固闭门拒魏。沈文秀遣使迎降于魏,请兵援接。白曜欲遣兵赴之,郦范曰:"文秀室家坟墓皆在江南,拥兵数万,城固甲坚,强则拒战,屈则遁去。我师未逼其城,无朝夕之急,何所畏忌,而遽求援军!且观其使者,视下而色愧,语烦而志怯,此必挟诈以诱我,不可从也。不若先取历城,克盘阳,下梁邹,平乐陵,然后按兵徐进,不患其不服也。"白曜曰;"崔道固等兵力单弱,不敢出战;吾通行无碍,直抵东阳,彼自知必亡,故望风求服,夫又何疑!"范曰:"历城兵多粮足,非朝夕可拔。文秀坐据东阳,为诸城根本。今多遣兵则无以攻历城,少遣兵则不足以制东阳;若进为文秀所拒,退为诸城所邀,腹背受敌,必无全理。愿更审计,无堕贼彀中。"白曜乃止。文秀果不降。

【译文】 崔道固为抗拒魏军关闭城门。沈文秀派人向魏军投降,并请求援兵,慕容白曜想派士兵支援,郦范说:"沈文秀家人的坟墓都在江南,现在他拥有数万士兵,城墙牢固,盔甲坚硬,士兵敏锐,如果能坚持攻打就抗战,不能攻打就逃走。我军还没有逼近东阳城，他并没有紧急的危险，没有什么好畏惧害怕的。为什么他却急忙前来请求我军支援呢？而且我观察他所派来请降的使者，说话时眼睛一直看着地下并且面带惭愧，话语杂乱，这是心里害怕的表现。他一定是用诈降来引诱我军，因此不可以答应他的请求。我们不如先攻取历城，拿下盘阳，再攻打梁邹，平定乐陵，然后从容缓慢地对付他，不用害怕他会不服。"慕容白曜说："崔道固等人兵力单薄，不敢出来应战，而我军通行无阻，径直攻打到东阳，他自知一定会灭亡，所以顺应形势来请求投降，这有什么好怀疑的呢？"郦范说："历城士兵众多，粮草充足，不是片刻就可以攻下的。沈文秀占据各城的核心东阳，现在如果我们多派士兵前去，就没有余力攻打历城；如果少派士兵前去，就不能控制东阳；前进则会被沈文秀抗拒，后退则会被其他各城的守军迎击，这样前后受到敌人的夹击，丝毫不安全，希望能改变计划，不要掉入敌人的圈套。"慕容白曜认为有道理，就听取郦范的建议停止发兵的计划。而沈文秀果然没有投降。

魏尉元上表称："彭城贼之要藩，不有重兵积粟，则不可固守；若资储既广，虽刘彧师徒悉起，不敢窥淮北之地。"又言："若贼向彭城，必由清、泗过宿豫，历下邳；趋青州，亦由下邳、沂水经东安。此数者，皆为贼用师之要。今若先定下邳，平宿豫，镇淮阳，戍东安，则青、冀诸镇可不攻而克；若四城不服，青、冀虽拔，百姓狼顾，犹怀侥幸之心。臣愚以为，宜释青、冀之师，先定东南之地，断刘彧北顾之意，绝愚民南望之心；夏水虽盛，无津途可由，冬路虽通，无高城可固。如此，则淮北自举，暂劳永逸。兵贵神速，久则生变，若天雨既降，彼或因水通，运粮益众，规为进取，恐近淮之民翻然改图，青、冀二州猝未可拔也。"

【译文】魏国尉元上书给魏国朝廷上表说："彭城是过去敌人重要的外部屏藩，但因为没有力量雄厚的军队和足够的粮草，所以不能防守住外敌；如果能够多积囤物资，即使刘彧全力发兵，也不敢暗中观察淮水以北的地方。"他又说："如果敌人向彭城进攻，一定要从清水、泗水经过宿豫、下邳；到达青州，也要从下邳、沂水，经过东安。因此这几个地方，都是贼人用兵的重要地点。现在我军如果先攻下下邳，并平定宿豫，控制淮阳，最后占据东安，那么青、冀等城可以不攻自破；如果下邳等四城没能拿下，虽然占领青、冀等城，人民还会观望，存有侥幸之心。臣认为可以调走在青、冀等城的军队，先行平定东南地方，来打破刘彧北侵的幻想，断绝愚民南望的心理。该地夏天虽然多水，却没有水路可用来航行；冬天虽然有陆路可以通行，却没有可以固守的高城。这样用暂时的劳苦，就可以永远占领淮北。用兵以快速为贵，拖得时间久就会发生变化，如果拖久下了雨，或许有水路可以通行，那么南粮就可运载更多的人，等到这时再计划进攻，恐怕淮水的人民会改变意思，青、冀二州也不能马上取下了。"

五月，壬戌，以太子詹事袁粲为尚书右仆射。

沈攸之自送运米至下邳，魏人遣清、泗间人诈攸之云："薛安都欲降，求军迎接。"军副吴喜请遣千人赴之，攸之不许。既而来者益多，喜固请不已，攸之乃集来者告之曰："君诸人既有诚心，若能与薛徐州子弟俱来者，皆即假君以本乡县，唯意所欲；如其不尔，无为空劳往还。"自是一去不返。攸之使军主彭城陈显达将千人助戍下邳而还。

【译文】五月，壬戌日（十二日），宋明帝刘彧任命太子詹事袁粲担任尚书右仆射。

沈攸之从淮阴运输米粮到下邳，魏国人派清、泗二水一带的人欺骗沈攸之说："薛安都要回归投降，请求派军士前去迎接。"军副吴喜请求派一千人去接薛安都，但沈攸之不答应。不久来请求前去迎接薛安都的人越来越多，吴喜也一再请求，沈攸之就把前来报告的人集合起来，对他们说："各位既然有真诚的心意，如果能够与徐州刺史薛安都管辖下的人民一起来归附，就把你们原有的乡县都给你们，听从你们的意思；如果不这样的话，你们就不必白白地跑来跑去了。"这些人听后，就一去不复返了。沈攸之派军主彭城人陈显达率一千人协助驻守下邳，他率军队返回。

薛安都子伯令亡命梁、雍之间，聚党数千人，攻陷郡县。秋，七月，雍州刺史巴陵王休若遣南阳太守张敬儿等击斩之。

上复遣中领军沈攸之等击彭城。攸之以为清、泗方涸，粮运不继，固执以为不可。使者七返，上怒，强遣之。八月，壬寅，以攸之行南兖州刺史，将兵北出；使行徐州事萧道成将千人镇淮阴。道成收养豪俊，宾客始盛。

【译文】薛安都的儿子薛伯令潜逃到梁、雍二州交界一带，聚集数千人，攻陷郡县。秋季，七月，雍州刺史巴陵王刘休若派南阳太守张敬儿等人前去击杀薛伯令。

宋明帝刘彧又派中领军沈攸之等人进攻彭城。沈攸之认为清、泗二水干涸，不能运输粮草，就坚持不同意，派人七次上书陈述道理，宋明帝刘彧很生气并且强制他执行命令。八月，壬寅日（二十三日），宋明帝刘彧任命沈攸之为南兖州刺史，率兵北出；派行徐州事萧道成率一千士兵镇守淮阴。萧道成开始蓄养势大才高的人，他的门客逐渐多起来。

魏之入彭城也，垣崇祖将部曲奔朐山，据之，遣使来降；萧道成以为朐山戍主。朐山滨海孤绝，人情未安，崇祖浮舟水侧，欲有急则逃入海。魏东徐州刺史成固公戍固城，崇祖部将有罪，亡降魏。成固公遣步骑二万袭朐山，去城二十里；崇祖方出送客，城中人惊惧，皆下船欲去。崇祖还，谓腹心曰："虏非有宿谋，承叛者之言而来耳，易诳也。今得百馀人还，事必济矣。但人情一骇，不可敛集，卿等可亟去此一里外，大呼而来云：'艾塘义人已得破虏，须戍军速往，相助逐之。'"舟中人果喜，争上岸。崇祖引入，据城；遣羸弱入岛，人持两炬火，登山鼓噪。魏参骑以为军备甚盛，乃退。上以崇祖为北琅邪、兰陵二郡太守。

【译文】魏兵进入彭城时，垣崇祖正率部下奔走并占据朐山，他派人到宋军投降。萧道成任命他担任在朐山驻守的军队指挥官。朐山接近大海，孤立无助，因此人心难以安定。垣崇祖便在水边准备船只，一出现紧急情况，就从海上乘船逃亡。魏东徐州刺史成固公驻守固城，垣崇祖部下中有人因犯罪而逃出投降魏军。成固公派两万步兵和骑兵袭击朐山，距离朐山只有二十里。这时，垣崇祖正好送客出去，因此，城中的百姓惊慌害怕，都要乘坐船只逃走。垣崇祖回来后，对亲信的人说："敌人来攻打我们，并不是他们自己本来就有计谋，而是依据反叛者的话而来，因此容易欺骗他们。现在只需要有一百多人回到城内，事情就好办。但是人心一惊慌，就会达到不可收拾的地步，各位可以快速前去距离此地一里以外的地方，然后再走回来大声喊叫着："艾塘的义人已经打败敌人，需要驻扎的军队前往支援并对敌人加以驱逐。"部属依照他的话做，逃跑到船中的人民果然很高兴，争先恐后地上岸，垣崇祖又命人把他们引入城中，然后命被派到海中岛上的老弱病残的人，一人拿两个火把在山头喊叫。魏斥候的骑兵看到误认为守军和装备很强大，于是退回。宋明帝刘彧任命垣崇祖担任北琅邪、兰陵二郡太守。

垣荣祖亦自彭城奔朐山，以奉使不效，畏罪不敢出，往依萧道成于淮阴。荣祖少学骑射，或谓之曰："武事可畏，何不学书！"荣祖曰："昔曹公父子上马横槊，下马谈咏，此于天下，可不负饮食矣。君辈无自全之伎，何异犬羊乎！"刘善明从弟僧副将部曲二千人避魏居海岛，道成亦召而抚之。

【译文】垣荣祖也从彭城逃到朐山。他因以前奉命召令薛安都的事情没有成功，害怕获罪不敢外出，于是就到淮阳依附萧道成。垣荣祖年少时学习骑马射箭，有人对他说："学武艺可怕，为什么不学习文书！"垣荣祖回答说："从前曹操父子上马就能横持长矛，下马就可以吟咏诗句，这真可以说不辜负人生了。各位学文，因此没有保护自己的技能，这与软弱的犬羊有何两样？"刘善明的堂弟刘僧副率两千部下住在海岛躲避魏军，萧道成也召令安抚他。

魏于天宫寺作大像，高四十三尺，用铜十万斤，黄金六百斤。
魏尉元遣孔伯恭帅步骑一万拒沈攸之，又以攸之前败所丧士卒瘃堕膝行者悉还攸之，以沮其气。上寻悔遣攸之等，复召使还。攸之至焦墟，去下邳五十馀里，陈显达引兵迎攸之至睢清口，伯恭击破之。攸之引兵退，伯恭追击之，攸之大败，龙骧将军姜彦之等战没。攸之创重，入保显达营；丁酉夜，众溃，攸之

428

轻骑南走，委弃军资器械以万计，还屯淮阴。

【译文】 魏国派人在天宫寺铸了一座大佛像，佛像高四十三尺，用了十万斤铜、六百斤黄金。

魏国尉元派孔伯恭率一万步骑兵前去攻打沈攸之，并把沈攸之以前被打败时俘虏的受伤残疾的宋兵送回给沈攸之，来影响他的士气。宋明帝刘彧不久便后悔令沈攸之攻打彭城，于是就召令他回来。沈攸之这时到达距离下邳五十多里的焦墟，而陈显达则带领士兵在睢清口迎接沈攸之。因为被孔伯恭所属的军队击破，沈攸之便率士兵撤退，但孔伯恭进行追击，沈攸之大败，龙骧将军姜彦之等都当场阵亡。沈攸之受了重伤，进入保显达的军营。丁酉日（十八日）晚，沈攸之的军队溃败分散，沈攸之单骑南走，抛弃了数以万计的军资和武器，返回驻守淮阴。

尉元以书谕徐州刺史王玄载，玄载弃下邳走，魏以陇西辛绍先为下邳太守。绍先不尚苛察，务举大纲，教民治生御寇而已；由是下邳安之。

孔伯恭进攻宿豫，宿豫戍将鲁僧遵亦弃城走。魏将孔大恒等将千骑南攻淮阳，淮阳太守崔武仲焚城走。

【译文】 尉元写信给徐州刺史王玄载，扬言灾祸就要到来，王玄载因此丢弃下邳城逃走。魏国任命陇西人辛绍先担任下邳太守。辛绍先为政不是只在细节上做文章，而是善于抓主要问题，教导人民只是进行生产和防御，从此下邳就被他安定了。

孔伯恭进攻宿豫，守卫宿豫的将领鲁僧遵也丢弃城逃走。魏将孔大恒等率一千骑兵从南进攻淮阳，淮阳太守崔武仲焚烧城池后逃走。

慕容白曜进屯瑕丘。崔道固之未降也，绥边将军房法寿为王玄邈司马，屡破道固军，历城人畏之。及道固降，皆罢兵。道固畏法寿扇动百姓，迫遣法寿使还建康。会从弟崇吉自升城来，以母妻为魏所获，谋于法寿。法寿雅不欲南行，怨道固迫之。时道固遣兼治中房灵宾督清河、广川二郡事，戍磐阳，法寿乃与崇吉谋袭磐阳，据之，降于慕容白曜，以赎崇吉母妻。道固遣兵攻之，白曜自瑕丘遣将军长孙观救磐阳，道固兵退。白曜表冠军将军韩麒麟与法寿对为冀州刺史，以法寿从弟灵民、思顺、灵悦、伯怜、伯玉、叔玉、思安、幼安等八人皆为郡守。

【译文】慕容白曜率军进入瑕丘并驻扎下来。崔道固还没有向建康投降前，绥边将军房法寿担任王玄邈的司马，他经常打败崔道固的军队，因此历城人民都害怕房法寿。等到崔道固投降后，房法寿等人就都罢兵。后来，崔道固因为害怕房法寿煽动人民反对他，就强制派房法寿回到建康。正好房法寿的堂弟房崇吉因为母亲和妻子都被魏军所捕而从升城逃过来，找房法寿商量对策。房法寿不愿回到南方，就埋怨崔道固逼迫他。当时崔道固派兼治中房灵宾督导清河、广川二郡事驻守磐阳，房法寿于是就和房崇吉偷袭并占据磐阳，并向魏国的慕容白曜投降，希望赎回房崇吉的母亲和妻子。之后，崔道固派兵攻打磐阳，慕容白曜从瑕丘派将军长孙观前往营救，最后，崔道固率兵退回。慕容白曜呈上奏表推荐冠军将军韩麒麟和房法寿一同担任冀州刺史，命房法寿的堂弟房灵民、房思顺、房灵悦、房伯怜、房伯玉、房叔玉、房思安、房幼安等八人都担任郡守。

白曜自瑕丘引兵攻崔道固于历城，遣平东将军长孙陵等攻沈文秀于东阳。道固拒守不降，白曜筑长围守之。陵等至东阳，文秀请降；陵等入其西郭，纵士卒暴掠。文秀悔怒，闭城拒守，击陵等，破之。陵等退屯清西，屡进攻城，不克。

癸卯，大赦。

戊申，魏主李夫人生子宏。夫人，惠之女也。冯太后自抚养宏；顷之，还政于魏主。魏主始亲国事，勤于为治，赏罚严明，拔清节，黜贪污，于是魏之牧守始有以廉洁著闻者。

【译文】慕容白曜从瑕丘率兵进攻崔道固守卫的历城，派平东将军长孙陵等人进攻沈文秀守卫的东阳。崔道固坚持守卫，不愿投降，慕容白曜就采取修筑长堤包围历城的办法。在长孙陵等人到达东阳后，沈文秀请求投降，因此长孙陵等人进入西边外城，他放纵魏兵任意抢劫掠夺。沈文秀后悔愤怨，关闭城门据守，出击打败长孙陵的军队，因此长孙陵等退驻在清河西边，多次攻城，最终不能攻克。

癸卯日（二十四日），宋国实行大赦。

戊申日（二十九日），魏国献文帝拓跋弘的李夫人生下儿子拓跋宏（孝文帝）。李夫人，是李惠的女儿。冯太后亲自抚养拓跋宏，不久，把政事交付给献文帝拓跋弘，魏国献文帝拓跋弘开始亲自执掌国家政治事务，他努力不懈地治理国家，赏罚严格分明，并选拔任用有节操、不苟取的人，罢黜贪官污吏，从此魏国才出现以廉洁而闻名的官吏。

太中大夫徐爰，自太祖时用事，素不礼于上。上衔之，诏数其奸佞之罪，徙交州。

冬，十月，辛巳，诏徙义阳王昶为晋熙王，使员外郎李丰以金千两赎昶于魏。魏人弗许，使昶与上书，为兄弟之仪。上责其不称臣，不答。魏主复使昶与上书，昶辞曰："臣本实或兄，未经为臣。若改前书，事为二敬；敬或不改，彼所不纳。臣不敢奉诏。"乃止。魏人爱重昶，凡三尚公主。

【译文】从太祖元嘉时就执政当权的太中大夫徐爰，一向对皇帝无礼，因此宋明帝刘彧讨厌他，颁下诏令列举他奸猾谄媚的罪过，把他迁到交州。

冬季，十月，辛巳日（初三），宋明帝刘彧调动义阳王刘昶担任晋熙王，派员外郎李丰用一千两黄金到魏国去赎回刘昶。但魏国不答应，让刘昶给宋帝写信，他在信中称宋帝为兄弟（刘昶为文帝刘义隆的第九子，明帝刘彧为第十一子）。宋明帝刘彧责备他不称臣，刘昶没有答复。魏献文帝拓跋弘又要刘昶给宋明帝刘彧上奏书信，刘昶拒绝，说："臣本是刘彧的哥哥，对他并没有称过臣，如果再写书信改变前书对他的称呼而称臣，那么我将向两个国家称臣；如果仍然不改称谓，他（宋帝刘彧）也不会接纳。所以臣不敢遵从您的命令。"刘昶和宋明帝刘彧的通信就这样停止了。魏献文帝拓跋弘因此很爱惜刘昶，把三个公主嫁给他。

十一月，乙卯，分徐州置东徐州，以辅国将军张谠为刺史。

十二月，庚戌，以幽州刺史刘休宾为兖州刺史。休宾之妻，崔邪利之女也，生子文晔，与邪利皆没于魏。慕容白曜将其妻子至梁邹城下示之。休宾密遣主簿尹文达至历城见白曜，且视其妻子；休宾欲降，而兄子闻慰不可。白曜使人至城下呼曰："刘休宾数遣人来见仆射约降，何故违期不至！"由是城中皆知之，共禁制休宾不得降，魏兵围之。

魏西河公石复攻汝阴，汝阴有备，无功而还。常珍奇虽降于魏，实怀贰心；刘勔复以书招之。会西河公石攻汝阴，珍奇乘虚烧劫悬瓠，驱掠上蔡、安成、平舆三县民，屯于灌水。

【译文】 十一月，乙卯日（初八），宋明帝刘彧划出徐州部分，设立东徐州，任命辅国将军张说担任刺史。

十二月，庚戌日（初三），宋明帝刘彧任命幽州刺史刘休宾担任兖州刺史。刘休宾的妻子，是崔邪利的女儿，她生下儿子文晔，和崔邪利都沦陷在魏国。慕容白曜把刘休宾的妻子送到梁邹城下让他看，刘休宾则秘密派主簿尹文达到历城见慕容白曜，并看望刘休宾的妻子和儿子。刘休宾要归降魏国，但他哥哥的儿子刘闻慰反对，慕容白曜派人到城下大叫：“刘休宾几次派人来见仆射请求投降，但是为什么违背约定的期限而没有来投降！”这样城中的人都知道了这件事，共同制止刘休宾不可以投降，魏兵于是围城。

魏国的西河公拓跋石又进攻汝阴，因为汝阴有所防备，无功而返。常珍奇虽然向魏国投降，实际不是真心，于是刘勔又前去抚慰。正好西河公拓跋石进攻汝阴，常珍奇乘虚抢劫焚烧悬瓠，掠夺上蔡、安成、平舆三县的人民，在灌水驻扎士兵。

泰始四年（戊申，公元四六八年）春，正月，己未，上祀南郊，大赦。

魏汝阳司马赵怀仁帅众寇武津，豫州刺史刘勔遣龙骧将军申元德击破之，又斩魏于都公阏于拔於汝阳台东，获运车千三百乘。魏复寇义阳，勔使司徒参军孙台瓘击破之。

【译文】 泰始四年（戊申，公元468年）春季，正月，己未日（十三日），宋明帝刘彧到达南郊祭祀上天，并大赦天下。

魏国汝阳司马赵怀仁率兵前去侵占武津，豫州刺史刘勔派龙骧将军申元德迎战，击败魏军，在汝阳台东边杀掉魏于都公阕于跋，获得一千三百辆运输车。魏军又侵占义阳，刘勔派司徒参军孙台璀击败魏军。

淮西民贾元友上书，陈伐魏取陈、蔡之策，上以其书示刘勔。勔上言："元友称'虏主幼弱，内外多难，天亡有期'。臣以为虏自去冬蹈藉王土，磐据数郡，百姓残亡；今春以来，连城围逼，国家未能复境，何暇灭虏！元友所陈，率多夸诞狂谋，皆非实。言之甚易，行之甚难。臣窃寻元嘉以来，伧荒远人，多干国议，负担归阙，皆劝讨虏，从来信纳，皆贻后悔。境上之人，唯视强弱：王师至彼，必壶浆候涂；裁见退军，便抄截蜂起。此前后所见，明验非一也。"上乃止。

【译文】淮西人贾元友给宋明帝刘彧呈上奏书，陈述北伐魏国，夺回豫州、淮西的策略。宋明帝刘彧把书信给刘勔看，刘勔对宋明帝刘彧报告说："贾元友说：'敌人的头目幼小软弱，内外多灾难，上天很快就要灭亡他们。'而臣认为敌人从去年冬天践踏我国国土以后，就盘踞在数郡，因此人民多有伤亡。今年春天以来，城池连着被围攻进逼，现在连国土都不能恢复，哪里还能有消灭敌人的余力！贾元友所陈述的话，多是荒唐狂妄，毫无事实的事，说起来容易，做到却很难。臣认为自从元嘉以来，江北边区的知识分子多喜爱干涉国家政事，而不担负责任，都劝朝廷率兵讨伐贼人，而朝廷每次相信接纳后，都因兵败而感到后悔。当地人也随着军队的强弱而改变态度：朝廷军队一到，一定款待欢迎；如果见到败退的军队，便到处骚扰。这是很常见的现象，鲜明的教训不止一次而已。"宋明帝刘彧因此而不理贾元友的游说。

魏尉元遣使说东徐州刺史张谠，谠以团城降魏。魏以中书侍郎高闾与谠对为东徐州刺史，李璨与毕众敬对为东兖州刺史。元又说兖州刺史王整、兰陵太守桓忻，整、忻皆降于魏。魏以元为开府仪同三司、都督徐、南、北兖三州诸军事、徐州刺史，镇彭城。召薛安都、毕众敬入朝，至平城，魏以上客待之，群从皆封侯，赐第宅，资给甚厚。

【译文】 魏尉元派人前来游说东徐州刺史张谠，张谠以团城向魏国投降。魏国朝廷任命中书侍郎高闾和张谠一同担任东徐州刺史，李璨与毕众敬一同担任东兖州刺史。尉元又游说兖州刺史王整和兰陵太守桓忻，二人也都向魏国投降。魏国朝廷任命尉元担任开府仪同三司、徐、南北兖三州诸军事都督、徐州刺史，镇守彭城。并召见薛安都、毕众敬进入朝廷，当他们到达平城以后，魏国用对待上宾的礼仪对待他们，其他投降的人都封赏侯爵，赐给宅第，待遇很丰厚。

慕容白曜围历城经年，二月，庚寅，拔其东郭；癸巳，崔道固面缚出降。白曜遣道固之子景业与刘文晔同至梁邹，刘休宾亦出降。白曜送道固、休宾及其僚属于平城。

辛丑，以前龙骧将军常珍奇为都督司、北豫二州诸军事、司州刺史。魏西河公石攻之，珍奇单骑奔寿阳。

乙巳，车骑大将军、曲江庄公王玄谟卒。

【译文】 慕容白曜包围历城已经有一年时间，二月，庚寅日（十四日），他攻下东外城。癸巳日（十七日），崔道固捆绑自己出来投降。慕容白曜派崔道固的儿子崔景业和刘文晔一同到达梁邹，因此刘休宾也出城投降。慕容白曜把崔道固、刘休宾和他们的部下送到平城。

辛丑日（二十五日），宋明帝刘彧任命前龙骧将军常珍奇担任都督司北豫二州诸军事、司州刺史。魏西河公拓跋石攻击他，常珍奇就独自骑马逃奔到寿阳。

乙巳日（二十九日），车骑大将军、曲江庄公王玄谟去世。

三月，魏慕容白曜进围东阳。

上以崔道固兄子僧祐为辅国将军，将兵数千从海道救历城，至不其，闻历城已没，遂降于魏。

交州刺史刘牧卒。州人李长仁杀牧北来部曲，据州反，自称刺史。

广州刺史羊希使晋康太守沛郡刘思道伐俚。思道违节度，失利，希遣收之；思道自〔帅〕所领攻州，希兵败而死。龙骧将军陈伯绍将兵伐俚，还，击思道，擒斩之。希，玄保之兄子也。

【译文】三月，魏国的慕容白曜进攻并包围东阳。

宋明帝刘彧任命崔道固哥哥的儿子崔僧祐担任辅国将军，率数千士兵从海路去援助历城，等他到了不其城后，听到历城已经沦陷的消息，就立即向魏国投降。

交州刺史刘牧去世。交州人李长仁杀掉刘牧从北方带来的部下，占据州城发动反叛，自称刺史。

广州刺史羊希派晋康太守沛郡人刘思道攻打俚人。刘思道因为指挥错误导致作战失败，铩羽而归。羊希准备派人拘押他，刘思道于是率兵攻打州城，最后羊希兵败而死。同样率兵攻打讨伐俚人的龙骧将军陈伯绍，在往回调动军队时攻击刘思道，将他擒获并斩杀。羊希，是羊玄保哥哥的儿子。

夏,四月,己卯,复减郡县田租之半。

徙东海王祎为庐江王,山阳王休祐为晋平王。上以废帝谓祎为驴王,故以庐江封之。

刘勔败魏兵于许昌。

魏以南郡公李惠为征南大将军、仪同三司、都督关右诸军事、雍州刺史,进爵为王。

【译文】 夏季,四月,己卯日(初四),宋明帝刘彧又减少一半郡县的田租。

宋明帝刘彧调任东海王刘祎为庐江王,山阳王刘休祐为晋平王。宋明帝刘彧因为废帝把刘祎叫作"驴王",所以把庐江分封给他。

刘勔在许昌打败魏兵。

魏国任命南郡公李惠担任征南大将军、仪同三司、都督关右诸军事、雍州刺史,把他的爵位升为王。

五月,乙卯,魏主畋于崞山,道如繁畤,辛酉,还宫。

六月,魏以昌黎王冯熙为太傅。熙,太后之兄也。

秋,七月,庚申,以骁骑将军萧道成为南兖州刺史。

八月,戊子,以南康相刘勃为交州刺史。

上以沈文秀之弟征北中兵参军文静为辅国将军,统高密等五郡军事,自海道救东阳。至不其城,为魏所断,因保城自固;魏人攻之,不克。辛卯,分青州置东青州,以文静为刺史。

【译文】 五月,乙卯日(十一日),魏献文帝拓跋弘到崞山打猎,后来转到繁畤。辛酉日(十七日),回宫。

六月,魏国朝廷任命昌黎王冯熙担任太傅。冯熙,是太后的哥哥。

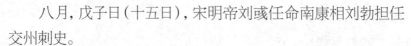

秋季，七月，庚申日（十六日），宋明帝刘彧任命骁骑将军萧道成担任南兖州刺史。

八月，戊子日（十五日），宋明帝刘彧任命南康相刘勃担任交州刺史。

宋明帝刘彧任命沈文秀的弟弟征北中兵参军沈文静担任辅国将军，统率高密等五郡军务，从海路前往营救东阳。当沈文静到达不其城时，被魏军拦截，因此坚守城池，而魏军攻打城池，最终没有攻克。

辛卯日（十八日），宋国把青州划分出来，另外设为东青州，任命沈文静担任刺史。

九月，辛亥，魏立皇叔桢为南安王，长寿为城阳王，太洛为章武王，休为安定王。

冬，十月，癸酉朔，日有食之。发诸州兵北伐。

十一月，李长仁遣使请降，自贬行州事；许之。

十二月，魏人拔不其城，杀沈文静，入东阳西郭。

义嘉之乱，巫师请发修宁陵，戮玄宫为厌胜。是岁，改葬昭太后。

【译文】九月，辛亥日（初八），魏献文帝拓跋弘立皇叔拓跋桢为南安王，拓跋长寿为城阳王，拓跋太洛为章武王，拓跋休为安定王。

冬季，十月，癸酉朔日（初一），天空出现日食。宋明帝刘彧发动各州兵北伐。

十一月，李长仁派使者向建康请降，并自贬为行州事；宋明帝刘彧答应了他。

十二月，魏军攻占不其城，杀掉沈文静，进入东阳西外城。

因为义嘉（晋安王刘子勋的年号）年间发生造反的叛乱，因此巫师请求挖开孝武帝刘骏母亲昭太后（路淑媛）的修宁陵，摧毁墓中的静室，来诅咒叛乱取得胜利。这一年，改葬昭太后。

先是，中书侍郎、舍人皆以名流为之。太祖始用寒士秋当，世祖犹杂选士庶，巢尚之、戴法兴皆用事。及上即位，尽用左右细人，游击将军阮佃夫、中书通事舍人王道隆、员外散骑侍郎杨运长等，并参预政事，权亚人主，巢、戴所不及也。佃夫尤恣横，人有顺迕，祸福立至，大纳货赂，所饷减二百匹绢，则不报书。园宅饮馔，过于诸王；妓乐服饰，宫掖不如也。朝士贵贱，莫不自结。仆隶皆不次除官，捉车人至虎贲中郎部，马士至员外郎。

【译文】 先前，中书侍郎、舍人等官职都是由豪门士族出任，从宋太祖刘义隆开始，任用了出身寒门的秋当来担当此任。宋世祖刘骏在位时则是对士族和平民兼收并蓄，如巢尚之、戴法兴都曾经任事。到了宋明帝刘彧登上皇位，就全部任用出身低微的平民，如游击将军阮佃夫、中书通事舍人王道隆、员外散骑侍郎杨运长等，都参与政事，拥有巢尚之、戴法兴所不能企及的仅次于皇帝的权力。阮佃夫尤其粗暴不讲道理，别人巴结他或得罪他，马上相应就有福或有祸。因此他大肆收取贿赂，如果请求他办事的人送的东西少于二百匹绢，就不给呈报任何官职。他的园林房宅和饮食的奢侈程度，超过了各王；歌妓音乐和服饰的排场，是宫殿中人所不知道的。朝廷中的大小百官没有不奉承的。他家中的奴仆都不依照次序而升迁官职，车夫都做到虎贲中郎将的职位，马夫都做到员外郎的职位。

【乾隆御批】宋沿晋世颓波，动以阀阅相高，已失明扬之义。甚至杂用寒门，棣厮竞进，受贿擅权，是又救火抱薪，愈趋愈下而已。

【译文】宋沿袭晋衰颓的风尚，动辄以门第资历攀比高低，已经失去举用选拔的本义。甚至杂用寒门，奸邪小人争着当官，收受贿赂，擅用职权，又好抱着干柴救火，越弄越糟罢了。

五年（己酉，公元四六九年）春，正月，癸亥，上耕藉田，大赦。

沈文秀守东阳，魏人围之三年，外无救援，士卒昼夜拒战，甲胄生虮虱，无离叛之志。乙丑，魏人拔东阳，文秀解戎服，正衣冠，取所持节坐斋内。魏兵交至，问："沈文秀何在？"文秀厉声曰："身是！"魏人执之，去其衣，缚送慕容白曜，使之拜，文秀曰："各两国大臣，何拜之有！"白曜还其衣，为之设馔，锁送平城。魏主数其罪而宥之，待为下客，给恶衣、疏食；既而重其不屈，稍嘉礼之，拜外都下大夫。于是，青、冀之地尽入于魏矣。

【译文】 五年（己酉，公元469年）春季，正月，癸亥日（二十二日），宋明帝刘彧举行耕田仪式，大赦天下。

沈文秀守卫东阳城，而魏军三年连续围困城池，沈文秀又没有外援，就率士兵昼夜抗战，连甲胄都生出了虱子，却始终没有反叛宋国投降魏国的意思。

乙丑日（二十四日），魏军攻下东阳城，这时，沈文秀解下外面的军服，端正自己的衣服和帽子，拿着宋国的符节坐在室内。魏兵涌进来，问："沈文秀在哪里？"沈文秀厉声说："就是我。"魏军逮捕他，脱去他的衣服，把他捆绑起来送给慕容白曜，慕容白曜要他下拜，沈文秀说："我们各自是两国的大臣，我为何要拜你？"于是，慕容白曜给他穿上衣服，为他摆设筵席，再给他戴上枷锁押送到平城。魏献文帝拓跋弘责备沈文秀投

资治通鉴

降而又叛反的罪过，最后赦免他，但很低贱地对待他，给他粗衣粗饭。不久，因为尊重他不屈服的精神，而稍微礼貌地对待他，任命他担任外都下大夫。从此，青州、冀州等地全为魏国所占有。

【乾隆御批】文秀始降宋，既请降魏，腼颜受下大夫之职。乃以持节坐斋，去衣不拜，号称不屈。实苏武、臧洪之罪人。岂可以欺世。

【译文】沈文秀开始降宋，后来又请降于魏，厚颜接受北魏下大夫的职位。他却手持节坐在书斋，脱衣不拜，号称不向北魏屈服。实际上他是苏武、臧洪一类的罪人。怎能这样欺世盗名呢？

【申涵煜评】文秀守东阳，至三年城陷。持节不肯拜，似颇有丈夫气。乃甘受去衣锁缚之辱不能死，恶衣疏食之辱不能死，而卒为外都下大夫。是有才干而斟廉耻者。其初遣使迎降未必是诈。

【译文】沈文秀镇守东阳，三年之后东阳城才被北魏军队攻陷。拿着符节不肯向魏军下拜，似乎颇有大丈夫的气概。但他居然甘愿遭受脱下衣服被用绳索捆缚的差辱却不能为国牺牲，穿着恶劣的衣服和吃着粗劣食物却不能为国牺牲，最终成为外都下大夫。这是有才干但缺乏廉耻心的人。沈文秀开始时派遣使者迎接并投降敌方未必是假装的行为。

戊辰，魏平昌宣王和其奴卒。

二月，己卯，魏以慕容白曜为都督青、齐、东徐三州诸军事、征南大将军、开府仪同三司、青州刺史，进爵济南王。白曜抚御有方，东人安之。

【译文】戊辰日（二十七日），魏平昌宣王和其奴去世。

二月，己卯日（初九），魏献文帝拓跋弘任命慕容白曜担任都督青齐东徐三州诸军事、征南大将军、开府仪同三司、青州刺史，并晋爵为济南王。因为慕容白曜用正确的方法安抚，东方新归附的人民都安于他的统治。

资治通鉴

魏自天安以来，比岁旱饥，重以青、徐用兵，山东之民疲于赋役。显祖命因民贫富，为三等输租之法，等为三品：上三品输平城，中输它州，下输本州。又，魏旧制：常赋之外，有杂调十五；至是悉罢之，由是民稍赡给。

河东柳欣慰等谋反，欲立太尉庐江王祎。祎自以于帝为兄，而帝及诸兄弟皆轻之，遂与欣慰等通谋相酬和。征北谘议参军杜幼文告之，丙申，诏降祎为车骑将军、开府仪同三司、南豫州刺史，出镇宣城，帝遣腹心杨运长领兵防卫。欣慰等并伏诛。

【译文】魏国从天安（466年）以来，连年发生干旱饥荒，再加上对青、徐州用兵，山东的人民都受不了沉重的赋税。于是，魏显祖拓跋弘颁行依照人民的贫富分三等缴税的办法，又把每一等分三品：上三品缴往平城，中三品缴给他州，下三品缴给本州。魏国旧有常赋之外还有十五种杂调的税制，到这时全部被废除，使得人民稍微能过上富足的生活。

河东人柳欣慰等计划反叛，要立太尉庐江王刘祎为皇帝。刘祎自认为是宋明帝刘彧的哥哥，但宋明帝刘彧和其他兄弟都轻视他，因此和柳欣慰等共同策划。征北谘议参军杜幼文向宋明帝刘彧告密，皇帝得知。丙申日（二十六日），宋明帝刘彧下诏降刘祎担任车骑将军、开府仪同三司、南豫州刺史，镇守宣城，他还派亲近之臣杨运长带领兵将监视防卫刘祎。柳欣慰等则被处死。

【乾隆御批】立郡以徙降民,当抚绥而安宅之。乃设僧祇佛图诸户名目,既用滋弊,复耗民力,非招徕新附之道。

【译文】设置平齐郡来迁徙投降的百姓,本来应该安抚他们,让他们在那里安家。却设立了僧祇户、佛图户等名目,既会滋生弊端,又会耗费民力,这不是招徕新来依附的百姓的正确方法。

三月,魏人寇汝阴,太守杨文苌击却之。

夏,四月,丙申,魏大赦。

五月,魏徙青、齐民于平城,置升城、历城民望于桑乾,立平齐郡以居之;自馀悉为奴婢,分赐百官。

魏沙门统昙曜奏:"平齐户及诸民有能岁输谷六十斛入僧曹者,即为僧祇户,粟为僧祇粟,遇凶岁,赈给饥民。"又请:"民犯重罪及官奴,以为佛图户,以供诸寺扫洒。"魏主并许之。于是,僧祇户、粟及寺户遍于州镇矣。

【译文】三月,魏军入侵汝阴,太守杨文苌打退他们。

夏季,四月,丙申日(二十七日),魏国实行大赦。

五月,魏国下令把青、齐地方的人民迁徙到平城,并在桑乾把升城、历城的州治设置为平齐郡,让他们居住。剩下的人民则作为分赐给百官的奴婢。

魏沙门统昙曜呈上奏书给朝廷说:"一年能够捐赠六十斛谷子给僧家的平齐郡民户或人民,就列为僧祇户,捐粟的则为僧祇粟,遇到荒年,就可以用来赈济解救饥饿的百姓。"又请求道:"犯下重罪的人民和官家的奴婢,可以列为佛图(佛寺)户,让他们来洒扫佛教寺院。"魏献文帝拓跋弘认为有道理,就都答应。于是僧祇户、僧祇粟和佛图户遍及州镇。

六月，魏立皇子宏为太子。

癸酉，以左卫将军沈攸之为郢州刺史。

上又令有司奏庐江王祎忿怼有怨言，请穷治；不许。丁丑，免祎官爵，遣大鸿胪持节奉诏责祎，因逼令自杀，子辅国将军充明废徙新安。

冬，十月，丁卯朔，日有食之。

魏顿（兵）〔丘〕王李峻卒。

十一月，丁未，魏复遣使来修和亲，自是信使岁通。

【译文】六月，魏献文帝拓跋弘立皇子拓跋宏为太子。

癸酉日（初五），宋明帝刘彧任命左卫将军沈攸之担任郢州刺史。

宋明帝刘彧又下令让负责的官吏奏报庐江王刘祎气愤皇帝并且对皇帝有抱怨的言辞，官吏请求彻底追究刘祎的责任，但是宋明帝刘彧不允许。丁丑日（初九），宋明帝刘彧撤免刘祎的官爵，派大鸿胪手持符节诏书来责备刘祎，逼迫他自杀。刘祎的儿子辅国将军刘充明，也被废黜官职，流放发配新安。

冬季，十月，丁卯朔日（初一），天空出现日食。

魏国顿丘王李峻去世。

十一月，丁未日（十一日），魏国又派使者来到宋国请求与宋国和好并通婚，从此以后每年两国都会有使者互相往来。

【乾隆御批】宋明与祎同遭子业戏辱，正当引以为戒。乃以狂童恶谑，借徙封名地相嘲，致祎怨怼获罪。匪惟不恕，亦不仁矣。

【译文】宋明帝刘彧与刘祎共同遭受宋前废帝刘子业的戏辱，正应当引以为戒。刘彧却用顽童令人难堪的嘲弄，借迁封地的名字嘲笑他，导致刘祎怨恨获罪。宋明帝的做法不仅不宽恕，而且也不仁义。

闰月，戊子，以辅师将军孟阳为兖州刺史，始治淮阴。

十二月，戊戌，司徒建安王休仁解扬州。休仁年与上邻亚，素相友爱，景和之世，上赖其力以脱祸。及泰始初，四方兵起，休仁亲当矢石，克成大功，任总百揆，亲寄甚隆；由是朝野辐凑，上渐不悦。休仁悟其旨，故表解扬州。己未，以桂阳王休范为扬州刺史。

【译文】闰月，戊子日（二十二日），宋明帝刘彧任命辅国将军孟阳担任兖州刺史，州治开始改设在淮阴。

十二月，戊戌日（初三），司徒建安王刘休仁被解除扬州刺史的职位。刘休仁年龄和皇帝相近（刘彧为文帝十一子、刘休仁为十二子），两人一向友好亲爱。景和（废帝刘子业）时，宋明帝刘彧依靠他的智力才得以免除灾祸。到泰始初年，四方起兵反对宋明帝刘彧，刘休仁辅佐宋明帝刘彧建立大功，总管百官，身负重任，因此朝野人士都集中到他的门下，宋明帝刘彧渐渐不高兴。刘休仁了解皇帝的意思，就呈上奏表请求辞去扬州刺史的职位。己未日（二十四日），宋明帝刘彧任命桂阳王刘休范担任扬州刺史。

分荆州之巴东、建平，益州之巴西、梓潼郡，置三巴校尉，治白帝。先是，三峡蛮、獠岁为抄暴，故立府以镇之。上以司徒参军东莞孙谦为巴东、建平二郡太守。谦将之官，敕募千人自随，谦曰："蛮夷不宾，盖待之失节耳，何烦兵役以为国费！"固辞不受。至郡，开布恩信，蛮、獠翕然怀之，竞饷金宝；谦皆慰谕，不受。

临海贼帅田流自称东海王，剽掠海盐，杀鄞令，东土大震。

【译文】宋国分出荆州的巴东、建平二郡和益州的巴西、梓潼二郡，联合设置为三巴校尉，治在白帝。先前，三峡的蛮族人、獠族人每年都进行抢劫，所以设立校尉府来镇守这一地区。宋明帝刘彧任命司徒参军东莞人孙谦担任巴东、建平二郡太守。孙谦将要上任时，宋明帝刘彧让他自行募集一千人跟随。孙谦说："蛮夷之所以不礼貌对待官吏，是因为不知道对待他们的分寸，不是故意为之，因此没必要劳烦军队来消耗国家的经费。"坚持拒绝不接受。等他到达郡治，开始施布恩德信义，蛮、獠民族都非常愉快并自然地相信佩服他，争先恐后进献金银宝物。孙谦都抚慰他们，但并不接受东西。

临海反叛人民的首领田流自称为东海王，攻打抢掠海盐，杀掉鄞县县令，整个东土都很震惊。

六年（庚戌，公元四七〇年）春，正月，乙亥，初制间二年一祭南郊，间一年一祭明堂。

二月，壬寅，以司徒休仁为太尉，领司徒；固辞。

癸丑，纳江智渊孙女为太子妃。甲寅，大赦。令百官皆献物；始兴太守孙奉伯止献琴、书，上大怒，封药赐死，既而原之。

魏以东郡王陆定国为司空。定国，丽之子也。

【译文】六年（庚戌，公元470年）春季，正月，乙亥日（初十），宋朝开始制定每隔两年祭拜一次南郊，每隔一年祭拜一次明堂的律令。

二月，壬寅日（初八），宋明帝刘彧任命司徒刘休仁担任太尉，兼任司徒。刘休仁坚决推辞，并不接受。

癸丑（十九日），宋明帝刘彧纳江智渊的孙女为太子妃。甲寅日（二十日），大赦天下。宋明帝刘彧命令百官都要进献财物，始兴太守孙奉伯却只献了琴和书。宋明帝刘彧龙颜大怒,赐给他自杀的毒药,不久又赦免了他。

魏国任命东郡王陆定国担任司空。陆定国,是陆丽的儿子。

魏主遣征西大将军上党王长孙观击吐谷浑。

夏,四月,辛丑,魏大赦。

戊申,魏长孙观与叶欲浑王拾寅战于曼头山,拾寅败走,遣别驾康盘龙入贡,魏主囚之。

癸亥,立皇子燮为晋熙王,奉晋熙王昶后。

【译文】 魏献文帝拓跋弘派征西大将军上党王长孙观攻击吐谷浑。

夏季,四月,辛丑日(初八),魏国实行大赦。

戊申日(十五日),魏国的长孙观和吐谷浑王拾寅在曼头山作战,拾寅被打败后逃走,派别驾康盘龙向魏国贡献方物,最后魏献文帝拓跋弘囚禁了他。

癸亥日(三十日),宋明帝刘彧立皇子刘燮为晋熙王,过继给晋熙王刘昶做后嗣。

五月,魏立皇弟长乐为建昌王。

六月,癸卯,以江州刺史王景文为尚书左仆射、扬州刺史,以尚书仆射袁粲为右仆射。

上宫中大宴,裸妇人而观之,王后以扇障面。上怒曰:"外舍寒乞! 今共为乐,何独不视!"后曰:"为乐之事,其方自多;岂有姑姊妹集而裸妇人以为笑! 外舍之乐,雅异于此。"上大怒,遣后起。后兄景文闻之,曰:"后在家劣弱,今段遂能刚正如此!"

【译文】 五月，魏献文帝拓跋弘立皇弟拓跋长乐为建昌王。

六月，癸卯日(十一日)，宋明帝刘彧任命江州刺史王景文担任尚书左仆射、扬州刺史，任命尚书仆射袁粲担任右仆射。

宋明帝刘彧在宫中大办宴会，召裸露的宫女进来观赏，王皇后就用扇子遮面不看。宋明帝刘彧愤怒地说："宫外寒酸土气，现在大家在宫内共同娱乐，为什么不看！"王皇后回答说："可以娱乐的事有很多方法，哪里会有集结姑姑姐妹们来观看裸体女人作为娱乐的？宫外的娱乐，和这大不相同。"宋明帝刘彧极为愤怒地让王皇后起来离开。王皇后的哥哥王景文获知这个消息后说："皇后在娘家很柔弱，现在居然能够如此刚毅正直。"

南兖州刺史萧道成在军中久，民间或言道成有异相，当为天子。上疑之，徵为黄门侍郎、越骑校尉。道成惧，不欲内迁，而无计得留。冠军参军广陵荀伯玉劝道成遣数十骑入魏境，安置标榜，魏果遣游骑数百履行境上；道成以闻，上使道成复本任。秋，九月，命道成迁镇淮阴。以侍中、中领军刘勔为都督南徐、兖等五州诸军事，镇广陵。

【译文】 南兖州刺史萧道成在军中的时间很长，而民间有人传说萧道成有异于常人的外貌，一定可以成为天子。宋明帝刘彧听到这个传说后就对他心生怀疑，征召他进京，担任黄门侍郎、越骑校尉。萧道成害怕，不愿意向朝内调动，却没有能留在外边任职的计策。冠军参军广陵人荀伯玉劝说萧道成派数十名骑兵进入魏国境内，故意做出有所图谋的样子，果然引来魏国数百骑兵也进入宋国境内，萧道成向宋明帝刘彧报告，宋明帝刘彧就又派他担任原来的职位。秋季，九月，宋明帝刘彧又命萧道成把州治迁移到淮阴。任命侍中、中领军刘勔担任都督南徐、兖等五州各军事，镇守广陵。

戊寅，立总明观，置祭酒一人，儒、玄、文、史学士各十人。

柔然部真可汗侵魏，魏主引郡臣议之。尚书右仆射南平公目辰曰："若车驾亲征，京师危惧，不如持重固守。虏悬军深入，粮运无继，不久自退；遣将追击，破之必矣。"给事中张白泽曰："蠢尔荒愚，轻犯王略，若銮舆亲行，必望麾崩散，岂可坐而纵敌！以万乘之尊，婴城自守，非所以威服四夷也。"魏主从之。白泽，衮之孙也。

【译文】 戊寅日（十七日），宋明帝刘彧下令设立总明观，并设置祭酒一人，儒、玄、文、史学士各十人。

柔然部真可汗入侵魏国，魏献文帝拓跋弘带领大臣对此进行商议。尚书右仆射南平公目辰说："如果皇帝亲自率军去讨伐，那么京师（平城）人民会面临危险和恐惧，不如把持重兵在京师坚守。敌人孤立无援地深入到作战地区，因为粮草运输补给不上，不能持久作战，自然不久就会退回，这时我们再派士兵前去追赶，就一定可以歼灭他们。"给事中张白泽说："敌人愚蠢，轻易侵犯我国的边境地区，如果陛下率兵亲自前去征讨，他们一定会远望我们踪影就已经吓得溃散，怎么能对敌人坐视不理并放纵他们呢？陛下万乘的尊贵之躯，却在城中，采取守卫的态势，这不是畏服四方的做法。"魏献文帝拓跋弘选择听从张白泽的建议。张白泽，是张衮的孙子。

魏主使京兆王子推等督诸军出西道，任城王云等督诸军出东道，汝阴王〔天〕赐等督诸军为前锋，陇西王源贺等督诸军为后断，镇西将军吕罗汉等掌留台事。诸将会魏主于女水之滨，与柔然战，柔然大败。乘胜逐北，斩首五万级，降者万馀人，犹戎马器械不可胜计。旬有九日，往返六千馀里。改女水曰武川。司徒东安王刘尼坐昏醉，军陈不整，免官。壬申，还至平城。

【译文】魏献文帝拓跋弘派京兆王拓跋子推、任城王拓跋云等人分别指挥各军从西路、东路出发；汝阴王拓跋天赐、陇西王源贺等分别指挥各军为前锋、后继；镇西将军吕罗汉等留下掌管处理平城政务。各军先在女水岸和魏献文帝拓跋弘率领的军队会合，然后与柔然交战，柔然大败。魏军乘胜向北追击，斩首五万多人，一万多人投降，俘虏缴获不计其数的战马兵器。在十九天中，往返六千多里，魏献文帝拓跋弘命令改叫女水为武川。司徒东安王刘尼因酒醉昏沉，使军阵不整，而被罢免官职。壬申日（十一日），魏献文帝拓跋弘回到平城。

是时，魏百官不给禄，少能以廉白自立者。魏主诏："吏受所监临羊一口、酒一斛者，死；与者以从坐论。有能纠告尚书已下罪状者，随所纠官轻重授之。"张白泽谏曰："昔周之下士，尚有代耕之禄。今皇朝贵臣，服勤无报；若使受礼者刑身，纠之者代职，臣恐奸人窥望，忠臣懈节，如此而求事简民安，不亦难乎！请依律令旧法，仍班禄以酬廉吏。"魏主乃为之罢新法。

冬，十月，辛卯，诏以世祖继体，陷宪无遗，以皇子智随为世祖子，立为武陵王。

初，魏乙浑专政，慕容白曜颇附之。魏主追以为憾，遂称白曜谋反，诛之，及其弟如意。

【译文】当时，魏国朝廷百官没有俸禄，很少有廉洁自立的。魏献文帝拓跋弘颁下诏令："官吏接受属下一头羊、一斛酒的，处死；送的人也同罪。如果有能检举尚书以下官吏犯罪的人，则依照被检举官职的大小授给他官职。"张白泽上书劝谏魏献文帝拓跋弘说："从前周朝的下士，还有代替他耕田所得的俸禄，但现在的皇朝大臣，工作没有回报补偿，如果只因为收礼而受到刑罚杀戮，被检举者取代职位，臣恐怕奸人将会趁机而起，忠臣将会灰心懈怠。如此而要求政事简明，人民平安，不是很难吗？臣请求仍然依照旧法，以俸禄来奖励给廉洁的官吏。"魏献文帝拓跋弘认为有道理，因此撤销新法。

冬季，十月，辛卯日（初一），宋明帝刘彧下诏认为宋世祖刘骏的儿子（二十八个）没有一个活着，就把皇子刘智随过继为世祖之子，立为武陵王。

起初，魏国的乙浑独揽大权时，慕容白曜热心地附和他。魏献文帝拓跋弘因为还顾念旧恨，就假称慕容白曜造反，把他和他弟弟慕容如意一起杀掉。

初，魏南部尚书李敷，仪曹尚书李䜣，少相亲善，与中书侍郎卢度世皆以才能为世祖、显祖所宠任，参豫机密，出纳诏命。其后䜣出为相州刺史，受纳货赂，为人所告，敷掩蔽之。显祖闻之，槛车征䜣，案验服罪，当死。是时敷弟弈得幸于冯太后，帝意已疏之。有司以中旨讽䜣告敷兄弟阴事，可以得免。䜣谓其婿裴攸曰："吾与敷族世虽远，恩逾同生，今在事劝吾为此，吾情所不忍。每引簪自刺，解带自绞，终不得死。且吾安能知其阴事！将若之何？"攸曰："何为为人死也！有冯阐者，先为敷所败，其家深怨之。今询其弟，敷之阴事可得也。"䜣从之。又赵郡范

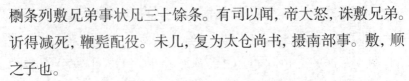

樆条列敷兄弟事状凡三十馀条。有司以闻，帝大怒，诛敷兄弟。诉得减死，鞭髡配役。未几，复为太仓尚书，摄南部事。敷，顺之子也。

【译文】 起初，从小就相互交好的魏国南部尚书李敷和仪曹尚书李诉，与中书侍郎卢度世三人都因为有才华和能力而被世祖、显祖所宠信，他们参与讨论国家机密，掌握管理皇帝的诏命。后来李敷掩盖和包庇出任相州刺史的李诉，被人告发接受贿赂的事情，显祖拓跋弘知道后，就派囚车捉拿李诉，在检查取证后李诉服罪，应该处以死刑。当时李敷的弟弟李弈得到冯太后宠爱，因此显祖拓跋弘有意疏离他们之间的关系。负责官吏遵显祖拓跋弘的旨意要求李诉出面告发李敷兄弟暗中干的不可告人的行为，这样他就可以免于死罪。李诉对他的女婿裴攸说："我和李敷的宗族虽然是疏远的同宗，但我们的情感超过同胞兄弟，现在官吏劝说我告发他，我实在于心不忍，我曾经用头簪自刺，也曾经解下腰带自绞，但最终都死不了。而且我怎么知道他们暗中干的不可告人的行为，我应该怎么办呢？"裴攸说："何必为别人而牺牲自己的性命呢？先前曾被李敷所害的冯阐家人非常痛恨他，现在询问冯阐的弟弟，那么李敷暗中干的不可告人的行为就可以知道。"李诉就依照裴攸的话去做。另外，赵郡人范樆陈述李敷兄弟的三十多条罪状，负责官吏向魏献文帝报告，魏献文帝拓跋弘极为愤怒，杀掉李敷兄弟。李诉因此免于死罪，只受鞭打剪发的刑罚，并被发配做劳役。不久，魏献文帝拓跋弘又任命他担任太仓尚书，并代理南部尚书一职。李敷，是李顺的儿子。

魏阳平王新成卒。

是岁,命龙骧将军义兴周山图将兵屯浃口讨田流,平之。

柔然攻于阗,于阗遣使者素目伽奉表诣魏求救。魏主命公卿议之,皆曰:"于阗去京师几万里,蠕蠕唯习野掠,不能攻城;若其可攻,寻已亡矣。虽欲遣师,势无所及。"魏主以议示使者,使者亦以为然。乃诏之曰:"朕应仇救诸军以拯汝难。但去汝遐阻,必不能救当时之急,汝宜知之。朕今练甲养士,一二岁间,当躬帅猛将,为汝除患。汝其谨修警候,以待大举!"

【译文】魏阳平王拓跋新成去世。

这一年,宋明帝刘彧任命龙骧将军义兴人周山图率兵屯扎驻守在浃口,讨平田流。

柔然进攻于阗,于阗派使者素目伽恭敬地用手捧着表书到魏国求救。魏献文帝拓跋弘召集公卿商议,大家都说:"于阗所在的地方距离京师(平城)有将近一万里,而蠕蠕(柔然)只习惯在原野掠夺,不会攻打城池,如果于阗被攻打,早就灭亡了。即使我们现在派军队前去支援,也来不及了。"魏献文帝拓跋弘向使者说明商议的结果,使者也认为正确。魏献文帝拓跋弘于是颁下诏令对于阗王说:"我本来要急速派各军来拯救在危难之中的你,但距离太远,来不及拯救当时的危急,你应该体谅。我现在正在训练甲兵,一两年之中,我当亲自率猛将,替你除去祸害,你要小心警备守卫,等待反攻时机的到来。"

资治通鉴卷第一百三十三　宋纪十五

起重光大渊献，尽旃蒙单阏，凡五年。

【译文】起辛亥（公元471年），止乙卯（公元475年），共五年。

【题解】本卷记录了宋明帝刘彧泰始七年至苍梧王刘昱元徽三年共五年间的刘宋与北魏等国大事：刘彧即位时颇有善举，但后来则残暴猜忌，杀了几位叔叔，又杀了曾拥他为王的寿寂之，受拥戴的刘子勋，平定东方诸郡的大功臣吴喜也被秘密赐死，政权岌岌可危。刘彧死后其子刘昱继位，袁粲等欲改弊政，无奈小人当道；刘宋栋梁之臣蔡兴宗死；宋将沈攸之积蓄力量，欲叛乱；建康形势危急时，萧道成成为中心人物；黄回与张敬儿诈降后将刘休范杀死；袁粲与敌军决战，陈显达等猛烈出击，大败刘休范部将，进攻建康的军队以失败告终；荆州刺史沈攸之杀刘休范二子，江州平定；萧道成取得朝廷大权，张敬儿做好与朝廷内外夹击沈攸之的准备；魏主拓跋弘厌弃尘世，禅位于其子拓跋宏，退位却没有休息，不断改革，使魏国呈现生机。

太宗明皇帝下

泰始七年（辛亥，公元四七一年）春，二月，戊戌，分交、广置越州，治临漳。

初，上为诸王，宽和有令誉，独为世祖所亲。即位之初，义嘉之党多蒙全宥，随才引用，有如旧臣。及晚年，更猜忌忍虐，好鬼神，多忌讳，言语、文书，有祸败、凶丧及疑似之言应回避者数百千品，有犯必加罪戮。改"騧"字为"弧"，以其似祸字故也。左右忤意，往往有刳斫者。

【译文】泰始七年（辛亥，公元471年）春季，二月，戊戌日（初十），宋国分别从交州、广州划分出来一部分设置越州，州治在临漳。

起初，宋明帝刘彧担任湘东王时，为人宽厚平和，有良好的名声，因此被宋世祖刘骏亲近信任。在他登上皇位初年，赦免很多附和义嘉（晋安王刘子勋）的人，并依照才能加以任用，待遇与旧臣一般。可他到了晚年，变得喜欢猜忌，性情残忍，喜好鬼神，尤其有许多忌讳。他下令要回避数百种以上有"祸败""凶丧"以及类似词句的言语和文书，有犯的一定杀戮，把字形很像"祸"字的"騧"字改为"弧"字。如果有人违犯就一定会进行杀戮，经常有违犯他意旨被剐内脏斩杀的左右臣子。

时淮、泗用兵，府藏空竭，内外百官，并断俸禄。而上奢费过度，每所造器用，必为正御、副御、次副各三十枚。嬖幸用事，货赂公行。

上素无子，密取诸王姬有孕者内宫中，生男则杀其母，使宠姬子之。

【译文】当时淮水、泗水一带对魏国用兵攻打，国库空虚到内外百官都中断俸禄的程度，但是宋明帝刘彧却没有限度地奢侈浪费，每次制造器物，一定为正御、副御、次副各做三十个。他左右的亲近之臣独揽大权，贿赂公然实行。

宋明帝刘彧因为没有儿子，就秘密地把有身孕的其他王的妾室送进宫中，等她生下男孩，就把她杀掉，然后让自己宠爱的姬妾抚养这个孩子。

【乾隆御批】宋主于孝武之子诛戮无遗，而甘为吕秦牛晋之续，天理尽人道灭，欲不再传而亡得乎？

【译文】宋明帝刘彧把孝武帝刘骏的儿子杀得没有遗留，自己却甘心像吕不韦的儿子做秦王、牛家后人做了晋帝那样延续，天理丧尽，人道灭绝，想不二世而亡可以行吗？

至是寝疾，以太子幼弱，深忌诸弟。南徐州刺史晋平刺王休祐，前镇江陵，贪虐无度，上不使之镇，留之建康，遣上佐行府州事。休祐性刚很，前后忤上非一，上积不能平，且虑将来难制，欲方便除之。甲寅，休祐从上于岩山射雉，左右从者并在仗后。日欲暗，上遣左右寿寂之等数人，逼休祐令坠马，因共殴，拉杀之，传呼"骠骑落马！"上阳惊，遣御医络驿就视，比其左右至，休祐已绝。去车轮，舆还第。追赠司空，葬之如礼。

【译文】这时宋明帝刘彧生病，因为太子幼小，所以很避忌弟弟们。他的弟弟南徐州刺史晋平刺王刘休祐，因为以前镇守江陵时，贪婪残暴没有限度，宋明帝刘彧就把他留在建康不让他再出镇，而派长史执行该州政治事务。前后不止一次得罪宋明帝刘彧的刘休祐生性刚强狠毒，这时，宋明帝刘彧怨恨积聚不能平息，忧虑将来不能制伏，想要找机会除掉他。甲寅日（二十六日），刘休祐随从宋明帝刘彧到岩山射雉。刘休祐的左右侍从都跟随在仪仗后面，日色渐渐昏暗，宋明帝刘彧先行回宫。他派左右寿寂之等数人，逼迫刘休祐从马车上下来，再共同围攻殴打,把他打死,传声呼喊说:"骠骑落马!"宋明帝刘彧假装惊动的样子,派御医不停地前往,等到刘休祐左右到达的时候,刘休祐已经气绝而亡。他们卸掉马车的车轮,用车箱抬着尸体返回府第。宋明帝刘彧追赠刘休祐为司空,按照礼制埋葬他。

建康民间讹言,荆州刺史巴陵王休若有至贵之相,上以此言报之,休若忧惧。戊午,以休若代休祐为南徐州刺史。休若腹心将佐,皆谓休若还朝,必不免祸。中兵参军京兆王敬先说休若曰:"今主上弥留,政成省阁,群竖恟恟,欲悉去宗支以便其私。殿下声著海内,受诏入朝,必往而不返。荆州带甲十馀万,地方数千里,上可以匡天子,除奸臣,下可以保境土,全一身;孰与赐剑邸第,使臣妾饮泣而不敢葬乎!"休若素谨畏,伪许之。敬先出,使人执之,以白于上而诛之。

【译文】 建康民间谣传荆州刺史巴陵王刘休若(皇帝第十九弟)有最尊贵的相貌,宋明帝刘彧把这话告诉刘休若,刘休若感到忧虑恐惧。戊午日(三十日),宋明帝刘彧命刘休若代替刘休祐担任南徐州刺史。刘休若极亲近的将佐,都认为刘休若如果回到朝廷,一定不能免于灾祸。中兵参军京兆人王敬先对刘休若说:"现在皇上病重濒死,政治事务由禁中决定,这些狂妄的小人,想要消灭全部宗室,来实现他们的私人愿望,殿下声誉久享海内,接受诏令进入朝廷,一定有去无回。荆州有十多万甲兵,地方数千里,实力强大。上可以扶助天子,清除奸臣,下可以保护境土,安定自身。怎么可以等待被赐剑自杀,臣妾吞泪而不敢埋葬的日子呢?"刘休若一向谨慎胆小,便假装答应他的建议进行抵抗。等王敬先出去后,就命人逮捕他,向宋明帝刘或表白实情后杀掉了王敬先。

三月，辛酉，魏假员外散骑常侍邢祐来聘。

魏主使殿中尚书胡莫寒简西部敕勒为殿中武士。莫寒大纳货赂，众怒，杀莫寒及高平假镇将奚陵。夏，四月，诸部敕勒皆叛。魏主使汝阴王天赐将兵讨之，以给事中罗云为前锋；敕勒诈降，袭云，杀之，天赐仅以身免。

【译文】三月，辛酉日（初三），魏国代理员外散骑常侍邢祐来访问。

魏献文帝拓跋弘派殿中尚书胡莫寒选用西部敕勒人为殿中武士。胡莫寒大收财富货物，敕勒人愤怒，杀掉胡莫寒和代理高平军镇的临时统领奚陵。夏季，四月，各部敕勒都进行造反叛乱。魏献文帝拓跋弘派汝阴王拓跋天赐以给事中罗云为前锋率兵前来镇压，敕勒假意投降，突袭并杀死罗云。而拓跋天赐幸免于难，得以逃出。

晋平刺王既死，建安王休仁益不自安。上与嬖臣杨运长等为身后之计，运长等亦虑上晏驾后，休仁秉政，己辈不得专权，弥赞成之。上疾尝暴甚，内外莫不属意于休仁，主书以下皆往东府访休仁所亲信，豫自结纳；其或在直不得出者，皆恐惧。上闻，愈恶之。五月，戊午，召休仁入见，既而谓曰："今夕停尚书下省宿，明可早来。"其夜，遣人赍药赐死。休仁骂曰："上得天下，谁之力邪！孝武以诛锄兄弟，子孙灭绝。今复为尔，宋祚其得久乎？"上虑有变，力疾乘舆出端门，休仁死，乃入。下诏称："休仁规结禁兵，谋为乱逆，朕未忍明法，申诏诘厉。休仁惭恩惧罪，遽自引决。可宥其二子，降为始安县王，听其子伯融袭封。"

【译文】晋平刺王刘休祐被杀后，建安王刘休仁更加不自在。宋明帝刘彧和嬖幸的亲近之臣杨运长等人商量自己的身后之事，而杨运长等则忧虑皇帝死后，如果刘休仁执政，自己就不能独揽大权，越发赞成皇帝先对付弟弟们。宋明帝刘彧病情更加严重，朝野内外没有人不看中刘休仁为下任皇帝，主书以下的官吏都到东府拜访并预先结交刘休仁所亲信的人，其他在当值不能出去的，都感到恐惧。宋明帝刘彧知道这件事后，更加厌恶刘休仁。五月，戊午日（初一），宋明帝刘彧诏令刘休仁入宫会面，不久又说："你今晚先在尚书下省过夜，明天早上再早点过来。"当晚，他就派人送毒药逼迫刘休仁自杀。刘休仁得知后，骂道："皇帝能够得道天下，是凭借谁的力量呢？现在却忘恩负义，连兄弟之情都不顾念。孝武（刘骏）因为诛杀兄弟，导致自己子孙灭绝，今天轮到你这样做，宋的国命还会长久吗？"然后就服药而死。之后，宋明帝刘彧因为忧虑事情发生变故，就勉强支撑病体坐轿走出端门，当他知道刘休仁已经死去的消息后，才安心回宫。最后，宋明帝刘彧颁下诏令说："刘休仁勾结禁兵，计划叛变，我本不忍心严格公正地教训，把他处决，但刘休仁惭愧畏罪，就匆忙自杀。现在赦免他的两个儿子，把建安王降为始安县王，由他的儿子刘伯融承袭爵位。"

【乾隆御批】既与休仁相款洽，且云谅其勋诚，何事计交切之有？徒以猜嫌戕贼，周恤伦理耳，事后流涕，其将谁欺？

【译文】刘彧既然与刘休仁关系融洽，并且说体谅他诚实有功劳，到底是什么紧急的国家大计呢？仅凭猜疑就把他杀害，竟不体恤兄弟间的伦常道德，事后痛哭流涕，又能欺骗谁呢？

上虑人情不悦，乃与诸大臣及方镇诏，称："休仁与休祐深相亲结，语休祐云：'汝但作佞，此法自足安身；我从来颇得此力。'休祐之隙，本欲为民除患，而休仁从此日生娆惧。吾每呼令入省，便人辞杨太妃。吾春中多与之射雉，或阴雨不出，休仁辄语左右云：'我已复得今一日。'休仁既经南讨，与宿卫将帅经习狎共事。吾前者积日失适，休仁出入殿省，无不和颜，厚相抚劳。如其意趣，人莫能测。事不获已，反覆思惟，不得不有近日处分。恐当不必即解，故相报知。"

上与休仁素厚，虽杀之，每谓人曰："我与建安年时相邻，少便款狎。景和、泰始之间，勋诚实重；事计交切，不得不相除，痛念之至，不能自已。"因流涕不自胜。

【译文】宋明帝刘彧害怕各方人心惊恐慌乱，于是给各大臣和各州刺史颁下诏书说："刘休仁和刘休祐相处亲密，刘休仁对刘休祐说：'你只管去奉承皇上，此法足以容身。我一向从这个方法中受益。'刘休祐性情贪婪残暴，他的死去，本是为民除害，但刘休仁却从此感到忧伤恐惧，不能安心，我每次要他进入禁中，他便见杨太妃，（休仁的母亲）与她诀别。我在春天多和他去射雉，有时因为下雨没有出去，刘休仁就对他的左右侍从说：'我又多活了一天。'刘休仁已经经过讨伐寻阳的战争，和负责宫中警卫的将帅都曾经一起做事，我前些日子身体不舒适，他便出入宫中，无不对将帅和颜相对，厚加宠络。他的用心，真让人难以揣测，事情不得真相，我反复思考，不得不做出近日的处置。恐怕各位对这事不容易立刻了解，所以进行通告。"

宋明帝刘彧和刘休仁本来关系就很要好，虽然杀了他，但是每次都会对人说："我与建安王（刘休仁）年龄相近，从小相互亲近和嬉戏。景和、泰始年间，他所立的功勋实在很大；但事情到利害关头，我不得不把他铲除。可思念的深切，真让人难以承受。"因此不自觉地流下眼泪。

【申涵煜评】或身遭子业之暴，濒死者数。即位略不知惩，而荒淫残虐反过之。几乎无人不疑，无人不杀。即患难有功，如休仁亦忍以猜忌赐死。昔号"猪王"，恐猪亦不如矣。

【译文】宋明帝刘彧遭受前废帝刘子业的迫害，濒临死亡的地步有数次。登上皇位后反而更加荒废贪恋、凶残暴虐，几乎是没有人不被他猜疑，不被他诛杀的。就是在患难中建立功劳的，如刘休仁也因为他猜忌而赐死。昔日刘彧被叫为"猪王"，恐怕是连猪也不如啊。

初，上在藩与褚渊以风素相善；及即位，深相委仗。上寝疾，渊为吴郡太守，急召之。既至，入见，上流涕曰："吾近危笃，故召卿，欲使著黄裲耳。"黄裲者，乳母服也。上与渊谋诛建安王休仁，渊以为不可，上怒曰："卿痴人！不足与计事！"渊惧而从命。复以渊为吏部尚书。庚午，以尚书右仆射袁粲为尚书令，褚渊为左仆射。

上恶太子屯骑校尉寿寂之勇健；会有司奏寂之擅杀逻将，徙越州，于道杀之。

【译文】起初，宋明帝刘彧在任职湘东王时，与褚渊因为彼此文采作风相同而互相友善交好。等到刘彧登上皇位，就把重任委托给褚渊。后来，宋明帝刘彧卧病在床，就急速召令担任吴郡太守的褚渊进宫，宋明帝刘彧流着泪对他说："我的病情已经危急，所以召见你，希望你能穿黄裲（扶持幼主）！"黄裲，是皇子乳母的衣服。宋明帝刘彧想和他商量杀掉建安王刘休仁的事情，但褚渊认为不可以。宋明帝刘彧愤怒地说："你是傻瓜！不足以参与大事！"褚渊害怕而选择听从。于是又任命褚渊担任吏部尚书。庚午日（十三日），宋明帝刘彧任命尚书右仆射袁粲担任尚书令，任命褚渊担任左仆射。

宋明帝刘彧厌恶勇猛的太子屯骑校尉寿寂之，正好有关部门上奏寿寂之擅自杀死逻尉的事情，就把他贬谪到越州，并命人在路上把他杀掉。

丙戌，追废晋平王休祐为庶人。

巴陵王休若至京口，闻建安王死，益惧。上以休若和厚，能谐缉物情，恐将来倾夺幼主，欲遣使杀之，虑不奉诏；欲徵入朝，又恐猜骇。六月，丁酉，以江州刺史桂阳王休范为南徐州刺史，以休若为江州刺史。手书殷勤，召休若使赴七月七日宴。

丁未，魏主如河西。

秋，七月，巴陵哀王休若至建康；乙丑，赐死于第，赠侍中、司空。复以桂阳王休范为江州刺史。时上诸弟俱尽，唯休范以人才凡劣，不为上所忌，故得全。

【译文】丙戌日（二十九日），宋明帝刘彧追废晋平王刘休祐为平民。

巴陵王刘休若（刘彧的十九弟）到达京口，听到建安王已死的消息，感到更加害怕。宋明帝刘彧认为刘休若为人温和厚道，有平定人心的办法，恐怕将来会夺取幼主的皇位，要派人杀他，又害怕他不听命；想要征召他入朝，又恐怕他心生猜疑，惊惶慌乱。

六月，丁酉日（初十），宋明帝刘彧任命江州刺史桂阳王刘休范担任南徐州刺史，任命刘休若担任江州刺史。宋明帝亲自书写词句恳切的诏书征召刘休若在七月七日赴宴。

丁未日（二十日），魏献文帝拓跋弘到达河西。

秋季，七月，巴陵哀王刘休若到达建康；乙丑日（初九），宋明帝刘彧把刘休若赐死在他的宅第中，死后赠侍中、司空的谥号。又任命桂阳王刘休范担任江州刺史。当时宋明帝的弟弟都被他杀尽，只有刘休范因能力低下，不被宋明帝所顾忌，所以保全性命。

【乾隆御批】尽杀兄子及诸弟，而欲绵一线于孤立之幼子，天理人心不可问矣。以致篡改相寻，虽深忌道成，而不能去。足为自残本根者炯戒。

【译文】把哥哥的儿子和自己的弟弟都杀了，只想靠孤立的幼子来延续一线血脉，天理人心都说不过去。以至篡位改政的事连续不断，尽管非常害怕这种事，但不能免去。这足以让那些同族相残的人引为明显的警戒。

◆沈约论曰："圣人立法垂制，所以必称先王，盖由遗训馀风，足以贻之来世也。太祖经国之义虽弘，隆家之道不足。彭城王照不窥古，徒见昆弟之义，未识君臣之礼，冀以家情行之国道，主猜而犹犯，恩薄而未悟，致以呵训之微行，遂成灭亲之大祸。开端树隙，垂之后人。太宗因易隙之情，据已行之典，翦落洪枝，不得顾虑。既而本根无庇，幼主孤立，神器以势弱倾移，灵命随乐推回改，斯盖履霜有渐，坚冰自至，所由远矣。◆

【译文】◆沈约评论说：古代圣王建立法律制度，并使之流传后世，所以后世的人经常援引和称述先王，以证明自己所为的合理性。宋太祖（刘义隆）治理国家的规模虽然巨大宏伟，但没有采用好的治理国家的方法。彭城王刘义康没有学习先王的遗训，只知道兄弟亲密的伦理道德，而不知道君臣贵贱的礼仪，把应该用于家庭的情感用于国家。因此他去冒犯正猜疑妒忌的君主（文帝义隆）；不了解兄弟感情淡薄，以至于一点点可以用责骂解决的小事情，居然造成灭亲的大灾祸。从此开创彼此猜忌的前例，并传给后人。太宗（刘彧）占有猜忌的心思，依照先人的前例，一点也不犹豫地杀除弟弟。这样导致国家没有宗室的依赖，幼主孤立无援，政权因为势力衰弱而逐渐丧失，国命因为众人拥护而转变。这就如同下霜结冰一样，需要日积月累，不是一下子就形成的。◆

◆裴子野论曰："夫噬虎之兽，知爱己子；搏狸之鸟，非护异巢。太宗保字螟蛉，剿拉同气，既迷在原之天属，未识父子之自然。宋德告终，非天废也。夫危亡之君，未尝不先弃本枝，妪煦帝孽；推诚嬖狎，疾恶父兄。前乘覆车，后来并辔。借使叔仲有国，犹不先配天；而它人入室，将七庙绝祀；曾是莫怀，甘心揣落。晋武背文明之托，而覆中州者贾后；太祖弃初宁之誓，而登合殿者元凶。祸福无门，奚其豫择！友于兄弟，不亦安乎！◆

【译文】◆裴子野评论说："知道爱惜自己儿子的猛兽能咬伤老虎；知道保护自己鸟巢的老鹰能抓捕狐狸。太宗保全养育一个螟蛉子（养子），却杀害自己的同胞弟弟，他既迷惘于兄弟的天性，又不知道父子的伦理纲常。不是上天终结宋国的国命。亡国的君主，都是抛弃嫡系的子孙，而养育旁系的宗族亲人，信任嬖人，厌恶父兄，却不知道借鉴前车之鉴的人。如果让兄弟继承，可以让祖庙祭祀上天；如果异姓成为君主，那么宗庙将要断绝祭祀。太宗不考虑这个，心甘情愿地消灭兄弟；晋武帝违背文明皇后的嘱托，杀死弟弟司马攸，而使中原地区大乱，最后西晋被少数民族灭亡的罪魁祸首就是晋惠帝司马衷的皇后贾南风；宋太祖刘义隆撕毁丢弃当初宁陵的誓约，杀掉弟弟刘义康，而登上合殿弑杀宋太祖刘义隆的正是太子刘劭。祸福无门，所以应该事先就进行抉择；能够友爱兄弟，不是最安全的吗！◆

丙寅，魏主至阴山。

初，吴喜之讨会稽也，言于上曰："得寻阳王子房及诸贼帅，皆即于东戮之。"既而生送子房，释顾琛等。上以其新立大功，不问，而心衔之。及克荆州，剽掠，赃以万计。寿寂之死，喜为淮陵太守，督豫州诸军事，闻之，内惧，启乞中散大夫，上尤疑骇。或谮萧道成在淮阴有贰心于魏，上封银壶酒，使喜自持赐道成。道成惧，欲逃，喜以情告道成，且先为之饮，道成即饮之。喜还朝，保证道成。或密以启上，上以喜多计数，素得人情，恐其不能事幼主；乃召喜入内殿，与共言谑甚款，既出，赐以名馔。寻赐死，然犹发诏赙赐。

【译文】丙寅日（初十），魏献文帝拓跋弘到达阴山。

起初，吴喜攻讨会稽时，曾经对宋明帝刘彧说："如果抓捕到寻阳王刘子房和贼军主帅，都要在会稽就地处死。"不久他就攻破会稽，把刘子房活着押送到建康，而释放了顾琛。宋明帝刘彧认为他刚刚立下大功，便不追问责任，然而却怀恨在心。等到吴喜攻下荆州后，抢劫得到数以万计的赃款。寿寂之被宋明帝刘彧杀死时，吴喜正担任淮陵太守，都督豫州各军事，他知道这个消息后，心里感到很恐惧，就主动向宋明帝刘彧上奏请求担任闲散的中散大夫一职，但宋明帝刘彧更加怀疑他的居心。有人向宋明帝刘彧打小报告说萧道成在淮阴有背叛宋国投靠魏国的心意，宋明帝刘彧用银壶盛酒并封装好，命吴喜前去送给萧道成。见到带着酒的吴喜，萧道成感到害怕，便想逃跑，而吴喜把酒没有毒的实情告诉他，并自己先喝，萧道成再喝。吴喜回到朝廷，向宋明帝刘彧保证萧道成没有二心。有人秘密地报告宋明帝刘彧，检举吴喜的言语和行动。宋明帝刘彧认为吴喜善于计谋，一向深得人缘，恐怕不能侍奉幼主，于是就召令吴喜进入内殿，很诚恳地和他聊天，待他进殿后，赐给他上等菜肴。一会儿，就逼迫他自杀，然后颁下诏令丰厚地抚恤他。

又与刘勔等诏曰：“吴喜轻狡万端，苟取物情。昔大明中，黟、歙有亡命数千人，攻县邑，杀官长，刘子尚遣三千精甲讨之，再往失利。孝武以喜将数十人至县，说诱群贼，贼即归降。诡数幻惑，乃能如此。及泰始初东讨，止有三百人，直造三吴，凡再经薄战，而自破冈以东至海十郡，无不清荡。百姓闻吴河东来，便望风自退；若非积取三吴人情，何以得弭伏如此！寻喜心迹，岂可奉守文之主，遭国家可乘之会邪！譬如饵药，当人羸冷，资散石以全身，及热势发动，去坚积以止患，非忘其功，势不获已耳。”

【译文】宋明帝刘彧又给刘勔等人颁下诏书说：“吴喜性情狡猾万端，善于骗取人心。从前大明年间，黟、歙等地有数千个逃命的人攻打县邑并杀害官长，刘子尚率三千精锐士兵前去攻打讨伐，但仍然打败仗。孝武帝派吴喜率数十人到县城，游说贼人，贼人立即投降，他诡计多端竟然到了如此地步。在泰始初年向东讨伐时，吴喜只率三百人径直抵达三吴，从破冈向东一直到海边的十郡，都被他扫荡平定。百姓听到吴喜从河东来到，便望风而退。如果他不是对三吴人民有恩情，怎么能这么顺利地平定！考察吴喜的心意，怎么能够侍奉奉行文治的君主，而对可以乘机夺取国家的机会漠不关心呢？这就如同吃药散，当人虚弱寒冷的时候，就要依靠药散来暖和全身，等到热气发作，则又要抛弃药散，使疾病消失停止。不是忘记了药散的功用，是形势已经用不着它了。"

戊寅，以淮阴为北兖州，徵萧道成入朝。道成所亲以朝廷方诛大臣，劝勿就徵，道成曰："诸卿殊不见事！主上自以太子稚弱，剪除诸弟，何预它人！今唯应速发；淹留顾望，必将见疑。且骨肉相残，自非灵长之祚，祸难将兴，方与卿等戮力耳。"既至，拜散骑常侍、太子左卫率。

八月，丁亥，魏主还平城。

戊子，以皇子跻继江夏文献王义恭。

庚寅，上疾有间，大赦。

戊戌，立皇子准为安成王，实桂阳王休范之子也。

【译文】戊寅日（二十二日），宋明帝刘彧把淮阴列为北兖州，征召萧道成入朝，萧道成所亲近的部下，都认为朝廷现在正在杀戮大臣，所以劝告他不要应征。萧道成说："各位看不清事情形势，皇上自认为太子幼小，所以要杀除弟弟以绝后患，这与非宗室的人有何关系！现在我只有从速出发，如果逗留观望，一定会被皇帝怀疑，而且皇帝杀害骨肉，并不是政权长治久安的好兆头，祸难将要发生，我正要与各位共同努力！"等他到了建康，被任命为散骑常侍、太子左卫率。

八月，丁亥日（初一），魏献文帝拓跋弘回到平城。

戊子日（初二），宋明帝刘彧任命皇子刘跻继承江夏文献王刘义恭的王位。

庚寅日（初四），宋明帝刘彧病稍微好些，大赦天下。

戊戌日（十二日），宋明帝刘彧封皇子刘淮为安成王。刘淮实际上是桂阳王刘休范的儿子。

魏显祖聪睿夙成，刚毅有断，而好黄、老、浮屠之学，每引朝士及沙门共谈玄理，雅薄富贵，常有遗世之心。以叔父中都大官京兆王子推沉雅仁厚，素有时誉，欲禅以帝位。时太尉源贺督诸军屯漠南，驰传召之。既至，会公卿大议，皆莫敢先言。任城王云，子推之弟也，对曰："陛下方隆太平，临覆四海，岂得上违宗庙，下弃兆民。且父子相传，其来久矣。陛下必欲委弃尘务，则皇太子宜承正统。夫天下者，祖宗之天下；陛下若更授旁支，恐非先圣之意。启奸乱之心，斯乃祸福之原，不可不惧也。"源贺曰："陛下今欲禅位皇叔，臣恐紊乱昭穆，后世必有逆祀之讥。愿深思任城之言。"东阳公丕等曰："皇太子虽圣德早彰，然实冲幼。陛下富于春秋，始览万机，奈何欲隆独善，不以天下为心，其若宗庙何！其若亿兆何！"尚书陆馛曰："陛下若舍皇太子，更议诸王，臣请刎颈殿庭，不敢奉诏！"帝怒，变色；以问宦者选部尚书酒泉赵黑，黑曰："臣以死奉戴皇太子，不知其它！"帝默然，时太子宏生五年矣，帝以其幼，故欲传位子推。中书令高允曰："臣不敢多言，愿陛下上思宗庙托付之重，追念周公抱成王之事。"帝乃曰："然则立太子，郡公辅之，有何不可！"又曰："陆馛，直臣也，必能保吾子。"乃以馛为太保，与源贺持节奉皇帝玺绶传位于太子。丙午，高祖即皇帝位，大赦，改元延兴。

【译文】魏显祖拓跋弘聪明早熟，刚毅果敢，喜爱黄、老、佛教的学术，常常与朝堂官员和僧侣共同谈论玄理，他淡薄富贵，经常有逃避时世、隐出政治生活的心愿，认为叔父中都大官京兆王拓跋子推典雅仁厚，很有清明的声誉，想把皇帝之位禅让给他。当时太尉源贺正在漠南指挥各军，拓跋弘急令他回到平城，然后与公卿开会讨论，大家都不敢先说话。任城王拓跋云，是拓跋子推的弟弟，他起来说："陛下正治理太平盛世，怎么可以向上违背宗庙，向下抛弃百姓呢？而且父子相传的制度，由来已久。陛下如果一定要卸下政务，也该由太子继承帝位。陛下如果要祖宗传下来的天下授给旁系血亲，这恐怕不是先人的本意，反将会开启奸人的野心，现在的抉择将决定我们未来面临的祸福状况，不可以不慎重。"源贺也说："陛下现在要禅位给皇叔，臣认为这恐怕会扰乱继承的次序，将来会出现违备叛逆祭祀顺序的批评，希望陛下能考虑任城王的话。"东阳公拓跋丕等人说："皇太子虽然从小就很聪慧，但毕竟是幼儿。陛下正是强壮之年，才开始总理成千上万的事务，怎么就只知道顾念自身，而不把天下放在心上，这将如何对得起宗庙和百姓？"尚书陆馛说："陛下如果放弃让太子继承，而改立其他的王，臣就请求在殿庭上自杀，不敢遵守陛下的命令！"魏献文帝拓跋弘大怒，变了脸色，询问宦者选部尚书酒泉人赵黑的意见，赵黑说："臣只能以死来拥戴皇太子，其他的并不知道。"魏献文帝拓跋弘于是沉默不语。当时太子拓跋宏才五岁，魏献文帝拓跋弘因为他年龄太小，所以才想要把皇位传给拓跋子推。中书令高允说："臣不敢多话，希望陛下能想到宗庙所寄托和背负的重大责任，并回想古时周公扶助成王的故事。"魏献文帝拓跋弘说："那么如果立太子为皇帝，公卿辅佐，有什么不可以的呢？"他又说："陆馛，是耿直的臣子，一定能够保护我的儿子。"于是就任命陆馛担任太保，与源贺持节恭敬地捧着皇帝的玺绂把皇位传给太子，大赦境内，把年号改为延兴。

高祖幼有至性，前年，显祖病痈，高祖亲吮。及受禅，悲泣不自胜。显祖问其故，对曰："代亲之感，内切于心。"

丁未，显祖下诏曰："朕希心玄古，志存淡泊，爰命储宫践升大位，朕得优游恭己，栖心浩然。"

群臣奏曰："昔汉高祖称皇帝，尊其父为太上皇，明不统天下也。今皇帝幼冲，万机大政，犹宜陛下总之。谨上尊号曰太上皇帝。"显祖从之。

【译文】魏高祖拓跋宏年龄小而富有情感，显祖拓跋弘在前年生病长痈，高祖拓跋宏亲自用嘴吸吮。等到接受禅让登上皇位的时候，悲伤哭泣，不能停止。显祖拓跋弘问他原因，他回答说："代替父亲，心中是痛切的感觉。"

丁未日（二十一日），魏显祖拓跋弘颁下诏书说："我心求自然，志向淡泊，现在命太子升登皇位，我就可以悠闲舒适，清白高洁地颐养身心。"

大臣们上奏："古时汉高祖称皇帝，尊奉他的父亲为太上皇，是用以表明不统治天下。现在皇帝年幼，还要由陛下总管国家事务，谨尊皇上为太上皇帝。"魏显祖拓跋弘答应。

【乾隆御批】溺黄老浮屠之说，而以大位委之冲龄，卒致鸩弑。垂帘祸不旋踵，岂非自贻伊戚！

【译文】献文帝拓跋弘沉溺道家佛家的学说，却把皇帝大位委任给幼年即位的儿子，最终导致自己被毒杀。垂帘听政的灾祸旋踵而来，难道不是自己招致祸患吗？

【乾隆御批】宏是时方五岁，史称前年吮痈，当是三四岁事。即悲泣对问，亦非五岁儿所能办。不问可知其伪。

【译文】拓跋宏当时才五岁。史书上说他前年替魏献文帝拓跋弘吸痈疽的脓血，应该是他三四岁的事。即使拓跋宏悲伤地哭泣，也能回答皇帝的提问，这绝不是五岁小孩能办得到的。不用问也可知这是假的。

己酉，上皇徙居崇光宫，采椽不斫，土阶而已；国之大事咸以闻。崇光宫在北苑中，又建鹿野浮图于苑中之西山，与禅僧居之。

冬，十月，魏沃野、统万二镇敕勒叛，遣太尉源贺帅众讨之；降二千馀落，追击馀党至枹罕、金城，大破之，斩首八千馀级，虏男女万馀口，杂畜三万馀头。诏贺都督三道诸军，屯于漠南。

【译文】己酉日（二十三日），魏国太上皇拓跋弘迁居到不加雕饰、还是土台阶的崇光宫，但国家大事仍由他决定。崇光宫在北苑中，他又在苑中的西山建造鹿野佛寺，和禅僧一起居住。

冬季，十月，魏国沃野、统万二镇的敕勒族人反叛魏人。太上皇拓跋弘派太尉源贺率兵前去攻打讨伐，镇压两千多部落，追击敕勒的残余士兵到枹罕、金城，并加以歼灭，最后斩杀八千多人，虏获男女一万多人，各种牲畜三万多头。太上皇拓跋弘又命令源贺指挥三路各军，屯扎驻守在漠南。

先是，魏每岁秋、冬发军，三道并出，以备柔然，春中乃还。贺以为："往来疲劳，不可支久；请募诸州镇武健者三万馀人，筑三城以处之，使冬则讲武，春则耕种。"不从。

庚寅，魏以南安王桢为都督凉州及西戎诸军事，领护西域校尉，镇凉州。

上命北琅邪、兰陵二郡太守垣崇祖经略淮北，崇祖自郁洲将数百人入魏境七百里，据蒙山。十一月，魏东兖州刺史于洛侯击之，崇祖引还。

【译文】先前，魏国为防备柔然，每年都在秋、冬之交三路一起出兵巡逻，到第二年仲春才回来。源贺认为："往来奔走，就会疲劳导致不能坚持长久，臣请求招募各州镇三万多强壮的人，然后分别修筑三城来驻扎防守，让他们冬天训练，春天耕种。"太上皇拓跋弘没有听从。

庚寅日（初五），魏国朝廷任命南安王拓跋桢担任都督凉州和西戎各军事，兼任护西域校尉，镇守凉州。

宋明帝刘彧任命北琅邪、兰陵二郡太守垣崇祖规划营治淮北，垣崇祖从郁洲率数百人进入魏国境内七百里，占据蒙山。十一月，魏国东兖州刺史于洛侯对他进行攻击，于是垣崇祖率士兵退回宋国境内。

上以故第为湘宫寺，备极壮丽；欲造十级浮图而不能，乃分为二。新安太守巢尚之罢郡入见，上谓曰："卿至湘宫寺未？此是我大功德，用钱不少。"通直散骑侍郎会稽虞愿侍侧，曰："此皆百姓卖儿贴妇钱所为，佛若有知，当慈悲嗟愍；罪高浮图，何功德之有！"侍坐者失色；上怒，使人驱下殿。愿徐去，无异容。

上好围棋，棋甚拙，与第一品彭城丞王抗围棋，抗每假借之，曰："皇帝飞棋，臣抗不能断。"上终不悟，好之愈笃。愿又曰："尧以此教丹朱，非人主所宜好也。"上虽怒甚，以愿王国旧臣，每优容之。

【译文】宋明帝刘彧把他以前担任湘东王时的故宅，改为修饰得极为壮丽的湘宫寺，还要另外建造十层的佛寺，但因太高不能建造，只好分建为两个佛寺。新安太守巢尚之辞职入京参见宋明帝刘彧，宋明帝刘彧说："你到过湘宫寺没有？这是我积累的大功德，用钱不少。"在旁边侍候的通直散骑侍郎会稽人虞愿说："这都是用百姓卖掉儿女、典当妇女所得的钱所建造的，佛如果有知，应当要慈悲叹息。这比佛塔还高的罪恶，有什么功德可言！"侍坐的人都大惊失色，宋明帝刘彧大怒，命人把他从宫殿赶出去。虞愿慢慢地走出，没有一丝惊慌害怕的神色。

宋明帝刘彧喜爱下围棋，但棋技笨拙低劣，与当时的第一高手彭城丞王抗对弈时，王抗都故意谦让他，说："臣不能切断皇帝的飞棋。"宋明帝刘彧始终不了解，而更加喜欢下棋。虞愿又说："围棋是尧教他愚笨的儿子的玩意儿，不是为人君主所应该喜好的。"宋明帝刘彧虽然感到生气，但因为虞愿是他原先担任湘东王时的旧臣，所以宽恕了他。

王景文常以盛满为忧，屡辞位任，上不许。然中心以景文外戚贵盛，张永累经军旅，疑其将来难信，乃自为谣言曰："一士不可亲，弓长射杀人。"景文弥惧，自表解扬州，情甚切至。诏报曰："人居贵要，但问心若为耳。大明之世，巢、徐、二戴，位不过执戟，权亢人主。今袁粲作仆射领选，而人往往不知有粲，粲迁为令，居之不疑；人情向粲，淡然亦复不改常日。以此居贵位要任，当有致忧竟不？夫贵高有危殆之惧，卑贱有填壑之忧，有心于避祸，不如无心于任运，存亡之要，巨细一揆耳。"

【译文】王景文经常害怕自己因为骄傲得罪朝廷，屡次请求辞去职位，虽然宋明帝刘彧始终不允许，但他心中仍然认为王景文凭借外戚而心高气盛，另外张永长久地经营军中事务，宋明帝刘彧怀疑二人将来难以信任，就自己造谣言说："一士（王）不可亲，弓长（张）射杀人。"王景文越来越害怕，便自己上表诚恳地请求宋明帝刘彧解除扬州刺史的职位。宋明帝刘彧给他诏书说："人担任重要职务，只看他有怎样的居心。大明年间，巢尚之、徐爰和戴法兴、戴明宝，职位不过是皇帝的警卫，但权力大到可以和皇帝相比的程度。现在袁粲担任仆射并且兼任尚书令，而人们却往往不知道有他的存在，当袁粲升任为尚书令，对自己所处的地位毫不怀疑，人们也倾向他，但他一如平日地淡泊简单朴素。像他这样的人担任重要的职位，皇帝心里当然不会产生恐惧。所以居高位会有孤立高耸的恐惧，处低位会有被埋没的忧虑，与其有心避免灾祸，不如无心顺其自然。存亡的关键，大小都是一个原则。"

泰豫元年（壬子，公元四七二年）春，正月，甲寅朔，上以疾久不平，改元。戊午，皇太子会四方朝贺者于东宫，并受贡计。

大阳蛮酋桓诞拥沔水以北、潢、叶以南八万馀落降于魏，自云桓玄之子，亡匿蛮中，以智略为群蛮所宗。魏以诞为征南将军、东荆州刺史、襄阳王，听自选郡县吏；使起部郎京兆韦珍与诞安集新民，区置诸事，皆得其所。

二月，柔然侵魏，上皇遣将击之；柔然走。东部敕勒叛奔柔然，上皇自将追之，至石碛，不及而还。

【译文】泰豫元年（壬子，公元472年）春季，正月，甲寅朔日（初一），宋明帝刘彧久病未愈，把年号改为泰豫。戊午日（初五），皇太子刘昱在东宫会见四方来朝贡的人，并接受朝贡簿册。

大阳蛮族酋长桓诞率沔水以北、潢水与叶县以南地方的八万多聚落向魏国投降，他自称是桓玄逃跑躲藏在蛮人中的儿子，因为才智双全而被各聚落的蛮人推举为领袖。魏国朝廷任命他担任征南将军、东荆州刺史、襄阳王，并任由他自己选择郡县官吏。又任用部郎京兆人韦珍和桓诞一起来安抚新依附的人民，安排处理各种事务，桓诞都做得很适宜。

二月，柔然前来侵略魏国，太上皇拓跋弘派将领前去迎击，柔然退走。东部敕勒人背叛魏国投奔柔然，太上皇拓跋弘亲自率兵追击到石碛，没有追赶上而回。

上疾笃，虑晏驾之后，皇后临朝，江安懿侯王景文以元舅之势，必为宰相，门族强盛，或有异图。己未，遣使赍药赐景文死，手敕曰："与卿周旋，欲全卿门户，故有此处分。"敕至，景文正与客棋，叩函看已，复置局下，神色不变，方与客思行争劫。局竟，敛子内奁毕，徐曰："奉敕见赐以死。"方以敕示客。中直兵焦度赵智略愤怒，曰："大丈夫安能坐受死！州中文武数百，足以一奋。"景文曰："知卿至心；若见念者，为我百口计。"乃作墨启答敕致谢，饮药而卒。赠开府仪同三司。

【译文】宋明帝刘彧病重时，忧虑他死后如果皇后亲临朝廷处理政事，江安懿侯王景文会凭借母舅的地位，当上宰相，这时王家族人强盛，可能会有谋朝篡位的野心。于是，己未日（三月初七），宋明帝刘彧派使者送给王景文毒药赐他自杀，并亲手写信道："为了保全你的族人，所以才会直接与你打交道。"命令到达时，王景文正与客人下棋，他打开诏书看完后，不改神色地继续下，还与客人思考如何围劫棋子，等到下完以后，便把棋子装进盒子，慢慢说："我遵奉皇帝的命令被赐死。"说完以后，才把诏书拿出来给大家看。

中直兵焦度人赵智略愤怒地说："大丈夫怎么能够坐而受死？（扬）州中有数百文武官吏，也足够一拼。"王景文说："我知道你的好心，你如果当真要帮我的话，一定要为我家一百口人着想。"于是就用笔回复致谢皇帝，然后饮药而死。死后追赠他开府仪同三司。

【申涵煜评】景文闻诏赐死，神色不变，何哉？盖自表解扬州以来，意中久知必死，故得之适如固然耳。然敛棋内奁，墨启答敕，非平日大有涵养，亦断不能镇静至此。

【译文】王彧（字景文）听说皇帝下诏赐死他，他的神情面色没有发生改变，这是为什么？原来自从诏书发送到扬州以来，王景文早就得知他一定会被赐死，因此接受诏书时恰好像是必然的事情罢了。然而王景文收好棋子放在盒子中，开始研墨写奏章答谢皇帝，不是平日里就非常具有涵养，也绝对不可能镇定平静到这种地步。

上梦有人告曰："豫章太守刘愔反。"既寤，遣人就郡杀之。

魏显祖还平城。

庚午，魏主耕藉田。

【译文】宋明帝刘彧梦到有人告诉他："豫章太守刘愔造反。"醒后，就派人到豫章郡杀死了他。

魏显祖拓跋弘回到平城。

庚午日（三月十八日），魏国孝文帝拓跋宏举行亲自耕田的仪式。

夏，四月，以垣崇祖行徐州事，徙戍龙沮。

己亥，上大渐，以江州刺史桂阳王休范为司空，又以尚书右仆射褚渊为护军将军，加中领军刘勔右仆射，诏渊、勔与尚书令袁粲、荆州刺史蔡兴宗、郢州刺史沈攸之并受顾命。褚渊素与萧道成善，引荐于上，诏又以道成为右卫将军，领卫尉，与袁粲

476

等共掌机事。是夕，上殂。庚子，太子即皇帝位，大赦。时苍梧王方十岁，袁粲、褚渊秉政，承太宗奢侈之后，务弘节俭，欲救其弊；而阮佃夫、王道隆等用事，货赂公行，不能禁也。

乙巳，以安成王准为扬州刺史。

【译文】 夏季，四月，宋明帝刘彧任命垣崇祖执行徐州政事，迁徙到龙沮戍守。

己亥日（十七日），宋明帝刘彧病情危重，濒临死亡，他任命江州刺史桂阳王刘休范担任司空，尚书右仆射褚渊担任护军将军，加任中领军刘勔为右仆射。宋明帝刘彧颁下诏令命褚渊、刘勔与尚书令袁粲、荆州刺史蔡兴宗、郢州刺史沈攸之同时接受遗嘱。褚渊一向和萧道成友好，便向宋明帝刘彧推荐他，宋明帝刘彧于是又下诏任命萧道成为右卫将军，兼任卫尉，与袁粲等共同掌管机密大事。当天晚上，宋明帝刘彧驾崩。庚子日（十八日），太子刘昱登上皇位，大赦天下。当时苍梧王刘昱才年仅十岁，袁粲、褚渊共同执政，一改太宗时期奢侈的风尚，致力于节俭，以挽救前朝积聚下来的弊端，但阮佃夫、王道隆等人玩弄权术，贿赂公然实行而不能禁止。

乙巳日（二十三日），宋国朝廷任命安成王刘准担任扬州刺史。

五月，戊寅，葬明皇帝于高宁陵，庙号太宗。六月，乙巳，尊皇后曰皇太后，立妃江氏为皇后。

秋，七月，柔然部帅无卢真将三万骑寇魏燉煌，镇将尉多侯击走之。多侯，眷之子也。又寇晋昌，守将薛奴击走之。

戊午，魏主如阴山。

戊辰，尊帝母陈贵妃为皇太妃，更以诸国太妃为太姬。

右军将军王道隆以蔡兴宗强直，不欲使居上流，闰月，甲辰，以兴宗为中书监；更以沈攸之为都督荆、襄等八州诸军事、荆州刺史。兴宗辞中书监不拜。王道隆每诣兴宗，蹑履到前，不敢就席，良久去，竟不呼坐。

【译文】五月，戊寅日（二十七日），宋国在高宁陵安葬明皇帝刘彧，庙号太宗。六月，乙巳日（二十四日），尊奉皇后为皇太后，立妃江氏为皇后。

秋季，七月，柔然部帅无卢真率三万骑兵入侵魏国敦煌，镇将尉多侯击败他们。尉多侯，是尉眷的儿子。无卢真又入侵晋昌，也被守将薛奴击败。

戊午日（初七），魏孝文帝拓跋宏到达阴山。

戊辰日（十七日），宋国后废帝刘昱尊奉母亲陈贵妃为皇太妃，并把各王太妃称为太姬。

右军将军王道隆认为蔡兴宗刚强耿直，淡泊名利，自己并不想身居上位，闰月，甲辰日（七月无此日），任命蔡兴宗担任中书监，改任沈攸之为都督荆、襄等八州各军事、荆州刺史。蔡兴宗拒绝，请求辞去中书监的职位，但不被接受。王道隆经常到蔡兴宗住的地方，放轻脚步悄悄地走到前面，不敢坐到席子上，经过一段时间才离去，但蔡兴宗却始终不招呼他坐下。

沈攸之自以才略过人，自至夏口以来，阴蓄异志；及徙荆州，择郢州士马、器仗精者，多以自随。到官，以讨蛮为名，大发兵力，招聚才勇，部勒严整，常如敌至。重赋敛以缮器甲，旧应供台者皆割留之，养马至二千余匹，治战舰近千艘，仓廪、府库莫不充积。士子、商旅过荆州者，多为所羁留；四方亡命归之者，皆蔽匿拥护；所部或有逃亡，无远近穷追，必得而止。举错专恣，不复承用符敕，朝廷疑而惮之。为政刻暴，或鞭挞士大夫；上佐以下，面加詈辱。然吏事精明，人不敢欺，境内盗贼屏息，夜户不闭。

【译文】沈攸之认为自己的才能见识胜过他人，自从到夏口以来，就暗地里密谋反叛的计划。等他被调任到荆州，事先挑选郢州精锐的人马和武器跟随自己，到任后，就以讨伐蛮人的名义，充实兵力，招聚勇士，严明整顿军队，经常是如临大敌的气势。并加重赋税来制造武器盔甲，留下旧时要供应给台城的武器，畜养两千多匹马，制造将近一千艘战舰，粮仓、府库无不充满。经过荆州的士子、商人多被留下；四方逃命的人，多归属躲藏到荆州，来拥护沈攸之；他的部下如果有人逃亡，无论远近，一定要追到。他施行专横的行政措施，不再承认朝廷的符敕命令，而朝廷既怀疑他，又害怕他。他为政凶暴，有时会鞭打士大夫；高级军官以下，则当面辱骂。但吏治清明，部下不敢有任何欺瞒；治安良好，境内没有盗贼，夜不闭户。

攸之赎罚群蛮太甚，又禁五溪鱼盐，蛮怨叛。西溪蛮王田头拟死，弟娄侯篡立，其子田都走入獠中。于是群蛮大乱，掠抄至武陵城下。武陵内史萧嶷遣队主张英儿击破之，诛娄侯，立田都，群蛮乃定。嶷，赜之弟也。

八月，戊午，乐安宣穆公蔡兴宗卒。

九月，辛巳，魏主还平城。

冬，十月，柔然侵魏，及五原。十一月，上皇自将讨之。将度漠，柔然北走数千里，上皇乃还。

丁亥，魏封上皇之弟略为文川王。

【译文】沈攸之厉害地勒索各蛮族，又禁止五溪的鱼盐，蛮人最后由怨恨变为想要反叛。酉溪蛮王田头拟死后，弟弟田娄侯篡位自立为王，而田头拟的儿子田都则逃跑到獠族中。于是各蛮人部落大乱，一直抢夺到武陵城下。武陵内史萧嶷派队主张英儿打败他们，杀掉田娄侯，立田都为王，各蛮族才稳定下来。萧嶷，是萧赜的弟弟。

八月，戊午日（初八），乐安宣穆公蔡兴宗去世。

九月，辛巳日（初二），魏孝文帝拓跋宏回到平城。

冬季，十月，柔然入侵魏国，到达五原。十一月，太上皇拓跋弘亲自攻打讨伐，将要北度沙漠，但是柔然已经向北逃了数千里，太上皇拓跋弘才回到平城。

丁亥日（初九），魏孝文帝拓跋宏封太上皇的弟弟拓跋略为广川王。

己亥，以郢州刺史刘秉为尚书左仆射。秉，道怜之孙也，和弱无干能，以宗室清令，故袁、褚引之。

中书通事舍人阮佃夫加给事中、辅国将军，权任转重，欲用其所亲吴郡张澹为武陵郡；袁粲等皆不同，佃夫称敕施行，粲等不敢执。

魏有司奏诸祠祀合一千七十五所，岁用牲七万五千五百。上皇恶其多杀，诏："自今非天地、宗庙、社稷，皆勿用牲，荐以酒脯而已。"

【译文】己亥日（二十一日），宋国朝廷任命郢州刺史刘秉担任尚书左仆射。刘秉，是刘道怜的孙子，他虽然性情温和懦弱，没有才干，但在宗室中有清高的名声，所以袁粲、褚渊引进他。

中书通事舍人阮佃夫，加任给事中、辅国将军后，权力逐渐膨胀，并要任用他所亲近的吴郡人张澹担任武陵郡太守。袁粲等都不同意，阮佃夫就以皇帝的命令强制执行，袁粲等人因而不敢再反对。

魏国有关部门向朝廷奏报：全国共有一千〇七十五所祭祠，每年要有七万五千五百头牲畜用于祭拜。太上皇拓跋弘讨厌多杀生，便颁下诏令："从现在开始，除祭祀天地、宗庙、社稷之外，都不准使用牲畜，只用酒和肉干就可以。"

苍梧王上

元徽元年（癸丑，公元四七三年）春，正月，戊寅朔，改元，大赦。

庚辰，魏员外散骑常侍崔演来聘。

戊戌，魏上皇还，至云中。

癸丑，魏诏守令劝课农事，同部之内，贫富相通，家有兼牛，通借无者。若不从诏，一门终身不仕。

【译文】 元徽元年（癸丑，公元473年）春季，正月，戊寅朔日（初一），宋国改年号为元徽，大赦天下。

庚辰日（初三），魏国员外散骑常侍崔演来访问。

戊戌日（二十一日），魏太上皇拓跋弘调回在外打仗的军队，到达云中。

癸丑日（二月初六），魏国朝廷下令要求各郡守劝勉地方加强农业耕作；同一军队管辖区内，贫富之家要相互救助接济，家中有牛的，要借给没有牛的人家。如果不听从诏书，一家人全部终身不得做官。

戊午，魏上皇至平城。

甲戌，魏诏：“县令能静一县劫盗者，兼治二县，即食其禄；能静二县者，兼治三县，三年迁为郡守。二千石能静二郡上至三郡亦如之，三年迁为刺史。”

【译文】戊午日（二月十一日），魏太上皇拓跋弘回到平城。

甲戌日（二月二十七日），魏国朝廷下诏令说：“一个能够平定治理一县到没有盗贼程度的县令，可以同时统领治理两个县，并同时多一县的俸禄；能够平定治理两县到没有盗贼的程度，可以同时统领治理三县，三年内可以升迁为郡太守。二千石的郡守能够平定治理两郡，乃至三郡，比照相同的例子，三年内可以升迁为刺史。”

【乾隆御批】有无相通，小民自为计则可，岂能以令甲绳之？至守令兼摄郡邑，虽有长才，亦难胜任愉快，徒使俗吏送其欺罔耳。此与后条令三长迭养贫病孤老同一。循尚虚名，无裨实用。

【译文】互通有无，由百姓自己考虑就可以，怎么能由法令硬性规定呢？至于郡守和县令同时管理几个郡县，即使有很高的才能，也难胜任并很好地完成，白白使那些世俗官吏的欺骗手段得逞罢了。这和后一条让三长轮班养育贫病孤老如出一辙。徒有虚名，没有什么实用价值。

桂阳王休范，素凡讷，少知解，不为诸兄所齿遇，物情亦不向之，故太宗之末得免于祸。及帝即位，年在冲幼，素族秉政，近习用权。休范自谓尊亲莫二，应入为宰辅；既不如志，怨愤颇甚。典签新蔡许公舆为之谋主，令休范折节下士，厚相资给，于是远近赴之，岁中万计；收养勇士，缮治器械。朝廷知其有异志，亦阴为之备。会夏口阙镇，朝廷以其地居寻阳上流，欲使腹心居之。二月，乙亥，以晋熙王燮为郢州刺史。燮始四岁，以黄门郎王奂为长史，行府州事，配以资力，使镇夏口；复恐其过寻阳为休范所劫留，使自太洑径去。休范闻之，大怒，密与许公舆谋袭建康；表治城（湟）〔隍〕，多解材板而蓄之。奂，景文之兄子也。

【译文】宋桂阳王刘休范，能力平庸，不会说话，也没有什么知识，因此哥哥们不把他当作兄弟对待，百官也没有倾向他的心思，所以在太宗刘彧末年，刘休范能够免去灾祸。到了刘昱登上皇位，因为他还幼小，皇族以外的士人可以参与政权，近臣也独揽大权，所以刘休范就认为自己高贵，无人可比，应该做宰相，但又不如愿，因此心中很是怨恨愤懑。典签新蔡人许公舆替他想主意，要刘休范对贤者以礼相待，对学者尊敬，送给厚重的礼物，于是远近来投归的人一年以万计；他便收养勇士，制造武器。朝廷知道他有二心，也暗地防备。正好夏口缺少刺史，朝廷认为该地位于寻阳上游，应该由心腹官吏掌握。二月，乙亥日（二十八日），朝廷任命晋熙王刘燮为郢州刺史。当时刘燮才四岁，就任命黄门郎王奂担任长史，执行府州的政治事务，配合军力，镇守夏口，又害怕上任经过寻阳时被刘休范所劫留，就从太湫径直抵夏口。刘休范知道这个消息后，极为愤怒，就秘密地与许公舆计划偷袭建康；他上表要修筑城池，但却把城墙板材拆下收藏。王奂，是王景文哥哥的儿子。

吐谷浑王拾寅寇魏浇河。夏，四月，戊申，魏以司空长孙观为大都督，发兵讨之。

魏以孔子二十八世孙乘为崇圣大夫，给十户以供洒扫。

秋，七月，魏诏："河南六州之民，户收绢一匹，绵一斤，租三十石。"

乙亥，魏主如阴山。

八月，庚申，魏上皇如河西。

长孙观入吐谷浑境，刍其秋稼。吐谷浑王拾寅窘急请降，遣子斤入侍。自是岁修职贡。

【译文】吐谷浑王拾寅入侵魏国浇河，夏季，四月，戊申日（初二），魏国任命司空长孙观为大都督，出兵讨伐。

魏国任命孔子第二十八代孙孔乘担任崇圣大夫，赐给十户人家以供洒扫并服劳役。

秋季，七月，魏孝文帝拓跋宏下诏："河南六州人民，一户征收一匹绢，一斤绵，三十石谷子。"

乙亥日（初一），魏孝文帝拓跋宏到达阴山。

八月，庚申日（十六日），魏太上皇拓跋弘到达河西。

长孙观率兵攻入吐谷浑境内，抢割他们秋天成熟的谷子。吐谷浑王拾寅处境困窘，情急之下请求投降，派儿子斤进入平城作为人质，从此每年向魏国进献贡品。

九月，辛巳，上皇还平城。

遣使如魏。

冬，十月，癸酉，割南兖、豫州之境置徐州，治钟离。

魏上皇将入寇，诏州郡之民十丁取一以充行，户收租五十石以备军粮。

魏武都氐反，攻仇池，诏长孙观回师讨之。

武都王杨僧嗣卒于葭芦，从弟文度自立为武兴王，遣使降魏，魏以文度为武兴镇将。

【译文】九月，辛巳日（初八），太上皇拓跋弘回到平城。

宋国派使者访问魏国。

冬季，十月，癸酉日（三十日），宋国将南兖、豫州部分土地分割出来，另外设立州治在钟离的徐州。

魏太上皇拓跋弘将率兵入侵宋国，颁下诏令说："在州郡的人民中，十个男子取一个人入伍，一户征收五十石谷子以备军事需要。"

魏武都氐族人反叛魏国，攻打仇池，魏国朝廷命令长孙观从吐谷浑调回军队讨伐氐人。

武都王杨僧嗣在葭芦去世，他的堂弟杨文度自立为武兴王，并派使者向魏国投降，魏国任命杨文度担任武兴镇将。

十一月，丁丑，尚书令袁粲以母忧去职。

癸巳，魏上皇南巡，至怀州。枋头镇将代人薛虎子，先为冯太后所黜，为门士。时山东饥，盗贼竞起，相州民孙海等五百人称虎子在镇，境内清晏，乞还虎子。上皇复以虎子为枋头镇将，即日之官，数州盗贼皆息。

【译文】十一月，丁丑日（初四），宋国尚书令袁粲因为母亲丧事而离职。

癸巳日（二十日），魏太上皇拓跋弘南巡，到达怀州。枋头镇将代人薛虎子，早先被冯太后贬谪罢黜为门士，当时山东发生饥荒，盗贼四起，相州人民孙海等五百人称薛虎子镇守相州时，境内平静，就请求再派薛虎子，太上皇拓跋弘于是又任命薛虎子担任枋头镇将，当天就上任。后来，冀、相、怀等州都没有了盗贼。

十二月，癸卯朔，日有食之。

乙巳，江州刺史桂阳王休范进位太尉。

诏起袁粲，以卫军将军摄职，粲固辞。

壬子，柔然侵魏，柔玄镇二部敕勒应之。

魏州镇十一水旱，相州民饿死者二千八百馀人。

是岁，魏妖人刘举聚众自称天子。刘州刺史武昌王平原讨斩之。平原，提之子也。

【译文】十二月，癸卯朔日（初一），天空出现日食。

乙巳日（初三），宋国江州刺史桂阳王刘休范升任为太尉。

宋后废帝刘昱颁下诏令起用袁粲，以卫军将军之名代理原来的职位，但袁粲坚持拒绝。

壬子日（初十），柔然入侵魏国，柔玄镇二部敕勒人起来响应。

魏国有十一州发生水灾和旱灾，相州有两千八百多人民饥饿而死。

这一年，魏国反抗者刘举召集郡内的群众，自命为天子。齐州刺史武昌王拓跋平原攻击并杀了他。拓跋平原，是拓跋提的儿子。

元徽二年（甲寅，公元四七四年）春，正月，丁丑，魏太尉源贺以疾罢。

二月，甲辰，魏上皇还平城。

三月，丁亥，魏员外散骑常侍许赤虎来聘。

夏，五月，壬午，桂阳王休范反。掠民船，使军队称力请受，付以材板，合乎装治。数日即办。丙戌，休范帅众二万、骑五百发寻阳，昼夜取道；以书与诸执政，称："杨运长、王道隆蛊惑先帝，使建安、巴陵二王无罪被戮。望执录二竖，以谢冤魂。”

【译文】元徽二年（甲寅，公元474年）春季，正月，丁丑日（初五），魏太尉源贺因为生病被免职。

二月，甲辰日（初三），魏太上皇拓跋弘回到平城。

三月，丁亥日（十六日），魏员外散骑常侍许赤虎到宋国访问。

夏季，五月，壬午日（十二日），桂阳王刘休范反叛朝廷，掠夺人民的船只作为原料，并依照各军各队的多寡准备船只，交给船工模板，与军队合力打造船只，没有几天就完成造船任务。丙戌日（十六日），刘休范率两万士兵和五百骑兵从寻阳出发，日夜赶路，把文书交给朝廷各执掌政事的官吏，说：“杨运长、王道隆迷惑先帝（刘彧），使建安王、巴陵王无罪被杀，希望你们能够逮捕这两个奴才，来拜谢冤屈的灵魂。”

庚寅，大雷戍主杜道欣驰下告变，朝廷惶骇。护军褚渊、征北将军张永、领军刘勔、仆射刘秉、右卫将军萧道成、游击将军戴明宝、骁骑将军阮佃夫、右军将军王道隆、中书舍人孙千龄、员外郎杨运长集中书省计事，莫有言者。道成曰：“昔上流谋逆，皆因淹缓致败，休范必远惩前失，轻兵急下，乘我无备。今应变之术，不宜远出；若偏师失律，则大沮众心。宜顿新亭、白下，坚守宫城、东府、石头，以待贼至。千里孤军，后无委积，求战不得，自然瓦解。我请顿新亭以当其锋。征北守白下，领军屯宣阳门为诸军节度；诸贵安坐殿中，不须竞出，我自破贼必矣。”因索笔下议。众并注“同”。孙千龄阴与休范通谋，独曰：“宜依旧遣军据梁山。”道成正色曰：“贼今已近，梁山岂可得至！新亭既是兵冲，所欲以死报国耳。常时乃可屈曲相从，今不得也！”坐起，道成顾谓刘勔曰："领军已同鄙议，不可改易！"袁粲闻难，扶曳入殿。即日，内外戒严。

【译文】庚寅日(二十日)，大雷守军指挥杜道欣骑马顺江奔驰把事故通报到建康，朝廷惊慌害怕。护军褚渊、征北将军张永、领军刘勔、仆射刘秉、右卫将军萧道成、游击将军戴明宝、骁骑将军阮佃夫、右军将军王道隆、中书舍人孙千龄、员外郎杨运长，都集合在中书省商议，没有人讲话。萧道成说："从前长江上游的反叛者（刘义宣、刘子勋），都因为进军缓慢而失败，刘休范一定能从以前的错误中得到教训，军队轻装急速而下，趁着我军没有准备的时机发起进攻。现在应变的方法，是军队不应远出迎战，如果部分军队失去纪律，那么众人军心就会动摇。应该驻扎在新亭、白下，坚持守卫皇城、东府、石头，以等待叛军。他们孤军从千里而来，后面没有补给，又不能进行战斗，时间一长自然会瓦解。我请求带领军队守卫新亭，来抵挡叛军的先锋，而征北将军守卫白下，领军屯守驻扎在宣阳门，以调动各军，而其他各位就安坐在殿中，不需要争先恐后地外出，最后我一定可以攻破贼人。"说完就取来笔写下决议，其他的人都签注"同意"。孙千龄暗地与刘休范私通，独自说："应该依旧派军占据梁山。"萧道成沉下脸说："敌人已经接近梁山，怎么能够做到！新亭是一个重要的军事据点，如果不保，我当会以死报国。平时可以不坚持我的意见，现在不得不如此！"起身转头对刘勔说："领军已经同意我的建议，不可更改！"袁粲知道情况危难，被牵扶着进入宫殿。当天，宫内外全部戒严。

道成将前锋兵出屯新亭，张永屯白下，前南兖州刺史沈怀明戍石头，袁粲、褚渊入卫殿省。时仓猝，不暇授甲，开南北二武库，随将士意所取。

萧道成至新亭，治城垒未毕，辛卯，休范前军已至新林。道成方解衣高卧以安众心，徐索白虎幡，登西垣，使宁朔将军高道庆、羽林监陈显达、员外郎王敬则帅舟师与休范战，颇有杀获。壬辰，休范自新林舍舟步上，其将丁文豪请休范直攻台城。休范遣文豪别将兵趣台城，自以大众攻新亭垒。道成帅将士悉力拒战，自巳至午，外势愈盛，众皆失色，道成曰："贼虽多而乱，寻当破矣。"

【译文】萧道成率前锋出发驻守新亭，张永驻守白下，前南兖州刺史沈怀明驻守石头，袁粲、褚渊守卫宫内台省。因时间仓促，事情紧急，所以来不及分发武器，于是就打开南北二武库，由将士随意拿取。

萧道成到达新亭，修筑城墙的工事还没有完成。辛卯日（二十一日），刘休范的前锋部队已经到达新林。萧道成为安定军心，就脱掉衣服悠闲地躺着，并从容地取象征帝王的白虎幡挂起。他登到西城上，派宁朔将军高道庆、羽林监陈显达、员外郎王敬则率水兵和刘休范军作战，消灭了不少叛军。壬辰日（二十二日），刘休范到达新林并离船上岸。他的将领丁文豪请求刘休范径直攻打台城，但刘休范派丁文豪的副将率兵攻打台城，而自己率大军攻打新亭城堡。萧道成则率将士从巳时到午时，全力抗战，攻城的兵势越来越盛大，城内众人都面露惊色。萧道成对士兵说："贼人虽然数量多却秩序杂乱，不久就可以打败贼人。"

休范白服，乘肩舆，自登城南临沧观，以数十人自卫。屯骑校尉黄回与越骑校尉张敬儿谋诈降以取之。回谓敬儿曰："卿可取之，我誓不杀诸王。"敬儿以白道成。道成曰："卿能力事，当以本州相赏。"乃与回出城南，放仗走，大呼称降。休范喜，召至舆侧，回阳致道成密意，休范信之，以二子德宣、德嗣付道成为质。二子至，道成即斩之。休范置回、敬儿于左右，所亲李恒、钟爽谏，不听。时休范日饮醇酒，回见休范无备，目敬儿；敬儿夺休范防身刀，斩休范首，左右皆散走。敬儿驰马持首归新亭。

【译文】身穿白衣的刘休范坐着轿子，登上新亭城南的临沧观向远方眺望，这时只有几十个人在他身边防备守卫。屯骑校尉黄回和越骑校尉张敬儿计划用假意投降的方法来偷袭他。黄回对张敬儿说："你可以动手去做，但我发誓不杀桂阳王。"张敬儿向萧道成报告。萧道成说："你如果能杀掉刘休范，我就奖赏你担任本州（雍州）刺史。"于是张敬儿就同黄回一起从城南出来，丢下武器，大叫投降。刘休范大喜，把他们召集到轿边。黄回假装说萧道成要投降的秘事。刘休范信以为真，便把两个儿子刘德宣、刘德嗣送给萧道成作为人质，他的两个儿子一到新亭，立即被萧道成斩杀。刘休范让黄回、张敬儿跟随在他左右，他所亲近宠信的李恒、钟爽劝告阻止，但他不听。当时刘休范天天喝醉酒，一天，黄回看他没有防备，便用眼神暗示张敬儿，张敬儿立即上前夺下刘休范的防身刀，斩下刘休范的头，左右侍从都惊慌散走。张敬儿骑马拿头奔回新亭。

【申涵煜评】诸王屠戮殆尽，独休范以凡劣苟免，而复因反诛，岂非刘宋子孙厄运？然范已死，而台城几陷者，良以人心好乱，辟如奔牛骇豕，不可羁绁，所以启萧齐之受命也夫。

【译文】诸侯王几乎都被杀了，唯独刘休范因为平凡粗劣而能苟且免死，但是又因为谋反而被诛杀，难道这不是刘宋子孙的苦难命运吗？但是刘休范已经逝世了，而台城几乎被攻陷，这样的确是人心喜好作乱，就像是奔跑中受到惊吓的猪牛一样，不可能被人所控制，所以启迪萧道成接受天命。

道成遣队主陈灵宝送休范首还台。灵宝道逢休范兵，弃首于水，挺身得达，唱云“已平”，而无以为验，众莫之信。休范将士亦不之知，其将杜黑骡攻新亭甚急。萧道成在射堂，司空主簿萧惠朗帅敢死士数十人突入东门，至射堂下。道成上马，帅麾下搏战，惠朗乃退，道成复得保城。惠朗，惠开之弟也，其姊为休范妃。惠朗兄黄门郎惠明，明为道成军副，在城内，了不自疑。

道成与黑骡拒战，自晡达旦，矢石不息；其夜，大雨，鼓叫不复相闻。将士积日不得寝食，军中马夜惊，城内乱走。道成秉烛正坐，厉声呵之，如是者数四。

【译文】萧道成派队主陈灵宝把刘休范的头送回台城。未料在途中遇到刘休范的士兵，情急之下只得把头丢到水中，最后脱身到达台城，高叫“已经平定叛乱”，但是因为没有证据，大家都不相信。刘休范的将士也不知道刘休范被杀的消息，将领杜黑骡猛烈进攻新亭。这时，萧道成在射堂，刘休范的司空主簿萧惠朗率由数十人组成的敢死队冲破东门，到达射堂下。萧道成上马，率众人奋战，打退萧惠朗，萧道成才又占据新亭城。萧惠朗，是萧惠开的弟弟，他的姐姐是刘休范的妃子。萧惠朗的哥哥黄门郎萧惠明，当时担任萧道成的军副，也在新亭城内，萧道成对萧惠明没有一点儿疑惑之心。

萧道成和杜黑骡从傍晚到天亮一直对战，箭石没有停歇过。晚上，因为下大雨，听不到击鼓的声音，将士整天没吃没睡，军中战马夜惊并在城内乱跑。萧道成拿着蜡烛正襟而坐，严厉加以呵斥。这种情形前后共发生四次。

丁文豪破台军于皁荚桥，直至朱雀桁南，杜黑骡亦舍新亭北趣朱雀桁。右军将军王道隆将羽林精兵在朱雀门内，急召鄱阳忠昭公刘勔于石头。勔至，命撤桁以折南军之势，道隆怒曰："贼至，但当急击，宁可开桁自弱邪！"勔不敢复言。道隆趣勔进战，勔渡桁南，战败而死。黑骡等乘胜渡淮，道隆弃众走还台，黑骡兵追杀之。黄门侍郎王蕴重伤，踣于御沟之侧，或扶之以免。蕴，景文之兄子也。于是中外大震，道路皆云"台城已陷"，白下、石头之众皆溃，张永、沈怀明逃还。宫中传新亭亦陷，太后执帝手泣曰："天下败矣！"

【译文】丁文豪在皁荚桥打败朝廷军，并径直追赶朝廷军到朱雀门浮桥南岸；杜黑骡也放弃攻打新亭，向北奔向朱雀门；右军将军王道隆率羽林精兵在朱雀门内，急忙召回在石头的鄱阳昭公刘勔。刘勔到达后，命令撤走朱雀浮桥，来阻挡南岸敌军的攻势，王道隆愤怒地说："贼人已经到达，应该进行攻击，怎么可以自己拆毁浮桥示弱呢？"刘勔不敢再说，王道隆催促他迎战，刘勔渡到浮桥以南，最后战败而死。杜黑骡等乘胜渡过淮水，王道隆舍弃众人逃回台城，被杜黑骡追兵所杀。黄门侍郎王蕴受重伤，跌倒在御沟边，有人扶起他才幸免于难。王蕴，是王景文哥哥的儿子。此时朝廷内外异常惊慌，路上都传说："台城已经被攻陷落入敌军之手了！"白下、石头的军队立时崩溃，张永、沈怀明逃回宫中，接着又传说新亭也陷落。太后拉着宋后废帝刘昱的手哭着说："天下败了。"

先是，月犯右执法，太白犯上将，或劝刘勔解职。勔曰："吾执心行己，无愧幽明，若灾眚必至，避岂得免！"勔晚年颇慕高尚，立园宅，名为东山，遗落世务，罢遣部曲。萧道成谓勔曰："将军受顾命，辅幼主，当此艰难之日，而深尚从容，废省羽翼。一朝事至，悔可追乎！"勔不从而败。

【译文】在此之前，月亮掩盖右执法星，太白金星掩盖上将星的光芒，有人劝刘勔辞职。刘勔说："我的存心和行为，无愧天地，如果灾祸一定要到，怎么能躲避得了？"刘勔晚年相当高洁，建筑名叫东山的园林住宅，抛弃俗世事务，遣散部队。萧道成对刘勔说："将军接受先帝遗诏，辅助年幼的君主。在这艰难的日子，却生活悠闲，遣回部下，如果一旦有急事，将会后悔莫及。"但刘勔不听，后来果然失败而亡。

甲午，抚军长史褚澄开东府门纳南军，拥安成王准据东府，称桂阳王教曰："安成王，吾子也，勿得侵犯。"澄，渊之弟也。杜黑骡径进至杜姥宅，中书舍人孙千龄开承明门出降，宫省恓忧。时府藏已竭，皇太后、太妃剔取宫中金银器物以充赏，众莫有斗志。

【译文】甲午日（二十四日），抚军长史褚澄打开东府门接纳南军，占据东府拥护安成王刘准，声称桂阳王刘休范叫他说："安成王，是我的儿子，不可以侵犯。"褚澄是褚渊的弟弟。这时，中书舍人孙千龄打开承明门从小路进到杜姥宅向杜黑骡投降。皇宫中恐惧慌张的气氛迅速蔓延，当时府库的金钱已经枯竭，太后、太妃就拿出宫中的金银器物来奖赏身边的士兵，但士兵并没有作战的斗志。

俄而丁文豪之从知休范已死，稍欲退散。文豪厉声曰："我独不能定天下邪!"许公舆诈称桂阳王在新亭,士民惶惑,诣萧道成垒投刺者以千数。道成得,皆焚之,登北城谓曰;"刘休范父子昨已就戮,尸在南冈下。身是萧平南,诸君谛视之,名刺皆已焚,勿忧惧也。"

【译文】不久丁文豪的士兵知道刘休范已死的消息,就渐渐地萌生退散的心思。丁文豪厉声叫道:"难道我就不能自己平定天下吗?"许公舆假传桂阳王在新亭,士民惊慌害怕,有好几千人到萧道成的阵地投放名片请求投降。萧道成把请降的名片都给烧了,登上新亭北城对众人说:"刘休范父子昨天已经被杀,尸体在南冈下,我是平南将军萧道成,各位看清楚,名片都已经被烧掉,因此不要忧虑害怕!"

道成遣陈显达、张敬儿及辅师将军任农夫、马军主东平周盘龙等将兵自石头济淮,从承明门入卫宫省。袁粲慷慨谓诸将曰:"今寇贼已逼而众情离沮,孤子受先帝付托,不能绥靖国家,请与诸君同死社稷!"被甲上马,将驱之。于是,陈显达等引兵出战,大破杜黑骡于杜姥宅,飞矢贯显达目。丙申,张敬儿等又破黑骡等于宣阳门,斩黑骡及丁文豪,进克东府,馀党悉平。萧道成振旅还建康,百姓缘道聚观,曰:"全国家者此公也!"道成与袁粲、褚渊、刘秉皆上表引咎解职,不许。丁酉,解严,大赦。

柔然遣使来聘。

【译文】萧道成派陈显达、张敬儿和辅师将军任农夫、马军主东平人周盘龙等率兵从石头渡淮河,然后从承明门进入保卫皇宫。袁粲慷慨地对各位将领说:"现在贼人已经逼近,但是众人之心消沉沮丧,没有作战的斗志,我接受先帝的托付保卫国家,现在却不能安定国家,请求能够和各位一起为国家效忠而死!"说完就披上战甲骑上马,向前冲去。陈显达等人也带领士兵出去迎战,在杜姥宅大败杜黑骡,但陈显达被飞箭射穿眼睛。丙申日(二十六日),张敬儿等人又在宣阳门打败杜黑骡并斩杀杜黑骡和丁文豪,进占东府,其余刘休范的余党都被平定。最后,萧道成整顿军队,回到建康,人民沿路围过来观看,说:"保全国家的,就是这一位!"萧道成和袁粲、褚渊、刘秉都呈上奏表把过失归于自己,请求辞职,但宋后废帝刘昱不答应。丁酉日(二十七日),解除戒严,大赦天下。

柔然派使者到宋国访问。

【乾隆御批】王奂如可寄腹心,不妨令其独当一面。燮四龄稚子,有何知识,而欲假其名为上游倚重乎?朝臣谋国若此,直同儿戏!

【译文】王奂如果可以充当心腹,不妨让他独当一面。刘燮只是个四岁的孩童,有什么知识,难道要假借他的名义让身居高位的人器重吗?朝廷大臣这样为国家谋划,简直如同儿戏!

六月,庚子,以平南将军萧道成为中领军、南兖州刺史,留卫建康,与袁粲、褚渊、刘秉更日入直决事,号为"四贵"。

桂阳王休范之反也,使道士陈公昭作《天公书》,题云"沈丞相",付荆州刺史沈攸之门者。攸之不开视,推得公昭,送之朝廷。及休范反,修之谓僚佐曰:"桂阳必声言我与之同。若不颠沛勤王,必增朝野之惑。"乃与南徐州刺史建平王景素、郢州刺史晋熙王燮、湘州刺史王僧虔、雍州刺史张兴世同举兵讨休范。休范留中兵参军毛惠连等守寻阳,燮遣中兵参军冯景祖袭之。癸卯,惠连等开门请降,杀休范二子,诸镇皆罢兵。景素,宏之子也。

【译文】 六月，庚子日（初一），宋后废帝刘昱任命平南将军萧道成担任中领军、南兖州刺史，留守建康，与袁粲、褚渊、刘秉每日轮流值班裁决政治事务，号称"四贵"。

桂阳王刘休范想要反叛时，命道士陈公昭作《天公书》，在书中题写"沈丞相"，再送到荆州刺史沈攸之门下。沈攸之不拆开看，直接押解陈公昭，送给朝廷。当刘休范起兵反叛时，沈攸之对部属说："桂阳王一定会宣称我响应他的举动。如果我没有起兵援助君主的行为，一定会增加朝野对我忠心的怀疑。"于是他就与南徐州刺史建平王刘景素、郢州刺史晋熙王刘燮、湘州刺史王僧虔、雍州刺史张兴世一起起兵讨伐刘休范。刘休范留下中兵参军毛惠连等留守寻阳，而刘燮派中兵参军冯景祖袭击寻阳。癸卯日（初四），毛惠连等打开城门请求投降，杀掉刘休范两个儿子，其余各州都撤去士兵。刘景素，是刘宏的儿子。

乙卯，魏诏曰："下民凶戾，不顾亲戚，一人为恶，殃及阖门。朕为民父母，深所愍悼。自今非谋反、大逆、外叛，罪止其身。"于是，始罢门、房之诛。

魏显祖勤于为治，赏罚严明，慎择牧守，进廉退贪。诸曹疑事，旧多奏决，又口传诏敕，或致矫擅。上皇命事无大小，皆据律正名，不得为疑奏；合则制可，违则弹诘，尽用墨诏，由是事皆精审。尤重刑罚，大刑多令覆鞫，或囚系积年。群臣颇以为言，上皇曰："滞狱诚非善治，不犹俞于仓猝而滥乎！夫人幽苦则思善，故智者以囹圄为福堂，朕特苦之，欲其改悔而加矜恕尔。"由是囚系虽滞，而所刑多得其宜。又以赦令长奸，故自延兴以后，不复有赦。

【译文】乙卯日（十六日），魏国朝廷下诏说："小民凶狠残暴，都不顾念是否会连累亲戚；一人作恶，要使满门遭殃。我作为人民的父母，深深地怜悯他们。从今以后，除谋反、叛逆、通敌三罪之外，犯罪只置办本人。"于是魏国开始撤除杀满门和满房的严酷刑罚。

魏显祖拓跋弘为政勤奋，奖罚分明，谨慎选择地方的主官，晋升廉洁的官吏而罢黜贪污的官吏。旧时多在上奏时决定各官署的疑惑案件，而且由皇帝口传命令，以至于有时会出现官吏擅自作假的事件。现在太上皇拓跋弘无论大小案件，都要依据法律来确定罪名，没有因为疑惑而请求裁决的奏事，如果符合法律就批示可以；不符合，就驳回重新审定，而且全用墨笔手写。从此案件都裁决得仔细谨慎。他尤其重视刑罚，死刑大多一再反复审问，以致有的人被囚禁多年而没有判决。群臣对此多有闲言碎语。太上皇拓跋弘说："拖延判决人犯的确不是好的办法，但是比仓促间错误地判决要好吧！人在囚禁中受到痛苦，就会有想要做好事的欲望，所以有见识的人都会认为监牢是一个可以造福于人的教育场所。我认为受刑的人的确很辛苦，所以要使他们悔改，然后加以宽恕！"从此犯人虽然被囚禁的时间较久，但判刑多合适恰当。他又认为颁布大赦令会助长犯罪事件的发生，所以从延兴年间以后，就不再实行大赦。

【乾隆御批】前称魏主好浮屠黄老，有遗世之心，传位为上皇矣，兹复称勤于为治，尤重刑狱。矛盾若是，安得为信史？

【译文】前面说北魏献文帝拓跋弘喜欢佛家、道家学说，有超脱尘世的心志，把皇位传给儿子自己当太上皇，这里又说他勤于治国，尤其重视刑罚。像这样前后矛盾，怎么能成为可信的历史呢？

秋，七月，庚辰，立皇弟友为邵陵王。

乙酉，加荆州刺史沈攸之开府仪同三司，攸之固辞。执政欲徵攸之而惮于发命，乃以太后令遣中使谓曰："公久劳于外，宜还京师。任寄实重，未欲轻之；进退可否，在公所择。"攸之曰："臣无廓庙之资，居中实非其才。至于扑讨蛮、蜑，克清江、汉，不敢有辞。虽自上如此，去留伏听朝旨。"乃止。

【译文】秋季，七月，庚辰日（十一日），宋后废帝刘昱立弟弟刘友为邵陵王。

乙酉日（十六日），宋后废帝刘昱加封荆州刺史沈攸之开府仪同三司，沈攸之坚决推辞。执行政事的大员想要征召沈攸之回京，但又害怕自己下命令他不听，于是就用太后的命令派中使对沈攸之说："您久久在外辛苦劳累，现在应该返回京师。您还担负重要的职责，并不会减轻。愿意与否，任由您选择。"沈攸之说："臣不是国家栋梁之材，久居朝中，能力实在不配。至于讨伐攻打蛮、蜑，平定江、汉，则不敢夸耀。虽然以上是这样说，但去留全凭朝廷的命令。"于是朝廷就打消了调动他的意思。

癸巳，柔然寇魏燉煌，尉多侯击破之。尚书奏："燉煌僻远，介居西、北强寇之间，恐不能自固，请内徙就凉州。"群臣集议，皆以为然。给事中昌黎韩秀独以为："燉煌之置，为日已久。虽逼强寇，人习战斗，纵有草窃，不为大害。循常置戍，足以自全；而能隔阂西、北二虏，使不得相通。今徙就凉州，不唯有蹙国之名，且姑臧去燉煌千有馀里，防逻甚难，二虏必有交通阚阑之志；若骚动凉州，则关中不得安枕。又，士民或安土重迁，招引外寇，为国深患，不可不虑也。"乃止。

【译文】癸巳日（二十四日），柔然入侵魏国敦煌，尉多侯率兵击败他们。魏国尚书呈上奏书称："敦煌位置偏远，在西方吐谷浑和北方柔然两个强大的敌人之间，恐怕不好守卫，臣请求把人内迁，并入凉州。"大臣们商议后都认为是对的。只有给事中昌黎人韩秀独自以为："敦煌的设置，已经很久，地方虽然接近强大的敌人，但是人民已经习惯战斗，即使发生小的动乱，也不足成为大害。平常驻守的力量已经足够自保；并且能截断西、北两方敌人，使他们不能相互通信。现在如果内迁凉州，不仅削小国土面积，而且姑臧距离敦煌有一千多里路，巡逻很困难，两敌一定会共同谋划，成功实现暗中观望我们的野心。如果骚扰到了凉州，那么关中也就不能平静。如果有的军民留恋本土，不愿离开，而招引外来的寇贼，就将成为国家的深重忧患，不可不加以深思熟虑。"于是就停止从敦煌撤离的计划。

九月，丁酉，以尚书令袁粲为中书监、领司徒；加褚渊尚书令；刘秉丹杨尹。粲固辞，求反居墓所；不许。

渊以褚澄为吴郡太守，司徒左长史萧惠明言于朝曰："褚澄开门纳贼，更为股肱大郡，王蕴力战几死，弃而不收。赏罚如此，何忧不乱！"渊甚惭。冬，十月，庚申，以侍中王蕴为湘州刺史。

十一月，丙戌，帝加元服，大赦。

十二月，癸亥，立皇弟跻为江夏王，赞为武陵王。是岁，魏建安贞王陆馛卒。

【译文】九月，丁酉日（二十九日），宋后废帝刘昱命尚书令袁粲担任中书监，兼司徒，加任褚渊为尚书令，刘秉为丹杨尹。袁粲坚决推辞，请求回家守孝，但最终不被允许。

资治通鉴卷第一百三十三 宋纪十五

褚渊任命褚澄担任吴郡太守，司徒左长史萧惠明就在朝廷公开指责褚渊说："褚澄曾经打开城门接纳盗贼，现在竟然还可以主宰一个大郡；王蕴用力作战几乎战死，却抛弃不任用，赏罚这样不公，国家怎么不会乱呢！"褚渊听后觉得有道理，很惭愧。冬季，十月，庚申日（二十三日），任命侍中王蕴担任湘州刺史。

十一月，丙戌日（十九日），宋后废帝刘昱加冠，大赦天下。

十二月，癸亥日（二十七日），宋后废帝刘昱任命皇弟刘跻担任江夏王，刘赞担任武陵王。这一年，魏建安贞王陆馛去世。

三年（乙卯，公元四七五年）春，正月，辛巳，帝祀南郊、明堂。

萧道成以襄阳重镇，张敬儿人位俱轻，不欲使居之；而敬儿求之不已，谓道成曰："沈攸之在荆州，公知其欲何所作；不出敬儿，以表里制之，恐非公之利。"道成笑而无言。三月，己巳，以骁骑将军张敬儿为都督雍、梁二州诸军事、雍州刺史。

【译文】三年（乙卯，公元475年）春季，正月，辛巳日（十五日），宋后废帝刘昱祭祀南郊（天）、明堂（宗庙）。

萧道成认为襄阳是重镇，张敬儿的年龄幼小，地位卑微，就不想让他去。但张敬儿不断请求，对萧道成说："您也知道沈攸之在荆州是想做什么的，您如果不派我出去，以求内外防备，恐怕不符合您的利益。"萧道成只是笑着不说话。三月，己巳日（初四），他任命骁骑将军张敬儿担任指挥雍、梁二州各军事的都督及雍州刺史。

沈攸之闻敬儿上，恐其见袭，阴为之备。敬儿既至，奉事攸之, 亲敬甚至, 动辄咨禀, 信馈不绝。攸之谓为诚然, 酬报款厚。累书欲因游猎会境上, 敬儿报以为: "心期有在, 影迹不宜过敦。" 攸之益信之。敬儿得其事迹, 皆密白道成。道成与攸之书, 问: "张雍州迁代之日, 将欲谁拟?" 攸之即以示敬儿, 欲以间之。

【译文】 沈攸之听知张敬儿溯长江而上的消息, 恐怕被偷袭, 就暗地里进行防备。张敬儿到达襄阳后, 奉承沈攸之, 对他非常尊敬, 一有动态就及时向他报告, 并且派人不断地赠馈礼品。沈攸之认为张敬儿很有诚意, 也给予他丰厚的酬报, 并写信给张敬儿, 邀请以游猎为名在荆州、雍州交界见面。张敬儿回信说: "我们心中契合就如同已经相会, 但形式上就不应该显露得太密切。" 沈攸之因此就更加信任他。而张敬儿把这些事情的经过, 都秘密报告给萧道成。萧道成给沈攸之写信, 问: "张敬儿雍州刺史的职位被撤换的日子, 将要由谁来拟定?" 沈攸之想要离间张敬儿和萧道成的关系就把信拿给张敬儿看。

夏, 五月, 丙午, 魏主使员外散骑常侍许赤虎来聘。

丁未, 魏主如武州山; 辛酉, 如车轮山。

六月, 庚午, 魏初禁杀牛马。袁粲、褚渊皆固让新官。秋, 七月, 庚戌, 复以粲为尚书令, 八月, 庚子, 加护军将军褚渊中书监。

冬, 十二月, 丙寅, 魏徙建昌王长乐为安乐王。

己丑, 魏城阳王长寿卒。

【译文】 夏季, 五月, 丙午日(十二日), 魏孝文帝拓跋宏派员外散骑常侍许赤虎到宋国访问。

丁未日(十三日), 魏孝文帝拓跋宏到达武州山; 辛酉日(二十七日), 到达车轮山。

六月，庚午日（初七），魏国开始禁止屠杀牛马的行为。宋国的袁粲、褚渊都坚决推辞新官。秋季，七月，庚戌日（十七日），宋国又任命袁粲担任尚书令。八月，庚子日（八月无此日），加任护军将军褚渊为中书监。

冬季，十二月，丙寅日（初六），魏孝文帝拓跋宏调动建昌王拓跋长乐担任安乐王。

己丑日（二十九日），魏国城阳王拓跋长寿去世。

南徐州刺史建平王景素，孝友清令，服用俭素，又好文学，礼接士大夫，由是有美誉；太宗特爱之，异其礼秩。时太祖诸子俱尽，诸孙唯景素为长；帝凶狂失德，朝野皆属意于景素。帝外家陈氏深恶之，杨运长、阮佃夫等欲专权势，不利立长君，亦欲除之。其腹心将佐多劝景素举兵，镇军参军济阳江淹独谏之，景素不悦。是岁，防阁将军王季符得罪于景素，单骑亡奔建康，告景素谋反。运长等即欲发兵讨之，袁粲、萧道成以为不可；景素亦遣世子延龄诣阙自陈。乃徙季符于梁州，夺景素征北将军、开府仪同三司。

【译文】宋国南徐州刺史建平王刘景素，为人孝顺友爱，心性纯正恬静美好，生活节俭朴素，又喜爱文学，以礼相待士大夫，因此有很好的声誉。宋太宗刘彧也特别喜爱他，用异于常人的礼数来对待他。当时宋太祖刘义隆的儿子都已经死光，孙子中只有刘景素年龄最大；而宋明帝刘彧凶狠狂妄不讲道德，因此朝廷内外都把希望寄托在刘景素身上。

宋后废帝刘昱外祖母家陈氏因此很厌恶刘景素，杨运长、阮佃夫等想要独揽大权，立年纪大的君主对他们不利，也想要除掉刘景素。因此刘景素的亲近将佐大多劝告刘景素起兵，只有镇军参军济阳人江淹反对，刘景素因此不高兴。这一年，防阁将军王季符因为得罪刘景素，独自骑马逃到建康，向皇帝报告刘景素造反。杨运长等就要发兵攻打讨伐，袁粲、萧道成认为不可以；刘景素也派世子刘延龄到朝廷求情。朝廷于是把王季符调到梁州，并撤销刘景素征（镇）北将军、开府仪同三司的职务。

资治通鉴卷第一百三十四　宋纪十六

起柔兆执徐，尽著雍敦牂，凡三年。

【译文】起丙辰（公元476年），止戊午（公元478年），共三年。

【题解】本卷记录了苍梧王刘昱元徽四年至宋顺帝升明二年三年间刘宋与北魏等国大事：宋国刘景素起兵谋划废掉宋后废帝刘昱，兵败被杀；刘道欣怀疑沈攸之居心叵测，阻其东下，被沈攸之等所杀；刘宋宋后废帝刘昱性情乖张，肆意杀戮，被身边人所杀，萧道成夺得大权，改立安成王刘准为傀儡；沈攸之假借太后之命，发兵讨伐萧道成；袁粲等谋划在石头城起兵攻杀萧道成，兵败，袁粲父子被杀；沈攸之攻郢城，三月不克，返回江陵；沈攸之派兵一度攻得武昌、西阳二郡，后被击败；张敬儿杀死沈攸之的诸子孙，江陵平定，沈攸之得知，自杀身亡；萧道成在乱后启用王僧虔等人，让自己的儿子掌控重要之处，排除异己；萧道成急于谋取帝位，经王俭谋划，被授予特殊礼遇；魏国冯太后毒杀魏显祖拓跋弘，怨杀李䜣，夷灭李惠十余家。

苍梧王下

元徽四年(丙辰，公元四七六年)春，正月，己亥，帝耕藉田，大赦。

二月，魏司空东郡王陆定国坐恃恩不法，免官爵为兵。

魏冯太后内行不正，以李弈之死怨显祖，密行鸩毒，夏，六月，辛未，显祖殂。壬申，大赦，改元承明。葬显祖于金陵，谥曰献文皇帝。

【译文】元徽四年（丙辰，公元476年）春季，正月，己亥日（初九），宋后废帝刘昱举行春耕仪式，大赦天下。

二月，魏司空东郡王陆定国倚仗皇恩而违法乱纪，被免除官爵，成为士兵。

魏冯太后行为不端，因为男宠李弈被杀，而怨恨魏显祖拓跋弘，秘密下毒。夏季，六月，辛未日（十三日），魏显祖拓跋弘被毒死。壬申日（十四日），大赦境内，改年号为承明，在金陵下葬魏显祖拓跋弘，谥号为献文皇帝（按《魏书》《北史》都没有记载毒杀的事）。

【申涵煜评】显祖年甫二十，即栖心玄尚，传位于五岁之黄口，自称"太上皇帝"。不五年而遭冯后之鸩，是知事之反常者，即为大不祥。国不乱亡者，幸也。

【译文】魏显祖拓跋弘年龄才二十岁，就将心志寄托在玄学和佛教，把皇位传给他五岁的幼童拓跋宏，自称是"太上皇帝"。不出五年就被冯太后用鸩酒毒死。由此可知事情的反常，就是非常不吉利的征兆。国家没有在混乱之中灭亡，这是幸运的事情了。

魏大司马、大将军代人万安国坐矫诏杀神部长奚买奴，赐死。

戊寅，魏以征西大将军、安乐王长乐为太尉，尚书左仆射、宜都王目辰为司徒，南部尚书李诉为司空。尊皇太后曰太皇太后，复临朝称制。以冯熙为侍中、太师、中书监。熙自以外戚，固辞内任；乃除都督、洛州刺史，侍中、太师如故。

【译文】魏大司马、大将军代人万安国因假托诏命杀害神部长奚买奴，而被赐死。

戊寅日（二十日），魏国任命征西大将军、安乐王长乐担任太尉，尚书左仆射、宜都王拓跋目辰担任司徒，南部尚书李诉担任司空，冯熙担任侍中、太师、中书监，尊奉皇太后为太皇太后。冯熙认为自己是外戚，坚持请辞内廷的官职，才改任为都督、洛州刺史，仍担任侍中、太师。

显祖神主祔太庙，有司奏庙中执事之官，请依故事皆赐爵。秘书令广平程骏上言："建侯裂地，帝王所重，或以亲贤，或因功伐，未闻神主祔庙而百司受封者也。皇家故事，盖一时之恩，岂可为长世之法乎！"太后善而从之，谓群臣曰："凡议事，当依古典正言，岂得但修故事而已！"赐骏衣一袭，帛二百匹。

【译文】因为魏显祖拓跋弘的牌位放在太庙进行祭祀，负责官吏奏报庙中祭祀的官吏，请求依照往例赐给爵位。秘书令广平人程骏上奏："帝王重视建封诸侯分给土地的事情。有的因为亲属有贤德的才能而被封，有的因为各种功劳而被封，但从来没有听说因为神主在太庙合祭，执事的官吏受封的事情。皇家的前例，只是一时的恩赐，怎么可以作为永远的法度规则呢？"太皇太后认为他的建议是正确的，就听从他，并对大臣们说："凡是讨论政治事务，要依照的是旧时法制中的正确言论，怎么能够只依照前例！"就赏赐给程骏一套衣服，二百匹帛。

太后性聪察，知书计，晓政事，被服俭素，膳羞减于故事什七八；而猜忍多权数。高祖性至孝，能承颜顺志，事无大小，皆仰成于太后。太后往往专决，不复关白于帝。所幸宦者高平王琚、安定张祐、杞嶷、冯翊王遇、略阳苻承祖、高阴王质，皆依势用事。祐官至尚书左仆射，爵新平王；琚官至征南将军，爵高平王；嶷等官亦至侍中、吏部尚书、刺史，爵为公、侯，赏赐巨万，赐铁券，许以不死。又，太卜令姑臧王睿得幸于太后，超迁至侍中、吏部尚书，爵太原公。秘书令李冲，虽以才进，亦由私宠，赏赐皆不可胜纪。又外礼人望东阳王丕、游明根等，皆极其优厚，每褒赏睿等，辄以丕等参之，以示不私。丕，烈帝之玄孙；冲，宝之子也。

【译文】魏国的太皇太后天性聪明，读过书，能计算，通晓政事，衣着俭朴，餐食减去往例的十分之七八，但善于猜疑和妒忌，多能想出随机应变的计策。魏高祖拓跋宏天性极为孝顺，能迎合心意求得欢心，无论大小事务，都依赖太皇太后决定。后来，太皇太后常常独自裁定事件，不再向皇帝表白。她所宠幸的宦官高平人王琚、安定人张祐、杞嶷和冯翊人王遇、略阳人苻承祖、高阳人王质，都依仗宠幸掌握大权，其中，张祐官职做到尚书左仆射，封新平王；王琚官职做到征南将军，封高平王；杞嶷等人也做到侍中、吏部尚书、刺史，封为公、侯等爵位不等，并得数万赏钱，被赐铁券，准许不被处死。还有，太卜令姑臧人王睿也得太皇太后的宠幸，提升到侍中、吏部尚书，封爵为太原公。秘书令李冲，虽然因为才能而被任用，实在也是私宠，得到多得不可计算的赏赐。东阳王拓跋丕、游明根等，都获得非常优厚的赏赐，每次褒奖赏赐王睿等人时，就同时把拓跋丕等列入，来表示自己不偏心。拓跋丕，是烈帝拓跋翳槐的玄孙；李冲，是李宝的儿子。

【乾隆御批】史于魏主宏之事冯后有美辞焉。不知后之于魏，无论其行丑秽，实弑君之贼也。宏当有不共戴天之仇，顾乃顺志求欢？史亦是为"至孝"，刺谬甚矣。

【译文】史书对魏孝文帝拓跋宏事奉冯太后有溢美之辞。怎能不知冯太后对北魏来说，不管她的行为多么丑陋污秽，她实际都是弑君之贼也。拓跋宏和她应该有不共戴天之仇，怎么能顺着她的意志讨她喜欢呢？史书竟把这种行为称为"至孝"，实在太荒谬了。

太后自以失行，畏以议己，群下语言小涉疑忌，辄杀之。然所宠幸左右，苟有小过，必加笞棰，或至百馀；而无宿憾，寻复待之如初，或因此更富贵。故左右虽被罚，终无离心。

乙亥，加萧道成尚书左仆射，刘秉中书令。

【译文】魏国的太皇太后认为自己行为不好，害怕人议论自己，因此属下说的话只要稍有被怀疑猜忌，就命人把他给杀掉。而她所宠幸的左右，如果犯下小的过错，一定会加以鞭打，有时打到一百多下；但没有隔夜的仇怨，第二天马上就像往常一样恩赐，甚至因此而更加富贵，所以左右侍从虽然被体罚，却始终没有人离心。

乙亥日（十七日），宋后废帝刘昱加任萧道成为尚书左仆射，刘秉为中书令。

杨运长、阮佃夫等忌建平王景素益甚，景素乃与录事参军陈郡殷沵、中兵参军略阳垣庆延、参军沈颙、左暄等谋为自全之计。遣人往来建康，要结才力之士，冠军将军黄回、游击将军高道庆、辅国将军曹欣之、前军将国韩道清、长水校尉郭兰之、羽林监垣祗祖，皆阴与通谋；武人不得志者，无不归之。时帝好独出游走郊野，欣之谋据石头城，伺帝出作乱。道清、兰之欲说萧道成因帝夜出，执帝迎景素，道成不从者，即图之；景素每禁使缓之。杨、阮微闻其事，遣伧人周天赐伪投景素，劝令举兵。景素知之，斩天赐首送台。

【译文】杨运长、阮佃夫等人更加妒忌仇恨建平王刘景素，刘景素于是就和录事参军陈郡人殷沵、中兵参军略阳人垣庆延、参军沈颙、左暄等谋求保护自己的方法，派人往来于建康，结交有才能和实力的人。冠军将军黄回、游击将军高道庆、辅国将军曹欣之、前军将军韩道清、长水校尉郭兰之、羽林监垣祗祖，都暗地和刘景素共同谋划，还有不得志的军人，也都归附刘景素。当时宋后废帝刘昱喜爱独自在郊野游玩，曹欣之计划占据石头城，等待宋后废帝刘昱外出再发动政变。高道清、郭兰之游说萧道成趁着宋后废帝刘昱夜出时，加以逮捕，来迎接刘景素，萧道成如果不听从，便立即给予处置。刘景素每次都加以禁止，让他们暂缓行动。杨运长、阮佃夫稍微知道这件事，就派北方人周天赐假装投奔刘景素，劝告刘景素立即出兵。刘景素知道是假，就斩杀周天赐，并把他的头送回台城。

秋，七月，祗祖帅数百人自建康奔京口，云京师已溃乱，劝令速入。景素信之，戊子，据京口起兵，士民赴之者以千数。杨、阮闻祗祖叛走，即命纂严。己丑，遣骁骑将军任农夫、领军将军黄回、左军将军兰陵李安民将步军，右军将军张保将水军，以讨之；辛卯，又命南豫州刺史段佛荣为都统。萧道成知黄回有异志，故使安民、佛荣与之偕行。回私戒其士卒："道逢京口兵，勿得战。"道成屯玄武湖，冠军将军萧赜镇东府。

始安王伯融，都乡侯伯猷，皆建安王休仁之子也，杨、阮忌其年长，悉称诏赐死。

【译文】秋季，七月，垣祗祖率数百人从建康投奔京口，说京师已经溃败散乱，劝告刘景素赶快率兵进入。刘景素相信，于是，戊子日（初一），在京口起兵，有数以千计的士民响应。杨运长、阮佃夫获知垣祗祖反叛逃走的消息，就命令建康戒严。己丑日（初二），宋后废帝刘昱派骁骑将军任农夫、领军将军黄回、左军将军兰陵人李安民率步兵，右军将军张保率水兵，前去讨伐攻打刘景素。辛卯日（初四），又派南豫州刺史段佛荣担任都统。萧道成知道黄回有二心，所以就派李安民、段佛荣与他同行。黄回私下告诫士兵："如果在路上遇到京口兵，不准与他们交战。"萧道成则屯扎驻守在玄武湖，冠军将军萧赜镇守东府。

始安王刘伯融、都多侯刘伯猷，都是建安王刘休仁的儿子。杨运长、阮佃夫忌讳他们年纪较大，就假颁诏书赐他们自杀。

景素欲断竹里以拒台军。垣庆延、垣祗祖、沈颙皆曰："今天时旱热，台军远来疲困，引之使至，以逸待劳，可一战而克。"殷沵等固争，不能得。农夫等既至，纵火烧市邑。庆延等各相顾望，莫有斗志；景素本乏威略，惟扰不知所为。黄回迫于段佛荣，且见京口军弱，遂不发。

【译文】刘景素要切断竹里，来抵抗台军。垣庆延、垣祗祖、沈颙都说："现在天气干燥炎热，把远道而来的疲惫台军引来，用我们的安逸对待他们的疲劳，就可以一战而胜。"殷沵等一再力争，但都没有用。任农夫等到达京口，放火焚烧市邑。垣庆延等各自观望，都没有斗志。刘景素本来就缺乏谋略，这时惊慌害怕到不知怎么办的程度，黄回受到段佛荣的牵制，而且看到京口军队势力衰弱，也不敢率兵发动攻击。

张保泊西渚，景素左右勇士数十人，自相要结，进击水军。甲午，张保败死，而诸将不相应赴，复为台军所破。台军既薄城下，颙先帅众走，祗祖次之，其馀诸军相继奔退，独左暄与台军力战于万岁楼下；而所配兵力甚弱，不能敌而散。乙未，拔京口。黄回军先入，自以有誓不杀诸王，乃以景素让殿中将军张倪奴。倪奴擒景素，斩之，并其三子，同党垣祗祖等数十人皆伏诛。萧道成释黄回、高道庆不问，抚之如旧。是日，解严。丙申，大赦。

【译文】张保率水军停泊在西渚，刘景素左右数十名勇士，相约以死相拼，进击水军。甲午日（初七），张保作战失败而死，但因各将领不能相互支援，以至于又被台军所击败，台军已经逼近城下，沈颙先率士兵逃走，垣祗祖也跟着逃走，其余各军相继奔跑退回，只有左暄在万岁楼下与台军尽力作战，但因所配属的兵力太少，不敌而崩溃分散。乙未日（初八），朝廷的军队攻下京口，黄回的军队先进入城池，因为事先有不杀诸王的誓言，而把刘景素交给殿中将军张倪奴处置，张倪奴逮捕了刘景素，并一起斩杀了他和三个儿子。同党垣祗祖等数十人都被斩杀。萧道成放过了黄回、高道庆，并不追问，像平日一样安抚，这一天，解除戒严。丙申日（初九），大赦天下。

初，巴东建平蛮反，沈攸之遣军讨之。及景素反，攸之急追峡中军以赴建康。巴东太守刘攘兵、建平太守刘道欣疑攸之有异谋，勒兵断峡，不听军下。攘兵子天赐为荆州西曹，攸之遣天赐往谕之。攘兵知景素实反，乃释甲谢愆，攸之待之如故。刘道欣坚守建平，攘兵譬说不回，乃与伐蛮军攻斩之。

甲辰，魏主追尊其母李贵人曰思皇后。

【译文】起初，巴东建平蛮族叛反宋国，沈攸之派士兵攻打讨伐。等到刘景素反抗台城，沈攸之就急切地追回长江峡谷军队，奔跑赶赴建康。巴东太守刘攘兵、建平太守刘道欣怀疑沈攸之有叛变的计谋，就带兵切断峡谷，不放沈攸之军队顺江而下。刘攘兵儿子刘天赐担任荆州西曹，沈攸之派他向他父亲解释。刘攘兵知道刘景素是真的造反，于是就向沈攸之解甲谢罪，沈攸之像平常一样对待他。刘道欣仍然坚守建平，刘攘兵加以解说，不听，就和讨蛮的军队，一起攻杀刘道欣。

甲辰日（十七日），魏孝文帝拓跋宏追尊他的母亲李贵人为思皇后。

八月，丁卯，立皇弟翙为南阳王，嵩为新兴王，禧为始建王。

庚午，以给事黄门侍郎阮佃夫为南豫州刺史，留镇京师。

九月，戊子，赐骁骑将军高道庆死。

冬，十月，辛酉，以吏部尚书王僧虔为尚书右仆射。

十一月，戊子，魏以太尉、安乐王长乐为定州刺史，司空李䜣为徐州刺史。

【译文】八月丁卯日（初十），宋后废帝刘昱封皇弟刘翙为南阳王，刘嵩为新兴王，刘禧为始建王。

同月庚午日（十三日），宋后废帝刘昱任命给事黄门侍郎阮佃夫担任南豫州刺史，留下守卫京师。

九月戊子日（初二），宋朝廷赐死骁骑将军高道庆。

冬季，十月辛酉日（初五），宋朝廷任命吏部尚书王僧虔担任尚书右仆射。

十一月戊子日（初三），魏孝文帝拓跋宏任命太尉、安乐王拓跋长乐担任定州刺史，任命司空李䜣担任徐州刺史。

顺皇帝

升明元年（丁巳，公元四七七年）春，正月，乙酉朔，魏改元太和。

己酉，略阳氐王元寿聚众五千馀家，自称冲天王；二月，辛未，魏秦、益二州刺史尉洛侯击破之。

三月，庚子，魏以东阳王丕为司徒。

【译文】升明元年（丁巳，公元477年）春季，正月乙酉朔日（初一），魏国改年号为太和。

同月己酉日（二十五日），略阳氐王元寿集合五千多家群众，自称为冲天王，反叛魏国。二月辛未日（十七日），魏国的秦、益二州刺史尉洛侯攻破王元寿。

三月庚子日（十七日），魏孝文帝拓跋宏任命东阳王拓跋丕为司徒。

夏，四月，丁卯，魏主如白登；壬申，如崞山。

初，苍梧王在东宫，好缘漆帐竿，去地丈馀；喜怒乖节，主帅不能禁。太宗屡敕陈太妃痛捶之。及即帝位，内畏太后、太妃，外惮诸大臣，未敢纵逸。自加元服，内外稍无以制，数出游行，始出宫，犹整仪卫。俄而弃车骑，帅左右数人，或出郊野，或入市廛。太妃每乘青犊车，随相检摄。既而轻骑远走一二十里，太妃不复能追；仪卫亦惧祸不敢追寻，唯整部伍，别在一处，瞻望而已。

【译文】夏季，四月丁卯日（十四日），魏孝文帝拓跋宏到达

513

白登，壬申日（十九日），到达崞山。

起初，宋国的苍梧王刘昱在东宫，喜欢爬漆帐竿子，能爬到离地一丈多，并且又喜怒无常，斋内主帅没法禁止，宋太宗刘彧就让苍梧王的母亲陈太妃痛打他。到他即位后，对内害怕太后、太妃，对外害怕各大臣，所以不敢放纵。但从加冠以后，内外就逐渐没人管制了，经常出游。开始出宫时，还有整齐的仪仗队，不久后，就丢弃仪队车马，带领左右几人，有时到郊区，有时到街市。每次太妃都坐青盖牛车，跟在后面，来约束他们。但轻骑一下子就走了一二十里远，太妃就赶不上了，仪仗队也害怕灾祸就不敢追了，只能排着整齐的队伍，在旁边观看。

初，太宗尝以陈太妃赐嬖人李道儿，已复迎还，生帝。故帝每微行，自称"刘统"，或称"李将军"。常著小袴衫，营署巷陌，无不贯穿；或夜宿客舍，或昼卧道旁，排突厮养，与之交易，或遭慢辱，悦而受之。凡诸鄙事，裁衣、作帽，过目则能；未尝吹篪，执管便韵。及京口既平，骄恣尤甚，无日不出，夕去晨返，晨出暮归。从者并执铤矛，行人男女及犬马牛驴，逢无免者。民间扰惧，商贩皆息，门户昼闭，行人殆绝。鍼、椎、凿、锯，不离左右，小有忤意，即加屠剖，一日不杀，则惨然不乐；殿省忧惶，食息不保。阮佃夫与直阁将军申伯宗等谋因帝出江乘射雉，称太后令，唤队仗还，闭城门，遣人执帝废之，立安成王准。事觉，甲戌，帝收佃夫等杀之。

【译文】起初，宋太宗刘彧曾把陈太妃赐给宠臣李道儿当妾，不久之后被接回来，生了现在的小宋后废帝刘昱。所以小宋后废帝刘昱每次便服外出，就自称为刘统，或是李将军。经常穿着小裤衫，在军营官署的街道，到处走动；有时晚上住在旅店，有时白天睡在路上，至于那些低贱的奴仆，也和他们往来，有时候被怠慢侮辱，也欣然接受。所有低下的事，比如裁衣服、做帽子，一看就学会了；他从来没有吹过篪，但是一拿到竹管就吹得很和谐。京口刘景素被扑灭以后，刘昱更加骄纵，没有一天不出去的，晚上出去，清晨回来；清晨出去，晚上回来。随从的人都拿着矛，路上的行人无论男女和犬马牛驴，只要遇到就没有不受伤害的。百姓因此受到骚扰，商贩也都休业，于是白天关门，行人绝迹。钳子、锥子、凿子、锯子等工具都不离开身体，有稍微看不顺眼的人，就屠杀砍凿，如果一天不杀人，就闷闷不乐，殿省百官惊恐，饮食作息不定。阮佃夫跟直阁将军申伯宗等人，计划趁皇帝外出江乘射雉时，假传太后命令，把仪仗队叫来，关闭城门，命人捉拿皇帝，然后废掉，改立安成王刘准。事情被发觉，甲戌日（二十一日），刘昱逮捕阮佃夫等人，全部杀掉。

太后数训戒帝，帝不悦。会端午，太后赐帝毛扇。帝嫌其不华，令太医煮药，欲鸩太后。左右止之曰："若行此事，官便应作孝子，岂复得出入狡狯！"帝曰："汝语大有理！"乃止。

【译文】 太后多次训斥宋后废帝刘昱，刘昱很不高兴。刚好端午节，太后赐给皇帝一柄羽毛扇，皇帝嫌弃扇子不漂亮，就让太医煮毒药，要毒死太后。左右的人阻止说："如果这么做的话，你就要做孝子守孝，还怎么能出入外间嬉戏呢？"皇帝说："你说的话很有道理！"这才没有做。

六月，甲戌，有告散骑常侍杜幼文、司徒左长史沈勃、游击将军孙超之与阮佃夫同谋者，帝登帅卫士，自掩三家，悉诛之，刳解脔割，婴孩不免。沈勃时居丧在庐，左右未至，帝挥刀独前。

勃知不免，手搏帝耳，唾骂之曰："汝罪逾桀、纣，屠戮无日。"遂死。是日，大赦。

【译文】六月甲戌日（二十二日），有人检举散骑常侍杜幼文、司徒左长史沈勃、游击将军孙超之等人，说他们是阮佃夫的同谋，刘昱马上自率卫士，逮捕三家人，把他们全部杀死，并剖解切割肢体，连婴儿小孩都不放过。当时沈勃的亲人去世，他住在倚庐。皇帝左右护卫没有到，皇帝就舞刀独往。沈勃知道活不了，就用手来反拽着皇帝耳朵，骂道："你的罪过超过桀、纣，被人杀戮的日子已经不远了！"说着就被杀掉了。当天，宋国实行大赦。

帝尝直入领军府。时盛热，萧道成昼卧裸袒。帝立道成于室内，画腹为的，自引满，将射之。道成敛板曰："老臣无罪。"左右王天恩曰："领军腹大，是佳射埒；一箭便死，后无复射；不如以骲箭射之。"帝乃更以骲箭射，正中其脐。投弓大笑曰："此手何如！"帝忌道成威名，尝自磨铤，曰："明日杀萧道成。"陈太妃骂之曰："萧道成有功于国，若害之，谁复为汝尽力邪！"帝乃止。

【译文】宋后废帝刘昱曾经直接进入领军府。那时天气炎热，萧道成白天光着身子睡觉。皇帝让萧道成站在室内，在肚子上画箭靶，自己就拉弓要射肚子。萧道成收紧手板遮住说："微臣没有罪！"萧道成的左右王天恩说："领军的肚子大，是很好的箭靶，如果一箭就射死了，那以后就不能再射了，不如改为骨箭头来射。"皇帝就改用骨箭头射，正中肚脐，放下弓后大笑说："我的手法怎样？"宋后废帝刘昱嫉妒萧道成的威名，曾经亲自磨矛说："明天就要杀死萧道成！"于是陈太妃骂他说："萧道成对国家有功，如果杀死他，让谁为你尽力呢？"宋后废帝刘昱这才停止。

道成忧惧，密与袁粲、褚渊谋废立。粲曰：“主上幼年，微过
易改。伊、霍之事，非季世所行；纵使功成，亦终无全地。”渊默
然。领军功曹丹阳纪僧真言于道成曰：“今朝廷猖狂，人不自保；
天下之望，不在袁、褚，明公岂得坐受夷灭！存亡之机，仰希熟
虑。”道成然之。

【译文】萧道成害怕，偷偷找袁粲、褚渊商讨废掉宋后废
帝刘昱改立别人，袁粲说：“皇上年纪小，犯小错容易改。伊尹、
霍光废除太甲、昌邑王的事，不是乱世所能行的，纵然能够废立
成功，最后也难保不动乱。”褚渊默不作声。领军功曹丹阳人纪
僧真对萧道成说：“朝廷现在猖狂，人人都不能自保。天下的威
望，并不在袁、褚，长官（萧道成），怎么能坐以待毙。存亡的时
机，希望能仔细考虑。”萧道成赞许他。

或劝道成奔广陵起兵。道成世子赜，时为晋熙王长史，行
郢州事，欲使赜将郢州兵东下会京口。道成密遣所亲刘僧副告
其从兄行青、冀二州刺史刘善明曰：“人多见劝北固广陵，恐未
为长算。今秋风行起，卿若能与垣东海微共动虏，则我诸计可
立。”亦告东海太守垣荣祖。善明曰：“宋氏将亡，愚智共知，北
虏若动，反为公患。公神武高世，唯当静以待之，因机奋发，功业
自定，不可远去根本，自贻猖蹶。”荣祖亦曰：“领府去台百步，公
走，人岂不知！若单骑轻行，广陵人闭门不受，公欲何之！公今动
足下床，恐即有叩台门者，公事去矣。”纪僧真曰：“主上虽无道，
国家累世之基犹为安固。公百口，北度必不得俱。纵得广陵城，

天子居深宫，施号令，目公为逆，何以避之！此非万全策也。"道成族弟镇军长史顺之及次子骠骑从事中郎巘，皆以为："帝好单行道路，于此立计，易以成功；外州起兵，鲜有克捷，徒先人受祸耳。"道成乃止。

资治通鉴

【译文】有人劝萧道成奔回南兖州州治广陵起事。萧赜是萧道成的世子，当时担任晋熙王的长史，主持郢州政事，萧道成想让萧赜带郢州兵东下长江，在京口会师。萧道成秘密派亲信刘僧副告诉他的堂兄代理青、冀二州刺史刘善明说："百姓都劝我到北方巩固广陵，恐怕不是长远的策略。现在秋风就要起，如果你能与担任东海太守的垣荣祖一同挑起魏军的行动，那么我的各项计划就能成功（可以征讨之名，率兵离去）了。"同时也告知东海太守垣荣祖。刘善明说："宋家刘氏即将灭亡，愚智的人都知道，如果北方的敌人蠢动，反倒是您的忧患。您的神智英勇，功高盖世，应该安静等待，趁机奋发，事业自定，但不能远离根本，自留祸患。"垣荣祖也说："领军府离台城很近，公然出逃，谁都会知道；但是如果单骑轻行，广陵人闭门不接纳，您要到哪里啊！您现在只要一离开脚下的床，恐怕就会有人敲台门打小报告，这样大事就完了。"纪僧真说："虽然皇上无道，但是国家几代人立下的基础，还比较稳固。您百口的家人，不能全部北渡长江而去，即使得到广陵城，小皇帝深居皇宫，发号施令，全把你看作叛贼谋反，你怎么逃避！这不是万全的方法。"萧道成的族弟镇军长史萧顺之和萧道成次子骠骑从事中郎萧巘，都认为："小皇帝喜欢独自走路，如果从这方面去计划，就容易成功，如果在外州起兵，是很难成功的，只是让祖先坟墓受祸害而已。"萧道成这才停止了出逃的计划。

东中郎司马、行会稽郡事李安民欲奉江夏王跻起兵于东方，道成止之。

越骑校尉王敬则潜自结于道成，夜著青衣，扶匐道路，为道成听察帝之往来。道成命敬则阴结帝左右杨玉夫、杨万年、陈奉伯等一十五人，于殿中伺伺机便。

秋，七月，丁亥夜，帝微行至领军府门。左右曰："一府皆眠，何不缘墙入？"帝曰："我今夕欲于一处作适，宜待明夕。"员外郎桓康等于道成门间听闻之。

【译文】东中郎司马、代行会稽郡事李安民想奉江夏王刘跻在东方起兵，萧道成制止了他。

越骑校尉王敬则自行暗地交结萧道成，晚上穿着青色的衣服，在路上匍匐前进，替萧道成打听皇上的行动。萧道成让他秘密勾结宫中皇帝的近臣杨玉夫、杨万年、陈奉伯等十五人，观察可以下手的机会。

秋季，七月丁亥日（初六）晚，宋后废帝刘昱穿着便服走到领军府门前，他旁边的人说："全府的人都在睡觉，怎么不爬墙进去呢？"宋后废帝刘昱说："我今晚要在外地游玩，等明晚再说吧。"员外郎桓康等在萧道成的门间听见了这番话。

戊子，帝乘露车，与左右于台冈赌跳。仍往青园尼寺，晚，至新安寺偷狗，就昙度道人煮之。饮酒醉，还仁寿殿寝。杨玉夫常得帝意；至是忽憎之，见辄切齿曰："明日当杀小子取肝肺！"是夜，令玉夫伺织女度河，曰："见当报我；不见，将杀汝！"时帝出入无常，省内诸阁，夜皆不闭，厢下畏相逢值，无敢出者；宿卫并逃避，内外莫相禁摄。是夕，王敬则出外。玉夫伺帝熟寝，与杨万年取帝防身刀刌之。敕厢下奏伎陈奉伯袖其首，依常行法，称敕开承明门出，以首与敬则。敬则驰诣领军府，叩门大呼，萧道成虑苍梧王诳之，不敢开门。敬则于墙上投其首，道成洗视，乃戎服乘马而出，敬则、桓康等皆从。入宫。至承明门，诈为行还。敬则恐内人觇见，以刀环塞窒孔，呼门甚急，门开而入。佗夕，苍梧王每开门，门者震慑，不敢仰视，至是弗之疑。道成入殿，殿中惊怖；既而闻苍梧王死，咸称万岁。

资治通鉴

【译文】同月戊子日（初七），宋后废帝刘昱坐着无篷的车子，与近臣在台城的来冈赌跳踯的游戏，稍后仍到青园尼寺，晚上，就到新安寺偷狗，让昙度道人煮狗肉吃，喝醉酒后，就回到仁寿殿睡觉。平常杨玉夫很讨宋后废帝刘昱开心，但最近刘昱却突然讨厌他，一看到他，就咬牙切齿地说："明天一定要杀了这小子，挖取他的肝肺！"这天晚上，就让杨玉夫等人看天上织女星渡银河，说："看到它的话，一定要向我报告；如果看不到，就要杀了你！"当时宋后废帝刘昱出入宫中没有固定的时间，宫中的大门，晚上都不会关。厢下的官属害怕值班，就没人敢出来，卫士也都逃了，内外都不能相互支援。当天晚上，王敬则故意出殿，杨玉夫趁着宋后废帝刘昱熟睡，就跟杨万年取下宋后废帝刘昱的防身刀割下了他的头。命令正在两侧乐队里服务的乐工陈奉伯把宋后废帝刘昱的人头藏在袖中，照例行事，说宋后废帝刘昱要打开承明门外出，就把人头交给了王敬则。王敬则快速到领军府，敲门大喊。萧道成害怕苍梧王骗他，就不敢开门。王敬则把人头从墙上扔过去，萧道成用水洗干净看清后，就穿着军服乘马出去了，王敬则、桓康等人都紧随其后。入宫到承明门，假称宋后废帝刘昱外出归来，王敬则害怕门内人看到，就用刀环把窥视洞盖上，很急地叫开门，开门后就进去了。以前晚上的时候，苍梧王每次叫门，守门的都很害怕，不敢抬头看他，所以这一次也没有怀疑。萧道成进入殿中，殿中官员惊恐，一听到苍梧王已经死了，都大喊万岁。

【康熙御批】宋主昱之资禀未必绝异于人，其所以逞欲败度无所不至者，必由于生长深宫，未闻训诫，故日流于纵恣。可见谕教之方所关最重，不当以具文视之。

【译文】宋主刘昱的资质并非绝对不同于一般人，他之所以纵欲败坏法度到极点，就是由于他生长在深宫，没有受到好的训诫，所以一天天放纵自己。由此可见教育之道最为重要，不可以把这看作空文。

己丑旦，道成戎服出殿庭槐树下，以太后令召袁粲、褚渊、刘秉入会议。道成谓秉曰："此使君家事，何以断之？"秉未答。道成须髯尽张，目光如电。秉曰："尚书众事，可以见付；军旅处分，一委领军。"道成次让袁粲，粲亦不敢当。王敬则拔白刃，在床侧跳跃曰："天下事皆应关萧公！敢有开一言者，血染敬则刀！"仍手取白纱帽加道成首，令即位，曰："今日谁敢复动！事须及热！"道成正色呵之曰："卿都自不解！"粲欲有言，敬则叱之，乃止。褚渊曰："非萧公无以了此。"手取事授道成。道成曰："相与不肯，我安得辞！"乃下议，备法驾诣东城，迎立安成王。于是，长刀遮粲、秉等，各失色而去。秉出，于路逢从弟韫，韫开车迎问曰："今日之事，当归兄邪？"秉曰："吾等已让领军矣。"韫拊膺曰："兄肉中讵有血邪！今年族矣！"

【译文】己丑日（初八）早上，萧道成穿着军服走到殿庭的槐树下，用太后名义命令袁粲、褚渊、刘秉进殿商议。萧道成对刘秉说："这是你们刘家的事，怎么决定呢？"刘秉没有答复。

萧道成的胡须上翘，眼光像闪电一样锐利。刘秉说："尚书的事情，可以交代；对于军事的处理，就全由领军（萧道成）决定。"萧道成假意推让袁粲，袁粲也不敢担任。王敬则拔出闪亮的刀，在床上跳着说："天下事都应该由萧公决定，如果敢有开口说一句的，血就要染上我的刀了。"拿起白纱帽戴在道成的头上，要求立刻即位，说："看现在谁还敢再动！大事就要趁热打铁！"萧道成呵斥他说："你不了解情况！"袁粲刚要说话，王敬则大声呼喝，这才没有说。褚渊说："没有萧公不能解决的！"拿着大家所要签注的议案交由萧道成决定。萧道成说："既然你们都不愿意接事，我就不好推辞了。"于是取下议案，准备好法驾，到东府城去迎接安成王刘准。那些手执长刀的武士围住袁粲、刘秉等人，不准他们一同前往，他们大惊失色，仓皇离开。刘秉出殿时，在路上遇见堂弟刘韫，刘韫下车前来问道："今天的事，不是应该由哥哥来负责吗？"刘秉说："我已经让给领军了。"于是刘韫就拍着胸悲愤地说："哥哥你还有血性吗？今年咱们就全要被灭族了。"

　　是日，以太后令，数苍梧王罪恶，曰："吾密令萧领军潜运明略。安成王准，宜临万国。"追封昱为苍梧王。仪卫至东府门，安成王令门者勿开，以待袁司徒。粲至，王乃入居朝宫。壬辰，王即皇帝位，时年十一。改元，大赦。葬苍梧王于郊坛西。

　　魏京兆康王子推卒。

　　【译文】这一天，萧道成以太后的名义发布命令，一再斥责苍梧王的罪恶。说："我密令萧领军推行他英明的政略，安成王刘准，应该接管天下。"追立刘昱为苍梧王。仪仗队到东府门时，安成王刘准命令守门的不要开门，要等袁司徒到了才开。袁粲到了之后，刘准才进入宫中。壬辰日（十一日），安成王刘准即皇帝位，当时才十一岁，改年号为升明，实行大赦。把苍梧王刘昱埋葬在南郊祭坛西边。

魏国京兆康王拓跋子推去世。

甲午，萧道成出镇东府。丙申，以道成为司空、录尚书事、骠骑大将军；袁粲迁中书监、褚渊加开府仪同三司；刘秉迁尚书令，加中领军；以晋熙王燮为扬州刺史。刘秉始谓尚书万机，本以宗室居之，则天下无变；既而萧道成兼总军国，布置心膂，与夺自专，褚渊素相凭附，秉与袁粲阁手仰成矣。辛丑，以尚书右仆射王僧虔为仆射。丙午，以武陵王赞为郢州刺史；萧道成改领南徐州刺史。

【译文】甲午日（十三日），萧道成把自己的办事机构迁到了东府。丙申日（十五日），朝廷任命萧道成为司空、录尚书事、骠骑大将军；袁粲被调任中书监，褚渊加开府仪和三司；刘秉调遣尚书令，加中领军；任命晋熙王刘燮为扬州刺史。刘秉本来认为尚书重任，应该让宗室出任，天下才不会变动；但不久之后，萧道成总领军国大权，安插心腹，裁决自定，平素褚渊又附和他，刘秉和袁粲只能拱手让权。辛丑日（二十日），朝廷任命尚书右仆射王僧虔为仆射。丙午日（二十五日），朝廷任命武陵王刘赞为郢州刺史，萧道成兼任南兖州刺史。

八月，壬子，魏大赦。

癸亥，诏袁粲镇石头。粲性冲静，每有朝命，常固辞；逼切不得已，乃就职。至是知萧道成有不臣之志，阴欲图之，即时受命。

初，太宗使陈昭华母养顺帝；戊辰，尊昭华为皇太妃。

【译文】八月壬子日（初一），魏国实行大赦。

癸亥日（十二日），宋顺帝刘准下诏，令袁粲驻守石头城。袁粲个性温和文静，每当有朝廷任命，经常坚辞，迫不得已才任职。现在他知道萧道成有不忠于刘宋的异心，为暗地里提防，他随即答应任命。

起初，宋太宗刘彧让自己的宠妃陈昭华（昭华为妃嫔名）抚养了顺帝刘准，戊辰日（十七日），宋顺帝刘准封昭华为皇太妃。

丙子，魏诏曰："工商皂隶，各有厥分；而有司纵滥，或染流俗。自今户内有役者，唯止本部丞；若有勋劳者，不从此制。"

萧道成固让司空；庚辰，以为票骑大将军、开府仪同三司。

九月，乙酉，魏更定律令。

戊申，封杨玉夫等二十五人为侯、伯、子、男。

冬，十月，氐帅杨文度遣其弟文弘袭魏仇池，陷之。

【译文】丙子日（二十五日），魏国皇帝拓跋宏下诏："工商、奴隶，都有不同的身份，但是负责官吏浮滥，让工商、奴隶出身的人混进高贵的阶级，从今往后属于工役户的人，官只能做到本部丞，但如果有重要功劳，不在此限制。"

萧道成坚持让出了司空；庚辰日（二十九日），宋国朝廷任命他为骠骑大将军、开府仪同三司。

九月乙酉日（初五），魏国更改了法令。

同月戊申日（二十八日），宋国朝廷任命杨玉夫等二十五人为侯、伯、子、男。

冬季，十月，氐族主帅杨文度派他弟弟杨文弘攻击魏仇池城，并攻陷。

初，魏徐州刺史李訢，事显祖为仓部尚书，信用卢奴令范櫄。訢弟左将军瑛谏曰："櫄能降人以色，假人以财，轻德义而重势利；听其言也甘，察其行也贼，不早绝之，后悔无及。"訢不从，腹心之事，皆以语櫄。

尚书赵黑，与訢皆有宠于显祖，对掌选部。訢以其私用人为方州，黑对显祖发之，由是有隙。顷之，訢发黑前为监藏，盗用官物，黑坐黜为门士。黑恨之，寝食为之衰少；逾年，复入为侍中、尚书左仆射，领选。

【译文】起初，魏国徐州刺史李訢，在魏显祖拓跋弘时担任仓部尚书，信任卢奴县令范櫄。李訢的弟弟左将军李瑛劝他哥哥说："范櫄能用媚色来侍奉人，凭借财物来利用人，轻视道德，注重势力，听他的话很甜美，但他的行为却很奸邪，如果不早和他断绝往来，将后悔莫及！"李訢没有听弟弟的劝告，重要的事，都告诉给了范櫄。

魏国尚书赵黑跟李訢都受到魏显祖拓跋弘的宠幸，一起掌控选部，李訢因为私心任用心腹为刺史，赵黑向魏显祖拓跋弘告发了李訢，因此两人就有了矛盾。不久，李訢就揭发先前赵黑在任监藏时，盗用官财，赵黑因此被贬为守门者。赵黑痛恨李訢，为此吃不下，睡不着。刚过了一年，赵黑就又被任侍中、尚书左仆射兼选部。

及显祖殂，黑白冯太后，称訢专恣，出为徐州。范櫄知太后怨訢，乃告訢谋外叛。太后徵訢至平城问状，訢对无之，太后引櫄使证之。訢谓櫄曰："汝今诬我，我复何言！然汝受我恩如此之厚，乃忍为尔乎？"欣曰："欣受公恩，何如公受李敷恩！公忍之于敷，欣何为不忍于公！"欣慨然叹曰："吾不用瑛言，悔之何及！"赵黑复于中构成其罪，丙子，诛欣及其子令和、令度；黑然后寝食如故。

【译文】魏显祖拓跋弘去世后，赵黑就报告冯太后，说李欣专权，并调李欣为徐州刺史。范欣知道太后怨恨李欣，于是就在太后面前诬告李欣在外造反。太后就把李欣召到平城审问，李欣回答说没有，太后就让范欣做证。李欣向范欣说："现在你诬告我，我还能说什么？但是你从我这儿得到这么厚重的恩惠，怎么这么忍心？"范欣说："我受你的恩惠，怎么能比得上你受李敷的恩呢？你都忍心对付李敷，我怎么不能忍心对付你？"李欣叹息说："我当初没听李瑛的话，这时后悔也来不及了！"赵黑在中间又罗织他的罪名。丙子日（二十六日），冯太后下令杀掉李欣和他的儿子李令和、李令度。从此，赵黑才吃得下，睡得着了。

【申涵煜评】欣用范欣诬李敷，即为欣所诬而死。观其言，曰："公忍于敷，欣何为不忍于公？"其折欣诚快矣。曾自居于何等，辟如猛鸷之兽，逢人便噬，凶性无足怪也。

【译文】李欣利用范欣来诬陷李敷，但却被范欣诬陷而死。观察他的言语，说道："您能对李敷狠心，范欣为什么不能对您狠心？"范欣使李欣受损害的确是称心如意了。李欣比喻自己就像凶猛的兽类，遇到人就吞噬，这样凶残的本性就不觉得奇怪了。

十一月，癸未，魏征西将军皮欢喜等三将军帅众四万击杨文弘。

丁亥，魏怀州民伊祁苟自称尧后，聚众于重山作乱；洛州刺史冯熙讨灭之。冯太后欲尽诛阖城之民，雍州刺史张白泽谏曰：
"凶渠逆党，尽已枭夷；城中岂无忠良仁信之士，奈何不问白黑，
一切诛之！"乃止。

【译文】十一月癸未日（初三），魏国征西将军皮欢喜等三
位将军带兵四万攻击杨文弘。

同月丁亥日（初七），魏国怀州的百姓伊祁苟自称是尧的后
代，把群众聚集在重山反击魏国的统治。洛州刺史冯熙征讨他
们。冯太后要杀光全城百姓，雍州刺史张白泽劝告说："恶首逆
党，都已经被杀死。城里哪里没有忠良的人呢？怎么能不问黑
白，就都给杀死呢？"这才没有执行。

十二月，魏皮欢喜军至建安，杨文弘弃城走。

初，沈攸之与萧道成于大明、景和之间同直殿省，深相亲
善，道成女为攸之子中书侍郎文和妇。攸之在荆州，直阁将军高
道庆，家在华容，假还，过江陵，与攸之争戏槊。驰还建康，言
攸之反状已成，请以三千人袭之。执政皆以为不可，道成仍保证
其不然。杨运长等恶攸之，密与道庆谋遣刺客杀攸之，不克。
会苍梧王遇弑，主簿宗俨之、功曹臧寅劝攸之因此起兵。攸之
以其长子元琰在建康为司徒左长史，故未发。寅，凝之之子也。

【译文】十二月，魏国皮欢喜的军队到了建安，杨文弘弃仇
池城逃跑。

起初，沈攸之与萧道成在大明、景和年间一同轮值殿省，
深相亲善，萧道成的女儿是沈攸之儿子中书侍郎沈文和的妻
子。沈攸之在荆州时，直阁将军高道庆住在华容，请假回家路过
江陵，因与沈攸之赌双陆发生争执，一怒之下，返回了建康，说
沈攸之要造反，请求带领三千人突袭江陵。执政大员都觉得不

行，萧道成还保证沈攸之不会叛变。杨运长等人讨厌沈攸之，暗地里与高道庆计划派刺客杀害沈攸之，但是没有成功。刚好苍梧王被杀，主簿宗俨之、功曹臧寅劝告沈攸之趁机起兵，沈攸之因长子沈元琰在建康任司徒左长史，所以不敢轻举妄动。臧寅，是臧凝之的儿子。

时杨运长等已不在内，萧道成遣元琰以苍梧王刳斫之具示攸之。攸之以道成名位素出己下，一旦专制朝权，心不平，谓元琰曰："吾宁为王（陵）〔凌〕死，不为贾充生。"然亦未暇举兵。乃上表称庆，因留元琰。

雍州刺史张敬儿，素与攸之司马刘攘兵善，疑攸之将起事，密以问攘兵。攘兵无所言，寄敬儿马镫一只，敬儿乃为之备。

【译文】当时杨运长已经不在宫省，萧道成派沈元琰把苍梧王杀人刀具拿给沈攸之看。沈攸之觉得萧道成名声地位一直在自己的下面，但是现在却专制朝权，心里感觉不平，就对沈元琰说："我宁愿像王凌讨叛逆司马而死，也不愿像贾充一样依附叛逆司马而生。"但是来不及起兵，就上表祝贺，却趁机把自己的儿子沈元琰留在了江陵。

雍州刺史张敬儿，一直与沈攸之的司马刘攘兵关系友好，怀疑沈攸之要起兵，偷偷地问刘攘兵。但是刘攘兵没有说话，只寄给张敬儿一只马镫。张敬儿就做了防范。

攸之有素书十数行，常韬在裲裆角，云是明帝与己约誓。攸之将举兵，其妾崔氏谏曰："官年已老，那不为百口计！"攸之指裲裆角示之，且称太后使至，赐攸之烛，割之，得太后手令云："社稷之事，一以委公。"于是，勒兵移檄，遣使邀张敬儿及豫州刺史刘怀珍、梁州刺史梓潼范柏年、司州刺史姚道和、湘州行事庾佩玉、巴陵内史王文和同举兵。敬儿、怀珍、文和并斩其使，驰表以闻；文和寻弃州奔夏口。柏年、道和、佩玉皆怀两端。道和，后秦高祖之孙也。

【译文】沈攸之有十数行白绢书，经常藏在背心衣角里，说是宋明帝刘彧给他的约定。沈攸之就要起兵，他的妾崔氏劝告说："你年纪已经很大了，怎么能不替百口家人的生命打算？"沈攸之指着背心角给她看，并且又说是太后已经派来了使者，给了沈攸之蜡烛，他剖开蜡烛，得到了太后的手令，手令写道："国家的事，就全托付给你了。"于是率领军队、移送檄文，派使者邀请张敬儿和豫州刺史刘怀珍、梁州刺史范柏年（梓潼人）、司州刺史姚道和、湘州行事庾佩玉和巴陵内史王文和一同起兵。张敬儿、刘怀珍、王文和都斩杀了使者，马上上表报告。王文和立即弃州城，奔走到夏口。范柏年、姚道和、庾佩玉都各怀两心，执观望态度。姚道和，是后秦高祖姚兴的孙子。

辛酉，攸之遣辅国将军孙同等相继东下。攸之遗道成书，以为："少帝昏狂，宜与诸公密议，共白太后，下令废之；奈何交结左右，亲行弑逆，乃至不殡，流虫在户？凡在臣下，谁不惋骇！又，移易朝旧，布置亲党，宫闱管篙，悉关家人。吾不知子孟、孔明遗训固如此乎！足下既有贼宋之心，吾宁敢捐包胥之节邪！"朝廷闻之，恟惧。

丁卯，道成入守朝堂，命侍中萧嶷代镇东府，抚军行参军萧映镇京口。映，嶷之弟也。戊辰，内外纂严。己巳，以郢州刺史武陵王赞为荆州刺史。庚午，以右卫将军黄回为郢州刺史，督前锋诸军以讨攸之。

【译文】辛酉日（十二日），沈攸之派辅国将军孙同等相继顺江而下。沈攸之在命人送给萧道成的信中写道："少帝刘昱昏庸狂大，你应该和各位大臣秘密商讨，一同报告太后，下令废除他。怎么能交结皇帝左右，亲自杀害，而且又不及时将少帝收殓停灵，让尸虫爬到门户呢？所有的臣下，谁不害怕？而且又废弃朝廷，安置亲信，宫廷门禁，都让你家控制。我不知霍光、诸葛亮帮助幼主的遗训难道就是这样的吗？既然你有贼心害宋氏的企图，我怎么能捐弃申包胥复国的节操呢？"朝廷知道后，很是害怕。

丁卯日（十八日），萧道成驻守朝堂，命令侍中萧嶷担任镇守东府，抚军行参军萧映驻守京口。萧映，是萧嶷的弟弟。戊辰日（十九日），朝廷内外严戒。己巳日（二十日），任命郢州刺史武陵王刘赞为荆州刺史。庚午日（二十一日），任命右卫将军黄回为郢州刺史，指挥前线各个军队，讨伐沈攸之。

初，道成以世子赜为晋熙王燮长史，行郢州事，修治器械以备攸之。及徵燮为扬州，以赜为左卫将军，与燮俱下。刘怀珍言于道成曰："夏口冲要，宜得其人。"道成与赜书曰："汝既入朝，当须文武兼资与汝意合者，委以后事。"赜乃荐燮司马柳世隆自代。道成以世隆为武陵王赞长史，行郢州事。赜将行，谓世隆曰："攸之一旦为变，焚夏口舟舰，沿流而东，不可制也。若得攸之留攻郢城，必未能猝拔。君为其内，我为其外，破之必矣。"及攸之起兵，赜行至寻阳，未得朝廷处分，众欲倍道趋建康，赜曰："寻阳地居中流，密迩畿甸。若留屯湓口，内藩朝廷，外援夏首，保据形胜，控制西南，今日会此，天所置也。"或以为湓口城小难固，左中郎将周山图曰："今据中流，为四方势援，不可以小事难

之；苟众心齐一，江山皆城隍也。"庚午，颖奉燮镇湓口；颖悉以
事委山图。山图断取行旅船板以造楼橹，立水栅，旬日皆办。道
成闻之，喜曰："颖真我子也！"以颖为西讨都督。颖启山图为军
副。时江州刺史邵陵王友镇寻阳，颖以为寻阳城不足固，表移友
同镇湓口，留江州别驾豫章胡谐之守寻阳。

【译文】 起初，萧道成任命世子萧颖为晋熙王刘燮的长
史，掌管郢州政事，制造武器，防备沈攸之。召集刘燮为扬州刺
史，任命萧颖为左卫将军，跟刘燮一同从长江而下。刘怀珍对
萧道成说："夏口是重要据点，要使用适当的人。"萧道成就给
萧颖写信说："现在既然你要回朝廷，就应该选一个文武兼备
并且跟你心意相合的人，成为你的后任。"萧颖就推荐刘燮的司
马柳世隆来接任他。于是萧道成就任命刘世隆为武陵王刘赞的
长官，掌管郢州政事。萧颖将离开时，对刘世隆说："一旦沈攸
之发动兵变，烧毁夏口的船只，顺流向东，就不能制止。如果沈
攸之不下长江的话，就留下攻打郢城，否则就难以一下攻占，你
在城中攻击，我在城外夹击，他们一定会失败的。"到沈攸之起
兵时，萧颖到了寻阳，没有看到朝廷有任何处理。部下大都想快
速赶回建康，萧颖说："寻阳处在长江中游，靠近京师。如果留
在湓口，对内屏障朝廷，对外援助夏口，占领好的形势，掌控西
南，今天刚好路经停留此地，就是上天的安排。"有人觉得湓口
城小难以巩固，左中郎将周山图说："现在占领中游，可以援助
四方，不能把这小事当作困难，如果大家万众一心，这里的长江
与群山都是我们的有利屏障。"庚午日（二十一日），萧颖守护
刘燮驻守湓口，萧颖让周山图负责军事。周山图拦住行旅船只，
拆船板建造瞭望高台，靠着树立水栅，十天就做好了准备工作。
萧道成知道后，高兴地说："萧颖，不愧是我的儿子！"任命萧颖

为西讨军指挥，萧赜推举周山图为副指挥。当时江州刺史邵陵王刘友驻守寻阳，萧赜认为寻阳城不能坚守，上表把刘友转移到溢口，一起驻守，留下江州别驾胡谐之（豫章人）驻守寻阳。

湘州刺史王蕴遭母丧罢归，至巴陵，与沈攸之深相结。时攸之未举兵，蕴过郢州，欲因萧赜出吊作难，据郢城。赜知之，不出。还，至东府，又欲因萧道成出吊作难，道成又不出。蕴乃与袁粲、刘秉密谋诛道成，将帅黄回、任候伯、孙昙瓘、王宜兴、卜伯兴等皆与通谋。伯兴，天与之子也。

道成初闻攸之事起，自往诣粲，粲辞不见。通直郎袁达谓粲"不宜示异同"，粲曰："彼若以主幼时艰，与桂阳时不异，劫我入台，我何辞以拒之！一朝同止，欲异得乎！"道成乃召褚渊，与之连席，每事必引渊共之。时刘韫为领军将军，入直门下省；卜伯兴为直阁，黄回等诸将皆出屯新亭。

【译文】湘州刺史王蕴之前遇母丧而罢官回建康，走到巴陵时，与在江陵的沈攸之建立了紧密的联系。那时沈攸之还没有起兵，王蕴经过郢州时，想趁萧赜出来吊丧的机会进行劫杀，以便占据郢城。萧赜知道后，没有去吊丧。王蕴回到建康，到达东府时，又想趁着萧道成出来吊丧，来劫杀，萧道成也没有去吊丧。王蕴就与袁粲、刘秉偷偷谋杀萧道成，将帅黄回、任候伯、孙昙瓘、王宜兴、卜伯兴等也都参与了此事。卜伯兴，是卜天与的儿子。

萧道成开始知道沈攸之起兵时，亲自到石头城看望袁粲，袁粲回绝不见。通直郎袁达对袁粲说："不要对萧道成显出不一样的心志。"袁粲说："如果看到他，他以君主年幼政事困难为借口，好像桂阳王起兵时的理由，来逼迫我回台城，我该用什么话拒绝？一旦这样，哪里还有机会反对呢？"萧道成就召褚渊来，和他连席同坐，每次有事找他商量。当时刘韫是领军将军，在门下省任职，卜伯兴担任当值宫门，黄回等将领都驻守新亭。

　　初，褚渊为卫将军，遭母忧去职，朝廷敦迫，不起。粲素有重名，自往譬说，渊乃从之。及粲为尚书令，遭母忧，渊譬说恳至，粲遂不起，渊由是恨之。及沈攸之事起，道成与渊议之。渊曰："西夏衅难，事必无成，公当先备其内耳。"粲谋既定，将以告渊；众谓渊与道成素善，不可告。粲曰："渊与彼虽善，岂容大作同异！今若不告，事定便应除之。"乃以谋告渊，渊即以告道成。

　　【译文】起初，褚渊是卫将军，因母丧离开职位，没到满丧期朝廷就催他复职，他没有答应。袁粲有很高的声望，亲自去看望褚渊，说服褚渊恢复官职。等到袁粲担任尚书令，也遭到母丧离职，褚渊很真诚地劝他，袁粲始终没有听，从此褚渊就对袁粲产生了怨恨。后来沈攸之起兵，萧道成和褚渊讨论，褚渊说："虽然西边荆州（沈攸之）挑衅，但一定不会成事，您要提防的就在内部。"袁粲反抗萧道成的计划已经确定，就要告诉给褚渊，大家都说褚渊和萧道成关系很好，不能告诉他。袁粲说："虽然褚渊和萧道成关系很好，萧道成怎么能允许他有大不同的做法？如果现在不说，事成之后他就会被杀。"于是就告诉了褚渊，褚渊立刻转告了萧道成。

　　道成亦先闻其谋，遣军主苏烈、薛渊、太原王天生将兵助粲守石头。薛渊固辞，道成强之，渊不得已，涕泣拜辞。道成曰："卿近在石头，日夕去来，何悲如是，且又何辞？"渊曰："不审公能保袁公共为一家否？今渊往，与之同则负公，不同则立受祸，何得不悲！"道成曰："所以遣卿，正为能尽临事之宜，使我无西顾之忧耳。但当努力，无所多言。"渊，安都之从子也。道成又以骁骑将军王敬则为直阁，与伯兴共总禁兵。

资治通鉴

【译文】萧道成事先也知道袁粲的谋略，派军主苏烈、薛渊、王天生（太原人）带兵帮助袁粲守石头。薛渊坚决推辞，萧道成勉强他。不得已，薛渊就流泪拜别。萧道成说："率军前往石头，早晚就能来往，为何这么悲伤，为什么还要拜别？"薛渊说："莫非您能保证袁公始终不变，共同成为一家？现在我前去跟他附和，就要背叛公；如果不附和就要受祸，怎能不悲伤？"萧道成说："我派你前去，就是要能做到随机应变，让我没有后顾之忧。希望能努力去做，别再多说了！"薛渊，是薛安都的侄儿。萧道成命骁骑将军王敬则为当值宫门，跟卜伯兴共管禁兵。

粲谋矫太后令，使韫、伯兴帅宿卫兵攻道成于朝堂，回等帅所领为应。刘秉、任候伯等并赴石头，本期壬申夜发，秉悾扰不知所为，晡后即束装；临去，啜羹，写胸上，手振不自禁。未暗，载妇女，尽室奔石头，部曲数百，赫奕满道。既至，见粲，粲惊曰："何事遽来？今败矣！"秉曰："得见公，万死何恨！"孙昙瓘闻之，亦奔石头。丹阳丞王逊等走告道成，事乃大露。逊，僧绰之子也。

【译文】袁粲计划假借太后令，命令刘韫、卜伯兴率禁卫兵攻打在朝堂的萧道成，令黄回等人率兵等待响应。刘秉、任候伯等一同到石头城，原本计划在壬申日（二十三日）晚上发动，但刘秉害怕不能等待，于是在午后就整装待发，要出发时，饮羹汤，竟然洒到了胸上，手发抖也不能控制。天还没黑，带着女人、全部财物奔向石头城，数百部下布满了道路。到了石头城后，看到袁粲，袁粲惊奇地说："为什么那么快就到了？现在坏大事了！"刘秉说："只要能看到公，即使万死也没有遗憾了！"孙昙瓘获悉后，也立刻投奔石头城。丹阳丞王逊等告诉萧道成，袁粲等的计划就被全部暴露出来。王逊，是王僧绰的儿子。

道成密使人告王敬则。时閤已闭，敬则欲开閤出，卜伯兴严兵为备，敬则乃锯所止屋壁，得出，至中书省收韫。韫已成严，列烛自照。见敬则猝至，惊起迎之，曰："兄何能夜顾？"敬则呵之曰："小子那敢作贼！"韫抱敬则，敬则（秦）〔拳〕殴其颊仆地而杀之，又杀伯兴。苏烈等据仓城拒粲。王蕴闻秉已走，叹曰："事不成矣！"狼狈帅部曲数百向石头。本期开南门，时暗夜，薛渊据门射之。蕴谓粲已败，即散走。

【译文】萧道成偷偷派人告诉王敬则。当时宫门已经关了，王敬则要开门出去，但是卜伯兴严兵防守，王敬则就锯开所住房子的墙壁跑出去，到中书省要捉拿刘韫。刘韫已经装束好了，成列的烛光照着，看到王敬则突然来了，赶紧迎接，说："兄长为什么晚上来呢？"王敬则斥责说："你怎么敢做贼？"刘韫抱住王敬则，王敬则用拳打狠打他的脸，把他打倒在地，然后杀了刘韫，又杀掉卜伯兴。苏烈等人占领仓城，抵抗袁粲。王蕴听到刘秉已经走了，叹息着说："事情办不成了。"于是狼狈地带着数百部下奔向石头城，本来约好开南门，晚上很暗，薛渊占领南门用箭射王蕴。王蕴认为袁粲已经失败，就四散逃走了。

道成遣军主会稽戴僧静帅数百人向石头助烈等，自仓门得入，与之并力攻粲。孙昙瓘骁勇善战，台军死者百馀人。王天生殊死战，故得相持，自亥至丑，戴僧静分兵攻府西门，焚之。粲与秉在城东门，见火起，欲还赴府。秉与二子俣、陔逾城走。粲下城，烈烛自照，谓其子最曰："本知一木不能止大厦之崩，但以名义至此耳。"僧静乘暗逾城独进，最觉有异人，以身卫粲，僧静直前斫之。粲谓最曰："我不失忠臣，汝不失孝子！"遂父子俱死。百姓哀之，为之谣曰："可怜石头城，宁为袁粲死，不作褚渊生！"刘秉父子走至额檐湖，追执，斩之。任候伯等并乘船赴石头，既至，台军已集，不得入，乃驰还。

黄回严兵，期诘旦帅所领从御道直向台门攻道成。闻事泄，不敢发。道成抚之如旧。王蕴、孙昙瓘皆逃窜，先捕得蕴，斩之，其馀粲党皆无所问。

【译文】萧道成派军主戴僧静（会稽人）率数百人去石头城，帮助苏烈等人，从仓门进去，一起进攻袁粲。孙昙瓘英勇善战，有一百多朝廷军死掉。王天生拼死作战，因此相持了很久。从亥时到丑时，戴僧静分兵攻打并放火烧毁了府西门。袁粲和刘秉在城东门，看到起火，就往府宅赶。刘秉和两个儿子刘俣、刘陔跳墙逃走。袁粲出城，点亮蜡烛，对他的儿子袁最说："原本就知道一根木头不能撑住快要倒下的大厦，但为名为义就是这样。"戴僧静趁着黑暗越城独进，袁最感觉有外人侵入，就用身体护卫父亲，戴僧静就向前砍，袁粲对儿子说："我不失为忠臣，你也不失为孝子！"于是父子都被杀死。百姓都很同情袁粲父子，就唱着歌谣："可怜的石头城，宁愿像袁粲死，也不为褚渊生！"刘秉父子逃到额檐湖时，被捕获斩杀。任候伯等一起乘船到石头城，到达后，萧道成的朝廷军已经集结，不能前进，就快速转回。

黄回严守起兵日期，天刚亮，就率所属兵将从御道直奔台城门，攻击萧道成。知道事情泄露，就不敢采取行动。但萧道成仍旧如常地来安抚。王蕴、孙昙瓘都逃跑，萧道成首先捕杀了王蕴，对袁粲的其余党羽就不再追究了。

【乾隆御批】渊素匿附道成，且与粲有隙，石头之谋岂可使之与闻？粲乃欲引为己用，实是失策。

【译文】褚渊素来和萧道成关系亲密，并依附于他，和袁粲有矛盾，"石头之谋"怎么能让他参与呢？袁粲竟想把他引为己用，实在失策。

粲典签莫嗣祖为粲、秉宣通密谋，道成召诘之曰："袁粲谋反，何不启闻？"嗣祖曰："小人无识，但知报恩，何敢泄其大事！今袁公已死，义不求生。"蕴嬖人张承伯藏匿蕴，道成并赦而用之。

粲简淡平素，而无经世之才；好饮酒，喜吟讽，身居剧任，不肯当事；主事每往谘决，或高咏对之。闲居高卧，门无杂宾，物情不接，故及于败。

【译文】袁粲的典签莫嗣祖，代替袁粲、刘秉密谋，萧道成召见并责问他："袁粲造反，为什么不早说？"莫嗣祖说："我没有见识，只知道报恩，怎么敢泄露大事？现在袁公已死，理不求生。"此外王蕴宠人张承伯藏匿王蕴，两人都被萧道成赦免并任用。

袁粲生活简朴，淡泊名利，没有治世的本领，喜欢饮酒、吟诗，身处重职，却不愿办事，尚书主事常要找他前去裁决，有时他却用吟咏来对答，闲居高卧，家里没有宾客，不了解人情世故，所以才会失败。

◆裴子野论曰：袁景倩，民望国华，受付托之重；智不足以除奸，权不足以处变，萧条散落，危而不扶。及九鼎既轻，三才将换，区区斗城之里，出万死而不辞，盖蹈匹夫之节而无栋梁之具矣。◆

甲戌，大赦。

乙亥，以尚书仆射王僧虔为左仆射，新除中书令王延之为右仆射，度支尚书张岱为吏部尚书，吏部尚书王奂为丹杨尹。延之，裕之孙也。

【译文】◆裴子野评论说：袁景倩（袁粲，字景倩），是人民所敬仰的国家精英，身受重大的寄托，但是智慧、谋略、才能不足以除奸，临时应变能力不足以应对突发事件，国家萧条散乱，危险但不能扶持。到了宋室轻微，萧氏将要夺取政权时，守在小城中，即使万死也不拒，这是他有匹夫的节操，而不能称作栋梁。◆

甲戌日（二十五日），宋国实行大赦。

乙亥日（二十六日），宋国任命尚书仆射王僧虔为左仆射，新任命的中书令王延之为右仆射，任命度支尚书张岱为吏部尚书，吏部尚书王奂调任丹杨尹。王延之，是王裕的孙子。

刘秉弟遐为吴郡太守。司徒右长史张瑰，永之子也，遭父丧在吴，家素豪盛，萧道成使瑰伺间取遐。会遐召瑰诣府，瑰帅部曲十馀人直入斋中，执遐，斩之，郡中莫敢动。道成闻之，以告瑰从父领军冲，冲曰："瑰以百口一掷，出手得卢矣。"道成即以瑰为吴郡太守。

道成移屯阅武堂，犹以重兵付黄回使西上，而配以腹心。回素与王宜兴不协，恐宜兴反告其谋，闰月，辛巳，因事收宜兴，斩之。诸将皆言回握强兵必反，宁朔将军桓康请独往刺之，道成曰："卿等何疑！彼无能为也。"

【译文】刘秉的弟弟刘遐担任吴郡太守。司徒右长史张瑰，是张永的儿子，在吴郡遭父丧，家业向来鼎盛，萧道成派张瑰趁机解决刘遐，正好刘遐召集张瑰到府宅，张瑰带领部下十多人冲入斋中，逮捕刘遐，郡中没有人敢反抗。萧道成知悉后，就转告张瑰的叔父张冲，张冲说："张瑰用家族的生命作赌，刚一出手，就取得胜利。"萧道成就任命张瑰为吴郡太守。

萧道成移军驻守阅武堂，仍把重兵交给黄回，让他溯流而上，再配心腹来监视他，黄回一直与王宜兴不和，害怕王宜兴反告他造反。闰月辛巳日（初二），找个事由收押了王宜兴，并将其斩杀。萧道成各将都说黄回握有重兵一定会造反，宁朔将军桓康要求独自前往刺探，萧道成说："各位为什么怀疑？他是没能力做这些的。"

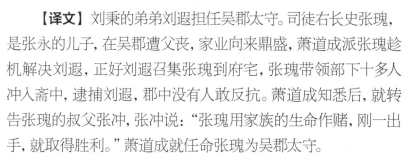

沈攸之遣中兵参军孙同等五将以三万人为前驱，司马刘攘兵等五将以二万人次之；又遣中兵参军王灵秀等四将分兵出夏口，据鲁山。癸巳，攸之至夏口，自恃兵强，有骄色。以郢城弱小，不足攻，云"欲问讯安西"，暂泊黄金浦，遣人告柳世隆曰："被太后令，当暂还都。卿既相与奉国，想得此意。"世隆曰："东下之师，久承声问。郢城小镇，自守而已。"宗俨之劝攸之攻郢城；臧寅以为："郢城兵虽少而地险，攻守势异，非旬日可拔。若不时举，挫锐损威，今顺流长驱，计日可捷。既倾根本，则郢城岂能自固！"攸之从其计，欲留偏师守郢城，自将大众东下。乙未，将发，柳世隆遣人于西渚挑战，前军中兵参军焦度于城楼上肆言骂攸之,且秽辱之。攸之怒,改计攻城,令诸军登岸烧郭邑,筑长围,昼夜攻战。世隆随宜拒应,攸之不能克。

资治通鉴

【译文】 沈攸之派中兵参军孙同等五将带领三万兵为前锋,司马刘攘兵等五将带领两万兵跟在后面,又派中兵参军王灵秀等四将分别出兵经由夏口,占领鲁山。癸巳日(十四日),沈攸之到夏口,自恃强兵,面带傲色。觉得郢城弱小,不值得攻打,说:"一定要向安西将军(武陵王刘赞,当时在郢州)问好!"暂时停在黄金浦,派人对柳世隆说:"我受太后的命令,应该返都,既然你也忠于国家,想必一定能赞同我的想法。"柳世隆回答说:"承蒙你们东下军队的问候,郢城是个小镇,我们足以自守。"宗俨之劝说沈攸之攻打郢城,臧寅则认为:"郢城虽然兵少,但是地势险要,易守难攻,不是十来天就能攻下的,如果不及时拿下,会伤害高昂的士气,现在顺着长江长驱建康,计日可达,如果摧毁了根本,郢城怎么能守住?"沈攸之听了臧寅的计划,要留下部分军队看守郢城,自己带大军东下。乙未日(十六日),就要出发,柳世隆派人在西边河洲上宣战,前军中兵参军焦度在城楼上咒骂沈攸之,并且用很脏的话侮辱。沈攸之大怒,改变攻城计划,命令各军登岸烧外城房子,修筑长围,日夜攻打。柳世隆随机应战,沈攸之无法攻下。

道成命吴兴太守沈文秀督吴、钱唐军事。文秀收攸之弟新安太守登之,诛其宗族。

乙未,以后军将军杨运长为宣城太守;于是太宗嬖臣无在禁省者矣。

【译文】 萧道成命令吴兴太守沈文秀指挥吴郡、钱唐郡军队,沈文秀捕杀沈攸之的弟弟新安太守沈登之,并杀死他所有的族人。

乙未日(十六日),宋朝廷任命后军将军杨运长为宣城太守,至此,从前宋太宗刘彧的近臣没有在禁省的了。

◆沈约论曰:"夫人君南面,九重奥绝,陪奉朝夕,义隔卿士,阶闼之任,宜有司存。既而恩以狎生,信由恩固,无可惮之姿,有易亲之色。孝建、泰始,主威独运,而刑政纠杂,理难遍通,耳目所寄,事归近习。及觇欢愠,候惨舒,动中主情,举无谬旨;人主谓其身卑位薄,以为权不得重。曾不知鼠凭社贵,狐藉虎威,外无逼主之嫌,内有专用之效,势倾天下,未之或悟。及太宗晚运,虑经盛衰,权幸之徒,慑惮宗戚,欲使幼主孤立,永窃国权,构造同异,兴树祸隙,帝弟宗王,相继屠剿,宝祚夙倾,实由于此矣。◆

【译文】◆沈约评论说:君主统领国家,深居宫里,早晚都让近臣奉陪,并与朝官隔绝;然而宫中的任命,自然由他们掌控。长久由接近奉迎而产生恩宠,再由宠幸而产生信任,他们没有害怕的样子,只有能亲近的颜色。世祖刘骏、太宗刘彧扩大权威,刑法复杂,很难以普遍合理,近臣的耳目所见,就习以为常了。他们关注君主的喜怒哀乐,从中附和旨令,认为全是对的。君主觉得近臣身份低地位薄,不会有重权,但却不知如老鼠凭社神而显贵,狐假虎威,近臣也借着君主的权力作威作福。表面上,他们没有逼迫君主的嫌疑,但是里面却有被宠幸的事实,势力倾倒了天下,但是君主仍不觉悟。到了太宗晚年,忧虑由盛转衰,所宠幸的臣子,恐惧宗室,就要孤立幼主,永远掌控政权,于是就制造了矛盾和猜忌,让太宗的弟弟、宗室各王,相继被杀光,刘宋的倾覆,就是这个原因。◆

辛丑，尚书左丞济阳江谧建议假萧道成黄钺，从之。

加北秦州刺史武都王杨文度都督北秦、雍二州诸军事，以龙骧将军杨文弘为略阳太守。壬寅，魏皮欢喜拔葭芦，斩文度。魏以杨难当族弟广香为阴平公、葭芦戍主，仍诏欢喜筑骆谷城。文弘奉表谢罪于魏，遣子苟奴入侍。魏以文弘为南秦州刺史、武都王。

【译文】辛丑日（二十二日），尚书左丞江谧（济阳人）建议授予萧道成黄钺，被批准。

宋国朝廷任命秦州刺史武都王杨文度为指挥北秦、雍二州各军军事都督，任命龙骧将军杨文弘为略阳太守。壬寅日（二十三日），魏国皮欢喜攻下葭芦，斩杀了杨文度。魏国任命杨难当族弟杨广香为阴平公、葭芦守军指挥，仍下令修建骆谷城。杨文弘上表书向魏国谢罪，派儿子杨苟奴到魏国做人质。魏国任命杨文弘为南秦州刺史、武都王。

乙巳，萧道成出顿新亭，谓票骑参军江淹曰："天下纷纷，君谓何如？"淹曰："成败在德，不在众寡。公雄武有奇略，一胜也；宽容而仁恕，二胜也；贤能毕力，三胜也；民望所归，四胜也；奉天子以伐叛逆，五胜也。彼志锐而器小，一败也；有威而无恩，二败也；士卒解体，三败也；搢绅不怀，四败也；悬兵数千里而无同恶相济，五败也。虽豺狼十万，终为我获。"道成笑曰："君谈过矣。"南徐州行事刘善明言于道成曰："攸之收众聚骑，造舟治械，苞藏祸心，于今十年。性既险躁，才非持重；而起逆累旬，迟回不进。一则暗于兵机，二则人情离怨，三则有掣肘之患，四则天夺其魄。本虑其剽勇轻速，掩袭未备，决于一战；今六师齐奋，诸侯同举，此笼中之鸟耳。”萧赜问攸之于周山图，山图曰：“攸之相与邻乡，数共征伐，颇悉其为人，性度险刻，士心不附，今顿兵坚城之下，适所以为离散之渐耳。”

【译文】乙巳日（二十六日），萧道成驻守新亭，对骠骑参军江淹说：“天下大乱，你觉得怎样？”江淹说：“成败在于德行，而不在于军队的多少。公武勇有计谋，是第一制胜的条件；宽容仁恕，是第二可制胜的条件；有才能尽力帮助，是第三能制胜的条件；民心归向，是第四能制胜的条件；奉皇帝以讨伐造反，是第五制胜的条件。沈攸之志向短小，器量小，是第一要败的因素；有威无恩，是第二要败的因素；士兵分解，是第三要败的因素；世族不支持，是第四要败的因素；军队远离数千里不能相支援，是第五要败的因素。虽然有十万豺狼之兵，终将被我们消灭！”萧道成笑着说：“你说得也太过分了。”南徐州行事刘善明对萧道成说：“沈攸之聚集步骑兵，制造船只和武器，隐藏祸心，到现在已经十年了。个性凶险急躁，不能自重，出兵几十天，却迟迟不进兵，一是军事不顺，二是人心涣散，三是有受到牵连的麻烦，四是上天抢去他的灵魂。本来担忧他们快速挺进，袭击未备，就要决此一战。但现在六军齐全，诸侯共进，他们已经成为笼中鸟了。”萧赜向周山图询问关于沈攸之的事，周山图说："我跟沈攸之相邻，几次一同征伐，很了解他的为人，生性凶险刻薄，不得军心。现在屯兵在坚固的城池下，正是他走向离散的开始！”

　　二年(戊午, 公元四七八年)春, 正月, 巳酉朔, 百官戎服入朝。

沈攸之尽锐攻郢城，柳世隆乘间屡破之。萧赜遣军主桓敬等入军据西塞，为世隆声援。

【译文】 二年（戊午，公元478年）春季，正月己酉朔日（初一），宋国的文武百官穿着军服进入朝廷。

沈攸之用尽精锐攻打郢城，柳世隆趁隙几次打败沈军。萧赜命令军主桓敬等八军占据西塞，来声援柳世隆。

攸之获郢府法曹南乡范云，使送书入城，饷武陵王赞犊一羫，柳世隆鱼三十尾，皆去其首。城中欲杀之，云曰："老母弱弟，悬命沈氏，若违其命，祸必及亲；今日就戮，甘心如荠。"乃赦之。

攸之遣其将皇甫仲贤向武昌，中兵参军公孙方平向西阳。武昌太守臧涣降于攸之，西阳太守王毓奔溢城。方平据西阳，豫州刺史刘怀珍遣建宁太守张谟等将万人击之。辛酉，方平败走。平西将军黄回等军至西阳，溯流而进。

【译文】 沈攸之捕获郢州府法曹范云（南乡人），让他送信到郢州城，并送武陵王刘赞一只小牛、柳世隆鱼三十尾，都砍去了头。城中人要杀范云，范云说："我母亲弱弟，都在沈氏的掌控之中，如果违背了他的命令，就一定会连累亲人，如果今天被杀了，也甘之如饴。"柳世隆就赦免了他。

沈攸之命令他的将领皇甫仲贤率兵进攻武昌，命令中兵参军公孙方平率军进攻西阳。武昌太守臧涣被沈攸之降服，西阳太守王毓逃到溢口，孙方平占领西阳，豫州刺史刘怀珍命令建宁太守张谟等率一万士兵攻打西阳。辛酉日（十三日），孙方平因失败而逃走。平西将军黄回等军抵达西阳，然后溯流而上。

攸之素失人情，但劫以威力。初发江陵，日有逃者；及攻郢城，三十馀日不拔，逃者稍多；攸之日夕乘马历营抚慰，而去者不息。攸之大怒，召诸军主曰："我被太后令，建义下都。大事若克，白纱帽共著耳；如其不振，朝廷自诛我百口，不关馀人。比军人叛散，皆卿等不以为意。我亦不能问叛身，自今军中有叛者，军主任其罪。"于是一人叛，遣人追之，亦去不返，莫敢发觉，咸有异计。

【译文】 沈攸之原本就失人心，只凭借武力迫劫。从江陵出发时，就有士兵逃亡了；到了进攻郢城时，三十多天都攻不下，逃亡的就更多了。沈攸之早晚都骑马到各个军营去慰问士兵，但逃亡的仍然不断。沈攸之大怒，聚集各军主说："我奉太后的命令，为了正义进兵建康，如果大事成功，大家一起戴白纱帽；如果不成功，朝廷就只杀我的家族，不关其他的人，现在士兵逃离，都是各位不在意的原因，我也没法追问逃亡者，从今往后军中有逃亡的，军主要负罪责。"因此一人逃亡，就派人去追，追的人也没回来，大家不敢揭发，都有离散的心思。

刘攘兵射书入城请降，柳世隆开门纳之；丁卯夜，攘兵烧营而去。军中见火起，争弃甲走，将帅不能禁。攸之闻之，怒，衔须咀之，收攘兵兄子天赐、女婿张平虏，斩之。向旦，攸之帅众过江，至鲁山，军遂大散，诸将皆走。臧寅曰："幸其成而弃其败，吾不忍为也！"乃投水死。攸之犹有数十骑自随，宣令军中曰："荆州城中大有钱，可相与还，取以为资粮。"郢城未有追军，而散军畏蛮抄，更相聚结，可二万人，随攸之还江陵。

【译文】 刘攘兵把书信射进郢州城请求投降，柳世隆开门接引；丁卯日（十九日）晚，刘攘兵烧坏军营逃离。士兵看见起火，都争相弃甲而走，将帅不能制止。沈攸之知道后，就愤怒地咬着自己的胡须，收押刘攘兵哥哥的儿子刘天赐和女婿张平虏，全都斩杀。早晨，沈攸之率大军渡过长江，到达鲁山，军队全都离散，将帅也逃走了。臧寅说："只侥幸贪图成功，却在失败之时抛弃他，我不忍心去做！"就投水而死。沈攸之有数十骑兵跟随，沈攸之在军中散布说："荆州城中还有不少钱，大家可以取出来，用以储蓄物资粮食。"郢城没有追兵，但是散兵又怕蛮人抢劫，因此重新凝聚，大约两万人，随后沈攸之就回江陵了。

张敬儿既斩攸之使者，即勒兵；侦攸之下，遂袭江陵。攸之使子元琰与兼长史江乂、别驾傅宣共守江陵城。敬儿至沙桥，观望未进。城中夜闻鹤唳，谓为军来，乂、宣开门出走，吏民崩溃。元琰奔宠洲，为人所杀。敬儿至江陵，诛攸之二子、四孙。

攸之将至江陵百馀里，闻城已为敬儿所据，士卒随之者皆散。攸之无所归，与其子文和走至华容界，皆缢于栎林；己巳，村民斩首送江陵。敬儿擎之以楯，覆以青丝，徇诸市郭，乃送建康。敬儿诛攸之亲党，收其财物数十万，皆以入私。

【译文】张敬儿在斩杀沈攸之的使者后，就立即带兵，侦察到沈攸之已经离江陵沿长江东下，就偷袭江陵。沈攸之留儿子沈元琰和长史江乂、别驾傅宣一同驻守江陵。张敬儿到沙桥时，观望未进。江陵城中的军民在夜间听到鹤啼，以为是军队来攻，江乂、傅宣开门逃走，官吏百姓四处溃散。沈元琰也逃到宠洲，被人杀掉。张敬儿到江陵时，杀了沈攸之的两个儿子、四个孙子。

沈攸之回到离江陵一百多里的时候，得知江陵城已被张敬儿占领，士兵随即就散去了。沈攸之无处可藏，就与他的儿子沈文和走到华容的边界，在栎树林中自杀而死。己巳日（二十一日），村民斩了他的头并送到江陵。张敬儿用盾把头支起来，又用青伞遮住，然后在各个市集示众，又送回建康。张敬儿又杀了沈攸之的附和者，并没收了他们的数十万财物，都由他独吞了。

【申涵煜评】攸之寻阳之役，威名甚盛。及举兵向台，不为无名，而人心涣散，一败涂地，盖天意久已厌宋。拥重兵者且如此，况袁、刘书生辈哉。

【译文】沈攸之在寻阳之战当中，威名很大。等到兴兵攻向台城，不是因为没有名声，而是士兵涣散，导致军队一败涂地，大概是上天厌恶刘宋已久，拥有重兵的将领尚且如此，何况是袁粲、刘攘书生辈呢？

初，仓曹参军金城边荣，为府录事所辱，攸之为荣鞭杀录事。及敬儿将至，荣为留府司马，或说之使诣敬儿降，荣曰：“受沈公厚恩，共如此大事，一朝缓急，便易本心，吾不能也。”城溃，军士执以见敬儿，敬儿曰：“边公何不早来！”荣曰：“沈公见留守城，不忍委去；本不祈生，何须见问！”敬儿曰：“死何难得！”命斩之。荣欢笑而去。荣客太山程邕之抱荣曰：“与边公周游，不忍见边公死，乞先见杀。”兵人不得行戮，以白敬儿，敬儿曰：“求死甚易，何为不许！”先杀邕之，然后及荣，军人莫不垂泣。孙同、宗俨之等皆伏诛。

【译文】起初，仓曹参军金城人边荣，被荆州府录事羞辱，沈攸之为边荣鞭杀了录事。等到张敬儿带军将到，当时边荣是留守荆州的司马，有人劝他向张敬儿投降，边荣说：“我受到沈公的恩宠，共议这样的大事，一旦紧急，就改变人心，我是不能做的。"城池崩溃以后，军士逮捕到边荣来见张敬儿。张敬儿说："边公为什么不早来？"边荣说："沈公委托我守城，不忍心弃城，本来就不求活，何必再问呢？"张敬儿说："比死还难吗？"就下令斩杀边荣。边荣含笑而去。边荣的门客程邕之（太山人）抱住边荣说："我与边公交游，不忍看到边公被杀，请先杀了我吧！"士兵不能行刑，就向张敬儿报告，张敬儿说："求死很容易，为什么不许？"于是先杀了程邕之，然后杀掉边荣，士兵见了没有不落泪的。孙同、宗俨之等也都被处死。

丙子，解严，以侍中柳世隆为尚书右仆射，萧道成还镇东府。丁丑，以左卫将军萧赜为江州刺史，侍中萧嶷为中领军。二月，庚辰，以尚书左仆射王僧虔为尚书令，右仆射王延之为左仆射。癸未，加萧道成太尉、都督南徐等十六州诸军事，以卫将军褚渊为中书监、司空。道成表送黄钺。

吏部郎王俭，僧绰之子也，神彩渊旷，好学博闻，少有宰相之志，时论亦推许之。道成以俭为太尉右长史，待遇隆密，事无大小专委之。

【译文】丙子日（二十八日），朝廷解除戒严，任命侍中柳世隆为尚书右仆射，萧道成回到东府镇守。丁丑日（二十九日），朝廷任命右卫将军萧赜为江州刺史，侍中萧嶷担任中领军。二月庚辰日（初二），朝廷任命尚书左仆射王僧虔为尚书令，右仆射王延之担任左仆射。癸未日（初五），加封萧道成太尉、指挥南徐等十六州各军军事都督，任命卫将军褚渊为中书监、司空。萧道成上表送还了黄钺。

吏部郎王俭，是王僧绰的儿子。他神采旷达，好学博闻，年轻时就有宰相之志，当时官场讨论也推崇他。萧道成任命王俭为太尉右长史，对他很亲密，不管大小事都委托他。

丁亥，魏主如代汤泉；癸卯，还。

宕昌王弥机初立。三月，丙子，魏遣使拜弥机征南大将军、梁、益二州牧、河南公、宕昌王。

黄回不乐在郢州，固求南兖，遂帅部曲辄还；辛卯，改都督南兖等五州诸军事、南兖州刺史。

【译文】 丁亥日（初九），魏孝文帝拓跋宏到了代郡温泉；癸卯日（二十五日），回到平城。

宕昌王弥机刚立。三月丙子日（二十九日），魏国派使者任命弥机为征南大将军、梁益二州牧、河南公、宕昌王。

黄回不喜欢待在郢州，坚决请求担任南兖州刺史，他不等朝廷任命，就带领部下回来。同月辛卯日（三月无此日），朝廷改任他指挥南兖等五州各军军事都督、南兖州刺史。

初，王蕴去湘州，湘州刺史南阳王翔未之镇，长沙内史庾佩玉行府事。翔先遣中兵参军韩幼宗将兵戍湘州，与佩玉不相能。及沈攸之反，两人互相疑，佩玉袭杀幼宗。黄回至郢州，遣辅国将军任候伯行湘州事；候伯辄杀佩玉，冀以自免。湘州刺史吕安国之镇，萧道成使安国诛候伯。

【译文】 起初，王蕴离开湘州时，湘州刺史王翔还没有到任，长沙内史庾佩玉暂时管理湘州府事。王翔先派中兵参军韩幼宗带兵驻守湘州，韩幼宗不能与庾佩玉合作。等到沈攸之造反时，两人相互猜疑，庾佩玉袭击韩幼宗。黄回到郢州，命令辅国将军任候伯代行湘州府事，任候伯就杀死了庾佩玉，希望自己能幸免一难。后湘州刺史吕安国到职，萧道成让吕安国杀了任候伯。

夏，四月，甲申，魏主如崞山；丁亥，还。

萧道成以黄回终为祸乱；回有部曲数千人，欲遣收，恐为乱。辛卯，召回入东府。至，停外斋，使桓康将数十人，数回罪而杀之，并其子竟陵相僧念。

甲午，以淮南、宣城二郡太守萧映行南兖州事，仍以其弟晃代之。

五月，魏禁皇族、贵戚及士民之家不顾氏族，下与非类婚偶；犯者以违制论。

魏主与太后临虎圈，有虎逸，登阁道，几至御座，侍卫皆惊靡；吏部尚书王叡执戟御之，太后称以为忠，亲任愈重。

【译文】夏季，四月甲申日（初七），魏孝文帝拓跋宏到达崞山。同月丁亥日（初十），魏孝文帝拓跋宏回到平城。

萧道成认为黄回最后必成祸乱；黄回有数千部下，萧道成要遣散收编他们，又害怕黄回反抗。辛卯日（十四日），萧道成召集黄回进东府，到达后，让他停在外斋等候，命令桓康率数十人，斥责黄回的罪过，然后杀了他，同时还杀了他的儿子竟陵相黄僧念。

甲午日（十七日），宋国朝廷任命淮南、宣城二郡太守萧映（萧道成的儿子）主持南兖州政事，让他的弟弟萧晃接替他担任淮南、宣城二郡太守。

五月，魏国朝廷下令制止皇族、贵戚、士人之家不顾及氏族门第，与下等不同阶级的人通婚，犯罪的人以违制论处。

魏孝文帝拓跋宏和冯太后亲自观赏在笼子中的老虎，有老虎跑出来，爬上了阁道，几乎跑到皇帝的座位那儿，侍卫都离开了，吏部尚书王叡拿着戟在旁保护，太后称赞他的忠心，对他更加信任和重用。

六月，丁酉，以辅国将军杨文弘为北秦州刺史、武都王。

庚子，魏皇叔若卒。

萧道成以大明以来，公私奢侈，秋，八月，奏罢御府，省二尚方雕饰器玩；辛卯，又奏禁民间华伪杂事，凡十七条。

乙未，以萧赜为领军将军，萧嶷为江州刺史。

九月，乙巳朔，日有食之。

萧道成欲引时贤参赞大业，夜，召骠骑长史谢朏，屏人与语，久之，朏无言；唯二小儿捉烛，道成虑朏难之，仍取烛遣儿，朏又无言；道成乃呼左右。朏，庄之子也。

【译文】六月丁酉日（二十一日），宋国朝廷任命辅国将军杨文弘为北秦州刺史、武都王。

同月庚子日（二十四日），魏国皇叔拓跋若去世。

萧道成觉得从大明以来，无论是官府还是民间，奢侈浪费之风很严重。秋季，八月，就奏请撤销御府，关闭两个专门为宫廷铸造雕饰器玩的官署。辛卯日（十六日），又奏请制止民间制造生产华而不实的东西，一共十七条。

乙未日（二十日），宋国朝廷任命萧赜为领军将军，任命萧嶷为江州刺史。

九月乙巳朔日（初一），发生日食。

萧道成要任用当时的贤者来协助建立新王朝的宏伟大业。夜里，萧道成召见骠骑长史谢朏，屏除左右跟他谈话。过了很久，谢朏一句话都没说。当时还有两个拿烛的男孩子，萧道成害怕谢朏为难，就自己拿烛，让孩子走了。但谢朏还是没有话，萧道成这才又呼叫左右。谢朏，是谢庄的儿子。

太尉右长史王俭知其指，它日，请间言于道成曰："功高不赏，古今非一。以公今日位地，欲终北面，可乎？"道成正色裁之，而神采内和。俭因曰："俭蒙公殊眄，所以吐所难吐；何赐拒之深！宋氏失德，非公岂复宁济！但人情浇薄，不能持久；公若小复推迁，则人望去矣。岂唯大业永沦，七尺亦不可得保。"道成曰："卿言不无理。"俭曰："公今名位，故是经常宰相，宜礼绝群后，微示变革。当先令褚公知之，俭请衔命。"道成曰："我当自往。"经少日，道成自造褚渊，款言移晷，乃谓曰："我梦应得官。"渊曰："今授始尔，恐一二年间未容便移；且吉梦未必应在旦夕。"道成还，以告俭。俭曰："褚是未达理耳。"俭乃唱议加道成太傅，假黄钺，使中书舍人虞整作诏。

道成所亲任遐曰："此大事，应报褚公。"道成曰："褚公不从，奈何？"遐曰："彦回惜身保妻子，非有奇才异节，遐能制之。"渊果无违异。

【译文】太尉右长史王俭知道萧道成的心思。几天后，趁空闲对萧道成说："有大功的得不到嘉奖，古今并不是只有一例。凭借公今天的地位，最后即位，行吗？"萧道成假意严肃地制止他，但是内心却很舒服。因此王俭又说："俭承蒙公的特殊照顾，所以敢说别人所不敢说的话，为什么这样拒绝呢？刘宋失德，如果不是公怎么能支持到今天？但人们的感激之心很淡薄，不能持续，如果公稍做推托，就要丧失人们的仰望，不仅不能建立功业，恐怕连个人的性命都难以保全。"萧道成说："你说的也不是没有道理！"王俭说："公在今天的地位，本来应该为宰相，应该让您所受的礼遇与文武百官有根本上的不同，稍微显露一些改朝换代的意思。应该先让褚公知道，俭愿意受命去说！"萧道成说："我要亲自去！"过了几天，萧道成亲自去慰问褚渊，谈得很融洽。谈了很长时间，才说："我梦到升官了！"褚渊说："现在您刚加授了太尉、都督，恐怕在一两年内不好再升了吧！而且好的梦未必立刻应验。"萧道成回来后，把事情经过告诉了王俭。王俭说："褚渊真是不通情达理啊！"于是王俭就提议加任萧道成人傅，假黄钺，让中书舍人虞整做诏书。

萧道成的亲信任遐说："这是件大事，应该通知褚公。"萧道成说："如果褚公不同意，怎么办？"任遐说："彦回（褚渊字彦回）要保护好自己的妻儿老小，但没有奇异的才能和操守，我一定能控制他。"褚渊果真没有反对。

丙午，诏进道成假黄钺、大都督中外诸军事、太傅、领扬州牧，剑履上殿，入朝不趋，赞拜不名，使持节、太尉、票骑大将军、录尚书、南徐州刺史如故。道成固辞殊礼。

以扬州刺史晋熙王燮为司徒。

戊申，太傅道成以萧映为南兖州刺史。冬，十月，丁丑，以萧晃为豫州刺史。

己卯，获孙昙瓘，杀之。

魏员外散骑常侍郑羲来聘。

壬寅，立皇后谢氏。后，庄之孙也。

【译文】　丙午日（初二），宋顺帝刘准诏令升萧道成假黄钺、指挥中外军事的大都督、太傅、兼任扬州牧，进殿可以佩剑，入朝不用疾趋，赞拜不要称名，让持节、太尉、骠骑大将军、录尚书，并仍担任南徐州刺史。萧道成坚决推辞特殊的礼遇。

宋国朝廷任命扬州刺史晋熙王刘燮为司徒。

戊申日（初四），太傅萧道成任命儿子萧映为南兖州刺史。

冬季，十月丁丑日（初三），萧道成让儿子萧晃做豫州刺史。

己卯日（初五），萧道成捕获并斩杀了孙昙瑾。

魏国员外散骑常侍郑羲到达建康访问。

壬寅日（二十八日），宋顺帝刘准册立皇后谢氏。皇后，是谢庄的孙女。

十一月，癸亥，临澧侯刘晃坐谋反，与其党皆伏诛。晃，秉之从子也。

甲子，徙南阳王翙为随郡王。

魏冯太后忌青州刺史南郡王李惠，诬云惠将南叛；十二月，癸巳，诛惠及妻并其子弟。太后以猜嫌所夷灭者十馀家，而惠所历皆有善政，魏人尤冤惜之。

【译文】十一月癸亥日（二十日），因谋反的罪名，临澧侯刘晃和他的附和者都被杀。刘晃，是刘秉的侄子。

同月甲子日（二十一日），宋国朝廷调任南阳王刘翙为随郡王。

魏国冯太后忌恨青州刺史南郡王李惠，诬告李惠要造反投奔宋国；十二月癸巳日（二十日），杀了李惠和他的妻子，还有他的儿子、弟弟。太后对她所猜忌的十多家人实行灭族，而李惠在任期间，都有良好的功绩，魏国人都对他的被杀感到特别惋惜。

尚书令王僧虔奏以"朝廷礼乐，多违正典。大明中即以宫县合和鞞拂，节数虽会，虑乖雅体。又，今之清商，实由铜爵，三祖风流，遗音盈耳，京、洛相高，江左弥贵，中庸和雅，莫近于斯。

而情变听移，稍复销落，十数年间，亡者将半，民间竞造新声杂曲，烦淫无极，宜命有司悉加补缀。"朝廷从之。

是岁，魏怀州刺史高允以老疾告归乡里，寻复以安车征徵平城，拜镇军大将军、中书监；固辞，不许。乘车入殿，朝贺不拜。

【译文】 宋国尚书令王僧虔向朝廷报告说："现在朝廷的礼仪，大多违背了古代的正规制度。孝武帝大明时，就用庄严的皇家乐器，为民间的小调伴奏，虽然节奏配合，但是恐怕违背了旧时的雅乐。流行的清商乐，其实是曹操在铜爵台（爵通雀）设立乐府而来。曹操、曹丕、曹睿三祖传下来的旧曲，起初还到处可听，京师、洛阳加以推崇，江南尤其珍惜，没有比这种音乐更中庸文雅的了。但由于情势的变化，逐渐衰败，在数十年间，清商曲有一半将要亡佚，民间竞相制作了新声杂曲，繁杂放纵又没有节制，应该命令有关官员补充整理。"朝廷采纳了他的建议。

这一年，魏国怀州刺史高允因为年老而辞职回乡养老，不久，又被魏国朝廷用礼车召回平城，拜为镇军大将军、中书监，他坚决推辞，朝廷没有允许。魏孝文帝拓跋宏允许他乘车入殿，在朝贺时可以不用下拜。

资治通鉴卷第一百三十五　齐纪一

起屠维协洽，尽昭阳大渊献，凡五年。

【译文】起己未（公元479年），止癸亥（公元483年），共五年。

【题解】本卷记录了齐高帝萧道成建元元年至齐武帝萧赜永明元年共五年间的刘宋、南齐与北魏等国大事：萧道成让王俭带头劝进；萧道成举行篡位典礼；萧道成杀大臣裴颛，废弃谢朏，又杀宋顺帝刘准，并对刘姓皇族进行诛杀；北魏派四路大兵攻齐，齐将崔文仲在钟离、垣崇祖在寿春大破魏军；魏国又派五路大军攻齐，南齐玄元度等在朐山大破魏军；淮北四郡百姓不愿归属魏国，民变不断；南齐将领在淮北、淮阳、淮西大破魏军，军事形势一片大好；南齐太子萧赜以年长功大不守制度被告发，在众人的团和下才化险为夷；齐武帝萧赜即位后，强加罪名杀掉垣崇祖、荀伯玉，又杀了张敬儿、谢超宗；魏将薛虎子建议在徐州开展屯田，魏主同意；魏将李崇、齐州刺史韩麒麟均深得民心；秦州刺史于洛侯因刑法严苛被魏主杀掉；褚渊、王俭因助萧道成篡位大受赏赐，受到何点等人嘲讽；褚渊死后，其子耻于继承爵位，不仕南齐，居于墓下。

太祖高皇帝

建元元年(己未，公元四七九年)春，正月，甲辰，以江州刺史萧嶷为都督荆、湘等八州诸军事、荆州刺史，尚书左仆射王延之为江州刺史，安南长史萧子良为督会稽等五郡诸军事、会稽太守。

初，沈攸之欲聚众，开民相告，士民坐执役者甚众，嶷至镇，一日罢遣三千馀人。府州仪物，务存俭约，轻刑薄敛，所部大悦。

辛亥，以竟陵世子赜为尚书仆射，进号中军大将军、开府仪同三司。

【译文】 建元元年（己未，公元479年）春季，正月甲辰日（初二），宋国朝廷任命江州刺史萧嶷为都督荆、湘等八州诸军事，兼任荆州刺史。任命尚书左仆射王延之为江州刺史，安南长史萧子良担任都督会稽等五郡诸军事，兼任会稽太守。

起初，沈攸之图谋不轨，故意聚合兵士，开示百姓相互告发，士民因被诬获罪被判罚服兵役、劳役的有很多。萧嶷到荆州镇守，一天就遣散了三千多人。对于府州的仪仗公物，都尽量节省开销，减轻刑罚，减少赋税，部属和士民都很高兴。

辛亥日（初九），宋国朝廷任命竟陵世子萧赜做尚书仆射，封号中军大将军、开府仪同三司。

太傅道成以谢朏有重名，必欲引参佐命，以为左长史。尝置酒与论魏、晋故事，因曰："石苞不早劝晋文，死文恸哭，方之冯异，非知机也。"朏曰："晋文世事魏宝，必将身终北面；借使魏依康、虞故事，亦当三让弥高。"道成不悦。甲寅，以朏为侍中，更以王俭为左长史。

【译文】 太傅萧道成觉得谢朏很有名望，一心要推荐他参与辅佐军国大计，任命他为左长史。萧道成曾备酒席与谢朏谈论魏、晋以前的事情，趁机说："石苞没有趁早劝晋文王禅代，等晋文王死后，才悲伤大哭，这比起冯异劝汉光武进位来说，算不上是能洞察先机的了。"谢朏回答他说："晋文王世代侍奉魏室，想必将终身北面称臣；即使魏按照尧、舜禅让的先例让位，他也应该再三逊让，才能显得节行清高。"萧道成听后很不高兴。甲寅日（十二日），任命谢朏为侍中，再派王俭做左长史。

丙辰，以给事黄门侍郎萧长懋为雍州刺史。

二月，丙子，邵陵殇王友卒。

辛巳，魏太皇太后及魏主如代郡温泉。

甲午，诏申前命，命太傅赞拜不名。

己亥，魏太皇太后及魏主如西宫。

三月，癸卯朔，日有食之。

【译文】丙辰日（十四日），任命给事黄门侍郎萧长懋做雍州刺史。

二月丙子日（初四），宋国邵陵殇王刘友去世。

辛巳日（初九），魏国的太皇太后冯氏及魏孝文帝拓跋宏到达代郡温泉。

甲午日（二十二日），宋顺帝刘准下令重申以前的诏令，令太傅（萧道成）朝拜天子时不用唱名。

己亥日（二十七日），魏国太皇太后冯氏及魏孝文帝拓跋宏前往西宫。

三月癸卯朔日（初一），发生日食。

甲辰，以太傅为相国，总百揆，封十郡，为齐公，加九锡；其骠骑大将军、扬州牧、南徐州刺史如故。乙巳，诏齐国官爵礼仪，并仿天朝。丙午，以世子赜领南豫州刺史。

杨运长去宣城郡还家，齐公遣人杀之。凌源令潘智与运长厚善；临川王绰，义庆之孙也。绰遣腹心陈赞说智曰："君先帝旧人，身是宗室近属，如此形势，岂得久全！若招合内外，计多有从者。台城内人常有此心，正苦无人建意耳。"智即以告齐公。庚戌，诛绰兄弟及共党与。

【译文】甲辰日（初二），宋国朝廷任命太傅（萧道成）为相国，总领百官，赏赐十个郡，号称齐公，加封九锡；骠骑大将军、扬州牧、南徐州刺史的官职依旧。乙巳日（初三），宋顺帝刘准诏令萧道成在自己封国内的官爵礼仪，都可以效仿天朝的例子。丙午日（初四），萧道成任命世子萧赜为南豫州刺史。

杨运长离开宣城郡郡守的官职，偷着回家，齐公萧道成让人把他杀了。凌源令潘智和杨运长交情深厚；临川王刘绰是刘义庆的孙子，刘绰命令心腹陈赞去游说潘智说："您是先帝的大臣，作为宗室近亲，像这样的情形，您怎么能长久保全？如果聚集内外志士，想必会有很多人跟随。台城里的人经常有这份心思，只是苦于没人发动而已。"潘智立刻去向齐公萧道成报告。庚戌日（初八），齐公萧道成下令杀死刘绰兄弟和他们的党羽。

甲寅，齐公受策命，赦其境内，以石头为世子宫，一如东宫。褚渊引何曾自魏司徒为晋丞相故事，求为齐官，齐公不许。以王俭为齐尚书右仆射，领吏部；俭时年二十八。

夏，四月，壬申朔，进齐公爵为王，增封十郡。

甲戌，武陵王赞卒，非疾也。

丙戌，加齐王殊礼，进世子为太子。

【译文】甲寅日（十二日），齐公接受天子的策命，赦免境内，规定石头城作为世子的宫殿，规模跟太子的东宫完全一样。褚渊援引何曾由魏的司徒做到晋丞相的旧例，要求担任齐国的职位，齐公没有答应。齐公任命王俭做齐尚书右仆射，总领吏部。王俭当时二十八岁。

夏季，四月壬申朔日（初一），宋顺帝刘准册封齐公的爵位为王，并加封十个郡。

甲戌日（初三），武陵王刘赞去世，但他不是病死的。

丙戌日（十五日），宋顺帝刘准赏赐齐王萧道成特殊的礼遇，册封世子为太子。

辛卯，宋顺帝下诏禅位于齐。壬辰，帝当临轩，不肯出，逃于佛盖之下，王敬则勒兵殿庭，以板舆入迎帝。太后惧，自帅阉人索得之，敬则启譬令出，引令升车。帝收泪谓敬则曰："欲见杀乎？"敬则曰："出居别宫耳。官先取司马家亦如此。"帝泣而弹指曰："愿后身世世勿复生天王家！"宫中皆哭。帝拍敬则手曰："必无过虑，当饷辅国十万钱。"是日，百僚陪位。侍中谢朏在直，当解玺绶，阳为不知，曰："有何公事？"传诏云："解玺绶授齐王。"朏曰："齐自应有侍中。"乃引枕卧。传诏惧，使朏称疾，欲取兼人，朏曰："我无疾，何所道！"遂朝服步出东掖门，仍登车还宅。乃以王俭为侍中，解玺绶。礼毕，帝乘画轮车，出东掖门就东邸，问："今日何不奏鼓吹？"左右莫有应者。右光禄大夫王琨，华之从父弟也，在晋世已为郎中，至是，攀车獭尾恸哭曰："人以寿为欢，老臣以寿为戚。既不能先驱蝼蚁，乃复频见此事！"呜咽不自胜，百官雨泣。

【译文】辛卯日（二十日），宋顺帝刘准下令把帝位禅让给齐王萧道成。壬辰日（二十一日），宋顺帝刘准应当驾临平台接见群臣，但是却不愿意出来，躲在供佛的佛屋宝盖底下。王敬则带领军队到内殿，用普通的步舆进宫接皇帝。太后很害怕，就亲自带领太监搜索，找到了皇帝。王敬则劝皇帝出来，让他上了车子。宋顺帝刘准擦干眼泪对王敬则说："你要杀了我吗？"王敬则说："我只是想请您出去住而已，以前官家获取司马家的天下也是这样的。"宋顺帝刘准落泪，弹着自己的手指，说："只愿投胎转世，世世代代都不要再诞生在帝王家了！"宫里人都哭了。宋顺帝刘准拍了拍王敬则的手，说："只要我没有性命之忧，我会封赏辅国将军十万钱。"这天，百官跟随逊位，侍中谢朏当值，应该解除印绶，他假装不知道，说："有什么公事吗？"传达命令的说："把印绶解下交给齐王。"谢朏说："齐王应该有侍中。"因此拿了枕头躺下。传达命令的害怕，让谢朏假装有病，想找个兼任侍中的人。谢朏说："我没病，为什么要这么说？"就穿了朝服走出东掖门，依旧上车回家去。于是，萧道成就让王俭做侍中，王俭上去把刘准身上的印绶解除。禅让礼完毕后，刘准就坐着轮毂饰画彩漆的车子，出东掖门去东邸了。他问左右的人："为什么今天不吹奏音乐？"左右没有人应答。右光禄大夫王琨，是王华同祖父的弟弟，在晋朝已经做了郎中，这时候，他握住挂在车上用以避尘的獭毛，悲痛大哭，说："人们认为高寿是可喜的事，老臣觉得高寿是可悲的。既不能像蝼蚁一样早早结束生命，偏偏又多次看到这种（威逼禅位的）事！"呜咽不能自制，百官也跟着落泪。

司空兼太保褚渊等奉玺绶，帅百官诣齐宫劝进；王辞让未受。渊从弟前安成太守炤谓渊子贲曰："司空今日何在？"贲曰："奉玺绶在齐大司马门。"炤曰："不知汝家司空将一家物与一家，亦复何谓！"甲午，王即皇帝位于南郊。还宫，大赦，改元。奉宋顺帝为汝阴王，优崇之礼，皆仿宋初。筑宫丹杨，置兵守卫之。

宋神主迁汝阴庙,诸王皆降为公;自非宣力齐室,馀皆除国,独置南康、华容、萍乡三国,以奉刘穆之、王弘、何无忌之后,除国者凡百二十人。二台官僚,依任摄职,名号不同、员限盈长者,别更详议。

【译文】司空兼太保褚渊等人带着印绶,领着百官到齐王宫殿请齐王即位;齐王推辞不接受。褚渊的堂弟,也就是前安成太守褚炤对褚渊的儿子褚贲说:"司空现在在哪里?"褚贲说:"捧着印绶在齐大司马门前等着呢!"褚炤说:"不知道你们家司空把一家的东西交给另一家,是什么意思?"甲午日(二十三日),齐王在南郊即位。回到宫里,赦免境内,改年号为建元。任命宋顺帝为汝阴王,优待尊崇的待遇,都仿照宋初对待晋室的旧例。在丹杨修建宫殿,安排官兵守卫。宋室的神位迁到汝阴庙,诸王都贬谪为公;除非尽力为齐室效劳的,其余的都撤销封国,只安置南康、华容、济乡三国,以便侍奉刘穆之、王弘、何无忌的后裔,撤销封国的一共有一百二十人。宋台和齐台的官僚,按照原任掌管职务,名号不同、员额限制也有多余的,另外再详细商议。

以褚渊为司徒。宾客贺者满座。褚炤叹曰:"彦回少立名行,何意披猖至此!门户不幸,乃复有今日之拜。使彦回作中书郎而死,不当为一名士邪!名德不昌,乃复有期颐之寿!"渊固辞不拜。

【译文】任命褚渊做司徒。道贺的客人坐满席位。褚炤感慨地说:"彦回年轻时已建立名声节操,哪里想得到能猖狂到这个地步!由于家门不幸,才有了今天的官拜司徒。如果彦回做中书郎的时候就死掉,不就是一个名士了吗?名节德操不大,但竟然还有百年的高寿!"于是褚渊就坚决推辞不拜受。

奉朝请河东裴頠上表，数帝过恶，挂冠径去；帝怒，杀之。太子赜请杀谢朏，帝曰："杀之遂成其名，正应容之度外耳。"久之，因事废于家。

帝问为政于前抚军行参军沛国刘瓛，对曰："政在《孝经》。凡宋氏所以亡，陛下所以得者，皆是也。陛下若戒前车之失，加之以宽厚，虽危可安；若循其覆辙，虽安必危矣。"帝叹曰："儒者之言，可宝万世！"

【译文】掌理朝会请召的裴頠（河东人）上表，述说皇帝的过错，挂了官帽就直接走了。齐高帝萧道成大怒，就杀了他。太子萧赜要求杀死谢朏，齐高帝萧道成说："杀了他就能让他成就美名，应该勉强在可能限度之外容纳他。"时间长了以后，最终借某个事端，把他罢黜在家。

齐高帝萧道成向前任抚军行参军沛国人刘瓛请教治政的道理，对答说："为政的道理，都记载在《孝经》里。大概宋朝之所以灭亡，陛下之所以能得天下，都离不开《孝经》上的道理。如果陛下拿前车的过失作为警戒，再加上待人宽厚，就能转危为安；如果按照颠覆的旧轨迹前进，即使安定也一定倾危了。"齐高帝萧道成感叹道："儒者的话，可以流传到千秋万世！"

【乾隆御批】王琨不能引义完名，以致频见篡逆。贪生无耻，岂得托年寿解嘲？虽复呜咽歔欷，谁其贷之？

【译文】王琨不能引用义理保持完美的名节，以致频繁见到篡逆之事发生。他贪生无耻，怎能借年纪大给自己解嘲呢？虽然一再呜咽悲泣，又有谁会宽恕他呢？

【申涵煜评】朏当禅代之际，谏不行宜去，不得去宜死，乃含糊依违。久之，始因事废于家，是齐废之，非自废也。虽胜褚王，不及裴顗多矣。

【译文】谢朏正当在皇位禅代之间，劝谏皇帝没有被采纳就应该离开他，不能离开就应该死去。居然含含糊糊地不知道怎么办。不久以后，因事被废弃在家，这是萧齐废弃了他，也是他自行废弃。虽然胜过褚王，但是比裴顗差得太多。

丙申，魏主如崞山。

丁酉，以太子詹事张绪为中书令，齐国左卫将军陈显达为中护军，右卫将军李安民为中领军。绪，岱之兄子也。

戊戌，以荆州刺史嶷为尚书令、票骑大将军、开府仪同三司、扬州刺史。

【译文】丙申日（二十五日），魏孝文帝拓跋宏到达崞山。

丁酉日（二十六日），齐高帝萧道成任命太子詹事张绪为中书令，齐国左卫将军陈显达担任中护军，右卫将军李安民担任中领军。张绪是张岱哥哥的儿子。

戊戌日（二十七日），齐高帝萧道成任命荆州刺史萧嶷为尚书令、骠骑大将军、开府仪同三司、扬州刺史，任命南兖州刺史萧映为荆州刺史。

帝命群臣各言得失。淮南、宣城二郡太守刘善明请除宋氏大明、泰始以来诸苛政细制，以崇简易。又以为："交州险远，宋末政苛，遂至怨叛，今大化创始，宜怀以恩德。且彼土所出，唯有珠宝，实非圣朝所须之急，讨伐之事，谓宜且停。"给事黄门郎清河崔祖思亦上言，以为："人不学则不知道，此悖逆祸乱所由生也。今无员之官，空受禄秩，凋耗民财。宜开文武二学，课台、府、州、国限外之人各从所乐，依方习业。若有废惰者，遣还故郡；经艺优殊者，待以不次。又，今陛下虽履节俭，而群下犹安习侈靡。宜褒进朝士之约素清修者，贬退其骄奢荒淫者，则风俗可移矣。"宋元嘉之世，凡事皆责成郡县。世祖徵求急速，以郡县迟缓，始〔遣〕台使督之。自是使者所在旁午，竞作威福，营私纳赂，公私劳扰。会稽太守闻喜公子良上表极陈其弊，以为："台有求须，但明下诏敕，为之期会，则人思自竭；若有稽迟，自依纠坐之科。今虽台使盈凑，会取正属所办，徒相疑愤，反更淹懈，宜悉停台使。"员外散骑郎刘思效上言："宋自大明以来，渐见凋弊，徵赋有加而天府尤贫。小民嗷嗷，殆无生意；而贵族富室，以侈丽相高，乃至山泽之民，不敢采食其水草。陛下宜一新王度，革正其失。"上皆加褒赏，或以表付外，使有司详择所宜，奏行之。己亥，诏："二宫诸王，悉不得营立屯邸，封略山湖。"

【译文】齐高帝萧道成命令群臣各自商讨政治得失，淮南和宣城两郡太守刘善明要求废立宋朝大明、泰始以来的一些苛政细节，讲求简单。刘善明还认为："交州偏远，地势险要，宋末政治苛刻，导致人民怨恨叛离，现在开始大教化，应该布施恩德感化他们。并且那个地方所出产的，只有珠宝，确实不是圣朝迫切需求的，征伐交州的事，我觉得应该先停止。"给事黄门郎崔祖思（清河人）也上言，他认为："如果人民不学习，就不会懂得道理，这是背逆肇祸扰乱滋生的事由。如今员额以外的官员，平白无故地接受俸禄，受人侍奉，耗废人民的财力。应该开办文、武两类学校，监督台、府、州、国里员限外的人，各自顺应自己的兴趣，依照大道，学习知识。如果有荒废学业、怠慢苟且的，都被打发回旧郡；经学技艺优秀的，可以不按等次录用。再者，虽然当今陛下亲自讲求节俭，但属下群臣还是习惯奢华，应该褒扬任用朝士之中俭约朴素、清高有为的，贬斥那些骄慢奢侈、荒淫享乐的，这样的话，风俗就可以转移了。"宋元嘉时代，凡事都要督责郡县去办，宋世祖刘骏要求迅速，但是由于郡县办事缓慢，才派台使去监督他们。从此使者纵横往来，竞相作威作福，谋求私利，收受贿赂，使得公私都受骚扰。会稽太守闻喜公萧子良上表极力痛陈其间的弊病，认为："台里如果有需求，只要能明确地下诏令，约定适当的期限，那么每个人都想尽力达成；要是稽留延迟，自然要遵照律法判罪服刑。虽然现在使者很多，但真正办事的还是那些郡县的人，徒然相互疑虑迁怒，反倒更懈怠拖延，应该撤销台使才行。"员外散骑郎刘思效进言："宋从大明以来，逐渐露出衰退弊端，征敛赋税多了，但天子的府库更加贫困。小民怨恨，看不到活下去的希望；然而贵族富家，都以奢侈华丽相互炫耀，加上兼并土地，导致住在深山沼泽地带的人民，不敢采摘水草做食物。皇上应该革新王法，改正这些缺点。"齐高帝萧道成对他们都给予褒扬赏赐，有时把表章交给外廷，让主事的官员仔细选择适宜的事项，表奏推进。同月己亥日（二十八日），齐高帝萧道成诏令上宫的诸王皇子和东宫的诸王皇孙都不准恃强经营庄园宅第，把山岳湖泊据为己有。

【乾隆御批】晋宋及齐，并以篡夺相寻，如出一辙。所谓"天道好还"也。宋之亡固反经，齐之得岂合道？此不过一时饰伪求名之谈，俱可失笑。

【译文】从晋、宋到齐，都相继以篡夺的方式取得政权，如出一辙。就是人们常说的"天道好还"啊。宋的灭亡固然由于违反常规，齐得天下难道就合乎道吗？这不过是一时掩饰自己的虚伪以求得好名声的言论，都让人失笑。

魏主还平城。

魏秦州刺史尉洛侯、雍州刺史宜都王目辰、长安镇将陈提等皆坐贪残不法，洛侯、目辰伏诛，提徙边。

又诏以"候官千数，重罪受赇不列，轻罪吹毛发举，宜悉罢之。"更置谨直者数百人，使防逻街衢，执喧斗而已。自是吏民始得安业。

【译文】魏孝文帝拓跋宏回到平城。

魏国的秦州刺史尉洛侯、雍州刺史宜都王拓跋目辰、长安镇将陈提等人，都因为贪婪残暴不守法制被判罪，尉洛侯、拓跋目辰伏法被杀死，陈提被流放到边远地区。

魏孝文帝拓跋宏又下令说："一千多候官，职责是伺察内外，如今他们对获得重罪的，就接受贿赂替罪人开脱，轻罪的就吹毛求疵，大力检举，应该把候官都撤掉。"又重新挑选安排几百个正直的人，让他们在重要街道巡防，只是捉拿那些喧哗斗殴的人而已。从此吏民才得以安居乐业。

自泰始以来，内外多虞，将帅各募部曲，屯聚建康。李安民上表，以为："自非淮北常备外，馀军悉皆输遣；若亲近宜立随身者，听限人数。"上从之；五月，辛亥，诏断众募。

壬子，上赏佐命之功，褚渊、王俭等进增爵、户各有差。处士何点谓人曰："我作《齐书》已竟，赞云：'渊既世族，俭亦国华；不赖舅氏，遑恤国家！'"点，尚之之孙也。渊母宋始安公主，继母吴郡公主；又尚巴西公主。俭母武康公主；又尚阳羡公主。故点云然。

【译文】 自从宋明帝刘彧泰始年间以来，内忧外患，将帅们都各自招集部众，在建康聚合驻守。李安民上表，认为："除了淮北常备兵士，其他的军队都该被遣散，如果要安置随身侍从，就限定人数让他们去做。"齐高帝萧道成接受了李安民的意见。五月辛亥日（初十），齐高帝萧道成诏令确定各位将帅所能招募部众的人数。

壬子日（十一日），齐高帝萧道成奖赏帮助创业的功臣褚渊、王俭等人，进封爵号，增赏户口，各有差别。处士何点对人说："我的《齐书》已经写完了，颂赞说：'褚渊出自世族，王俭也是国家的精英，他们已经无心帮助舅父，哪还能顾虑国家？'"何点，是何尚之的孙子。褚渊的母亲是宋代的始安公主，他的继母是吴郡公主；自己又娶了巴西公主。王俭的母亲是武康公主，自己又娶了阳羡公主。所以何点才这么说。

己未，或走马过汝阴王之门，卫士恐有为乱者，奔入杀王，而以疾闻，上不罪而赏之。辛酉，杀宋宗室阴安公爕等，无少长皆死。前豫州刺史刘澄之，遵考之子也，与褚渊善，渊为之固请曰："澄之兄弟不武，且于刘宗又疏。"故遵考之族独得免。

丙寅，追尊皇考曰宣皇帝，皇妣陈氏曰孝皇后。

丁卯，封皇子钧为衡阳王。

上谓兖州刺史垣崇祖曰："吾新得天下，索虏必以纳刘昶为辞，侵犯边鄙。寿阳当虏之冲，非卿无以制此虏也。"乃徙崇祖为豫州刺史。

【译文】 己未日（十八日），有人骑马经过已经退位并被封为汝阴王的宋顺帝刘准的门前，卫士都很害怕。有作乱的人，趁机冲进汝阴王的府中杀了刘准，却说是因病去世，皇上没加罪

资治通鉴

罚，反倒奖赏了他。辛酉日（二十日），杀了刘宋宗室阴安公刘燮等人，无论老少全被杀死。曾任豫州刺史的刘澄之，是刘遵考的儿子，跟褚渊关系友善，褚渊一再为他求情，说："刘澄之兄弟既没有武力，对刘氏宗室关系又疏远。"因此唯独刘遵考的家族免去了杀身之祸。

丙寅日（二十五日），齐高帝萧道成追尊去世的父亲萧承之为宣皇帝，追尊去世的母亲陈氏为孝皇后。

丁卯日（二十六日），齐高帝萧道成任命皇子萧钧为衡阳王。

齐高帝萧道成对兖州刺史垣崇祖说："我刚刚得到天下，索虏（魏）一定会借言接纳刘昶而入侵边境。寿阳是敌人南犯的要道，如果不是你，就没法压制这些敌人。"于是调任垣崇祖为豫州刺史。

六月，丙子，诛游击将军姚道和，以其贰于沈攸之也。

甲（子）〔申〕，立太子赜为皇太子；皇子嶷为豫章王，映为临川王，晃为长沙王，晔为武陵王，暠为安成王，锵为鄱阳王，铄为桂阳王，鉴为广陵王；皇孙长懋为南郡王。

乙酉，葬宋顺帝于遂宁陵。

帝以建康居民舛杂，多奸盗，欲立符伍以相检括，右仆射王俭谏曰："京师之地，四方辐凑，必也持符，于事既烦，理成不旷；谢安所谓'不尔何以为京师'也。"乃止。

【译文】六月丙子日（初六），齐高帝萧道成杀了游击将军姚道和，因为他背叛了皇上并附和沈攸之。

同月甲子日（十四日），齐高帝萧道成封王太子萧赜为皇太子；皇子萧嶷为豫章王，萧映为临川王，萧晃为长沙王，萧晔为武陵王，萧暠为安成王，萧锵为鄱阳王，萧铄为桂阳王，萧鉴为广陵王；任命皇孙萧长懋为南郡王。

乙酉日（十五日），齐国在遂宁陵埋葬宋顺帝刘准。

齐高帝萧道成因为建康居民成分错杂，很多作奸犯科的盗贼，想重建编制，让五家担保，拿出符信互相检核。右仆射王俭劝告说：“京城是四方聚集的地方，一定要携带符信验证身份，办起事来很烦琐，虽然道理能成立，但是也很难长久实行；谢安所说的‘不这样，怎么称其为京师’呢？”因此就中止了这种构想。

初，交州刺史李长仁卒，从弟叔献代领州事，以号令未行，遣使求刺史于宋。宋以南海太守沈焕为交州刺史，以叔献为焕宁远司马、武平、新昌二郡太守。叔献既得朝命，人情服从，遂发兵守险，不纳焕。焕停郁林，病卒。

秋，七月，丁未，诏曰：“交趾、比景独隔书朔，斯乃前运方季，因迷遂往。宜曲赦交州，即以叔献为刺史，抚安南土。”

魏葭芦镇主杨广香请降，丙辰，以广香为沙州刺史。

【译文】起初，交州刺史李长仁去世，由他的堂弟李叔献代为统理交州事务。但是李叔献的号令无法在当地通行，于是他就派使者向刘宋朝廷请求获取交州刺史的任派令。刘宋朝廷没有接受他的请求而是派南海太守沈焕作为交州刺史，任命李叔献为沈焕的宁远司马并兼任武平和新昌两郡太守。李叔献得到朝廷的任命后，人心都顺服于他，于是他就派军队据守在险要的地方，不肯接纳沈焕做刺史。沈焕停留在郁林，因病去世。

秋季，七月，丁未日（初七），齐高帝萧道成下达诏命说：“唯独交趾、比景两地违抗命令不奉正朔，这是前朝运数衰微，因此沿袭过去错误的做法。现在应当纾解人意赦免交州，于是任命李叔献为刺史，来抚慰安定南边的疆土。"

北魏的葭芦镇主杨广香请求归顺，丙辰日（十六日），齐高帝萧道成任命杨广香做沙州刺史。

八月，乙亥，魏主如方山；丁丑，还宫。

上闻魏将入寇，九月，乙巳，复以豫章王嶷为荆、湘二州刺史，都督如故；以临川王映为扬州刺史。

丙午，以司空褚渊领尚书令。

壬子，魏以侍中、司徒、东阳王丕为太尉，侍中、尚书右仆射陈建为司徒，侍中、尚书代人苟颓为司空。

己未，魏安乐厉王长乐谋反，赐死。

庚申，魏陇西宣王源贺卒。

冬，十月，己巳朔，魏大赦。

癸未，汝阴太妃王氏卒，谥曰宋恭皇后。

【译文】八月，乙亥日（初六），魏孝文帝拓跋宏前往方山。丁丑日（初八），返回宫中。

齐高帝萧道成得知北魏军队将要来犯，九月，乙巳日（初六），派豫章王萧嶷做荆、湘两州刺史，照旧担任都督统领八州军务；并派临川王萧映做扬州刺史。

丙午日（初七），齐高帝萧道成派司空褚渊执掌尚书令。

壬子日（十三日），北魏派侍中、司徒、东阳王拓跋丕做太尉，侍中、尚书右仆射陈建做司徒，侍中、尚书代人苟颓做司空。

己未日（二十日），北魏安乐厉王拓跋长乐阴谋造反，北魏孝文帝拓跋宏赐令他自尽。

庚申日（二十一日），北魏陇西宣王源贺去世。

冬季，十月，己巳朔日（初一），北魏下令大赦全国。

癸未日（十五日），南齐的汝阴太妃王氏去世，给她谥号为宋恭皇后。

初，晋寿民李乌奴与白水氐杨成等寇梁州，梁州刺史范柏年说降乌奴，击杨成等，破之。及沈攸之事起，柏年遣兵出魏兴，声云入援，实候望形势。事平，朝廷遣王玄邈代之。诏柏年与乌奴俱下，乌奴劝柏年不受代；柏年计未决，玄邈已至，柏年乃留乌奴于汉中，还至魏兴，盘桓不进。左卫率豫章胡谐之尝就柏年求马，柏年曰："马非狗也，安能应无已之求！"待使者甚薄；使者还，语谐之曰："柏年云：'胡谐之何物狗！所求无厌！'"谐之恨之，谮于上曰："柏年恃险聚众，欲专据一州。"上使雍州刺史南郡王长懋诱柏年，启为府长史。柏年至襄阳，上欲不问，谐之曰："见虎格得，而纵上山乎？"甲午，赐柏年死。李乌奴叛入氐，依杨文弘，引氐兵千馀人寇梁州，陷白马成。王玄邈使人诈降诱乌奴，乌奴轻兵袭州城，玄邈伏兵邀击，大破之，乌奴挺身复走入氐。

【译文】起初，晋寿百姓李乌奴与白水氐族的杨成等人侵扰梁州，梁州刺史范柏年说服李乌奴得以投降，转而攻击杨成，并把他击垮。后来沈攸之的事情发生，范柏年派军队从魏兴出发，表示要入城援助，实际上是等候一旁观望局势发展。事情平息后，朝廷派王玄邈前去替代范柏年的职务，并下诏命令范柏年与李乌奴一同前往江南。李乌奴劝说范柏年不要接受朝廷的安排；范柏年犹豫不定之时，王玄邈已经到达梁州；范柏年就将李乌奴留在汉中，自己返回魏兴，徘徊流连，迟迟不肯出发前往江南。左卫率豫章人胡谐之曾经找到范柏年请求赠送马匹给他，范柏年回答说："马和狗是不一样的，我怎么能答应你无止境的请求！"他对胡谐之的使者也很是冷淡。使者返回后，对胡谐之说："范柏年说：'胡谐之是什么狗东西！只知道索求，不懂得满足！'"胡谐之因此怀恨在心，于是就在齐高帝萧道成面前诽谤范柏年，说："范柏年仗恃着地势险要，聚集士兵，想要占据梁州。"齐高帝萧道成遣雍州刺史南郡王萧长懋劝导范柏年，并征派他做王府长史。范柏年到了襄阳，齐高帝萧道成无意再追究此事，胡谐之却说："好不容易快要捕捉到的老虎，难道还要放它返回深山里去吗？"甲午日（二十六日），齐高帝萧道成赐令范柏年自尽。李乌奴叛变，逃到氐人的势力范围，并投靠了杨文弘，带领一千多氐人士兵侵扰梁州，攻陷白马戍。王玄邈派人假意投降引诱李乌奴中计，李乌奴就带着部队轻装简行偷袭梁州城，王玄邈在沿途设下埋伏，拦截攻击，大大击垮了李乌奴的部队，李乌奴奋力突围，又逃入氐人的疆界。

初，玄邈为青州刺史，上在淮阴，为宋太宗所疑，欲北附魏，遣书结玄邈，玄邈长史清河房叔安曰："将军居方州之重，无故举忠孝而弃之，三齐之土，宁蹈东海而死耳，不敢随将军也。"玄邈乃不答上书。及罢州还，至淮阴，严军直过；至建康，启太宗，称上有异志。及上为骠骑，引为司马，玄邈甚惧，而上待之如初。及破乌奴，上曰："玄邈果不负吾意遇也。"叔安为宁蜀太守，上赏其忠正，欲用为梁州，会病卒。

【译文】起初，王玄邈担任青州刺史，萧道成在淮阴镇守，遭到刘宋明帝的猜疑，想到北边去依附北魏，于是派人送信给王玄邈，有意和他交结。王玄邈的长史清河人房叔安说："将军身负一州重任，要是毫无缘由地抛弃忠孝之道，齐地的士子文人，宁愿跳东海自尽，也不敢跟随将军成就大业。"王玄邈就没有回复萧道成的来信。后来王玄邈卸任刺史返回朝中，走到淮阴，他命令军队严肃警戒直接通过；到达建康之后，他把一切禀告给了刘宋明帝，声称萧道成有谋反之心。等到萧道成做骠骑大将军时，他举荐王玄邈做自己的司马，王玄邈心虚害怕，但萧道成对待他就和往常一样。王玄邈率军打败李乌奴的军队，齐高帝萧道成说："王玄邈果然没有辜负我待他的一番心意啊！"当时房叔安是宁蜀的太守，齐高帝萧道成对他很是赏识，认为他忠心正直，想任命他做梁州刺史，刚巧他因病去世。

十一月，辛亥，立皇太子妃斐氏。

癸丑，魏遣假梁郡王嘉督二将出淮阴，陇西公琛督三将出广陵，河东公薛虎子督三将出寿阳，奉丹杨王刘昶入寇；许昶以克复旧业，世胙江南，称藩于魏。蛮酋桓诞请为前驱，以诞为南征西道大都督。

义阳民谢天盖自称司州刺史，欲以州附魏，魏乐陵镇将韦珍引兵渡淮应接。豫章王嶷遣中兵参军萧惠朗将二千人助司州刺史萧景先讨天盖，韦珍略七千馀户而去。景先，上之从子也。南兖州刺史王敬则闻魏将济淮，委镇还建康，士民惊散，既而魏竟不至。上以其功臣，不问。

【译文】十一月，辛亥日（十三日），齐高帝萧道成册立斐氏做皇太子妃。

癸丑日（十五日），北魏孝文帝拓跋宏派暂时被封为梁郡王的拓拔嘉率两员大将由淮阴出发，陇西公拓拔琛率三员大将由广陵出发，河东公薛虎子率三员大将由寿阳出发，共同拥戴丹杨王刘昶入侵南齐。北魏承诺帮助刘昶恢复旧有的基业，世代统领江南，但必须向北魏称藩进贡。大阳蛮的首领桓诞请求担任前锋，于是孝文帝拓跋宏任命桓诞做南征西道大都督。

义阳百姓谢天盖自称为司州刺史，要拿司州做筹码讨好北魏，镇守北魏乐陵的将领韦珍率领军士渡过淮河来接应他。豫章王萧嶷派中兵参军萧惠朗率两千士兵，来协助司州刺史萧景先征讨谢天盖的叛军，韦珍掠夺了七千多户百姓的财物后撤军离去。萧景先是高帝的侄儿。南兖州刺史王敬则得知北魏士兵将要渡过淮河，就放弃防守逃离此地，返回建康，使得百姓惊慌逃散，流离失所，没想到北魏军队竟没有侵扰南兖州。齐高帝萧道成考虑到他是功臣，就没有追究这件事。

上之辅宋也，遣骁骑将军王洪范使柔然，约与共攻魏。洪范自蜀出吐谷浑历西域乃得达。至是，柔然十馀万〔骑〕寇魏，至塞上而还。

是岁，魏诏中书监高允议定律令。允虽笃老，而志识不衰。诏以允家贫养薄，令乐部丝竹十人五日一诣允以娱其志，朝晡给膳，朔望致牛酒，月给衣服绵绢；入见则备几杖，问以政治。

契丹莫贺弗勿干帅部落万馀口入附于魏，居白狼水东。

【译文】齐高帝萧道成辅佐刘宋的时候，曾派骁骑将军王洪范出使柔然，并与柔然约定共同征讨北魏。王洪范从蜀地出发，路经吐谷浑和西域，才到达柔然。这时候，柔然发动十几万骑兵攻打北魏，一直打到了塞上才班师回朝。

这一年，北魏孝文帝拓跋宏颁布诏书，命令中书监高允研议律令。高允年纪大了，但是心志和见识并未衰退。诏书表示：因为高允家中贫困，供养微薄，命令乐部指派十个吹奏管弦的人，每隔五天到高允家一次，以此来愉悦他的心志，并且早晚供应膳食，初一、十五还赠送牛肉、美酒给他，每月提供衣物绸缎；入朝觐见就为他准备好拐杖。魏孝文帝拓跋宏还亲自向他询问治国的道理。

契丹首领莫贺弗勿干率部落一万多人，入塞归附北魏，定居在白狼水东边。

二年（庚申，公元四八〇年）春，正月，戊戌朔，大赦。

以司空褚渊为司徒，尚书右仆射王俭为左仆射；渊不受。

辛丑，上祀南郊。

魏陇西公琛等攻拔马头戍，杀太守刘从。乙卯，诏内外纂严，发兵拒魏，徵南郡王长懋为中军将军，镇石头。

魏广川王略卒。

魏师攻钟离，徐州刺史崔文仲击破之。文仲遣军主崔孝伯渡淮，攻魏荏眉戍主龙得侯等，杀之。文仲，祖思之族人也。

【译文】二年（庚申，公元480年）春季，正月，戊戌朔日（初一），齐国大赦天下。

齐高帝萧道成任命司空褚渊担任司徒，尚书右仆射王俭担任左仆射；褚渊推辞，不肯接受任命。

辛丑日（初四），齐高帝萧道成在京师南郊祭天。

北魏陇西公拓拔琛等人带兵攻陷马头戍，杀死了太守刘从。乙卯日（十八日），齐高帝萧道成下诏命令内外戒严，并发动军队抵抗北魏的进攻，征调南郡王萧长懋做中军将军，镇守石头城。

北魏广川庄王拓跋略去世。

北魏军队进攻钟离，徐州刺史崔文仲带兵击退北魏大军。崔文仲派军主崔孝伯渡过淮河，攻打北魏荏眉戍主龙得侯等人，并把他们杀掉。崔文仲是崔祖思的同族。

群蛮依阻山谷，连带荆、湘、雍、郢、司五州之境，闻魏师入寇，官尽发民丁，南襄城蛮秦远乘虚寇潼阳，杀县令。司州蛮引魏兵寇平昌，平昌戍主苟元宾击破之。北上黄蛮文勉德寇汶阳，汶阳太守戴元宾弃城奔江陵，豫章王嶷遣中兵参军刘伾绪将千人讨之，至当阳，勉德请降，秦远遁去。

魏将薛道标引兵趣寿阳，上使齐郡太守刘怀慰作冠军将军薛渊书以招道标；魏人闻之，召道标还，使梁郡王嘉代之。怀慰，乘民之子也。二月，丁卯朔，嘉与刘昶寇寿阳。将战，昶四向拜将士，流涕纵横，曰："愿同戮力，以雪仇耻！"

【译文】众多蛮族人依凭着山谷居住，遍布在荆州、湘州、雍州、郢州、司州等五州地界。得知北魏大举入侵，南齐从民间大量征调壮丁充实军队，南襄城的蛮族酋长秦远趁乱侵扰潼阳，杀了当地的县令。司州蛮人带领北魏军队入侵平昌，平昌戍主苟元宾击退北魏军队。北上黄蛮人文勉德也趁势入侵汶阳，汶阳太守戴元宾丢弃城池，逃跑到江陵；豫章王萧嶷调派中兵参军刘伾绪率一千人去征讨文勉德，等军队到了当阳，文勉德请求归降南齐，秦远逃跑。

北魏将领薛道标领着军队奔赴寿阳，齐高帝萧道成嘱咐齐郡太守刘怀慰伪造冠军将军薛渊的信，去招降薛道标；北魏朝廷听到这件事，就将薛道标召回，让梁郡王拓跋嘉替代薛道标带兵。刘怀慰是刘乘民的儿子。春季，二月，丁卯朔日（初一），拓跋嘉和刘昶率军入侵寿阳。将要开战时，刘昶面朝四方向将士们跪拜行礼，他涕泪俱下地说："希望大家齐心协力，一起洗刷仇恨与耻辱！"

魏步骑号二十万，豫州刺史垣崇祖集文武议之，欲治外城，堰肥水以自固。皆曰："昔佛狸入寇，南平王士卒完盛，数倍于今，犹以郭大难守，退保内城。且自有肥水，未尝堰也，恐劳而无益。"崇祖曰："若弃外城，虏必据之，外修楼橹，内筑长围，则坐成擒矣。守郭筑堰，是吾不谏之策也。"乃于城西北堰肥水，堰北筑小城，周为深堑，使数千人守之，曰："虏见城小，以为一举可取，必悉力攻之，以谋破堰；吾纵水冲之，皆为流尸矣。"魏人果蚁附攻小城，崇祖著白纱帽，肩舆上城，晡时，决堰下水；魏攻城之众漂坠堑中，人马溺死以千数。魏师退走。

【译文】北魏号称有二十万骑兵，豫州刺史垣崇祖召集文武幕僚商议对策，打算整饬外城，修建水坝拦截肥水以保全豫州。大家都说："以前佛狸拓跋焘入侵，南平王装备整齐、兵力充足，比现在多了好几倍的力量，最后还是因为外城区域广大难以固守，选择撤退全力保全内城。再说，有肥水之后，从来没有人在肥水之上建坝拦水，只怕徒劳一番，得不到什么好处。"垣崇祖说："假使丢弃外城，敌军一定会占据它，在外城修筑瞭望台，在内修建长长的围墙，那我们只能坐着等候被敌军俘虏了。谨守外城，修筑水坝拦水，这计策我已经决定了，你们不用再劝我了。"于是派人在城西北边筑了水坝，拦住肥水，水坝北边建起了小城，并在四周挖了很深的城壕，派几千士兵防守，说："敌军看见城很小，以为轻易就能攻取下来，一定拼尽全力攻打，想方设法破坏水坝，我们就放水冲击他们，然后他们都会变成漂浮的尸体了。"后来，北魏人果然像蚂蚁一般攀附到城墙上去攻打小城，垣崇祖戴了白纱帽，坐着小轿登上城头。申时，他下令破坏水坝，放水冲击；攻城的北魏士兵被冲进水里坠落深壕,溺死的士兵和战马数以千计。后来北魏的军队撤退了。

谢天盖部曲杀天盖以降。

宋自孝建以来,政纲弛紊,簿籍讹谬,上诏黄门郎会稽虞玩之等更加检定,曰:"黄籍,民之大纪,国之治端。自顷巧伪日甚,何以厘革?"玩之上表,以为:"元嘉中,故光禄大夫傅隆年出七十,犹手自书籍,躬加隐校。今欲求治取正,必在勤明令长。愚谓宜以元嘉二十七年籍为正,更立明科,一听首悔;迷而不返,依制必戮;若有虚昧,州县同科。"上从之。

【译文】谢天盖的部属杀了谢天盖来投降南齐。

刘宋朝廷从宋武帝刘骏孝建年间以来,政务松弛紊乱,登记户口的簿册经常出现疏漏错误。齐高帝萧道成颁布诏书命令黄门郎会稽人虞玩之等重新加以审核验定,并说:"登记户口的黄籍,是管理百姓最重要的资料,是朝廷统治百姓最根本的依据。现在取巧作伪的情况越来越严重,该怎么改善呢?"虞玩之奉上奏表,他认为:"元嘉年间,已故的光禄大夫傅隆年过七十,还亲自缮写簿册,仔细校对。现在想要整顿政务,一定要使各州县的长官能做到精勤廉明,克己奉公。我认为应该拿元嘉二十七年的户籍做样本,重新确立明确的奖罚,任由百姓自首悔过;要是执迷不改,就依照法制,一定要严格处罚;如果有虚报作假,州县长官也要处以同样的刑罚。"齐高帝萧道成听从了他的建议。

上以群蛮数为叛乱,分荆、益置巴州以镇之。壬申,以三巴校尉明慧昭为巴州刺史,领巴东太守。是时,齐之境内,有州二十三,郡三百九十,县千四百八十五。

资治通鉴卷第一百三十五 齐纪一

乙酉，崔文仲遣军主陈靖拔魏竹邑，杀戍主白仲都；崔叔延破魏睢陵，杀淮阳太守梁恶。

三月，丁酉朔，以侍中西昌侯鸾为郢州刺史。鸾，帝兄始安贞王道生之子也，早孤，为帝所养，恩过诸子。

魏刘昶以雨水方降，表请还师，魏人许之；丙午，遣车骑大将军冯熙将兵迎之。

【译文】齐高帝萧道成因为众蛮族屡次叛乱，便从荆、益二州分划出一部分，另设置了一个巴州来镇守。壬申日（初六），齐高帝萧道成任命三巴校尉明慧昭做巴州刺史，兼任巴东太守。当时，南齐境内，共有二十三州，三百九十郡，一千四百八十五县。

乙酉日（十九日），齐国崔文仲调派军主陈靖攻陷北魏的竹邑，杀掉戍主白仲都；崔叔延攻陷北魏的睢陵，杀掉淮阳太守梁恶。

春季，三月，丁酉朔日（初一），齐高帝萧道成下令侍中西昌侯萧鸾担任郢州刺史。萧鸾是齐高帝萧道成的兄长始安贞王萧道生的儿子；幼年丧父，被齐高帝萧道成收养，对他的疼爱超过自己的几个儿子。

北魏刘昶以雨水正盛为由，奉上奏表请求班师返回，魏孝文帝拓跋宏答应了他的请求；丙午日（初十），北魏派车骑大将军冯熙带领军队前去接应他。

夏，四月，辛巳，魏主如白登山；五月，丙申朔，如火山；壬寅，还平城。

自晋以来，建康宫之外城唯设竹篱，而有六门。会有发白虎樽者，言"白门三重关，竹篱穿不完"。上感其言，命改立都墙。

李乌奴数乘间出寇梁州，豫章王嶷遣中兵参军王图南将益州

兵从剑阁掩击之；梁、南秦二州刺史崔慧景发梁州兵屯白马，与图
南覆背击乌奴，大破之，乌奴走保武兴。慧景，祖思之族人也。

【译文】 夏季，四月，辛巳日（十六日），北魏孝文帝拓跋宏
前往白登山；五月，丙申朔日（初一），北魏孝文帝拓跋宏前往火
山；壬寅日（初七），返回平城。

自从晋朝以来，建康宫殿的外城，只设了竹篱笆，却有六个
大门。适巧有人掀开白虎樽的盖子，酒后进言说："白门有三道
关口，竹篱穿过来穿过去，不够坚固。"齐高帝萧道成被这个人
的话感动，命人改建了都城的围墙。

李乌奴几次乘出兵，侵扰梁州，豫章王萧嶷调派中兵参军
王图南率益州军队从剑阁突击梁州城；梁、南秦两州刺史崔慧
景发动梁州大军屯兵驻守在白马，与王图南腹背攻击李乌奴，
李乌奴大败后退兵逃到武兴并占据此地。崔慧景为崔祖思的族
人。

秋，七月，辛亥，魏主如火山。

戊午，皇太子穆妃裴氏卒。

诏南郡王长懋移镇西州。

角城戍主举城降魏；秋，八月，丁酉，魏遣徐州刺史梁郡王
嘉迎之。又遣平南将军郎大檀等三将出朐城，将军白吐头等二
将出海西，将军元泰等二将出连口，将军封延等三将出角城，镇
南将军贺罗出下蔡，〔同〕入寇。

【译文】 秋季，七月，辛亥日（十七日），北魏孝文帝拓跋宏
前往火山。

戊午，（二十四日），南齐皇太子穆妃裴氏去世。

齐高帝萧道成下诏命令南郡王萧长懋调防去镇守西州。

角城戍主献上城池投降北魏。秋季，八月，丁酉（八月无此日），北魏派徐州刺史梁郡王拓跋嘉前去接应角城戍主。又调派将军白吐头等两位将领从海西进发，平南将军郎大檀等三位将领从朐城进发，将军元泰等两位将领从连口进发，将军封延等三位将领从角城进发，镇南将军贺罗从下蔡进发，同时侵犯南齐。

甲辰，魏主如方山；戊申，游武州山石窟寺。庚戌，还平城。

崔慧景遣长史裴叔保攻李乌奴于武兴，为氐王杨文弘所败。

九月，甲午朔，日有食之。

丙午，柔然遣使来聘。

汝南太守常元真、龙骧将军胡青苟降于魏。

闰月，辛巳，遣领军李安民循行清、泗诸戍以备魏。

【译文】甲辰（八月无此日），北魏孝文帝拓跋宏前往方山；戊申（八月无此日），魏孝文帝拓跋宏游览武州山石窟寺。庚戌日（八月无此日），返回平城。

崔慧景派长史裴叔保带兵前往武兴攻打李乌奴的驻军，被氐王杨文弘打败。

秋季，九月，甲午朔日（初一），发生日食。

丙午日（十三日），柔然派使者前来南齐聘问修好。

齐国汝南太守常元真、龙骧将军胡青苟归降北魏。

春季，闰月，辛巳日（十八日），齐高帝萧道成调派领军李安民巡察清、泗几个把守的据点，以防范北魏的进攻。

魏梁郡王嘉帅众十万围朐山，朐山戍主玄元度婴城固守，青、冀二州刺史范阳卢绍之遣子奂将兵助之。庚寅，元度大破魏师。台遣军主崔灵建等将万馀人自淮入海，夜至，各举两炬；魏师望见，遁去。

冬，十月，王俭固请解选职，许之；加俭侍中，以太子詹事何戢领选。上以戢资重，欲加常待，褚渊曰："圣旨每以蝉冕不宜过多。臣与王俭既已左珥，若复加戢，则八座遂有三貂；若帖以骁、游，亦为不少。"乃以戢为吏部尚书，加骁骑将军。

【译文】北魏梁郡王拓跋嘉率十万军队进攻朐山，朐山戍主玄元度加强守备，青、冀两州刺史范阳人卢绍之派儿子卢奂带领士兵援助朐山。庚寅日（二十七日），玄元度大破北魏军。齐国朝廷派军主崔灵建等人率一万多人由淮河进入东海，夜晚到达时，每个人手里高举两支火把；北魏军队远远看见这等情景，吓得四散逃走。

冬季，十月，王俭多次请求解除自己吏部尚书的职务，齐高帝萧道成应允了他；加封王俭侍中的官位，让太子詹事何戢掌吏部尚书。齐高帝萧道成认为何戢资历老，性格又稳重，想加封他做常侍，褚渊说："您的旨意常认为戴蝉冕饰貂尾的侍中、中常侍不宜太多。臣与王俭既然已经在朝冠上加饰了貂尾，做了侍中，如果再封何戢戴蝉冕饰貂尾，那么八座之中就有三个饰貂的人；如果加封他为骁骑、游击将军，也不算低了。"于是齐高帝萧道成任命何戢为吏部尚书，加封骁骑将军。

【乾隆御批】蝉冕不宜过多固慎重名器意，然出自褚渊，特嫌戢与之相埒，故为曲说，以抑之。小人肺肝如见。可鄙！可耻！

【译文】蝉冕不宜过多固然是慎重对待名号的表现，然而出自褚渊之口，则有很大的嫌疑为担心何戢与自己地位相等，而故意绕着弯子说，以便压低何戢。褚渊小人的肝肺如同可以看见。可鄙! 可耻!

甲辰, 以沙州刺史杨广香为西秦州刺史, 又以其子炅为武都太守。

丁未, 魏以昌黎王冯熙为西道都督, 与征南将军桓诞出义阳, 镇南将军贺罗出钟离, 同入寇。

淮北四州民不乐属魏, 常思归江南, 上多遣间谍诱之。于是, 徐州民桓标之、兖州民徐猛子等所在蜂起为寇盗, 聚众保伍固, 推司马朗之为主。魏遣淮阳王尉元、平南将军薛虎子等讨之。

【译文】甲辰日(十二日), 齐高帝萧道成任命沙州刺史杨广香做西秦州刺史, 又任命他的儿子杨炅做武都太守。

丁未日(十五日), 北魏孝文帝拓跋宏任命昌黎王冯熙为西道都督, 与征南将军桓诞从义阳出发, 镇南将军贺罗从钟离出发, 一同入侵南齐。

淮河北边四个州的百姓不乐意隶属于北魏, 常常想归顺南齐, 齐高帝萧道成派很多间谍去劝诱他们造反。于是徐州人桓标之、兖州人徐猛子等人一窝蜂做了盗匪, 明抢暗劫, 集结民众, 据守五固, 并推举司马朗之做领袖。北魏孝文帝拓跋宏派淮阳王尉元、平南将军薛虎子等人率兵去讨伐他们。

十一月, 戊寅, 丹杨尹王僧虔上言: "郡县狱相承有上汤杀囚, 名为救疾, 实行冤暴。岂有死生大命, 而潜制下邑! 愚谓囚病必先刺郡, 求职司与医对共诊验, 远县家人省视, 然后处治。"上从之。

戊子, 以杨难当之孙后起为北秦州刺史、武都王, 镇武兴。

十二月, 戊戌, 以司空褚渊为司徒。渊入朝, 以腰扇障日,征虏功曹刘祥从侧过，曰："作如此举止，羞面见人，扇障何益！"渊曰："寒士不逊！"祥曰："不能杀袁、刘，安得免寒士！"祥，穆之之孙也。祥好文学，而性韵刚疏，撰《宋书》，讥斥禅代；王俭密以闻，坐徙广州而卒。

【译文】秋季，十一月，戊寅日（十六日），齐国丹阳尹王僧虔进言说："郡县监狱相互庇护掩盖，有送汤药杀囚犯的行为，名义上是治疗疾病，事实是施行暴力冤杀囚犯。哪有这样生死大权私下被一些卑微的狱吏所操控的？我认为囚犯患病，必定要先向郡县禀报，请求典狱官和医生一同诊查，要是性命攸关的病情，远县的囚犯要等家人前来探视之后，才开处方诊治。"齐高帝萧道成接受了他的建议。

戊子日（二十六日），齐高帝萧道成任命杨难当的孙子杨后起担任北秦州刺史、武都王，镇守武兴。

冬季，十二月，戊戌日（初七），齐高帝萧道成下令司空褚渊做司徒。褚渊入朝时，用佩在腰间的折叠扇挡住阳光，征虏功曹刘祥从旁路过，说："你做出这种举动，不好意思露脸见人，用扇子遮挡又有何用？"褚渊说："这寒门文人出言不逊！"刘祥说："我不能（像你一样）杀袁粲、刘秉去谋求高官厚禄，怎么能免去自己寒门的身份呢？"刘祥是刘穆之的孙子。刘祥喜好文学，而性情刚强，不太合群，撰写《宋书》，讥讽斥责齐高帝萧道成受禅替代刘宋王室。王俭秘密地将此事报告给齐高帝萧道成，刘祥因此被判流放广州，最后在广州去世。

【申涵煜评】祥刚直，有文学，不愧乃祖穆之。然面辱朝贵，讥斥时政，皆是取祸之道。身见为征虏功曹，而乃好犯上，何邪？可谓狂矣。以徙而卒，犹幸也。

【译文】刘祥刚正直率，具有文才学问，没有愧对他的祖父刘穆之。但是当面辱骂当朝权贵，讥讽和指斥时政，这都是自取灾祸的行为。身处在征房功曹的位置上，刘祥却喜好冒犯上级，这是为什么？可以说是他狂妄了。因为被流放而逝世，还是幸运了。

太子宴朝臣于玄圃，右卫率沈文季与褚渊语相失，文季怒曰："渊自谓忠臣，不知死之日何面目见宋明帝！"太子笑曰："沈率醉矣"

壬子，以豫章王嶷为中书监、司空、扬州刺史，以临川王映为都督荆、雍等九州诸军事、荆州刺史。

是岁，魏尚书令王叡进爵中山王，加镇东大将军；置王官二十二人，以中书侍郎郑羲为傅，郎中令以下皆当时名士。又拜叡妻丁氏为妃。

【译文】南齐太子萧赜在玄圃宴请朝中大臣，右卫率沈文季和褚渊言语间起了冲突，沈文季愤怒地说："褚渊自以为是忠臣，不知道死的时候，怎么有脸去见宋明帝？"太子笑着说："沈文季大概是喝醉了。"

壬子日（二十一日），齐高帝萧道成任命豫章王萧嶷做中书监、司空、扬州刺史；任命临川王萧映做都督荆雍等九州诸军事、荆州刺史。

这一年，北魏尚书令王叡加升爵位为中山王，并加封镇东大将军；王府设置二十二个属官，派中书侍郎郑羲为王傅，郎中令以下官员都是当代名士。魏孝文帝拓跋宏又封王叡的妻子丁氏为中山王妃。

三年(辛酉, 公元四八一年)春, 正月, 封皇子锋为江夏王。

魏人寇淮阳，围军主成买于甬城，上遣领军将军李安民为都督，与军主周盘龙等救之。魏人缘淮大掠，江北民皆惊走，渡江，成买力战而死。盘龙之子奉叔以二百人陷陈深入，魏以万馀骑张左右翼围之。或告盘龙云"奉叔已没"，盘龙驰马奋矟，直突魏陈，所向披靡。奉叔已出，复入求盘龙。父子两骑萦扰，魏数万之众莫敢当者；魏师遂败，杀伤万计。魏师退，李安民等引兵追之，战于孙溪渚，又破之。

【译文】三年（辛酉，公元481年）春季，正月，齐高帝萧道成封皇子萧锋做江夏王。

北魏军队侵扰淮阳，在甬城驻兵围困军主成买。齐高帝萧道成派领军将军李安民做都督，与军主周盘龙等率军前去援救成买。北魏军队沿淮河大肆劫掠，江北百姓都惊惶奔走渡过长江，成买奋力抗击战败而死。周盘龙的儿子周奉叔带领两百人深陷敌阵，北魏派一万多骑兵，从左右两翼包抄围困他。有人对周盘龙说："周奉叔已经死了。"周盘龙骑马奔驰，举起长矛奋力冲刺，直接冲进北魏军阵营，所到之处，敌军都四散溃逃。周奉叔杀出重围后，又掉头杀入敌阵去寻找父亲周盘龙。父子两人两匹马在敌军阵营四处冲撞，北魏几万士兵竟没有一个敢于抵挡的；北魏军就此战败，死伤的有好几万人。北魏军队撤退，李安民等人率领士兵追赶，在孙溪渚又再次击垮北魏军队。

己卯，魏主南巡，司空苟颓留守；丁亥，魏主至中山。

二月，辛卯朔，魏大赦。

丁酉，游击将军桓康复败魏师于淮阳，进攻樊谐城，拔之。

魏主自中山如信都；癸卯，复如中山；庚戌，还，至肆州。

【译文】己卯日（十八日），北魏孝文帝拓跋宏到南边巡视，司空苟颓留守京师；丁亥日（二十六日），北魏孝文帝拓跋宏前往中山。

二月，丁卯朔日（初一），北魏大赦境内。

丁酉日（初七），齐国游击将军桓康又在淮阳打败北魏军，进攻樊谐城并攻陷此地。

北魏孝文帝拓跋宏从中山出发前往信都；癸卯日（十三日），又前往中山；庚戌日（二十日），返回肆州。

沙门法秀以妖术惑众，谋作乱于平城；苟颓帅禁兵收掩，悉擒之。魏主还平城，有司囚法秀，加以笼头，铁锁无故自解。魏人穿其颈骨，祝之曰：“若果有神，当令穿肉不入。”遂穿以徇，三日乃死。议者或欲尽杀道人，冯太后不可，乃止。

垣崇祖之败魏师也，恐魏复寇淮北，乃徙下蔡戍于淮东。既而魏师果至，欲攻下蔡；闻其内徙，欲夷其故城。己酉，崇祖引兵渡淮击魏，大破之，杀获千计。

【译文】魏国境内有个叫法秀的和尚凭借妖术蛊惑群众，在平城阴谋作乱；苟颓率禁兵围击捕捉，把作乱的人全部抓起来。北魏孝文帝拓跋宏返回平城，主事的人囚禁法秀，给他加套了笼头，配上铁锁，锁头却无缘无故自己松脱了。看守的人用铁链穿过他的颈骨，诅咒着说：“如果真的有神，该让铁链刺不进去，无法穿过。”结果顺利穿过他的颈骨并将他示众，三天之后，他才死去。后来有人建议把所有出家修行的和尚全都杀了，冯太后不同意，这才作罢。

宋国垣崇祖击败北魏军时，担心北魏再来侵扰淮北，就调动下蔡的戍卒到淮东驻守。不久，北魏军果然到来，想进攻下蔡，得知下蔡百姓已经向内迁徙，又想把旧城踏平。己酉日

588

（十九日），垣崇祖率军渡过淮水攻打北魏军，把北魏军打得落花流水，俘虏了好几千人。

晋、宋之际，荆州刺史多不领南蛮校尉，别以重人居之。豫章王嶷为荆、湘二州刺史，领南蛮。嶷罢，更以侍中王奂为之，奂固辞，曰："西土戎烬之后，痍毁难复。今复割撤太府，制置偏校，崇望不足助强，语实交能相弊。且资力既分，职司增广，众劳务倍，文案滋烦，窃以为国计非允。"癸丑，罢南蛮校尉官。

三月，辛酉朔，魏主如肆州；己巳，还平城。

魏法秀之乱，事连兰台御史张求等百馀人，皆以反，法当族。尚书令王叡请诛首恶，宥其馀党。乃诏："应诛五族者，降为三族；三族者，门诛；门诛，止其身。"所免千馀人。

【译文】在晋、宋时期，荆州刺史多数不兼任南蛮校尉，由朝廷另外安排踏实稳重的官员担当。豫章王萧嶷做荆、湘两州刺史时，也统领南蛮。萧嶷卸任以后，齐高帝萧道成重新任命侍中王奂担任南蛮校尉，王奂坚决推辞，说："西边的疆土经过战火之后，严重损毁，一时难以恢复原貌。如今又把它从都府的统辖中割离开来，重新安置校尉，论威望不足以协助强化实力，论实际却互相牵制，不少弊病。并且资历与权力既已划分，职务管理范围突然增大，官员的工作量必然会加倍，案头文书必然增多而且烦琐，我个人认为这样的治理方策不很妥当。"癸丑日（二十三日），齐高帝萧道成取消了南蛮校尉的官职。

春季，三月，辛酉朔日（初一），北魏孝文帝拓跋宏前往肆州；己巳日（初九），返回平城。

北魏法秀和尚的谋反，牵连了兰台御史张求等一百多人，这些人违背律法理应抄家，罪连亲族。尚书令王叡请求诛杀罪魁祸首，从轻发落其他人。北魏孝文帝拓跋宏就下诏："按法应当诛五族的，减刑为诛三族；理应斩三族的，减轻为诛一家；应当诛一家的，减轻为只诛杀犯罪者本人。"因此所宽免的有一千多人。

夏，四月，己亥，魏主如方山。冯太后乐其山川，曰："它日必葬我于是，不必祔山陵也。"乃为太后作寿陵，又建永固石室于山上，欲以为庙。

桓标之等有众数万，寨险求援；庚子，诏李安民督诸将往迎之，又使兖州刺史周山图自淮入清，倍道应接。淮北民桓磊魂破魏师于抱犊固。李安民赴救迟留，标之等皆为魏所灭，馀众得南归者尚数千家；魏人亦掠三万馀口归平城。

魏任城康王云卒。

【译文】夏季，四月，己亥日（初十），北魏孝文帝拓跋宏前往方山。冯太后喜欢方山的景色，说："将来我死了，一定要把我葬在这里，不必合葬在祖先坟墓所在的山陵。"于是孝文帝派人替太后营建寿陵，又在山上修筑永固石室，想以此作为将来祭祀使用的庙宇。

南齐的桓标之有数万士卒，所据山寨地势险要，向朝廷请求援助；庚子日（十一日），齐高帝萧道成下诏命令李安民督率诸位将领前往援助，又派兖州刺史周山图从淮河入清水，日夜兼程赶去接应。淮北百姓桓磊魂在抱犊固打败北魏军。李安民赶去援救，慢了一步，桓标之等人都被北魏人杀了，其他部众得以返回南方的还有好几千人；北魏人也大肆掠夺，俘虏了三万多人返回平城。

北魏任城康王拓跋云去世。

五月, 壬戌, 邓至王像舒遣使入贡于魏。邓至者, 羌之别种, 国于宕昌之南。

六月, 壬子, 大赦。

甲辰, 魏中山宣王王叡卒。叡疾病, 太皇太后、魏主累至其家视疾。及卒, 赠太宰, 立庙于平城南。文士为叡作哀诗及诔者百馀人, 及葬, 自称亲姻、义旧, 缞绖哭送者千馀人。魏主以叡子中散大夫袭代叡为尚书令, 领吏部曹。

戊午, 魏封皇叔简为齐郡王, 猛为安丰王。

【译文】夏季, 五月, 壬戌日(初三), 邓至王像舒派使者到北魏进贡。邓至, 是羌族的分支, 在宕昌的南边建立国家。

夏季, 六月, 壬子日(二十四日), 南齐大赦境内。

甲辰日(十六日), 北魏中山宣王王叡去世。王叡病重时, 太皇太后和北魏孝文帝曾多次到他家探病。王叡去世后, 北魏孝文帝拓跋宏追封他为太宰, 于平城南边为他建庙。前来为王叡作哀诗、哀诔的文士有一百多人。等到安葬时, 自称是亲属姻亲、以前老友, 有一千多人穿着丧服哭着送殡。北魏孝文帝拓跋宏任命王叡的儿子中散大夫接替王叡做尚书令, 统领吏部。

戊午日(三十日), 北魏孝文帝拓跋宏封皇叔拓拔简做齐郡王, 封拓拔猛做安丰王。

秋, 七月, 己未朔, 日有食之。

上使后军参军车僧朗使于魏。甲子, 僧朗至平城, 魏主问曰: "齐辅宋日浅, 何故遽登大位?" 对曰: "虞、夏登庸, 身陟元后, 魏、晋匡辅, 贻厥子孙, 时宜各异耳。"

辛酉, 柔然别帅他稽帅众降魏。

杨文弘遣使请降，诏复以为北秦州刺史。先是，杨广香卒，其众半奔文弘，半奔梁州。文弘遣杨后起进据白水。上虽授以官爵，而阴敕晋寿太守杨公则使伺便图之。

【译文】秋季，七月，己未朔日（初一），发生日食。

齐高帝萧道成派后军参军车僧朗出使北魏。甲子日（初六），车僧朗到达平城，北魏孝文帝拓跋宏问他说："齐国皇帝萧道成辅佐刘宋的时间很短，为什么能登上大位？"车僧朗回答说："虞舜、禹以人臣的身份被选用，后来又升级做了国君；魏、晋匡正辅佐前朝，是为了将权势遗留给他们的子孙，不过是时代环境不同罢了！"

辛酉日（初三），柔然别帅他稽率士兵投降北魏。

北魏杨文弘派使者到南齐请求降顺，齐高帝萧道成下诏命令他做北秦州刺史。当初，杨广香去世，他的部众一半去投奔杨文弘，一半投奔梁州。杨文弘派杨后起进军占据了白水。齐高帝萧道成虽然授予他官爵，却暗中下令给晋寿太守杨公则，让他寻找机会，设法除掉杨文弘。

宋升明中，遣使者殷灵诞、苟昭先如魏，闻上受禅，灵诞谓魏典客曰："宋、魏通好，忧患是同。宋今灭亡，魏不相救，何用和亲！"及刘昶入寇，灵诞请为昶司马，不许。九月，庚午，魏阅武于南郊，因宴群臣，置车僧朗于灵诞下，僧朗不肯就席，曰："灵诞昔为宋使，今为齐民。乞魏主以礼见处。"灵诞遂与相忿詈。刘昶赂宋降人解奉君于会刺杀僧朗，魏人收奉君，诛之；厚送僧朗之丧，放灵诞等南归。及世祖即位，昭先具以灵诞之语启闻，灵诞坐下狱死。

辛未，柔然主遣使来聘，与上书，谓上为"足下"，自称曰

"吾"，遣上师子皮袴褶，约共伐魏。

【译文】 刘宋升明年间，宋顺帝刘准派使臣殷灵诞、苟昭先前往北魏，得知齐高帝萧道成接受禅位，殷灵诞对北魏的典客令说："宋魏一向交好，祸福同当。宋现在灭亡了，北魏不去援救，还说什么和善亲近！"等到刘昶入侵，殷灵诞请求做刘昶的司马，北魏人不答应。九月，庚午日（十三日），北魏孝文帝拓跋宏在南郊阅兵，随后宴请群臣，把车僧朗安置在殷灵诞的席位之后，车僧朗不肯就座，说："殷灵诞过去是刘宋的使臣，现在只是平民。我请求您按照礼节来安排席位。"殷灵诞就和他互相怒骂。刘昶买通从刘宋投降到北魏的解奉君，在宴会上刺杀车僧朗，北魏孝文帝派人逮捕解奉君，把他杀了；魏国隆重地办理车僧朗的丧事，放殷灵诞等人返回南方。等到南齐武帝即位，苟昭先把殷灵诞在北魏的言语全部禀告给武帝，殷灵诞因此获罪，在监狱里死去。

辛未日（十四日），柔然可汗派使臣来南齐通问修好，在给齐高帝萧道成的书信中，称高帝为"足下"，自称为"吾"，并送给高帝狮子皮做的骑马装，约定共同讨伐北魏。

魏尉元、薛虎子克五固，斩司马朗之，东南诸州皆平。尉元入为侍中、都曹尚书，薛虎子为彭城镇将，迁徐州刺史。时州镇戍兵，资绢自随，不入公库。虎子上表，以为："国家欲取江东，先须积谷彭城。切惟在镇之兵，不减数万，资粮之绢，人十二匹；用度无准，未及代下，不免饥寒，公私损费。今徐州良田十万馀顷，水陆肥沃，清、汴通流，足以溉灌。若以兵绢市牛，可得万头，兴置屯田，一岁之中，且给官食。半兵芸殖，馀兵屯戍，且耕且守，不妨捍边。一年之收，过于十倍之绢；暂时之耕，足充数载之食。于后兵资皆贮公库，五稔之后，谷帛俱溢，非直戍卒丰饱，亦有吞敌之势。"魏人从之。虎子为政有惠爱，兵民怀之。会沛郡太守邵安、下邳太守张攀以赃污为虎子所案，各遣子上书，告虎子与江南通，魏主曰："虎子必不然。"推按，果虚，诏安、攀皆赐死，二子各鞭一百。

【译文】北魏将领尉元、薛虎子攻下五固，杀了司马朗之，平定东南几个州县。尉元回朝后担任侍中、都曹尚书，薛虎子担任彭城镇将，升调徐州刺史。当时州镇戍守的军队，财物丝绢都由自己收藏，不纳入公库。薛虎子奉上奏表，认为："国家想要取得江东，首先必须在彭城积存谷粮。况且名列镇戍的士兵，不少于几万人，抵折粮食的丝绢，每人分有十二匹，用度无确定的标准，经常来不及替换，难免饥寒，于公于私都是浪费。徐州良田有十万多顷，土地肥沃，水源充足，清、汴两条河流都流经这里，完全可以满足灌溉之需。假使将军中配给的丝绢去买牛，能买一万头，再安置士兵屯田，一年之间，就能供给军队的粮食。一半士兵除草垦殖，一半士兵屯田戍守，一边戍守一边耕种，没有妨碍镇守边疆的工作。一年的收成，足以超过丝绢价值的十倍；短暂的耕种，就足够供给几年的粮食。此后军中的财物都储存在公库里，五年之后，谷物与丝绸都有盈余，不仅戍卒丰衣饱食，还可以生出吞灭敌人的气势。"北魏孝文帝拓跋宏听从了他的建议。薛虎子处理政事，仁爱惠民，兵民都很感念他。适巧沛郡太守邵安、下邳太守张攀因为贪赃枉法，被薛虎子检举弹劾，他们各自让儿子上书，诬告薛虎子私通南齐，北魏孝文帝拓跋宏说："薛虎子必定不会这般。"推究调查，果真是虚枉不实，就下令将邵安、张攀都赐死，各打两个儿子一百鞭子。

【乾隆御批】篡杀之贼为天地所不容。即能恭、俭，所谓小善不掩大罪。而乃肆言夸诞，益足鄙矣。

【译文】篡杀之贼为天地所不容。即使能谦恭、节俭，也只能说小善掩饰不了大罪。大言不惭地自夸到荒诞的地步，更足以显出其卑鄙。

吐谷浑王拾寅卒，世子度易侯立。冬，十月，戊子朔，以度易侯为西秦、河二州刺史、河南王。

魏中书令高闾等更定新律成，凡八百三十二章；门房之诛十有六，大辟二百三十五，杂刑三百七十七。

初，高昌王阚伯周卒，子义成立；是岁，其从兄首归杀义成自立。高车王可至罗杀首归兄弟，以燉煌张明为高昌王。国人杀明，立马儒为王。

【译文】吐谷浑王拾寅去世，世子度易侯登位。冬季，十月，戊子朔日（初一），齐高帝萧道成任命度易侯担任河南王以及西秦、河两州的刺史。

北魏中书令高闾等人更订新的律法，一共八百三十二章；刑罚牵连到族人的律令占有十分之六，有关死刑的共二百三十五章，其他各种刑罚的律令共三百七十七章。

起初，高昌王阚伯周去世，儿子阚义成继位；这一年，他的堂兄阚首归杀了阚义成自己即位。高车王可至罗斩杀阚首归兄弟，下令敦煌人张明担任高昌王，高昌国的人杀害张明，拥护马儒为国王。

四年（壬戌，公元四八二年）春，正月，壬戌，诏置学生二百人，以中书令张绪为国子祭酒。

甲戌，魏大赦。

三月，庚申，上召司徒褚渊、尚书左仆射王俭受遗诏辅太子；壬戌，殂于临光殿。太子即位，大赦。

【译文】四年（壬戌，公元482年）春季，一月，壬戌日（初七），齐高帝萧道成下诏太学招收两百名学生，任命中书令张绪做国子祭酒。

甲戌日（十九日），北魏实行大赦。

春季，三月，庚申日（初六），齐高帝萧道成召见司徒褚渊、尚书左仆射王俭，让他们接受辅佐太子的临终嘱托；壬戌日（初八），齐高帝萧道成在临光殿病逝。太子即位，特赦境内。

高帝沉深有大量，博学能文。性清俭，主衣中有玉导，上敕中书曰："留此正是兴长病源！"即命击碎；仍案检有何异物，皆随此例。每曰："使我治天下十年，当使黄金与土同价。"

乙丑，以褚渊录尚书事，王俭为侍中、尚书令，车骑将军张敬儿开府仪同三司。丁卯，以前将军王奂为尚书左仆射。庚午，以豫章王嶷为太尉。

庚辰，魏主临虎圈，诏曰："虎狼猛暴，取捕之日，每多伤害；既无所益，损费良多，从今勿复捕贡。"

【译文】齐高帝萧道成深谋远虑有容人之量，博学广识能为文章。生性清廉节俭，在主衣里发现有精美的玉导，齐高帝萧道成敕令中书说："留着这种奢侈品，正是助长各种不良风气的源泉！"就命人将它敲碎；继续检验有没有其他特殊物品，一经发现，都照这个事例处理。齐高帝萧道成常说："要是让我治理天下十年，我要让黄金与泥土价值相当。"

乙丑日（十一日），齐世祖武皇帝萧赜任命褚渊总领尚书事务, 任命王俭担任侍中、尚书令, 任命车骑将军张敬儿开府仪同三司。丁卯日(十三日), 任命前任将军王奂做尚书左仆射。庚午日(十六日), 任命豫章王萧嶷做太尉。

庚辰日(二十六日), 北魏孝文帝拓跋宏到养虎的兽栏观看, 下令说:"虎狼凶猛残暴, 猎捕之时, 常造成损害, 既没有益处又耗费人力, 从今以后, 不要再猎捕进贡了。"

夏, 四月, 庚寅, 上大行谥曰高皇帝, 庙号太祖。丙午, 葬泰安陵。

辛卯, 追尊穆妃为皇后。六月, 甲申朔, 立南郡王长懋为皇太子。丙申, 立太子妃王氏。妃, 琅邪人也。封皇子闻喜公子良为竟陵王, 临汝公子卿为庐陵王, 应城公子敬为安陆王, 江陵公子懋为晋安王, 枝江公子隆为随郡王, 子真为建安王, 皇孙昭业为南郡王。

司徒褚渊寝疾, 自表逊位, 世祖不许, 渊固请恳切。癸卯, 以渊为司空, 领票骑将军, 侍中、录尚书如故。

【译文】夏季, 四月, 庚寅日(初六), 南齐为已故的皇帝追加谥号为高皇帝, 庙号太祖。丙午日(二十二日), 齐高帝被安葬在泰安陵。

辛卯日(初七), 齐武帝萧赜追封穆妃为皇后。夏季, 六月, 甲申朔日(初一), 册封南郡王萧长懋做皇太子。丙申日(十三日), 齐武帝萧赜立太子妃王氏。太子妃是琅琊人。齐武帝萧赜封皇子闻喜公萧子良为竟陵王, 临汝公萧子卿为庐陵王, 应城公萧子敬为安陆王, 江陵公萧子懋为晋安王, 枝江公萧子隆为随郡王, 萧子真为建安王, 皇孙萧昭业为南郡王。

司徒褚渊得病, 自己奉上奏表让位, 齐武帝萧赜不允许; 褚渊再三请辞,非常恳切。癸卯日(二十日),齐武帝萧赜任命褚渊做司空,掌骠骑将军,照旧做侍中,总领尚书事务。

秋,七月,魏发州郡五万人治灵丘道。

吏部尚书济阳江谧,性诡躁,太祖姐,谧恨不豫顾命;上即位,谧又不迁官;以此怨望、诽谤。会上不豫,谧诣豫章王嶷请间,曰:"至尊非起疾,东宫又非才,公今欲作何计?"上知云,使御史中丞沈冲奏谧前后罪恶,庚寅,赐谧死。

癸卯,南康文简公褚渊卒,世子侍中贲耻其父失节,服除,遂不仕,以爵让其弟蓁,屏居墓下终身。

【译文】秋季,七月,北魏发动从各州郡征调来的五万人,修筑灵丘道。

齐国吏部尚书济阳人江谧,性情急躁,又好巴结。齐高帝萧道成去世时,江谧遗憾没能接受高帝临终遗命;齐武帝萧赜即位以后,江谧又没有升官,所以内心怨恨,不免说些诋毁的话。适巧齐武帝萧赜有病,江谧去见豫章王萧嶷,请求屏退左右之人,并说:"皇上病得很重,东宫太子又不是有才之人,公侯您如今有什么打算?"齐武帝萧赜得知后,命御史中丞沈冲奏明江谧前后所犯罪过,庚寅日(七月无此日),齐武帝萧赜赐令江谧自尽。

癸卯日(七月无此日),齐国南康文简公褚渊过世。世子侍中褚贲,以父亲失节事齐为耻,服丧期满,就不再做官,将爵位让给弟弟褚蓁,终生隐居在父亲的坟墓旁。

【申涵煜评】贲耻父渊失节让位,庐墓终身,真能干蛊。与沈充儿劲抗节,以洒父辱,俱是有血性男子。

【译文】 褚贲以父亲褚渊失去节操为耻辱而让出官职，建造庐舍终身守在他父亲褚渊的陵墓旁，真的是能够继承父志。褚贲和沈充的儿子沈劲坚守自己的节操而不屈服别人，来洗刷父亲的耻辱，都是血性男子。

九月，丁巳，以国哀罢国子学。

氐王杨文弘卒。诸子皆幼，乃以兄子后起为嗣。九月，辛酉，魏以后起为武都王，文弘子集始为白水太守。既而集始自立为王，后起击破之。

【译文】 秋季，九月，丁巳日（初六），因为国丧，武帝命令撤销国子学。

氐王杨文弘去世，由于他的几个儿子年龄都太小，就让哥哥的儿子杨后起做继嗣。九月，辛酉日（初十），北魏孝文帝拓跋宏任命杨后起做武都王，杨文弘的儿子杨集始做白水太守。不久，杨集始自立为王。杨后起打败了他。

魏以荆州巴、氐扰乱，以镇西大将军李崇为荆州刺史。崇，显祖之舅子也。将之镇，敕发陕、秦二州兵送之，崇辞曰："边人失和，本怨刺史。今奉诏代之，自然安靖；但须一诏而已，不烦发兵自防，使之怀惧也。"魏朝从之。崇遂轻将数十骑驰至上洛，宣诏慰谕，民夷贴然。崇命边戍掠得齐人者悉还之，由是齐人亦还其生口二百许人，二境交和，无复烽燧之警。久之，徙兖州刺史。兖土旧多劫盗，崇命村置一楼，楼皆悬鼓，盗发之处，乱击之；旁村始闻者，以一击为节，次二，次三，俄顷之间，声布百里；皆发人守险要。由是盗发无不擒获。其后诸州皆效之，自崇始也。

【译文】 北魏孝文帝拓跋宏顾虑荆州巴族、氐族扰乱不安，任命镇西大将军李崇做荆州刺史。李崇是魏显祖（拓跋弘）

舅舅的儿子。李崇将要前往镇所时，孝文帝拓跋宏命令调派陕、秦两州的军队送行，李崇推辞说：“边境百姓不和睦，本来就怨恨刺史。现在我奉了皇上的命令去替代他，自然就能安定下来；我去镇所只需一纸诏书罢了，不必麻烦皇上发动军队来保护我，而使边境百姓心怀畏惧。”孝文帝拓跋宏听从了他的请求。李崇就轻装带领几十人骑马奔驰到上洛，宣读诏令，抚慰告谕，百姓与蛮夷都安心顺从。李崇命令边界戍守将俘虏到的齐人，都送还南齐；因此，齐人也送还了两百多北魏俘虏，两国边境和平相处，不再有狼烟示警。很久之后，李崇升迁兖州刺史。兖州过去有很多盗匪，李崇就命令每个村落设置一座高楼，每座高楼上都悬挂了鼓，盗匪出现的地方，就拼命击鼓；最先听到鼓声的邻近村落，就击鼓一次；其次的村落听到一次鼓声，就击鼓两次；再次的村落击鼓三次，以此类推，不多久，鼓声便传布百里之远，并且每个村落都派人守住险要地带。因为这番安排，每次出动的盗匪，没有不被捕获的。此后，好几个州都模仿他的做法，这套防盗措施，是由李崇最先创立的。

辛未，以征南将军王僧虔为左光禄大夫、开府仪同三司，以尚书右仆射王奂为湘州刺史。

宋故建平王景素主簿何昌㝢、记室王摛及所举秀才刘琎，前后上书陈景素德美，为之讼冤。冬，十月，辛丑，诏听以士礼还葬旧茔。琎，瓛之弟也。

十一月，魏高祖将亲祀七庙，命有司具仪法，依古制备牲牢、器服及乐章；自是四时常祀皆举之。

【译文】辛未日（二十日），齐武帝萧赜下令征南将军王僧虔做左光禄大夫、开府仪同三司，下令尚书右仆射王奂担任湘州刺史。

刘宋已故建平王刘景素的主簿何昌寓、记室王摛和所举荐的秀才刘琎，多次上书陈述刘景素的德行完美，为他争辩喊冤。冬季，十月，辛丑日（二十日），齐武帝萧赜下诏，允许他们用士人之礼把刘景素的遗体迁回旧坟安葬。刘琎是刘瓛的弟弟。

冬季，十一月，北魏孝文帝拓跋宏准备亲自祭祀七庙，下令主事的官吏拟妥仪式法度，依照古礼准备祭祀用的牛羊牲口、器皿礼服及乐曲。从此一年四季通常要举行的祭祀都如此举办。

世祖武皇帝上之上

永明元年（癸亥，公元四八三年）春，正月，辛亥，上祀南郊，大赦，改元。

诏以边境宁晏，治民之官，普复田秩。

以太尉豫章王嶷领太子太傅。嶷不参朝务，而常密献谋画，上多从之。

壬戌，立皇弟锐为南平王，铿为宜都王，皇子子明为武昌王，子罕为南海王。

【译文】永明元年（癸亥，公元483年）春季，正月，辛亥日（初二），齐武帝萧赜在南郊祭天，大赦天下，改年号为永明。

齐武帝萧赜下诏：由于边境安宁无事，普遍恢复边境官员全数的俸禄。

齐武帝萧赜任命太尉豫章王萧嶷执掌太子太傅。萧嶷不参与朝廷政务，却常常私下进献计策。齐武帝萧赜多数都依照他的建议去办。

壬戌日（十三日），齐武帝萧赜任命皇弟萧锐做南平王，萧铿做宜都王,皇子萧子明做武昌王,萧子罕做南海王。

二月,辛巳,以征虏将军杨炅为沙州刺史、阴平王。

辛丑,以宕昌王梁弥机为河、凉二州刺史,邓至王像舒为西凉州刺史。

宋末,以治民之官六年过久,乃以三年为断,谓之小满;而迁换去来,又不能依三年之制。三月,癸丑,诏:"自今一以小满为限。"

有司以天文失度,请禳之。上曰:"应天以实不以文。我克己求治,思隆惠政;若灾眚在我,禳之何益!"

【译文】春季,二月,辛巳日(初二),齐武帝萧赜任命征虏将军杨炅担任沙州刺史、阴平王。

辛丑日(二十二日),齐武帝萧赜任命宕昌王梁弥机做河、凉两州刺史,邓至王像舒做西凉州刺史。

刘宋末年,因为治民的官员任期六年,时间太长,于是决定以三年为期,叫作小满;可是官员的升调,此去彼来,又不能完全依照三年的约制。春季,三月,癸丑日(初四),齐武帝萧赜下诏:从今以后,完全以"小满"做期限。

齐国执事的官员因为天文运转失常,请求祭祀来消除灾祸。齐武帝萧赜说:"配应天道,一定用实际的表现,不靠外在的虚文。我克制自己的欲望,一心治理国家,想要施行仁政爱民;如果灾祸是由我的缺失而引起的,即使祭祀禳除,又有什么益处?"

【乾隆御批】亲民之官,果人与地习,增秩赐金,未尝不收久任之效。苟其贪诈阘茸,正当易之以救百姓。一以三年小满为限,非胶柱而何?

【译文】与百姓亲近的地方官,果真对当地的人和地方都很熟悉,给他增加俸禄、赐予金钱,未尝不能收到长久任职的效果。如果他们贪赃欺诈、卑劣庸碌,正应当把他们换掉来拯救百姓。一律以三年小满为限,不是胶住瑟上的弦柱,不知变通,又是什么呢?

夏,四月,壬午,昭:"袁粲、刘秉、沈攸之,虽末节不终,而始诚可灵。"皆命以礼改葬。

上之为太子也,自以年长,与太祖同创大业,朝事大小,率皆专断,多违制度。信任左右张景真,景真骄侈,被服什物,僭拟乘舆;内外畏之,莫敢言者。

【译文】夏季,四月,壬午日(初四),齐武帝萧赜下诏说:袁粲、刘秉、沈攸之等人,虽然没有坚守晚节,但最初的忠诚表现也值得称赞,命令按照礼仪重新改葬他们。

齐武帝萧赜做太子的时候,自认为年龄较长,曾与高帝一起开创帝业,朝廷事务不拘大小,大都独断专行,有很多地方违背了以往的制度。齐武帝萧赜信任侍奉自己的张景真,张景真傲慢奢华,衣服被褥、杂用物品,都僭越身份,比拟天子;内外臣子忌惮他,没有敢说半句不妥的。

司空谘议荀伯玉,素为太祖所亲厚,叹曰:"太子所为,官终不知,岂得畏死,蔽官耳目!我不启闻,谁当启者!"因太子拜陵,密以启太祖。太祖怒,命检校东宫。

太子拜陵还,至方山,晚,将泊舟,豫章王嶷自东府乘飞燕东迎太子,告以上怒之意。太子夜归,入宫,太祖亦停门籥待之。明日,太祖使南郡王长懋、闻喜公子良宣敕诘责,并示以景真罪状，使以太子令收景真，杀之。太子忧惧，称疾。

【译文】司空谘议荀伯玉，向来被高帝亲信厚待，他感叹地说："太子所作所为，皇上始终不知道，我怎能因为怕死，而使皇上耳目被蒙蔽？我不上奏让皇上知道，还有谁能启奏的！"于是趁太子出行拜谒坟陵的时候，秘密向高帝启奏。高帝大怒，命令检查东宫。

太子拜谒坟陵返回，到方山时天色已晚，正要停船靠岸，豫章王萧嶷从东府骑着名马飞燕往东前去接应太子，把高帝愤怒的因由告诉他。太子连夜返回东宫，高帝也站在门锁边等待他。第二天，高帝派南郡王萧长懋、闻喜公萧子良宣布敕令，诘问谴责，并把张景真的罪状呈示出来，要太子发令逮捕张景真，依法除掉。太子忧虑恐惧，称病逃避。

月馀，太祖怒不解，昼卧太阳殿，王敬则直入，叩头启太祖曰："官有天下日浅，太子无事被责，人情恐惧；愿官往东宫解释之。"太祖无言。敬则因大声宣旨，装束往东宫，又敕太官设馔，呼左右索舆，太祖了无动意。敬则索衣被太祖，乃牵强登舆。太祖不得已至东宫，召诸王宴于玄圃。长沙王晃捉华盖，临川王映执雉尾扇，闻喜公子良持酒鎗，南郡王长懋行酒，太子及豫章王嶷、王敬则自捧酒馔，至暮，尽醉乃还。

【译文】一个月过去了，高帝萧道成怒气未消，白天在太阳殿躺着休息。王敬则直接过殿，叩头向高帝萧道成启奏说："皇上拥有天下，时日不长，太子无端被责问，臣民难免惶恐不安，希望皇上能到东宫去一趟，消除彼此的误会！"高帝萧道成不说话，王敬则于是大声宣布高帝的旨意，准备装束前往东宫，又命令御厨摆设酒食，呼唤左右的人去找辇车。高帝萧道成却一点都没有动身的意思。王敬则拿衣服披在高帝身上，这才勉强让他登上辇车。高帝萧道成不得已，到了东宫，召集诸王在玄圃欢宴。长沙王萧晃擎着华丽的伞盖，临川王萧映举着雉尾做的扇子，闻喜公萧子良端着酒杯，南郡王萧长懋斟满了酒劝高帝喝酒。太子及豫章王萧嶷、王敬则亲自捧送酒菜食物。到了黄昏，大家都喝醉了才各自返回。

太祖嘉伯玉忠荩，愈见亲信，军国密事，多委使之，权动朝右。遭母忧，去宅二里许，冠盖已塞路。左率萧景先、侍中王晏共吊之，自旦至暮，始得前。比出，饥乏，气息惙然，愤悒形于声貌。明日，言于太祖曰："臣等所见二宫门庭，比荀伯玉宅可张雀罗矣。"晏，敬弘之从子也。

骁骑将军陈胤叔，先亦白景真及太子得失，而语太子皆云"伯玉以闻"。太子由是深怨伯玉。

太祖阴有以豫章王嶷代太子之意，而嶷事太子愈谨，故太子友爱不衰。

【译文】高帝萧道成嘉奖荀伯玉忠诚爱君，更加信任他，多数军国机密大事都委托他去办，他的权力震动了各郡县州府的官员。荀伯玉遭逢母丧，离开宅第两里多远，宾客的冠服车盖已经把路都堵满了。太子左卫率萧景先、侍中王晏一齐去拜祭，从早晨等到黄昏，才能近前行礼。等到出门的时候，又饿又累，气息奄奄，疲惫不堪，郁怒的神情都表现在脸上。第二天，他们对高帝萧道成说："臣等所见皇上和太子两宫的门庭，比起荀伯玉府宅来，真算是寂静无人，门可罗雀了。"王晏是王敬弘的侄儿。

骁骑将军陈胤叔，当初也向高帝萧道成报告过张景真和太子的过错，但对太子都说是“荀伯玉说给皇上听的”。太子因此非常怨恨荀伯玉。

高帝萧道成暗地里有拿豫章王萧嶷来取代太子的意思；但萧嶷侍奉太子愈加恭谨，因此太子对他的友爱也丝毫不减。

豫州刺史垣崇祖不亲附太子，会崇祖破魏兵，太祖召还朝，与之密谋。太子疑之，曲加礼待，谓曰："世间流言，我已豁怀；自今以富贵相付。"崇祖拜谢。会太祖复遣荀伯玉，敕以边事，受旨夜发，不得辞东宫；太子以为不尽诚，益衔之。

太祖临终，指伯玉以属太子。上即位，崇祖累迁五兵尚书，伯玉累迁散骑常侍。伯玉内怀忧惧，上以伯玉与崇祖善，恐其为变，加意抚之。丁亥，下诏诬崇祖招结江北荒人，欲与伯玉作乱，皆收杀之。

庚子，魏主如崞山；壬寅，还宫。

【译文】豫州刺史垣崇祖不归附太子，正逢垣崇祖打败北魏军，高帝萧道成把他召回朝廷，和他秘密商讨大事。太子起疑心，便表面上加以礼遇，对他说："世间流传的一些闲话，我已毫不在意，从今以后，我将把富贵托付给你。"垣崇祖向太子拜谢。适巧高帝萧道成又派荀伯玉接受敕令去处理边界事务，荀伯玉接了旨意连夜出发，没来得及到东宫向太子辞行；太子认为他不忠诚，心里更加记恨。

高帝萧道成临终时，指着荀伯玉嘱咐太子要信任他。武帝萧赜即位，垣崇祖累次升官，做到五兵尚书，荀伯玉累次升官，做到散骑常侍。荀伯玉内心忧虑恐惧，武帝萧赜因为荀伯玉与垣崇祖交情友善，怕他们合力叛变，特别用心安抚他们。丁亥日（初九），齐武帝萧赜下诏，诬指垣崇祖集结长江以北的亡命之徒, 要和荀伯玉一起作乱, 逮捕并杀掉了他们。

庚子日 (二十二日), 北魏孝文帝拓跋宏前往崞山; 壬寅日 (二十四日), 返回宫中。

【申涵煜评】伯玉既密白太子过失, 而杀其用人, 以此为忠。却不自检饬, 冠盖填门, 权倾朝右。间人主父子之欢, 而欲享一身富贵之乐, 难乎免矣。

【译文】荀伯玉已经秘密地向齐高帝萧道成禀告太子的过失, 而诛杀他任用的人, 以此为忠心。然而荀伯玉并没有自行约束, 到荀伯玉家的官员冠服和车盖都可以堵塞门户, 权倾朝野。荀伯玉离间君主父子之间的欢乐, 却想享受一个人的富贵, 太难了。

闰月, 癸丑, 魏主后宫平凉林氏生子恂, 大赦。文明太后以恂当为太子, 赐林氏死, 自抚养恂。

五月, 戊寅朔, 魏主如武州山石窟佛寺。

车骑将军张敬儿好信梦。初为南阳太守, 其妻尚氏梦一手热如火; 及为雍州, 梦一胛热; 为开府, 梦半身热。敬儿意欲无限, (当)〔常〕谓所亲曰:"吾妻复梦举体热矣。"又自言梦旧村社树高至天, 上闻而恶之。垣崇祖死, 敬儿内自疑, 会有人告敬儿遣人至蛮中货易, 上疑其有异志。会上于华林园设八关斋, 朝臣皆预, 于坐收敬儿。敬儿脱冠貂投地曰:"此物误我!"丁酉, 杀敬儿, 并其四子。

【译文】春季, 闰月, 癸丑日 (五月初五), 北魏孝文帝拓跋宏后宫宫人平凉人林氏生了儿子拓跋恂, 孝文帝拓跋宏大赦境内。文明太后认为拓跋恂应为太子, 就赐令林氏自尽而死, 自己抚养拓跋恂。

夏季，五月，戊寅朔日（闰月初一），北魏孝文帝拓跋宏前往武州山石窟佛寺。

车骑将军张敬儿很相信梦的征兆。当初做南阳太守时，他的妻子尚氏梦见一只手热得跟火一样；在做雍州刺史时，梦见一边肩胛发热。做开府仪同三司时，又梦见半身发热；张敬儿利欲熏心，常跟亲近的人说：“我的妻子再做梦，那就是浑身发热了。”又自己说是梦到家乡旧村子的社树高耸入云，齐武帝萧赜知道这些后，心里很嫌恶他。垣崇祖死后，张敬儿内心不安，怕有不测，刚好有人控告张敬儿曾派人到蛮族所在地区做生意，齐武帝萧赜怀疑他心怀不轨。适巧齐武帝萧赜在华林园陈设八关斋，朝臣都参加了斋宴，就在宴席上逮捕了张敬儿。张敬儿脱下饰貂官帽丢在地上，说：“这东西误了我！”丁酉日（闰月二十日），齐武帝萧赜下令除掉张敬儿和他的四个儿子。

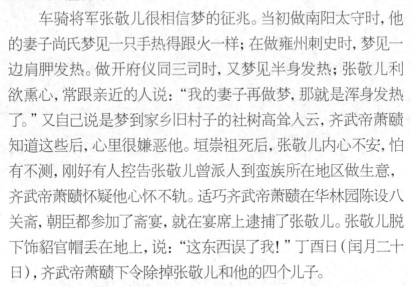

敬儿弟恭儿，常虑为兄祸所及，居于冠军，未常出襄阳，村落深阻，墙垣重复。敬儿每遣信，辄上马属鞬，然后见之。敬儿败问至，席卷入蛮；后自出，上恕之。

敬儿女为征北谘议参军谢超宗子妇，超宗谓丹杨尹李安民曰：“‘往年杀韩信，今年杀彭越。’尹欲何计！”安民具启之。上素恶超宗轻慢，使兼御史中丞袁彖奏弹超宗，丁巳，收付廷尉，徙越巂，于道赐死。以彖语不刻切，又使左丞王逡之奏弹彖轻文略奏，挠法容非，彖坐免官，禁锢十年。超宗，灵运之孙；彖，颛之弟子也。

【译文】张敬儿的弟弟张恭儿，经常担心自己可能被哥哥的灾祸所连累，就居住在南阳郡的冠军县，不曾走出襄阳，村落深远险阻，高墙矮墙，重重叠叠。张敬儿每次派人送信，他就骑上马匹，拿着弓，手探箭囊，问明底细，才肯接见送信的人。张敬儿被杀的消息传来，张恭儿就把所有家属、财物尽数迁入蛮区。后来主动返回，齐武帝萧赜也原谅了他。

张敬儿的女儿为征北谘议参军谢超宗的儿媳，谢超宗对丹杨尹李安民说："'以前斩杀韩信，如今斩杀彭越'，您想做何打算？"李安民将谢超宗的话都向齐武帝萧赜启奏。齐武帝萧赜向来就嫌厌谢超宗轻佻怠慢，便授意让御史中丞袁彖奉上奏表弹劾谢超宗。丁巳日（闰月无此日），齐武帝萧赜派人逮捕了谢超宗，把他交付廷尉处理，流徙越巂，在途中，齐武帝萧赜赐令让他自杀。因为袁彖弹劾的言辞不够苛刻明切，齐武帝萧赜又派左丞王逡之奉上奏表弹劾袁彖随便写文，上奏言过于简略，枉曲法令，包容有罪的人。袁彖被判罪，免去官职，十年之内禁止他做官。谢超宗是谢灵运的孙儿；袁彖是袁颛弟弟的儿子。

秋，七月，丁丑，魏主及太后如神渊池。甲申，如方山。

魏使假员外散骑常侍顿丘李彪来聘。

侍中、左光禄大夫、开府仪同三司王僧虔固辞开府，谓兄子俭曰："汝任重于朝，行登三事；我若复有此授，乃是一门有二台司，吾实惧焉。"累年不拜，上乃许之，戊戌，加僧虔特进。俭作长梁斋，制度小过，僧虔视之，不悦，竟不入户；俭即日毁之。

【译文】秋季，七月，丁丑日（初一），北魏孝文帝拓跋宏及太后前往神渊池；甲申日（初八），前往方山。

北魏孝文帝拓跋宏派代理员外散骑常侍顿丘人李彪前往南齐通问交好。

齐国侍中、左光禄大夫、开府仪同三司王僧虔再三请辞开府仪同三司的职务，对哥哥的儿子王俭说："你在朝廷已经承担重大的职责，很快就有时机担任这三项官职，我如果又接受这个授命，那就是一门之中有两个台司了，我实在很惶恐！"几年下来，都坚持不肯拜受职务，齐武帝萧赜才答应他的请求。戊戌日（二十二日），齐武帝萧赜加封王僧虔为特进。王俭盖了一所长屋梁的房子，规制有些僭越，王僧虔看了很不高兴，竟然不肯进门。王俭当天就将房子拆毁了。

初，王弘与兄弟集会，任子孙戏适。僧达跳下地作虎子；僧绰正坐，采蜡烛珠为凤皇，僧达夺取打坏，亦复不惜；僧虔累十二博棋，既不坠落，亦不重作。弘叹曰："僧达俊爽，当不减人，然恐终危吾家；僧绰当以名义见美；僧虔必为长者，位至公台。"已而皆如其言。

【译文】起初，王弘和兄弟聚会，放纵儿孙随意戏耍，王僧达跳上跳下地装小老虎，王僧绰端正地坐着，收集蜡烛的珠子做成凤凰，王僧达一把抢过来把凤凰打坏了，王僧绰倒也不计较；王僧虔把十二个棋子堆积起来，不曾掉落一子。王弘感叹地说："僧达俊秀爽朗，应不比其他人逊色，但我怕他终究会连累到我们王家；僧绰应该会因名声德义被人赞美；僧虔一定是个显贵的人，地位可以做到公卿台司。"后来，这几个兄弟的境遇果然都如他说的一样。

八月，庚申，骁骑将军王洪范自柔然还，经涂三万馀里。

冬，十月，丙寅，遣骁骑将军刘缵聘于魏，魏主客令李安世主之。魏人出内藏之宝，使贾人鬻之于市。缵曰："魏金玉大贱，当由山川所出。"安世曰："圣朝不贵金玉，故贱同瓦砾。"缵初欲多市，闻其言，内惭而止。缵屡奉使至魏，冯太后遂私幸之。

十二月，乙巳朔，日有食之。

癸丑，魏始禁同姓为婚。

王俭进号卫将军，参掌选事。

【译文】秋季，八月，庚申日（十四日），齐国骁骑将军王洪范从柔然返回，路行三万余里。

冬季，十月，丙寅日（二十一日），齐武帝萧赜派骁骑将军刘缵到北魏去回访，北魏的典客令李安世负责接待。北魏人把宫内收藏的珠宝拿出来，让商人在市场上买卖。刘缵说："北魏的宝玉价格好低廉，该是本地山川出的吧？"李安世说："圣朝不把宝玉看得贵重，所以价格低廉得跟瓦片小石头一样。"刘缵本来想多买一些珠宝，听了李安世的话，内心惭愧，也就不买了。刘缵好几次奉令出使北魏，冯太后于是私下宠幸他。

冬季，十二月，乙巳朔日（初一），发生日食。

癸丑日（初九），北魏开始禁止同姓结婚。

王俭进封卫将军，参加管理拣选的事务。

是岁，省巴州。

魏秦州刺史于洛侯，性残酷，刑人或断腕，拔舌，分悬四体。合州惊骇，州民王元寿等一时俱反。有司劾奏之，魏主遣使至州，於洛侯常刑人处宣告吏民，然后斩之。

齐州刺史韩麒麟，为政尚宽，从事刘普庆说麒麟曰："公杖节方夏，而无所诛斩，何以示威！"麒麟曰："刑罚所以止恶，仁者不得已而用之。今民不犯法，又何诛乎？若必断斩然后可以立威，当以卿应之！"普庆惭惧而起。

【译文】这一年，齐国撤销了巴州的建制。

北魏秦州刺史于洛侯性情残暴，处罚罪人必定斩断手腕，割掉舌头，把四肢分解悬挂起来。全州百姓都感到惊慌恐惧，州民王元寿等同时造反。有关部门上奏弹劾于洛侯，北魏孝文帝拓跋宏派使者到秦州，在洛侯常杀人的地方，向官员百姓宣布告示，然后杀了于洛侯。

齐州刺史韩麒麟处理政务崇尚宽和，州里的佐吏刘普庆规劝韩麒麟说："主公持着符节来镇守齐州，却没有什么斩首的，怎么向百姓示威？"韩麒麟说："刑罚是用来戒止百姓做坏事的，有仁德的人在迫不得已的情况下才用它。如今百姓并不犯法，又斩杀谁呢？假使必定要靠杀人才能树立威信，那就该拿你去应景了！"刘普庆惭愧害怕，转身走了。